郭鲁芳 著

休闲学
（第2版）

Love

Learn

Leisure

清华大学出版社
北京

内容简介

《休闲学》是从历史高度、哲学深度、多学科融合维度描摹人类休闲进化的书。本书以理解休闲为起点，以休闲与人类发展为终点，重点阐述了休闲与休闲学概述、休闲发展史、休闲环境、工作与休闲、家庭与休闲、生命周期与休闲、社会阶层与休闲、休闲动机与休闲制约、闲暇配置、休闲与体验、休闲产业、休闲消费、休闲政策与休闲教育、休闲城市以及休闲与人类未来发展等内容。休闲时代信步而来，休闲学成为人们安身立命的大智慧，本书作者基于历史、社会、体验、经济和发展五个维度对《休闲学》进行了全面升级，升级版《休闲学》立意更加瑰丽宏壮，内容更加立体饱满，案例更加鲜活生动，文字更加隽永简洁。

学术性、前沿性、趣味性与活泼性相融是本书的重要特点，因此，本书不仅是研习休闲学学生的首选之书，更是带领普通大众重新审视自我，实现生命回归与畅达幸福之境的导读之物。

本书封面贴有清华大学出版社防伪标签，无标签者不得销售。

版权所有，侵权必究。举报：010-62782989，beiqinquan@tup.tsinghua.edu.cn。

图书在版编目（CIP）数据

休闲学/郭鲁芳著. —2版. —北京：清华大学出版社，2020.8（2025.1重印）
ISBN 978-7-302-55845-3

I. ①休… II. ①郭… III. ①闲暇社会学 IV. ①C913.3

中国版本图书馆CIP数据核字（2020）第106063号

责任编辑：邓　婷
封面设计：刘　超
版式设计：文森时代
责任校对：马军令
责任印制：杨　艳

出版发行：清华大学出版社
　　　网　　址：https://www.tup.com.cn，https://www.wqxuetang.com
　　　地　　址：北京清华大学学研大厦A座　　　邮　　编：100084
　　　社 总 机：010-83470000　　　邮　　购：010-62786544
　　　投稿与读者服务：010-62776969，c-service@tup.tsinghua.edu.cn
　　　质量反馈：010-62772015，zhiliang@tup.tsinghua.edu.cn
印 装 者：小森印刷霸州有限公司
经　　销：全国新华书店
开　　本：185mm×260mm　　　印　张：25　　　字　数：571千字
版　　次：2011年12月第1版　 2020年9月第2版　　印　次：2025年1月第6次印刷
定　　价：69.80元

产品编号：074720-01

序

《休闲学》一书再版距第一次出版已整整十年。

十年，世界正经历沧桑云变。奇点临近，万物互联，共享经济，大数据与 AI 革命，区块链与数字货币，诗意流淌与创意激荡，自由极速觉醒与个人价值崛起，知识爆炸，人类世到来……这个颠覆任何想象的时代悄然来临了。"周围的世界变得越来越像科幻小说。后来我发现这种进程还在飞快地加速，未来像盛夏的大雨，在我们还来不及撑开伞时就扑面而来。"（刘慈欣语）身处"千年未有之大变局"中的人类正步入一个既激昂又惶恐的新世界。物质繁盛与科技昌明把人类从劳顿中解脱出来，"浮生长恨欢娱少，肯爱千金轻一笑"（《玉楼春·春景》）的岁华一去不返，一个以休闲为导向的社会灿然跃现。我十年前在《休闲学》一书中独树一帜的观点，如"休闲学是走进生命的学问，其宗旨恰恰在于重构人们的价值观，以慢和淡使人保持和谐恬静的情绪，把心灵中的良好状态培育出来，寻找失落已久的快乐""人类文明史，也是一部休闲史""休闲是在快乐中发现自我的过程""快乐是生活第一要义，是人类行为的终极原则""劳闲界限日益模糊，碎片性休闲日渐兴起""寻找共趣的休闲伙伴""时间约束是休闲消费的硬约束""休闲化工作将引领未来潮流""休闲家庭成为主流"，等等，已成为当下国民的价值共识和休闲实践。而躬逢其盛的中国人已俨然将休闲视为回归生命与追求幸福的理想生存状态，正向着更崇高、更宽阔的休闲境界迈进。与此同时，文明巨变带来的高度不确定性，"毫微秒文化"盛行引发的时间饥荒与追求极致导致的忙碌和焦虑，使人类陷入空前的迷惘中。笙歌鼎沸后，浸润于深度休闲的自由已被无情剥夺，"人类美丽的精神家园"正面临荒芜的危境。因此，村上春树在《1Q84》里深切地叩问："人获得自由，究竟意味着什么？难道就是从一个牢笼里巧妙地逃出来，其实只是置身于另一个更大的牢笼吗？"也无怪乎以色列学者尤瓦尔·赫拉利在《未来简史》中会提出"世纪之问"："21 世纪经济学最重要的问题，可能就是多余的人能有什么功用。一旦拥有高度智能而本身没有意识的算法接手几乎一切工作，而且能比有意识的人类做得更好时，人类还能做什么。"

十年，我从逍遥自在的云端坠入黑暗笼罩的谷底。2011 年前后，我是一位从容自信、澄净如水的明媚女子，拥有炙热的活力与嫣然的微笑，相信时间应该浪费在美好的事情上。把一盏清茶，执一卷好书，然后就是如风般满世界地追逐美色、美景、美人。在快乐无忧的时光里，被冰雪聪明、才思敏捷的学生围绕，被父亲无尽的爱怜与母亲撩人的美食滋养，我自以为筑造了一个可以种植玫瑰或麦田的小宇宙，顺意而为，一切皆因喜欢。2013 年 8 月，我挚爱的父亲、像大伞一样罩着我的男人骤然离世，我精神的青春期顷刻终结了，我的天空开始飘雪。身体的不适与凌厉的现实，猝不及防的风刀霜剑，使曾活成朗月一轮的我常怀"流水落花春去也"的落寞与"断肠人在天涯"的忧伤。生命的冬夜，我试图在柏拉图、亚里士多德、尼采、康德、庄子与老子等精神星座中寻找智慧的灵光，也冀盼能在文学的殿堂里重执暗香盈袖、自在人间的悠然。柏拉图告诉我："征服自己需要很大的勇气，其胜利也是所有胜利中最光荣的胜利。"在《那不勒斯的萤火》这本煌煌巨作中，威尔吉利奥则宽慰道："每个人的孤独背后却印着另一个人的名字，这个世界上能成长为优秀人类的，一定是迷失过的人。"我虽未有担当大任之禀赋，也注定做不了优秀人类，更不知未来会馈赠给我什么，但这斑驳陆离的世界先爱我，我无法不付诸真情，而穿越时间的写作是著书人对这个世界最深情的表达，深邃的思想、灵性的文字具有强大的疗愈力量，既可治愈自己，又能成全别人。于是，撰写《休闲学》升级版成为我冥冥之中之选择。因为书籍及其承载的如珠粒般闪烁的醇思良见曾是我力量与希望的源泉，"世界以痛吻我，要我报之以歌"。

命运深不可测——变化是这世间唯一不变的法则。在人类与个人命运发生指数级变化的时候，我惊奇地发现，竟有一件事没变——2011年出版的《休闲学》在只字未改的情况下每年都在重印，十年间印刷了十一次。在短视频、直播流行，海量优质内容休克的年代，一本五十余万字、价格不菲的学术著作受此礼遇，身为作者的我深感荣幸，自当感恩。感谢清华大学出版社及策划编辑邓婷女士，感谢给拙作提供支撑和泉思的时贤往哲，更要感谢中山大学、上海师范大学、云南大学、兰州大学、南昌大学、浙江工业大学等全国六十余所持续使用《休闲学》教材的高等院校师生。你们是我灵魂的摆渡人，让我拥有在深渊仰望星空的无畏勇气与超然格局。令我倍感欣慰的是，2011年，我从历史、社会、体验、经济和发展五个维度构建的全新休闲学框架体系在师生们庖丁解牛式的解构与剖析中经受住了考验，其严谨性、系统性广受赞誉。因此，升级版《休闲学》的框架与第一版基本相同，但立意更加瑰丽宏壮，内容更加立体饱满，案例更加鲜活生动，文字更加隽永简洁。从网络主播、拼多多到B站、MCN，从小镇青年到特色小镇、诗意城市，从人工智能到人类增强，从超越孤独到心灵重建，近十年来极具代表性的新气象，都在升级版《休闲学》的内容与案例中得以妥帖呈现。此外，针对第一版中存在的不少硬伤，包括因资料缺失而引用过多等问题，升级版果断秉持推倒重写的原则，以确保著作的前瞻性、原创性、时代性与趣味性。这种情况就像环绕一个同心作圆，核心未变，但外围的涵盖面越来越辽阔高远，建构越来越精致巧妙，逐步撑起了一个体大思精、周遍含融而一以贯之的浩繁庞杂体系。

我是浙江工商大学的教授、博士生导师。作为我国较早从事休闲研究的学者之一，我虽在《经济学家》《浙江大学学报》《数量经济技术经济研究》《旅游学刊》等刊物发表过二十余篇休闲研究论文，出版过《休闲经济学》等专著，但建构如此复杂的体系，当然非一己之力所能事功，有几位可爱的小伙伴为《休闲学》升级版的出版付出了辛勤劳动和聪明才智，他们是：

许智濛（浙江工商大学博士生）：作为本书的第二贡献人，他的摛锦才华和过人智慧在每章都得以映现，因为他，升级版的文字唯美动人。

韩丽（浙江工商大学博士生，浙江育英职业技术学院讲师）：十年，一个轮回。新版和第一版《休闲学》都凝聚了她的心血与贡献。作为本书的第三贡献人，她编撰的精彩案例极大地提升了新版《休闲学》的活泼性与可读性。

此外，浙江工商大学杨刚、沈欣欣、章怡（博士生兼江苏盐城师范学院教师）以及杭州市文广旅游局周围也直接参与了《休闲学（第2版）》的编撰与案例整理工作，撰写的字数分别是3万字、2万字、1万字和0.9万字。龙芳、李如友、黄常州、何盯嫣、尹瑞、张明、费苓芳、张宏乾、张挺等都对本书的编撰做出了贡献。千千万万人中相遇且共事，是心有灵犀的天意缘分，是肺肝相示的快意欢畅，我无比珍惜。生命来来往往，你我皆为过客，《休闲学》或许是我们茫茫人海"聚散苦匆匆"的一丝印迹，也是我们来过、爱过、吵过、痛过的一段回忆！

《休闲学（第2版）》是从历史高度，从哲学深度，从多学科融合维度描摹人类休闲进化的书。如果说2011年版《休闲学》的主旋律是"快乐"，阅尽千帆的我这十年无意中扮演了快乐布道者的角色，那么新版《休闲学》的主题词无疑是"意义"。幸福就是有意义的快乐，Live，Love，Learn，Leisure（4L，活着，爱着，学着，闲着）是世间最美的事，是我心中生命的全部意义所在。也许，生活原本就是一场苦难的旅程，"只要活着，总会受伤"（诺尔曼·布朗语），但活着，本身就是意义。纵有疾风起，人生不言弃。爱，是灵魂深处的懂得和怜惜，是难以呼吸的心疼和不设前提的宽容，朝暮晨夕，春秋易序，爱着，爱自己、爱生活、爱世界，如同心上开出柔媚的花朵，是领悟生命真味的开始，是所有一切的谜底。学着，阅读、思考、反省、开悟，与无数伟大而生动的灵魂相遇，思维的宽度及生命的长度才不会固化，博学多识、豁达包容且云淡风轻的你自会散发出一种独特优雅的魅力，活出真我。闲着，不是无所事事或蹉跎岁月，而是红尘炼心和怡然自得，是在悦耳、悦目、悦心的美妙体验中雕琢自我、彰显生命价值的过程，"是自由、教育与文化的维系，是对尚未消失的人性的维系"（皮珀语），它让生命摇曳生姿、充满意义，让内心藏着生生不息梦想的人类与世间美好环环相扣。就如同王小波在《黄金时代》里所描绘的那样："我只愿蓬勃生活在此时此刻，无所谓去哪里，无所谓见谁。那些我将要去的地方，都是我从未谋面的故乡。"基于对休闲及生命意义的深刻体悟，面对人类的休闲困境以及"赫拉利之问"，本书给出了我们想要的答案，希望作为读者的您能产生共鸣。

十载光阴弹指过，从未磨染是初心。我与小伙伴以有情、有趣、有品的高价值内容捍卫着我们的初心和理想，用"十年磨一剑"之匠心煅造《休闲学》升级版，愿有缘人得之，愿它有美好的命运，愿阅读者有畅爽的体验。

愿"休商（leisure quotient, LQ）"成为渐行渐近的普遍有休闲时代的流行词。

郭鲁芳
2020年6月18日于杭州

目 录

第一部分 理解休闲

第一章 休闲与休闲学概述 ... 3
开篇案例 为什么不去过悠闲的生活呢? ... 3
第一节 休闲溯源 ... 4
一、休闲起源 ... 4
二、休闲的定义 ... 4
三、休闲相关概念的辨析 ... 6
四、休闲的人文意义——休闲、幸福与快乐 ... 10
第二节 休闲理论研究：历史与进展 ... 11
一、国外休闲理论研究进展 ... 13
二、国内休闲理论研究进展 ... 19
三、国内外休闲理论研究述评 ... 23
篇中案例 联合国关于人权与休闲的宣言 ... 24
第三节 休闲学的研究对象、研究内容与研究方法 ... 25
一、休闲学的研究对象与研究内容 ... 25
二、休闲学的研究方法与研究意义 ... 28
篇尾案例 寻找生命的意义 ... 31
复习思考题 ... 33
本章参考文献 ... 33

第二章 休闲发展史 ... 37
开篇案例 泡在浴室里的罗马人 ... 37
第一节 西方休闲发展史 ... 38
一、原始社会：休闲的萌芽 ... 38
二、古希腊、古罗马时代：休闲的大发展 ... 39
三、中世纪：休闲观的颠覆 ... 40
四、文艺复兴、宗教改革时期：休闲的黄金时代 ... 40
五、近代休闲：休闲的飞跃 ... 41
六、现代休闲：休闲大众化 ... 42

第二节　东方休闲发展史 43
一、公元前 3 世纪以前：巫舞一体的宗教休闲 43
二、公元前 3—6 世纪：寄情山水的田园休闲 44
篇中案例　竹林七贤 45
三、公元 6—13 世纪：文化融通的艺术休闲 46
四、公元 13—19 世纪：雅俗共赏的市井休闲 46
五、公元 19—20 世纪：东西合璧的海派休闲 48
篇中案例　日本的消闲阅读：漫画 48
六、公元 20 世纪至今：和谐共荣的大众休闲 50
第三节　东西方休闲文化比较 52
一、东西方休闲文化的差异 52
二、造成东西方休闲文化差异的原因 54
三、东西方休闲文化的共融 56
篇尾案例　文明因交流互鉴而精彩迷人 58
复习思考题 59
本章参考文献 59

第三章　休闲环境 61
开篇案例　改变中国人休闲方式的高铁 61
第一节　休闲环境概述 62
一、休闲环境的含义 62
二、休闲环境的特征 62
三、休闲环境的分类 63
四、研究休闲环境的意义 65
第二节　休闲环境因素 66
一、经济技术环境 66
二、人口地理环境 68
篇中案例　芬兰人的桑拿情结 70
三、社会文化环境 72
第三节　数字社会休闲环境巨变与应对之道 74
一、休闲环境解析："数字"与"社会"视角 74
二、数字社会休闲环境变化的深度解读 75
三、迎接数字社会休闲环境变化的对策 77
篇尾案例　超越孤独：移动互联时代的生存之道 78
复习思考题 79
本章参考文献 79

第二部分　休闲与社会

第四章　工作与休闲 83
 开篇案例　工作是为了什么 83
 第一节　理解工作 84
  一、工作的概念 84
  二、新时代的工作变革与工作形态 85
 第二节　工作与休闲的关系演进 89
  一、工作与休闲的关系 89
  二、工作与休闲的演进 92
 第三节　休闲化工作 95
  一、休闲化工作及其特点 95
  二、休闲化工作引领潮流的社会条件 96
  三、休闲化工作的未来趋势 97
  四、如何实现休闲化工作 100
 篇尾案例　网络主播：工作、兴趣与能力的完美匹配 103
 复习思考题 104
 本章参考文献 105

第五章　家庭与休闲 106
 开篇案例　房车露营：家庭休闲旅行的美妙方式 106
 第一节　家庭演化与休闲活动变迁 107
  一、西方家庭演化与休闲活动变迁 107
  二、我国家庭演化与休闲活动变迁 108
 第二节　家庭休闲活动：意义与类型 110
  一、家庭休闲活动的意义 110
  二、家庭休闲活动类型 112
 第三节　休闲家庭 113
  一、新型家庭的产生 114
  二、休闲家庭：概念与特征 115
  三、休闲家庭：休闲时代的主流家庭模式 116
 篇尾案例　闲情万种的新西兰人 118
 复习思考题 119
 本章参考文献 120

第六章 生命周期与休闲 121

开篇案例 休闲新势力：小镇青年 121

第一节 生命周期 122
一、生命周期理论 122
二、生命周期中影响休闲活动的因素 124

第二节 生命周期与休闲 127
一、儿童期的休闲 127
二、青少年时期的休闲 128
三、成年期的休闲 130
四、老年期的休闲 131

第三节 生命周期不同阶段的休闲规划 133
一、儿童时期休闲规划 133
二、青少年时期休闲规划 134
三、成年期休闲规划 135
四、老年期休闲规划 136

篇尾案例 老年星巴克 138
复习思考题 139
本章参考文献 140

第七章 社会阶层与休闲 141

开篇案例 丹麦奇迹的秘诀：阶层平等 141

第一节 社会阶层与休闲 142
一、社会阶层的内涵剖析 142
二、社会阶层对休闲活动的影响 143
三、不同社会阶层的休闲活动 144

第二节 休闲共同体：弥合阶层鸿沟的重要媒介 148
一、运动休闲共同体的概念与类型 149
二、运动休闲共同体（社群）的特征 150
三、运动休闲共同体（社群）促进阶层融合的分析 152

第三节 休闲分层：一个阶层分析的新视角 154
一、休闲：一个社会分层新标准 154
二、休闲阶层的概念及划分 155
三、休闲阶层的特征 157

篇尾案例 国王、乞丐和阳光浴 158

复习思考题 ... 158
本章参考文献 ... 159

第三部分　休闲行为与休闲体验

第八章　休闲动机与休闲制约 ... 163
 开篇案例　从心所欲——英国老兵伯纳德·乔丹的故事 ... 163
 第一节　休闲价值观 ... 164
  一、休闲价值观的概念 ... 164
  二、休闲价值观的变迁 ... 164
 第二节　休闲动机 ... 165
  一、休闲动机的概念与特点 ... 165
  二、休闲动机的分类 ... 167
 第三节　休闲制约 ... 170
  一、休闲制约概述 ... 170
  二、特殊群体的休闲制约 ... 173
  三、休闲制约的协商策略 ... 177
  四、休闲制约与动机的平衡 ... 180
 篇尾案例　"散漫"的印度人 ... 181
 复习思考题 ... 183
 本章参考文献 ... 183

第九章　闲暇配置 ... 185
 开篇案例　未来属于善用闲暇的人 ... 185
 第一节　闲暇配置概述 ... 186
  一、闲暇时间的基本概念及特征 ... 186
  二、闲暇配置的重要性 ... 188
 第二节　闲暇配置的测量指标 ... 190
  一、闲暇时间的分类 ... 190
  二、闲暇衡量指标与闲暇预算表 ... 191
 第三节　我国居民闲暇配置中存在的问题 ... 192
  一、休闲行为与心灵诉求相背离：伪休闲 ... 193
  二、生产力水平与闲暇时间相背离：逆休闲 ... 194
  三、休闲广度与休闲深度相背离：浅休闲 ... 195
  四、闲暇时间分配与休闲本质相背离：忙休闲 ... 196

第四节　乐活的生活形态与闲暇配置优化 196
　　　　一、乐活的生活形态 197
　　　　二、乐活形态下的闲暇配置优化 198
　　篇尾案例　幸福的人拥有怎样的时间观 201
　　复习思考题 202
　　本章参考文献 202

第十章　休闲与体验 204

　　开篇案例　休闲体验的价值几何：让法国的狂人国告诉你 204
　　第一节　体验与休闲体验 205
　　　　一、体验的概念与分类 205
　　　　二、休闲体验的内涵、特征及层次性 210
　　第二节　畅爽：公众休闲体验的终极目标 214
　　　　一、畅爽的概念、维度及模型 214
　　　　二、畅爽：休闲时代的核心表征 219
　　　　三、畅爽之于休闲的多重价值 222
　　第三节　公众休闲体验获得畅爽的有效路径 225
　　　　一、明确最佳休闲行为：畅爽体验的先决条件 225
　　　　二、刻意练习：畅爽技能的持续拓展 229
　　　　三、休闲环境：美好家园的合力共建 232
　　　　四、阶梯化渐进：畅爽层次的逐步升华 233
　　篇尾案例　欧洲人的优雅 234
　　复习思考题 236
　　本章参考文献 236

第四部分　休闲与经济

第十一章　休闲产业 241

　　开篇案例　IG夺冠，你还看不起游戏产业吗？ 241
　　第一节　休闲产业的概念、特征及分类 242
　　　　一、休闲产业的概念 242
　　　　二、休闲产业的特征 243
　　　　三、休闲产业的分类 244
　　第二节　休闲产业大趋势——集群化 247
　　　　一、休闲产业集群的概念及类型 247

二、休闲产业集群的特征 248
　　三、休闲产业集群优化对策 250

第三节　休闲产业新趋势——融合化 251
　　一、休闲产业融合的概念 251
　　二、休闲产业融合基础 252
　　三、休闲产业融合模式 253

篇中案例　诗和远方的深度融合——故宫文创获得世界瞩目 253
　　四、休闲产业融合发展瓶颈 256

第四节　休闲产业集群化与融合化发展的新典范——特色小镇 257
　　一、特色小镇的历史渊源 257
　　二、特色小镇的内涵解读 258
　　三、特色小镇建设的困境与反思 259

篇尾案例　浙江特色小镇：休闲旅游新名片 262
复习思考题 263
本章参考文献 264

第十二章　休闲消费 265

开篇案例　二次元经济下的休闲消费 265

第一节　休闲消费的基本理论问题 267
　　一、休闲消费的概念及类型 267
　　二、休闲消费的特征 269
　　三、休闲消费的趋势 270

第二节　时间约束与休闲消费模型 273
　　一、休闲消费模型中引入"时间约束"的必要性 273
　　二、引入时间约束的理论模型 276

第三节　我国休闲消费结构分析 281
　　一、我国休闲消费结构的实证分析 281
　　二、优化我国休闲消费结构的对策建议 284

第四节　新消费主义视角下的休闲消费升级 288
　　一、新消费主义：解构休闲消费升级的新视角 288
　　二、Z世代：休闲消费的弄潮儿 290
　　三、新消费主义时代的休闲消费升级 294

篇尾案例　拼多多：消费降级抑或是休闲升级？ 300
复习思考题 301
本章参考文献 301

第十三章 休闲政策与休闲教育 303
开篇案例 带薪年假：中国休假最后的短板 303
第一节 休闲政策 304
一、休闲政策的概念及类型 304
二、休闲政策的主体 307
三、国内休闲政策 313
第二节 休闲教育 317
一、休闲教育的内涵、目标与原则 317
二、休闲教育的必要性 321
三、国外休闲教育的发展 324
四、我国休闲教育的实施途径 326
篇尾案例 B站，年轻人精神世界的映射 328
复习思考题 329
本章参考文献 330

第五部分 休闲与未来

第十四章 休闲城市 333
开篇案例 诗意城市，休闲天堂 333
第一节 休闲城市的发展历程 334
一、休闲城市的由来 334
二、休闲城市的内涵与特征 336
三、休闲城市的标准评析 338
第二节 舒适物与休闲城市 340
一、舒适物的内涵解读 340
二、舒适物：休闲城市的基础构件 342
第三节 基于舒适物的国外休闲城市案例研究 344
一、赫尔辛基——从森林里走出来的城市 344
二、迪拜——从沙漠中走出来的城市 345
三、曼彻斯特——最放荡不羁的城市 345
四、基于舒适物视角的休闲城市提升策略 346
篇尾案例 终于：我们逃回"北上广" 348
复习思考题 349
本章参考文献 349

第十五章　休闲与人类未来发展 351

开篇案例　百变达人秀：创意、休闲与心灵的思考 351

第一节　数字时代与休闲展望 352
一、数字经济时代的定义 352
二、善数者闲：数字时代重塑劳闲关系 353
三、数字时代的休闲演化 353

第二节　社群时代与休闲变迁 355
一、重启社群时代 355
二、乐群者畅：社群亲密关系引爆畅爽体验 356
三、社群时代的休闲变迁 359
四、社群关系思辨：更亲密还是更疏离？ 360

第三节　创意时代与休闲重构 360
一、"创意时代"的到来 360
二、"更休闲"：创意重构休闲价值 361
三、创意时代的休闲重构 362

第四节　"休闲人"：人类增强与通往幸福之路 366
一、人类增强："休闲人"觉醒的现实基础 366
二、休闲人——生命内核的本然解读 370
三、抵达幸福彼岸："休闲人"的选择 374

篇尾案例　人工智能与心灵重建 378
复习思考题 380
本章参考文献 380

结束语 382

第一部分　理 解 休 闲

美国学者约翰·凯利曾说过，休闲是展示自己价值的重要舞台。因为，休闲时一个人是在一个几乎无限的序列中做出选择。休闲，让人循着内心指引自由生活，是一种超然境界，是一种心灵行为和生存智慧。它让生活变得更纯粹，让生命更加美好。人类文明史，也是一部休闲史。

第一章
休闲与休闲学概述

为什么不去过悠闲的生活呢?

道家不信幸运和命运的这种思想,对中国人喜好悠闲的性格的形成,有着很重要的影响。道家的重要思想是戒过度,性格胜于事业,静胜于动。一个人能不受祸福的扰动,才能获得内心的宁静。《淮南子·人间训》中有一则很有名的寓言,名叫《塞翁失马》,其原文为:近塞上之人,有善术者,马无敌亡而入胡。人皆吊之,其父曰:"此何遽不为福乎?"居数月,其马将胡骏马而归。人皆贺之,其父曰:"此何遽不能为祸乎?"家富良马,其子好骑,堕而折其髀。人皆吊之,其父曰:"此何遽不为福乎?"居一年,胡人大入塞,丁壮者引弦而战。近塞之人,死者十九。此独以跛之故,父子相保。

显而易见,这种哲学,使人能够忍受一些折磨而不烦恼,它相信祸福是相连的,正如古钱必有正反面一样。这种哲学使人能得到宁静,不喜忙劳,淡于名利。这种哲学似乎是说:"你以为不要紧,便什么都不要紧了。"成功的欲望和失败的恐惧,两者是差不多的东西,有了这个明智的想法,对成功的渴望就不会太热切了。一个人的事业越是成功也越怕失败。不可捉摸的功名报酬及不上隐晦所得的利益。在道家看来,有识之士在成功时是不以为自己成功的,在失败时也不以为自己是失败。只有一知半解的人才把外表的成功和失败当作绝对真实的事情。佛道二家的区别在于佛家的意念是要一个人无求于世,道家的意念却相反,要一个人不被世人所求。世上最快乐的人,也就是不被世人所求的无忧无虑的人。

为什么不去过悠闲的生活呢?这是这些哲学理论的必然结论。

(节选自林语堂. 生活的艺术[M]. 北京: 外语教学与研究出版社, 1998: 158-160.)

时光的洪流裹挟着人们马不停蹄地前行,鲜有片刻安适的驻足去邂逅旅途的美好风景,休闲,仿佛成了这个时代的"奢侈品"。但其实,"享受休闲生活并不需要花费很多,它要比享受奢侈生活便宜得多"(林语堂语)。当你尝试走进休闲学的大门时,你便在拥抱闲适的人生。休闲的世界复杂、多元而充盈,无论古希腊的哲学伦理还是中国的儒释道思想,都十分重视休闲在生活中所起到的作用。亚里士多德曾说过,人的本性追求不仅是能够胜任劳务工作,而且是能够享有休闲,而休闲正是全部人生的第一原理。进入21世纪,人们的物质生活水平蒸蒸日上,休假制度日趋完善,"休闲时代"款款而来。在这样的背景下,研究休闲学,解决什么是休闲、为何要休闲、如何去休闲并且最终如何借休闲来实现人类生命的价值等问题迫在眉睫。

第一节 休闲溯源

一、休闲起源

休闲最早出现在古希腊时期,它被称作使人在生活中得到实现的文明之一。A. J. Weal指出休闲一词最早出现在希腊文学中,表示古希腊自由市民(并且是男性)在本阶层内所享有的玩乐状态,希腊语称作 Schole。但是,Schole 是指好的、积极的、严肃认真的休闲活动,不同于追求享乐、消极的玩。其实,希腊语 Schole 意指休闲和教育活动,暗示休闲活动和教育活动是紧密地联系在一起的,认为休闲活动是以一定的受教育程度为前提的,与休闲相关的教育就是近代兴起的休闲教育,与义务教育有区别,其反义词 A-schole 指劳动、奴隶状况。在拉丁语中,同样也能找到这种排斥关系,因为 Otium(休闲、闲逸)的反义词为 Neg-otium(事务、商业、劳动)。而英语中,休闲 Leisure 一词源于古法语 Loisir,意指人们摆脱生产劳动后的自由时间和自由活动;而 Loisir 又是从拉丁语 Licere(被许可的、自由的)中派生出来的。

在我国,"休闲"最早作为一个词语出现的时候,指的是农田在一年或一季里不事耕作以恢复地力的措施,耕作者在农闲所构成的闲暇时空基础上衍生和创造一系列节庆、集会活动(文崇一,1995)。休,乃"人倚木而息",在《诗经·商颂·长发》中被解释为吉庆、美善、福禄;在《康熙字典》和《辞海》中被解释为节庆、欢乐。《汉语大辞典》解释"休",一指休息,《诗经·大雅》中有"民亦劳止,汔可小休";二指休假,《后汉书》中有"臣属吏张宛长休百日";三指停止,《世说新语》中有"二贤若穆,则国之休"。"闲"首先指的是道德、法度,《论语·子张》中有"大德不逾闲,小德出入可也"。其次,有限制、约束之意,《易·家人》中有"闲有家"。另外还有止息一意,《庄子·卷九上第二十七·寓言》中阳子曰:"夫子行不闲"。慢慢地,"闲"开始向现代人常指的娴静、思想的纯洁和安宁,闲暇、悠闲,或是指没事做的状态等意义靠近,诗人王维的"我心素已闲,清川澹如此",欧阳修的"无穷兴味闲中得",杜牧的"草色人心相与闲",就是表达的这层意思。唐代孟浩然《同张明府碧溪赠答》诗"秩满休闲日,春余景色和",将"休"与"闲"组合成一体,更明确地表达了空闲、闲适状态的文化内涵。

二、休闲的定义

"休闲"的含义是多向度的。随着休闲现象以各种形态在劳动、家庭生活以及整个人类生活的文化领域中的不断渗透,对休闲概念的界定也成为学者关注的焦点。学者们基本上从时间、活动、存在方式或心态等不同语境来阐释休闲，目前对休闲做的定义已有二十余个，以下为其中较具代表性的定义。

（1）休闲研究的鼻祖凡勃伦（Vablen，1899）把休闲定义为"非生产性的时间消费"。他强调休闲动机不同于工作，休闲是社会地位的象征。

（2）美国著名休闲研究学者布赖特比尔（Brightbill，1960）认为："休闲是需应付生存之外的时间，做完必须做的事情，生物上维持生计……及谋生必须做的事情后……它是可自由支配的时间，是根据个别的判断或选择而利用的时间。"①

（3）法国学者杜马兹迪埃（Dumazedier，1967）认为，休闲应包括"一系列在尽到职业、家庭与社会职责之后，让自由意志得以尽情发挥的事情，它可以是休息，可以是自娱，可以是非功利性地增长知识、提高技能，也可以是对社团活动的主动参与。"②

（4）美国宾夕法尼亚州立大学戈比（Godbey，1999）教授对休闲的定义是："休闲是从文化环境和物质环境的外在压力中解脱出来的一种相对自由的生活，它使个体能够以自己所喜爱的、本能地感到有价值的方式，在内心之爱的驱动下行动，并为信仰提供一个基础。"③

（5）美国《里特莱辞典》对休闲的解释是："离开正规的业务，在正规的时间里进行娱乐和活动。"

（6）我国著名休闲研究专家马惠娣对休闲的解释是："休闲是人生命的一种形式，一般意义上是指两个方面：一是消除体力上的疲劳，二是获得精神上的慰藉。"在一篇文章中，马惠娣以"以欣然之态做心爱之事"来概括她对休闲的理解。

（7）中国社会科学院张广瑞、宋瑞（2001）对休闲下的定义是："休闲是人们在可自由支配时间内自主地选择从事某些个人偏好性活动，并从这些活动中获得惯常生活事务所不能给予的身心愉快、精神满足和自我实现与发展。"④

（8）哈尔滨工业大学人文学院教授王雅林认为："休闲是人们在可以自由支配的时间中用于满足精神生活之需要所从事的各种活动。"在他的另一篇文章中，王雅林反复强调，"休闲同人们每天所占有的可自由支配的时间有极大的相关性，人们在这样一种相对自由的时间中能够从事自己所喜爱的，有助于满足心理的、文化的需要的活动，并本能地感到从事这些活动是有价值的。"

（9）广东外语外贸大学邓志阳教授给休闲下的定义是："休闲是工作、学习活动之外的一种以文化为主的综合性的社会经济活动。"他强调对休闲的界定应包括四个方面，即休闲是人类的一种基本活动；休闲主要是人类的精神需求；休闲是一种经济行为；休闲具有一定的社会性。

尽管休闲的定义千差万别，但广义上讲，其基本思路包括以下几点：首先，休闲必须

---

① BRIGHTBILL C K. The challenge of leisure [M]. Englewood Cliff，NJ：Prentice-Hall，1960：4.
② [法]DUMAZEDIER J. Toward a society of leisure[M]. Trans by S. McClure. New York，NY：The Free Press，1967：16-17.
③ GODBEY G C. Leisure in your life: an exploration[M]. state college，PA：Venture Publishing，1999：12.
④ 张广瑞，宋瑞. 关于休闲的研究[J]. 社会科学家，2001（5）：20.

具备自由时间。当然，并不是所有的自由时间都是用来休闲的，人们可能占用自由时间来处理个人事务，甚至兼职。其次，休闲是个人自由意志的产物，是在经济和健康条件允许的情况下自发参与的活动，是一种主动的选择。如果没有主体的认可或选择，就不可能产生休闲。再次，休闲是一种活动。这种活动包含的范围很广，可以是室内的，也可以是室外的；可以是剧烈的，也可以是轻松的；可以是集体的，也可以是个人的。总之，形式可以是多样的，通过自由地选择自己喜爱的活动来得到享受。最后，休闲活动表现为良好的心理状态。休闲是人们处于"不需要考虑生存问题的心无羁绊的状态"（亚里士多德语）。约瑟夫·皮珀也认为：休闲是心灵的一种状态。在这种状态下，人们无拘无束、自由自在，获得极大的愉悦和满足。可以说，休闲让人们的生命绽放出喜悦的光彩。

综上所述，休闲就是人们受内心驱动、在快乐中发现自我并探寻生命意义的过程。休闲是人内在本质的表现，而追求快乐、收获意义则是休闲的本质。任何休闲活动都以快乐为导向，以实现自我，彰显生命意义为最终目标。

三、休闲相关概念的辨析

要理解休闲，必须清楚游憩/娱乐（Recreation）、游戏/玩（Play）、旅游（Tourism）及休息（Rest）等与休闲类似的词语的含义。这些词语在某些特定的情况下可以与休闲互换，但是它们都有自身特定的意思，绝对不能混淆。清晰地区分这些概念将有助于我们更深入地理解休闲。

（一）游憩/娱乐与休闲

游憩（Recreation）来源于拉丁语"Recreation"，原意是"to refresh"，其含义是"创造新的，变成新的，恢复和再生产"。也就是说，游憩的关键在于创造。在很多情况下，Recreation 也被翻译为娱乐。与休闲一样，游憩的概念很难严格界定，不同领域的学者从多元视角对游憩进行了定义，比较著名的有菲尔乔德、约翰·凯利、孙海植、米德、保继刚以及斯蒂芬·L.J.史密斯等所下的定义。

菲尔乔德认为，游憩是"在休息的时间所做的任何事情，无论是一个人做，还是集体做，只要它能使人感到轻松、愉快，并且做这件事的目的是为了这件事本身，而不是为了事情过后尽可能得到的报酬"。也就是说，游憩更注重的是一种快乐体验，并不带有任何功利性的目的。约翰·凯利在《走向自由》中指出，游憩是有组织、有益于个人及社会的休闲活动。韩国学者孙海植也认为"娱乐是为了加强家庭、单位、团体等社会体制而进行的，伴随一个社会目标的活动。"[①]它强调的是游憩的组织性和目的性，娱乐往往是有组织的社会活动。米德的观点是娱乐代表的是一种"态度，它把工作和游戏所带给人们的快乐紧密联系在一起，成为一个整体，其中任何一个都无法孤立出来。但人必须工作，然后疲倦，于是去娱乐，使自己能够重新投入工作。"保继刚在其所著的《旅游地理学》中指出："游憩一般是指人们在闲暇时间所进行的各种活动；游憩可以恢复人的体力和精力，它包含的

---

① [韩]孙海植，安永冕，曹明焕，等.休闲学[M].朴松爱，李仲广，译.大连：东北财经大学出版社，2005：8.

范围极其广泛，从在家看电视到外出度假都属于游憩。"①这两种观点强调的是娱乐的补偿性，认为娱乐是依赖于工作而存在的，是弥补工作造成的疲劳感的一种方式。另外，加拿大学者斯蒂芬 L. J. 史密斯在其《游憩地理学：理论与方法》一书中这样论述："游憩还包括被称为旅游、娱乐、运动、游戏以及某种程度上的文化等现象。"②

综上，尽管游憩/娱乐的各种定义间存在诸多分歧，但是无论基于哪种理解，游憩必须满足三大条件，即闲暇时间、社会活动及自我满足。经过对定义的整理，我们不难发现，游憩或者娱乐具有以下特性：第一，社会性。游憩强调的是一种社会性，是有组织的活动。第二，补偿性。游憩作为工作的对立面，能够缓解工作及生活所带来的紧张感和疲劳感。第三，非严肃性。习惯上，人们并不认为游憩是一项严肃的事情，它仅仅是一种找乐子的方式而已，很少有人会将它赋予哲学或生命的意义，一旦娱乐变得严肃了，那么它所带来的轻松感也不存在了。

从游憩的特性可以看出，游憩与休闲是存在异同点的。游憩与休闲都是发生在闲暇时间的活动，并且都能给人带来一定的快乐与满足，但游憩作为"活动"的含义非常明确，而休闲更强调心灵的满足。另外，游憩的社会性非常强。游憩活动往往还带有交际的目的，正如张建所说，"游憩活动完全可能是一种社交活动"。③某些出于一定的义务而被迫进行的游憩活动，或出于社交目的的游憩活动（如应酬客户等）不能算作休闲活动。最后，游憩往往是非严肃性的活动，而某些投入性较大的休闲（如公益休闲等）不能称为游憩。因此，游憩与休闲并不存在包含与被包含的关系，它们之间是存在一定的交叉性的。

（二）游戏/玩与休闲

游戏/玩（Play）在我国的传统中一直被认为是一种堕落的、负面的生活方式。但是，随着社会的发展，越来越多的学者发现，游戏在生命中占有十分重要的地位。在加达默尔看来，"游戏是最纯粹的自我表现形式"，④著名经济学家于光远也有着"活到老，玩到老"的著名论断，詹姆斯·汉斯则更进一步，认为游戏是休闲、工作、审美甚至科学领域的中心活动。

同样，游戏也有着林林总总的定义。其一，基于本能说。德国诗人席勒认为"人类在生活中要受到精神与物质的双重束缚，在这些束缚中就失去了理想和自由。于是人们利用剩余的精神创造一个自由的世界，它就是游戏。这种创造活动，产生于人类的本能"。于光远对此有着经典的妙论——"人之初，性本玩"。赫伊津哈在《游戏的人》中也写道："游戏是植根于人类的生物性当中的，游戏比文明的历史长。"这些言论都说明了游戏是人生而有之的一种本能，是人的天性。其二，基于行动说。亚里士多德提出"游戏是劳作后的休息和消遣，是本身不带有任何目的性的一种行为活动"。约翰·凯利认为游戏是"行动的休

---

① 保继刚. 旅游地理学[M]. 北京：高等教育出版社，2007：17.
② [加]斯蒂芬 L. J. 史密斯. 游憩地理学：理论与方法[M]. 吴必虎，等，译. 北京：高等教育出版社，1992：2.
③ 张建. 休闲都市论[M]. 上海：东方出版中心，2009：19.
④ [德]汉斯—格奥尔格·加达默尔. 真理与方法——哲学诠释学的基本特征[M]. 洪汉鼎，译. 上海：上海译文出版社，1999：170.

闲，在某一活动或时段内发生的，并且具有初始意义的活动，同时也包含强调自发性因素的休闲活动和范围确定的轻松意义领域"。①这里，游戏被强调为一种行动，是行动层面的休闲方式。其三，基于剩余能量说。英国哲学家赫伯特·斯宾塞认为，"人类在完成了维持和延续生命的主要任务之后，还有剩余的精力存在，这种剩余的精力的发泄，就是游戏。游戏本身并没有功利目的，游戏过程的本身就是游戏的目的"。他所强调的游戏是发生在闲暇时间利用剩余的精力所从事的活动。其四，基于心理学。弗洛伊德认为，游戏是被压抑的欲望的一种替代行为。伊利斯指出，"游戏是一个将响应、调整和认知的动态发展整合起来的过程。"另外，赫伊津哈在《游戏的人》中还强调，任何游戏都是有规则的，而且规则是在进行游戏之前就已经设定好的，这点是游戏与其余概念的最大区别。综合而言，游戏是利用闲暇时间在一定的规则约束下从事的具有自发性、趣味性、互动性、学习性的行为活动。

可见，游戏与休闲也是有区别的，同样不能简单地把二者的关系归结为包含与被包含，更不能把二者等同起来。很显然，休闲活动不仅仅只有游戏，而游戏也不仅仅存在于休闲时间。正如伽达默尔所说，"游戏存在于生活中的各个方面，而不仅限于休闲的从属领域"。②孙海植也认为："休闲与玩的共同点是，两者都是自发的行为，而且都是跟工作相对立的，但是玩与工作可能混在一起，而休闲则处于与工作完全相对立的地位，休闲被认为是非工作的状态。"③在工作中、课堂上，我们常常会加入些游戏来增加趣味性，调节气氛。刘海春从另一个角度阐释了休闲与游戏的区别，他在《生命与休闲教育》中提出："休闲的快乐是内在的，而游戏的快乐是外在的。"④游戏往往在意的是表面的快乐程度，是行动层面的休闲，是浅层次的休闲方式，而非深度休闲。另外，游戏的互动性使得游戏往往需要与他人共同完成，而休闲则不一定，冥想、想象、思考就是完全独处性质的休闲。

（三）旅游与休闲

在国际旅游学术界的有关研究中，对于旅游的定义主要从两个角度出发。一是基于旅游学研究对象的角度对旅游进行定义，其中较为著名的是瑞士学者汉泽克尔和克拉普夫提出的"旅游是非定居者的旅行和逗留而引起的现象和关系的总和。这些人不会导致长期定居，并且不牵涉任何赚钱的活动。"⑤这一定义在我国旅游学界中被称为"艾斯特定义"。二是基于旅游活动的角度，国际知名旅游学者史密斯教授认为，"旅游是一个人旅行前往其惯常环境之外的某地开展的一整套活动，整个行程历时不超过一年，并且其外出旅行的主要目的不是去从事从该地获取劳动报酬的活动"。⑥谢彦君教授曾在其专著《基础旅游学》中构建了一个认识旅游的框架，从中我们可以发现，旅游的本质是审美、愉悦及好奇心，

---

① 约翰·凯利. 走向自由——休闲社会学新论[M]. 赵冉，季斌，译. 昆明：云南人民出版社，2000：20.
② [德]伽达默尔. 真理与方法[M]. 上海：上海译文出版社，1999：170.
③ [韩]孙海植，安永冕，曹明焕，等. 休闲学[M]. 朴松爱，李仲广，译. 大连：东北财经大学出版社，2005：8.
④ 刘海春. 生命与休闲教育[M]. 北京：人民出版社，2008：8.
⑤ 李天元. 旅游学概论[M]. 6版. 天津：南开大学出版社，2009：43.
⑥ 李天元. 旅游学概论[M]. 6版. 天津：南开大学出版社，2009：46.

其基本属性包含社会性、休闲性和消费性三个方面，旅游最突出的外部特征是异地性和暂时性，而具体的旅游行为特性则包括了责任约束松弛和占有意识外显两部分，最终导致了旅游的外部效应（具体详见图1-1）。旅游从大类上可分为休闲旅游与商务旅游。由于商务旅游的主要目的是工作而非旅游，故不包括在休闲活动中。由于旅游强调异地性而休闲不强调异地性，因此在家里或在家周围进行的放松、娱乐或与个人发展相关的活动都可归入休闲活动。由此可见，休闲与旅游是两个相互交叉的概念。从地域概念上看，休闲包括本地休闲与异地休闲，而旅游则是异地休闲的主要表现形式。

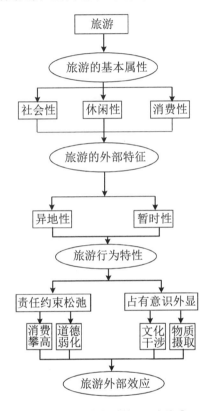

图1-1 旅游本质的认识框架①

（四）休息与休闲

《说文解字》中有，"休，息止也，从人依木"，《五经文字》也说："休，像人息木下。"休息（Rest）是指在一定时间内相对地减少活动，使人从生理上和心理上得到放松，消除或减轻疲劳，恢复精力的过程。也就是说，休息是让主体从繁重的工作或其他强制性活动中缓解过来，从日复一日的工作中摆脱出来，获得喘息的机会。柏拉图说："诸神怜悯生来就是劳累的人们，因而赐予他们一系列节日，并由酒神、诗神、太阳神相伴，由此人们的身心获得滋养，他们变得高大、正直。"可见，休息并非一种活动，而正好相反，它是相对减少活动（包括行动上的活动和思考等心理活动），在安静的环境里保持和控制情绪以调整

---

① 谢彦君. 基础旅游学[M]. 北京：中国旅游出版社，1999：34.

神经、解除紧张压力的一种方式，它是在各种活动发生过程中暂时停止下来恢复体力的过程，是一个静态的过程。休息意味着人们将放慢生活的节奏，享受独处的乐趣，拥有一份难得的宁静。休息是休闲的基础层次，而休闲包括休养生息、自我娱乐、增加知识和技能、主动参与社团活动等"一系列在尽到职业、家庭与社会职责后，让自由意志得以尽情发挥的活动"①。因此，休闲不仅蕴含休息放松的功能，而且包括娱乐与个体发展的功能。

综上所述，游憩/娱乐、游戏/玩、旅游、休息和休闲的关系可用图1-2表示。

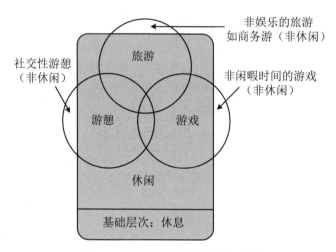

图1-2　休闲及其相关概念的关系图

四、休闲的人文意义——休闲、幸福与快乐

罗曼·罗兰在《约翰·克利斯朵夫》中曾经说过："快乐和幸福是灵魂的一种香味，是歌唱的心的和声。"休闲是人的基本权利，拥有休闲的人，生活丰盛、饱满，时刻充满了美好而生动的体验。读书、谈心、静卧、晒日、小饮、种地、音乐、书画、散步、活动，宋代养生学家陈直倡导的"人生十乐"得以完美呈现。休闲是从容淡定的。泰国的禅坐大师阿姜查教导弟子要学习"静止的流水"的心境，那是一种心灵的状态，保持心灵的静止与安详。这并不表示生命与外在的"互动"会暂时停止，思考仍在心中流淌着，智慧容易在其中"受孕"生长。休闲是基于人的性情的生活方式，快乐就是基本的标准。放弃不必要的物质羁绊，听从内心的召唤，回归生命的自由，勃发人性的光芒，这就是休闲、快乐与幸福的真意所在。正如古希腊哲人亚里士多德所言："虽然我们选择荣誉、快乐、理性也是为了它们自身，可是选择它们还是为了幸福，因为通过它们可以达到幸福。找到幸福是一切行为的最后目的，幸福是以它自身而不以任何别的东西为目的，所以是最高的善。"他认为，幸福存在于闲暇之中，我们为了闲暇而忙碌。丹麦学者尼尔斯·托马森认为，"幸福是一种有着生命喜悦的自然状态"。而对于一个生命，没有比心灵的自由快乐与幸福的感受更重要的事了。

---

① [法]D MCCLVRE J. Toward a society of leisure[M]. New York，NY：The Free Press, 1967：16-17.

总之，休闲是与快乐、幸福紧密相连的。只有人类快乐地休闲时，世界才恢复本来面目，人类才唤醒了沉醉的记忆，生命才焕发出葳蕤的生机。这与哈佛教授本·沙哈尔的观点不谋而合，这位因主讲"幸福课"而驰名世界的教授坚定地认为，幸福感是衡量人生的唯一标准，是所有目标的最终目标。为了更好地记住"幸福课"的要点，本·沙哈尔为学生简化出10条小贴士：

（1）遵从你内心的热情；

（2）多和朋友们在一起；

（3）学会失败；

（4）接受自己全然为人；

（5）简化生活；

（6）有规律地锻炼；

（7）睡眠；

（8）慷慨；

（9）勇敢；

（10）表达感激。

如今，荷兰、瑞典、丹麦、挪威等欧洲国家都开始对国民进行"幸福教育"，并将其纳入国家研究计划，老师给学生上的第一堂课不是要求他们变得更出类拔萃，而是告诉他们幸福有多么重要。近年来，这些欧洲国家已将幸福概念作为国家研究计划的核心元素。与此同时，英国和法国等其他欧洲国家也正在通过衡量幸福指数来调整公共政策，即让财富能转化为更令人满意且更有意义的生活的方法。

然而，我国在经济高速增长与居民收入提高的同时，居民幸福感却没有明显上升，反而呈现出"不幸福增长"的格局。据国家统计局数据显示，中国人均GDP从2012年的6 316美元上升到2021年的1.25万美元。但是相关调查数据表明，2006年我国国民自感幸福的比率为59.1%，之后逐年下降，2010年为44.7%，2014年则仅为40%。据联合国发布的《全球幸福报告》显示，从2012—2016年，中国幸福报告排名稳步上升，但2017—2020年连年下滑，尽管2021年和2022年略有上升，但幸福指数在全球的排名依然处于中下游水平。当国家变得富裕时，国民的幸福感却并未随之提升，这一现象被称为"Easterlin悖论"（Easterlin，1974）或"幸福—收入之谜"，这一现象曾在英、美、日等发达国家出现，目前出现于我国。休闲是提升国民幸福感的重要手段，因此增加我国居民的休闲时间、完善休闲设施、加强休闲教育、培养居民积极乐观的心态和良好的休闲技巧，使居民活得更加幸福、更有尊严，应成为经济增长和政府政策的最终目标。

第二节 休闲理论研究：历史与进展

从世界范围考察，休闲活动的产生和发展，大致可分为两个历史时期：一是产业革命前的时期。在这一时期，原始氏族社会的休闲活动和农业社会的休闲活动呈现出一定的差异性。在原始氏族社会，休闲活动以宗教或信仰意义上的节庆集会为主。古埃及社会的"上层人士"享有开展射猎、音乐、舞蹈以及戏剧等活动的闲暇时间和经济能力。先哲孔子之六艺，"礼、乐、射、御、书、数"即概括了当时社会条件下为主流文化所认可的休闲活动的原初形式（孙承志，1999）。在农业社会，人们崇拜自然，追求逍遥自在、清静无为的情感意境在一定程度上表达了休闲的极致。但是，由于生产力水平的限制，一些伟大哲人的思维取向（如孔子的"父母在，不远游，游必有方"及庄子的"逍遥游"）不是凝集在休闲的社会经济意义上，而是转化为个人的升华，即求解宇宙、自然与人类的关系问题。该时期的休闲思想虽具备了哲学的抽象概括但缺乏现实的指导意义，休闲实践局限于偶尔的旅游和短期节庆，两者没能在休闲的哲学背景下实现统一。二是工业革命后的时期。工业革命期间，由于《银行假期法案》的通过，使闲暇时间最终得到了少量但是持续的增加。蒸汽机的发明和应用使远距离旅行成为可能。1841年，近代旅游的创始人托马斯·库克首次组织禁酒协会成员进行团队火车旅行，从而开创了休闲旅游的先河。此后，库克成功地经营起一家商业化的旅行公司，组织人们参加国内外的休闲旅游，其中引起轰动效应的有1851年的伦敦博览会和1855年巴黎博览会的"全包旅游"。1866年，库克又成功组织了首次休闲性的美国轮船之旅。而在欧洲各大都市，体育和游憩活动成为人们业余生活的主要内容。体育活动的比赛规则日渐完善，协会组织日益健全，游憩设施也建设得相当完善，大众休闲变为现实。可以说，社会各阶层的共同参与和休闲活动产业化构成为工业社会休闲的重要特征。

20世纪以后，特别是第二次世界大战以后，西方社会休闲消费活动得到了进一步提升和发展，智能化和信息化的发展为人们享有更多的休闲机会奠定了坚定的物质基础。近几十年来，社会时尚和文化潮流对休闲消费活动起到了至关重要的作用；网络成为室内休闲和日常休闲最主要的活动内容；流行性休闲产品，如马拉松、滑冰、台球在各地风行一时，体育活动的商业色彩愈加浓厚。我国自20世纪80年代起，城市的时尚青年和"丁克"家庭成为休闲消费活动中的新兴一族，他们对耗时多、花费高的高档休闲活动情有独钟。此外，特殊兴趣爱好者的规模也在不断扩大，他们多开展野外攀岩、高崖跳水、热气球旅行等危险性较大的项目。度假旅游成为西方休闲活动的核心内容，几乎每个周末，城市居民都会驾车外出度假，汽车旅馆业和自助旅业因此蓬勃发展起来。喷汽式大型客机的定期飞行为洲际旅游者自如地设计各类异地休闲活动提供了极大的余地，其特大载容量成倍地增加了旅游接待量。经济的发展是实现休闲产业化和个性化发展的最终决定力量，它不仅为休闲设施设备提供必需的先进的物质基础，而且也深刻地影响着人们需求的产生和休闲方式的选择。

由以上分析可以看出，大众休闲是社会发展到一定阶段的产物。休闲，"从奢侈品到必需品"，"从单纯的物质消费到时间、物质、精神的综合消费"，是科学技术进步的必然结果，是需求层次提升的客观需要，是人类自身发展的必然要求。

一、国外休闲理论研究进展

作为一种古老的社会现象,休闲被纳入古希腊哲学理论体系已有 2 500 余年的历史。但在产业革命之前,休闲仅被看作是哲学和社会领域的问题,把其纳入视野的仅是哲学家和社会学家。产业革命打破了有闲阶级对自由时间的垄断,普通民众的闲暇时间不断增多,休闲的社会属性和经济属性日益显现,休闲也因而备受人文和社科界人士的关注。20 世纪 60 年代,法国社会学家杜马兹迪埃从社会学角度对休闲进行了深入探讨,并前瞻性地预言休闲时代必将到来。20 世纪七八十年代,观念的更新、休闲产业在西方国家的蓬勃发展促使一批学者从心理学、管理学、经济学等角度探讨休闲问题,休闲也因而从哲学和社会学的层面延伸、渗透到社会经济生活的各个层面。目前,国外已形成多学科共同研究休闲现象及其相关问题的学术局面,休闲哲学、休闲社会学、休闲心理学、休闲管理学、休闲经济学等不同的分支学科百花齐放、相互交融、共同发展。本节通过对大量英文和中文文献的检索和分析,以不同学科休闲研究作为阐述的基本框架,比较系统地分析了外国学者的休闲研究成果和基本观点,期待对相关研究者有所裨益。

(一) 哲学视野中的休闲研究

哲学家研究休闲,从来都把它与人的本质相联系。休闲作为一种现实存在,为人类构建一个意义世界,守护一个精神的家园,使人类的心灵有所安顿、有所归依。休闲是人一生中持久的、重要的发展舞台,它为社会系统所必需的创造性和批判性提供思考的空间(马惠娣,2000)。从哲学角度阐释休闲,以柏拉图、亚里士多德、皮珀、葛拉齐亚、古德尔和戈比、布赖特比尔等人为代表。

柏拉图和亚里士多德师徒可以说是最早涉及休闲研究的学者,也是最早从哲学角度探讨休闲的学者。柏拉图认为理想的统治者同时应该是哲人,他摆脱了世俗事务,通过休闲活动,即真、善、美的活动了解世界、完善自我、统治社会,而民众则努力效仿统治者的这种生活方式,实现社会的和谐与进步。亚里士多德则把休闲誉为"一切事物环绕的中心""是科学和哲学诞生的基本条件之一"。在《政治学》中,亚里士多德认为"休闲本身可以产生快乐、幸福和对生活的享受……但幸福是目的,因为所有的人都认为与幸福相伴的应是快乐而非痛苦。"在《尼各马可伦理学》中,亚里士多德研究了个人生活中的休闲问题。在他看来,休闲是对意识、精神、个性的开发,其精髓是处于自主精神信仰性生活方式,它与时间规划无关,与思考和交友密切相关,是个人追求幸福的必要途径。

之后,一大批哲学家从哲学角度来审视休闲。瑞典哲学家皮珀是西方哲学思想的代表人物。他在 1952 年出版的经典著作——《休闲:文化的基础》中指出,"休闲是一种心理和精神的状态——休闲感并非仅仅是外在因素的结果,也并不是闲暇时间、周末和假期的必然产物。它首先应当是一种心理倾向,是一种心灵状态……"[①]在皮珀看来,休闲具有三个特征:第一,休闲是一种精神的态度,它意味着人所保持的平和、宁静的状态;第二,

---

① [德]PIEPER J. Leisure—the basis of culture. New York:Pantheon Books:43-45.

休闲是一种为了使自己沉浸在"整个创造过程中"的机会和能力;第三,休闲是思想与灵魂自由的条件,可促进文化的发展与沉思。而葛拉齐亚(de Grazia, 1962)则从政治哲学的观点讨论了休闲,在《论时间、工作和休闲》这本专著中,作者从雅典人的休闲观开始,追溯了这种观念消失的过程,并且讨论了西方社会中社会、经济和政治给休闲带来的障碍。

托马斯·古德尔和杰弗瑞·戈比是近二三十年西方休闲哲学研究中的佼佼者。在他俩合著的《人类思想史中的休闲》一书中,通过对西方的休闲从在雅典城邦的出现到它在当代的发展状况的考察,探索了休闲在人类思想史中的演变及其价值问题,提出了"探索与思考衡量人类进步的标准和人类生存的真正目标的问题"。杰弗瑞·戈比在其广受赞誉并获文学大奖的名著——《你生命中的休闲》一书中深刻而精辟地指出:休闲是复杂而非简单的概念,是人的存在过程的一部分。而在其另一本著作——《21世纪的休闲与休闲服务》中,杰弗瑞·戈比分析了当今世界不断变化的时代特点,预见到在之后的10年,休闲的中心地位会得到加强,人们的休闲概念将会发生本质的变化,新的价值观念意味着人们将从改造世界逐步转向改造自身。在这部著作中,他从环境、技术、交通运输、价值观、文化传统的变化、人口统计学、经济竞争、健康状况、工作与自由时间、管理等多视角来预见未来的休闲研究和休闲服务,这不仅是休闲学的前瞻性研究,也是从宏观领域研究休闲问题的摹本。[①]

布赖特比尔也是休闲哲学研究学者中的杰出代表。他在早已问世的两部力作——《挑战休闲》和《以休闲为中心的教育》中,集中讨论了以下问题:我们的社会为什么要关注休闲?这样意味着什么?休闲在人的知识结构中扮演怎样的角色?休闲教育的概念基础是什么?它与人类的价值与情感具有什么样的联系?布赖特比尔指出,社会的不安定因素随人们自由时间的增多而增多,因此,加强以休闲为中心的教育至关重要。只有改变人们的价值观念,人们才能享受到休闲的真正快乐。布赖特比尔的休闲哲学富有同情心和人情味。在他的另一本著作《人与休闲》中,他把休闲与时间等同起来,并关注体验和生活的质量问题。他认为,娱乐生活是幸福的来源,它涉及个体在世界上的定位问题。

(二)社会学视野中的休闲研究

社会学家把休闲看作是一种社会建构以及人的生活方式和生活态度,是发展人的个性的场所。一个多世纪以来,社会学家在休闲研究领域取得了丰硕的成果,其中集大成者有杜马兹迪埃、卡普兰和凯利等。

法国学者杜马兹迪埃于1967年出版了其开创性著作——《走向休闲的社会》。在书中,他以批判现实主义的观点,探讨了休闲与家庭、工作、社会政策及共同体的关系和意义,并指出:休闲是个人从工作岗位、家庭、社会义务中解脱出来的时间,是为了休息、消遣或培养与谋生无关的智慧,以及为了自发地参加社会活动和自由发挥创造力。休闲包括放松、娱乐和个性发展三个层次,其中个性发展是最重要的,人们通过阅读、旅行、教育等来发现真我,摆脱功利主义。

---

① 马惠娣. 瞭望休闲学研究之前沿[J]. 洛阳师范学院学报, 2010(29): 6-9.

美国学者卡普兰（1960）撰写的《美国的休闲——社会调查》是最早的休闲名著之一，代表了 20 世纪 60 年代休闲社会学研究的最高水平。在这本书中，卡普兰把休闲作为一个多维度的概念来研究，这些维度涉及美国社会制度的诸多方面，其中包括工作、家庭、社会阶层、宗教、世俗的价值观等。卡普兰指出，如果"好的生活"的概念尚未形成，那么，我们将不可能理智地决定什么是"好的休闲"。由于自由选择涉及价值标准的问题，于是人们有可能将外在的价值观强加给别人，不允许他们积极地去发展自己的价值体系，而这种强加的外在价值标准将限制人们的休闲潜力。约翰·凯利（1980，1983，1987）则试图拓宽人们对休闲的理论理解，在他颇有影响力的专著《走向自由——休闲社会学新论》中，约翰·凯利以大胆的理论创新、包罗万象的跨学科研究、严谨的逻辑推理以及翔实的调查数据，对休闲的本质及休闲现象进行了深入的探究。凯利强调，休闲应被理解为一种"成为人"的过程，是一个完成个人与社会发展任务的主要的存在空间，在人的一生中是一个持久的、重要的发展舞台。"成为人"意味着物质和精神层面的统一，实现摆脱必需后的自由，休闲是以存在和"成为"为目标的自由——为了自我，也为了社会。

除上述学者外，德国学者吕特克提出了"系统休闲理论"，从而丰富了休闲理论。佐扎内克（Zuzanek et al., 1983）等学者则从社会学角度阐述了工作和休闲的关系，并对自由时间分配进行了深入研究。克里斯多夫·爱丁顿和陈彼得（2009）将休闲视为一种转变的力量，认为"休闲所蕴含的特性能推动人们的生活发生持续性的改变……休闲是一种动态的、积极的生活体验过程，它并不是静止不变的……"[①]Aguila（2012）通过对家庭社会文化地位、家庭经济水平和家庭社会经济地位指数的研究发现大学生休闲模式存在一定的阶层分化，学生的经济问题是最具影响力的因素。但由于各国学者使用的概念差距较大，研究成果多停留在描述水平，因此，休闲社会学作为一门社会学分支学科尚处于"边缘状态"。

（三）心理学视野中的休闲研究

心理学家从获得愉悦的心理体验，产生美好感等角度阐释休闲，着重研究休闲动机、休闲行为和休闲心理，其中颇有建树的学者有米哈里·契克森米哈（Mihaly Csikszentmihalyi）、依索赫拉（Iso-Ahola）和纽林格（Neulinger）等。

米哈里·契克森米哈于 1990 年出版了专著《畅：最佳体验的心理学》，从心理学的角度对休闲体验的性质做了深入的研究，提出了"畅（Flow）"的概念，即"具有适当的挑战性而能让一个人深深沉浸于其中，以至忘记了时间的流逝、意识不到自己的存在的体验。"[②]因此，休闲从根本上是一种有益于个人健康发展的内心体验，而非用外在标准界定的具体活动；体验"畅"的能力使人能超越"工作—休闲"的断然划分，从而不论在工作还是闲暇活动中都能更积极地去寻求最佳的心灵体验。

美国马里兰大学教授依索赫拉也是对西方休闲研究影响较大的学者，他在中止（Disengagement）、积极（Activity）和持续（Continuity）三个核心概念的基础上，提出了

---

① 克里斯多夫·爱丁顿, 陈彼得. 休闲：一种转变的力量[M]. 李一, 译. 杭州：浙江大学出版社, 2009：2-3.
② 马惠娣, 刘耳. 西方休闲学研究述评[J]. 自然辩证法研究, 2001, 17（5）：46.

人的一生的休闲参与模式。他认为，人既有一种寻求新奇的欲望，又有一种熟悉所参与的休闲形式的欲望。休闲活动的满意度是随着生命周期的不同阶段而变化的。在1980年发表的《休闲与娱乐的社会心理学》中，依索赫拉提出根据自由选择和内在动机这两个变量对工作外的时间进行分类，提出只有具有高度的自由选择与很强的内在动机的活动，才是"休闲活动"，休闲为人们实现自我、追求高尚的精神生活、获得"畅"的心灵体验提供了机会，因而有着积极的意义。

美国学者纽林格（1981）提出：休闲体验是由两个基本的维度——自由与内在动力相结合而产生的。在纽林格的模式中，"感觉到自由"与"感觉到约束"的连续谱是区分休闲与非休闲的最重要的维度。基于这一连续谱，在"感觉到自由"的一端，一项活动的参与者体验到的是休闲的心理状态；而在"感觉到约束"这一端，参与者感受到的约束越多，就越趋向于非休闲状态。在《休闲心理学》一书中，纽林格指出："休闲就是做自己，显示你的天赋、才能和潜力。"[①]对于休闲的判断，只有一个标准，那就是心灵所能体验的自由感。此外，卡拉·亨德森（2000）从女性主义的视角研究女性休闲的问题，主要采用社会心理学的研究方法，同时也借鉴了更广泛的社会学和文化学的方法，提示女性与休闲的关系，重点讨论了女性休闲的公平、赋权与社会变革，涉及女性休闲的多个方面与层面。[②]Qian等人（2013）认为休闲是一种应对资源，根据情绪动态模型，在日常休闲时间较多的情况下可以恢复紧张事件后的情感复杂性。Lee和Gyehee等（2016）通过测量持久参与、社会规范、心理承诺三个变量对身份显著性的影响，解释了休闲动机从而帮助实践者更好地维护参与者休闲兴趣的忠诚。

（四）管理学视野中的休闲研究

从20世纪80年代开始，伴随着休闲服务项目的增多和休闲产业的发展，西方学者开始从管理学视角关注休闲的营销、规划、经营和管理，相关研究成果也开始增多。其中德莱弗（Driver）、哈维茨（Havitz）和麦克维里（MaCarville）等人的研究较有分量。

德莱弗在休闲管理学领域最重要的贡献在于提出了基于益效的管理（Benefit-based Management，简称BBM）及由BBM进一步发展而成的休闲益效方法（Benefit Approach to Leisure，简称BAL）。1989年，他与席莱尔（Schreyer）合作发表的《休闲的益效》一文，首次提出休闲服务项目的管理不能只沿用其他领域的管理方法，而应从一个休闲服务项目能给有关各方带来的益处着眼，从整体上对之进行规划和管理。他将广义系统论的理论视角与现代管理和规划方法结合起来，指出传统的管理是着眼于休闲活动，以管理为目的，将重点放在建立休闲设施和推销休闲服务上。如果把一个休闲项目视为一个系统的话，传统的管理基本上只看到了输入系统的投资和维护所需的资本、项目管理人员及其技能、休闲设施及推销方法等因素。德莱弗要人们先着眼于系统的输出，即项目能带来什么益处，

---

① JOHN NEULINGER：The psychology of leisure：research approaches to the study of leisure[M]. Springfield：Charles Thomas Publishers，1974.
② 卡拉·亨德森. 女性休闲——女性主义的视角[M]. 刘耳，季斌，马岚，译. 昆明：云南人民出版社，2000：11-15.

然后再去考虑如何规划和管理。在他看来，系统的输入与对系统的管理都只是手段，目的是使项目给有关各方带来的效益最优化。

哈维茨教授是休闲管理研究领域的杰出学者。1987年就获得博士学位的他，先后在美国伊阿华大学、俄勒冈大学和加拿大滑铁卢大学任教，研究兴趣主要集中在营利与非营利机构的营销、消费者行为、休闲与失业等方面，代表性作品有《商业部门和公共部门对两类休闲活动抉择的偏好分析》（论文）、《公共休闲服务营销：不后悔的乐观者的一些（临时性）悲观视角》（论文）、《非在业成人的多元世界：休闲价值、生活方式和福利》（合著）。在这些论著中，哈维茨指出，劝导性信息会对人们购买选择性公共和商业娱乐服务产生影响，因此，必须树立休闲服务营销的观念，通过营销改变休闲者的偏好和活动。

麦克维里是加拿大滑铁卢大学娱乐与休闲学系的教授，其研究重点是休闲营销、管理和消费者行为。近几年，麦克维里教授致力于服务质量对休闲者经历的影响以及参与者对服务失败的反应的研究，成果卓著。通过一系列在不同价格情形下监控顾客期望的试验，他发现了参与者对不同价格模型的反应，以及服务质量对不同休闲者经历的影响。在《通过市场行为改进休闲服务》这本专著中，麦克维里对未来休闲研究提出了自己的观点。

（五）经济学视野中的休闲研究[①]

经济学家大多从效率视角考察休闲。凡勃伦（Vablen）、贝克尔（Becker）、欧林德（Linder）、格鲁诺（Gronau）和摩利伽尼（Mulligan）等经济学家奠定了经济视角下休闲研究的基础，而到了20世纪90年代后，休闲经济学研究则聚焦于时间利用、劳动供给和家庭生产三个方面。

从时间利用角度来看，Biddle & Hemermesh、Solberg & Wong 及 Jenkins & Osberg 都对休闲进行了基于不同侧重点的研究。Biddle & Hemermesh（1990）提出了不同于标准时间利用模型的睡眠需求理论，运用20个国家的总数据、跨部门的微观经济数据及一个家庭面板，得出了劳动市场时间的增加会减少睡眠时间的研究结论。Jenkins & Osberg（2003）在假设"一个人的时间利用选择取决于别人的时间利用选择"的前提下，构建了与20世纪90年代英国职业夫妇的行为保持一致性的时间利用模型并在《没有人一起玩？休闲协调的意义》一文中反复强调，参加合作活动的倾向取决于家庭外是否存在合适的休闲伙伴。他们的研究结果显示：在个体工作时间决策中，外部性起着重要作用。Solberg & Wong（1992）则把时间分成四部分（即市场工作时间、家庭生产时间、纯休闲时间及与工作相关的旅行时间）的数据对模型进行了严格的计量检验，而计量结果与模型假定却与格鲁诺早期的发现不相吻合。他们的研究表明，与旅行相关的工作对家庭时间利用具有重要影响。

国外学者从劳动供给角度研究休闲，其侧重点大多在于通过建模探讨劳动时间、休闲时间与工资率、非工资收入之间的关系。例如，Dickens & Lundberg（1993）在研究劳动供给时发现：时间和工资是同时提供的，因此工人不能仅在给定的工资下选择工作时间和休闲时间。Berten（1997）在"休闲需要花时间"的假定前提下，以贝克尔的消费理论为基

[①] 郭鲁芳. 国外休闲经济研究的历史与进展[J]. 经济学家，2004（04）：67-72.

础，构建了一个劳动供给模型，这一模型发现：无论在什么工资水平下，个体都有可能不工作。Hek（1999）则探讨了把休闲效用引入两个内生技术变迁模型后的效应，他发现，由于劳动供给的弹性动态模型的重大变化，如果消费者对休闲的重视甚于消费，则可能存在休闲和消费间的均衡增长路径。这意味着，有相同偏好和相同技术的经济体可能会有不同的长期增长率。Walker（2016）以超级创意、创意型人才、工人、服务员工为样本，研究考察了基本心理需求满意度在休闲与有偿工作以及社会阶层之间的变化关系，结果表明四种阶层在自主性闲暇时间的满意度都比较高，但只有超级创意和创意型人才才能够在工作过程中获得满意度。

把家庭生产作为集体过程建模的思想可以追溯至贝克尔（1981）的开创性工作，而 Chiappori 是首位引入基于帕累托效率的严格家庭劳动供给的集体模型的经济学家。Chiappori（1992）把休闲作为完全的私人品，并通过证明显示，从个人劳动供给函数看，家庭内的收入分享原则可以恢复至一个积分常数。Yu-fai Fong & Junsen Zhang（2001）的研究触角则深入到无法观察的私人和配偶休闲的确定问题。他们认为，虽然只能观察到两人家庭内的总体休闲，无法观察到私人休闲和配偶休闲，但通过对 Chiappori 首倡的家庭间分配集体模型进行扩展，可以确定每类休闲的相加性积分常数。由此，每个家庭成员的工资、家庭非劳动收入及家庭间环境参数对私人休闲、配偶休闲和分享原则的影响就能全部确定。Hebblethwaite 和 Shannon（2016）采用归纳、定性的方法，以家庭休闲在家庭关系发展中的中心地位和家庭休闲作为传承家庭价值的手段两个主题探讨有成年孙辈的祖父母家庭休闲的意义。

此外，从产业归属的角度，国外对休闲产业的划分并没有形成统一的标准，如美国，一般将休闲业划分到文化产业；西班牙的休闲业则包括文化、媒体和运动部门。沃格（Vogel，1994）从产业经济学的角度对美国的娱乐产业进行了研究，并着重于对电影、电视、音乐、玩具、赌博、体育、文化、演艺和游乐公园等核心部分进行分析。[1]沃贝特（K. W. Wober，2002）指出城市休闲产业，在许多地方是与城市旅游业和娱乐业相互关联的。[2]克拉克（Clark，2004）在《作为娱乐机器的城市：关于城市政策的研究》一书中研究了城市配套设施与城市发展之间的关系，他认为在后工业时代，消费驱动城市的发展，文化活动是一个城市取得成功的重要驱动因素之一。[3]

审视以上休闲理论的研究成果可以看出，伴随着人类社会迈入一个全新的休闲时代，国外休闲理论仍处于一个相对活跃发展的时期。休闲学研究开始由边缘逐步走向中心，成为人们必须关注与研究的横跨自然科学与人文社会科学的一门学科。[4]随着与哲学、社会学、心理学、管理学和经济学等学科的不断交叉、融合，独立的休闲学学科体系也日臻完

---

[1] HAROLD L Vogel: Book review of entertainment industry economics:a guide for financial analysis[M]. Cambridge: Press Syndicate of the University of Cambridge，1994（12）：46.
[2] K W WOBER: City tourism 2002[M]. Austria：Springer Verlag，2004：409-417.
[3] TERRY NICHOLS. Clark: the city as an entertainment machine：research in urban policy USA[M]. Amsterdam: Elsevier~JAI Press，2004：152-155.
[4] 成素梅. 休闲学研究的内在本质[J]. 自然辩证法研究，2004（10）：95-96.

善。从未来的发展来看，国外休闲理论的发展将沿以下几个方向进行：第一个方向是从休闲研究的前提来看，进一步强调把人的全面发展问题放于优先地位来考虑，对休闲者及其行为的系统研究将持续深入与发展；第二个方向是强化休闲在社会生活的现实层面以及人的观念层次上的现代性的普遍意义，进一步巩固休闲研究的中心地位；第三个方向是从休闲与生活方式、生命质量的关系等视角深化研究内容，发掘休闲在建立社会资本等方面的重要意义。

二、国内休闲理论研究进展[①]

我国最早提出休闲学研究的学者是著名经济学家、哲学家于光远先生，他在 20 世纪 80 年代初就开始关注并倡导对休闲文化的研究。于光远指出"玩是人的根本需要之一：要玩得有文化，要有玩的文化，要研究玩的学术，要掌握玩的技术，要发展玩的艺术。"从 20 世纪 90 年代开始，在于光远先生的倡导下，大量学者纷纷从哲学、社会学、经济学等视角对休闲理论进行了深入的探讨与研究。

（一）休闲哲学研究

马惠娣女士是中国休闲研究的扛鼎人物，从 1995 年开始陆续发表了多篇休闲研究论文。马惠娣（1998）认为"休闲是人的生命状态的一种形式，一般意义上是指两个方面：一是消除体力上的疲惫，二是获得精神上的慰藉。"在《休闲——文化哲学层面的透视》一文中，她试图从文化哲学的层面解释"何为休闲"，并精辟地指出休闲作为一种现实存在，首先是通过人的外在行为表现出来的，并由特定历史时代的人们对他们所面临的生命历程和所抱有的生活理想而确立起来的文化样式、生活方式和价值取向所决定。因而，休闲本身是一种文化、一把衡量人类文明程度的标尺、一个意义的世界。

此后，孙承志（1999）、季斌（2001）、盛华根（2002）等人分别从休闲的哲学概念、物品与休闲的哲学关系、休闲和人的素质与人的全面发展等角度对休闲进行了全方位的探索性研究。潘立勇（2005）认为，"休闲是人的一种自由生存方式，是人的创造能力和个性精神得以充分发挥的一种生命状态，是一种'成为人'的过程，审美则是其内在灵魂和最高境界"。[②]张晚林（2010）将休闲与中国传统的心性学相联系，认为"人不但有'在世'的'小我'，还有超越的'大我'，故人可以逃离'在世'之天命，休闲亦得以可能"。[③]潘海颖（2013）以舒斯特曼身体美学为理论支撑，将休闲置于日常生活审美化的维度，打破审美与实践之分隔，成为日常生活与审美之间的桥梁。辜堪生、张莉（2014）认为马克思休闲思想包含的真、善、美意蕴，体现着人类休闲思想的合规律性、合道德性及合目的性特征，有利于实现个人自由而全面的发展，提升个人幸福感指数。潘立勇、朱璟（2016）认为中西方对天人之际的终极理念与思考是学术话语和理路的根本分歧，决定了哲学话语及其体系的差异，也决定了审美与休闲研究的话语及其体系的差异，为实现与西方审美休闲理论

---

① 郭鲁芳. 中国休闲经济研究综述[J]. 商业经济管理，2005（03）：76-79.
② 潘立勇. 休闲与审美：自在生命的自由体验[J]. 浙江大学学报（人文社会科学版），2005（11）：5.
③ 张晚林. "休闲"的奠基及其内涵[J]. 自然辩证法研究，2010（9）：71.

对话，需基于"本体—工夫—境界"的理论构架，形成中国审美与休闲研究和理论建构的本土特色和理论话语。彭菲（2019）认为休闲是自我与他者构成的辩证法，试图构建休闲与认同间的辩证发展模式，促使人们重新审视并反思休闲之于人的价值、意义。李哲罕（2022）指出：我们必须要理解一种真正的休闲活动及休闲学理论在现代社会中所具有的重要的、严肃的，乃至是解放性的价值。现代社会批判试图在社会建制上提供一种客观的规范保障，而审美批判则试图在社会心理上提供一种主观的乌托邦潜能，即现代社会批判与审美批判尝试从外在与内在两个方面挽救休闲活动，甚至是挽救休闲学理论。[1] 总之，休闲学的学科根基在哲学，休闲学与哲学有高度的相关性，休闲学在研究内容、特征与最终旨趣上与哲学最相关、最接近，将休闲学归属于哲学学科，是有利于休闲学科的成长与发展的。[2]

（二）休闲社会学研究

哈尔滨工业大学人文与社会科学学院的王雅林教授是我国休闲社会学研究的开拓者。1992年，王雅林、董鸿扬主编的《闲暇社会学》是我国首部从社会学视角对闲暇做了较为深入研究的著作。王雅林（2000）指出，信息化将把人类带入"休闲文明时代"，人们的休闲时间将超过工作时间，社会主导价值观将向"时间自由"转型，社会的时间结构将从劳动时间轴心化过渡到劳动—休闲"两轮化"。在其另一部著作《城市休闲》中，王雅林对上海、天津、哈尔滨三大城市居民在周末时间分配和休闲生活状况方面做了大量抽样调查，生动地反映了我国城市居民休闲时间、生活变化及社会新问题。

除王雅林外，潘允康、袁国华（1987），孙金华、张国富（2001）等也从社会学角度探讨了休闲问题，认为休闲是经济发展和社会进步的产物，也是社会发展的公共价值目标。休闲既有正效应，又有负效应。"休闲的人本价值反映和促进了人与自身的和谐，发展休闲的人本价值必须做到休而不闲、休而不俗；休闲的社会价值反映和促进了人与社会的和谐，发展休闲的社会价值必须做到休而有序、休而不乱；休闲的生态价值反映和促进了人与自然的和谐，发展休闲的生态价值必须做到休而有道、休而有义"。张敦福（2015）从生计经济与社会整合形式、三种经济形态与中国社会变迁角度分析了生产、消费、休闲关系的失衡，提出多一些缓慢之德和闲适之态，少一些事功主义、消费主义的观点。刘海春、吴之声（2016）分析了青少年休闲生活迷茫与缺失、休闲教育缺位与错位现象，提出休闲教育是人"成为人"的过程，是青少年生命成长的需要，是青少年自由全面发展的新维度。潘立勇、寇宇（2018）提出人们在享受休闲的同时迎来了"微时代"，"微时代"对于休闲既是机遇又是挑战，在有效运用科技便利性的同时保持休闲活动以"自然""本真"为特性的人本因素，使休闲活动真正成为发展和完善人性的过程和方式。刘慧梅、贾胜枝（2020）认为：工作不再是定义自我和衡量幸福的唯一方式，休闲作为一种新的文化价值观开始对人们的生活起到重要指导作用。休闲的自由和社会互动等性质为人们提供了深入认识自我以及自我与他人关系的时间和社会空间，有助于解答"我是谁"和"我们是谁"等认同问

---

[1] 李哲罕. 现代社会批判与审美批判——论休闲学的两条可能路径[J]. 西南民族大学学报（人文社会科学版），2022（2）：69.
[2] 庞学铨. 休闲学：挑战、希望与出路[J]. 浙江学刊，2019（1）：84-85、87-88.

题。由此，个体能够以一种展现自我的生活方式扮演不同的人生角色，构建较为稳定的个体认同和社会认同，发现和实现人生意义。①

（三）休闲经济学研究

我国学者从理论经济学角度分析休闲的研究较少，张旭昆、徐俊等人在《消费的闲暇时间约束模型与假日经济现象》（2001）中把闲暇作为一种重要的消费资源，通过建立一个闲暇时间的约束模型分析了闲暇时间的变化对消费的影响，并说明了假日经济现象出现的原因。其他学者从经济角度研究休闲主要聚焦于以下几个方面。

1. 休闲消费行为和休闲产品研究

南京大学城市与资源学系赵振斌（1999）率先探讨了我国双休日休闲产品的开发问题，认为森林游憩、生态旅游、乡村风情旅游、疗养及健身游、产业休闲旅游、新奇娱乐休闲游、购物观光休闲旅游应是双休日休闲旅游产品开发的主要方向。唐湘辉（2007）把休闲产品分为单项休闲产品和整体休闲产品。程遂营（2010）探讨了我国非物质文化遗产与国民休闲产品开发之间的关系，提出了开发我国非物质文化遗产类国民休闲产品的新思路。尹晓娟、徐金海（2017）界定了休闲旅游产品准公共产品属性，并创造性地将休闲旅游产品划分为维持型、发展型、经营型，探索了休闲旅游产品的供给模式。吴江萍、陈志丹（2009），周永博、沙润、田逢军（2010）从不同视域构建了休闲消费行为模型。马红涛、楼嘉军等（2018）通过构建休闲消费指数评价指标体系和评价模型，进行综合测算后其结果显示休闲消费水平由东向西依次递减，呈"长三角""珠三角""京津冀"地区核心城市向外辐射的空间圈层模式。王琪延、韦佳佳（2019）以北京市为例，刻画了"有钱无闲""有闲无钱"两种群体，分析了居民休闲消费不平等现象，提出要更加重视休闲时间在休闲消费中的作用。马天平、卢旭蕊（2021）从工作忙碌视角考察消费升级，分析现阶段中国家庭中工作忙碌程度对消费升级的净效应，他们通过研究发现在我国当下的经济发展水平和家庭年龄结构下，闲暇时间日益成为稀缺资源，制约了消费升级。②

2. 休闲行为与休闲空间研究

休闲空间作为休闲活动开展的重要场所，备受学者关注。休闲行为与休闲空间研究主要涵盖休闲物质空间、休闲行为空间和休闲社会空间。休闲物质空间研究主要针对各类休闲活动场所以及休闲空间设施展开研究。郭旭、郭恩章、陈旸（2008）剖析了休闲经济与城市休闲空间的互动影响，提出了城市休闲空间的综合性与集中化、体验性与人性化、健康性与生态化以及文化性与特色化的发展趋势，指出随着城市经济与社会的发展，未来的城市休闲空间必将在广度和深度上得到拓展，以一种更趋综合性的面貌出现。刘大钧等（2013）发现休闲旅游地趋于凝聚型分布，空间上主要呈"大分散、小集聚""小分散、大集聚"两种分布模式，经济基础、人口分布、交通状况等是影响休闲旅游地空间结构的主要因素。尹罡、甄峰、席广亮（2014）从技术社会形态更替和行动者网络的理论视角分析了

---

① 刘慧梅，贾胜枝. 休闲何以定义自我？——休闲与个体、社会和文化认同[J]. 浙江大学学报（人文社会科学版），2020（1）：194.
② 马天平，卢旭蕊. 工作忙碌制约了家庭消费升级吗？——来自文体休闲消费的替代效应证据[J]. 经济学报，2021（4）：229.

信息技术影响下城市休闲空间的生产机理，并提出城市休闲空间具有虚拟化、移动化、破碎化、复合化的特征。王新越、曹婵婵（2019）运用 ArcGIS 空间分析法探究了青岛市民休闲与居住的空间分布格局及各区市两者的协调匹配关系，促进了城市休闲与居住功能的完善。休闲行为空间研究主要基于空间视角对休闲行为展开探索，赵莹、柴彦威、桂晶晶（2016）分析时空行为的组合制约机制及同伴选择的社会文化影响，最后以时空行为的测量分析讨论了休闲行为特点。我国休闲社会空间的研究主要集中于地方依恋、地方感、地方记忆等领域[1]。黄向等首先将地方依恋引入旅游研究中[2]，此后谢晓如、封丹、朱竑（2014），刘晨、蔡晓梅（2016）等学者探讨了休闲空间的空间生产、地方建构的研究。赵宏杰、吴必虎（2017）以外派人员的外派工作状态为着眼点，探索了外派人员在驻地休闲时空涉入与地方认同的因果关系。马晓路、张哲乐（2018）以成都居民、外来旅游者、旅游从业者三方对成都休闲空间感知热点为切入点分析，分别形成了多元化休闲意象空间结构、聚集型休闲意象空间结构和散点式休闲意象空间结构，进一步塑造了成都"休闲之都"的品牌。

3. 休闲产业研究

我国休闲产业研究在 2006 年达到高峰，随后渐渐趋于平缓。2006 年之前，我国的休闲产业研究主要集中在休闲产业的概念和范围、休闲产业的地位和作用、休闲产业发展的障碍及对策等。[3]2006 年之后，休闲产业的研究转向实证研究，特定区域及具体类型的休闲产业发展探讨成为研究热点，不同学者针对成都（黄亮，徐明，2013）、山东（王春武，2013）等地休闲产业发展进行了讨论。在具体产业类型研究上，王大鹏等（2012）对休闲体育产业与经济发展指标关联效应进行了实证研究；翁钢民、杨绣坤（2012）则构建了旅游产业竞争力评价指标体系，运用因子分析和聚类分析方法对其进行了测评和分类，提出竞合策略，以增强河北省环京津休闲旅游产业带城市群竞争力，最终形成一体化发展的区域旅游格局。朱长宁（2016）立足于产业经济学理论，提出了休闲农业价值链与产业链整合的具体思路与策略。随着互联网和科技的发展，休闲产业转型升级成为研究的热点。谢安世（2017）认为"互联网+农业"是推动休闲农业转型升级的重要方式，并提出构建"休闲农业+互联网"支持体系加快农业转型升级的观点。温小林等（2019）以江苏休闲观光农业为例探究了三产融合对休闲农业的促进作用。郭颖、姜启军（2018）从宏观上构建了社会休闲与工作时间—资源分配模型，增强了休闲渔业在生产和消费上的一致性，完善了渔业内部产业结构，促进了休闲渔业持续健康发展[4]。特色小镇是产业融合与产业集聚的最佳载体，是推动产业转型升级的创新举措。姚尚建（2017）指出，特色小镇既是地方城市化的尝试，又是地方政府间协同的过程，分析了建设过程中面临的市场本位与国家本位的博弈问题。史云贵（2013），张鸿雁（2017），王振波、薛珂等（2017）阐述了我国特色小镇存在产业特色不突出、同质

---

[1] 徐秀玉，陈忠暖. 地理学视角下我国休闲研究进展综述与启示[J]. 地理与地理信息科学，2018，34（05）：113-118.
[2] 黄向，保继刚，WALL GEOFFREY. 场所依赖（Place Attachment）：一种游憩行为现象的研究框架[J]. 旅游学刊，2006（09）：19-24.
[3] 卿前龙，胡跃红. 休闲产业：国内研究综述[J]. 经济学家，2006（4）：40-46.
[4] 郭颖，姜启军. 基于社会时间—资源分配视角的我国休闲渔业发展分析[J]. 复旦学报（自然科学版），2018，57（05）：547-553.

化现象严重等问题。王志文、沈克印（2018）基于产业融合视角研究了运动休闲特色小镇的形成动力和融合过程，继而提出建设路径。张婷、李祥虎等（2019）指出，运动休闲小镇是新型城镇化的创新方案，应构建"体育+旅游"策略模式促进产业深度融合。刘逸等（2022）借助地理信息科学领域的空间分析工具，基于同位模式算法计算最为流行的空间共现关联，捕捉城市休闲产业空间集聚的基本组合模式，发现休闲产业基本上以三阶为组团单位（即三类业态），在城市空间上呈现出广泛的分布。在所有流行团中，美容美发店这类休闲兴趣点的中心度最高，是关联其他休闲业态的最核心要素，构成了城市各个休闲中心和节点的基本功能。[①]

三、国内外休闲理论研究述评

浙江大学旅游与休闲研究院庞学铨教授在研究国外休闲学理论的基础上认为，如果从休闲学理论及学科发展的视角考察，西方的休闲研究存在着三个突出的问题[②]：第一是研究理论的碎片化。按荷兰蒂尔堡大学莫马斯教授的看法，造成这种状况的主要原因，一是在20世纪70年代末和80年代初，欧洲休闲研究出现了批判性观点，二是在整个欧洲出现了更加以市场为导向的休闲方式，三是新形势引发了一些额外的研究领域。[③]第二是大学几乎没有独立的休闲学科设置。正如英国休闲学者弗雷德·科尔特（Fred Coalter）指出的那样："许多所谓的休闲学者只有一只脚在这个领域，主流的休闲研究专家很少是'以休闲为中心'的"[④]，虽然休闲问题的教育与研究早已进入西方大学专业与课程建制中，但它们基本上都是涉及与休闲相关的学科或领域，而非独立的休闲学。第三是研究方法上的多元化。西方休闲学者大多认为休闲研究是跨学科、跨文化的，应该充分注意其多模式的特点，对多种理论、多种方法、多种形式的合作研究加以利用。"任何单一的范式、模式、途径、理论或研究方法都不可能尽述其详。我们只有通过探索在不同学科内发展起来的各种理论隐喻，才能全面地揭示休闲的性质，从而既能探明其内部构成要素，又能通观其总体轮廓。"[⑤]研究方法的多元化，实际上是研究视角多元化的反映和表现。休闲研究面临的挑战不是西方独有的，"相比西方而言，我国休闲研究不过十余年历史，虽已成为一个备受关注的研究领域，但尚处在前学科阶段（pre-discipline），研究相对粗浅而分散，呈现明显的碎片化特征，尚未形成一个统一的知识体。当前我国的休闲研究既不能为解释我国的休闲发展现实提供完善的理论支撑，也无法对世界休闲研究理论和方法体系形成系统输出。"[⑥]

庞学铨认为，西方休闲研究出现问题的主要原因是认识和观念的问题，包括如何看待休闲研究对象和领域的不断分化、休闲研究是否需要并可能形成一些基本的共识、如何看待休闲理论研究与实践应用之间的关系等一系列问题。西方学者对休闲研究持两种不同的态度：危机论与乐观论。乐观论者没有区分休闲研究的不同层次，危机论者虽意识到休闲

---

① 刘逸，陈銮，刘子惠，陈逸敏.基于同位模式的休闲产业空间集聚特征研究[J].旅游学刊，2022，37（2）：94.
② 庞学铨.休闲学：挑战、希望与出路[J].浙江学刊，2019（1）：81-83.
③ SEE HANS MOMMAAS. European Leisure studies at the crossroads？a history of leisure research in Europe[J]. Leisure science，19（4），1997：241-254.
④ FRED COALTER. Leisure sciences and leisure studies: different concept, same crisis？[J]. Leisure science，19（4），1997：256.
⑤ 约翰·凯利.走向自由——休闲社会学新论[M].赵冉，季斌，译.昆明：云南人民出版社，2000：6+82.
⑥ 宋瑞.反思与演化：近二十余年西方休闲研究的学理之辩[J].旅游学刊，2013（5）：22.

基本理论的重要性，但未能进一步探究。为此，庞学铨教授将休闲研究分为三个层次：第一个层次是最宽泛的休闲研究，包括所有与休闲相关的领域、产业的理论和实践的研究；第二个层次是专门性学科和实践领域的休闲研究；第三个层次是关于休闲研究的元理论，是休闲的基础理论研究。①从前两个层次来看，休闲研究面临的三个挑战未必都是危机，也有可能是希望。但是构建作为生活哲学的休闲学，才是摆脱西方学者所谓休闲研究危机和挑战之恰当而顺畅的"出路"。

联合国关于人权与休闲的宣言

1948年：世界人权宣言

第24条：人人有权休息和休闲，包括合理限制工作时间，定期享有带薪假期。

第27条：人人有权自由地参加社区文化生活，享受艺术，分享科学进步及其带来的利益。

1966年：经济、社会和文化权利国际公约

第7条："人人都有权享有公平合理的工作条件"，包括有权获得"休息、休闲、合理限度的工作时数，周期性带薪休假，以及公共假日的工作报酬"。

1975年：残疾人权利宣言

第3条：残疾人有权使自己的人类尊严得到尊重。不论其残障的原因、状况和严重程度如何，残疾人都享有与同龄人同样的基本权利。其中首要便是享有与正常人一样体面生活的权利。

第8条：残疾人有权使自己的特殊需要在经济和社会规划工作的各个阶段都能得到考虑。

1979年：消除以各种形式歧视妇女的公约

第3条：在所有领域中，特别是在政治、社会、经济和文化领域中，各国采取包括立法在内的一切适当措施，确保妇女的充分发展与进步，以保证使其能够在与男性平等的基础上行使人权和享有基本自由。

第5条：各国须采取一切适当措施……调整男性与女性的社会文化行为格局，以消除偏见和陋俗，并消除所有其他基于性别优劣的思想和基于男女角色分工的旧习而产生的常规。

第10条：各国须采取一切适当措施，消除对妇女的歧视，确保她们在教育领域中享有与男子平等的权利，特别是确保她们在男女平等的基础上，有同样的机会参加体育活动。

第13条：各国须采取一切适当措施，消除经济和社会生活其他领域中对妇女的歧视，

---

① 庞学铨. 休闲学：挑战、希望与出路[J]. 浙江学刊，2019（1）：80.

确保她们在男女平等基础上享有同样的权利,特别是参加娱乐活动、体育活动以及所有各方面文化活动的权利。

1999年:联合国儿童权利公约

第31条:① 各国承认儿童享有休息、休闲、开展与儿童的年龄相适宜的游戏和娱乐活动的权利,以及自由地参加文化生活和艺术活动的权利。② 各国必须尊重并促进儿童充分参加文化和艺术生活的权利,必须鼓励为文化、艺术、娱乐和休闲活动的开展提供适当而平等的机会。

1999年:少数民族人员权利宣言

第2条:① 属于民族或种族、宗教和语言方面的少数民族人员(以下简称少数民族人员),有权享有自己的文化,有权主张和信奉自己的宗教,并且有权在私下场合和公众场合下自由地、不受干涉或不受歧视地使用自己的语言。② 属于少数民族的人员享有有效地参与文化、宗教、社会、经济及公共生活的权利。

第4条:属于少数民族的人员有权建立和维护自己的社团组织。

(节选自 VEAL A J. 休闲和旅游供给:政策与规划[M]. 李天元,徐虹,译. 北京:中国旅游出版社,2010:19.)

第三节 休闲学的研究对象、研究内容与研究方法

一、休闲学的研究对象与研究内容

(一)休闲学的研究对象

休闲学作为一门新兴的学科,在我国经历了近十年的发展后渐趋兴旺。休闲学是一门系统地研究人在休闲活动过程的普遍规律、基本原理的边缘科学。其研究对象是休闲活动及影响休闲活动的各要素之间的相互关系。它的研究目的是探索在现有约束条件下,如何通过激发个人休闲动机和优化闲暇配置,汲取古人和他人的休闲智慧,平衡工作与休闲的关系,发展休闲产业与改善休闲环境,实施休闲良政与休闲教育,打造休闲城市,以优化个人休闲体验,促进休闲消费与家庭和睦,进而提升人们的快乐指数。当今,人们的价值取向已开始由原本表面穷极的奢华转向对生活本源的追求、对健康生活方式的倡导、对家庭亲情的向往、对大地自然的亲近,这些已经成为一种全新的生活诉求。而休闲正是以快乐为导向促进社会进步与人类全面发展,本身就具有明确的目的性。休闲学具有以下几个特点。

1. 综合性

休闲学是研究休闲的产生、发展及其活动的一般规律的综合性科学。从休闲活动的主体——休闲活动的参与者角度来看,休闲活动是满足自我需要,实现人本意义的活动,它包括心理、社会、文化等各种因素。从休闲活动的客体来看,它涉及自然、历史、经济、哲学等诸方面因素。因此,休闲学的研究范围较广,涉及哲学、社会学、心理学、经济学等多门学科。各学科与休闲学相互交叉融合形成了休闲哲学、休闲社会学、休闲心理学、休闲经济学等分支学科。因此,休闲学通常需要结合其他相关学科进行综合性研究。

2. 一般性

休闲是一种复杂的现象，没有哪一个单独的学科可以对其进行囊括、研究或理解，只有多学科综合，形成学科边界交叉，才能对其行为与现象做出科学诠释。休闲学试图概括、提炼出人在"休闲"层面共同的东西，并形成系统的理论。它与休闲社会学、休闲心理学、休闲经济学等专门性学科之间具有一般与特殊的关系。因此，在休闲学研究过程中，我们不能片面地关注某一部分的行为与现象，而要从整体的角度出发，注意各个方面、各种因素之间的联系。

3. 历史性

《大学》曰："物有本末，事有终始，知所先后，则近道矣。"休闲学是对前人的休闲实践、休闲思想和休闲理论的总结、扬弃和发展。割断历史，不了解前人对休闲经验的理论总结和休闲历史，就难以很好地理解、把握和运用休闲学。

4. 实践性

休闲学是一门应用性科学，它的理论与方法要通过实践来检验其有效性；同时，有效的休闲理论与方法只有通过实践，才能发挥其指导休闲的作用，并在不断反复的实践中，完善休闲学的理论与方法。

（二）休闲学的研究内容

就休闲本身的内涵而言，主体始终是每一个活生生的人。休闲学的研究与人类的全面发展是密切相关的。在研究框架与内容上，我们也应以人为核心，坚持"以人为本"的理念，以人的历史、社会、体验、经济和发展五大维度为切入点，全面考察与解释人之休闲活动及由此产生的休闲现象。

1. 历史之维

休闲哲学家皮珀对休闲的见解非同凡响，他说："我们必须记住，休闲不是一个星期天下午的悠闲时光，而是对自由、教育与文化的维系，是对尚未消失的人性的维系。"[①]从历史维度考察，休闲是哲学，是文化，是一种"精神的态度"，是促进人性的行动的自由，是从世界的物质中创造出新的人文意义。

历史之维的内容由以下三章组成。第一章是休闲与休闲学概述。在辨析休闲概念、梳理中外休闲研究文献的基础上，指出休闲的本质是追寻快乐以及生命的意义。第二章是休闲发展史。在回顾西方休闲发展史与东方休闲发展史的基础上，对东西方休闲文化的相同点与差异性进行了深入解析，认为东西方大趋同是不可阻挡的历史潮流。第三章是休闲环境。从经济技术环境、社会文化环境和人口地理环境三个方面对影响休闲环境的因素进行了详细分析，提出了数字社会休闲环境巨变之应对之道。

2. 社会之维

当今社会，休闲不仅是一种个人行为，由于参与者众多且相互影响，已成为一种不容忽视的社会现象。因此，以社会维度分析休闲与工作、休闲与家庭、休闲与生命周期以及社会阶层与休闲等各个层次的内在联系与因果关系，成为深化休闲学研究的重要载体和关

---

① [德]PIPER. Leisure——the basis of culture[M]. Cambridge: Pantheon Books, 1963: 46.

键内容。

社会之维的内容由以下四章组成。第四章是工作与休闲，主要阐述工作的多维内涵及数字经济时代工作的变革与新形态，剖析了工作与休闲相互关系的演进过程及如何解决休闲与工作之间的矛盾，实现休闲化工作。第五章是家庭与休闲，阐述了休闲活动对于家庭和谐的重要性，探讨了家庭休闲的意义与类型，分析了家庭休闲活动的类型，认为休闲家庭是休闲时代中国家庭的主流模式。第六章是生命周期与休闲，剖析了生命周期各阶段影响休闲的因素及典型休闲活动，指出人在不同生命周期中都会有与之相适应的休闲方式，做好生命周期不同阶段的休闲规划至关重要。第七章是社会阶层与休闲。"休闲生活并不是富有者和成功者独享的权利，而是一种宽怀心理的产物。"不同阶层的人均可找到适合自己的休闲活动，休闲共同体是弥合阶层鸿沟的重要媒介，以物质为主的传统社会分层减弱，以精神为主的休闲分层初露端倪。

3. 体验之维

休闲是人从事的寻求生命意义的活动。休闲的价值在于它能给人丰富的体验与行为的优化。所有对休闲的思考都离不开人之体验。从体验的维度出发，分析休闲的动机与制约，优化个人的闲暇配置，从而获得深度而高质量的休闲体验，这是休闲学必须研究的重要内容。

体验之维的内容由以下三章组成。第八章是休闲动机与休闲制约，阐明了如何培养正确的休闲价值观，指出了休闲动机的影响因素，剖析了残障人士、宠物主等特殊群体的休闲制约，并提出了休闲制约的协商策略。第九章是闲暇配置。在阐述闲暇时间概念、特征与闲暇配置重要性的基础上，分析了闲暇配置的测量指标，指出了我国公众闲暇配置中存在的主要问题，提出了乐活生活形态与闲暇配置优化之思路。第十章是休闲与体验。休闲是一种体验生活的方式，目的是摆脱身心的羁绊，追求感官以及心灵上的自由，从而实现自我获得"畅爽"的心灵体验，并提出获得畅爽的有效途径。

4. 经济之维

从休闲的经济维度出发，对休闲消费与休闲产业进行深入分析是休闲学研究领域中的重点。这一部分是休闲学作为应用性学科的主要体现，为指导休闲实践而服务；同时，休闲政策和休闲教育对休闲业的繁荣昌盛起着决定性的作用，为可持续发展提供重要的保障。

经济之维的内容由以下三章组成。第十一章是休闲产业。休闲产业是意义产业，集群化、融合化是休闲产业发展的大趋势，特色小镇则是休闲产业集群化与融合化的新典范。第十二章是休闲消费。在对休闲消费进行科学分类的基础上，构建了引入时间约束的理论模型，并对我国休闲消费结构做了系统分析，提出了新消费主义视角下休闲消费升级的方向。第十三章是休闲政策与休闲教育。在借鉴国外经验的基础上，从多维度视角探析提升休闲政策水平、加强休闲教育的建议与措施。

5. 发展之维

人的生活离不开城市，人类的休闲活动更是依赖于城市舒适物的建设与完善。同时，在休闲城市构建的基础上，以数字、社群以及创意为代表的时代潮流正引领着人们的休闲理念与休闲行为，休闲革新一触即发。

发展之维的内容由以下两章组成。第十四章是休闲城市。通过对舒适物的研究为休闲城市发展提供新范式，提出了舒适物是休闲城市的基础构件的观点，并基于舒适物对国外休闲城市进行案例研究，进而探讨了休闲城市的提升策略。第十五章是休闲与人类未来发展。以"数字时代""社群时代"和"创意时代"为背景，分析新时代休闲理念和休闲行为的变革，最后基于人类增强提出"休闲人"假设，阐明了休闲完善和丰富人性的功能以及人类畅达幸福的休闲之途。

休闲学研究框架与内容如图1-3所示。

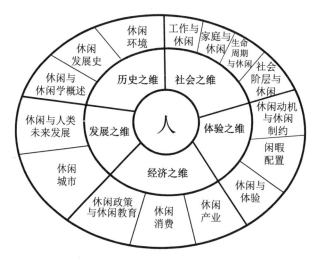

图1-3 休闲学研究框架与内容示意图

二、休闲学的研究方法与研究意义

（一）休闲学的研究方法

同其他任何一门学科一样，休闲学也有其自身的研究方法，主要包括历史研究法、比较研究法、案例分析法和系统分析法等。

1. 历史研究法

历史研究法就是运用休闲理论与实践的历史文献，全面考察休闲的历史演变、重要的休闲思想和流派，从中找出规律性的东西，寻求对现在仍有意义的休闲原则、方式和方法。任何休闲现象都不是孤立的，都有它产生的历史背景及其发生、发展的过程。因此，对休闲学中的某一种休闲理论、某一种定义、某一个规律的研究，都应放在一定历史条件下，从其发生和发展的过程中去考察，才能掌握它的来龙去脉，了解它的实质所在，并给予恰当的评价。用历史的方法研究休闲学要求我们全面地、发展地看待一切休闲思想与休闲理论，既要挖掘出它的历史渊源，又要看到它的发展变化，一方面要注意其反映的普遍性问题，另一方面也要注意休闲个体的差异性。

2. 比较研究法

比较的方法是科学研究中较常用的一种研究方法。它把不同的或相似的事物放在一起做比较,用以鉴别事物之间的异同,分辨出一般性和特殊性的东西,区分出可为我借鉴的东西和不可为我借鉴的东西。从休闲的实践来看,各国情况大相径庭,闲情万种的新西兰人与忙碌奔波的中国人构成了现实世界的两极。如何建立一套适合我国实际情况的有特色的休闲理论等问题,都需要应用比较研究方法进行探讨。

3. 案例分析法

所谓案例分析法,是指在学习研究休闲学的过程中,通过对典型案例的分析,从中总结出休闲经验、方法。实践证明,案例分析法对于休闲学的研究是行之有效的。这种方法的最大优点是能够体现理论联系实际的原则,使一般休闲原理的抽象建立在大量的实际案例分析基础上。在美国,案例分析作为一种休闲学的教学方法已十分普遍。美国的宾夕法尼亚州立大学成功的案例教学已培养出大批的优秀休闲专家、休闲哲学家,早已令世人瞩目,该学院的教学方式也成为休闲教育的楷模。本书众多的开篇、篇中、篇尾案例,将为休闲学中广泛采用案例教学法提供支撑。

4. 系统分析法

所谓系统,是指由相互作用、相互依赖的若干组成部分结合而成具有特定功能的有机整体。系统本身又是它所从属的一个更大系统的组成部分。系统分析的方法是指用系统的观点来研究和分析休闲活动的全过程,要求在研究和解决休闲问题时必须具有整体观点、开放思维。要进行有效的休闲活动,必须对影响休闲过程中的各种因素及其相互之间的关系进行总体的、系统的分析研究,才能形成休闲的可行的基本理论和合理的休闲活动。总体的、系统的研究和学习方法,就是用系统的观点来分析、研究和学习休闲的原理和休闲活动。

(二)学习与研究休闲学的重要性

1. 休闲时代呼唤休闲理论

休闲是一种放松的、摆脱了被自己或他人设计和控制的生活方式,有史以来一直为人们所推崇。在历经千百年孜孜不倦的追寻后,休闲时代终于到来。由于休闲并非不事劳作、游手好闲的娱乐活动,而是"智慧""深度"的活动,不是人们轻而易举能够实现的,所以需要高屋建瓴的指引。不过,作为这个时代的一项崇高事业,休闲学科的建设没有引起人们的足够重视,休闲理论研究仿佛或穿梭于应用领域,或置身于空中楼阁,没有牢固的根基,存在诸多不足。半个多世纪以来,国外学者尤其是北美学者从不同的学科视角在休闲现象、休闲问题的研究方面取得了显著的成果,提出了许多涉及休闲理论的概念和原理,但研究理论呈现碎片化,碎片化意味着满足于各个休闲相关领域的孤立研究,缺乏基本理论层面上的普适性内容,丢失了共同的价值观和目标,没有形成基本或相对一致的休闲学术语和范畴系统,以及存在概念和观点的相互冲突等(庞学铨,2019)。反观国内研究,虽然近年来发展势头强劲,研究成果也如雨后春笋般不断涌现,出版了不少导论性、教材性的著作,但与作为一种学说的休闲学要求相去甚远。

因此，休闲学研究前路漫漫，而休闲时代的到来，将对休闲学提出更高的诉求，其目的将不再局限于学科自身的建设与完善，同时也是为了满足实践发展的需要。随着经济日益繁荣，人们释放出了形形色色的休闲需求。为适应这样一种社会发展和民众需求的现状与趋势，我国休闲实践和休闲产业呈现出蓬勃发展的态势，休闲事业、产业的管理，技术和服务人才的需求也更加突出。休闲实践的发展，产生了许多新的理论和实践问题，对休闲理论的研究提出了更多的需求和更高的要求；同时，休闲事业的迅速发展，又需要有系统规范的休闲学理论的引领和指导。此外，在休闲教育方面，由于人的休闲能力不是与生俱来的，而是一种后天习得的态度、行为和意义，正如儿童有爱玩的天性，但儿童会玩、玩得好的能力，需要通过后天的学习才能获得一样。对于现代意义的休闲，如何认识休闲的价值，如何选择适合自身的休闲，如何让休闲成为人们体验和实现自身生命意义的过程等，都需要进行教育（庞学铨，2019），而毫无疑问，所有休闲教育都要以休闲学理论为支撑。

因此，传统的休闲价值观发生根本性转变后，整个社会将会围绕休闲这个中心来运作。在这样的时代背景下，学习与研究休闲学将在未来社会发展中发挥重要作用。

2. 休闲学是快乐人生哲学

托马斯·古德尔曾说"休闲是哲学之母"，庞学铨教授也认为休闲学是一种生活哲学。这种观点可以从西方哲学的三个方面来印证：第一，从认识论层面，休闲学的意义在于提醒我们去发现人类如何在休闲之中以或静或动的感性方式认知世界，去获得知识和真理。在这一视角下，我们可以考察休闲活动中人类认知世界的心理状态有何种特点；第二，从人性论层面，"在闲暇之中——唯有在闲暇之中，不是别处——人性才得以拯救并加以保存"[①]，只有在休闲活动中，人所具有的丰富人性才会得到展现，因此，休闲学研究将使我们惊喜地发现越来越多构成真正人性的元素，哲学上的人性论也才会越来越深刻；第三，从存在论层面，休闲学必然是存在之学，它强烈地关注人的存在，表现为对生命的存在的反思，如对现有生存状态进行批判，对理想生存方式进行探索等（章辉，2012）。

休闲学既是哲学，那么它关乎的主旨是什么？林语堂在《生活的艺术》写道："拿全部的中国文学和哲学观察过后，我深深地觉得那种对人生能够尽量地享受和聪慧的醒悟哲学，就是中国民族思想上最恒久的、最具特性的、最永存的叠句唱词。"他从人的自我出发，构建了"快乐哲学"，将快乐作为生命的支点。无论在何种情况下，追求幸福快乐都是人类的目标，而休闲就是这种快乐哲学的核心要义，因为"唯有安闲的快乐，才是完全没有痛苦的快乐"（亚里士多德）。英国心理学家卡萝·罗斯威尔（Carol Rothwell）和佩特·柯恩（Pete Cohen）曾经提出了著名的快乐公式：幸福＝P+5E+3H，其中 P 表示个性（Personal Characteristics），包括对生活的看法和适应能力；E 代表生存状况（Existence），包括健康、经济稳定和友谊；H 代表更高层次的需要（Higher Order），包括期望、自尊心和幽默感。休闲与个性培养、生存状况的改善和更高层次需要的满足密切相关，是人在生活中实现"生

---

① [德]约瑟夫·皮珀. 闲暇：文化的基础[M]. 刘森尧，译. 北京：新星出版社，2005：47.

命回归"与"快乐复活"的重要实践。心理学大师罗杰斯也认为人生最重要的是拥有制造快乐的能力,休闲令人摆脱名缰利锁的羁绊、远离喧嚣,在内心"修篱种菊"。由此可见,休闲已经成为塑造快乐人生的重要途径,休闲学自然是快乐人生哲学,对其进行深切探究于人生而言意义非凡。

3. 休闲学是安身立命的大智慧

安身立命是中国人的传统思维,是一个无可回避的、根本性的人生问题,它一方面指生存需求的基本保障,即衣食无忧;另一方面是个体的精神要有所寄托和依归,并在人生价值方面掌握命运并赋予意义。

进入休闲时代后,"得闲空,蓄闲心,做闲事,学闲技,交闲友,聊闲天,处闲境,读闲书,养闲趣,用闲钱"将成为生活常态,人类所关注的将是人的生存质量和全面发展,其核心内容就是休闲,而休闲正是当代人安身立命的重要依托。首先,休闲促进身心安顿。休闲是人的基本需求,一个完整意义上的生命体必然深蕴休闲活动,它不但能够在生理层面舒缓疲劳、复原精力,更重要的是有助于平衡心理状态,让饱受焦虑、抑郁的灵魂重回健康的基点,使人得以达到全面的安身。其次,休闲的核心要义是帮助个体立命。在休闲中,人们可以摆脱日常工作的紧张、日常生活琐事的烦恼,避免严密的设计、规划和严格的甚至是带有强制性的被动操作,达到放松、舒畅,甚至处于一种自由自在、自然而然的状态,倾听生命的呼唤,享受本真的生活。身心的愉悦和享受,在休闲中得到充分的实现,生活和生命的意义,也在休闲中得以自由地绽放异彩。休闲使得人在超越自我、寻求生命的终极价值时可以不假他求,只需向内发掘自性。

马惠娣认为休闲学的核心观点在于休闲是人的生命的一种状态,是一种"成为人"的过程,是一个人完成个人与社会发展任务的主要存在空间,休闲学研究的兴起,其实质是对人类前途命运的一种思考,是对几千年人类文化精神和价值体系发生断裂的现状做补救工作的一种努力,是试图通过对休闲与人生价值的思索重新理清人的文化精神坐标,进而促进人类的自省,休闲学研究已经成为后现代文化的一部分,并使得对人的思考更具有针对性。可见,休闲学不仅是快乐哲学,更是促进人类安身立命的智慧精华,有如暗室逢灯,襄助生命寻觅最终的意义所在。

寻找生命的意义

有一天"我"字丢了一撇,成了"找"字,为找回那一撇,"我"问了很多人,那一撇代表什么?商人说是金钱,政客说是权力,明星说是名气,军人说是荣誉,工人说是工资,学生说是分数……最后"生活"告诉"我"那一撇是:健康和快乐。

——莫言

梁漱溟在《这个世界会好吗》的后记中说过这么一段话："人类都会面临三大问题，但顺序错不得。先要解决人和物之间的问题，接下来解决人和人之间的问题，最后一定要解决人和自己内心之间的问题。"人与内心的问题，细细推究，无非就是关乎自我的问题。维克多·弗兰克尔，这位纳粹集中营的奇迹幸存者，历经炼狱般的噩梦后领悟到自我最重要的就是寻找生命的意义。生命的意义是什么？不知你是否也曾思考过？

当时光如辚辚的马车飞奔而去，为摆脱饥肠而挣扎的生命不能承受之重烟消云散，随之而来的是五光十色、流金溢彩、霓裳艳舞、美酒花香。在哀叹人生之须臾时，有人及时行乐，最后却自我沉沦，浸润于终日昏昏醉梦间，"许多为实现目的而采取的手段及活动，已越来越篡夺了目的的地位，而目的本身却成了模糊的、非真实的存在"（弗洛姆），绚丽之下的是存在之虚无，像《桃花扇》从历史深处飘出的悠悠弹唱：金陵玉树莺声晓，秦淮水榭花开早，谁知道容易冰消……也有人终日营营、夙兴夜寐、胼手胝足，西服裹住了电脑前坐得僵硬的身体，高跟鞋挤痛了酸胀的足尖，丢不开、摆不脱的应酬，也一如既往地在朝九晚五后还不依不饶地折磨着即将崩溃的神经，在焦虑和厌倦的两极之间徘徊。都市病、亚健康，一如钢筋水泥的冷峻和压抑，令人无法喘息。"在追求和等候的时候，生命又不知不觉偷度过去，也许我们只是时间的消费筹码，活了一世不过是为了那一世的岁月充当殉葬品，根本不会享到快乐"（钱钟书）。劳劳尘世几时醒？

人类永远要在调节中摆正自己的位置，好似有一阵恰到好处的时尚之风吹来，舒缓开我们紧张压抑的焦虑，令那些富有灵性的生命，开始走上自我觉知的道路，去追求和宇宙全然融合的感觉。

这风，便是休闲。勤靡余劳，心有常闲。

休闲不是闲散，而是一种方式，是生活的另一种进入途径。

"我以前，总将人性的光辉，视为人对于大苦难无尽的忍耐和牺牲，而今，在欢乐里，我一样地看见了人性另一面动人而瑰丽的色彩，为什么无休无尽的工作才被叫作'有意义'，难道适时的休闲和享乐不是人生另外极重要的一面吗？"（三毛）。事实上，闲暇处才是生活。适度的休闲是生活的必需品，是不断探寻自我、彰显生命意义的过程。

于是，休闲时必然"心有所寄"。

寄于旅行。我们感悟浩渺的天地，开放奇异的想象，书写独特的生命轨迹，滋养平凡或伟大的思想，因为"一个人的行走范围，就是他的世界"（北岛）。有时，人们千里迢迢，去到戈壁、草原、林莽与海洋，只为挣脱城市鳞次栉比的高墙。其实大可不必，真正的旅行，只需你打开封闭的心扉，倾听内心的声音，然后它会告诉你，这世界比你想象的辽远。

寄于漫步。我们行走于杨柳堤岸，闲拥清风明月入怀。月明星稀，一个人，或牵着爱人，或牵着稚子，沿着蜿蜒或笔直的绿道，做一个如痴如醉的行者，沉湎于甜美的遐想。若累了，你可学诗人，"看一回凝静的桥影""数一数螺钿的波纹"，倚暧那石栏的青苔。这一刻，你与你的内心彼此涵融、彼此钟毓。

寄于阅读。我们静立于书架前，与穿越时光的圣人先哲相视，生命的扰攘纷纷落下，灵魂的聒噪逐渐平息，独有悠闲而至的自己检视着自己、寻找着自己。阅读，不是美酒纵素，不是钟鸣鼎食，不是鲜衣怒马。阅读，只是点燃你的诗意之光，让生命清香四溢。诗人保尔·瓦雷里说："诗，必然是心灵的假期"。

当然，还有激情奔跑的快意、啜饮午茶的安适、畅叙悠谈的莫逆、举杯邀月的浪漫、挥毫泼墨的洒脱、静卧沉思的空明，等等。既然"每一个不曾起舞的日子，都是对生命的辜负"（尼采），我们何不投身休闲呢？

休闲，编织生命中的云翳，来造一个美丽的天空。

休闲，筑就精神里的亭台，怀抱灵魂诗意的栖居。

休闲，不仅仅是寻找快乐，也在寻找生命的意义……

（许智濛 2019 年 10 月原创文章）

 复习思考题

1. 从休闲的起源中，说明休闲的本质和含义。
2. 休闲与旅游有哪些共同特征？
3. 简述休闲与游憩、玩、休息的异同点。
4. 列表格比较国内外休闲理论的发展历程。
5. 休闲学的研究对象是什么？研究内容有哪些？
6. 休闲学的研究方法有哪些？
7. 你认为学习休闲学有哪些重要意义？

 本章参考文献

[1] BRIGHTBILL C K. The challenge of leisure[M]. Englewood Cliff, NJ: Prentice-Hall，1960.

[2] DUMAZEDIER，MCCLURE J. Toward a society of leisure[M]. New York：The Free Press，1967.

[3] FRED COALTER. Leisure sciences and leisure studies: different concept, same crisis?[J]. Leisure science，19（4），1997：256.

[4] HAROLD L VOGEL. Book review of entertainment industry economics: a guide for financial analysis [M]. Cambridge：Press Syndicate of the University of Cambridge，1994.

[5] JOHN NEULINGER. The psychology of leisure: research approaches to the study of leisure[M]. Springfield：Charles Thomas Publishers，1974.

[6] OBER K W. City tourism 2002 Austria[M]. New York：Springer Verlag，2004.

[7] SEE HANS MOMMAAS. European leisure studies at the crossroads？a history of leisure research in Europe[J]. Leisure science，19（4），1997：241-254.

[8] [德]汉斯—格奥尔格·加达默尔. 真理与方法哲学诠释学的基本特征[M]. 洪汉鼎，

译. 上海：上海译文出版社，1999.

[9] [韩]孙海植，安永冕，曹明焕. 休闲学[M]. 朴松爱，李仲广，译. 大连：东北财经大学出版社，2005.

[10] 杰弗瑞·戈比. 你生命中的休闲[M]. 康筝，译. 昆明：云南大学出版社，2000.

[11] 卡拉·亨德森. 女性休闲——女性主义的视角[M]. 刘耳，季斌，马岚，译. 昆明：云南人民出版社，2000.

[12] 克里斯多夫·爱丁顿，陈彼得. 休闲：一种转变的力量[M]. 李一，译. 杭州：浙江大学出版社，2009.

[13] 约翰·凯利. 走向自由——休闲社会学新论[M]. 赵冉，季斌，译. 昆明：云南人民出版社，2000：6-82.

[14] 保继刚. 旅游地理学[M]. 北京：高等教育出版社，2007.

[15] 邓志阳. 休闲与休闲经济[J]. 南方经济，2001，12：51-54.

[16] 郭鲁芳. 休闲经济学——休闲消费的经济分析[M]. 杭州：浙江大学出版社，2005.

[17] 郭鲁芳. 中国休闲消费结构：实证分析与优化对策[J]. 浙江大学学报（人文社会科学版），2006，36（5）：122-130.

[18] 辜堪生，张莉. 马克思休闲思想的"真、善、美"意蕴[J]. 自然辩证法研究，2014，30（02）：113-117.

[19] 郭颖，姜启军. 基于社会时间—资源分配视角的我国休闲渔业发展分析[J]. 复旦学报（自然科学版），2018，57（05）：547-553.

[20] 刘德谦，高舜礼，宋瑞. 2011年中国休闲发展报告[M]. 北京：社会科学文献出版社，2011.

[21] 刘耳. 中美时间分配与城市居民生活方式比较[J]. 信息空间，2004（07）：37.

[22] 刘海春. 生命与休闲教育[M]. 北京：人民出版社，2008.

[23] 刘海春，吴之声. 休闲教育：青少年"成为人"与全面发展的新维度[J]. 自然辩证法研究，2016，32（09）：107-111.

[24] 吕宁. 休闲城市评价模型及实证分析[J]. 旅游学刊，2013，28（09）：121-128.

[25] 林敏慧，保继刚. 城市广场舞休闲研究：以广州为例[J]. 旅游学刊，2016，31（06）：60-72.

[26] 凌小萍. 马克思主义视域下当代劳动与休闲的审思[J]. 毛泽东邓小平理论研究，2019（06）：95-100，109.

[27] 刘晨，蔡晓梅. "噪"起来：广州音乐现场的文化地理研究[J]. 地理科学，2016，36（06）：871-878.

[28] 马惠娣，刘耳. 西方休闲学研究述评[J]. 自然辩证法研究，2001，17（5）：45-49.

[29] 马惠娣. 人类思想史中的休闲——历史·文化·哲学的视角[J]. 自然辩证法研究，2003，19（1）：55-65.

[30] 马惠娣. 休闲——文化哲学层面的透视[J]. 自然辩证法研究，2000，16（1）：59-64.

[31] 马惠娣. 休闲问题的理论探究[J]. 清华大学学报（哲学社会科学版），2000，16（6）：71-75.

[32] 马惠娣. 文化精神之域的休闲理论初探[J]. 齐鲁学刊，1998（3）：99-107.

[33] 潘立勇. 休闲与审美：自在生命的自由体验[J]. 浙江大学学报（人文社会科学版），2005，35（6）：5-11.

[34] 潘立勇，寇宇. "微时代"的休闲变革反思[J]. 浙江社会科学，2018（12）：134-140+160.

[35] 潘海颖. 身体美学与休闲——舒斯特曼美学思想的理论与实践[J]. 旅游学刊，2013，28（09）：114-120.

[36] 彭菲. 从社会关系视角解读休闲核心要素——论休闲与认同之间的关系建构[J]. 浙江社会科学，2019（04）：87-94，158.

[37] 庞学铨. 休闲学：挑战、希望与出路[J]. 浙江学刊，2019（1）：80-88.

[38] 孙承志. 休闲利益论的发展与比较研究[J]. 世界经济文汇，1999，（2）：75-80.

[39] 宋瑞. 反思与演化：近二十余年西方休闲研究的学理之辩[J]. 旅游学刊，2013（5）：22.

[40] 唐湘辉. 论休闲产品及其分层营销策略[J]. 安徽大学学报（哲学社会科学版），2007，31（3）：153-156.

[41] 王雅林，董鸿扬. 闲暇社会学[M]. 哈尔滨：黑龙江人民出版社，1992.

[42] 王雅林. 城市休闲——上海、天津、哈尔滨城市居民时间分配的考察[M]. 北京：社会科学文献出版社，2003.

[43] 王雅林. 信息化与文明休闲时代[J]. 学习与探索，2002，6：74-79.

[44] 翁钢民，杨绣坤. 河北省环京津休闲旅游产业带城市群竞合研究[J]. 人文地理，2012，27（04）：143-146.

[45] 王志文，沈克印. 产业融合视角下运动休闲特色小镇建设研究[J]. 体育文化导刊，2018（01）：77-81.

[46] 温小林，孙德举，庄义庆. 产业融合理论视角下的休闲农业产业发展——基于镇江市休闲农业发展实践与农业经济增长关系量化分析[J]. 江苏农业科学：2019（09）：1-3.

[47] 王琪延，韦佳佳. 居民休闲消费不平等研究——以北京市为例[J]. 经济理论与经济管理，2019（05）：103-112.

[48] 王新越，曹婵婵. 青岛市居民休闲与居住空间结构及其匹配关系[J]. 经济地理：2019（09）：1-11.

[49] 谢彦君. 基础旅游学[M]. 3版. 北京：中国旅游出版社，2011.

[50] 许峰. 休闲产业发展初步探析[J]. 中国软科学，2001，6：112-115.

[51] 谢安世. 我国休闲农业发展演进及"互联网+"转型研究[J]. 经济纵横，2017（06）：102-107.

[52] 徐秀玉，陈忠暖. 地理学视角下我国休闲研究进展综述与启示[J]. 地理与地理信息科学，2018，34（05）：113-118.

[53] 谢晓如，封丹，朱竑. 对文化微空间的感知与认同研究——以广州太古汇方所文化书店为例[J]. 地理学报，2014，69（02）：184-198.

[54] 尹晓娟，徐金海. 休闲旅游产品多元化供给：属性界定与模式选择[J]. 价格理论与实践，2017（08）：132-135.

[55] 尹罡，甄峰，席广亮. 信息技术影响下城市休闲空间生产机理及特征演变研究[J]. 地理与地理信息科学，2014，30（06）：121-124.

[56] 于光远. 论普遍有闲的社会[J]. 自然辩证法研究，2002，18（1）：41-48.

[57] 张广瑞，宋瑞. 关于休闲的研究[J]. 社会科学家，2001，16（5）：17-20.

[58] 张晚林. "休闲"的奠基及其内涵[J]. 自然辩证法研究，2010，26（9）：71-77.

[59] 张敦福. "消遣经济"的迷失：兼论当下中国生产、消费与休闲关系的失衡[J]. 社会科学，2015（10）：47-54.

[60] 赵宏杰，吴必虎. 基于休闲时空涉入的地方认同模型之研究[J]. 旅游学刊，2017，32（03）：95-106.

[61] 朱礼才. 基于TOPSIS模型的我国区域休闲经济竞争力测度[J]. 统计与决策，2016（09）：111-113.

[62] 朱志强，林岚，施林颖，等. 城市居民体育健身休闲制约与休闲参与的影响关系——基于福州市的实证分析[J]. 旅游学刊，2017，32（10）：115-126.

[63] 朱长宁. 价值链重构、产业链整合与休闲农业发展——基于供给侧改革视角[J]. 经济问题，2016（11）：89-93.

[64] 张婷，李祥虎，姚依丹，等. 全域旅游视阈下辽宁省运动休闲小镇发展经验及启示[J]. 体育文化导刊，2019（03）：76-81.

[65] 赵莹，柴彦威，桂晶晶. 中国城市休闲时空行为研究前沿[J]. 旅游学刊，2016，31（09）：30-40.

第二章
休闲发展史

开篇案例

泡在浴室里的罗马人

打猎、洗澡、游戏、找乐子——这就是人生,这便是古罗马人的休闲观念。在各个古代文明中,就数古罗马人最乐于花时间于娱乐,而洗浴则是古罗马人最喜爱的休闲方式。

考古学家曾在意大利罗马近郊发现一处公元 2 世纪的古罗马浴场遗址。该浴场占地面积达 20 231 平方米,拥有保存良好的公厕,其中部分公厕是以大理石打造的。此外,供佣人生火的炉灶则是在地下室。当时室内还以雕像和瀑布来装潢。

在现今看来,如此奢华的浴场令人瞠目结舌,然而,在古罗马,这样的浴场随处可见。最为著名的应属卡拉卡拉浴场与戴克利先浴场。这两座浴场都是庞大的建筑群,戴克利先浴场能容三千人同时使用,卡拉卡拉浴场同时可容近两千人,二者规模分别居第一和第二。

罗马建立共和国初期,有钱人家往往有私人浴室,大多像小型室内游泳池而不像现代浴室。共和国拓展成为强大的帝国后,各城镇也相继扩大,公民生活更富足,沐浴的风气盛行于社会各阶层。在建造浴室这方面,古罗马人是不惜工本的。众多大规模澡堂如同王宫般豪华,内有大理石柱、穹隆天花板、精美拼花地板、喷水池和塑像。大多数澡堂除游戏室、热气室和浴池外,还有商店、酒吧和咖啡座,甚至还有图书馆和剧院等设施。可见,浴场对于罗马人来说并非只是简单的沐浴场所,而更是一种集社交、娱乐和健身于一体的休闲场所。正如古罗马时期某墓志铭所写:"浴室、葡萄酒和性毁了我们的身体,可要是没有了他们,活着又有什么意思呢?"

古罗马人重视休闲,他们的休闲时间比其他任何民族都多,公共浴场则是他们消磨时间的最好场所,在这里他们享受舒适的按摩、互相聊天打趣、吹嘘人生、谈论政治。在古希腊人眼里,洗浴不仅能带来运动后的休闲放松和欢乐宁静,更是振奋精神磨炼意志的手段,而古罗马人更是将洗浴当作人生中必不可少的一部分。

生活总能映射文明的特质。可见早在古罗马时期,西方人就十分重视休闲,并且他们的休闲方式与东方人相比更加开放。他们毫无保留地追求奢华的享受和精神的畅爽,这也是现代人羡慕古罗马生活的原因之一。

（整理自孔晓娜. 意大利：惊现古罗马豪华浴室[N]. 央视网，2007-7-20.）

"你能看到多久的过去，就能看到多久的未来"，丘吉尔的这句名言鞭辟入里地阐明了研究历史对于把握未来的重要性。因此，用世界眼光、人类气度去廓清中外休闲发展历史，就能把握无穷于掌心，窥永恒于一瞬，将有助于我们更深入观察休闲现状，思量休闲的未来走向。同时，对发展当今的休闲产业，提升人们的休闲体验也具有积极作用。

过去是未来最好的向导，对未来休闲的研究必须建立在历史的根基之上。早在古罗马时代，休闲就已经受到了广泛的重视。休闲的历史车轮随着时代不停地向前滚动，从未停下。纵观东西方休闲发展史，无论是古罗马斗兽场中的欢呼，还是陶渊明田园生活的宁静，都表现出了先人们对于休闲的理解与体悟。

第一节　西方休闲发展史

一、原始社会：休闲的萌芽

在原始社会，劳动和休闲的区分并不明显，由于生产力条件的极度落后，当时的人们每天绝大部分的时间都用于准备维持自己和家族生存所需要的物资，因此不可能存在真正意义上的休闲。但是诸如打猎、赶集市、边干活边唱歌、讲故事等活动又具有娱乐的性质和休闲的功能，因此也不能将这些活动排除在休闲活动的范畴以外。正如人类学家斯普顿和考恩斯（Stumpf & Cozens，1974）在研究毛利（Maori）文化的报告中所说的，毛利人任何层面的经济生活之中，都伴随着消遣娱乐的成分。"不管他们是捕鱼、捉鸟、耕田或是盖房子、造独木舟，在所有这些场合中，都能找到可以被认为是娱乐活动的痕迹"，这些娱乐性的活动（如唱歌、高声谈笑）在许多非洲部落集体劳动中也可以看到。

研究农业社会和狩猎采集社会日常行为的人类学家们向现代社会展示了当时的"工作—休闲"模式：与工作社会模式相比，那时的工作与休闲之间并没有那么严格的界限。狩猎等活动的参与者在当时并不把它们当作休闲或闲暇活动，而认为它们只是日常生活的一部分。但是生活的这个部分（狩猎等活动）使他们能够达到快乐和享乐的效果，对劳累的身心具有恢复功能；可以起到调整人们之间社会关系的作用，宣泄矛盾、侵害、敌对等情感因素，具有治疗和升华的功能。

可以这样认为，原始社会的人们把现代意义上的各类休闲活动（如打猎、捕鱼等）只是作为劳动的一部分在反复地进行着或者说原始社会的人们把生活的日常事务处理得跟玩耍一样。但是有一点是肯定的，在原始社会并不存在有意识的休闲和选择性的休闲，但已经开展的一些休闲活动方式对当时的人们调节身心会起到一定的作用。

因此，在这个时期，人们没有休闲的意识或概念，更加不可能形成独立的休闲社会形态，但是无意识的休闲活动方式已经逐步地出现，并发挥了它应有的一些作用。

二、古希腊、古罗马时代：休闲的大发展

伴随着生产力的发展和私有制的出现，原始社会逐渐向奴隶社会转变。社会制度的改变将原有的劳动与休闲相互融合的状态完全打破，整个社会被有效地划分为只能够劳动的奴隶阶层以及只拥有休闲的自由阶层。2 500年前的希腊城邦，如雅典，20万奴隶是有职业、有分工的人，5万由贵族和平民构成的公民却是没有职业、没有分工的闲散人员，处于所谓的"自由状态"。[①]因此，在柏拉图、亚里士多德等人的观念中，休闲只属于特权阶级。尤其是亚里士多德，他把人的一生分成工作与休闲、战争与和平两个极端，主张为了休闲与和平进行工作和战争，这种观点认为休闲是人生的目的，而工作是实现这个目的的手段。[②]

由此，我们可以发现，从原始社会到奴隶社会，休闲产生的变化不仅仅在形式上——劳动与休闲被严格地区分在两个不同的阶层；在思想上，人们也已经具有了一定的休闲意识，并将休闲凌驾于劳动之上，作为追求的目标。

事实上，古希腊人的休闲观绝不仅仅如此，广义上的古希腊休闲观把基础放在自由人之上，认为休闲是自由人的人生基础。休闲不仅仅是自由时间的意思，更是锻炼自己、提高修养的途径，是从必需的劳动到自由的状态。同时，早期希腊哲学家还把学问与休闲理想联系起来，认为休闲同教育、知识、美德、愉快和幸福是不可分离的，是实现文化理想的一个基本要素："知识引导着复合道德的选择和行为，而这些东西反过来引出了真正的愉快和幸福。"

雅典城邦是开放的城邦，雅典文化更是开放的文化。它善于吸收外来异质文化，内部邦际也频繁交往。开放的文化带来的是全世界的哲学、诗歌、音乐和艺术等精神产品的大量涌现，雅典变成了各国哲学家、艺术家的汇聚之地。雅典城邦的每个人既是劳动者又是艺术家，在生活与休闲中慢慢寻找着平衡。古希腊时期盛行借助公共设施的公共休闲，古希腊人认为，休闲是在自由时间里享受，为了给每个人提供休闲的机会和设施，必须要有好的政府。但是，古希腊文化中被认为是休闲活动的内容是极其有限的。对人的一生有重要影响的休闲活动主要有政治、哲学、教养活动、学问、美术、趣味活动、宗教文化仪式（赞美宙斯神的仪式）、竞技大会以及奥林匹克运动会等定期举行的仪式。而亚里士多德更近乎苛刻地认为只有音乐和冥想才是具有休闲意义的活动，其中冥想是所有人类活动中最理想的休闲行为。

一直到古罗马时代，休闲活动的方式才逐渐丰富起来。打猎、洗澡、游戏、找乐子——这就是人生，此话虽不是全部古罗马人的生活写照，但在古罗马社会中，有相当数目的人过着这种无所事事的"有闲"生活。在各古代文明中，当数古罗马人最会玩，而且玩的就是心跳。古罗马人把休闲理解为劳动的适应状态，更具有一种实用的性质，该时期的某些旅行开始具有与近代旅游相类似的形态。与学习和创造等休闲活动相比，古罗马人

---

① 徐明宏. 休闲城市[M]. 南京：东南大学出版社，2004：62.
② JOHN R KELLY. Leisure[M]. Englewood Cliffs, New Jersey: Prentice-hall,Inc，1982：38.

更推崇消费型的休闲，而且他们也不重视高尚的、追求幸福的休闲。古罗马人把休闲当作政治的工具加以利用，他们制订休闲计划、开发休闲设施（其中大部分是公共设施），因此，古罗马的澡堂、室外剧场、运动竞技场、公园、游园等设施建设比较突出，作为社交活动场所的大众浴池享有盛名。

总之，以奴隶社会为基础的古希腊和古罗马时期是休闲的大发展时期，不仅表现为休闲与工作（劳动）两者初步界限的具体区分，更因为在这一时期绝大多数人有了休闲的意识，认识到休闲的重要性，为休闲的发展奠定了充分的思想基础。同时，休闲设施的大量兴建及休闲活动类型的多样化，为休闲的发展奠定了坚实的物质基础。

三、中世纪：休闲观的颠覆

古罗马没落后，天主教和封建制度登上了历史舞台，两者共同支配着中世纪时代。在中世纪，天主教教会控制着大部分休闲活动。早期的圣·奥古斯汀和圣·本尼迪克特的宗教思想中，劳动被赋予了新的意义和价值，所有的教徒都必须从事体力劳动，早期天主教的教父和信徒已为此树立了榜样，而亚里士多德休闲哲学则为教徒如何符合教规地打发闲暇时间提供了指导。因此，中世纪初期的人们认为休闲的最高境界是祈求拯救的冥想。主宰中世纪社会精神领域的天主教教会教导人们，生活的目的是为来世做准备；无所事事是灵魂修炼的敌人；重视辛勤的劳动和冥想。

中世纪的休闲不同于古希腊和古罗马时代的集体休闲，它维持了"宗教—个人"中心型的休闲形式，认为劳动是神圣的，休闲是世俗的，这导致了人类的本性从玩（Homo Ludens）转变为工作（Homo Faber）的后果。由于受到天主教思想的制约和以土地关系为基础的封建制度的制约，当时人们的休闲方式相对比较单调。当时与天主教的宗教秩序相一致的休闲活动主要有宗教仪式、周日活动、在教会的广场及村落的公用广场等地举行的仪式。

但是在一些特定的阶层，也出现了一些新型休闲活动方式的萌芽，比如骑士集团为封建领主进行骑士竞技、剑术、枪术、跑步、投石等身体训练，相当于今天的体育活动。另外，随着中世纪城市的诞生和行会的稳定，尽管封建制度以地主和农奴的关系为主导，但由独立商人和手工业者组成的早期的城市市民们，因积累了大量财富而生活富足，与关心来世相比，他们更追求现世的安乐生活，于是舞会、歌剧、演戏、艺术等活动也零星地得到开展。

总之，中世纪的休闲几乎颠覆了古希腊和古罗马时代的休闲观念，人们又将追求的中心放在劳动上，该阶段是休闲发展的低潮期。

四、文艺复兴、宗教改革时期：休闲的黄金时代

西方世界摆脱了黑暗的中世纪时代后，迎来了发达文化的黎明——文艺复兴。该时期在贸易、商业、金融业等领域，人们积累了大量财富，形成了新中间阶级，他们把充足的财力和时间投入娱乐和休闲生活中。文艺复兴时期是一个不十分重视严格的道德规范的时期，因此，人们可以直接参与狩猎、宴会、舞会、歌剧、演戏、艺术等活动，以财力援助

的形式促进艺术、文学、娱乐部门的发展，增建了剧场、歌剧院等艺术型的休闲设施，许多持有巨资的艺术赞助者更多地光顾画廊而不是皇宫、教堂或大城市。

赫伊津哈称这个时期为"玩乐的黄金时代"。文艺复兴把人类的情感从充满金钱欲的中世纪解放出来，把人类的理性从宗教的戒律中解放出来，从而构筑了数世纪以后产业革命的基础，形成了近代欧洲上流社会社交活动和休闲享受的风气。文艺复兴还使人们从长期以来宗教式的和超自然的思考方式中解放出来，形成严肃的思考和思想，具体表现为理性主义、实用主义等。在这种新思潮的影响下，人们对休闲进行了再评价，这对休闲文化的发展起到了积极的作用。

文艺复兴初期的文化和人本主义思想也受到中世纪末的宗教改革的影响。宗教改革向人们的劳动观念灌输了宗教意义，把不劳动和休闲看作罪恶，严肃的清教徒生活观念认为只有勤劳诚实的态度才是美德。因此，尽管文艺复兴促进了平民的休闲自由，但宗教改革对西方世界的劳动、生活观念的影响更大，即宗教改革把劳动当作人类生活最神圣的、最高的境界，休闲则被看作是罪恶。这一观点随着中产阶级的兴起，渐渐地取得了主导的地位。在工业革命以后，更助长了工业资本社会的成型，这种工作伦理也一直延续到了20世纪。

五、近代休闲：休闲的飞跃

工业革命以后，城市人口的集中、人们生活方式的改变、城市劳动者的出现以及资本主义制度的巩固等，使劳动时间和非劳动时间的区分更加明显。当时的社会造就了一小部分既有钱又有闲的"有闲阶级"，也造就了一个终日围着机器劳作的工人阶级。一方面，富裕起来的钢铁厂厂主、铜矿矿主、纺织厂厂主以及大牧场场主"希望通过纵情享乐来确立他们优越的社会地位"，特权地位使他们得以过上一种安逸闲适的生活。另一方面，随着城市的工厂制工业的普遍化，对劳动力的需求激增，工作在工人的生活中被安排在首位，劳动时间爆炸性地增加。在工业革命早期，普通市民所能享有的休闲时间因此减少了。相继出现的"经济崇拜"和"效率崇拜"的浪潮，更强化了人们追求生产效率的念头，以至于人们也像利用各种生产资源一样去利用空闲的时间资源。那时本身并不充足的空闲时间，要么成为人们恢复体力与脑力疲乏以便更有效率地进行工作的手段，要么人们在空闲时间拼命地追求各种刺激和放纵自己，以致空闲时间的利用也如同劳作一样匆忙和紧张。

从某种意义上说，在当时有闲阶级和劳动阶级都是新生事物，并且这两个阶级几乎是处在对立的两极之上——一边拥有大量的财富和自由时间，却不知道该怎么去打发；另一边却不得不终日枯燥而无休止地劳作，却极少拥有他们曾经那么熟悉的休闲时光，就算好不容易有点空闲，也是"杯水车薪"，想要像原先在乡下那样优哉游哉地享用闲暇时光已是可望而不可即。超长的劳动时间和过高的劳动强度所引起的阶级对立最终导致了争取缩短劳动时间的工人运动，并促使了标准工作日制度的形成，工人的休闲问题最终成为社会性问题。

但工人阶级的休闲与过去封建领主等有闲阶级享受的休闲具有本质上的区别，它是工人们从这种被压迫的状态中恢复精力的一段时间,狄更斯(1964)等人认识到,休闲时间是工人们恢复体力、调整心态以便重新投入工作的唯一途径。近代休闲的价值更多地在于保证生产劳动持续地进行,劳动成为近代社会的日常文化,劳动文化的主导地位决定了各种与生产相关行为的相应社会价值。

六、现代休闲:休闲大众化

当历史的车轮驶入 20 世纪,世界文明的历史终于掀开了崭新的一页。由于现代社会生产力水平的极大提高,推动人类文明快速进步,由此导致休闲意识观念不断更新,休闲在现代已经成为社会各阶层人们所普遍享有的社会权利,而不再是仅属于少数人、一个等级或一个阶级的社会特权。虽然在全球范围内休闲生活依然存在着严重的不平等现象,要彻底改变这种不平等的状况还有待时日。然而,令人欣慰的是,呼啸向前的历史潮流毕竟已使全世界的劳动阶级同样拥有休闲的权利,人们可以自由地将休闲时间用于自身的享受和发展。这种历史性的社会变革成果,不仅使现代的人们并不排斥劳动和工作,而且达成一种普遍的社会共识,承认工作是进行休闲和从事娱乐的基础,两者是人类生活有机的组合体。

现代社会是伴随着大批量生产和大批量消费的大众休闲时代。休闲的意义和重要性对劳动阶层来说在逐渐演变,并将最终发生根本性的变化。20 世纪初期,电视和电影等影像媒体的出现、收入的显著提高、劳动时间的逐渐缩短、劳动法的制定、通信和交通技术的进步等,都为人们的休闲活动带来了较大的选择余地,大众娱乐由此形成。人们已经把休闲理解为选择一种能发挥其禀赋特长的活动,使自我价值得以实现。例如,低价的火车和市内有轨电车使许多人都有可能进行短途旅行,在电车终点站建起的娱乐公园吸引了大众,许多形式的运动也越来越大众化了。由商业化导致的技术进步促进了电唱机、收音机、电影和机动车的发展,使人们的休闲机会增多了。

到了 20 世纪 30 年代,政府、老板和工人都致力于公众休闲活动。[1]北美已普遍开始实施双休日。随着各式正规和非正规教育的普及,人们的休闲潜力也被开发出来。许多以前人们不留意、不欣赏的活动,都激起了人们的兴趣。针对这一现象,杜马哲迪尔指出:今天,休闲已成为数百万、数千万劳动者生活中的重要因素,它直接关系到劳动、家庭、政治、社会等问题,因此必须从新的角度看待休闲的问题。

进入 21 世纪初期,休闲的变化更是日新月异。1999 年 12 月,美国的《时代》杂志预言:"到 2015 年前后,发达国家将进入'休闲时代',休闲将成为人类生活的重要组成部分"。而事实上休闲时代已经提前来临,我们更多地将休闲用来满足在个人生活中占核心地位的兴趣爱好,而更少地把休闲当作工作后的消遣和恢复,现在我们已经不能仅仅凭一个人在干什么就确定这个人是在工作还是休闲。休闲之于工作的区别仅仅在于个人对这件事的态度以及这件事对个人的意义。

---

[1] GARY CROSS. Asocial history of leisure since 1600[M]. State College, PA: Venture Publishing, Inc, 1990.

总之，在现代社会经济、技术、文化的多重力量的共同作用下，休闲时代的各项特征已经悄然渗透在我们生活的各个角落，并逐步地改变着人类本身。

第二节 东方休闲发展史

一、公元前3世纪以前：巫舞一体的宗教休闲

任何一个民族的开端，往往都被赋予了神话的色彩。在古代社会，人们出于对大自然的依赖和敬畏，认为自然中存在某种神秘的支配力量。他们相信眼前所发生的一切事情及结果都是神鬼意志的体现，并且相信通过虔诚的方式祭拜和取悦神灵就能影响神鬼的意志，从而对自己产生神秘的保佑作用。[①]

《礼记·表记》载："殷人尊神，率民以事神，先鬼而后礼……"，可见，我国早在殷商时期已经形成了一套严密的宗教祭祀系统，随之也产生了早期的巫祭舞蹈与乐曲。考古发现，殷商祭祀活动频繁而且种类繁多，如伐鼓而祭、舞羽而祭、就酒肉而祭等。彼时，宗教信仰构建出人类的价值观、人生观等观念体系，宗教活动便成为人类的精神支柱和行为指南，进而影响着人类的休闲行为模式。《诗经》的出现为我国的休闲历史翻开了一页新的篇章。《诗经》是先秦时期真实的生活写照，其中运用大量的诗句以讴歌生活，表现出当时的休闲思想、休闲文化和休闲方式。《大雅·生民之什·民劳》还直接阐述了休闲、小康和国家安定兴盛的重要性——"民亦劳止，汔可小康。惠此中国，以绥四方……以定我王"。《小雅·节南山之什·十月之交》更强调统治者应该关心人民的休闲——"民莫不逸，我独不敢休"。随后，诸子百家掀起了文化的高潮。人们不再崇信天道，各学派思想空前活跃，休闲哲学应运而生，其中以儒释道思想最为有名。道家主张人要活得自然、自由自在，心性尤其要悠然散淡，这和我们现在说的休闲思想中追求心性自由的内涵是一致的。《庄子·内篇》载："就薮泽，处闲旷，钓鱼闲处，无为而已矣。此江海之士，避世之人，闲暇者之所好也"，俨然已经将休闲作为了一种生活态度来看待。儒家则注重心性的培养，注重休闲的体验。虽然其推崇修身、齐家、治国、平天下的积极入世，但是"修、齐、治、平"的目的是达到施行仁政以及与大自然合一的状态。《论语·述而》中的"志于道，据于德，依于仁，游于艺"，《礼记·学记》中的"……不兴其艺，不能乐学。故君子之于学也，藏焉，修焉，息焉，游焉。夫然，故安其学而亲其师，乐其友而信其道。是以虽离师辅而不反"等论述均表明了孔子已将闲适的游艺这种类似于审美的自由境界与道德修养联系在了一起。在他看来，休闲审美和艺术在人的主观意识修养中起着重要的作用。

正当中国休闲观念从宗教向生活转变时，亚洲的最东部，日本最早的绳纹文化也开始逐渐发展起来。虽然此时的中国已从神的世界中解脱出来，但在日本，巫术仍支配着人们的原始社会生活，也支配着人们的精神生活。日本先民举行巫术祭祀仪式，通过咒语以感应自然界，求得渔猎丰饶、生的渴求、拯救灵魂和共同体的安定。《日本书纪》

[①] 仝妍. 传统与转变——古代宗教、祭祀文化与先秦巫祭舞蹈[J]. 北京舞蹈学院学报，2008，（3）：42-45.

的"神代纪"叙述当时的葬礼是"八日八夜，啼哭悲歌"，又一书曰"伊奘冉尊，生人神时，被灼而神退去矣。故，葬于纪伊国熊野之有马村焉。土俗祭此神之魂者，花时亦以花祭。又用鼓吹幡旗、歌舞而祭"。[①] 于此，日本原始歌谣配合祭祀活动开始萌芽，催生了"歌垣"，即神前游乐。这既是一种宗教仪式，又颇具休闲的意味。

可见，由于东方人对神的敬畏，上古时期的东方休闲活动都被赋予了浓重的宗教色彩，并与音乐和舞蹈相结合。

二、公元前3—6世纪：寄情山水的田园休闲

公元前3世纪末，秦王嬴政先后灭韩、赵、魏、楚、燕、齐六国，建立了中国历史上第一个君主专制的中央集权国家，从而为中华文化共同体的形成奠定了基础。秦汉疆域辽阔，交通发达，全国各地有机组合凝聚成一个经济、文化、政治生活统一的大帝国，推动了历史的发展，方便了人民的广泛交往，为当时人们的休闲娱乐生活提供了极大的便利，其中秦皇汉武的巡游和人民大众的春秋游具有典型的代表意义。

秦始皇继承发展了周天子的"巡狩制度"，巡游天下成为他在位12年中耗时最多、用力最勤的一件国家大事。汉武帝刘彻作为汉朝极有作为的皇帝，在位几十年共巡游30次，如旌旗千里出五原，舳舻千里出枞阳，车巡齐鲁，游于渤海。帝王的巡游踌躇满志、意气风发，对众多的士大夫以及广大的人民群众起到了示范作用。从秦朝统一六国的交通、语言到汉代的通西域、开丝绸之路，在客观上给当时的人们开展大范围的休闲活动提供了现实的可能性。在这一时期，诸多文人学士以及普通百姓特别喜好春日踏青、秋日度闲，或结伴于田野风光之间，或在重阳饮酒登高，或领略山色之美，或配以游娱、民俗活动。《史记》翔实地记录了司马迁自己以及与他同时代人的一些游历、娱乐等生活体验活动。

到了南北朝时期，长期分裂以及时局的动荡加上佛教、道教思想的广为流行，使得人们更加向往无忧无虑的田园生活。众多不得志的文人寄情于山水，以达到消愁解闷、陶冶性情的目的。以阮籍和嵇康为代表的"竹林七贤"从自然风光、名胜古迹中寻觅乐趣、寄托抱负；陶渊明的"少无适俗韵，性本爱丘山"（《归园田居》），"采菊东篱下，悠然见南山"（《饮酒》）正是其游乐田园，醉于山野的写照。也有一些士人，如王羲之、贾思勰、郦道元等，在休闲中或积累、或创作。还有许多名士不仅寄情山水，更兴造园林，以求不出城郭而享山水、田园之乐。此时休闲文化与宗教思想的互相渗透让人生在山水中超脱，放灵魂于自然中净化，迸发出浓郁的思辨哲理、宗教色彩。山水与寺庙一体，园林与人性相谐，自然和空门同归，形成了当时特有的田园隐逸化的休闲主流。

正当东汉末年中国战乱之时，朝鲜半岛上相继建立了高句丽、百济、新罗三国，它们不同程度上都与中国魏晋各朝进行过文化交流，深受中国文化的影响。其中，老庄的洁净修身的思想一直受到士大夫们的赏识。因此，不少文人雅士开始追求内心的宁静和精神境界的升华，"隐逸"文化也开始广为流传。同时，由于战乱，大量中国人和朝鲜人移居至日

---

① [日]舍人亲王. 日本书纪[M]. 东京：小学馆出版社，2007：6.

本，带去了中国和朝鲜半岛的先进文化和生产技巧，自然也带去了寄情山水的休闲思想。

 篇中案例

竹 林 七 贤

"竹林七贤"的名称最早见于《三国志·王粲传》附《嵇康传》裴松之注引《魏氏春秋》：（嵇）康寓居河内之山阳县，与之游者未尝见其喜愠之色。与陈留阮籍、河内山涛、河南向秀、籍兄子咸、琅琊王戎、沛人刘伶相与友善，游于竹林，号为七贤。

魏正始年间（公元240年—公元249年），社会处于动荡时期，司马氏和曹氏争夺政权的斗争异常激烈，民不聊生。文士们不仅无法施展才华，而且时时担忧性命安全，因此崇尚老庄哲学，在虚无缥缈的神仙境界中去寻找精神寄托，用清谈、饮酒、佯狂等形式来排遣苦闷心情，"竹林七贤"成了这个时期文人的代表。他们大都"弃经典而尚老庄，蔑礼法而崇放达"。

"竹林七贤"中数嵇康成就最高。嵇康是三国时曹魏的文学家、思想家与音乐家，玄学的代表人物。他善于音律，创作有《长清》《短清》《长侧》《短侧》，合称"嵇氏四弄"，与东汉的"蔡氏五弄"合称"九弄"。嵇康早年丧父，家境贫困，但仍励志勤学，文学、玄学、音乐等无不博通。他崇尚自然、养生之道，著有《养生论》，倡"越名教而任自然"。

向秀也是其中的代表人物之一。向秀主张"名教"与"自然"统一，合儒、道为一。他认为万物自生自灭，各任其性，即是"逍遥"，但"君臣上下"亦皆出于"天理自然"，故不能因要求"逍遥"而违反"名教"。他与吕安同在山阳地方灌园以自给，山阳是嵇康住宅所在地，可见他们三人交往甚密。但是种田、栽培蔬菜并不是他们嗜好所在，而是以田园工作换取生活所需，一旦有了空闲，就相携出游于大自然间，逃脱政治的黑暗樊笼，追求精神上的自由。

向秀与郭向所著的《庄子注》是当时崇有论的代表作品。崇有论提出了"天理自然"和"安分自得"的人生观，得出了一切存在都是合理的结论，认为自然和社会的秩序都是自然而然的，人物的各种差异和它们所处的各种地位也都是天然合理的；万物安于自己所处的地位，不追求自己分外的事情，自然就会感到自由和快乐；无为并非消极无作为，而是所有作为不应超过自己的本分；圣人身居富贵之位，同样可以享受山林隐士的清高生活等。所有这些观点，在于论证名教并不违背自然，要求社会各阶层都能安于自己的等级名分，以巩固已有的秩序。

嵇康等人的心灵状态，用美学的说法，是一种追求"空灵"的境界，追求高尚而远大的自由，是自我放逐的心灵历程。"竹林七贤"放狂超逸、雅致高量的自由精神影响了许多人，并成为一种精神象征，他们创造了一种自由的令人企慕的生活方式。而经济快速发展的今天，人们的精神生活却变得越来越空虚，现实生活的压力剥夺了人们追求精神愉悦的权利，磨平了人们的棱棱角角。诚然，人们在满足物质生活的同时更需要的是精神上的满足，更需要张

扬个性、超越现实、实现自我，这也是现代人垂青于他们的生活方式的原因吧。

（节选自宫昀．"竹林七贤"与人生启悟[J]．华夏文化，2010（2）：57-58．）

三、公元6—13世纪：文化融通的艺术休闲

公元6世纪到公元13世纪，东方休闲史的发展到了最鼎盛的时段。隋唐长治久安，经济繁荣，文化昌盛，声名远播，全国上下处在欣欣向荣的欢快氛围之中，民族的自信心、自豪感，以及人民的创造力都达到了前所未有的高度，社会生活的各个方面无不呈现活跃的姿态。在这种国泰民安、富足升平的背景下，人们获得温饱后寻觅视听之娱的需求不断增长，生活视野日益扩大，旅游活动自然而然地迅速发展起来。

当时东方的休闲文化融合了儒释道的思想理念，以文学、绘画、游学为主，意在清心寡欲，士子游学活动频繁，行旅不绝于途。旅游文学（如《行程录》《游记》之类）兴起，人们对各地风土人情的关心程度空前高涨。众多艺术性的休闲活动也同样丰富多彩。书法艺术在唐代登上了顶峰，最负盛名的是张旭、怀素等各位大家的作品。画坛题材广泛，风格多样，有人物、山水、花鸟等，新鲜活泼，充满生命力，画圣吴道子、李思训、李昭道父子以及王维等都是重要的代表人物。乐舞气派宏大，唐太宗为玄奘剃度而举行的乐舞仪式演奏了九部乐和大曲《破阵乐》，气势空前盛大；唐玄宗的《霓裳羽衣曲》如梦如幻，白居易的《琵琶行》更是千古绝唱。

隋唐鼎盛的文化同样影响到了周边国家。"大化革新"将日本从奴隶制社会带入了封建社会。日本积极主动地与隋唐保持交流，不断向中国派遣使节和留学生，学习中国的先进文化，在使用汉字记事的基础上，日本借用汉字的音和义标记日语的音和声，创造了"万叶假名"，并用之创造了和歌集《万叶集》。至此，日本结束了只有语言没有文字的历史，这是日本文化史上划时代的大事。随着假名的出现，日本文学逐渐占据主流地位。建筑与雕刻、绘画与音乐、书道与茶道等，也都各展"和风"，显示日本文化的特色。

宋朝加强了与邻国的文化交流，将一些刻印精美的书籍，诸如《九经》《史记》《汉书》《圣惠方》等赠给高丽，高丽也以中国已经失传的古籍如《黄帝针经》《京氏周易占》等作为回赠；将佛教的《大藏经》，道家、儒家书籍，《唐书》《太平御览》等带往日本，同时日本也将当时已经失传的儒、佛经典《郑氏注孝经》《越王孝经新义》进献给宋太宗。宋朝皇帝和不少士大夫都珍藏有高丽画家的杰作，宋徽宗也把自己的书画赠给高丽国王。日本也对绘画艺术有着浓厚的兴趣，日本画家曾亲自前往宋朝学习，宋朝画家也应邀赴日传艺。此外，商人、僧人也互通大批书籍字画。

四、公元13—19世纪：雅俗共赏的市井休闲

公元13世纪至19世纪，东亚三国都进入了封建社会的末期，西方国家逐渐强大起来，加之元代大规模发展设置交通网络，陆路北穿东欧，西贯伊朗，直接与大都相通；海路从波斯湾直抵泉州等港口。在此开放的国际环境下，东西方的交往空前频繁，政府使节、商团行旅、宗教和其他各界人士的往来络绎不绝。受西方国家的感染，追求精致的艺术化生

活开始在东方流行，休闲自然也变成了一种艺术。

明清小说开始详细地描写各种游戏，也常论及人生处世的态度以及娴雅的生活情趣。清人张潮在《幽梦影》中说"人莫乐于闲，非无所事事之谓也。闲则能读书，闲则能游名胜，闲则能交益友，闲则能饮酒，闲则能著书。天下之乐，孰大于是？"。然而，此时中国的休闲思想却是被束缚的。士大夫中普遍存在着重理轻情的倾向，他们将个人的休闲生活视为消磨意志的洪水猛兽。明太祖全面复古后，文官修身齐家不是为了个人的幸福，而是为了治国平天下，个人需求首先必须服从封建正统秩序。明朝禁止一切触动封建纲常名教、动摇儒家道德伦理至上主义的思想及行为，清除任何触动官僚缙绅阶层特殊利益的思想家，把"发乎情，止乎礼"作为行为准则来限制人的个性自由，而"存天理，灭人欲"则更是一笔抹杀了人的合理自然欲求，同时也扼杀了自由的人性，使得该时期休闲文化在压制下默默发展。

直至晚明，时局动荡、前途莫测，文官大都厌谈仕途举业，甚至连皇帝也变得恋世乐生起来。在李贽、袁枚等人的推动下，社会上掀起了一股追求心灵自由和个性解放的思潮。李贽在《童心说》中说："若夫失却童心，便失却真心；失却真心，便失却真人。"士人们逐渐摆脱了传统思想的禁锢，开始追求高度精致的艺术化的生活。他们热爱自然，蓄声器、好娱乐；游山水、筑园林；嗜茶酒、谙美食；着襄衣，披僧袍；谈闲书、做雅事。旅行家徐霞客甚至放弃了优越的生活和功名利禄，将一生许予山水。明末清初戏曲理论家李渔是自唐宋以来有意识地从理论层面探讨并论述休闲活动的第一位文人墨客，其代表作《闲情偶寄》是当时最负盛名的畅销书，其中"居室部""器玩部""饮馔部""种植部""颐养部"等分别论述了休闲环境、休闲活动和休闲方法等问题。李渔自述道："风俗之靡，犹于人心之坏，正俗必先正心。近日人情喜读闲书，畏听庄论，有心劝世者正告则不足，旁引曲譬则有余。是集也，纯以劝惩为心，而又不标劝惩之目，名曰《闲情偶寄》者，虑人目为庄论而避之也。"①又说："劝惩之意，绝不明言，或假草木昆虫之微、或借活命养生之大以寓之者。"②李渔深知那些正襟危坐，板着面孔讲大道理的文章和教育方式令人生畏、讨人厌倦，难有打动人心的力量。

朝鲜王朝以儒教代替了佛教，并与西方国家建立了频繁的外交关系。此时的朝鲜，对发明创造也很感兴趣，这成了他们独特的休闲内容。宫廷和民间编纂了著名的医学书籍《东医宝鉴》《医方类聚》，农业书籍《农家集成》《农事直说》等重要书籍，制造并改进了雨量计、水文计等科学仪器。此外，在著名的高丽青瓷的基础上，朝鲜王朝时期还制作出独具特色的朝鲜白瓷。文学、绘画、诗歌、音乐、舞蹈也成为朝鲜王朝必不可少的休闲方式。当时人们追随自然主义思想的自然导向型友邻生活，表现在他们对自然的赞美，对浪漫旅行的热爱以及对安逸的自然休闲状态的捍卫。在开化时期，高宗二十二年（1885年）美国传教士亚本赛良开设了培载学堂，并在所有学堂开设体操课，有的学校甚至把游戏列入授

---

① 李渔. 闲情偶寄[M]. 沈勇译注. 北京：中国社会出版社，2005：461.
② 李渔. 闲情偶寄[M]. 沈勇译注. 北京：中国社会出版社，2005：462.

课目录。

幕府时代的日本，休闲娱乐活动得到了很大的发展。新兴的武士阶级代替了旧贵族的统治地位。以武士为核心的新文化逐渐占据优势，同时迈出了走向民众化的第一步。贵族的崩溃，地方武士的抬头，"下克上"逐渐成为一种普遍现象，各阶层的交替发展使各种休闲方式在民众间不断流传发展起来。能乐便是在这一时代逐渐成熟起来的，其中以延乐、田乐最为出名，相继出现了不少专业的戏班表演戏曲、杂耍等，开始有了艺人的世袭制度。此外，日本著名的茶道也在这一时期得以发展。室町时代，畿内的茶农为了对茶叶评级而举行品茶会，由这种茶集会发展成为许多人品尝茶叶的娱乐活动，并发展出了最初的茶道礼仪。随着茶道的发展，日本的插花艺术也进入了鼎盛期，步入宫廷、武士、贵族之家，由供花变成赏花，作为庆典和装饰的艺术品，成了一种新的娱乐消遣方式。

五、公元19—20世纪：东西合璧的海派休闲

1840年，鸦片战争的爆发拉开了东方近代史的序幕。日本的"明治维新"和中国的"洋务运动"带来了东亚休闲文化的变迁，此时无论是休闲方式还是休闲理念，都出现了重大的转变。

战乱、民族仇恨赋予了休闲文学浓郁的爱国主义思想。在中国，一批不同于传统士大夫阶层的知识分子奔走于神州大地的游览之作都或多或少地融入了爱国忧患意识，显示出特定的时代精神，如龚自珍《己亥六月重过扬州记》对国家前途的忧虑，魏源《游山吟》对污浊现实的否定，谭嗣同《潼关》对封建牢笼的冲击等。日本的漫画产业也在同时期繁衍开来。早期的日本漫画主要以时政为题材，带有讽刺意味。直到1928年，乐天在《时事漫画》连载的《とんだはね子》(《飞溅》)，首次以少女作为主人公，丰富了漫画的题材，带领漫画业进入一个新的阶段。从此，漫画在日本人的生活中占据了不可或缺的地位，看漫画成为日本人最喜欢的休闲方式。

日本的消闲阅读：漫画

要是问日本人最喜欢用什么来打发时间，首选答案应该是读书看报。当然，如果只是出于消闲的目的，那么这里的书主要指漫画书，而报纸也是以刊登体育和娱乐消息为主的小报。只要到日本人最基本的出行工具——电车里看一下，就可以发现这个国家的民众是多么钟情于漫画等消闲阅读。

爱江山 更爱看漫画

世界上没有哪个国家的人像日本人这样喜欢漫画，因为还没有哪个国家的领导人像日本前首相麻生太郎那样痴迷于漫画。尽管已是日本的老牌政治家，但麻生的高级专车里装的不是有关内政外交的文件或书籍，而是一本本最新上市的漫画杂志或单行本。在担任外

相期间，麻生大力推动漫画外交，通过举办国际漫画比赛等方式提高了日本文化在世界各国的影响力。据说，在当上首相之后，麻生也没有放弃在闲暇之余读漫画的习惯，许多与麻生首相交流过的人都惊讶地发现，这位国家领导人竟然对一些连载漫画的最新情节了如指掌，并在讲话中频繁引用，不知这是否也是导致麻生上任一年后就输掉大选从而黯然下台的一个直接因素。日本的漫画界人士对于出现这样一位漫画迷首相，内心虽然感到很高兴，但由于担心外界批评麻生经常读错日语单词是因为看漫画过多的缘故，所以只能在公开场合劝说首相多学习、少看漫画，而更严厉的评论家则一针见血地指出麻生首相就是因为爱看漫画而丢了官职。

风靡全球的日本漫画

据日本人研究，漫画这个词首先诞生于日本然后才传到中国。早在18世纪末，日语中就出现了漫画这一词语，但早期日语中的漫画主要指带有讽刺意味的素描，直到1895年，日本漫画家今泉一瓢出版了《一瓢漫画集初编》之后，现代意义上的漫画一词才在日本普及开来。凭借着独特的风格、丰富的想象力和多样的笔法，通俗易懂的日本漫画不仅在日本大为流行，而且受到北美、欧洲以及很多亚洲国家青少年和成年人的青睐。英语中的"manga"一词就直接来自于漫画的日文读音。如今漫画在某种意义上已经成为日本文化的代名词，每年在全球各地举行的动漫节都会吸引无数的年轻人参加。而日本国内也出现了不计其数的漫画学校以及开设漫画专业的大学，漫画已经成为日本的一个重要文化产业。据日本出版科学研究所公布的数据显示，2006年日本国内共出版了10 965种漫画的单行本，漫画杂志305种，漫画书和漫画杂志的销售数量占所有出版物销售量的36.7%。

融入人们生活的漫画

在日本，漫画已经融入人们生活的每一个角落。不管是在大街上的超市，还是在车站的报亭，乃至在新干线的车厢中都有漫画书或杂志出售。刚刚从繁忙的工作以及复杂的人际关系中解脱出来的日本人会非常自然地买一本漫画书，从而一头扎到虚幻的美妙世界中去。当然，如果你觉得仅仅在旅途中翻看漫画还不过瘾，还可以去那些专门提供各种漫画的茶馆里泡上半天。记者曾经问一位在政府供职的日本朋友最喜欢的休闲方式是什么，得到的答案竟然是独自在漫画茶馆里待一天。在日本京都有一个专门收藏漫画的博物馆，每逢休息日这里都会人满为患，前来看漫画的不仅有中小学生，也有带孩子的主妇和难得休息一天的上班族，还有一些喜欢漫画的情侣把这里当成了约会的场所。记者在去年前去采访时感到非常好奇，便顺便问了几位读者为什么要在休息日来这里。孩子们的回答是漫画书中情节非常有趣、画面很优美，他们从小就喜欢看漫画书。

在大人们看来漫画不仅能使人放松，而且现在许多漫画书都联系社会现实寓教于乐，人们可以在愉快的阅读过程中了解世界经济的最新形势以及学会打毛衣、做饭乃至如何与人相处。

（节选自严圣禾. 日本的消闲阅读[N]. 光明日报，2010-06-19: 07.）

在这一时期对国内休闲思想的影响巨大的是1919年赴美国哈佛大学留学，而后游学欧洲的林语堂。林语堂深受儒家思想，尤其是孔子本人的深刻影响，所以对中庸思想推崇备至，他说："我像所有的中国人一样，相信中庸之道。"他的半半哲学充分体现出了他的休闲观念。他十分喜欢清代李密庵那首《半半歌》："看破浮生过半，半之受用无边。半中岁月尽幽闲，半里乾坤宽展。半郭半乡村舍，半山半水田园。半耕半读半经廛，半士半姻民眷。半雅半粗器具，半华半实庭轩。衾裳半素半轻鲜，肴馔半丰半俭。童仆半能半拙，妻儿半朴半贤。心情半佛半神仙，姓字半藏半显。一半还之天地，让将一半人间。半思后代与沧田，半想阎罗怎见。饮酒半酣正好，花开半时偏妍。帆张半扇免翻颠，马放半缰稳便。半少却饶滋味，半多反厌纠缠。百年苦乐半相参，会占便宜只半。"林语堂在生活与休闲之间寻找着平衡，认为无论是儒家哲学还是老庄哲学都是建立在人伦基础上的，避开了西方那种实证分析思路，能直接关切人与社会、人与自然诸方面的问题，人生的真正目的是乐天知命以享受朴素的生活，尤其是家庭生活与和谐的社会关系。

随着出国游学热的日益高涨，东西文化交流日益密切，旅游业在东亚大陆发展起来了。各种类型的旅游活动逐渐丰富，一些名山、海滨也纷纷设立避暑区，并加入了国际旅游促销活动。与此同时，在一些城市，外来文化的渗透及社会经济的发展使城市出现了丰富多彩的近代娱乐活动，这在上海的"十里洋场"表现得尤为明显。剧场、电影院、舞厅等是当时夜上海的特色，分别以兰心戏院、国泰、大光明、大上海和百乐门为代表。上海作为当时全国休闲生活的典型代表充分反映了当时人们在休闲思想和休闲活动等内容上的新变化、新发展。

相较之下，朝鲜半岛的休闲发展却处于低迷时期。由于日本帝国主义势力的侵略和占领，20世纪初期朝鲜半岛传统的休闲文化发生了重大的变化，其民众被强迫接受日式的休闲文化，蜂拥而来的西欧休闲文化也混杂于传统文化中。二战后朝鲜半岛一分为二，韩国的休闲得到了更多发展。1950年末，韩国制订了旅游事业振兴5年计划，政府用财政融资的形式支持民间酒店建设，并推动模范旅游目的地的开发。1953年，韩国公布了工人实行每年12天的带薪假期制的勤劳标准法，这在一定程度上刺激了民众的休闲需求，也促进了休闲方式的丰富。但是，整个20世纪中期政治经济的恶性循环导致这一时期的休闲总体上是被忽视的，休闲更多的只表现为无目的性地消磨时间。

六、公元20世纪至今：和谐共荣的大众休闲

第二次世界大战后，国际社会环境相对稳定，世界各国的经济有了较大的发展，劳动生产率普遍提高，人民的收入与闲暇时间都显著增加。在这种大背景下，人类休闲活动也步入了现代休闲的新阶段。东方的休闲方式开始向大众化、商业化、低成本的方向发展，注重精神提升。不过战后各国发展环境、民族信仰、生活方式以及国家政策不同，休闲的发展步伐并不一致，休闲方式和休闲观念也存在差异。

1949年以后，中国摆脱了多年来的压迫，重拾了民族自由与尊严，但人们忙于重建家园，闲暇时间很少，因此休闲生活也非常简单。社会主义提倡健康的休闲方式，如参加体育运动、跳交谊舞、看电影、欣赏戏剧、逛公园、集邮等，许多旧时代的消极休闲形式被取缔，旧式戏院、茶馆、游乐场也被仔细清理。改革开放迎来了中国的春天，这一转折点

也给中国人带来了休闲方式的转变。改革开放前的计划经济提倡共同劳动、共同生活,因此休闲娱乐以群体为主,个性极大地被湮没于"众性"之中。改革开放之后,人民生活水平普遍提高,闲暇时间不断增加,休闲产业逐渐蓬勃起来。我国人民的精神生活由过去的"单调乏味"向"丰富多彩"转变,休闲不断普及,人人都享受休闲的权利。休闲娱乐开始注重个人化、个性化。无论是唱卡拉 OK,还是跳迪斯科;无论是健身,还是泡吧;无论是通俗地看电视,还是高雅地收藏;无论是轻松地旅游,还是刺激地探险,它们都更侧重于发挥个性、实现自我。人们开始把休闲看成是一种目的,而不再从属于工作,休闲成为主要的生活乐趣,人们能从休闲活动中得到满足、感到舒适。

日本在二战后的十年经济迅速增长,被誉为 20 世纪的奇迹,思想言论自由度的扩大、劳动者地位提升,种种原因促使日本休闲文化进入大众化的鼎盛时期。由《战后日本大众文化》一书中可以看到,日本的休闲方式主要围绕四项展开:一是棒球。受到美国的影响,棒球开始在日本广泛流行起来,并将其谕为国球,成为日本最重要的休闲运动之一。二是海外观光。日本人热爱学习海外文化,每年日本出境旅游的比例都大大超过入境游和国内游。三是街头卖艺。随着商品步行街的出现和媒体的发展,街头卖艺者不断增加,布满大街小巷。四是摄影。日本人热爱摄影,摄影技术与相关产品也在不断开发当中,索尼、佳能等照相机品牌一直走在世界的前端,并且在不断地向国民的日常生活扩展。此外,日本的大众文化还与高级文化进行了融合,如舞台艺术与电影、电视剧的融合,古典音乐与流行音乐的相互渗透等。更值得一提的是日本的休闲教育,随着 1960 年经济的高速增长,日本国民的休闲生活也随之活跃起来,在休闲产业的鼓动下开始盲目追随单一的、金钱消费的休闲方式,这一时期休闲教育的重点是增强主体意识,引导人们正确休闲。进入 20 世纪 70 年代以后,日本国民的休闲方式逐步向追求生活质量转变。教育界提倡为了适应今后的休闲时代,每一个国民都有必要进行有效利用闲暇时间的教育,而且必须把培养与休闲时代相适应的生活态度以及培养休闲和掌握休闲活动的方法道德作为教育的重要一环予以重视。①

韩国从 20 世纪 60 年代开始逐渐重视休闲和旅游。随着旅游振兴政策的推行,在经济发展过程中,城市居民希望摆脱紧张压抑的氛围,追求逃避型的休闲形态。1967 年,智异山被指定为韩国国内最初的国家公园;1968,交通部颁布了关于振兴旅游的综合措施,确定了旅游目的地的组成、文化遗产的旅游资源化和严格保护的制度;同时,温泉、海水浴场等休闲空间得到了扩充和利用。到 20 世纪 70 年代后半期,政府为了打破在首都圈集中开发国民休闲设施所导致的地区发展不平衡的局面,在全国范围内扩大了国民休闲生活圈。休闲行政组织和法律在这一时期同样得到了进一步的完善,休闲资源的开发类型也越来越多样化,休闲的对象和方法变得大众化、个性化,休闲动机逐渐从以娱乐和社交为目的转变为对文化的追求和对自我的满足,知识及教养型的休闲需求逐渐扩大,促进弱势阶层休闲活动的休闲福利政策大大加强。

---

① 孙林叶,董美珍. 国外休闲教育的发展及启示[J]. 教育理论与实践,2006(10):3.

第三节 东西方休闲文化比较

一、东西方休闲文化的差异

正如杰弗瑞·戈比在《你生命中的休闲》中文版序言中所说:"每一种文化都在创造休闲的概念,也都在不断地对这一概念做出新的界定。"[①]休闲总是存在于某一具体文化背景下,展现出不同的民族色彩。东西方社会在演进过程中形成了各自相对独立的休闲观念与模式,从而产生了迥异的休闲方式,东西方社会休闲方式的差异主要表现在以下几个方面。

(一)休闲认知:集体主义与个人主义

个人主义/集体主义是文化视域中最具影响力的一个维度,个人主义强调个体的独立自主、自由选择以及独特性,而集体主义文化更加重视人际间的互相依存、社会嵌入以及对群体的忠诚和义务。[②] 两种取向造成人们对休闲文化的认知大相径庭。东方文化是典型的集体主义文化,休闲活动要时刻为集体考量,人们生活在扩大化的家庭(Extended Family)中,强调集体意识高于个人意识和利益,并一直受到儒释道思想的熏陶。儒家思想讲究忠、孝、义。其精奥在于儒家文化外形:求美、求善、求仁义;忧国、忧民、忧天下;重文、重礼、重气节;畏天、畏地、畏天命。在这样的思想熏陶下,休闲总是与社会责任联系在一起。忠,要求我们"先天下之忧而忧,后天下之乐而乐"。在乐之前,必须背负着国家的重任。弃国而偷乐,是为不忠;孝,要求我们"父母在,不远游,游必有方"。因此,人们不可能离乡背井地进行远途旅行或活动。远亲而寻游,是为不孝;义,要求我们"君子之于天下也,无适也,无莫也,义之与比"。人们往往重视朋友,重视集体利益,而非个人。孤朋而独戏,是为不义。在这样的道德标准束缚下,东方人的休闲活动往往以满足集体甚至国家的需求为前提。

与东方文化相反,西方文化是个人主义的代表,其渊源来自于古希腊文化,休闲行为是基于自由的自我选择,其目的纯粹为达到自我实现。古希腊文明的特征在于:① 寻求生物与环境之间的和谐发展;② 激发好学精神与创造精神;③ 喜好思想自由或自由思想;④ 追求人生享受和现世娱乐的生活情趣;⑤ 笃信人本主义,重视人的自身价值。柏拉图在《理想国》中写道:休闲"是以自我启发和自我表现为目的的自由时间"。古希腊著名的哲学家亚里士多德被誉为休闲之父,其休闲观深深地影响着西方休闲的发展。他在著作《政治学》中对快乐、幸福、休闲、美德与安宁进行了阐述,并在《伦理学》第十二卷中明确指出,"幸福存在于休闲之中"。可见西方的休闲哲学崇尚自由,崇尚个人的自身发展和自我满足,并常常为实现自我价值而不顾一切。

(二)休闲形式:主"静"重"养"与主"动"重"畅"

李大钊曾在《东西文明根本之异点》中提出:"东西文明有根本不同之点,即东洋文明

[①] 杰弗瑞·戈比. 你生命中的休闲[M]. 康筝,译. 昆明:云南人民出版社,2000:1.

[②] GROSSMANNI NAJ. Research in culture and psychology: past lessons and future challenges[J]. Wiley Interdisciplinary Reviews: cognitive science, 2014, 5(1): 1-14.

主静，西洋文明主动是也。"①这一差异培养出了东西方"静"与"动"的截然相反的休闲方式。有人将东方的休闲比作月亮，正如他们崇拜的月神一样，美丽、静谧；将西方的休闲比作太阳，正如他们崇拜的太阳神一样，热情、奔放。

东方人的休闲倾向于静态，其目的在于养生。正如儒家所谓的"六艺"，佛家所谓的"禅修"，道家所谓的"自然隐逸"，都意在人格修养、审美情趣、文学艺术、养生延年。《庄子》云："夫虚静恬淡，寂漠无为者，天地之平，而道德之至"，故提倡空诸万物，追求内心澄澈。于是，绘画、弹琴、下棋、饮酒、诗歌、静坐冥思等活动便成为东方人主要的休闲方式，而参与乐舞、武术等动态休闲的终极目的也是为了寻求内心的安宁。《菜根谭》记载："从静中观物动，向闲处看人忙，才得超尘脱俗的趣味；遇忙处会偷闲，处闹中能取静，便是安身立命的功夫。"反映了东方人一贯的静态休闲观，每有休闲，总偏好近天籁而远人籁，在缓慢的休闲活动中颐养身心。

西方的休闲则以动态为主，其目的在于寻求畅爽体验。西方人一直秉持伏尔泰提出的"生命在于运动"的理念，休闲时追求感官的刺激，热情开放。古代西方的休闲活动频繁、场面宏大并且奢侈。他们热爱运动、旅游与冒险，某些活动甚至有些残忍，最著名的便是古罗马的斗兽场。大批的角斗士被驱赶进角斗场，相互残杀，或与野兽肉搏，嗜血的贵族奴隶主则在角斗士的流血牺牲中获得一种野蛮的快感。大型的体育竞技、节庆活动、宗教盛事也伴随着部落集体的活动共同展开，活动的主题往往围绕着战争、宗教、贸易、外交，需要耗费大量财物。近代兴起的拳击、击剑、攀岩、足球、篮球、橄榄球、曲棍球等主流运动也无一例外都是极具竞争的动态休闲方式。

（三）休闲功能：回归自我与超越自我

梁漱溟认为"意欲"是人类文化的根源，他根据意欲将文化形态区分为三个路径：其一，向前面要求；其二，对于自己的意思变换、调和、持中；其三，转身向后去要求。②西方文化是意欲向前的文化，即征服自然、改造环境的路向，不断超越自我；而东方文化则是意欲调和、持中的文化，排除外欲、凝视内心、回归自我。

东方休闲注重向内发掘内心世界，西方休闲注重向外张扬自我个性；东方人休闲的目的意在调适性情，实现心灵的慰藉，西方人休闲的目的意在锻炼筋骨，寻求感官的刺激；东方人赏花品茗，在淡淡的茶香中舒缓压力、放松心情；西方人参加运动竞技，在热烈的欢呼中释放压力、感受成功。东方人喜欢隐逸，因为他们追求天人合一，与自然和谐共生。由于物质生活并不丰富，东方人便试图从精神境界中得到补偿。封建制度的政治压力剥夺了百姓的自由，于是他们淡泊名利，追求与世无争的桃源生活。西方人喜欢冒险，因为他们力求征服自然，挑战不可能中的可能。几千年来的历史长河中，西方人不断地与大自然抗争，征服野兽、征服高山，在危险中显示自己的尊严。

---

① 李大钊. 李大钊全集[M]. 北京：人民出版社，2006：211.
② 梁漱溟. 东西方文化及其哲学[M]. 北京：中华书局，2013：58.

二、造成东西方休闲文化差异的原因

东西方迥然不同的休闲文化的形成主要受到了各自的生态环境、社会制度、生产力水平以及时间理念的影响。

（一）生态环境：大陆文化与海洋文化

东方国家以内陆型居多，人口和族群生活在相对固定的区域，在长达数千年的农耕文化背景下培养出的东方人的性格趋于封闭和内敛，强调思想意识的娴静、人与自然的和谐、心灵的纯洁。加上农耕文化具有季节性的特点，休闲活动往往含蓄并且文雅。受农耕文化制约的休闲空间和社交范围的影响，东方人形成了以个体或者小群体开展休闲活动的特征。打拳、清修、绘画、茗茶到后来的打牌等休闲活动，都只需要个人或者少数人便能完成。人们刻意追求孤独，在天地间寻求一处属于自己的净土，以摆脱尘世的喧嚣，达到心灵的平静，这些是西方人无法体会的。

生活在地中海沿岸的西方人受到的是海洋文化的熏陶，由此培养出了勇敢、张扬、霸气的性格。自古以来，西方人在不断的战争和迁徙中发展壮大，与东方的农耕文化不同，他们在一个地区仅做短暂的停留。可见，西方人的休闲方式往往与不断的领土扩张和侵略战争相关，著名的奥林匹克运动兴起的原因便是战争。此外，由于西方人不断地大规模迁徙，因此西方传统休闲文化以集体活动居多，这些都真实地反映出了海洋文化的休闲特征。

（二）社会制度：阶级特权与大众共享

社会演进方式的不一致导致了东西方休闲观念、休闲普及性及休闲公平性的不一致。封建制度在东方国家历时长达千年，再加上儒家文化的影响，社会阶级观念浓重。于是，休闲方式也因阶级的不同而大相径庭。贵族的休闲活动往往与劳作并不相关，而平民的休闲活动却与劳作息息相关。百姓间流传的民谣、歌曲、舞蹈往往饱含农耕的因素，反映了人们劳动的场景。在这样等级分明的社会中，举办大型节庆的休闲方式往往是暂时的，只在固定的节日举办活动或者搭建娱乐设施，之后又恢复以往的日常生活。休闲对于百姓来说并非时时刻刻都能够享受到。

文艺复兴以后，人本主义得到了发展，处于资本主义社会的西方国家大力发展生产力，社会经济与科技水平得到了大幅度的提高。由此，休闲理想从贵族走向了民众，从少数人的专利变成了大多数人的权利。英国思想家洛克在《教育论》中认为，"含有娱乐意义的消遣也是娱乐的基本概念"；而"消遣是身体和精神交替进行有益锻炼，使已经疲倦的身心常常可以得到放松而恢复活力"。[①] 英国思想家斯宾塞在《教育论》中，突出了两个教育目的，即"为全部生活做准备"和"培养健全活动的人"，他认为"承认美的教养及其愉快的价值中发现休闲的意义"，其中包含着安慰和娱乐的概念。英国的叔本华受亚里士多德的"幸福寓于休闲之中"思想的影响写了《幸福论》，认为"奢侈产生欲求，会给人造成浪费并慢慢地引向逆境"；"人们只用于嬉笑等官能享受的消闲是完全无价值的休闲，唯有能使

---

① 乔克勤，关文明. 中国体育思想史[M]. 兰州：甘肃民族出版社，1993：193.

所有人真正掌握自己的是自由的休闲";将享乐分为"生存即培养再生产力的享乐、寻求体力刺激的享乐、认识过程或精神感受性的享乐"。①拉法格发表的《休闲的权利》被认为是休闲社会学的直接起点。②以上种种表明,西方国家在很久以前便认为休闲是每个人都应该拥有并且必须拥有的权利。

(三)生产力水平：刀耕火种与技术创新

我们必须看到,东西方文明的最大区别是生产力的不同。东方文明是建筑在人力上面的,而西方文明则建筑在机械力上面。自古以来,东方人劳动靠的是自己的双手,日出而作、日落而息,生产力水平的低下导致了劳动时间的延长,从而剥夺了人们大量闲暇的时间,耕作成为人们生活的重心,而且是理所应当的重心。因此,休闲也被歪曲成了游手好闲,休闲观念的扭曲、闲暇时间的不足成为东方休闲发展的阻碍因素。

工业革命实现了西方国家从人力向机械力的过渡。机械力的出现在带来了丰富的物质基础的同时,也将人类从传统的生产方式中解脱出来,人们拥有了更多的闲暇时间,关于休闲产业的研究也发展起来。人们提倡休闲,力图在休闲中获得知识的积累、技术的发展、思维的开拓。西方人很早便认识到了休闲在工作和生活中的重要地位,他们的休闲活动是自主的,且不受时间的限制。

同时,西方生产力的蓬勃发展带来了更多种类的休闲活动。火车、照相机、电话等都是西方的发明。火车缩短了地域间的时空距离,照相机为生活带来了乐趣,电话则大幅度扩大了人们的社交范围和接触频率。而当西方人在享受这些休闲乐趣的同时,东方世界却仍然紧闭大门,过着日出而作、日落而息的农耕生活。

(四)时间理念：周而复始与线性向前

美国人类学家霍尔认为,各种文化都拥有自己独特的"时间语言",也就是对时间概念深层次的理解。东西方休闲文化的差异一定程度上源于二者对时间的解读不同。跨文化研究专家关世杰先生曾说:"我们可以把不同文化对时间的看法区分为直线式时间观念和环形的时间观念。"③

东方文化的时间观念主要呈环形,认为时间具有周而复始的循环特征。在自然现象上,日出日落、月满月亏、潮涨潮落、四季更迭;在生活计时上,日复一日、年复一年、春去春来;中国传统的计时——干支纪年法,将十天干和十二地支按照顺序组合起来,甲子、乙丑、丙寅……一直到癸亥,经过六十年又回到甲子,即所谓的"六十甲子",循环往复、无穷无尽;在生命观念上,受到佛教轮回说的影响,一个人永远无法达到静止的终点。在这种环形的时间观念中,东方人认为时间不会彻底流逝、一去不回,而是总会重新归来,并且时间的轮回是人力无法对抗的。因此,东方人养成了安之若素、悠然自得的休闲文化,如上文所说的提倡"主静重养",对于进取、开拓等休闲行为兴致索然,始终保持和自然的

---

① 乔克勤,关文明.中国体育思想史[M].兰州:甘肃民族出版社,1993:210.
② 韩丁.中西休闲认识的演变与交融[J].广州体育学院学报,2008,28(2):62.
③ 关世杰.跨文化交际学[M].北京:北京大学出版社,1995:289.

琴瑟和谐。

西方文化的时间观念则呈直线形，西方人把时间看作一条伸向未来的道路或纽带，人们沿着它循序渐进。①西方人相信人类发展是不断地、单方向地螺旋前进的，没有回头的可能性。他们深受基督教原罪说的影响，即亚当、夏娃由于偷吃禁果被永远放逐，只能一往无前地投入未来的建设，一刻不停地开辟新的领地，因为回到过去等同于重新走向原罪。因此，对于西方人而言，时间是紧缺的奢侈品，只有精打细算、高效利用、拼命追求才能让自我朝向理想的目标进发，这就造成了西方休闲文化偏爱竞争、运动，不断与人和自然抗争的特点。

三、东西方休闲文化的共融

如果没有对过去的理解，人们也不可能对现状有所把握。没有对"休闲"历史的理解，也就不可能对现代人的"休闲"现状有深刻领悟。"休闲"及其观念的形成是一个历史过程，只有将休闲放到其产生、演变的历史大背景之下，才能领会休闲的宏大意义。这对于东西休闲的比较工作来说更加重要，它让我们发现了休闲发展差异中的共融。它对于发掘"休闲"的历史资源、推进休闲学走向深入都是十分必要的。

亚当·斯密在《道德情操论》中教导我们：人类能够和平、和谐地生活在一起，因为在内心的深处，我们彼此都知道对方的感觉。

"虽说美国人认为，指导自己生活的准则源于古希腊，例如，来自亚里士多德的'黄金中道'（Golden Mean），但实际上，儒家经典之一的《中庸》也给我们提供了同样的准则。有人说，伟大的人物彼此的思想是很相似的，这一点也不错。全世界的人都能欣赏李白与杜甫的诗，理解他们表达的情感并产生共鸣。在内心深处，我们也能感受到《易经》《诗经》《道德经》和其他中国典籍所揭示的真理。同样地，中国人也能欣赏亚里士多德的《伦理学》与《形而上学》以及卢克莱修的《物性论》。美国人的文化传统中有来自古希腊斯多葛哲学的恬淡寡欲思想，但这种思想完全也可以来自中国，因为中国的圣人曾说到，'丁此无常之世，有帽一顶，饭一钵，足矣。'但休闲应该使我们在生活中获得比'帽一顶，饭一钵'的基本生活资料更多的东西，它使我们能寻求意义、目的、美、友善、快乐、心灵的宁静及与他人和睦相处，从而使自己更高层次的需求得到满足。"②著名的美国休闲研究学者、乔治·梅森大学教授托马斯·古德尔在《人类思想史中的休闲》的中文版序言中表明了他对于东西方休闲文化的看法——"貌"离"神"合。

"幽默大师"林语堂先生曾在《我的话》一书中写道："两脚踏东西文化，一心评宇宙文章。"这位"学贯东西"的奇才，对于休闲、对于生活都有着自己的看法。林语堂用西方的享乐意识来"和"东方的闲适情调，他曾笑言："世界大同的理想生活，就是住在英国的乡村，屋子要有美国的水电煤气等管子，有个中国的厨子，有个日本太太，再有个法国的情妇。"虽然这仅仅是个笑话，却是不可否认的事实。所谓完美，必然需要全世界文化的融

---

① 爱德华·T. 霍尔. 无声的语言[M]. 刘建荣, 译. 上海：上海人民出版社, 1991：6.
② 马惠娣. 人类思想文化史中的休闲——历史·文化·哲学的视角[J]. 自然辩证法研究, 2003（1）：64.

通与结合。

其实，东西融合的观念并非今日才有，早在古希腊便存在这么一句谚语："光来自东方。"都说欧洲文化起源于希腊文化，而事实上，希腊文化从其产生的那一刻起，就受到了东方文化的强烈影响。希腊人所处的地中海世界，既包容着西方，又涵盖着东方，成为东西方文化与思想的交融地。

无独有偶，在古代的东方也存在着东西共融的观念。新罗时期学者崔致远所著的《真鉴禅师碑》的开头部分便提到："夫道不远人，人无异国。是以东人之子，为释为儒，必也西浮大洋，重译从学"，体现了新罗人为追求跨越国界寻求真理而去国外学习的进取心。

诚然，我们不能否认东西休闲文化差异的存在，但是必须明确的是，差异是暂时的，文化的融合才是最终的结局。差异仅仅存在于表象，而表象下的本质却是相同的。

（一）休闲目标的同一性

不论是西方亚里士多德的休闲哲学，还是东方儒释道的休闲观念，"休闲"都带有理想的内涵和人文的内容，是人们普遍向往的目标和渴求的境界，是人们对真、善、美的真诚追求。东方传承的"道"家文化，主张事物只要存在就逃脱不了的规律，但它是隐蔽的、不明显的，人们在休闲过程中才会去寻"道"，并进而循"道"。孔子主张"父母在，不远游，游必有方"，庄子崇尚"逍遥游"，可见古人把游历、交往等休闲活动与认知世界统一了起来。同时，人们通过休闲活动领略了意义世界，提高了道德境界。孔子总结自己的特征是"志于道，据于德，依于仁，游于艺"，老子推崇逍遥自在、清静无为的人生境界，墨子主张"兼爱""非攻"的和平生活。同样，亚里士多德把"中庸"作为一个人德行的标准，并说："休闲可以使我们获得更多的幸福感，可以保持内心的安宁。我们需要崇高的美德去工作，同样需要崇高的美德去休闲"。在西方哲学中，休闲时间就是学习时间，就是热爱智慧、追求智慧的时间，人们在休闲活动中把握复杂现象背后的单纯本质，去探索变化世界中隐藏的不变原则。可见，无论东方还是西方，休闲都是寻求"真""善""美"的过程。

（二）休闲形态的同一性

无论中外，"休闲"活动都不是个体的，而是在生命共同体中实现的。在东方，各种各样的集会、庆典、节日十分盛行。"唯达者知通为一，为是不用而寓诸庸。庸也者，用也；用也者，通也；通也者，得也。适得而几矣"（《庄子·内篇·齐物论》），可见"休闲"生活是遵循"道"的行为，而这种行为又是在人世间实现的。在人世环境中，人情达到极致，技术臻于完善，"合于桑林之舞，乃中经首之会"，劳动成了艺术，工作成了游戏，人们感受到绚烂至极的高峰体验，这是"休闲"的完美境界。西方人休闲生活的群体性特征就更加明显，几乎很难找得出哪一种休闲生活不是在群体活动中实现的。他们喜欢集体运动，甚至是集体沐浴，古罗马的大型浴场就是一个很好的范例。西方人不喜欢在空间狭隘的家中度过闲暇时间，而是在街头、运动场、剧场、庙宇和广场度过空闲时间。

无论在地球的哪一边，人们休闲的目的都是一样的，即追求快乐和幸福，区别只在于方式而已。科技的更迭、交通的发展促进了东西方的交流，信息时代、知识时代的到来打破了国界,东西休闲观念开始互补和交融,东学西渐、西学东渐,不断交错融合,互补共生。体育赛事在东方国家逐渐流行起来,并受到了政府的支持与重视,而茶道、武术、古代文学等也对西方人有着强烈的吸引力。亚里士多德的哲学观点受到了东方人的认同,而儒释道精神也成为西方学者的研究对象。东西方不断去"异"求"和",对休闲的观念和方式也在互相学习中发生了改变与发展。传统的休闲方式逐渐被取代,无论东西方,对精神提升与自身发展的需求日益强烈。未来的休闲将并不仅仅停留于形式,而是更加注重人文关怀,更加注重全球的"和谐"与"大同"。

世界从来没有像今天这样你中有我、我中有你,相互理解、支撑、沟通、对话也从来没有像今天这样成为最有意义的价值考量。如同经济学家弗里德所发现的那样:世界是平的。自由、多元、接纳、共融,正是休闲之魅力所在。而东西方文化兼容、休闲互通,全球和谐共进将是未来休闲发展的新主题,因为人类文明只有在不断的交融中才能变得更加精彩。

文明因交流互鉴而精彩迷人

人类在漫长的历史长河中,创造和发展了多姿多彩的文明。虽然早期的文明在相对狭窄的范围内发展得较为缓慢,但随着交通工具的改进和商品交换的出现,各种文明的相互交流、相互比较和相互借鉴开始出现。特别是当历史之船驶入"世界历史"的广阔海洋后,文明的交流互鉴也就成了一种常态,文明正是在交流互鉴中才被注入生机、赋予活力的,也由此变得丰富多样、精彩纷呈。

回顾千百年来的人类文明,我们就会想起陆上和海上的情景,我们的祖先在大漠戈壁上"驰命走驿,不绝于时月",在汪洋大海中"云帆高张,昼夜星驰",当丝绸之路把中国的造纸术、火药、印刷术、指南针等传向世界,又把世界的天文、地理、历法、医药等带回中国时,我们不仅可以感受到这些发明创造在文明的交流互鉴史上写下了重要篇章,而且还可以深深感到这些发明创造承载的和平合作、开放包容、互学互鉴、互利共赢的丝路精神得以薪火相传。

文明是丰富多彩的,世界上没有两片相同的树叶,各种文明都有其独特意蕴和存在价值,正所谓"五色交辉,相得益彰;八音合奏,终和且平",不同的文化土壤可以培育出五彩绚丽的文明之花。文明如同酸、甜、苦、辣、咸并存,烹调才能五味俱全,每一种文明都是历史长河中人类劳动与智慧的积淀,都在人类文明进程中发挥了不可替代的重要作用。文明又是相互平等的,世界上的各种文明都值得被尊重,没有优劣之分和高低之别。世界上不存在十全十美的文明,也不存在一无是处的文明。只有放弃傲慢与偏见,以平等谦逊、虚怀若谷的心态对待各种文明,在平等尊重的基础上积极借鉴其他文明的优秀成果,自身的文明进步才会有可靠的保障。

文明是兼收并蓄的,世界文明的多元化是相互包容的,只有能够包容并交流互鉴的文明才真正具有丰富内涵和深厚底蕴,进而才能彰显出强大的生命力与活力。百里不同风,千里不同俗,"履不必同,期于适足;治不必同,期于利民",正像我们不能要求所有花朵都变成紫罗兰一样,我们也不能要求有着不同文化传统、历史遭遇、现实国情的国家都采用同一种发展模式。中华文明历经五千多年的发展,虽历经沧桑却绵延不绝,从"西来初地"到"七海扬帆",从"以和为贵"到"和而不同",正是在不断吸取融合其他民族的文化精髓过程中才使自身走向繁荣兴盛,由此铸就了中华文明"有容乃大、兼容并蓄、多元共生"的气度胸襟与宽厚品格。

"观今宜鉴古,无古不成今""诗文随世运,人文今又新""把跨越时空、超越国度、富有永恒魅力、具有当代价值的文化精神弘扬起来,让收藏在博物馆里的文物、陈列在广阔大地上的遗产、书写在古籍里的文字都活起来",让文化连接过去、现在和未来,让中华文明与世界文明更好地融合,为共建全球文明献计出力。我们深信,文明必将因交流互鉴而更加枝繁叶茂、精彩纷呈。

(节选自青舟. 丝路文明因交流互鉴而精彩纷呈[J]. 城市观察,2014(6):1.)

 复习思考题

1. 西方休闲史主要经历了哪几个时期?每个时期各有什么特点?
2. 纵观整个西方休闲的历史,它的演变和发展有什么规律?
3. "竹林七贤"的田园生活给了你什么启示?
4. 东西方休闲发展有什么区别?造成这些区别的原因有哪些?
5. 如何理解东西方休闲文化的共融?

 本章参考文献

[1] CROSS GARY. A social history of leisure since 1600[M]. State College, PA: Venture Publishing, ,Inc, 1990.

[2] GROSSMANN I,NA J. Research in culture and psychology: past lessons and future challenges[J]. Wiley interdisciplinary reviews: cognitive science,2014,5(1):1-14.

[3] JOFFRE DUMAZEDIER: Toward a society of leisure [M]. New York: the Free Press,1967.

[4] John R Kelly. Leisure [M]. 3rd ed. Englewood Cliffs,New Jersey: Prentice-hall,Inc,1982.

[5] [法]罗歇·苏. 休闲[M]. 姜依群,译. 北京:商务印书馆,1996.

[6] [韩]孙海植,安永冕,曹明焕,等. 休闲学[M]. 朴松爱,李仲广,译. 大连:东北财经大学出版社,2005.

[7] [荷]约翰·赫伊津哈. 游戏的人[M]. 北京：中国美术学院出版社，1996.

[8] 杰弗瑞·戈比. 21世纪的休闲与休闲服务[M]. 张春波，陈定家，刘风华，译. 昆明：云南人民出版社，2000.

[9] [日]舍人亲王等. 日本书纪[M]. 东京：小学馆出版社，2007.

[10] 鲍金. "休闲"的比较词源学考察"休闲"在先秦汉语和古希腊语中的文字表达及其反映的社会观念评析[J]. 自然辩证法研究，2005，21（11）：88-92.

[11] 李渔. 闲情偶寄[M]. 沈勇，译注. 北京：中国社会出版社，2005.

[12] 李仲广，卢昌崇. 基础休闲学[M]. 北京：社会科学文献出版社，2004.

[13] 楼嘉军. 休闲新论[M]. 上海：立信会计出版社，2005.

[14] 梁漱溟. 东西方文化及其哲学[M]. 北京：中华书局，2013：58.

[15] 马惠娣. 休闲：人类美丽的精神家园[M]. 北京：中国经济出版社，2004.

[16] 彭顺生. 世界旅游发展史[M]. 4版. 北京：中国旅游出版社，2006.

[17] 彭文革. 论中、西休闲文化的异同[J]. 武汉体育学院学报，2005（7）：4-6.

[18] 乔克勤，关文明. 中国体育思想史[M]. 兰州：甘肃民族出版社，1993.

[19] 沈祖祥. 旅游文化概论[M]. 福州：福建人民出版社，1999.

[20] 孙林叶，董美珍. 国外休闲教育的发展及启示[J]. 教育理念与实践，2006，10：3-5.

[21] 仝妍. 传统与转变古代宗教、祭祀文化与先秦巫祭舞蹈[J]. 北京舞蹈学院学报，2008（3）：42-45.

[22] 邢志. 休闲——积蓄生命活力的港湾[M]. 3版. 沈阳：东北大学出版社，1997.

[23] 徐明宏. 休闲城市[M]. 南京：东南大学出版社，2004.

[24] 叶渭渠. 日本文化通史[M]. 北京：北京大学出版社，2009.

[25] 章海荣，方起东. 休闲学概论[M]. 昆明：云南人民出版社，2005.

[26] 邹树梅. 旅游史话[M]. 7版. 天津：百花文艺出版社，2005.

第三章
休闲环境

改变中国人休闲方式的高铁

从詹天佑主持修建的第一条由中国人自主设计施工的铁路干线——京张特铁路开始运营至今,中国铁路人在自力更生的道路上已奋斗了百余年。21世纪是中国铁路发展的新纪元,奔跑在创新道路上的中国高铁以惊人的速度、奢华的设施、卓越的服务震撼全球,它与网购、在线支付、共享单车并称为"中国新四大发明"。

中国高铁的迅速发展并非偶然。在追求出行方式的道路上,中华民族自古有着执着的追求和丰富的想象,哪吒的风火轮、孙悟空的筋斗云、诸葛亮的木牛流马……无一不是其中典范。新中国成立之后,火车成为国人远行的主要交通工具,拓宽了旅行半径。对生活在20世纪的人而言,乘火车出行是浪漫而美妙的。火车缓缓而行,车窗外的风景在车窗上一帧帧滑过,一路行走一路画,一路风景一路歌,车窗外是唯美,车厢内是温馨,旅途从踏上火车那一刻开始便妙不可言。

中国的火车以几乎不变的速度在祖国大地上行驶了几十年,大地与火车构成了沉稳、缓慢的节奏。低速让我们有机会欣赏沿途的风景,却大大制约了经济发展速度,也限制了人们对休闲的理解与想象。在这样的背景下,原铁道部在广深铁路提速试验后,发出全国铁路大面积提速的号令。经过铁路建设者的忘我劳动、无私奉献和不断创新,流淌着中华文化血脉的高铁如一条巨龙被唤醒,飞腾在千年文明古国的大地上。

高铁作为中国现代科技迅猛发展的缩影,以"高"质量标准、"高"运营水平、"高"审美意蕴带动了沿线城市的发展和经济圈的形成,颠覆了人们的时空观念,加快了城市一体化建设,推动了休闲环境升级。巨龙飞腾实现的是快速地两地切换,带给人们的是更大的自由,让人们能够更随心所欲地转换自己的生活环境,从紧张拥挤的城市空间解脱出来,到远方一隅回归自然、寻求真我。高铁的"快"恰恰为人们提供了"慢"下来的可能,"快高铁、慢生活"的休闲时代已经迎面走来。

(整理自戴荣里. 巨龙飞腾: 高铁改变中国[M]. 北京: 人民邮电出版社, 2019.)

中国庞大的高铁网预示着"高流动性时代"的到来，旅游出行因为高铁的存在变得更加便捷和生活化。高铁带动了休闲，是我国休闲环境变化的缩影。而英国思想家欧文早就断言，人类的过去、现在和未来，都始终是他们出生以前和降生以后的周围环境的产物。随着时代的演进，休闲环境正经历沧桑巨变，从而引发休闲观念的变革及休闲方式的创新，成为推动中国向休闲时代迈进的强大动力。

第一节 休闲环境概述

一、休闲环境的含义

不同的人可能对环境一词有不同的理解，因为环境是相对于某一事物来说的，是指围绕着某一事物（通常称其为主体）并对该事物产生某些影响的所有外界事物（通常称其为客体），即环境是指某个主体周围的情况和条件。这里我们要研究的主体便是休闲，并将一般社会环境作为重点，探讨其对休闲产生的影响。

一般社会环境是与自然环境相对的概念，它是指在自然环境的基础上，人类通过长期有意识的社会劳动，加工和改造了的自然物质，创造的物质生产体系，积累的物质文化等所形成的环境体系。社会环境一方面是人类精神文明和物质文明发展的标志，另一方面又随着人类文明的演进而不断地丰富和发展。社会环境是人类生存及活动范围内的社会物质、精神条件的总和。广义的社会环境包括整个社会经济文化体系，如生产力、生产关系、社会制度、社会意识和社会文化、政治法律环境等。狭义的社会环境仅指人类生活的直接环境，如家庭、劳动组织、学习条件和其他集体性社团等。社会环境对人的形成和发展进化起着重要作用，同时人类活动给予社会环境以深刻的影响，而人类本身在适应改造社会环境的过程中也在不断变化。

二、休闲环境的特征

休闲环境是一个多因素、多层次并且不断变化的综合体系。一般而言，休闲环境具有以下几个特点。

1. 客观性

客观性是休闲环境的首要特征。休闲环境的存在与变化并不以个人的意志为转移。因此，我们在分析休闲环境的时候，必须站在客观的角度，理性地分析环境因素对休闲发展的影响。我们所要研究的是"今天所处的环境是怎么样的""未来环境将会往什么方向发展"，而不是"环境要如何来配合休闲的发展"。

休闲环境的客观性意味着环境对休闲的影响是无法控制的。休闲的发展总是顺应着环境因素的变化而变化的，脱离环境所进行的休闲研究毫无意义。

2. 动态性

动态性是休闲环境的基本特征。任何环境因素都不是静止的、一成不变的。随着历史的沿革，环境始终处于变化之中。曾经拥有的环境因素不代表现在拥有，现在拥有的环境因素也不代表未来还会继续拥有。我们研究休闲，就是要研究休闲在不断变化的环境中如何更好地发展。

根据环境变化程度的不同，可以将休闲环境分为较为稳定的环境、缓慢变化的环境和急剧变化的环境。[1]但是我们必须意识到，即使是较为稳定的休闲环境，也只不过是相对的静止。从长远来看，任何环境都是绝对运动的。稳定的休闲环境因素，如政策法律环境、自然环境等，对休闲的作用时间较长，能够保障休闲产业的平稳发展。而急剧变化的休闲环境因素，如科技的更新、经济的快速增长等，对休闲的影响巨大，给休闲产业的发展提出更高的要求，同时也带来更多的机遇。我们必须快速把握最新动向，及时调整休闲发展方向。全球经济蓬勃发展的今天，环境变化的速度正在不断加快，因此，我们必须以发展的眼光、从长远的角度对休闲进行研究。

3. 多样性

多样性是休闲环境的重要特征。影响休闲的环境因素并非是单一的，其中包含的因素很多。各因素之间往往存在着矛盾关系，它们彼此制约，从各个方面通过层层叠加最终对休闲产生影响，如经济的发展，人们的生活水平不断提高，对休闲的需求越来越强烈。然而，我国目前的休假制度却并不完善，国民的闲暇时间得不到保障，形成了有钱无闲的局面。因此，在研究休闲的时候，我们必须考虑到多方面的环境因素，在目前各休闲环境因素（如制度、人口、文化、经济、技术等）的制约下，寻求最优的休闲方式，最大限度地满足国民对于休闲的需求。从人文地理学的角度来分析，因为纬度地带性的影响，每个地区的休闲自然环境以及生活在该区域的人形成了不同的社会价值观念、不同的休闲方式和休闲活动。

4. 相关性

休闲环境包含多种因素，而各因素之间又是相互影响、互补共生的。某一种环境因素的变化会引起其他的环境因素发生相应的变化。例如，工业革命带来了技术的发展，生产力由人力成功转变为了机械力，由此，也给人们带来了更多的闲暇时间和经济收入。技术的发展不但丰富了休闲活动的种类，也带来了从事更多休闲活动的可能。休闲环境相关性的特性要求我们在认识到一种休闲环境变化了的同时，要预见到其余相关环境因素的变化。因此，在分析休闲环境因素的时候，必须了解各因素间的相互关系。

三、休闲环境的分类

环境的分类方式繁多，根据环境对休闲影响的程度我们将休闲环境分为以下几类。

（一）经济技术环境

经济环境是休闲发展的基础条件，也是影响休闲活动的主要环境因素。经济环境是指一个国家的经济制度、经济结构、可支配收入、资源状况、经济发展水平以及未来的经济

---

[1] 杨富贵. 市场营销学[M]. 东营：中国石油大学出版社，2009：86.

走势等。构成经济环境的关键要素包括 GDP 的变化发展趋势、利率水平、通货膨胀程度及趋势、失业率、居民可支配收入水平、汇率水平、恩格尔系数、基尼系数等。休闲活动的展开是建立在经济稳定发展的基础上的。

科学技术环境是指社会现有的生产力水平、科技发展水平等。生产力水平的提升保证人们拥有闲暇时间，新技术的出现大大地改变了传统的休闲方式。新的科学发现、新的技术突破不断涌现，科学与技术不断更新，科学传播、知识转移和规模产业化速度越来越快，当代科学技术作为改变世界的主导力量在休闲发展过程中发挥了明显的导向作用。随着科学技术的不断进步、网络的不断普及以及人工智能的日益发展，人们从枯燥的日常生活中解放出来，进而有了更多的闲暇时间和休闲选择。与此同时，大数据分析、AR、VR 等的广泛使用在创造新的休闲方式、提升休闲体验等方面也发挥了重要作用。

经济环境与科学技术环境往往具有互补共生的关系。科学技术的发展必定会带来经济的繁荣，而较高的经济水平也是研究新技术的前提和保障。

（二）人口地理环境

人口地理学是人文地理学中较新的分支学科之一，它是介于地理学、人口学、社会学、经济学、历史学等学科间的边缘学科，是研究在一定的历史条件下人口分布、人口构成、人口变动和人口增长的空间变化及其与自然环境和社会经济环境的关系的学科，也是研究人口数量与质量、人口增长与人口构成的时空差异及其同地理环境相互关系的科学。研究人口现象的空间变化与地域结合便构成了人口地理环境。

人口地理环境反映了各种人口现象在地区分布上的相似性与差异性，阐明了人口地区分布异同的原因。不同地区人口增长快慢、数量多寡、密度大小、质量高低以及各种人口构成类型与居住方式同当地自然、社会、经济、政治与文化条件相互作用，据此预测该地域休闲发展的前景，可为休闲产业研究提供科学根据。

（三）社会文化环境

社会文化环境是休闲发展的核心条件。社会文化环境是指一个社会中成员长期共同形成的行为特征的总和。在社会的长期发展中，不同的社会形成了各自不同的文化特点和政治制度。其中，文化因素包括民族特征、文化传统、价值观念、宗教信仰、教育水平以及流行趋势等。每一个社会都有其核心价值观，这些价值观和文化传统是历史的沉淀，通过家庭繁衍和社会教育传播延续，具有相当的稳定性。美国学者本尼迪克特曾经对人类风俗的产生与社会历史的关系进行过精辟的论述："个体生活历史首先是适应由他的社区代代相传下来的生活模式和标准。从他出生之时起，他生于其中的风俗就在塑造着他的经验与行为。到他能说话时，他就成了自己文化的小小创造物，而当他长大成人并能参与这种文化的活动时，其文化的习惯就是他的习惯，其文化的信仰就是他的信仰，其文化的不可能性亦是他的不可能性。"不同的群体有不同的社会态度、爱好和行为，表现出不同的休闲方式和休闲价值观。

四、研究休闲环境的意义

环境是休闲研究过程中不可控制的外在力量，当休闲环境发生变化时，我们对于休闲的研究也必须发生变化。因此，分析和了解休闲环境对于休闲的发展具有十分重要的意义。

（一）有助于了解目前休闲的发展水平

在对任何课题进行分析研究之前，我们必须了解该研究对象目前的发展状况。从古至今，休闲的发展都离不开环境因素的制约和影响，什么样的环境就会形成什么样的休闲观念和休闲方式。农耕文化带来了东方人对于自然田园生活的向往，娴雅的静态休闲成为东方人的主要休闲方式；海洋文化培养了西方人热情、张扬、奔放的个性，以体育竞技为主的动态休闲方式深受西方人喜爱。可见，分析休闲环境是了解休闲发展状况的有效途径。

（二）有助于调整休闲产业的发展方向

休闲产业具有就业乘数效应大、就业门槛低、发展前景好等优势，对于解决我国目前转型期结构性失业、调整产业结构等的现实问题具有重要意义。休闲活动的开展需要休闲环境的支持，继而创造出新的生存、生活条件与风情。以城市为例，休闲需要的不断增长，促进了生态环境的保护和改善、基础设施的建设和改造、休闲空间的增加和维护；休闲消费的不断提升，促进了经济转型、休闲产业和现代服务业的发展；市民跨出家门休闲，不只是为了健身，也为了满足扩大交往、了解社会、结识朋友等心理与情感的需求，因而形成了广场舞等不同类型的休闲活动，同时也形成了新的城市休闲环境和氛围，赋予城市以新的活力。

环境对于休闲有促进作用，同样也有抑制作用。有些环境严重阻碍了休闲的发展，对于这样的环境因素，我们必须要采取措施弱化其对休闲的负面影响。以观念为例，中国人对休闲的认识一直受到传统观念的影响，往往将休闲与不务正业、游手好闲联系在一起，甚至认为休闲是资本主义的表现。因此，我们必须针对这一错误观念对国民进行休闲教育，让大家认识什么才是真正的休闲，让休闲变得更有智慧，并通过休闲完成自我价值的实现。

（三）有助于确定未来休闲的发展趋势

环境的变化往往会给休闲发展带来新的机会。分析休闲环境时，若能在第一时间发现各环境因素的变化，就能寻找到发展休闲的新机会，找出发展的新途径和新方向。当今世界既是知识经济的时代，也是技术快速革新、生产力不断发展、经济迅速增长的年代，快节奏带来了环境快速的变化。社会发展的现实表明，为休闲而进行的各类生产活动和服务活动正在日益成为经济繁荣的重要因素，特别是在大中城市中，各类休闲活动已成为经济活动得以运行的基本条件。如在都市中河、湖、港口附近区域的商业开发、娱乐设施、餐饮服务、体育竞技活动，还有旅游观光、名胜古迹的开发利用活动，以及节假日和各类庆典场合的商业活动，各类非职业技能培训式的成人教育活动，所有这一切无不反映出经济模式在向以休闲为依托的方向转变。只有从整体的角度考虑环境的未来发展趋势，才能明确未来休闲的发展方向。

第二节　休闲环境因素

一、经济技术环境

（一）可支配收入

产业技术的发达和机械化生产方式带来了大批量生产和消费，经济在质和量两方面都有了新的发展。随着生活水平和可自由支配收入的提高，休闲消费有了明显的增加，成为对扩大休闲需求影响重大的因素。但休闲时间与收入并不一定同时增加。获得休闲的具体方法很难确定，即在收入和时间的关系问题上，很难断定是个人可自由支配时间有价值，还是收入和购买力对某个人更有价值。现实中经常存在不同现象，如有些人为了得到更多的时间愿意牺牲更多的收入；而有些人则为了买到与休闲相关的高价商品，愿意努力争取更多的收入。

尽管有些休闲活动并不需要参与者付出金钱，但大多数休闲活动是要花钱的。美国近三十年来由于可供自由支配的收入增加了，人们在休闲方面的花销也在相应地增长，有能力参与的休闲方式也日趋多样化。不过，这种收入增长的趋势在目前至少对很多人来说有所停滞，尤其是年轻一代，他们的休闲选择重新受到了工资水平的限制（杰弗瑞·戈比，2000）。

根据国际规律，当人均 GDP 达到 2 000 美元时，旅游将获得快速发展；当人均 GDP 达到 3 000 美元时，旅游需求将出现爆发性增长；当人均 GDP 达到 5 000 美元时，将步入成熟的度假旅游经济时代，休闲需求和消费能力日益增强并出现多元化趋势。2021 年，我国人均 GDP 为 1.26 万美元，高于中等收入国家的平均水平，人们的休闲和消费能力已经进入一个快速发展的时代。

（二）交通工具

交通工具的发展极大地改变了我们工作、生活、娱乐的空间，我们如何去上班、走多远、是否经常去旅行、我们居住在何处、我们又将去何处娱乐？这些问题都影响着我们对空间的体验。而汽车和飞机的发展极大地扩大了空间范围、节省了时间、降低了成本，既打破了休闲活动的空间限制，又促进了休闲的大众化。交通工具的普及对周末旅游和工作日晚间户外娱乐的大众化起到了很大的促进作用。据统计，2021 年全国铁路营业里程达到 15 万公里，其中，高速铁路营业里程达到 4 万公里；航空旅行作为高速、方便、安全、经济的大型化旅行方式，对休闲地域的扩大产生了跨时代的影响。飞机的迅捷性缩短了旅行时间，使远距离旅行变得容易。截至 2018 年年底，我国共有定期航班航线 4 945 条，国际定期航班通航 65 个国家的 165 个城市；我国公路总里程已由改革开放之初的 89.02 万公里攀升到 2022 年的 528 万公里。

今天，无论是乘飞机还是高铁，乘客拿着手机上的二维码在闸机上轻轻一扫，就能自助进关。从儿时记忆中的绿皮车到有空调、软沙发的"和谐号"，再到智能化、纯自主、有 Wi-Fi 的"复兴号"，从最高时速 60 公里到运营时速 350 公里，从深夜排队抢票到手机支付购票，人们出行可以享受到难以想象的便利。飞机的现代化、各种交通设施和服务设施的改进以及服务水平的提高，使得游客可以在旅途中观看电视、收听广播、上网聊天等，旅行生活变得舒适、愉快。

在当今社会，随着铁路、公路、航空等交通条件的改善和交通环境的提升，人们出行时使用多种交通工具组合成为普遍现象，自由休闲成为时尚。

（三）信息传递

托夫勒在《第三次浪潮》一书中将人类社会划分为三个阶段：第一次浪潮为农业阶段，从约一万年前开始；第二阶段为工业阶段，从17世纪末开始；第三阶段为信息化（或者服务业）阶段，从20世纪50年代后期开始。如果说交通工具的发展给人类提供了一个便利的人口转移和实物运输系统的话，那么信息技术的发展则为人类创造了一个信息运输的大平台。

计算机的普及将信息以电子化的方式传遍世界各地，改变了人们的工作方式和生活方式。网络的发达使办公时间可以灵活掌握，办公地点可以设在家里，在提高效率的同时也将会有更多的闲暇时间。网络信息的多样化对年轻人的休闲方式及活动也产生了极大的影响。《娱乐经济》一书的作者沃尔夫在接受记者专访时说："任何公司只要上了网络，就变成了娱乐公司。"这说明，网络技术的发展是休闲经济发展的最大刺激因素，它引发了互动游戏、动态模拟、虚拟现实等全新体验，进一步刺激了休闲娱乐经济的发展。

工业阶段标准化的生产线使得整个社会充斥着标准化的商品，而信息社会的来临，使报纸、电台、刊物和电视等群体化的传播工具向非群体化转变。网络电视意味着电视节目急剧增加，人们再不需要按照节目时间安排生活，也不需要等待特定时间观看特定节目了。无论何时，人们都可以从丰富多彩的电视节目中挑选到自己喜爱的来观看，信息传递的电子化大大满足了人们个性化的休闲需要。

对信息社会至关重要的电子通信系统的加速发展，使得电视旅行成为可能。宾馆和旅游胜地将有可能为旅游者提供电视旅行，旅游部门提供模仿去远地旅游的各种电视，利用双向电信技术，参加电视旅游的人们感到好像身临其境一样。但正如电话会议一样，电视旅游不能替代旅客亲临现场的旅游形式（约翰·托夫勒，1996）。随着信息技术的发展，人们的休闲方式也愈加现代化和个性化。人们可以不出门在家享受到个性化的电视节目；不出门便可以到异地"旅游"；不出门便可以获得休闲的信息。

（四）新技术的有效使用

正如里夫金在《工作的终结》一书中所说，传统的工人、农民的工作确实在"终结"，但有知识并具有高度创新能力的人的"生产"将被提到社会更重要的位置上。人工智能的实现，在某种意义上说是生产力的又一次变革，面部解锁、手机语音助手、语音导航、指纹识别、人脸识别等技术，逐渐改变着我们的生活方式，使得人类从枯燥、乏味的重复劳动中解放出来，从而有了更多的闲暇时间进行艺术创作及休闲类的活动。与此同时，这些技术能够为大众的出行以及休闲提供更多的便利。例如，腾讯的刷脸签到系统可自动捕捉到场人员的人脸图像,并与已注册提交的人脸信息进行比对,迅速反馈比对结果并完成签到、出关、游乐场所入园检查等过程,大大减少了人们出入检查的时间,整个过程科技感十足,给人们的休闲活动带来酷炫的全新体验;机器人的解答技术可以帮助游客解决出游时遇到的困难,让游客能够全身心投入休闲活动中继而获得畅爽体验。

大数据技术就是从各种类型的数据中,快速获得有价值的信息的能力。以休闲需求者为中心,将大量离散的内外部数据进行收集、分析、整理并有效使用,最终转化成有商业价值的数据并提供决策支持。从供给角度可以看出,通过对休闲需求者属性的分析、行为的分析、休闲场地偏好的分析等,一方面有助于休闲产业的战略定位与精准营销,另一方面有助于休闲产业与其他产业的进一步融合与创新;从需求的角度来看,基于移动4G以及5G、手机App、物联网、全球定位系统、景区信息化管理平台等软硬件建设,变粗放管理为精细化管理,打造休闲一体化服务平台,提升了休闲消费者的满意度和休闲产业的整体竞争力。

二、人口地理环境

(一)世界人口动向

根据联合国人口基金会的预测,从目前世界人口的增长规律来看,在未来一段时期内,世界人口仍将持续增长。根据对世界人口达到顶峰的时间的预测,2050年的可能性是20%,2075年的可能性是55%,21世纪末的可能性是85%。到2100年,世界人口不会超过100亿的概率是60%,低于目前水平的可能性是15%。[①]

近几年,随着全球经济社会的发展、生活条件的改善和生活水平的提高,全球人口预期寿命大大提高,发展中国家与发达国家之间的差距呈现逐渐缩小的态势,休闲发展的差距也在逐渐缩小。庞大的人口背后隐藏着巨大的休闲消费潜力。

然而,目前世界上一些国家人口代谢却进入了一个"怪圈",人口分布不均现象仍然存在。首先,发达国家人口出生率低,而平均寿命却逐年增长,从而出现人口负增长、劳动力供给不足、人口老龄化等现象。发达国家虽然物质基础雄厚,休闲观念完善,却面临着出生率低的问题。休闲产业需要休闲需求作为支撑,而人口的负增长将导致休闲需求的负增长,最终必然将导致休闲市场的萎缩。其次,一些发展中国家,尤其是非洲地区,出现了出生率高、人口增速过快、婴儿死亡率居高不下的现象,平均寿命不升反降,"人口红利"得不到体现。这些国家虽然人口增长迅速,但是由于经济的不发达,休闲意识不强,过快的人口增长反而会成为国家经济发展的负累,同样阻碍着休闲产业的发展,因为不同的人口状况对应的休闲方式也不同。

另外,老龄化现象日渐突出。目前,全世界60岁以上老年人口总数已达6亿,有60多个国家的老年人口达到或超过人口总数的10%,进入了人口老龄化社会行列。截至2021年年底,我国60岁及以上老年人口有2.67亿,占总人口18.9%。因此,老年人的休闲需求必须得到重视。目前,各社区已经增设了许多老年活动中心,旅行社也纷纷开设了夕阳

---

① 杨多贵,周志田.2050年世界人口达顶峰可能性20%[R].国家健康报告,2008-10.

红旅游专线。除了下棋打牌、跳广场舞、养花斗鸟等传统意义上的休闲活动以外,随着老年人口体质的增强和可自由支配收入的增加,他们也将投入到更丰富的休闲活动中去。

(二)纬度空间分布

研究发现,纬度差异深刻影响着人们的休闲方式和休闲态度。各纬度地区由于历史走向、经济技术、人口分布、性格观念等差异,产生了各自的休闲资源,形成了独具地方特色的休闲方式,如表3-1所示。

表3-1 高、中、低纬度地区休闲方式比较

纬度 要素	高纬度地区	中纬度地区	低纬度地区
气候条件	该地区包含冰原气候、苔原气候及亚寒带针叶林气候,全年严寒,降水稀少,水热条件垂直变化明显	该地区包含地中海气候、温带海洋气候、温带大陆性气候、温带及亚热带季风气候,全年温和,东西走向地域差异明显,四季分明	该地区包含热带沙漠气候、热带草原气候及热带季雨林气候,全年高温炎热,干湿差异明显,降水分配不均,同时具有沙漠与雨林两种极端气候
自然资源	植被以针叶林为主,森林覆盖面积广泛、矿产资源丰富,物种多样性明显,山体常年被积雪覆盖,空气自然清新	植被以阔叶林为主,四季分明,水资源丰富,地形地貌复杂多样	热带雨林植被种类多样,热带水果丰富,沙漠地区与雨林地区形成截然不同的自然景观,野生动物种类丰富
生产生活	林矿产业出口量大,渔猎及资源加工型工业发达	文化悠久,农业、工业发达,丰富的人力资本使技术不断创新	工业极为薄弱,以原始的狩猎与农牧业为主要生产活动,生产技术落后
经济交通	发达国家居多,经济繁荣,交通发展具有一定难度	发达国家居多,经济活动活跃,海上交通与陆地交通发达	发展中国家居多,经济落后,经济活动贫乏,交通运输系统落后
人口密度	人口稀少,人均占地面积大	人口集中、密度大,老龄化现象明显	人多地少,出生率、死亡率均很高
国家地区	挪威、芬兰、俄罗斯、加拿大及美国北部等国家与地区	西欧各国、中国、日本、美国、澳大利亚等大部分国家与地区	整个非洲、巴基斯坦、印度、越南、老挝、智利等国家与地区
休闲资源类型	休闲资源以保健疗养型及参与体验型为主	休闲资源类型多样,包含游览型、保健疗养型、情感型、购物型、文化知识型等	休闲资源以原始自然为特征,以参与体验型及情感型为主
休闲活动特点	以高山滑雪及雪上娱乐、桑拿、钓鱼及渔猎等小团体活动为主	休闲活动多样; 温泉养生休闲发展迅速; 人文旅游与生态旅游共生	以部落大范围活动为主

资料来源:陈慧琳. 人文地理学[M]. 2版. 北京:科学出版社,2007.
刘南威. 自然地理学[M]. 2版. 北京:科学出版社,2007.

高纬度地区以寒带与亚寒带为主。该地区气候寒冷,森林资源与矿产资源丰富。耕地面积虽然不大,但是由于人口稀少,人均耕地面积在世界范围内仍然名列前茅,人均产量高,经济条件优越。良好的水体条件和有限的人为开发使当地的生态资源维持得较好,自然资源的优势给旅游业的发展创造了条件。该地区的休闲活动主要以滑雪为特色,驯鹿车、雪橇为当地居民带来了无限的快乐。由于人口密度小,休闲形式基本以小团体活动为主。

中纬度地区主要包括温带和亚热带,优越的气候条件使该地区成为人口密度最高的地带。中纬度地区的地域差异也相当明显,农耕文化熏陶下的东亚大陆和海洋文化熏陶下的西欧大陆便存在着迥异的休闲文化和休闲方式。由于地域特点,该地区形成了大小不同的各类温泉,泡温泉便成为中纬度地区的特色休闲方式。另外,适宜的气候环境以及高人口密度适合举办各类集体活动和体育赛事。

低纬度地区主要包含赤道和热带。过热的气候并不适合人类的发展,生活条件的创造往往需要投入大量的成本。人多地少、生产水平低下和经济发展落后阻碍了该地区休闲的发展。另外,该地区雨水分布极不均匀,近赤道地区的年降水量可达 1 500mm,而干旱地区却存在大片的沙漠,著名的撒哈拉沙漠便在这里。同时,这里部分地区雨林覆盖面积广阔、植被种类繁多、水果鲜甜美味,而部分地区又形成沙漠地带,形成了极具特色的自然资源,因此受到各地游客的欢迎。

正是由于纬度的区别,各国形成了别具一格的休闲方式,居民的休闲观念与休闲偏好也产生了巨大的差别。"纬度决定生活",各国对休闲的认识与态度之所以有所差别,并非是偶然,而是受到了地理位置的制约。地理的不公平性导致了各国发展历史的前后、自然资源的差别及生活习惯的迥异,因此地理环境在休闲研究中占据了重要的地位。

芬兰人的桑拿情结

芬兰是桑拿的国度,几乎所有的芬兰人都是"发烧"级别的桑拿爱好者。芬兰总人口约为 510 万,而遍布城乡大大小小的桑拿房竟达 170 万个之多,平均每三个人就拥有一个。除了公共和私人的桑拿房之外,大的公司和机构也都配备了员工桑拿房,连总统办公室也设置了专用桑拿房。

芬兰与桑拿的渊源可以追溯到许多个世纪以前。桑拿一词是芬兰语"蒸汽浴"的译音。在芬兰,无数与桑拿有关的词曲、歌谣及民间故事广为传诵,桑拿作为一种文化融入了芬兰的血脉,是其最具代表性的一道风景。

考古发现,石器时代有一种圆而浅的火坑,坑底铺有 2~3 层细碎的石子,那或许是世界上最早的桑拿炉。

公元 5—8 世纪,桑拿就已经在芬兰出现了。当时的浴室是圆木结构的一个单间,在炉子里将木柴烧着，上面铺上几层碎石头，待石头烧得红热再浇上水，浴室里立时烟雾蒸腾，人在其间，大汗淋漓，酣畅不已，这种沐浴方式被称为"烟桑拿"，它一经出现便风靡一时。在芬兰的某些地区，"烟桑拿"至今仍被沿袭，并随着芬兰人的足迹传播至世界各地。

桑拿的流行势头曾经一度受挫。传统的桑拿炉需要燃烧木柴，带有非常显著的农耕色彩，而随着城市化进程的发展，这一特点与现代的生活方式格格不入。然而，有什么能阻止芬兰人对桑拿的情有独钟呢？于是在20世纪30年代，以电为能源的桑拿炉面世了。大街小巷如雨后春笋般涌现出的公共桑拿房让芬兰人喜出望外。得益于科技的进步，桑拿炉不断更新换代，现在人们所要做的只是按一下开关，电阻丝就会给石头持续加热，凭借安全和方便的优势，桑拿以前所未有的深度和广度渗透到都市人的生活中。如今，新落成的高尚住宅及宾馆客房的浴室旁大多都添了一间"迷你"型的桑拿室。

在芬兰，桑拿不仅仅是一种清洁身体的方式，它早已上升为一种精神层面的神圣。

相传，桑拿最初是一种宗教仪式，婴儿出生后，由家族中最年长的老人在桑拿房中往婴儿身上洒水，并为婴儿起名字，后来此仪式演变成在教堂中举行的洗礼。第二次世界大战之前，芬兰妇女大多在桑拿房里分娩，不只是因为那里温暖、卫生，更因为那是个圣洁的地方。分娩后，产妇和新生儿还要在桑拿房中住上一个星期，然后，婴儿才会被郑重其事地抱出来与父亲见面。过去，芬兰人临终时的身体清洁往往也在桑拿房中进行。可以说桑拿与芬兰人的整个生命历程都有着千丝万缕的联系。

蒸桑拿前，人们宽衣解带，先淋浴，然后赤身拎条毛巾进入80~100摄氏度的桑拿房，将毛巾铺于长凳之上，然后坐在毛巾上面。这样做既是出于卫生的考虑，也可以防止长凳过烫，伤及肌肤。传统的习俗还包括用一束新鲜嫩绿的桦树枝条，轻轻拍打自己的身体，利于舒张毛孔并使空气中弥漫着一股独特的树叶的清香，提神醒脑。

蒸桑拿时，入浴者并不像馒头一样一直罩在"蒸笼"里，人们可随意频繁出入桑拿房，想往复多少回合，全凭自己乐意，开心就好。

据乡下的传说，在新年的头一天，如果桑拿房的烟比太阳更早升起，则预示着来年风调雨顺、六畜兴旺、五谷丰登。在芬兰，如果你的谈判对手或生意伙伴邀你一同去蒸桑拿，那差不多就跟请你共进晚餐一样隆重。

不仅如此，芬兰人聊起桑拿的医学价值简直就是如数家珍：如果浑身酸痛，如果头疼脑热，如果伤风感冒，去蒸桑拿吧；想促进血液循环、加速新陈代谢吗？去蒸桑拿吧；想延缓衰老、永葆青春吗？去蒸桑拿吧；想平复情绪，舒缓紧张，乃至按摩灵魂吗？去蒸桑拿吧。

总之，芬兰人对桑拿的痴迷程度已经到了无以复加的地步，他们给本民族的文化贴了张别致的标签：桑拿——芬兰造。

（整理自徐晓红. 芬兰人与桑拿[J]. 当代世界，2004（10）：44-45.）

（三）地理空间尺度

我国城乡之间在收入、教育、医疗、消费、就业、公共投入等方面存在巨大差异，城市的休闲设施配套更完善，因此，很多大城市率先成为休闲、文化的中心。我国地理学者的休闲研究案例的发生地点主要集中在北京、上海、广州、杭州、南京、深圳等经济发达、休闲发展水平较高的城市。随着我国经济水平的提高和生活方式的改变，休闲将是公民重要的生活方式和基本的生活权利。但城乡差异、地区差异带来的休闲差异化问题一直存在。除了城乡差异以外，我国城市与城市之间也存在地区上的差异，总体上呈现出东部城市休闲化水平普遍较高，中、西部城市休闲化水平相对较低的区域特征，这与我国区域经济发展水平的分布格局基本吻合。

三、社会文化环境

（一）传统节庆

传统节日、庆典等活动为普通大众参与现代休闲提供了平台和契机，而现代休闲也为传统的节日、庆典活动赋予了新的意义和作用。端午节、中秋节、春节等传统节日作为历史的人文资源，具有独特性、历史性和地区性的特点和很高的休闲资源价值。作为历史遗产的传统节日对于求新、求奇的游客来说，由于平时很难接触到，所以极富吸引性、象征性、特异性等魅力，但当地的居民则对此不会有太大的兴趣。传统节日是组织大众聚会、娱乐休闲和转化心情的好时机，人们可以在这个时候与亲朋好友团聚、联络感情、感受集体的生命力和整体性。此外，现代文明的机械化及劳动过程的程序化使传统活动逐渐成为人们追求身心平衡的休闲活动。环境污染和城市化的加速引起的人性丧失等现象，刺激了人类回归自我的本能，增加了人们参加传统活动的需求。

（二）价值观念

中国传统文化中"工作至上"的社会观念根深蒂固，人们普遍对玩存在偏见，从我们常用的一些词汇中可见一斑，如"游手好闲""玩物丧志"。然而，随着社会经济的迅猛发展，科学技术突飞猛进，人民生活水平日益提高，同时生活节奏也在"经济加速器"的带动下不断加速，被工作折磨得紧张、忙碌、身心疲惫之时，人们开始思考工作的目的和意义，于是一部分明智的人们跳出来寻求休闲。传统的"工作第一""休闲是为了工作"的观念在部分群体中也发生了些许的转变，尤其在一些发达城市，如上海、深圳、北京等地，休闲产业快速发展起来。但是那些坚持传统文化、维持传统秩序的人们仍不愿接受转变，从而制约了休闲产业的发展，并且也制约了其精神生活的享受和生活品质，最终对人类精神文明的发展产生了很大的负面影响。但随着新千年出生的一代年轻人成长起来，他们对于休闲和工作有了全新的认识，他们不愿意忍受长时间的工作约束，倾向于更富有主见和创新环境的工作氛围，在休闲的同时也能将自己的工作完成，休闲与工作的界限越来越模糊。

（三）宗教影响

宗教是构成社会文化的重要因素，它与休闲的关系表面上看似遥远，但事实上自古以来一直对人们的休闲行为产生着巨大影响。人类迄今为止的诸多文化形式归根溯源都来自于远古宗教，以及与宗教密切相关的各种仪式和节庆，并在历史发展中逐渐成为人们普遍参与的娱乐休闲活动,比如中国传统节日中的中元节、腊八节、二月二龙抬头等,而在西方社会,几乎所有重大节日都有宗教的渊源,如圣诞节、复活节和感恩节等。尽管总体而言宗教促进了休闲的发展,但在某些受特定宗教观念影响较为严重的地区国家,休闲享乐在很长一段历史时期都是被禁止的。

(四)社会形态

随着人类社会的进步,休闲日益成为人们生活的重要组成部分,成为衡量人类社会进步的重要标准和推动社会发展的强大动力。马克思认为,一个国家真正富裕的标志就是劳动时间的减少和闲暇时间的增多;增加自由时间即增加使个人得到充分发展的时间,而个人的充分发展又作为最伟大的生产力反作用于劳动生产力。社会发展的质量标准在于人的生存质量和全面发展程度,人们将越来越重视对"休闲"的探索,以此展示个人的能力,实现潜能的开发并获得个性发展。

人类的发展已经经历了原始社会、农业社会、工业社会和知识社会阶段,现在正处于数字社会阶段。社会演进导致了劳动方式与休闲方式的区别(见表3-2)。

处于数字经济背景下的社会开始迎来休闲时代,然而即使在西方发达国家,休闲时代也不过处于初级发展阶段。真正的休闲社会是"作为目的本身的人类能力的发展"的社会,人成为摆脱外在必然性的"自由人",是马克思所说的"自由王国"。在经历原始、农业、工业、知识社会以后,我们将要迎来的应该是"自由人社会"。

表3-2 不同社会休闲差异比较分析

时代 要素	原始社会	农业社会	工业社会	知识社会	数字社会
休闲	劳动极化,宗教信仰为主,休闲思想火花出现	贵族休闲类型多样,平民以农闲为主,多民俗化	休闲大众化、产业化,社会整体对休闲产业持赞同态度	休闲极化,个性特征凸显,劳动成为自然选择;生活休闲化	休闲个性化、精致化、品质化、碎片化
劳动	以个体劳动、简单劳动为主,休闲隐于大量劳动之中	较大的职业分工差异,劳动工具进一步优化	职业分工形成部门化、专业化,出现工厂生产形式;单位个人工时不断减少	高技术产业为主;出现以知识和信息为特征的新劳动分工;经济全面繁荣	机械性重复劳动被AI取代,劳动强度弱化,对劳动趣味性的要求提升
社区	紧密团结的小型均质社区;流动性差、等级差别小	少数贵族和大量农民;复杂的社会成分;等级层次多样	复杂人群和多元文化的大社区;非个人关系居支配地位;容易改变的等级制度	更多的多元合作关系出现;共享社区的决策	虚拟社区成为主流,亚社区文化兴盛

资料来源:沃姆斯利,刘易斯. 行为地理学导论[M]. 西安:陕西人民出版社,1988:253-270.
斯蒂芬·罗宾斯. 管理学[M]. 北京:中国人民大学出版社,2017:319.

在未来的"自由人社会",人的诉求将会发生剧烈的变化。经济的高度发展、社会必要劳动时间的急剧缩短使得人们能够突破时间、金钱的约束,以快乐为导向,自由地追求更多心灵层面的满足。人们所向往的不再是金钱和财富,而是充满美感、智慧、创意、个性的体验。休闲是提升格调、开发智慧、激活创意、培养个性最有效的途径。未来的社会中,休闲将无处不在,"自由闲人"将真正在快乐中实现自我。

第三节　数字社会休闲环境巨变与应对之道

随着科学技术进步速度的日益加快,人们已经从知识社会步入数字社会,休闲环境也随之发生了翻天覆地的变化。人工智能、VR、AR、区块链等新技术的广泛使用以及5G时代的到来,让人们足不出户就可以突破时间、地域的限制,体验数字技术带来的各种休闲活动。但不可否认的是,数字技术在营造全新休闲环境的同时也带来了前所未有的挑战。如何科学合理地享受数字社会带来的便捷,同时规避风险与挑战,是每一个休闲体验者不得不面对的现实问题。

一、休闲环境解析:"数字"与"社会"视角

第一台电子计算机问世后,人类便告别了"铅与火"的时代,开始走上了"数字与电"的"数字化生存"的道路,拉开了伟大的信息革命时代的序幕。数字是目前人类社会掌握的能够沟通得最高效、信息折损最少的一种沟通方式。数字化、网络化、大数据、人工智能、区块链等当代信息科技的快速发展和广泛应用,使整个人类社会以加速度的步伐往前行进着。在这个过程中,数字的价值越来越高,继而催生出了与现实社会紧密相关的数字社会。

数字社会有广义和狭义之分,广义的数字社会是指网络时代的整个社会;狭义的数字社会是指拟社会化的赛博空间(Cyberspace),是对"网络社会"或"虚拟社会"更为形象化的表达。早在二十多年前,MIT媒体实验室的创始人尼古拉斯·尼葛洛庞帝(Nicolas Negroponte)就洞察了数字技术并出版了《数字化生存》(*Being Digital*)一书,书中提到人类生存于一个虚拟的、数字化的生存活动空间中,在这个空间里人们应用数字技术(信息技术)从事信息传播、交流、学习、工作等活动,这便是数字化生存。截至2021年,全球网民数量已达49亿人,创下历史新纪录,我国网民规模达10.32亿人,这些数据意味着地球上一半以上的人口每天都在享受着科技带来的舒适、便捷、高效率和智能化。今天的互联网全球化浪潮已经形成更加多元化的特征,数字技术已经到了萌生新社会秩序的阶段。

休闲是在特定环境中孕育的产物。休闲的发展受到经济技术、社会文化、人口地理等环境因素的影响。不同的经济水平、不同的社会观念都会导致休闲往不同的方向发展。尤其在当今社会,数字技术的广泛使用加剧了休闲环境的变化。这里,笔者将采用"环境分析矩阵"对休闲环境进行总体分析,更直观地表现出休闲环境与休闲发展的关系。以纵坐标表示数字化发展水平高低,以横坐标表示社会文化水平高低,则会出现四种不同的休闲

类型，如图 3-1 所示。

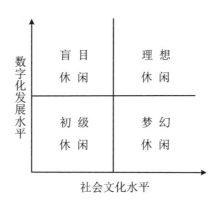

图 3-1 休闲发展阶段的四象限分析图

低社会文化水平和低数字化发展水平下形成的休闲属于初级休闲。低社会文化水平表示社会成员的休闲意识低下，休闲观念落后，休闲制度不完善。低数字技术水平表示该国家或地区的经济发展水平不高，休闲所依赖的基础设施得不到保障。低水平的基础设施建设和数字技术加上低水平的精神文明导致休闲处于相对落后的阶段。

低社会文化水平和高数字化发展水平下形成的休闲属于盲目休闲。该环境下的社会成员的休闲观念仍然比较落后，人们并不完全明白休闲的真正含义，休闲制度也存在缺陷，闲暇时间得不到保障。但是该社会的数字化技术已经发展到一定水平，不了解休闲却又盲目地追求数字空间的自由行为造成了休闲的变异。在这个阶段，人们的休闲活动或"低俗"，或追求"娱乐至死"，或追求"快餐式休闲"，达不到休闲的终极目的。

高社会文化水平和低数字化发展水平下形成的休闲属于梦幻休闲。这一阶段的特殊性在于精神文明先于物质文明得到了发展，社会成员具有先进的休闲意识，认识到了休闲的本质，然而遗憾的是，数字化发展水平的落后使得休闲得不到技术的支持，休闲供给条件不足。

高社会文化水平和高数字化发展水平下形成的休闲属于理想休闲。这种同时具备了技术与文化条件发展起来的休闲是理想状态的休闲，社会成员既有了数字化技术作为保障，又拥有了正确的休闲观念和大量的闲暇时间，休闲的重要性得到了重视，人格的提升和自我的完善成为休闲的价值所在。

二、数字社会休闲环境变化的深度解读

当前，全球通过数字技术的不断革新已经进入数字社会阶段，人们的价值观、社会文化环境、经济技术环境等领域都深深地受到数字化的影响，主要体现在以下几个方面。

（一）智能操控与高效协作

一系列智能设备和自动控制设备都为人们提供了便捷高效的服务。通过运用互联网、人工智能等当代信息技术手段，人们使用自身体力来直接操作生产工具的劳动方式逐渐被使用自身脑力来间接操作生产工具的劳动方式所代替。人们从枯燥、繁重的体力劳动中解

放出来，从而有了更多的休闲时间和精力，他们在网络世界中扮演各种虚拟角色，实现了物的连接，更实现了人的连接。依托于网络空间这一平台和场域，人们能够在各个不同的兴趣领域达成彼此的交流与互动，享有高效协作的便利。人们在丰富的休闲活动中形成不同的休闲共同体并遵循着"从休闲者中来，到休闲者中去"的路线，同时秉承着"一切为了休闲者，一切依靠休闲者"的理念。

（二）跨域连接与全时共在

跨域连接包括两个方面的含义：首先是普遍连接方面，其中包括休闲者与休闲者之间的数字化连接，也包括休闲智能设备之间的数字化连接，还包括数字化实现的人、物、智能设备之间的连接和贯通。与此同时，在普遍连接的基础上实现了跨域连接，依托数字化所带来的虚拟休闲空间的独有便利，革命性地解决了休闲跨越地域空间限制而实现有效连接的问题。数字社会万物的连接除了可以跨越空间的界限，也可以摆脱时间的约束，数字设备和技术的支持让广大的休闲者可以同时处理多项工作，越来越多的人在听歌、看电影、游戏的过程中就完成了自己的工作并取得了前所未有的成绩。

（三）虚拟休闲与价值多元

数字技术、网络连接和赛博空间在客观上为休闲者的行为选择提供了极为便利的基础条件。在实体社会之外，人们有了网络空间这一无限延展的场所，能够让休闲活动多层次地开展，彼此之间可以进行更为深入和多元化的交往互动。与此同时，生活在开放环境中的休闲者经常穿梭于若干个虚拟休闲活动中。为了适应虚拟空间的多元价值，人们往往能够接纳不同意见的开放社会以及不同要素的自由组合，从而形成多元化的价值观。

（四）新生阶层与文化部落

数字技术产生了虚拟空间，使得以虚拟空间为主要活动平台的"N-代"出现并得到发展，他们追求新的自我，并对多样性持包容态度。他们并不满足于接收信息，而是拥有强烈的参与意识、较高的独立性和自律性。早期预言"N-代"出现的塔斯冠（Tapscott，1997）指出了"N-代"的特性，即自幼习惯于数字文明，熟练掌握计算机技术，较之于书、报纸等平面媒体，他们更习惯于从通信、网络中获取所有知识，计算机与高科技像氧气和阳光一样，已经成了他们生命中不可或缺的养料。弹性工作制、在家工作、季节性雇用和轮班的方式，较能吸引并留住N-代。他们可以加入若干个虚拟社区并扮演虚拟角色，个人认同感向流动、流浪的形式变化，多重认同感成为一种普遍现象，从而导致大量新文化部落的出现。新文化形成一种超越国籍、年龄和性别的群体，从固有的价值观和利害关系中摆脱出来，他们因为某些兴趣或自发的感性凝聚起来并发挥巨大的威力[①]。

数字技术正在一步步改变我们的休闲生活和环境，但任何事物的出现都有其两面性，在全世界尽情享受"数字红利"的同时，新科技带来的变革中也产生了一些风险和挑战。这其中包括社会层面的公共问题，如网络空间中的假宣传、假新闻和各种新型犯罪，以及

---

① [韩]金文朝，金钟吉. 数字技术与新社会秩序的形成[M]. 柳京子，张海东，译. 北京：社会科学文献出版社，2018.

广受关注的数据安全、隐私保护、大数据杀熟等技术和伦理方面的问题，让很多休闲消费者遭受了不必要的损失。个人在休闲生活中也会感受到负担与干扰，如在休闲决策过程中信息过载带来的焦虑与压力，以及青少年在虚拟社区中陷入网络幻觉并对自我认同感的形成与发展产生破坏。

三、迎接数字社会休闲环境变化的对策

如何解决现存问题并引导数字技术更好地为休闲服务，成为科技界、学者、政府和企业等共同关注的焦点问题。联合国数字合作高级别小组于2019年发布了《数字互助时代》报告，呼吁各方秉承以人为本的普惠思维，重构全球治理方式，建立更适应数字时代的发展机制。笔者试图从以下几个方面提出相关意见和建议。

（一）制定规则，引导科技向善

著名的物理学家迈克斯·泰格马克（Max Tegmark）曾经说过，人工智能领域的专家们应该像早期的生化武器、核武器领域的专家们一样，承担重要的社会责任，严格自律。一个好的产品、一项好的技术，一定会受到法律、人类伦理等社会规则的约束。数字社会是一个高度复杂、万物互联的社会，是一个用数字缔结的社会关系体系。除了要建立一系列法律规定外，还必须得有相关的网络礼仪（Network Etiquette）来规范人们的行为，以恰当地运用网络语言，文明地传播图片和视频。除此以外，数字社会中，努力构建大众共识的机制，让每一位参与者履行责任、参与治理，也可能是建构规则时最重要的选择之一。

（二）互联互通，搭建合作平台

政府通过政治职能、经济职能、文化职能和社会职能的充分发挥，履行维护社会稳定、促进国与国之间经济文化交流、有效提供公共产品以及不断提升休闲教育水平等职能，为休闲环境搭建平台并提供政策上的支持。随着国与国之间交流的日益频繁和我国"一带一路"合作倡议的提出，国家之间的互联互通趋势更加明显。政府通过交通、能源、网络等基础设施的硬件联通，标准、制度、文化等软件联通，使国家之间在政策、文化、贸易、货币、基础设施等方面获得连接。互联互通成为我国与世界其他国家交流合作的新载体，有利于形成和谐稳定的休闲环境。

（三）多方努力，弥合数字鸿沟

随着智慧城市和智慧社区建设的发展，贯穿于休闲活动始终的出行打车、移动支付、网络购物、App预订等现象日益普遍。然而，很多发展中国家或是偏远地区因为基础设施落后、数字科技意识淡薄而无法获得数字技术带来的福利，又或是部分人群因为年龄的因素跟不上科技步伐，不仅无法充分享受便捷服务，还加剧了其自身和时代的脱节。针对上述问题，相关部门应注意加大相关基础设施建设的力度。在培育数字意识方面，可以将数字技术相关内容纳入休闲企业管理培训课程。对于如何让老年人更好地享受数字社会带来的福利，政府应该出台相关政策并不断完善体系建设，如街道社区可组织老年人了解移动互联网，鼓励青年志愿者用"一对一"的方式耐心地教导老人，帮助他们成为"数字达人"，

从而形成政府带头、社区跟进、社会参与的全方位帮扶趋势。

(四)协同共享,优化共趣社群

在数字社会诞生之前,未来学家杰里米·里夫金(Jeremy Rifkin)就提出了他的"协同共享"(Collaborative Commons)观念,并将其作为未来社会的一种特有的生产和交换的模式。齐泽克对于里夫金的"协同共享"给出了如下评价:"在协同共享中,个体自由给出他们的产品,让产品进入循环"。现代社会,伴随生产力迅猛发展以及信息技术飞速发展的却是人与人之间距离的疏远。工作、生活以及学习等方面的重重压力,使得多数人的日常生活呈现出单调的"两点一线"运行特征,亲朋好友之间的联络减少、情感淡化,个体似乎游离于社会关系之外。人们身心俱疲,渴望逃离现状,对情感交流、人际交往等方面的需求有增无减。休闲场所作为家与工作地点之外的第三类场所,为人们释放压力、放松心情,满足交往、受尊重等高层次需求创造了机会。网络固然是建立社交圈的一个绝佳平台,各种社区(如BBS、Facebook等)成了人们寻找志趣相投的朋友的空间。不少虚拟的社交圈甚至已经延伸至现实生活。另外,各种俱乐部也为人们提供了结识"同类"的机会。相互不认识的一群人或许会因为一个热点社会话题而聚集在一起进行讨论,在表达自己的观点与分享他人观点的过程中,逐渐认识彼此;而一些价值观念趋同的人则更容易进行进一步的深入了解,从讨论社会话题转为分享各自的人生经历。成员们按照兴趣形成不同的兴趣群体,社群成员通过创意、互动、分享和合作形成群体凝聚力和认同感,这已经成为休闲产业发展的趋势。

如前文所述,随着科技的不断进步,目前我国的休闲环境较前十年相比发生了翻天覆地的变化,而这一切才刚刚开始。随着更多休闲人群继续接入互联网、各个行业数字化的完成和城市系统智能化水平的不断提升,整个地球将变成一个更智能、更紧密的数字星球。在这里,没有贫富差距,只有连接者与未连接者的差距,"我连接,故我在"。

超越孤独:移动互联时代的生存之道

2007年12月3日清晨,当特鲁迪·约翰逊–伦茨(Trudy Johnson-Lenz)在暴雨中走回家时,她跌倒在门前的台阶上。她的头猛烈地撞击到一块石头上,之后便失去了意识。她的丈夫彼得试图扶起她,但是并没有成功,他立刻拨打俄勒冈州波特兰紧急救护中心的救助电话。早上8点,特鲁迪已躺在俄勒冈健康和科学大学(OHSU)的手术台上,她的颅腔充血。为了给她的大脑留出足够的空间,神经外科医生清除了她颅腔中的积血。彼得说,一般而言,像特鲁迪这种情况的病人,存活率约为50%;即使幸存下来,也有75%的概率终生残疾。然而,奇迹出现了,特鲁迪仅仅在手术后12个小时便开始康复了。

在特鲁迪走下病床之前,彼得用手机给她拍摄了一些照片,记录下了她那层层包裹、紧缠绷带的头部以及呼吸导管。他在半夜12点，将这些图片和整个事故的过程发给了一些朋友，并收到了很多温暖的回应。当他的朋友转发了有关特鲁迪的信息之后，在36个小时之内，整个北美有近150人给他发来了邮件。人们发来诗歌、祝福和鼓励的话语以及能够提供的帮助和祈祷。这些信息大多数都发送到了彼得的电脑上，一些紧急的和与物流相关的短信息则发到了他的手机上。

在接下来的两天，当地的朋友们纷纷前来提供帮助。约翰·斯塔普（John Stapp）来自医院，他给彼得提供了一份午餐，并且为这对夫妇安排了当地的送餐服务。迈克·西利（Mike Seely）是美国西北太平洋迁移银行（PNTB）的一名主管，他向这对夫妇引荐了一位医院的社工，这名社工准备教彼得一些准备保险、账单和金融援助的小技巧。马丁·塔尔（Martin Tull）和查克·恩赛因（Chuck Ensign）为了特鲁迪的安全，忙前忙后地帮助他们整理房子，一旦她出院，便可重新入住。

以上是巴里·威尔曼在《超越孤独》一书的开头讲述的一个故事，用来说明信息社会中人人互联的实况。在威尔曼讲述的故事中，特鲁迪和彼得面对人生危机之时，有90人为他们提供了帮助，其中只有20人是他们的家人或亲密朋友，也就是强连带；其他还有大量的弱连带。彼得和特鲁迪合作建立了一个讨论爵士乐演奏家库特·艾灵的网上论坛组织，被称为"P（彼得）+T（特鲁迪）社交网络"。在特鲁迪康复期间，彼得因照顾妻子太辛苦也轻微中风，他们的网络社群朋友又建立了一个互助社群，大量的弱连带就来自这样的网络社群。还有一些是与特鲁迪和彼得从未谋面的人，但他们不是陌生人，多半是朋友的朋友，也加入了帮忙的行列，这些人可以称作"间接连带"。

威尔曼这样总结道：信息时代的个人越来越网络化了，而不是嵌入在社会类属中，信息与通信技术打破了家庭与工作间的界限，也打破了私人领域与公共生活的界限。

（节选自李·雷尼，巴里·威尔曼. 超越孤独：移动互联时代的生存之道[M]. 杨伯淑，高崇，等，译. 北京：中国传媒大学出版社，2015.）

复习思考题

1. 什么是休闲环境？休闲环境有什么特征？
2. 影响休闲的环境因素分别有哪些？
3. 为何芬兰人对桑拿情有独钟？试述地理差异对休闲行为造成的影响。
4. 数字社会休闲环境发生了哪些变化？应对数字社会休闲环境变化的对策是什么？

本章参考文献

[1] 阿尔文·托夫勒. 第三次浪潮[M]. 黄明坚，译. 北京：新华出版社，1996.

[2] 克莱·舍基. 未来是湿的[M]. 胡泳，沈满琳，译. 北京：中国人民大学出版社，2009.

[3] 伊恩·莫里斯. 纬度而非态度：用地理解释历史[N]. 吴万伟，译. 中国选举与治

理网，2010-10-26.

[4] 约翰·托夫勒. 第四次浪潮[M]. 北京：华龄出版社，1996.

[5] 陈慧琳. 人文地理学[M]. 2版. 北京：科学出版社，2007.

[6] 陈晓樱. 论在休闲环境中建立无障碍设计的必要性[J]. 艺术与设计（理论），2007，11：77-78.

[7] 郭力源. 中国特色社会主义新时代休闲消费的价值引领[J]. 河海大学学报（哲学社会科学版），2018，20（3）：28-30.

[8] 韩丁. 中西休闲认识的演变与交融[J]. 广州体育学院学报，2008，28（2）：61-65.

[9] [韩]金文朝，金钟吉. 数字技术与新社会秩序的形成[M]. 柳京子，张海东，译. 北京：社会科学文献出版社，2018.

[10] 杰里米·里夫金. 工作的终结——后市场时代的来临[M]. 王寅通，译. 上海：上海译文出版社，1998.

[11] 李建秋，孙佳琪. 休闲文化传播的逻辑起点与研究视阈[J]. 河北大学学报（哲学社会科学版），2016，41（1）：105-110.

[12] 李涛，徐翔，张旭妍. 孤独与消费——来自中国老年人保健消费的经验发现[J]. 经济研究，2018（1）：124-136.

[13] 刘南威. 自然地理学[M]. 2版. 北京：科学出版社，2007.

[14] 龙肖毅. 基于旅游者—目的地互动模式的旅游酒吧文化探讨——以大理洋人街旅游酒吧为例[J]. 旅游论坛，2009，2（5）：766-769.

[15] 庞学铨. 转换休闲研究的思维范式[J]. 哲学分析，2019，10（2）：105-110.

[16] 王卿. 俄国情咨文：以自由人社会取代领袖决定一切社会[N]. China Daily，2009-11-13.

[17] 王世德. 论休闲与诗意的审美境界[J]. 美与时代（下半月），2008（9）：14-18.

[18] 胥万兵，金银日. 日本大众休闲和体育的政策导向及其对中国的启示[J]. 体育学刊，2017，18（2）：63-66.

[19] 项立刚. 5G时代——什么是5G，它将如何改变世界[M]. 北京：中国人民大学出版社，2019.

[20] 戴斌. 游客与市民共享的生活场景才是商业创新的源泉[J]. 旅游学刊，2018（2）：3-4.

[21] 杨富贵. 市场营销学[M]. 东营：中国石油大学出版社，2009.

[22] 孙天厌. 休闲时代信步而来[J]. 经济论坛，2003（20）：18-20.

[23] 赵鹏，刘捷. 中国旅游发展笔谈——我们时代的休闲与旅游（三）：休闲与人类健康发展的关系[J]. 旅游学刊，2006，11：5-6.

第二部分　休闲与社会

　　休闲是一个完成个人与社会发展任务的主要社会空间。正如哲学家罗素所言："一个美好的社会不是产生于国家的荣耀，而是产生于个人的自由发展，产生于日常生活的幸福，产生于每一个男女都有符合个人兴趣并能充分发挥个人才能的工作，产生于人与人之间关系自由而又充满爱，更重要的是产生于生活富于乐趣并在科学与艺术的自由创作中得以表现出来。"

　　如何平衡工作与休闲的关系，如何理解家庭休闲与休闲家庭，如何在生命周期的不同阶段找到适合自己的休闲活动，如何使休闲成为弥合阶层鸿沟的媒介，这是社会学家和休闲专家共同面临的紧迫课题。

第四章
工作与休闲

工作是为了什么

在阅读这篇文章以前,请先回答以下几个问题:

第1条,你是否总是来也匆匆去也匆匆?

第2条,你是否总是半小时内吃完午饭,之后便忘了今天午饭吃了什么?

第3条,你是否总是大权独揽,事必躬亲?

第4条,你是否会把朋友的私人关系转变为业务伙伴关系或向朋友寻求业务方面的帮助?

第5条,你是否在家里或是参加社交活动时也想着工作——食不知味,睡不安寝,玩不痛快?

第6条,你是否不管工作忙不忙,总是认为工作到很晚或是在周末工作是"必要的"?

第7条,你是否总是在完成一项工作以后立马想要进行第二项工作,否则便会觉得不安?

如果以上的问题中你有超过3个问题的回答是肯定的,那么工作已经让你慢性"中毒";如果所有的回答都是肯定的,很不幸,你已经是个不折不扣的工作狂了,庸碌而环顾求索的人生将会是你的真实写照。

从为了吃饱穿暖,到住上房子开上车,其实并非工作赋予人们希望,而是人们赋予了工作意义:这种意义就是实现自己。不论工作的原因是什么,都应该让自己感到快乐,《儒林外史》中的杜少卿就是这样一个人。他的祖父辈、父辈在朝廷担任高官者甚多,门生故吏遍天下。其父亲门下一位官居要职的学生向朝廷推荐杜少卿去京城做官,杜少卿却装病辞官,妻子不解,他却应对如流:"在南京这样好玩的地方,留着我在家,春天秋天,同你出去看花吃酒,多么快活!"杜少卿做出了遵从本心的选择,放弃荣华,归隐田园,快乐一生。

现实中,我们背负的贪婪欲望太多了,以至于时时刻刻都生活在欲望的煎熬中,无法体会人生的快乐。学学杜少卿,停下手来歇一歇,拒绝被举世通行的生活方式所同化,寻找属于自己的快乐。懂得选择,在忙碌的工作中寻找一丝空隙,听听自己内心的声音,究竟是爱拼才会赢?还是不负春光负荣华?同时,选择过后要舍得放弃,深知"知足常乐、适可而止"的道理。其实很多时候,不是工作困住了我们,而是我们自己困住了自己;不是快乐离我们太远,而是我们根本不知道自己和快乐之间的距离;不是快乐太难,而是我们活得还不够简单。要知道,工作只是人生的风景,工作是为了让我们找到生命的意义,让我们更加快乐幸福。

(整理自北尾吉孝. 工作是为了什么——寄语商战界的人们[M]. 孔健,译. 北京:中国民主法制出版社,2009.)

全球顶级投资家瑞·达利欧(Ray Dalio)说过这样一句名言:"有意义的工作和有意义的人际关系不仅是我们做出的美好选择,而且是我们天生的生理需求"。[1]工作是一个不断被定义的概念,其与休闲的关系既对立又统一,呈螺旋式演进的轨迹。现今的社会,工作与休闲的界线已经越来越模糊,因此,未来是在工作中寻找休闲的乐趣,还是在休闲中获得工作的财富,这是值得深入思考与不断践行的人生大问题。无论如何,"休闲化工作"时代已经来临,如何把握时代红利,迎接未来的挑战,这是身处波澜壮阔的时代洪流中的我们必须做出的抉择。

第一节 理解工作

一、工作的概念

工作真正意义上的出现可回溯到第一次社会大分工,它发生于原始社会野蛮时期的中级阶段。人们利用原始工具进行采集与狩猎,并开始种植植物与养殖动物,产生了农业与畜牧业。有些人熟悉采集、有些人熟悉狩猎畜牧,于是出现了人类历史上的第一次社会大分工。伴随而来的农业和畜牧业的发展,使人们能够生产出超过维持劳动力所必需的产品,剥削成为可能,财富积累使得部分人能够脱离劳动,变成剥削者。同时,生产发展所需劳动量日益增加,战俘也不再被杀死,而是被当成奴隶。因此,第一次社会大分工使社会上出现了奴隶主和奴隶、剥削者和被剥削者,出现了私有制,这是工作产生的雏形。可见当时的工作是痛苦的,甚至是被迫的。随后的封建社会,虽然阶级观念仍然普遍存在,但工作已经并非完全被迫,工作者可以获得金钱回报。文人墨客开始从事脑力劳动,甚至出现了"不负春光负荣华"的隐居士。可见,当时便有一部分人开始注重工作的快乐而非仅仅以金钱回报为目的。不过不可否认的是,大部分人仍然摆脱不了以工作来谋生的传统。直至第一次工业革命,生产力得到解放,资本主义社会建立,科学技术受到空前重视,工作的方式才从体力劳动逐渐向脑力劳动转化。更多的闲暇时间,更高的财富报酬,使得人们开始追求工作的精神价值。

对于工作的解读,我们可以从三个层面来认识:首先,工作是创造价值的过程。没有

---

[1] 瑞·达利欧. 原则[M]. 刘波,慕相,译. 北京:中信出版集团,2018:211.

新价值产生的劳动，只能被称为无用功，而不能称为工作。其次，工作的本质是价值交换，即出售你的时间和能力以取得"报酬"。必须注意的是，这里所指的"报酬"并非单指工资等物质报酬，还包括拓宽社交范围、感受被关注及尊重、提升技能、自我实现等精神报酬，并且这些精神报酬要比固定工资重要得多，知识经济时代应运而生的知识工作者便可体现出这一点。被誉为管理学"大师中的大师"的彼得·德鲁克指出："知识工作者既是有老板的雇员，也是雇员的老板。"[1]。也就是说，知识工作者往往是自己工作的主人，他们具有很强的自主性和流动性，其知识资本可以随身"携带"，对企业和管理者有很大的选择权利。他们工作的目的并非在于物质报酬，工资并不能将他们束缚住，他们的追求在于最大限度地发挥自身作用并且取得最大的成就与发展。最后，工作的意义是实现自由。工作并非生活的全部，努力工作是为了能够更加自由地分配时间、享受休闲，体味人生的意义。因此，我们可以将工作定义为运用各种专业知识、技能和方法去从事生产、创造价值以取得相应报酬，从而实现生命自由的过程。

二、新时代的工作变革与工作形态

（一）新时代的工作变革

随着数字经济时代的来临，工作的性质正发生着革命性的变化。2020年10月发布的《全球数字经济新图景（2020年）》中的数据表明，近年来，全球经济数字化发展趋势愈加明显，传统产业加速向数字化、网络化、智能化转型升级，数字经济规模持续扩大，数字经济增加值规模由2018年的30.2万亿美元扩张至2019年的31.8万亿美元，规模增长了1.6万亿美元，数字经济已成为全球经济发展的新动能。预计到2023年，数字经济的产值将占全球GDP的62%。美国著名未来学家雅各布·摩根经过多年研究发现，瞬息万变的数字经济将对工作产生持续而深远的影响，其中最具冲击力的当数新的工作行为、工作态度及工作机动性和全球化[2]，这股巨变的浪潮正挑战着我们对工作的传统理解。

1. 数字网络塑造新的工作行为

数字化的一大重要功能在于人们有机会跟踪社会上发生的一切，包括每个人跟谁聊天、邮件内容是什么以及工作进度等。企业将围绕消费者展开一切活动，其角色已从过去的产品提供商转变为现在的服务提供商，从过去的品牌营销商转化为现在的体验提供者，工作内容从过去的销售产品转化为现在的解决消费者的痛点和需求，而企业角色的变化必然要求员工及其工作也要择机而变。传统时代的工作大多有明显的因果关系，很多工作是机械重复的，而数字经济时代将重塑员工、重构工作。工作正演化为一个轨迹，即不能完全定义员工该做的工作。如果说以前的工作有明确的目标和解决方案，那么现在的工作则演化为价值、流程与合作：员工的目标是为消费者创造价值，服务态度至关重要。流程并非一成不变的，必须在与人交流的过程中处理好临时的、突发的事件。工作中合作的范围与频

---

[1] 彼得·德鲁克. 巨变时代的管理[M]. 朱雁斌，译. 北京：机械工业出版社，2018.
[2] 雅各布·摩根. 重新定义工作：大连接时代职业、公司和领导力的颠覆性变革[M]. 刘怡，译. 北京：人民邮电出版社，2015：3.

度呈指数级提升。在过去的很多企业中，员工会有一个固定团队，其交流圈子也仅限于此。而在数字经济时代，员工要学会与许许多多的人交流与合作，并且要非常快速地建立起强联系，彼此成为合作伙伴，这是员工的核心优势所在。如果说过去的工作以个人形式为主，强调发展技能，那么数字经济时代的工作则注重网络互动，更强调发展优势。因此，需要员工主动获取新的工作内容和机会，与消费者建立深度关系，尤其要善于使用超级平台赋予的基础商业能力，比如移动支付、快递、电商、短视频、公众号、社群，甚至是供应链，从而达到武装自己、给自己赋能的目的，以面对变化带来的挑战。

2. 新世代员工呈现迥异的工作态度

新世代是在数字经济熏陶下长大的一代人，社交媒体和协作技术伴随着他们的成长。毋庸置疑，新世代员工是现在及未来5~10年的职场生力军。对于新世代来说，没有手机和网络会让他们无所适从，而朝九晚五的格子间工作也会让他们难以忍受。新的劳动群体拥有新的工作态度、新的工作期望和新的工作方式，甚至需要我们重新去定义"员工"。首先，他们乐于沟通与协作，习惯分享和相互连接，善用多元化超级平台进行自我赋能。其次，他们愿意主动学习与指导他人。2020年，我国有1.13亿用户在哔哩哔哩上通过观看泛知识类的内容进行学习，该人数是中国在校大学生总人数的3倍。新世代不再受制于以往的单向输出式的填鸭教学，而是更容易被社交型学习所吸引，他们在离职时会把经验和信息传授给新员工。再次，他们勇于创新与体验不平凡，能够塑造和定义自己的职业路径，喜欢把工作的话语权掌握在自己手中，期望自己工作的地方能够提供更多可供其发挥所长的机会，对工作场所有着很高的期望，一旦发现自己的所长无法在工作中发挥，或许就会考虑离职。最后，他们向往工作上的自由，美国人力资源管理协会在2010年开展的一项名为"组织和HR未来10年面临的挑战"[①]的调查，调查显示，58%的人力资源专业人士认为"灵活性"是吸引新时代人才最有效的方法。这里的灵活性涉及时间、地点以及工种等方面，弹性工作成为时下最受欢迎的工作方式。新世代员工更注重工作的意义，诚如《流浪地球》作者刘慈欣所言："人类该忧心的不是失去工作，是失去作为个体存在的意义"。寻求人生的意义，才是新世代员工的终极诉求。

3. 机动性与全球化提供新的工作机会

在数字经济时代，人工智能渐为大端，许多工种可能会被智能机器所取代，如看电影可以通过网购自取电影票，超市购物可以自行称重结账，乘坐地铁可以"刷脸"进出闸机，酒店礼宾可以通过机器人完成……人工智能之所以能够取代这些工作，不仅是因为算法变得更加聪明，更是因为人类逐渐走向专业化，所以用计算机来取代人类越来越容易。[②]远古的狩猎者想要生存下去，就要掌握全方位的技能——如何制造狩猎工具、如何在环境恶劣的情况下寻找食物、如何包扎伤口，正因为如此，设计狩猎机器人的难度非常高。而电话销售人员、收银员、保险业务员、导游所做的工作十分有限，因此更容易被人工智能取

---

① Society for Human Rescourse Management, SHRM Poll: Challenges Facing Organization and HR in the Next 10 Years[N]. 2010-09-16.
② [以色列]尤瓦尔·赫拉利. 未来简史[M]. 林俊宏，译，北京：中信出版集团，2017：312.

代。人类面临被人工智能逼出就业市场的危机，然而破坏即创造，在破坏掉一部分工作的同时，发展的人工智能毫无疑问会刺激新的工作岗位形成，而且这些新的工作必定是"人类做得比算法好"[①]的，即凌驾于人工智能之上，即使灵活使用人工智能也无法被精确计算的工作。因此，终生学习、敢于突破、不断创新，使自己如同狩猎者般具有多维度竞争力是大势所趋。

在数字经济时代，没有一种工作是绝对安全的。据美国《财富》杂志报道，中国中小企业的平均寿命仅为 2.5 年，集团企业的平均寿命仅为 7~8 年，每年倒闭的企业达到 100 万家，这意味着很多人在一生中要不断地寻找新的工作。牛津大学的一项调查表明，15 年内，将近一半的工作会消失，未来 30 年内，旧的工作会消失，有的甚至整个行业都会消失，但新的工作会涌现。但新工作、新行业也不会持续很久，很快又会有新的变化，一个人的一生中，可能要多次换工作、换行业。彭博社发布的一组数据也充分证明了这一点：2019 年全球有 50 余家银行宣布裁员，计划裁员人数高达 7.8 万人。而与此同时，机动性与全球化让工作不再受到专业、地域的限制。数字经济时代，公共信息的大幅扩散带来了专业知识的"民主化"[②]，工作不一定非要专业领域的人才能完成，跨界交流变得频繁且有用。互联网与通信设备的迅速普及实现了"国际性"整合，人才不一定要在本地，组织无论大小，都可以跨国经营，这也为员工提供了更多元的工作机会，或者说，工作的灵活性更强。

（二）新时代的工作形态

千年前发明象棋的数学家西萨（Sissa）以在象棋格子上放麦粒作为向国王讨要的奖励，最终成了土地的新统治者，这个故事被谷歌技术总监雷·库兹韦尔（Ray Kurzweil）称为"棋盘的下半部分"。人类前期的积累已引发了时代的巨变，如今我们正处于"棋盘的下半部分"，而数字经济将从时间、地点、设备、选择、性质等维度重构工作（详见图 4-1），伴随着千姿百态的工作形态的出现，未来的工作将发生巨大变革，其中，深度工作将成为潮流。

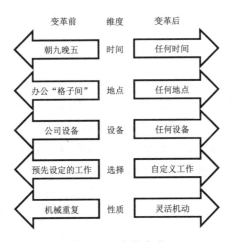

图 4-1 工作的变革

[①] E BRYNJOLFSSON, A MCAFFE. Race against the machine:how the digital revolution is accelerating innovation, driving productivity, and irreversibly transforming employment and the economy[M]. Lexington: Digital Frontier Press，2011：24.

[②] 克雷格·兰伯特. 无偿：共享经济时代如何重新定义工作？[M]. 孟波，李琳，译，广州：广东人民出版社，2016：9.

1. 工作时间：更加柔性和具有弹性

信息化及网络化给上班族带来了令人惊喜的成就。通过信息网络工作可不受时间和空间的限制，大大增加了工作时间的柔性和弹性。另外，在未来社会中，人们的价值趋向也更加多元化。比如，有些人愿意多从事一些职业劳动，以便获得更多的报酬；有的人愿意有更多的闲暇时间，以便为个人精神生活和个性发展提供更广阔的空间。信息化的工作方式和工作条件便为以上种种价值选择提供了可能性，这必将引起未来社会中人们的就业方式和工作制的多样化。

2. 工作场所：无处不在

从工作场所来看，以网络化迅速发展为背景的居家工作在10年前可谓是新型工作方式的代表，人们为它赋予了一个充满时代感的名字——SOHO，且广受自由工作者欢迎。SOHO是英文"Small Office，Home Office"的简称，即"在家办公、小型办公"的意思。SOHO族是指基于互联网的、能够按照自己的兴趣和爱好自由选择工作的、不受时间和地点制约的、不受发展空间限制的白领一族。SOHO是人们对自由职业者的另一种称谓，同时亦代表一种自由、富有弹性而新型的工作休闲方式。技术进步使借助智能手机和平板电脑在任何地点办公的形式成为可能。《中国移动互联网发展报告（2022）》显示，截至2021年底，全球上网人口达到49亿人，大约占全球人口总数的63%，中国手机网民规模已达10.29亿人。智能手机成为我们与他人保持联系和分享信息的标配，这将使工作不受地域限制。通过强大的互联网络和先进的通信设备，越来越多的员工开始"在路上"工作：包括在咖啡厅里、在机场候机厅里甚至在出租车上。以思科系统公司为例，其在全球有超过7万名员工，在近100个国家有500多处办公地点，其员工不一定都在办公室工作，却能同时服务多达14万人的合作供应商和经销商。得益于超级网络，思科的很多员工不用实体办公，远程就能完成几乎80%的工作。这是一种非常灵活的工作方式，因此受到大多数人的青睐。

3. 工作质量：践履深度工作

"深度工作"概念由麻省理工学院计算机博士卡尔·纽波特（Cal Newport）创立，它是指在无干扰的状态下专注进行职业活动，使个人的认知能力达到极限。生产力公式指出，高质量工作产出=时间×专注度。深度工作不仅能够创造新价值、提升新技能，而且能够强化员工的专注力，提升个人工作、生活的意义和满意度。无怪乎比尔·盖茨、J. K. 罗琳等引领时代潮流的行业翘楚都是深度工作的践行者。

关于如何践行深度工作，卡尔·纽波特提出了四项准则，即工作要深入、拥抱无聊、远离社交媒体和摒弃浮浅[1]，现择要阐述：①时间分类：将个人时间分成深度工作时间和开放时间两部分。前者用于深度追求，余下的时间从事浮浅事务。②习惯化：把深度工作内化为一种习惯。一是指定深度工作的场所（如会议室或图书馆）和工作时长。二是提前规划好深度工作的安排，即具体要做哪项任务，要有什么样的产出。比如，可以跟自己约

---

[1] 卡尔·纽波特. 深度工作：如何有效使用每一点脑力[M]. 宋伟，译，南昌：江西人民出版社，2017：71-211.

定，断网两小时，专注于写文章，文章字数为 3 000 字。三是提前做好支持工作，确保大脑能在高水平下运转，如准备好热咖啡或者能让你保持能量的食物。③抵抗分心：找出一项优先性很高的深度任务。美国第 32 任总统罗斯福在学生时代，爱好十分广泛，他常把自己的课余时间都投入拳击、摔跤、健身、舞蹈、阅读诗歌和自然学等爱好中，但学习成绩却异常优秀。他是怎么做到的呢？原来，从上午 8 点半到下午 4 点半，他预留出背诵和学习班级课程、进行体育锻炼（通常是一天一次）以及吃午饭的时间后，余下的时间全部用于专注学习。④关键少数法则：远离社交媒体。关键少数法则也叫二八法则，是指在许多情境中，80%的已知效果源自 20%的可能原因。这个法则告诉我们，只有最重要的 2~3 个活动将决定我们能否实现自己的目标，因此，应戒掉对网络与社交媒体的依赖，要事优先，专注于要事。

第二节　工作与休闲的关系演进

一、工作与休闲的关系

工作和休闲都是人类最基本的生存活动，它们犹如一枚硬币的两面，虽有差别却又无法截然分开，两者具有对立统一性。工作与休闲是一个连续且不可分割的过程。我们知道工作和休闲都是复杂、具有多个层面的概念，没有哪种简单的模式或隐喻足以体现出工作与休闲之间的所有关系。

关于工作与休闲的关系，人们已经提出了许多种模式，其共同的错误在于：它们都假定工作与休闲均有清晰可辨的要素且大都集中讨论二者的关系，而不是工作或休闲各自意味着什么。例如，有这样一种经济模式，它认为工作和休闲都是可以用时间的长短来衡量的，两者的关系通常被描述为一种交易——或者选择有报酬的工作时间，或者选择没有报酬的时间，即休闲（Kreps，1968；Linder，1970）。更多的社会学模式则将重心放在经济关系的性质以及休闲时所选择的活动上这一模式下，分析的基础是两者关系中的一些不证自明的方面。毫无疑问，从工业化早期到 20 世纪 50 年代，每周工作时间减少了，人们有更多的时间与精力可以投入休闲。另外，上班的时间安排决定了家庭、学校与休闲的社会时间表的基本结构。工作场所与住所之间的距离过远既增加了用于工作的时间，又影响了休闲的环境。然而，认定休闲的选择与风格完全取决于工作的环境与限制，则完全是另一回事了。

斯坦利·帕克（Stanley Parker）在《工作与休闲的未来》（*The Future of Work and Leisure*，1971）中勾画出一个可能性框架，即提出了工作与休闲的三种关系模式：

（1）同一（Identity），即工作到休闲的延伸。

（2）对比（Contrast），即工作与休闲的两极对照；休闲成为工作的逃避与补偿。

（3）分离（Separation 或 Segmentation），即休闲和工作之间没有持久一贯的关系，它们大体上都被包含在各自的社会空间内。

帕克（1983）还曾运用延伸（Extension）、对立（Opposition）和中立（Neutrality）三

个词来指称上述三种关系。在他的后期著作中，帕克进一步提出了这样一种可能性，即因果的箭头也许不是单向的，在某些情况下，休闲也可能会影响工作。另外，分离或中立模式再次表明：与经济相比，休闲与家庭及社区建制的关系要更为密切，至少在地点与伙伴方面是这样。帕克提出的休闲与工作的三项关系模式如表4-1所示。

表4-1 帕克的休闲与工作三项关系模式

模式 项目	延 伸	中 立	对 立
含义	工作延伸到休闲中	工作与休闲有明显的差别	工作与休闲截然相反
特点	工作专注性、自主性和职业满意度较高	工作自主性低，职业满意度主要源于收入而非工作本身	工作具有强制性，人们对工作怀有憎恨心理
行业	商业、医疗、教育、社会工作	一般工薪族	煤矿工人，建筑工人
休闲时间	休闲时间短、主要用于个性发展	休闲时间长，主要用于身心放松	休闲时间长，用于身心复原和补偿
中心生活兴趣	工作	家庭、休闲	休闲
群体	商人、客户代表、社会工作者	半熟练体力劳动者	不熟练体力劳动者
工作态度	积极、乐观	中性	消极、悲观

资料来源：STANLEY PARKER. The future of work and leisure[M]. London: Praeger Publishers, 1971: 88. (有修改)

笔者认为，工作和休闲具有以下辩证关系。

（一）工作和休闲的对立性

1. 在时间上的对立

工作和休闲在时间上的对立首先表现为对同一个主体而言，工作和休闲分属于不同的时间段。在属于工作的时间内是不能休闲的，在工作时间闲谈说笑，是不遵守劳动纪律或者整个单位工作秩序不良的表现，不属于我们说的休闲的范围。其次，表现在人类社会发展的目的是缩短劳动时间，增加自由时间。在19世纪早期，工人们就通过劳工运动逐渐缩短了他们的工作时间。

2. 在性质上的对立

工作是受约束的，它的内容、方式、方法都受一定的规范限制，必须按照一定的要求进行。在社会化大生产条件下，工作中的各类事项安排和先后顺序通常是不能由工作者本人决定的，而是取决于季节、工具或者机器，工作者自身的兴趣、爱好以及创造性、能动性等常常是受到抑制的。而休闲则是自由的，并且具有很强的选择性；工作常常以获取报酬、创造物质财富为主要目的，休闲则以消费、获得精神上的满足为目的；工作常常具有一定的组织性，休闲则通常是自由松散的。

3. 在阶层上的对立

工业社会前后，在相当长的一段历史中，工作对大部分人来说都是一个艰苦的过程，而闲暇则被极少数社会成员所独占，并作为一种特权的象征，凡勃伦在其《有闲阶级论》一书中便描述了"有闲"是这个阶级所拥有的唯一价值。对于大多数的下层阶级成员，闲暇被视为是"懒散"与无赖的象征，是不道德的。在存在着严格的等级制度观念的希腊人看来，休闲和劳动是两个相互排斥、毫不兼容的概念。"因为劳动被认为使人失去尊严，为此他属于奴隶等级。"有闲和不劳动是上层和有身份的象征，是特权和地位的象征。古希腊人的休闲"说到底是一部分人的劳动才使另一部分人能休闲"。

当然，在休闲大众化的当代社会中，每个人都有能力充分享受到休闲的权利，人们通过不同的渠道互相结交，以不同的兴趣与技艺划分为不同的群体，社会的等级化秩序逐步弱化。

（二）工作和休闲的统一性

工作和休闲不仅有对立的一面，还具有相互依存、相互转化的一面。

1. 工作和休闲的相互依存

首先，工作是休闲的基础。工作不仅创造了丰富的物质和精神财富，使得休闲这种大多表现为消费活动的行为成为可能，而且科学技术的进步缩短了人们的工作时间，相对地增加了人们自由支配的时间，自由时间的富足使个人可以有更多的机会寻找自己感兴趣的活动，使个人全面发展的目的得以实现。

其次，休闲不仅是工作的目的，而且还刺激着新的工作的产生。休闲活动最基本的特性就在于能够体现人在这个活动中的自由自觉性，这与马克思指出的"在这个社会中，成为富足标准的将不是工作时间，而是业余时间，特别是业余时间中的闲暇时间"的观点是非常一致的。同时，休闲活动对物质财富和精神财富的消费又创造和刺激了新的需要、新的工作出来。休闲活动的渴求和需要是一种创造性和能动性的需要，它的实现还能创造出新的需要来。需要是同满足需要的手段一同发展的，并且前者是依靠后者发展的。

最后，休闲可以保障工作的顺利进行。休闲最基本的功能是恢复体力和精神，使压力缓解，使精力充沛，使人以愉快的精神和充足的体力投入到工作之中。同时，休闲可以使个人的全面发展得到保障，而个人的充分发展又将作为最大的生产力反作用于劳动生产力。

2. 工作和休闲的相互转化

首先，工作和休闲相互渗透。在现代社会中，休闲可能具有工作的某些特征，工作也可能具有休闲的某些性质。同样，美化工作环境、提供人性化的办公用品以及在工作期间播放适宜的背景音乐等做法，使得工作环境宽松，人的精神愉快，使工作能够在休闲的氛围中进行。

其次，工作和休闲相互融合。在马克思关于人的自由全面发展和人类未来理想社会的描绘中，不仅预言到这一点，而且认为它是历史发展的必然结果。休闲时代来临之际，从精神满足和潜能的发挥的角度来讲，这一时期的很多中国人在某种程度上来说都在享受休闲。此时，工作和休闲不仅主体一致，而且内容也完全吻合了。

二、工作与休闲的演进

休闲与工作的关系从整合到分离又到整合，呈现螺旋式前进的趋势，休闲伦理与工作伦理也相应产生了变化，我们称之为"范式转换"。休闲和工作的关系并不是此消彼长、截然对立的，而是逐渐达到一种自然、和谐、平衡的状态。

（一）早期社会：休闲与工作交织

在人类社会的早期阶段，工作与休闲是融合的，而且是一体化的，在行为方面并没有什么大的区别。在传统农业生产方式下，人们虽然辛苦劳作，但工作与休闲并未截然分开，有时甚至浑然一体，在炎炎烈日下耕作的间歇时，人们便可享受清风徐来、麦谷幽香，而不像今天大城市中的人们往往要专门腾出时间，经过旅途劳顿方可领略自然之美。

到了建立在奴隶制度之上的古希腊、古罗马时期，人们逐渐把休闲看作是不同于工作而又高于工作的行为，是属于社会贵族阶级的特权。这一观念的出现引起了工作和休闲关系的重要变化，导致原来意义上融合的休闲与工作的一体关系解体，而演变为休闲比工作更重要，这一状况在欧洲大陆大致延续了一千多年。在工业革命之前，人们仍然依靠大自然的时间规律来安排工作、休闲与娱乐。一直到工业革命以后，自然时间规律才被机械的时间所取代。在工业革命之前，人们的休闲生活交织穿插于农业活动以及狩猎活动之间，同时要配合着四季、日夜及人们的信仰进行运作，还有诸如年节、宗教节庆以及婚丧喜庆等的休闲时间与活动。

从历史上看，直到最近，文化准则才因为工作本身内在的价值而对做好一份工作持肯定态度（Lipset，1990）。在古代，工作是一件艰苦和令人丢脸的事情。在没有强迫的情况下努力工作，并不是希伯来人古典或者中世纪文化的准则（Rose，1985）。直到新教徒改革，体力劳动才被所有人从文化上接受。古希腊和古罗马灭亡后，欧洲进入"中世纪"时期。在经济衰退的同时，灿烂的古典文化和丰富的哲学思想也受到了摧残，基督教思想成为中世纪前期占统治地位的思想。中世纪时期，人们的所思所想都受到基督教的影响。对于早期的基督徒来说，体力劳动和脑力（或精神）是一样的，他们认为劳动至少在某种程度上不再依赖他人，工作也开始被赋予了一些积极的意义，财富也被看作是对那些不幸的人们进行分享的一个机会，所以创造财富的劳动也是可以接受的。之后，两个关键的人物（即马丁·路德和约翰·加尔文）对西方文化的发展起到了很大的推动作用。马丁·路德认为，职业是有用的，工作是社会广泛的基础和区别不同阶层的标准，人们应该努力从事自己的工作。韦伯认为约翰·加尔文在马丁·路德观点的基础上，赋予了工作全新的意义，他认为所有的人，即使是富人都应该工作。劳动和工作逐渐被认可，人们不但认可了劳作，甚至认可了劳作带来的金钱和财富。从中世纪到北美被殖民以前，休闲被认为是闲散和浪费时间，而闲散又被认为是一种"罪恶"。由此，休闲观念已经随着古希腊的圣哲们一起成了被遗忘的往事，休闲的地位更是被具有价值的工作所取代。这时的人们在很大程度上相信工作本身就是惬意的，工作使人有尊严。

（二）工业革命时期：休闲与工作分离

随着近代资本主义工业社会的高度发展，自亚里士多德开始所倡导的休闲理念受到了空前的挑战，人们对工作已经抱着实用的态度，认可通过劳动可以致富。但是，科学技术的快速发展使生产的机械化程度越来越高，人不得不成为生产机器中的一个部件。资本家将自身所能控制的范围内的一切力量、一切活动变为功利主义的和为生产目标服务的工具。其结果是，破坏了工作与休闲的平衡关系，人们出现了从未有过的压抑感和匆忙感，并导致了不良的价值观。但是，随着西欧特别是美国经济的高度发展，这种关系得到了人们的容忍，人们开始追求通过自身的劳动获得物质的成功，最为典型的就是对"美国梦"的追求。法国贵族托克维尔在《美国的民主》一书中提到了他于 1835—1840 年访问美国的感受：不存在任何有闲阶级，不存在孕育艺术、科学、哲学和文化的沉思，人们只重视今朝。他认为，当时美国的绝大多数人都在狂热地渴望和追求着现实的和物质的满足。和托克维尔有同感的是马克思，他针对这种状况也指出：我们已经把自己生来已有的权利局限在一碗汤里，而对于其他东西，我们似乎懒得去想它们，或者说，对之缺乏十分优雅的爱好。在这个时期，休闲仅仅因为"工作"、因为"创造剩余价值"而存在。由此，恩格斯和马克思最早地提出了补偿理论（The Compensation Theory）。休闲补偿理论是最能反映当时工作和休闲之间关系的理论。该理论主张把工作视为生活的主力，而休闲则被视为工作后的补偿，休闲是次要的，休闲的目的是为了更好地工作。人们成了工作狂，忘却了休闲。纵然后来休闲已经成为一种学科，有不少的学者开始对休闲进行专门研究，但是研究的视角仍然受到诸多局限。例如，关于休闲的两本权威著作《工作与休闲》（*Work and Leisure*）（Smigel，1963）和《工作与休闲的未来》（*The Future of Work and Leisure*）（Parker，1971）的理论前提假设都是：休闲是工作的派生物，而这个理论前提假设恰恰是工业革命时期休闲与工作之间关系的写照。

自从机械化大工业将人的工作局限在特定的场所与时间内，人便从此远离了自然，而工作与休闲也被截然分开。工业革命是一个重要的分水岭，它对工作与休闲的职能造成了巨大的影响，使工作与休闲走向了两极。近代工业革命开始后，休闲在社会生活中又从曾经占有的重要地位逐步退居其次，因为服从于近代大工业生产体系和市场经济的基本原则，新兴的资本家沉醉于对剩余价值无休止的追逐，以及对物质财富的贪婪占有。于是，在资本主义经济蓬勃发展的这一特殊时期，人们更加关注原材料的来源、产品的生产和企业的发展，工作必然地又上升到首要地位。工作是体现人为谋生而不得不活着的价值，休闲是表现人为自由发展自我、改善生活质量而存在的价值。因此，如果把人的职业劳动看作是人格构架、职业精神和创造性功能的体现阶段，那么，休闲则是人格培养、兴趣多元化发展和心态调整的准备阶段。工业革命使得人们认为工作与休闲应该是发生在不同时间、不同空间的两者是相反的对立关系，而非相辅相成。

（三）现代社会：休闲与工作协调

进入 20 世纪，特别是六七十年代以后，工作和休闲时间的关系又进入了新的调整期，因为有三大因素为促使工作时间得到有效缩短准备了充分的条件。第一，新的科学技术革命成果持续不断地转化为实际的应用，使生产力在全球范围内获得极大解放。劳动时间在全球范围出现不断下降的趋势，空闲时间持续增长，休闲的重要性愈发突出，并为世界各国，无论是发达国家，抑或是发展中国家的人们所重视。第二，全球经济一体化趋势的加快和世界市场格局的重组，推动了一大批新兴工业化国家的崛起，同时也为广大发展中国家的经济腾飞创造了机遇。全球经济一体化实际上强化了一个发展趋势，那就是保证用更少的人力劳动和更经济的劳动成本，换取更大的生产量和更广阔的市场空间。劳动者空闲时间的增多是各种企业重组和技术更替不可避免的结果。第三，新型服务业的迅猛发展，尤其是以知识经济、信息经济为核心内容的新经济的形成，对世界经济在新世纪的发展产生了极其深远的影响。在新经济的推动下，各国第三产业，尤其是新型服务业正在拉开宏大的发展序幕，服务经济比重节节攀升。

与此同时，休闲伦理在现代社会也有了新的含义与时代内容，重新被历史正视与重视。这首先源于哲学家、伦理学家们对近代哲学的批判和对现实生活中"消费主义"和"技术主义"的反思。于是，新时期，人们开始重视审视人与人、人与社会、人与自然之间的关系，并重新审视自身、审视休闲。1899年，凡勃伦《有闲阶级论》的出版标志着休闲学科的诞生。休闲被认为是人存在的一种状态，是一个成为人的过程。或者换句话说，休闲可能在人一生的"成为"过程中都处于中心地位（Kelly，1983）。皮珀在《休闲：文化的基础》和《哲学的行为》中强调，"温和的真实存在依赖于休闲""休闲和哲学的本质是相同的"。哲学家、心理学家和社会学家纷纷从各自的学科角度展开了对休闲的研究，尤为重要的是，社会学中的发展理论第一次把休闲引入理解当代生活的中心位置。

休闲慢慢凸现其重大意义和现实价值，但是工作和休闲，哪个更为重要呢？20世纪80年代，数百万北美人把工作看成生活的中心，许多人意识到自己已沦为工作和财产的奴隶了，一星期工作50~80小时使他们丧失了自我。幸运的是，进入20世纪90年代以后，许多员工开始以不同的眼光看待工作。1991年，斯坦福国际研究所的一份报告列出了未来十年最重要的社会地位象征，其中包括自我支配的自由时间、工作与玩乐的统一、对个人创造力的认可、非金钱的回报和对社会的回报等。值得高兴的是，"自我支配的自由时间"而不是"金钱财富"被列在了首位。这些情况反映了休闲在人们的生活中越来越重要，休闲伦理中的"自由""自主"价值观也得到了前所未有的发展。当时的人们开始认识到人类可以在休闲活动中实现个人抱负、彻底发挥个人才能，而工作只不过是寻求最终结果的必然过程和手段。

（四）后工作时代：休闲与工作融合

21世纪将太多的不可能变成了可能。互联网的爆发性普及、信息化的大规模扩散等都为休闲的发展创造了契机。如果工作本身就是快乐的，那么工作就可以成为休闲；如果休闲本身也能创造价值，它便也可以变为工作。从精神意义上看待休闲与工作，它们之间的关系应该说体现的是一种"整体感"，如果人们真正需要弥合的话，工作和休闲的弥合是通过精神和思想将生活中的工作和休闲结合起来，从而达到在工作中寻找快乐，使得工作获得与休闲相同的畅爽体验的目标。当工作与休闲之间的界限变得越来越模糊的时候，"后工作时代"便拉开序幕。

这样的时代背景逐渐孕育出了一批后工作时代的时尚闲人。他们的"工作"并非传统意义上的正襟危坐与不苟言笑，他们否认工作就是朝九晚五地赚钱活命。在"成功""勤勉"等工作价值一直得到强化的同时，个性、休闲和富有创意正在成为衡量工作价值的新尺度，并成为很多人期待的工作副产品。越来越多的人开始在自由的气泡里模糊着工作和生活的界限。他们将时间切割得很迷离，在休闲中寻找工作上的灵感和创意；他们重新分配自己的时间，用更少的时间去工作，用更多的时间去享受；他们对生活充满着热情与勇气，将工作变得很诗意。他们秉持着崭新的工作观，让工作与休闲相互补充、相互渗透，通过自己的努力建立起了二者之间的和谐关系，从而促进了自身的全面发展。

第三节 休闲化工作

一、休闲化工作及其特点

伏尔泰曾说过，工作使人免除三大流弊：生活乏味、胡作非为、一贫如洗。在经济繁荣、收入增加的今天，人们越来越重视工作所能提供的体验，这恰恰应验了马克思的预言——如果劳动成为人的需要、目的以及意义之所在，那么工作与休闲的结果就会趋于一致。杰弗瑞·戈比曾经指出："在一个理想社会中，外界驱使我们去做的事，同时也将是我们自己心里想做的事。工作会更像休闲，休闲也会更像工作。"那些认为工作是生活中最重要或者最有趣的事情的人，并不见得会说他们在生活中全无休闲式的体验，只不过他们将这种体验融入了工作中，从工作中得到了一定的满足，而其他人却是从休闲生活中获得这种满足感的。诸如大学教授、数学家、物理学家、生物学家、化学家、律师、记者等就是将休闲融入工作中的职业类型，这些职业能够让工作者将知识与创意运用在工作上，有自定工作时间与步调的自由，有心思、个性相契合的伙伴或容易相处的人……凡此种种使得他们对现有的工作感到非常满意。帕克（Parker）认为，这些工作与休闲相似。社会学者一般将此类工作称为休闲化工作，它具有以下几个特点。

（1）自我肯定。工作能创造出某种认为将自我的一部分融入产品中的感觉，工作是确认自身存在的最佳方式，人类借着工作表现自己的能力。在处理职务上的事件时，个人会感受到对自我及环境的掌控感，工作中只要勤奋努力，就会得到回报，就会产生成就感，完美地完成一项工作会给人带来意想不到的喜悦。人们通过工作还能感受到自己有能力为别人提供一些帮助，因此能提升自尊，产生自重的感觉。

（2）象征着社会地位。人们所从事的工作形态和场所影响着工作者及其家庭的社会状况：社会地位、居住地点、子女就学以及家庭朋友的交往等。

（3）具有发挥技能的广阔空间而不论这种技能是属于制造业还是属于其他行业。

（4）全神贯注而不会被人武断地干扰。

（5）具有开创性和责任心，能够自由地做出决定。

（6）与熟悉本职工作的人以及具备良好素质的老板和同事一起工作。

（7）有宽阔的人际互动场景。工作提供了一个聚集的场所，有与人交谈互动、缔结友谊的机会。

二、休闲化工作引领潮流的社会条件

休闲化工作将休闲的心态带入到工作中，它并不局限于某一种工作形式，这正是我们所追求的最理想的工作状态。先进的技术力量、广阔的交流平台、开放的思维模式以及全新的工作观念使得休闲化工作成为可能，也必将成为后工作时代的潮流。

（一）先进的技术力量

得益于个人计算机、互联网以及其他先进技术的帮助，许多工作几乎能在任何时间和任何地点进行。这样，工作场所、休闲场所和家庭之间的区别在一定意义上就消失了。家庭工作间也许就在乒乓球台边，而且旁边还满是简装小说、商品目录和艺术作品。这种引人瞩目的趋势还将进一步发展下去，工作与休闲在我们的时间计划中已经以不同的方式结为一体。

（二）广阔的交流平台

世界由于网络变得平坦，人与人之间的交流打破了空间限制，变得容易而且广泛，这刚好满足了休闲化工作的要求。人们可以在互联网上轻而易举地找到与自己志同道合的伙伴，通过互相交流和互动，使其成为合作的对象。"人人时代"的到来使得工作变得"日常化"，工作团体不再因为一纸协议而被迫存在和维持，你的同事和业务对象完全可以由你来决定，形成你认为最佳的组合。你们在完全自由的组织中分享、对话、合作和集体行动，从分散在全世界的不同地方走来，共同致力于一个社会目标。工作方式变得灵活、自由却高效，爆发出巨大的无组织的组织力量。

（三）开放的思维模式

创意新时代的重要特征。21世纪的人们总是充满了创意，想法天马行空，这种天马行空在需求和供给两方面同时得到了表现，衍生出大量新型的职业，如家具设计师、服装设计师、美食鉴赏师等。而这类新兴的职业并不需要长期蹲坐于办公室过着朝九晚五的生活，他们所需要的是知识和创造力。只要有创意，无时无刻都能工作，甚至在休闲的时候也能够激发出创意。

（四）全新的工作观念

过去人们把休闲和工作当作对立的两件事，工作就不能休闲，休闲就不是工作。这种将工作与休闲划分得一清二楚的人，往往精神紧张、心情烦躁，正如林语堂先生所说的那样，盲目追求效率，追求成功，结果成了生活没有情趣的人。长久下来，这样的人可能变成工作狂，把休闲的时间都拿来工作。而如今，许多人的工作观念发生了改变，意识到人生的成功并不局限于办公室和所谓的"八小时"，并且找到了平衡工作与休闲的最佳工作模式——休闲化工作。他们掀起了传统工作的革命，成了工作的主人，并且享受着休闲并工作着的快乐。

休闲化工作成功地弥合了工作与休闲，使工作与休闲融为了一体，并将成为未来的潮流。在这样的潮流下，我们不能单凭一个人正在从事什么活动来确定这个人是在工作还是在休闲，工作和休闲之间的界线将逐步消失，休闲即工作，工作即休闲。而在工作和休闲之间的界限变得越来越模糊的时候，一个"后工作时代"开始降临，衡量工作价值的尺度正在发生颠覆性变化，一些更具有创造性、技能性和自由性的工作将应运而生，催生出一系列好玩的职业头衔，传递出一个自由人可以在各种状态中游刃有余的信息。

三、休闲化工作的未来趋势

将休闲从工作中抽离出去是导致工作变得僵化、单调、缺乏乐趣的主要缘由，而基于社会条件的完备，休闲化工作引领未来潮流将是大势所趋。届时，人们将从工作即痛苦的刻板印象中解脱出来，在自由与快乐中追求自己的理想。而随着人工智能大放异彩，现如今森罗万象的工作岗位势必会遭遇巨大冲击，李开复在《人工智能》中提出了一个简单的"5秒钟准则"：一项本来由人从事的工作，如果人可以在5秒钟以内对工作中需要思考和决策的问题做出相应的决定，那么这项工作就有非常大的可能被人工智能技术全部或部分替代。但在休闲化时代，无论新旧工作如何递嬗，以下内容都无疑将会是休闲化工作的典型未来趋势。

（一）细艺+社交资产催生休闲化工作

"生活不是很容易的事。动物那样的，自然地简易地生活，是其一法；把生活当作一种艺术，微妙地美地生活，又是一法"（周作人）。在人类历史的很长一段时间，工作都是极端的枯燥、粗鄙，人们就像卓别林扮演的工人一般，无意义、机械地忙碌着，人的情感、灵性、乐趣都被无情地压抑，成了马尔库塞笔下的"单向度的人"，丧失了自由和创造力，不再想象或追求与现实生活不同的另一种形态。休闲时代的到来彻底改变了这一局面，为生活带来了无限生机，人们开始有能力追求别样的生存状态，寻找令人畅爽的休闲化工作。"细艺"就是在这样的背景下孕育而生的，它泛指所有精致、细腻的生活技艺和生活艺术。每个小小的兴趣都是"细艺"。插花、绘画、书法、茶艺、太极、摄影，都是细艺，行之所欲行、止之所欲止，没有目的，没有野心，无关宏旨，有益身心。明代袁中郎在《致李子髯》一文中说："每见无寄之人，终日忙忙，如有所失，无事而忧、对景不乐，即自家亦不知是何缘故。这便是一座活地狱。""终日忙忙"当然是假象，就是好像有很多事做，但做的事都无趣，所以也不知自己在忙什么。更惨的是"无事而忧、对景不乐"，简直了无生趣了。细艺的好处就是：它像是工作，又像是消闲，以工作的态度去消闲，又以消闲的方式去工作。[①]细艺，就是用细节把日子过成诗。

如果休闲本身能创造价值，它便也可以变为工作，这是未来休闲化工作最佳的形成途径。而细艺依靠信息化时代的互联网带来的巨大契机，将休闲与工作完美无瑕地融合在了一起，其机制就是依靠产生的社交资产带来经济收益。社交资产是某个个体拥有的流量、粉丝、内容及影响力的叠加，它代表着个体在网络上集聚的注意力与能量值。移动互联网

---

① 斯人. 细艺[J]. 读者，2016（7）．

时代给所有人提供了一个平等、自由、低门槛的平台，只要在细艺上贯注精力，提升表现水平，便可形成一个以个体为中心的共趣社群，将许多钟情于同一细艺的人吸引过来，通过网络产生巨大的社交资产。依靠强大的粉丝经济，个体可获得诸如平台签约费、观众打赏分成及广告费等收益。以广告为例，不论是公众号、微博上的头部大V，还是抖音、快手上的红人、当红主播，有时候他们比广告公司更善于把品牌和粉丝联系起来。KOL比广告公司更了解自己的粉丝，他们精于通过一个能让粉丝产生共鸣的故事来传播品牌的价值。随着红人经济的高速发展，广告公司或将被红人取代。反过来，这些红人则将休闲爱好转化成实实在在的能带来可观经济效益的工作，甚至赚得盆满钵盈者已比比皆是，月亮和六便士的取舍不再是困扰已久的痛。

毫无疑问，将细艺当作工作是一种莫大的幸运和幸福，因为它不只是试图将工作休闲化，而是将休闲当成了工作。不过其前提是要全身心地投入深耕，因为"理所当然的事，也要一一确认。越是微不足道，越要用心去品味。在这个过程中，必会有新发现。由此收获的每个微小的喜悦，支撑着我们每日的生活"（松浦弥太郎）。如此，那些将生活精细化和艺术化的人将成为未来休闲化工作的主流代表。

（二）"数字原住民"拥抱时代工作

2018年10月，高知特信息技术有限公司发布了一份关于未来10年（2019—2029年）新工作的报告——《未来的21种新工作：到2029年的就业指南》。报告认为，未来的新工作主要包括垃圾数据处理工程师、网络攻击代理、青少年网络犯罪感化顾问、语音体验设计师、业务行为主管、智能家居设计经理、算法纠偏审计师、网络灾难预测师、电子竞技场建筑师、潮汐地带规划师、机器人个性设计主管、机器风险管理员、订单管理专家、飞行汽车开发师、目标管理首席规划师。由此可见，数字科技型的工作将成为未来工作的至关重要的组成成分，而"数字原住民"则无疑是所有人中最容易将这些工作休闲化的群体。

"数字原住民"（Digital Natives）和"数字移民"（Digital Immigrants）的概念由著名教育游戏专家Marc Prensky于2001年首次提出。他将在网络时代成长起来的一代人称作"数字原住民"，他们生活在一个被互联网、计算机、人工智能、视频游戏、数字音乐播放器、手机等数字科技包围的时代，并无时无刻不在使用信息技术进行信息交流和人际互动；而那些在网络时代之前成长起来的学习者则被称作"数字移民"。数字化生存正在冲击和改变着学习者的认知和学习方式。"数字原住民"不仅将计算机及网络看作一种工具，更将其看作是一种生活方式或者生存境脉（王小波，2002）。也许十多年前，"数字移民"们尚且把互联网视作"电子海洛因""洪水猛兽"，如今他们早已因被科技的脚步无情地甩在身后而慨叹。以编程为例，当许多人费尽心思、呕心沥血地学习却依旧丈二和尚摸不着头脑时，"00后"或者"05后"的"数字原住民"们正在乐此不疲地"玩"编程，享受着编程带来的愉悦和成就感，并将其视为表达自我的方式。

这些年轻的"数字原住民"开始在社会舞台上大展身手，规则正在被他们修改，"数字商业正年轻"成为趋势，这一切都是与生俱来的"数字化基因"造就的，因为熟知，引来了他们对未来数字化科技工作的热爱；因为熟练，更强化了他们对这份工作的胜任感和内驱力。从休闲的性质来看，如果工作本身就是快乐的，那么工作就可以成为休闲（王小波，2002），这是休闲化工作的另一条形成途径。因此，数字化的科技工作对于"数字原住民"而言，既是时代塑造下的主动选择，也是纯粹的快乐休闲行为。

（三）创意类工作渐成主流

人工智能时代，众多岗位将面临淘汰的境遇，其中创意成分越低的工作将更早遭遇消亡。但技术永远只是人类用以改善生存环境的工具，人类永恒的、无法被剥夺的优势在于创造力，因此智能时代同样是一个以创意为生的时代，创意能力将成为未来劳动力市场的核心竞争力。

美国经济学家理查德·佛罗里达认为，除了原有的劳动者阶层（Working Class）和服务业阶层（Service Class），从事创造性工作的"创意阶层"（Creative Class）正在迅速崛起。他将创意阶层界定为工作中包含较多创造性成分的群体，主要由"超级创意核心"（Super Creative Core）和"专业创意人士"（Creative Professionals）两类群体组成。前者主要包括科学家与工程师、大学教授、诗人与小说家、艺术家、演员、设计师与建筑师，以及非小说作家、编辑、文化人士、智囊机构成员、分析家等；后者则广泛分布于知识密集型行业，如高科技行业、金融服务业、法律与卫生保健业以及工商管理业等（佛罗里达，2010）。"创意阶层"崛起的主因在于创意经济时代来临，一个地域的发展水平高低将越来越取决于当地的创意产业。纵观各国际大都市，无一不是以创意产业集中和发达而闻名遐迩的。此外，良好的技术研发设施和知识产权保护制度、高效的便利条件和创意生活圈以及包容的氛围和多样的文化都是催化剂（易华，2010）。因此，未来的创意类工作将稳居社会发展的中流砥柱的位置。

以创意为生的人往往会有创意为乐的体验，将工作与休闲良好地结合，决定了休闲化创意工作实现的高度可能性。奥斯卡·王尔德曾说："绝大多数人都是别人的傀儡。他们脑中装着别人的想法，过着亦步亦趋的生活，体验着引述而来的激情。"创意工作者则超脱了这种束缚，他们在创造与自我突破中体验着幸福。首先，创意工作具有自主灵活性，这也是休闲的重要特征。创意工作不受制于传统工作的条条框框，工作者凭自我意识选择和安排，随时随地进行工作，可充分发挥个人的创造性进行各种新尝试，亦可随时随地投身休闲，在休闲中启迪智慧。闲云悠悠、闲情悠悠，恰是知识的摇篮、智慧的温床，比如剑桥大学久负盛名的"下午茶"喝出了六十多位诺贝尔奖获得者就是最佳佐证。其次，未来创意阶层主要以团队化形式进行创作，人们在与不同灵魂的交流和思维碰撞中产生新思想的火花，志同道合者的畅聊容易引发酣畅淋漓的体验。最后，创意工作远离了枯索的重复性。"在生活的其他方面，某种层面上的机械、单调是必须忍受的，但是思想决不能包括在内，在我们生活的这个世界上，最大的不幸就是有些人完全拒绝新奇"（王小波）。单调的重复会抹杀热情，创意工作的任务则是持续地创造新事物、体验新事物、沟通新事物，只有时刻满足人们趋于新异性的生物本能，才能带来无尽的快感。

（四）亲社会工作备受推崇

人与人工智能共处时所拥有一项独特的优势，就是人的细腻情感。在 AlphaGo 击败李世石、Master 击败柯洁的瞬间，这些智能机器人绝不会体验到任何欣喜和兴奋，不会产生与他人分享愉悦的渴望。李开复认为，"在爱与被爱的能力上，人类是独一无二的。爱是人类与人工智能最大的不同。人工智能不会拥有爱的情感。爱是机器的缺失。"无论科学技术变得多么先进，人类情感这项基本特质，依旧会是未来许多工作的核心。由爱推动的亲社会行为工作则是最高品质的休闲化工作之一。

亲社会行为（Prosocial Behavior）是指所有与侵犯等否定行为相对立的行为，包括同情、慈善、分享、协助、捐款、救灾和自我牺牲等，其工作类型主要有志愿者、义工、慈善事业工作者、慈善家等，这些工作都符合休闲所包含的自由性和幸福感。首先，选择从事亲社会行为工作毋庸置疑是出于工作者的心甘情愿，因为这是一项在物质和时间上不断付出却毫无收益或收益甚微的工作，完全违背"理性—经济人"假设。但个体会体验到自控感，因而满足了自主性需要（Weinstein，Ryan，2010）。其次，亲社会行为能带给人心灵的慰藉和安宁，能提升生命价值。古人云"赠人玫瑰，手有余香"，诸多实证研究也证明了亲社会行为是人类获得幸福感的十分有效的途径（Dunn，Aknin，Norton，2008），同时可增强个体的社会归属感。最后也是最重要的是，助人行为可引导人们寻找生命的意义，这也正是休闲恒久的终极目标。一次，有人请弗兰克尔用一句话概括他本人生命的意义。他把答案写在一张纸上，让学生猜他写下了什么。经过安静思考后，一名学生的回答让弗兰克尔大吃一惊，那名学生说："您生命的意义在于帮助他人找到生命的意义。""一字不差"，弗兰克尔说，"你说的正是我写的"。[①]在帮助他人的同时，助人者也在不断地突破自我，绽放灵魂最美的花朵。正如史铁生曾写道："相信爱才是人类唯一的救助。这爱，不单是友善、慈悲、助人为乐，它根本是你自己的福。这爱，非居高地施舍，乃谦恭地仰望，接受苦难，从而走向精神的超越"。

四、如何实现休闲化工作

"由于有利于生产，休闲一直是合理的——如果没有夜生活和周末，娱乐业将会崩溃；如果没有假期，旅游业就会衰落。实际上，是休闲而不是劳动使得工业资本主义走向成熟。在这里，休闲新的合理性展现出来了。"[②]可见休闲从始至终都是合理的，而并非懒惰、无所事事。人类的进步需要休闲，创造力的开发同样需要休闲。休闲可以使我们在生理上、心理上都处于最佳状态，为下一轮的工作做最好的准备。可见，解决现代上班族的休闲问题已刻不容缓。

然而，对休闲的重视并不能抹杀工作的重要意义。古罗马的著名学者马克·奥勒留·安

---

① [奥地利]维克多·弗兰克尔. 活出生命的意义[M]. 吕娜，译. 北京：华夏出版社，2014：204.
② 托马斯·古德尔，杰弗瑞·戈比. 人类思想史中的休闲[M]. 马惠娣，成素梅，季斌，等，译. 昆明：云南人民出版社，2000：118.

东尼认为,"只有工作,才能证明你在这个世界是真实存在的。"①利亚姆·班农也指出,"后工业社会尽管在实际上确实会使正式工作时间减少,但闲暇活动的组织仍将主要取决于工作所创造的社会化条件,这就是无职业的妇女为什么无闲暇的原因。简而言之,闲暇仅仅作为工作的对立面而存在,因而只有在工作着,休闲才能获得完全的重要性和意义。"②也就是说,休闲与工作是相对而存在的,没有工作,那么自然而然不存在所谓的休闲。

于是,很多人著书立说,阐述弥合工作和休闲的必要性。如帕克所说:"在这种融合中,工作将失去它目前所具有的强制性,获得现在主要同休闲联系在一起的创造性。同样,休闲将不再是工作的对立面,而得到一种现在主要同工作联系在一起的创造财富的地位,值得人们认真计划,获得人类所能得到的最大限度的满足感。"工作与休闲的整合得到了休闲理论家的普遍支持,"工作"时间的"轴心化"开始向"工作—休闲"时间的"两轴化"转变。休闲时间不再只处于从属地位了,它同工作时间共同构成"两轮",保障着人类社会活动的良性运转。实现休闲化工作可通过以下几个重要途径。

(一)兴趣导向的职业选择

许多伟大的艺术家、音乐家、作家、思想家、科学家和哲学家都视职业为度假,把工作当成休闲。爱迪生曾说:"我自己一辈子连一天都没有'工作'过。对我来说,每天都是在玩。"居里夫人也说过:"就我的人生而言,对自然界的那些新发现让我变得像孩子一样欣喜无比。"③美国最后一个守灯塔的人,一生守了 66 年纽约灯塔,却从来没有给自己放过一天的假,他说:"我不要退休,我太爱海了,我太爱我的工作了,我每天看灿烂的黎明和日落,背后还有无数的曼哈顿的灯火,一生何求!"许多人之所以厌倦甚至逃避工作,其主因是工作与兴趣相悖,使得休闲完全从工作中被剥离,导致愉悦性消失殆尽,所以以兴趣为导向的职业选择理应被奉为圭臬。正如卡莱尔所言:"找到性情相契工作的人有福了,因为这是人生在世所能祈求的最大福佑。"

第一,遵循"性之所近"的准则。胡适先生曾告诫青年学子要凭"性之所近,力之所能"去做选择,他说:"譬如一个有作诗天才的人,不进中文系学作诗,而偏要去医学院学外科,那么文学院便失去了一个一流的诗人,而国内却添了一个三四流甚至五流的饭桶外科医生"。年轻时期的伽利略奉父亲之命学医,一次偶然他接触了几何学,对趣味横生的数学如痴如醉,于是果断听从内心的召唤,投身数学研究,最终创造了新的天文学、物理学知识,成为近代科学的开山大师。热爱会激起更深刻的幸福感,如同购物讲求"性价比",工作要讲求"乐价比"。所谓"乐价比",就是一份工作能够为内心换来多少和多久的满足感和快乐。我们衡量一份工作的好坏,不能仅仅看它的工资有多少,还要看它能给你带来多少快乐,是否与你的付出成正比。"倘若你不是欢乐地而是厌恶地工作,那还不如撤下工

---

① 马克·奥勒留·安东尼. 人因工作而存在[J]. 读者,2007(1):1.
② [爱尔兰]利亚姆·班农. 信息社会[M]. 上海:上海译文出版社,1991:229.
③ 克里斯多夫·爱丁顿,陈彼得. 休闲:一种转变的力量[M]. 李一,译. 杭州:浙江大学出版社,2009:131.

作,坐在大殿的门边,去乞那些欢乐地工作的人的周济。"①如果你成天在抱怨工作的枯燥和乏味,对工作充满了不满,那么工作对你而言仅仅是一种负担。挑选一份自己喜欢的工作,那么工作便会告诉你梦在何处开头。

第二,选择良好的工作环境。若要工作休闲化,合宜的外在环境不可或缺。知名企业家、主持人袁岳曾经列举了好单位的八个特征:①有你喜欢兼擅长干的职位内容;②提供或比较容易找到良师益友;③基础专业训练与多次尝试空间的并存;④规范条件下的鼓励与尊重型文化;⑤成长型业务与学习型气氛;⑥对个人偏好与特长的善用;⑦找得到工作中与工作外的社会交际机会;⑧优秀品牌、阳光型领导与合理的绩效考核体系。②而笔者认为,好工作应该是一份适合自己的工作,或者说是一份能带来自己想要的东西的工作,财富、智慧、经验、社交、快乐……因人而异。因此,在找工作前,你要考虑的并非你要赚多少,而是你想要什么以及你的单位能给予你什么。当你寻找到了一份好工作并身处一个好环境时,你才会爱上你的工作,并且从工作中获得满足感,寻找到生命的意义。

兴趣导向的职业选择示意图如图 4-2 所示。

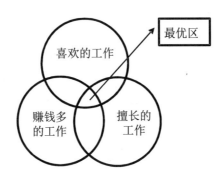

图 4-2 兴趣导向的职业选择示意图

(二)精益求精的技艺提升

社会条件的成熟奠定了外部时代基础,细艺、兴趣等则成了最佳内在助推器,除此以外,个体能否成功达到休闲化工作的境界尚需付出孜孜不倦的努力,其中关键的一点就是工作技能的精进不休。如果个体缺乏娴熟的工作技艺,无法驾轻就熟地进行工作操作,那就随时可能因为工作的困境而殚精竭虑,焦虑的心灵与休闲化显然南辕北辙,甚至可能连基本的愉悦感都会匮乏。因此,精益求精的技艺是实现休闲化工作的前提,庖丁解牛的故事充分印证了这一点。

《庄子·养生主》中记载:"庖丁为文惠君解牛,手之所触,肩之所倚,足之所履,膝之所踦,砉然向然,奏刀騞然,莫不中音。合于桑林之舞,乃中经首之会。"庖丁面对解牛这项重复了 19 年的单调工作,并未感到无聊倦怠,而是将之变成极具审美性、艺术化的主动创作过程,成为休闲化工作的典范。当梁惠王问其为何能达到如此境界时,庖丁释刀对

---

① 纪伯伦·先知·沙与沫[M]. 冰心,译. 长沙:湖南人民出版社,1982:21.
② 袁岳. 好单位的八个特征[J]. 读者,2007(14):22.

曰："臣之所好者道也,进乎技矣。始臣之解牛之时,所见无非牛者;三年之后,未尝见全牛也;方今之时,臣以神遇而不以目视,官知止而神欲行……提刀而立,为之而四顾,为之踌躇满志,善刀而藏之。"正是技术上的不断精进,让庖丁可以挥洒自如,拥有完全掌控工作的主动性。当个体成为工作的绝对主人时,便具备了将之休闲化的能力,并可获得深度的精神愉悦。因此,无论是将休闲当成工作,还是将工作休闲化,首先的要素就是不断提升休闲能力和工作能力,驾轻就熟方可随心所欲。

（三）积极智慧的休闲创造

如果把休闲看成一种职业,那么它的报酬就是满足感、创造力、获取知识和一切你所感兴趣的信息。沉浸在具有建设性意义的懒散中并非轻而易举,它需要智慧。

休闲会让我们成为最有效率的工作者,它可以激发我们的想象力和创造力,而这些想象力和创造力可以为我们的工作提供养料。休闲中同样可以获取信息和知识,并且成为工作的好帮手,创造更多的财富和效益。浏览网页时,或许你会突然看到某些信息或观点,解决你长久以来工作中的困惑;参加展览会时,或许你会看到新的潮流趋势,为你下一步的扩展计划提供全新的思路;旅游观光时,你会遇到各式各样的团友,或许其中有你再合适不过的合作伙伴……这些看似闲暇的活动,让人们彼此交流了信息,获得了新的知识,开拓了自己的知识视野,从而为取得更多的工作成绩做了铺垫。而如今许多失范休闲方式的出现,使得许多工作者在休假之后反而比休假之前更加疲惫,这样的休闲活动不但不能为工作提供养分,反而耗费了从事工作的精力。

虽然你可能是一个努力工作的"工作狂",但是倘若你能变得"懒"一些、聪明些、高效些,或许你能获得更多的工作回报和精神满足。工作不够努力的人必然会付出相应的代价,而工作过于努力的人或许会付出更大的代价。一个最佳的工作者往往能够找到工作与休闲的平衡点,他们总是知道为什么要工作,为什么要休闲;什么时候应该工作,什么时候应该不工作;什么样的工作适合自己,什么样的休闲方式有益健康……若是你能清楚这些,那么生活对你而言必然是丰富多彩、充满魅力的。最后,随着知识社会的到来,通过终身学习构建面向未来的知识体系,是抵抗时代焦虑的解药,更是获取休闲化工作的法宝。未来的休闲化工作,必定是能力和兴趣的完美匹配造就的。

网络主播：工作、兴趣与能力的完美匹配

"网红"一词曾经一度陷入争议,从最开始靠热点事件走红,到在各大社交媒体平台上深耕自己的内容,成为某一用户群体心目中的意见领袖,可谓经历了沧桑巨变。在这一过程中,一些现象级"网红"在自身获得巨大私域流量与财富的同时,逐渐打破了人们对该群体的固有偏见和认知。网络主播成为工作、兴趣与能力完美匹配的典范,成为这个时代令人羡慕的时尚达人。

时尚红人深夜徐老师： 最开始的时候以写微信公众号起家，之后逐渐入驻微博、抖音等平台。踏入新媒体行业三年多的时候，徐老师成立了自己的公司，成为非常年轻的CMO，在全网拥有超过千万的粉丝，并且经常出席大型时尚活动。

全球买手盛太： 从开零食店，到拿着手机全球扫货，凭借着一人、一嘴、一手机，可以做到月销1000万人民币以上，成为备受韩国东大门等服饰批发市场欢迎的直播红人。目前，盛太已经积累了众多的粉丝，曾荣获2018全球购最强带货买手、2018年双促优秀商家、2018年度最佳商家和2019直播盛典优胜奖。

游戏主播旭旭宝宝： 旭旭宝宝2008年高中毕业时迷上DNF，大学毕业后先是在一家银行工作，2013年，他对是否应该放弃收入不菲的工作投身游戏直播颇为纠结，几番思量，最终还是在2015年下定决心，投身直播行业。2018年7月16日晚，从直播平台龙珠跳槽的旭旭宝宝在斗鱼首次开播，这个长得像"大马猴"的长脸男孩首场直播就让斗鱼"蹭"上微博热搜第一：观看人数太多，直播间黑屏，斗鱼服务器被压垮了。随后，他获得年度十大游戏主播冠军，也成为斗鱼年度盛典最大赢家。

歌唱主播冯提莫： 2014年，身高156cm的冯提莫从北师大珠海分校毕业，拿着几千块钱的工资在重庆一家学校教小学生。几个月后，她在一次LOL游戏中偶然唱了几首歌，让这个表演系毕业的妹子火遍了全国，几年间便拥有了两千多万粉丝，成为斗鱼"一姐"。2019年，冯提莫成为第一个成为麦当劳形象代言人的主播，个人演唱会大获成功，成为主播跨界歌手开个唱第一人。五年时间，从小小的手机屏幕，走到大大的个唱舞台；从只有几位粉丝，到现场数千人听演唱会；从默默无闻的小学教师，到拥有众多个人单曲的热搜歌手，冯提莫的成长与蜕变，激励着千万个像她一样拥有梦想的人。

综观上述网络主播的经历，他们基本都是"素人"起家，都在三到四年的时间里面发生了巨大的蜕变，其成功的背后都有着相似的成长史：从一开始纯粹的兴趣爱好，经过了长时间的学习成为相关领域的"达人"，而个人价值崛起时代的到来，为他们提供了社交资产暴涨的机会，于是将兴趣、能力与工作完美匹配的他们成了站在时代风口上的人。就像旭旭宝宝曾经说的："别人羡慕我在银行光鲜的工作，可是我不能活在别人的眼光中。我要做自己喜欢的工作，要为自己在世。也许我能够像在我曾经执着的游戏中一样，闯出一片天地！"

（节选自元满．克劳锐CEO张宇彤：网红电商增长新势力[EB/OL]．（2019-07-31）．http://www.sohu.com/a/351088405_665157．）

复习思考题

1. 随着时代的演进，工作的性质与形态发生了怎样的变化？
2. 请简述休闲与工作的辩证关系。
3. 休闲化工作引领未来潮流需要哪些社会条件？
4. 什么是"休闲化工作"？请谈谈休闲化工作的未来趋势。
5. 如何才能实现休闲化工作？

 本章参考文献

[1] DUNN E W,AKNIN L B,NORTON M I. Spending money on others promotes happiness[J]. Science,2008,319(5870):1687-1688.

[2] GEOFFREY GODBEY. Leisure and leisure service in the 21th Century[M]. State College, P A: Venture Publishing,Inc. 1997.

[3] PRENSKY M. Digital natives,digital immigrants[J]. On The Horizon,2001,9(5):1-6.

[4] WEINSTEIN N,RYAN R M. When helping helps: autonomous motivation for prosocial behavior and its influence on well-being for the helper and recipient[J]. Journal of personality and social psychology,2010,98(2):222-244.

[5] STANLEY ROBERT PARKER. The future of work and leisure[M]. New York: Praeger Publishers,1971.

[6] 理查德·佛罗里达. 创意阶层的崛起[M]. 司徒爱勤,译. 北京:中信出版社,2010.

[7] 提摩太·凯勒,凯瑟琳·利里·阿尔斯多夫. 工作的意义[M]. 潘乔,李怡棉,译. 上海:上海三联书店,2016:33.

[8] 刘晨晔. 休闲:解读马克思思想的一项尝试[M]. 北京:中国社会科学出版社,2006.

[9] 刘慧梅,张彦. 西方休闲伦理的历史演变[J]. 自然辩证法研究,2006,22(4):91-95.

[10] 楼慧心. 从互相影响、互相渗透走向互相融合——知识经济时代的休闲和工作[J]. 自然辩证法研究,2004,20(5):90-93.

[11] 楼嘉军. 休闲新论[M]. 上海:立信会计出版社,2005.

[12] 马惠娣. 走向人文关怀的休闲经济[M]. 北京:中国经济出版社,2004.

[13] 王小波. 工作与休闲——现代生活方式的重要变迁[J]. 自然辩证法研究,2002,18(8):59-62.

[14] 易华. 创意阶层崛起的条件分析[J]. 经济问题探索,2010(8):42-46.

[15] 章海荣,方起东. 休闲学概论[M]. 昆明:云南大学出版社,2005.

[16] 赵建岭. 论休闲与工作的"对立"和统一[J]. 中山大学学报论丛,2004,24(2):253-258.

第五章
家庭与休闲

开篇案例

房车露营：家庭休闲旅行的美妙方式

根据国外露营机构每半年的家庭房车露营抽样调查显示，当这些房车露营的家庭被问到房车露营到底能带给他们什么好处时，排名最靠前的答案是：房车露营能把家庭成员之间的距离拉得更近。其他排名靠前的答案依次还有："提供体验学习的机会""让孩子更尊重自然""开阔视野"和"发展健康的价值观"等。

一份研究显示，80%~90%的人都表示房车露营是家庭休闲旅行的最好方式。更为重要的是，在接受调查的没有购买车载露营装备的房车露营体验者中，大部分也认为房车露营是最好的家庭休闲旅行度假方式。

为什么会有这么多的家庭关注房车露营呢？原因在于房车露营可以消除家长和孩子平日的隔阂，重建家庭关系。在家庭房车露营旅行过程中，没有平日家庭生活的烦琐，家庭成员能够尽享家庭乐趣。房车露营的家庭成员可以互相分享、交流工作和生活中的事情，孩子们也能够将奥数等复习班的课程抛在脑后，尽情地玩耍。

恭卢米斯是一家专业旅游杂志社的编辑、11本儿童图书的作者，也是3个孩子的妈妈，她认为，"家庭房车露营可以让家人拥有更多的彻底放松的时间"。

"平时，我需要拿出更多的精力来应付繁忙的工作"，她说，"整个家庭关系一直都处于待维系的状态，房车露营提供了很好的解决方法，一家人很轻松地上路，在旅行中享受优质的度假时光。"许多家长还在旅行中辅导孩子学习其他课外知识，有43%的受访家庭表示对孩子进行教育、科普是他们外出进行房车露营时的考虑因素。

（整理自房车露营：家庭休闲旅行最好的度假方式[EB/OL]．（2017-06-19）．http://www.361rv.com/foram.Php?mocl=viewthreadgticl=714）

歌德针对家庭的重要性曾有过精辟的论述。他说："无论是国王还是农夫，只要家庭和谐，他便是最幸福的人。"满眼繁华何足贵，家庭和睦值千金。作为社会的细胞，家庭是保障个人安全，减少个体压力的避风港，是价值和理想的新源泉，在塑造个体人格、精神、气质、道德伦理方面具有重要的影响。从早先五世同堂的大宅门到现在温馨甜蜜的三口之家,无论哪种家庭组合,休闲活动都显得必不可少。踏青旅游、摆弄花草、聚会打牌……家庭休闲方式总是丰富多彩、妙趣横生。无数实践早已证明,家庭休闲是构筑文化资本的"首善之区"。正如西方思想家所言,家庭是对文明最有影响的"学校",因为文明归根到底要转化成个人的训练问题,而社会的每一个成员在青少年时期是否受到了良好的教育,决定了社会整体文明程度的高低。①

第一节　家庭演化与休闲活动变迁

一、西方家庭演化与休闲活动变迁

西方家庭从古至今经历了多个不同的阶段,各阶段也分别表现出了不同的家庭组成形式。早期受自然环境因素的制约,家庭绝大多数以族群的形式维持生存。随着科技的进步,尤其是欧洲文艺复兴的兴起,家庭规模逐渐缩小并出现层级现象。随后妇女解放运动的深入开展,导致家庭多元化趋势日益明显。

西方家庭最早多为扩大型家庭的形式,这种家庭形式的存在通常是为了躲避自然灾难、开垦荒地,由多个小家庭组成一个部落群体。由于早期人类对大自然缺乏了解,同时生产力水平相对较低,导致很多日常活动(如打猎、搭建住所等)均需要借助他人的力量,生存的需要造就了早期群居家庭的诞生,收集、分发食物,维护住所和抚养后代是日常生活的重要内容。"生存就这样简单:小鸟的树林,首领的墓地,太阳落山后的微笑火焰、火炬、魔鬼和跳舞"——早期家庭的休闲活动方式也被流传下来,通常都是定期的篝火晚会。

中世纪,欧洲文艺复兴的兴起促使家庭结构向贵族家庭和农民家庭两个方向分化。贸易的增加和城市的繁荣使一部分人积累了大量财富,成为当时的庄园主,而另一部分人则仍以农奴的身份生活着。财富的多少使得家庭选择的休闲内容大相径庭。对于高收入的富人而言,他们拥有更多的个人空间和共同享乐的空间,某种程度上,他们已经具备了家庭成员在家里休闲的条件。因此,在日常生活中,他们更多地选择在自己家里休闲,甚至邀请亲朋好友一起到家里休闲。玩棋盘游戏、看书吟诗、欣赏舞蹈、观看杂技表演、参加宴会等休闲活动在上层阶级中非常流行。相反地,低收入阶层因为家庭空间小,缺乏家庭成员共同休闲的物理空间,他们往往会选择和家庭成员一起外出休闲。如果在家里休闲,因为空间的限制,他们会更多地选择与家庭成员一起休闲,而个人休闲的可能性很小。

20世纪以来,随着西方从以工业化生产为组织形式的现代社会逐渐转型为以知识为基础的后现代社会,作为人类基本整合形式的家庭不可避免地发生了巨大的变迁。②以现代核心家庭为主导的家庭模式乃至现代婚姻家庭制度受到极大冲击,传统核心家庭逐渐被相继出现的多种多样的家庭类型所取代。以美国为例,1999年在所有的已婚夫妇家庭中,传

---

① 刘海春. 生命与休闲教育[M]. 北京: 人民出版社, 2008: 2.
② 陈璇. 当代西方家庭模式变迁的理论探讨: 世纪末美国家庭论战再思考[J]. 湖北社会科学, 2008 (01): 76-80.

统的核心家庭只占13%，而双职工家庭占31%，丁克家庭占25%。[①] 美国家庭模式发生变革基于以下四个原因：其一，政治和法律因素。首先，20世纪60年代以来，随着女权运动的兴起，女性的社会和家庭地位逐步上升。一方面，妇女的高就业率导致美国家庭中双职工家庭越来越多，工作与家庭的冲突以及妇女地位的上升势必然会影响家庭的结构；另一方面，随着妇女就业机会的增多，传统的婚姻、家庭、生育观的转变使得新兴的家庭模式呈增长趋势。其次，美国的"无过失离婚法"使得解除婚姻的程序得到简化，离婚与过去相比变得更加容易，这在一定程度上提高了离婚率。其二，经济因素。人们在经济上越独立，家庭越有可能走向分离。[②]在物质极大富裕的同时，个人意识逐渐放大而产生的以自我为中心的个人主义和享乐主义越来越盛行，并逐渐影响到了婚姻和家庭生活，个人对于家庭的依赖随之减弱。其三，社会文化因素。美国家庭所经历的变迁有其深刻的文化根源。首先，美国文化的精神内核是个人主义和自由主义，许多人奉行及时行乐的人生哲学，享乐型的利己主义大行其道。[③]其次，美国传统家庭价值观念受到冲击，美国家庭越来越优先考虑个人，把个人选择置于家庭和集体需要之上[④]，从集体主义的家庭观念发展为注重个人和感情的家庭观念。其四，多种族家庭格局。相关研究表明，家庭多样性的特征不仅在不同群体的内部存在，而且与性别、种族、阶层相联系的权力关系塑造着所有家庭经历和家庭多样性。美国是个移民国家，种族繁杂，这就导致了美国家庭模式的复杂性和多元性，家庭的模式与关系不再只局限于两性的差别而是包含了处于不同种族、阶层等社会位置的人们之间的互动与关系。单亲家庭、再婚家庭、未婚同居家庭、丁克家庭、空巢家庭等多家庭形式共存成为这个时代家庭结构的主要特征。家庭结构的变动最终影响家庭休闲方式的变迁，现代家庭类型的多样化趋势促使其休闲方式朝多元化方向发展。

二、我国家庭演化与休闲活动变迁

家庭是国家发展、民族进步、社会和谐的重要基点。我国家庭的起源早于国家，在原始社会末期就已经形成了夫妻形态的家庭。随着婚姻制度与家庭组织的建立，我国逐渐形成了以父权制为基础的完整而严密的传统家庭（家族）制度。[⑤]这种家庭制度深深嵌入了我国的封建统治中，"家长制"被公认为家族、家庭以及国家统治的共同基础。

我国历史上的家庭结构可区分为秦汉时的"汉型家庭"、魏晋南北朝及隋唐时的"唐型家庭"和唐代以后"汉型"与"唐型"折中的家庭，也称"宋型家庭"。[⑥]自秦汉以降，我国的传统家庭就已经有从父权家长制家庭到大家庭再到小家庭的演变趋势，家庭结构历经了"汉型家庭—唐型家庭—宋型家庭"的模式变迁。家庭结构是一个动态变化的过程，父母在世时儿子成年即行分家的"分异"型家庭和父母在世时兄弟同居、父母去世后兄弟分

---

① 刘军怀. 当代美国家庭的多元化趋势[J]. 当代亚太, 2003（08）: 55-59.
② 芭芭拉·勒贝伊, 徐小平. 走向分离的美国家庭[J]. 国外社会科学文摘, 2002（03）: 63.
③ [英]迈克·费瑟斯通. 消费文化与后现代主义[J]. 刘精明, 译. 南京: 译林出版社, 2000: 165-166.
④ 王锦瑭. 美国社会文化[J]. 武汉: 武汉大学出版社, 1996: 95.
⑤ 马春华, 石金群, 李银河, 等. 中国城市家庭变迁的趋势和最新发现[J]. 社会学研究, 2011（2）: 182.
⑥ 杜正胜. 中国式家庭与社会[M]. 合肥: 黄山书社, 2012: 14-28.

家的"同居"型家庭是制约家庭结构发展演变的主要因素。[1]秦汉以来,"分异"型和"同居"型这两类动态家庭结构是同时存在的,只是在不同时代和阶层中所占地位不同,从而显示出家庭结构变化的不同形态。汉代家庭结构多承秦制,商鞅变法时曾有"民有二男以上不分异者,倍其赋",故"分异"型家庭是当时家庭结构的主流。但是汉朝提倡儒家家庭伦理,因此,农民和底层社会百姓仍然属于"分异型"家庭,统治阶级则是"分异"和"同居"两种规则和家庭结构并行。从总体上看,"汉型家庭"平均5口人左右,核心家庭成为秦汉时代主流的家庭结构,但仍存在相当数量的主干家庭和联合家庭。及至魏晋废除了嬴秦以来的法令,唐律又明令禁止父祖在世时子孙别籍异财,在上层社会如地主富人、官僚士大夫中,尽管仍有"分异"型家庭存在,但"同居"型家庭及其规则已占据主导地位,出现了大量的联合家庭及累世同居家庭,总体上提高了当时的家庭规模,逐渐形成了平均10口人左右的"唐型家庭",这种家庭的特点是祖孙三代成为一家,共祖的兄弟同居、共财,这类似于我们所说的联合家庭,至少有一个儿子的小家庭与父母同居。但是在下层社会,如农民及其他贫苦民众,尽管也有少量联合家庭以及个别累世同居家庭存在,但受经济、健康、婚育、政治等因素的影响,小型的核心家庭和主干家庭始终占据主要地位。两宋时期,北宋平均每户8口人,还存有"唐型家庭"之风,南宋则平均每户约6口人,呈现联合家庭明显减少、核心家庭也不多、主干家庭为主的三者并存的局面。到了清朝,我国的家庭结构则演变为以核心家庭和主干家庭为主的局面,已婚兄弟同居的联合家庭只占一成,家庭人口数在3到6口人,即"汉型家庭"和"唐型家庭"的折中。在我国漫长的封建社会里,家庭结构虽然历经变迁,但家长制的宗法家庭模式基本上一脉相承。这种传统家庭往往是扩大型的家庭,家庭与家族、宗族密不可分。家庭或家族中的各种关系如亲子关系、夫妻关系、小家庭与家族的关系、亲属关系和家庭与外部关系等都有详尽的规定。其中,亲子关系是主轴,夫妻关系是次轴,家中资源掌握在男性家长手中,男尊女卑、长幼有序是家庭地位的写照,休闲生活也与之息息相关,主要是为祭祀祖宗、鬼神举办的祭祀活动和节庆活动以及为庆丰收举行的庆典活动等。而与社会下层劳动人民家庭休闲活动相比,社会上层的贵族、地主等的家庭休闲活动更为丰富,主要有宴饮、乐舞、踏春出游、百戏、游戏等。

20世纪以来,我国的家庭先后经历了三次大的冲击,传统家庭的稳定性被打破,家庭结构也发生了深刻的变化。民国时期,由于社会生活环境的急速变化,民主意识、男女平等观念对家长制、家系传承方式等传统家庭规范具有潜移默化的消解作用[2],家庭也发生了带有时代印迹的由传统家庭向现代家庭的嬗变。民国时期是一个革故鼎新的时期,新旧风俗交织在一起,不可能清一色是新的,也未必完完全全是旧的,往往呈现出中西混杂、新旧并存的格局。以家庭规模为例,受工业革命的影响,我国走上工业化道路,传统大家庭的小农经济基础逐渐瓦解,旧日的大家庭制度"今后自无生存之能力,亦无存在之理由"。

---

[1] 李根蟠. 从秦汉家庭论及家庭结构的动态变化[J]. 中国史研究, 2006（1）: 22.
[2] 王跃生. 20世纪30年代前后中国农村家庭结构分析[J]. 社会科学, 2019（01）: 62.

但西方小家庭制中，父母对于子女有教养之责任，而子女对父母却无侍奉之责任的观念有失公允，不符合我国国情。潘光旦在《中国之家庭问题》一书中从理论上提出了"折中制"家庭的概念。事实上，据各种社会调查显示，民国时期华北地区核心家庭、直系家庭和复合家庭并存；东南、华南地区则以核心家庭和直系家庭为主，复合家庭所占比例很小。因此，不大不小的中型家庭和核心家庭是民国时期家庭的主流，多数家庭是4~6人的规模，呈正金字塔结构。民国初期中西、新旧文化混杂的现象表明，整个社会正处于一种既排斥又妥协的状态之中：旧的事物常常采用新的形式出现；而新的事物也常常难以摆脱旧的胎记。休闲活动亦是如此：既有我国传统的节庆庆典，也有西方流行的社交宴会。

改革开放以来，随着我国现代化转型与市场经济的发展，经济理性进入家庭并冲击着家庭的核心价值观。[1]个体家庭本位取代了家族本位，家庭关系发生重大变化。社会学家和人类学家普遍认为，父母权威的衰落和年轻一代自主性、权利的增长，已经成为我国农村家庭代际关系最明显的两个变化。[2]在这一时期，家庭关系趋向简单化与平等化，家庭关系轴心由亲子关系转变为夫妻关系，传统的家庭父权转向夫妻平权，女性在家庭事务中拥有决策权。尽管亲子关系依然在家庭中占据重要地位，但是呈现出亲密化与疏离化并存的特点。家庭的精神和经济重心向下转移，下行式家庭出现。除此之外，国家力量的参与是改革开放以来我国家庭变迁中最为明显的一个特征。各项政策的出台，尤其是计划生育政策的深入贯彻实施和全面放开二胎政策，使我国家庭结构发生了历史性的颠覆，传统正金字塔型的家庭结构被倒金字塔型的家庭结构所代替，其休闲活动也随之变迁。倒金字塔型家庭结构与传统金字塔型家庭结构最大的区别是养老问题的突出。因此，现代家庭举家休闲不得不考虑老年人的需求，但这并不意味着年轻人的需求会被忽视。老年人由于受到身体因素的限制，不宜参与对体质要求较高的休闲活动，比较趋向于参与养身保健方面的休闲活动，而年轻人则比较偏爱有创意的休闲活动。为兼顾两者，类似于自驾旅游、亲子旅游、短途旅游、旅居游等正在成为现代家庭休闲活动的新宠。

第二节　家庭休闲活动：意义与类型

一、家庭休闲活动的意义

"家啊，是理解奉献思念呵护，是圣洁宽容接纳和谐，是磨合欣赏忠诚互通，是心心相印浪漫曲折，生死相依海阔天涯。"这是作家毕淑敏对家庭的诗意描述。在澳大利亚、新西兰及欧美一些国家，家庭休闲早已是休闲活动的主流形式，而我国家庭休闲也呈现蓬勃发展的态势，许多人赋予家庭休闲很高的价值，把家庭休闲看成各种休闲活动的优先选择之一。根据凯利（Kelly，1982）的研究，家庭休闲如此受重视主要是基于以下几个原因（critcher，

---

[1] 孟宪范. 家庭：百年来的三次冲击及我们的选择[J]. 清华大学学报（哲学社会科学版），2008（3）：139.
[2] 阎云翔，杨雯琦. 社会自我主义：中国式亲密关系——中国北方农村的代际亲密关系与下行式家庭主义[J]. 探索与争鸣，2017（7）：4.

brambam & Tomlinson，1995）。

（1）个人赋予自由的价值并没有我们起初想象的那样高，相反人们更倾向于从家庭约束和成员间的亲密行为中获得相对的舒适感。

（2）从家庭环境中获得的角色舒适感同样能给人带来被接纳和被信任的轻松感。由于家庭环境是舒适的、熟悉的，而且他人的行为是可以预知的，从而可以向个人传输一种正面的休闲经历。置身于这样的环境，人们能够充分放松身心。

（3）对家庭角色起补充作用的休闲种类，由于其所包含的家庭关系，因此往往被认为比自由更有价值，将会给我们提供更多的满足感。

（4）家庭成员是很方便的同伴，在特定的时间内他们最有可能拥有闲暇时间，所以家庭会影响人们对休闲方式的选择，也就是说，家庭成员住在同一个地方，更有可能互相补充休闲时间。

（5）休闲可以被看成是发展和增强重要关系的工具。在核心家庭，休闲是家庭成员之间分享和交流的重要渠道。它为家庭成员提供了一个共享兴趣、自发互动的空间以及一个独立的合理理由。家庭是休闲的主要资源，休闲也是家庭发展的重要工具。

家庭休闲成为主流休闲方式，对休闲者而言自然意义非凡，具体体现在以下几个方面。

（一）家庭休闲是休闲空间的基础

休闲空间是休闲活动的物质载体，有广义与狭义之分。其中，广义的休闲空间涵盖了家庭、酒吧等室内休闲场所以及环城近郊休闲游憩带和城市远郊休闲度假带。家庭作为中心城市休闲空间的最小细胞，是休闲空间的基础，有着举足轻重的地位。营造浓郁的家庭休闲氛围不仅能够提升整个城市的休闲质量，而且高质量的城市休闲空间会引导高质量的城市休闲行为，有助于创造富有感染力与特色的现代化城市。[①]最早的团体休闲活动就是在家庭成员间展开的。一方面，家庭观念在现代社会中已经越来越被重视，美国就是一个典型的代表，就算工作再忙，美国人也绝不会放弃家庭活动的时间。另一方面，家庭也是最便于进行休闲活动的场所，家庭休闲活动随时随刻都能开展，大部分人会将一天中大部分的闲暇时间用在家庭休闲上。

（二）家庭休闲是夫妻关系的稳定剂

国家统计局官网公布的《中国统计年鉴2021》中的数据表明，2020年，官方统计的我国结婚登记人数共计814.33万对，创下了自2003年以来的新低。而在离婚数据方面，2020年，我国共有433.9万对夫妻离婚。从绝对离婚对数的数据可以看到，我国的离婚率呈加速攀升的态势，其中北京的离婚率最高，其次为上海与深圳。不难发现，经济的发达程度与离婚率成同比变动。究其原因，大城市的工作压力与快速的生活节奏占据了家庭休闲时间，夫妻间的交流越来越少，"淡婚"现象凸显，"平淡婚姻"逐渐滑向"问题婚姻"，最后以离婚告终。瓦尔格（Varga）在对多个国家休闲时间利用状况进行研究的基础上，认为夫

---

① 郭旭，郭恩章，吕飞. 营造高质量的城市休闲空间环境[J]. 哈尔滨建筑大学学报，2002，35（3）：84-91.

妻间休闲活动的分离程度越高，离婚率也越高。希尔（Hill）对夫妻休闲共同时间与夫妻关系稳定性之间关系的研究表明，夫妻是否参加共同的娱乐活动是影响夫妻关系稳定性的最大因素。赫尔曼和爱普生（Holman & Epperson）认为，拥有共同休闲时间的夫妇比没有共同休闲时间的夫妇对婚姻生活更满意。[①] 帕里斯（Palisi）等研究者在澳大利亚、英国以及美国对夫妻婚姻生活进行了普查。结果表明，夫妻共同参加休闲活动能显著促进幸福和和谐的夫妻关系。调查结果并不表明特殊休闲活动对家庭起绝对负面影响，只是说明这些特殊的个别休闲活动超过一般休闲活动范畴时，才会使夫妇关系弱化。相似地，Zabriskie（2000）研究发现夫妻共同参与一些容易开展的、经常的、在家里就能进行的、花费少的核心休闲活动不仅能使夫妻关系更加和谐持续和安全稳定，同时也能使夫妻双方在核心休闲活动中获得安慰、轻松感和快乐。我国学者于联志（2010）的调查研究显示，家庭休闲运动能促进夫妻心理相容，保持健康身心，增进信任与理解，促进婚姻稳定与和谐。可见，充足的家庭休闲时间和共同的休闲活动是促进家庭婚姻和谐，维护家庭稳定的纽带。

（三）家庭休闲是维护亲子关系的纽带

据统计，学生的假期占其全部时间的40%左右，能否利用好这部分闲暇时间对于青少年的身心发展有着很大的影响。社会学工作者在调查青少年的犯罪问题时发现九成青少年的犯罪行为发生在闲暇时间，而犯罪的主因则是因为空闲时间无所事事、寻求刺激而已，这些现象的出现便是因为父母对家庭休闲的漠视。家庭休闲为家庭成员交往提供了重要的机会，家庭聚会、郊游野餐、亲子沟通等都能起到强化家庭凝聚力的作用，使家庭成员相互了解、彼此关爱，促进彼此之间的关系。特别是那种父母与子女共同休闲的方式，将有利于增进两代人之间的友谊，促进亲子关系和谐发展，使子女在其乐融融的氛围中接受教育，健康成长。同时，家庭休闲活动还能补足学校教育无法满足的诸多缺陷，为子女带来更多接受新事物的机会。当然，除了增进家庭血缘关系之外，家庭休闲还具有扩大社会交际的功能。无论是走亲访友，还是参加各种社会娱乐活动，都可以促进人与人之间的交往与沟通，达到相互学习、取长补短、融洽关系、增进友谊的目的。

二、家庭休闲活动类型

家庭是家庭成员休闲活动的基本场所。从家庭休闲活动内容的角度来看，家庭休闲活动方式具有多元化特征，主要包括以下七种类型。

一是娱乐消遣型休闲，是指以获得乐趣和增进情感为目的的家庭休闲活动，如家庭聚会、养鱼、养花、下棋、打牌、玩电子游戏、上网聊天等。

二是观赏鉴赏型休闲，是指以转换心情和审美观察为目的的家庭休闲活动，如看电视、电影、各种表演，听音乐，收藏等。

三是学习提升型休闲，是指以扩大知识面和增长见识为目的的家庭休闲活动，如看书、

---

① T B HOLMAN, A EPPERSON. Family and leisure: a review of the literature with research recommendation [J]. Journal of leisure research, 16: 277-294.

读报、研学旅游，参加各种讲座、培训、辅导班等。

四是康体健身型休闲，是指以身体的发育、恢复和保养为目的的家庭休闲活动，如登山、游泳、溜冰、滑雪等。

五是参观游览型休闲，是指以亲近自然和审美观察为目的的家庭休闲活动，如外出旅游，参观名胜古迹、博物馆、纪念馆、科技馆、展览馆等。

六是社会公益型休闲，是指以服务社会和与人接触为目的的家庭休闲活动，如植树造林、帮助孤老、外出宣传、参加义务劳动和志愿者活动等。

七是人际社交型休闲，是指以结交更多志趣相同的朋友、扩大社交圈为目的的家庭休闲活动，如参加各种聚会及各种社群活动。

日本学者松原治郎按照功能将家庭休闲类型分为协助型家庭休闲、服务型家庭休闲、贡献型家庭休闲和纠纷型家庭休闲。借鉴相关学者的观点，本书按休闲互动的维度将家庭休闲类型划分为三大类：共享型家庭休闲、平衡型家庭休闲和独享型家庭休闲，如表 5-1 所示。

表5-1 家庭休闲的类型

维度序号	休闲类型	休闲互动	满足休闲需求	休闲绩效
1	共享型家庭休闲	高	集合型	高
2	平衡型家庭休闲	低	个别	高/低
3	独享型家庭休闲	无	个别	高

共享型家庭休闲是指为了成功地完成一项游戏或活动要求家庭成员具有高程度的互动，在这个过程中，所有成员都愿意进行真心的交流和角色互换；独享型家庭休闲是指和其他家庭成员没有或很少进行交流和互动的休闲，对其他成员的存在全然不管不顾；平衡型家庭休闲比独享型家庭休闲的互动多一点，但参与者之间仅有较少的交流或互动。

随着生活水平的提高、工作时间的缩短以及居住条件的改善，人们从事家庭休闲活动的时间较以前有大幅度增加，家庭内部有了更多的娱乐活动。对家庭休闲活动影响最大的是私人汽车和网络。汽车大大提高了人们的活动半径，引领人们到更远的地方从事休闲活动，房车和旅居车的发展使家庭旅游、野外聚餐活动成为常态；网络则吸引人们留在家庭度过休闲时间。无论家庭功能如何转换，休闲活动总是在维持家庭情感和谐方面起着举足轻重的作用。

第三节 休闲家庭

休闲时代，休闲文化的导向作用，部分新型家庭的先行示范，使家庭成员共享休闲之乐的休闲家庭冉冉升起，逐渐成为主流的家庭模式。本节将在阐述结构形态、休闲格调分异的新型家庭的基础上，解析休闲家庭的概念与内涵，探讨休闲家庭成为我国家庭变迁主方向的深层原因，以帮助国民深入把握家庭休闲与休闲家庭之本质，在家庭生活中找到更多的乐趣和生命的意义。

一、新型家庭的产生

随着社会的发展变迁，一些新的家庭类型开始出现，并且逐渐壮大。传统的结婚生子的家庭类型虽然仍然是社会的主流，但是不得不承认，以下这些背离传统的家庭在所有家庭中所占比例呈日趋上升之势，非传统家庭人口正在逐渐增长。而这些新型的家庭组合类型带来了休闲方式的变化，其休闲行为有很大的独特性。

1. 独身家庭

"不婚主义"是近几年产生的新词汇。不恋爱、不结婚、不生孩子是不婚主义者的特点。他们从来不觉得婚姻对他们的人生来说有多重要。他们自由成性，甚至认为结婚是违背本性的决定，而自由才是他们的追求。他们来去轻松，没有家庭的包袱，总是有更多的时间参与休闲活动，并且热衷于更加新鲜和刺激的项目。相关调查显示，美国有23%的人选择终身不婚；在日本，50岁的人中，不结婚的男性占25%，女性占17%；而在欧洲的大城市中，一人家庭的比例达到55%。

2. 同居家庭

根据法国国家统计与经济研究所2011年2月8日发表的一项调查显示，截至2010年1月1日，在法国签订俗称"同居协议"的紧密关系民事协议的人数超过100万。法国从1999年开始实施的紧密关系民事协议是恋人在法律关系上组建家庭的一种选择。2005年改革后，民事伴侣关系具有与婚姻关系相似的一些法律权利与义务，包括伴侣共同纳税的减免优惠，伴侣财产继承的免税权，以及伴侣享受对方的保险和承担伴侣的债务等。由于伴侣关系登记和解除的法律程序相对简单，许多法国情侣倾向于选择这种方式。2010年，法国有24.9万对男女登记结婚，19.5万对伴侣登记民事伴侣关系。选择"同居"的家庭组合方式的以年轻人居多，他们大部分不愿意被婚姻束缚，但是同时也很享受与伴侣共度的休闲时光。此类家庭介于独身家庭与普通家庭之间，同样有着独特的休闲喜好。

3. 丁克家庭

"丁克"是英文缩写"DINK"（Double Income，No Kids）的译音，意为双份收入、有生育能力，但不要孩子，追求浪漫自由、享受人生。"丁克家庭"作为非传统家庭形式于20世纪六七十年代开始在日本和欧美等国流行开来，并且成为经济发达国家年轻夫妻们的时尚追求。这类家庭经济收入高，同时，所关注信息丰富，更加注重个人的娱乐享受，因此也是参与休闲活动的重要人群。这类家庭总是在追求时尚与流行，并且消费力强，是休闲经济发展的主要支持力量。

4. 单亲家庭

单亲家庭是指仅由父亲或母亲中的一方抚养孩子。单亲家庭是当代欧美等国社会变迁及婚姻家庭变化的产物。我国从20世纪80年代开始离婚率不断上升，因此出现了众多单亲家庭。由于独自抚养孩子带来了巨大的经济压力，同时，独自照顾孩子占据了大量的闲暇时间，因此休闲活动也较为贫乏。这类家庭往往对孩子的关注不多，也较少参与亲子活动。

5. 空巢家庭

空巢家庭是指子女不在身边的老年人家庭。儿女就像嗷嗷待哺的小鸟终于羽翼丰满、可以展翅雄飞离开了巢穴，翱翔于天宇，只剩下夕阳中形影相吊的老鸟。这类家庭最本质的特征就是父母和子女开始分开居住。

近年来，小型家庭开始出现，与父母同住的传统也被破坏，加上老龄化现象突出，空巢家庭越来越多。这类家庭在休闲方面随意性较大，休闲活动多受个人性格、兴趣等的影响，有的人会积极参加各项休闲娱乐活动，并热爱旅游、运动等动态的活动方式，并且借此扩大交际范围，而有的人则甘愿离群索居，享受更加静态的休闲活动。

6. 流动人口家庭

流动人口家庭是指在城乡人口出现大规模社会流动的背景下，一个或更多的家庭成员流动到外地的家庭。有些流动人口家庭中的夫妻双方均背井离乡在外打工，有些只有一方在外打工，还有些单身人口独自在外工作。这样的家庭往往以赚取更多收入为目的，却同时需要承受房租压力与工作压力较大、闲暇时间较短等痛苦。同时，由于他们流动频繁，因此社交圈时常变化，休闲团体很难建立起来。

可见，新型家庭中，独身家庭、丁克家庭及空巢家庭虽然可选择的休闲方式各有不同，但是都十分重视休闲活动在生活中的地位，并且用大部分的闲暇时间与家人在一起。新型家庭的出现促进了休闲产业的发展，推动了休闲家庭的成长。当然，在当今中国还存在许多"耐特尔家庭"（NETTEL Family），NETTEL 是 Not Have Enough Time to Enjoy Life 的缩写，即没有时间享受生活的家庭。不少流动家庭就属于"耐特尔家庭"，他们中的一些家庭成员像生活在云端，整日为工作奔波，来不及关心身边的亲人，蓦然回首才发现，失去了人生最珍贵的东西。

二、休闲家庭：概念与特征

对家庭休闲活动的逐渐重视、新型家庭组合的出现孕育出了千千万万个休闲家庭。休闲家庭是指以培养家庭成员积极、从容的心态及促进家庭成员和睦相处为目的，将大部分闲暇时间用于与家庭成员一起从事高品质的休闲活动的文明家庭新模式。高品质的家庭休闲活动提供了家庭成员间相互交流、相互了解的平台，是夫妻和睦的黏合剂、家庭生活的稳定剂。这些家庭的共同特点便是能够在家庭与休闲中找到平衡。因此，构建休闲家庭将成为未来家庭的主流。

1. 大部分时间与家人共处

家虽然是一个空间概念，但是更重要的是，它是建立在情感的基础之上的，是家庭成员互动所产生特有情感的场所，是最传统的休闲平台。早期，休闲与家庭生活并非完全分开的两个领域，大部分人工作之后便回家休息，生活中仅包括工作与休闲两大部分，而家庭生活则被归入休闲之中。也就是说，从事工作以外的与家人在一起的所有活动都被认为是休闲活动。随着社会发展，工作的压力越来越大，同时，人际交往在生活中占据了越来越重要的地位，人们逐渐开始忽略家庭的重要性，将大部分的时间用于工作与交际，有些人甚至仅仅把家当作吃饭睡觉的地方。家庭共处时间的减少降低了家庭成员对家在情感上的归属感，这大大破坏了家庭和谐，近几年离婚率的不断上升与此也有密不可分的关系。休闲家庭的构建为家庭成员提供了从事休闲活动的平台，提倡人们将大部分的时间用于与家人共处，这将有助于生活品质的提高及家庭情感的升华。

2. 追求高品质的休闲方式

休闲家庭中的家庭成员从事的是高品质的休闲活动，并不提倡失范的休闲方式。大量的调查显示，一些不健康、不文明、不科学的家庭休闲方式依然存在，而且正在侵蚀着众多健康家庭，严重地影响着家庭成员特别是青少年一代的健康发展，一些家庭成员或无所事事，或一味将闲暇时间消磨在看电视、打麻将等单调的休闲活动上。因此，构建休闲家庭，安排一些有益于身心健康与发展的休闲活动，将一些家庭中失范的休闲活动转到正确的轨道上来，已迫在眉睫。

同时必须要注意的是，休闲家庭并非要将大部分闲暇时间仅用于娱乐，单纯将休闲家庭等同于娱乐家庭是另一种迷失。娱乐只不过是家庭休闲方式中的一种而非全部。休闲家庭也并非游手好闲、不务正业的家庭，而是更会休闲，更懂得休闲艺术，能将闲暇时间进行优化配置，从而实现休闲收益最大化的家庭。

3. 家庭成员具有健康的身心

休闲家庭的家庭成员往往都拥有健康的身体，而更为重要的是，通过各种家庭休闲活动的开展，家庭成员培养出了一种积极、从容的心态。家庭生活相对丰富多彩的外界环境来讲，往往结构稳定、内容单一，每天过着周而复始的生活，又必须处理着烦琐的家事，因此偶尔会面临挫折与无奈，这样的生活总会给人带来许多无形的压力，造成身心的失衡。家庭休闲活动能通过调节生活作息、解除身心疲乏、缓解负面情绪以维持健康的身心。另外，父母还能通过休闲活动对子女进行补偿性教育，补偿个人缺陷、自卑与潜意识需求，帮助子女构建正确的人生观和积极向上的心态。同时，寓教于乐也能更好地开发子女的潜能，使其更有效率地吸收新鲜事物和知识。

三、休闲家庭：休闲时代的主流家庭模式

家庭作为中国社会的基础细胞，历来遵循许多根深蒂固的价值观念，如和睦、孝道、文明、爱国等，也因时代变迁而产生众多别具一格的典型表现模式。休闲时代的核心文化之一便是全民崇尚品质休闲，家庭成员中无论老幼，近年来都在这一社会大背景的熏染下形成了以促进家庭幸福和谐为目标的休闲观念。他们一方面积极投身各自喜爱的休闲活动；另一方面也倾向于通过协调不同家庭成员的偏好及能力来设计和参与以家庭整体为单位的休闲行为，使得休闲文化在群体休闲中得到彰显和升华。以休闲旅游为例，休闲家庭的集体出游成为风潮，中国旅游研究院发布的《中国家庭旅游市场需求报告2018》显示，国内和出境游中家庭旅游的出游比例高达50%～60%，近80%的受访者认为家庭旅游能够带来

幸福感，96.5%的受访者渴望家庭旅游，预计到 2020 年中国家庭旅游的总人数将突破 30 亿人次。此外，新型家庭类型的自由性提升，对促进休闲家庭渐入主流也起到了积极作用。前文提到过的新型家庭中，独身家庭、丁克家庭及空巢家庭都非常重视休闲活动，其与传统家庭的主要区别在于家庭成员较少，所需承担的责任和束缚也相应递减。生活于其中的个体拥有更高的自由度和自我掌控力，不仅可以无所拘束地选择热爱的休闲生活方式，而且家庭成员在休闲活动上更容易达成一致意见。而随着现代社会中这类新型家庭所占的比例越来越大，休闲家庭逐渐从边缘走向中心，成为中国家庭演化的主方向。

毫无疑问，中国人的价值观念正在发生着深刻的变革和转型。价值观念上的导向性是休闲家庭逐渐成为中国主流家庭类型模式的直接内驱力。具体而言，休闲家庭的诞生与壮大主要基于以下几个深层原因。

1. 女性地位上升

霍克西尔德（Hochschild，1989）在《第二轮班》（*The Second Shift*）中首创了"休闲差距"（Leisure Gap）一词，指出"正如男性与女性在工作上有一个工资差距一样，他们在家中也普遍有一个'休闲差距'"。肖（Shaw，1985）在研究中发现，女性的休闲时间少于男性，她们在休闲拥有和休闲参与上受到压迫[1]，具有更少的休闲机会[2]。之所以会出现这种现象，主要是受女性在家庭中所扮演角色的限制，具体包括社会地位、经济收入、职能分工等因素对女性休闲造成的障碍。如今，随着传统文化强加给女性的枷锁被打破、男女平等思想得到广泛传播、女性经济收入与日俱增，男女双方的家庭休闲权逐渐走向平等，使得家庭各成员的休闲参与趋于平衡，这也正是营造休闲家庭的最基础条件。

2. 养老模式改变

家族主义是我国传统文化心理的深层部分，具有贯彻数千年的稳定性和传承性，我国家庭生活中目前依然奉行着家族主义所倡导的孝悌观念，赡养父母仍是主流价值观。而随着社会经济发展、福利制度完善，传统的以子女为中坚力量的家庭养老正在向以国家为主的社会养老转变。子女们在赡养父母时的金钱负担和时间成本都在降低，因此可以更加自如地投身休闲。同时，许多人也通过带领父母休闲来履行孝道、弥合代际冲突，从而容易形成更加温馨融洽的休闲家庭环境。

3. 精神消费常态化

休闲时代，原先单调的物质消费已经无法满足家庭成员的需求，家庭消费文化正由较低层次向较高层次发展、由单一型向多元型趋近，并逐渐朝着知识型、运动型、高雅型的精神消费方向靠拢。此类精神消费往往在家庭休闲活动中产生，当所有成员的精神消费增加时，家庭的整体休闲氛围也随之高涨，这将有效促进休闲家庭的形成。

4. 家庭教育趣味化

在当今教育竞争日趋激烈的环境下，家庭教育的地位变得举足轻重。鉴于青少年的心

---

[1] DEEM R. Women, leisure and inequality[J]. Leisure studies，1982，1（1）：29-46.
[2] GLYPTIS S, CHAMBERS D. No place like home[J]. Leisure studies，1982，1（3）：247-262.

理特征，研学、游学、文化旅游、网络学习等具有趣味性的品质休闲成了诸多父母首选的家庭教育方式。当休闲具备了日益重要的教育功能时，家庭休闲的发生频率、品质和成员参与度也会水涨船高，休闲家庭自然也会渐渐生成。

总之，女性家庭地位的增加让原本失衡的家庭休闲逐渐走向正轨，加之养老模式改变以及家庭教育日益趣味化的强效催化剂作用，家庭休闲正趋向饱含精神性的品质休闲方向。在此背景下，休闲家庭将在中国大地遍地开花，成为引领休闲时代的主流家庭生活模式。

家庭，是大千世界的缩影，是最小的国，是世间最温暖的地方。在作家汪曾祺心中，"家人闲坐，灯火可亲"是冬日最暖的场景。如果说休息是为了走更远的路，那么家庭休闲的产生及休闲家庭的形成则是为了使家庭关系能更长久地维系下去。家不仅是一个地方或一个空间，它更重要的是一个温馨的港湾，是家人在互动中产生美好情感的爱的关怀单位。"家是一只小小的船，却要载我们穿过多么漫长的岁月"（周国平语）。在家庭中，人们可以脱下正式场合的面具，尽情地享受自由、轻松与自在，而这些正是休闲的核心特质。合理恰当的家庭休闲能够促进家庭的和谐发展、培养家庭成员健康的身心，是构建家庭秩序感、认同感和归属感的重要支撑。篇尾案例中新西兰式的休闲生活，或许能带给我们更多的启示。

闲情万种的新西兰人

新西兰是个"闲"情万种之国。晴日海上的风帆，溪涧里漂流的皮划艇，高速公路上一队又一队的自行车健将……试想一片青青草地，一带悠悠流水，一个小女孩，牵着一条蹦蹦跳跳的小狗。女孩站在河边，将一条树枝抛在水中央，小狗便下水去用嘴叼住它，游回来交给主人，小女孩再将那树枝扔下去，小狗又下水去捕它，一次又一次。也许这幅新西兰风情画中让你最羡慕的不是草地，不是河水，不是小狗，而是女孩心中的闲情，那是通过长时间的社会积累，才能有的一种闲情。因为这"闲"情万种，便引发了新西兰人（他们自称为KIWI，和岛上的KIWI鸟同名）的许多性灵之举。

1999年上海国际电影节曾爆出来一条大新闻：新西兰青年麦克·思白凭实习作品《悬情疯人院》挤进参赛圈并获得"评委会特别奖"。据悉，麦克是一个金融专业的毕业生，以前没有接触过电影，只是在英国参加过两周有关制作知识的培训，之后他拿着变卖家产得来的两万五千美元，捣鼓出了这部电影，在新西兰电影制作委员会的帮助下参赛了。

新西兰不是文化大国，但是有过纯烈深挚的"美片"《钢琴课》，还有反映毛利文化的《曾经是战士》，两者都在国际上具有一定知名度。新西兰国内电影界对电影的好坏，应该还是分得出来的。想来"容忍"实习作品代表国内电影去参加国际电影节的原因，一大半是因为新西兰很多人在性情上没把"圈内圈外"分得太井水不犯河水的缘故。不仅电影，在其他行业，似乎也总有一大群有水准的"门外汉"，每每给我们带来惊喜。

造飞机的有，造屋的更不在少数，做会计师的爱伦在山顶买下地皮，就开始谋划造一幢自己喜爱的房屋，此后六年，爱伦连节假日都在忙活，画图纸、上梁、装门、油漆，除了找些工人打下手，爱伦大部分是自己动手。最后，我们有了一个喝茶的好地方，那是爱伦的新屋，三层蓝色的小木楼，顶楼一间小屋有玻璃天窗，可以看星星。楼梯转弯处的墙壁也是玻璃窗，视野里装满了山外的海景。客厅墙上挂着爱伦和太太的合影，照片上的他西装革履，却是文静的会计师样子。

看到手头一份惠灵顿市的地方小报，上面登了最近的一条市民新闻，标题是"'疯狂计划'让造船人登上了'第七天堂号'"，说的是当地两个七旬老人联手用十三年时间造出了属于自己的航船"第七天堂号"。两个老人自少年以来就是死党，一个曾是商人，一个则当了一辈子的中学物理教师。造一艘自己的船去航海一直是他们少年时的梦想，于是退休后他们开始着手于此事。

看了这篇报道，我不禁想起还在国内做记者的时候，因为国家开始执行双休日，我们便做了一档"话说休闲"的节目，让大家讨论有了假日我们该如何度过。事实上，节目做了很久以后，我们的"休闲"还是被无地可去、无事可做、无闲情可挥霍所困扰，假日去某风景名胜，却常因人满为患、当地物价猛涨不得不扫兴而返。有人花十几万元买贵族俱乐部会员卡，目的不为休闲，而是为了突显身份。我们也许在心中也偷偷羡慕着 KIWI 的"闲情万种"，但是，谁又有这样不顾一切去创新的冒险精神，掷千金（家产而非公款）而不顾的淡泊心境，历尽灰色生活也不忘心中梦想的豪情和自小培养出来的自己动手能力呢？这一切，是闲情万种的基础——这是一份自由的性灵。

西人常常说"Enjoy Yourself"，我一直不知道怎么把这"Enjoy"翻译出来，翻译成"享受"似乎让人只想到灯红酒绿之类的，直接说"精神享受"又让人悚然，觉得是很累的事。也许我们的传统给帝王将相、知识分子和草民布衣几类人之间画上了太深的线，难以有中间的路。我国现在也开始进入市民社会和平民时代，在此时，国人应该怎样去"Enjoy"仍然是一个要大家来想一想的问题。有一件事我觉得现在也是完全可以来做的，就是如新西兰般由许多中学兼开成人夜校，开设诸如制陶、摄影、厨艺、绘画、刺绣、钢琴等社区课程，收费尽可能低廉（一人一学期 50 元左右），吸引上班族来参加。如果在心灵里能首先摆脱"享受"一定要与很多的钱和很高深的知识相关联的概念，也许我们也会逐渐拥有"闲"情万种。

（节选自陶理. 新西兰：未经触摸[M]. 广州：暨南大学出版社，2005.）

 复习思考题

1. 在西方家庭演进的过程中，休闲行为发生了怎样的变化？
2. 哪些因素在我国家庭及休闲活动的变迁中起主导作用？为什么？
3. 休闲对家庭成员有何重要意义？
4. 试从内容和成员互动视角分析家庭休闲活动的类型和特征。

5. 什么是休闲家庭？有何重要意义？你认为休闲家庭会成为我国家庭的主流模式吗？请说明理由。

 本章参考文献

[1] British Travel Association – University of Keele. Pipot National Recreeation Survey，Report No.1，1967.

[2] DEVOTO FLORENCIA, DOFLO ESTHER, DUPAS PASCALINE. Happiness on tap: piped water adoption in urban morocco, american economic journal[J]. Economic policy，Vol.4，No.4，2012：68-69.

[3] HALLBERG D. Jointness and household labor supply[J]. Labor economics，2003，10(2)：185-203.

[4] OSHIO，TAKASHI，KAYO NOZAKI，MIKI KOBAYASHI. Division of household labor and marital satisfaction in China, Japan, and Korea, Center for Intergenerational Studies[J]. Institute of Economic Research, Hitotsubashi University，2011.

[5] 费孝通. 江村经济[M]. 戴可景，译. 北京：北京大学出版社，2018：33.

[6] 姜宏德. 关于家庭休闲方式的理性思考[J]. 教育理论与实践，2005（5）：56-58.

[7] 马春华，石金群，李银河等. 中国城市家庭变迁的趋势和最新发现[J]. 社会学研究，2011（2）：182.

[8] 沈崇麟. 当代中国城市家庭研究[M]. 北京：中国社会科学出版社，1995.

[9] 陶圣希. 婚姻与家庭[M]. 北京：商务印书馆，1934.

[10] 王跃生. 20世纪30年代前后中国农村家庭结构分析[J]. 社会科学，2019（01）：62.

[11] 伍伟萍. 社会性别视角下"80后"家庭分工模式的研究——以浙江省J市为例[D]. 上海：华东师范大学，2011：26.

[12] 阎云翔. 社会自我主义：中国式亲密关系——中国北方农村的代际亲密关系与下行式家庭主义[J]. 探索与争鸣，2017（7）：4.

[13] 肖妮. 夫妻休闲模式与婚姻满意度、稳定性的关系研究[D]. 大连：东北财经大学，2011：7.

[14] 于联志. 休闲教育对促进城市家庭和谐稳定的作用研究[J]. 成都体育学院学报，2010（10）：22.

[15] 张广瑞，宋瑞. 关于休闲的研究[J]. 社会科学家，2001，16（5）：17-20.

第六章
生命周期与休闲

休闲新势力：小镇青年

随着互联网的发展，小镇青年成为休闲消费的新势力。小镇青年，顾名思义，是指那些分布在三四线城市，包括县级市，从东部延展到中西部地区的广大青年群体。这个群体的基本特征明显有别于集中在东部地区的一二线大中城市的同龄人群，这是非常典型的，具有中国特色的，由于区域、城乡、阶层发展不均衡和信息不对称所导致的结果。

当我们试着为小镇青年画像，会发现他们与当下其他青年群体既有共性，又有着引人注目的特质。

1. 渴望，但不盲从

相对于大城市，生活节奏慢、工作压力小是小镇青年生活的最突出特征。没有大城市那么激烈的人才竞争和复杂的职场关系，小镇青年们在职场上往往较为轻松，虽然因此收入也与大城市青年有一定差距，但总体的生活状态更为悠闲自如。加之没有大城市通勤交通的痛苦，小镇青年工作之外的休闲时间相对较多，休闲活动也较为丰富。

小镇青年同样热衷新鲜事物，并且会以大城市的生活为导向，希望能紧跟潮流风向与时尚前沿，与时代的进步保持同步。但同时，由于自身生活条件和社会环境与大城市有区别，小镇青年不断在"理想"与"现实"之间做平衡，游走于现代与传统融合的边缘。特别是当今的小镇青年相对上一辈有较高的教育程度，具有独立思考的意识，其中很多人是在大城市接受的教育或有亲身生活经历，已经能认识到城市与小镇生活的差异与优劣，"渴望，但不盲从"成为新一代小镇青年的新特点。

2. 收入不是最高的，但最敢花

小镇青年的生活节奏相对慢，收入有限，但消费能力却不含糊。一方面，因为他们工作相对稳定、压力较小；另一方面，三四线及其以下城市生活成本相对低，特别是住房的投入相对少，加之理财投资观念不强或渠道手段有限，诸多因素的综合直接影响了小镇青年的金钱观和消费观。"敢于花钱且决策过程短"的背后是小镇青年旺盛的消费热情，从餐饮聚会、娱乐休闲、观光旅游、年节礼品到网上消费，小镇青年出手的阔绰程度不亚于大城市青年。此外，小镇青年的社会交往圈子的联结度更为紧密、信息交流更为频繁，且受传统文化的影响较大，面子问题和群体压力也是影响消费的重要因素。"因为周围人有，所以我也必须买"的观念大大促进了冲动型消费。

3. 爱手机、爱网络

小镇青年是属于移动互联网的一代。受益于智能手机不断提升的性能和不断走低的售价，以及国家电信基础设施的建设发展，智能手机已经是新一代小镇青年的标配，再配上比大城市更便宜的移动网络费用，用手机上网成为小镇青年的最爱。聊QQ、刷微信、打游戏、看视频，全部都可以通过手机来实现，且往往忽略台式计算机，实现了跨越式的新媒体消费。越来越强大的手机功能触及生活的方方面面，小镇青年闲暇时间多，因此用在手机上的时间也更加充裕，久而久之，手机成瘾成为一种普遍现象。网络视频、游戏、音乐已经成为小镇青年消费的一部分，看电影、唱K、在线社交以及阅读是小镇青年最常见的日常休闲方式。与此同时，本来与他们就不亲密的传统媒体渠道更加渐行渐远，不看电视、不听广播、不读报纸，也成为小镇青年生活的常态。

（整理自石基商评君. 小镇青年——不可忽视的新消费群体[EB/OL]. （2019-08-19）. http://www.iyiou.com/p/108376.html.）

在许多人眼中，青年时代的个体在诸多方面都处于生命的黄金时期，他们的休闲活动时常令少年们心驰神往、令老人们怅然回望。其实，在不同的岁月阶段，人们不过是在弹奏相异的休闲音符，然后协调成一首优美的人生旋律。康德告诫我们："老年时像青年时一样高高兴兴吧！青年，好比百灵鸟，有他的晨歌；老年，好比夜莺，应该有他的夜曲。"无论处于哪一个阶段，都会有那么一种休闲方式能够让你体会到生活的无限乐趣。做好每个时期的休闲规划，你的一生必将丰富多彩并且值得回味。

第一节 生命周期

一、生命周期理论

人们的人生旅途与生命意义可能完全不同，但每个人的生命都是有穷尽的。个体从出生到死亡这一过程就是人的一个生命周期。从不同的角度或者是基于研究内容不同，对生命周期的划分标准也有所不同。美国经济学家弗兰科·莫迪里亚尼（Franco Modigliani, 1918年—2003年）从储蓄与消费的角度将人的生命周期分为挣钱期和退休期，这是他经济学研究的重大贡献之一。晓俞（2007）在研究个人、家庭合理的理财方案时，把人的生命周期分为单身时期、年轻家庭时期、中年时期以及退休时期四个时期。生涯发展理论学者 D. E. Super 依据每个阶段个体的重要特征和生涯发展任务，将人的一生依年龄划分为五个阶段，分别为成长阶段（0～14岁）、探索阶段（15～24岁）、建立阶段（25～44岁）、维持阶段（45～64岁）和衰退阶段（65岁以上）。

心理学者更多的则是按人生不同发展阶段，个体的体能、心理、认知、情感、社会性发展等方面的差异将人的生命周期划分为婴儿期、儿童期、青少年期、成年期和老年期五个阶段。黄希庭（2005）在此基础上又认为儿童期可分为儿童前期和儿童后期；成年期可细分为成年早期、成年中期和成年晚期。美国著名的精神病医师、心理学家埃里克森（E. H. Erikson）把人生个性和自我意识的形成发展分为八个阶段：婴儿期（0～1.5 岁）、儿童期（1.5～3 岁）、学龄初期（3～5 岁）、学龄期（6～12 岁）、青春期（12～18 岁）、成年早期（18～25 岁）、成年期（25～65 岁）和成熟期（65 岁以上）。[①]当然，也有学者认为胎儿期也是生命周期的一个重要阶段。"胎儿期是指从受精卵开始到胎儿出生这段时期，约十个月。研究发现，人类行为的发展在胎儿期就已经开始，而且胎儿期是人的一生中发展最快、变化最快的时期。个体在母体子宫内的成长对人一生的发展都有着重要的意义。"[②]

由于本章着重研究的是人一生不同阶段与休闲的关系，即研究一个人在其生命的各个阶段对休闲的需求的变化以及在特定的阶段从事何种休闲活动、如何休闲、休闲活动时间长短等问题，所以我们将采用大多数心理学者的观点，将人的生命周期分为：婴儿期、儿童期、青少年期、成年期、老年期五个阶段。下面我们将从个体身体状况、心理和行为特征、社会活动等方面分析人生所必须经历的五个阶段。

（一）婴儿期

婴儿期是指自出生至两岁左右这一时期。这段时间个体的发展速度最快，身体各部分的比例逐渐发展并趋向均匀。在这个时期，个体的发展主要包括动作的发展、语言的发展和认知的发展。幼体"从襁褓生活到直立行走，从不会说话到学会用简单的语言表达自己的思想，从仅有感知发展到有一定的思维能力，从完全依赖他人到初具一定的独立生活能力"（库少雄，2005）。

（二）儿童期

儿童期是指 2～13 岁这一时期，也有学者将 2～6 岁这段时期称作幼儿期或者是儿童早期。儿童期是个体人生发展的一个重要时期。在这一时期，个体的身高、体重都有所增加，基本具备本族语言的口头表达能力和简单的书面语言能力。让·皮亚杰（Jean Piaget，1896 年—1980 年）认为大概 6～7 岁时，儿童逐渐发展出数和量的概念，进入了具体运算发展阶段。7 岁左右的儿童开始进入小学接受正式的教育，接触的社会领域扩大，从依赖双亲到独立学习。进入学校学习后，随着词汇量越来越丰富，他们的思维能力和认知能力也得到进一步的发展。在儿童时期，个体各方面的发展和提高还有一个重要因素，即游戏。与双亲、同伴、老师的互动游戏对儿童的身心发展有很大的意义，本章第二节将详细阐述这个问题。

（三）青少年期

关于青少年时期的年龄段划分，学术上有多种意见，本书将其指定为 13～20 岁这一年

---

① 库少雄. 人类行为与社会环境[M]. 武汉：华中科技大学出版社，2005：72-77.
② 库少雄. 人类行为与社会环境[M]. 武汉：华中科技大学出版社，2005：99.

龄段。青少年时期，个体身体开始发育，使得身体外形发生显著的变化，表现在身高和体重的急剧增加。此外，个体的体内机能和性器官也逐渐成熟，更为明显的还表现在第二性征的出现。在这一时期，除了身体机能成熟外，个体的运算能力、分析能力以及认知能力也会有很大的发展和进步，甚至产生创造性思维。

不过，正是由于青少年能独立分析问题，对事物有自己的观点，形成了自己的人生观、世界观，有时他们会因对父母的规矩和保守观念感到不满而和父母发生争执，引起家庭冲突。更糟糕的是，由于心灵受到伤害，他们可能会离家出走，继而引发一些社会问题。因此，青少年期是人生中最不稳定的一个时期。

（四）成年期

成年期一般分为成年早期、成年中期和成年晚期。成年早期指20～30岁这段时期；成年中期则是30～60岁这一年龄段；成年晚期指60岁以后至个体的生命结束，所以成年晚期也就是本书所指的老年期，这一时期个体的身体状况和心理特征以及社会活动稍后会做分析。

在成年早期，不论男女，成年人的生理发育已经达到成熟，生物状态和机能达到一生中的最高水平，主要具有以下一些特点（林崇德，2002）。

（1）个体身体状况健康，体格健壮，骨骼坚硬，内部各种机能良好。
（2）个体的免疫力和抵抗力强，加上平时的运动，疾病的发生率相对较低。
（3）体力和精力都处于鼎盛期，能承担较繁重的劳动，可为社会做出巨大贡献。
（4）个体有较强的情绪控制能力，也有很强的意志力，心理更趋成熟。

库少雄（2005）认为，当个体进入成年中期时，其基本特征主要有以下几点：①生理上出现全方位的衰退；②心理上更趋稳定和成熟；③家庭责任、社会责任会更大；④职业基本稳定；⑤成就会更多。

（五）老年期

关于老年期（成年晚期）的年龄范围规定有许多种，本书将其限定在60岁以后的人生阶段。老年期是个体生命周期的最后一个时期。在这一时期，个体的身体器官和机能逐渐衰退，精力和体力不再充沛。因此，他们会从工作岗位上退休，从而有较多的闲暇时间从事休闲娱乐活动，享受幸福的晚年生活。

随着社会的发展，物质生活的日益丰富，人们健康状况的不断改善，老年期的下限年龄和上限年龄同时都在增大。社会人口的老龄化速度正在加快，老年人休闲问题应成为全社会广泛关注的大问题。

二、生命周期中影响休闲活动的因素

休闲心理学家依索赫拉（Iso-Ahola）博士以生命周期模型方式，概括性地描述了人在成长过程中不同阶段的休闲行为表现和休闲活动参与程度的特点。它给人们带来了一种启示，让人们能以一个宏观的理念去看待生命过程和与之相适应的休闲活动方式的选择。①

图 6-1 反映人一生不同时期选择休闲活动的变化规律，人们参与休闲活动的高峰期通常出现在成人早期，之后逐渐开始下降（成年人随着年龄的增长，相应的技能、体能和活动范围呈下降趋势）。模型作者指出，此模型只代表人们有能力达到的标准，并非实际做到的。为了进一步验证此模型，1994 年，依索赫拉博士和多恩博士，在一项新的研究中发现，所选定的 3 927 个加拿大实验家庭中，他们在已经开始新颖休闲活动范围达到高峰期的最后一年内，随后即开始稳定地呈减弱趋势直到退休（达到一种稳定的状态）。②此过程，虽然总会有新的活动内容选择，但却在不断地放弃一些旧的休闲活动项目，休闲活动选择范围和总的内容呈下降趋势。此模型反映了生命不同阶段人们对休闲娱乐活动方面的不同追求程度。③

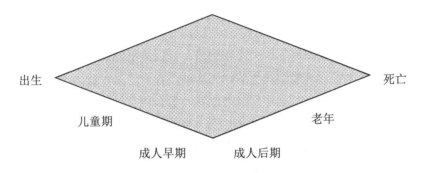

图 6-1 生命周期不同阶段休闲活动内容选择

在图 6-2 中，模型作者提出假设，在生命周期的不同阶段，将人们自愿选择和参与追求新旧休闲活动程度进行对比，结果发现：老人像小孩一样趋于寻找相对稳定的或非常熟悉的休闲活动内容；相反，青春期少年和年轻人喜欢寻求新颖和刺激的休闲活动项目。模型作者在实验中发现：在生命早期阶段，人们通过尝试新的休闲活动项目不断寻找一种新颖和刺激的心理感觉；在生命后期阶段，为了寻找相对稳定的心理感觉，人们则热衷于选择熟悉的休闲活动内容，但总体来说，随着年龄的增长，人们寻求新颖休闲活动内容的范围变得越来越窄，最后倾向于非常稳定和相对固定的休闲活动模式。④

从生存状态角度来说，休闲是每个人都在追求的理想境界。休闲活动体现了人类生活更为深刻的意义和本质。在人生的各个阶段，人们从事着内容各异的休闲活动。即使在生命周期的同一个阶段，人们休闲活动的内容也会有很大差别。不同的休闲活动对活动的从事主体有不同的作用或功能。因此，人们会根据自己的年龄、身体状况、兴趣爱好、社会关系以及微社会环境来选择从事什么样的休闲活动。

---

① 谭建共. 生命周期特点和休闲活动方式[J]. 广州体育学院学报，2007（3）：55-61.
② R C MANNELL, D A KLEIBER. A social psychology of leisure[M]. State College, PA: Venture publishing, Inc, 1997.
③ S E ISO-AHOLA. The social psychology of leisure and recreation[M]. Dubuque, IA: Wm. C. Brown Company Publisher, 1980.
④ S E ISO-AHOLA. The social psychology of leisure and recreation[M]. Dubuque, IA: Wm. C. Brown Company Publisher, 1980.

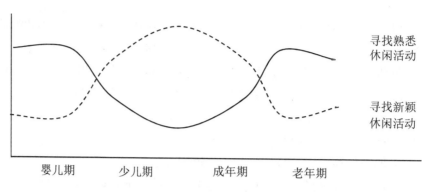

图6-2 生命周期不同阶段休闲活动方式选择

人们选择从事某项特定的休闲活动不仅仅是因为个人的兴趣爱好或者是某项休闲活动很有吸引力,而且往往受到不同生命周期中各种外在因素和内在因素的综合影响。外在因素(External Cause),是指休闲活动实践主体以外的因素,主要包括自然条件、家庭环境、同伴的影响等。比如,某人计划下午去西湖划船,就在他出发前突然下雨了,这样他到西湖划船的计划也就破灭了,只能做其他的休闲活动。我们还是以此为例,如果天气晴朗,而他的母亲觉得他一个人出去有危险而极力反对,那么他也只能取消这次计划。内在因素(Internal Cause)是指从事休闲活动的主体的身体状况、意志力、性格等对他选择什么类型的休闲活动的影响因素。例如,处于儿童期的个体若大多休闲活动是在家中玩耍,或者在父母的看管下到公园与其他同伴一起游戏,那么青少年期的他们就会具有很强的求新奇的欲望,常常到野外参与休闲活动。到了成年期,由于有了稳定的家庭和职业,休闲活动的选择范围减小,且大多与家庭、职业有关。到了老年期受身体状况的影响,休闲活动可选择的余地则更小。表6-1显示了不同生命周期影响休闲活动的主要因素以及由此引发的典型休闲活动类型。

表6-1 生命周期不同阶段影响休闲活动参与及选择的主要因素

生命周期 项　　目	儿 童 期	青 少 年 期	成 年 期	老 年 期
生理特点	身体尚处在发展期,跳跃性强	生理逐渐成熟,追逐成年人的生活方式	体质多样化、心理承受能力较强、智力依然发展	身体各项机能减弱
心理特征	充满好奇、情感单纯,依赖性较强	成人感和独立性突出	心理成熟、责任感较强	孤独感、脱离感和失落感日益增长,渴望与人沟通、交流
主要影响因素	家庭环境、家长的抚养方式、同伴的影响、好奇心	父母和学校的管教方式、朋友的影响、社会流行时尚	职业种类、家庭负担、责任感强弱	自己或配偶的身体状况、文化程度、消费观念
典型休闲活动	玩游戏、探索自然、看动画片、亲子活动	电竞、运动、追星、网络休闲	社交聚会、旅游、户外运动、酒吧	广场舞、散步、闲聊、看电视

综上所述，休闲活动受多种因素的影响，随着生命周期的阶段不同而变化，处于每一个年龄段的人们有他们自己经常从事或者乐于从事的休闲方式，这在后文中将详细论述。

第二节 生命周期与休闲

一、儿童期的休闲

当我们按休闲的特征来定义休闲时，休闲是与工作对立的，而儿童根本就不从事任何的工作，所以他们的时间没有劳动时间和闲暇时间之分。从这个意义上说，儿童没有真正意义上的"休闲"。这里说的儿童的休闲是指贯穿他们生活、学习的游戏。

古希腊哲学家们认为，游戏应该是儿童发展的合理部分，孩子们如果失去了游戏的机会，那他们也就失去了身心、认知、情感和社会化发展的基本机会（Bartlett，1987）。孩子们可以通过游戏来接受他们所生存的环境和文化。"儿童还处于不断地学习和掌握语言的阶段，不善于用语言表达自己的思想和情感，而在游戏中他们往往能将所思所想投射出来"（库少雄，2005）。的确，游戏对儿童认知能力的培养和思维能力的开发有很大的帮助，同时能给他们带来快乐感和幸福感，满足他们好动、好奇的需求，极大地激发他们的学习兴趣。我们可以将游戏对儿童成长的益处概括为以下几点。

（1）促进身体状况的发展，主要指个体的健康成长；
（2）促进思维认知能力的发展；
（3）有助于孩子熟悉周围的生存环境；
（4）培养孩子融入社会的能力，即社会化的发展。

随着社会的发展，儿童游戏的种类越来越多，内容越来越丰富。根据皮亚杰的游戏理论，可将游戏进行以下分类：依儿童的行为表现，可将游戏分为语言游戏、运动游戏、想象游戏、交往游戏和表演游戏；按儿童的认知特点，可将游戏分为练习性游戏、象征性游戏、结构性游戏和规则性游戏。尽管可供孩子选择的游戏种类相当多，但他们通常会受到某些因素的影响。

决定儿童游戏模式形成的主要因素有儿童的性别、家庭教养观念与抚养方式、同伴的影响、老师的教育、社会阶层以及文化环境。比如，在选择游戏种类时，男孩子相比女孩子更愿意做富有挑战性或冒险性较高的游戏。家庭对孩子的抚养方式一般分为民主型和专制型两种。成长在民主型家庭的孩子，他们在游戏的选择上会有更大的自主权，父母较少地干预他们的游戏玩耍活动，而且会尽量满足他们对游戏玩具、游戏时间的要求。相反，如果父母对孩子的抚养方式是专制型的话，他们对孩子的游戏时间、游戏类型就会有很大的限制。在这种家庭环境里，当孩子要求在房间做游戏或出去玩的时候，父母可能会问"你跟谁一起玩？"或者告之"先做完作业再去玩！"。当儿童上小学接受正式教育的时候，除了家庭父母的影响外，学校同学的行为和老师的教育对孩子的日常行为也有很大的影响。当一个孩子看到其他孩子在一起做游戏时，他会对这个游戏萌发兴趣，从而想加入他们，这样非常有利于培养孩子的交际能力和团队精神，良好的同伴关系也有利于儿童获得安全感，有利于其自我概念和性格的发展。

关于社会阶层对儿童游戏模式的影响，我们可以举个例子进行简单的说明。对比生长在农村家庭和城市家庭的孩子可以发现：农村家庭的孩子的玩耍地点除了学校，大多数时间会在田野边或小山上，与大自然亲密接触。等游戏结束回家时，他们个个满身是泥巴。与之截然不同的是，生活在大城市的孩子，他们会在公园里玩耍（经常是在父母或爷爷奶奶的看管下）、在房子周围的平地做游戏或者是待在房间看动画片、看小人书等。

儿童生长的社会文化环境对他们的游戏模式、游戏过程和游戏结果也会产生影响。儿童生活应以游戏为基本内容和形式，具有独立性、无功利性、日常性的特征。但在竞争尤为激烈的当今社会，一些家长认为，游戏最后结果的好坏代表孩子的综合能力，预示着孩子未来的成就，因此她们会很关注和重视孩子的游戏结果，从而影响了孩子对游戏的参与度，扼杀了孩子们的天性。正如米舍来所说的，"从游戏被用来培养某种技能或某一特殊领域增进个人知识的时候，它就不再是游戏了"[①]。

游戏是儿童发展的最高阶段，人的最纯洁的本质和最内在的思想就是在游戏中得到发展和表现的。[②]学习不是主要目的，玩才是孩子的天性。他们不应该承受繁重的学习任务，而应该多与同伴交往，多拍拍球，多弹弹琴。他们应该在父母、老师的关怀下感受生活的幸福和世界的美好，快乐健康地度过童年生活。

但是，据最新调查显示，少年儿童课余时间的休闲偏好染上了日益浓烈的信息化色彩。虽然课外阅读仍是最受欢迎的休闲方式，但是上网的吸引力大幅上升，喜欢看电视的比例减少，喜欢看电影的比例增多，玩耍不如视听娱乐系统有吸引力。网络的飞速发展正改变着儿童的日常生活方式。家长带孩子外出旅游，但他却很不"感冒"，老想着早点回家玩电脑，孩子们不同程度地感染了"玩无趣"的情绪，对于出门玩乐几乎提不起兴趣。很多中小学生表示若有同学约他们出去玩，他们还是很有兴趣的，问题是常常找不到玩伴，或是感觉没有什么特别感兴趣的活动，他们不喜欢出去打球、逛街，所以选择在家看电视、上网。而在家长的眼里，难得的长假带孩子出去旅游、走亲访友，孩子却不断叫累，嚷着无聊。另外，很多家长担心孩子独自外出会被骗、被欺负，甚至会学坏，因而不赞同孩子和同学之间相互串门，谁知却因此缩小了孩子的交际圈，导致放假后孩子连个玩伴也找不到。甚至因为不会玩，越来越多的孩子渐渐变得不愿出门玩，进而导致体质变差，身体的协调能力也受到影响。

二、青少年时期的休闲

青少年期是人生各阶段中的一个特殊时期，是儿童时期到成年期的重要过渡期。青少年有自己独立的社会系统，街头酒吧、网吧、歌厅等娱乐场所是他们常出没的地方，由此形成了专属于他们的文化——青少年文化，这种文化包含着完全独立的人生观、价值观、偶像标准、音乐和性观念。随着身体的发育和认知的发展，青少年对社会上的很多东西产

[①] 翟葆奎. 教育学文集[M]. 北京：人民教育出版社，1991：68.
[②] 单中惠. 福禄培尔幼儿教育著作精选[M]. 上海：华东师范大学出版社，2009.

生好奇心理，尤其对感情和理想比较敏感。对异性的好奇促使他们开始与异性约会、恋爱。在与异性交往过程中，有些时候由于双方经验不足或是情绪不易控制，他们常会因为一点小矛盾而发生争吵，这对双方的心灵和情感都会造成很大的伤害，从而情绪低落，甚至产生绝望等心理现象。更有甚者会对人生和世界产生怀疑，自我封锁。因此，青少年时期既是一个趋于独立的阶段，也是一个不稳定的阶段。

处于青少年时期的个体开始离开家庭，脱离父母，涉足社会，日趋独立。正因为如此，他们支配自己闲暇时间的余地增加了，可以去做自己喜欢做的事。由于这个时期的个体还未完全发育成熟（控制和调节自己的能力差、情绪易波动、容易听信成年人的唆使、自我分析问题的能力弱等），欠缺对社会复杂程度的认识，从而使他们轻易地相信社会是完美无缺的。这样，在离开父母和老师教育的情况下，青少年容易走上不利于他们健康成长的道路，这也是社会上青少年犯罪率居高不下的原因。青少年是一个国家的未来，值得引起全社会的关注，社会需要向他们传递一种有建设性的、社会可接受的休闲追求。

青少年的休闲观念有以下几种倾向。

（1）青少年将休闲生活视为一种"小确幸"。他们热爱生活，乐于分享生活，以开心快乐为最终目的。在网络时代，任何一个领域均可以聚集一部分人群，青少年很容易找到志同道合的伙伴，在自己的小世界里做感兴趣的事情，寻找自己的"小确幸"。

（2）休闲活动强调参与感、互动感，休闲活动中"玩"的属性增强。青少年对网络呈现开放的姿态，他们愿意向他人分享动态，录抖音、开直播、刷弹幕无不体现着互动性、游戏性。根据 Bilibili（B 站）公开财报，B 站 90% 的注册用户是 15~25 岁的青少年，他们既是观众又是"UP 主"，B 站以自主性、创造性、互动性的特性极大地满足青少年的多元需求。

（3）休闲活动随性化。"95 后""00 后"出生在经济繁荣发展的年代，由于自出生起便置身于丰富的物质产品中，其价值观念从物质主义、看重工作的价值的观念转向了重视个人满足、闲暇以及满足"物质的、知识的和审美的自我完善"的需要①，他们在休闲消费中更愿意为休闲品质、个性化埋单。

青少年期的休闲主要受家庭因素和社会流行趋势两方面影响。

家庭因素主要包括是否与父母同住、成长的家庭社会阶层、父母的性格特点等。显然，如果青少年没有和父母同住，那么他们基本上可以自由地选择休闲活动模式（只要他们喜欢）；反之，他们会受到父母的干预。青少年成长的家庭的社会阶层会影响他们的对休闲的满足程度。比如，出身于收入较低阶层家庭的青少年可能更早地进入社会，但他们的工作极有可能属于低薪阶层。也就是说，他们的收入水平不高，经济来源有限，那就不可能随心所欲地参加自己想参加的休闲活动。为了提高自己的收入，他们可能会去做兼职、打零工，这样用于休闲的闲暇时间就减少了。父母的性格特点对青少年休闲的影响表现在：如果父母性格特点是爱出风头的张扬型的，那么他们会强烈要求孩子们在某一方面过度地刻

---

① [意]米歇尔·克罗齐，塞缪尔·亨廷顿，[日]绵贯让治. 民主的危机[M]. 马殿军，译. 北京：求实出版社，1989：6.

苦努力并做出成绩，以达到炫耀的目的。这样会给孩子造成巨大的压力，使孩子产生叛逆情绪，严重影响他们正常的学习、生活。基于此种影响，社会学家呼吁应该将青少年从应试教育的枷锁中解放出来，从家庭、朋友、社会的压力中解放出来，他们应该获得更多自由的时间去体验自然、认识社会。

在青少年阶段，休闲的选择还受到社会上流行趋势的影响，这其中就包括同龄人的影响。青少年有自己的思想观念和审美标准，并总是在吸收、创造新的活动。他们愿意从事一些新奇的、富有挑战性的休闲活动，也喜欢选择社会上流行的休闲娱乐方式。这些休闲娱乐活动反映了当下的"青少年文化"。

青少年常常面临着自我价值的混乱。自由自发的休闲和娱乐有利于青少年自我价值观的形成，能锻炼他们的意志；有利于发挥他们的创造性思维，提高他们的理解能力和适应能力；有利于他们接触不同的文化，增加对世界和社会的了解。因此，如果能在该阶段养成良好的学习、生活、娱乐习惯，对他们未来的发展也有相当积极的意义。

三、成年期的休闲

由于成年期的跨度比较大，个体在这个时期的家庭角色和专注内容有很大的不同，一般需要将成年期分为成年早期、成年中期和成年晚期（老年期）三个时期逐一讨论。成年晚期相比于前两个时期，是一个特殊的人生阶段，我们将在后文对它的休闲特点进行分析，这里我们将着重分析成年早期和成年中期的休闲特征。

处于成年早期的人们刚离开学校、进入社会，开始参与社会活动，在充满竞争的社会环境中承担相应的社会责任。在这个阶段，无论是男人还是女人，都在为自己的家庭、事业做准备，他们专注的内容是工作和婚姻。正因如此，这个时期的人们更独立、更具有能动性，对时间的支配更自由，相比其他任何年龄段的群体，他们有更广阔的活动空间。他们的休闲活动常常与工作或伴侣相关，如参加培训、与异性约会等。这个时期的休闲活动主要是与同龄人集体进行的。对于已有异性伴侣的人来说，他们会把很多时间放在对方身上，比如一起购物、看电影等。"这段时期的休闲追求积极的活动，喜欢自我发现，追求成年人的娱乐，懂得愉快地度过余暇时间的方法和金钱的支出方法。"[①]

成年中期个体的生物功能趋于稳定，并随着年龄的增长开始衰减。个体逐渐意识到健康的重要性，因此逐渐增加有益身心健康的休闲娱乐活动，以享受更多的生活乐趣。中年人一般都有改变工作环境和周围生活环境的冲动，由此偏好选择旅游、健身、休养等休闲活动。处于成年中期的个体的一个主要特点是他们有相对稳定的家庭。当建立家庭后，中年人的休闲活动将在很大程度上受到家庭因素的影响。"休闲时间在数量上和质量上发生的重大变化是随着孩子的诞生而出现的，家长的使命是确保休闲活动迎合孩子的需要。"[②]为了与家庭成员更融洽地相处，维持家庭的稳定，夫妻双方会牺牲自己的喜好。比如，周末他们可能会放弃参加朋友聚会而陪爱人、孩子到游乐场玩。在这一点上，休闲变成以家庭

---

① [韩]孙海植，安永晃，曹明焕. 休闲学[M]. 朴松爱，李仲广，译. 大连：东北财经大学出版社，2005：60.
② [英]克里斯·布尔，杰恩·胡思. 休闲研究引论[M]. 田里，董建新，译. 昆明：云南大学出版社，2006：71.

为中心。因此，这个时期的休闲活动就不再那么冲动，而是更有计划性。

中年人的另一个主要特点是他们有较固定的职业和固定的收入。在这个阶段，很多男性依然保持着家庭外的休闲活动，这些活动多与他们所从事的工作相关通常，可用来帮助发展其职业生涯。例如，与公司的领导、同事、员工集体外出旅游，或者是参加公司举办的庆典活动等，这有助于他们与领导的沟通，可以获得更多提升发展的机会。还有的休闲活动是为了学习新的知识与技能，如参加各种形式的野外拓展、生存训练，以获得更敏锐的洞察力，更强的谋生能力、团队合作能力、领导能力等。大多数中年女性的休闲活动则以家庭为中心，她们很少奢望事业上再有更大的发展。她们关心丈夫，关心孩子的成长，基本上把大部分的休闲时间都花在满足丈夫和孩子的休闲需求上。

也有休闲学者将成年时期细分为三个部分：建设初期、建设中期和建设晚期。当个体进入建设晚期，即孩子们离开家庭后，他们的休闲活动更多的是综合自己和伴侣的兴趣爱好来共同进行。成年人如何适应、调整这个阶段的生活对他们的老年生活有很大的影响。

四、老年期的休闲

老年期是对成年期生活的延续，但相比成年早期和中期，这一时期的人们在身体、心态等方面有很大的差异，这也影响着他们休闲行为。随着科学技术、社会生产力的提高，我国经济的迅猛发展，人口流动性加剧，老人居住模式由多代共居转变为以夫妻同居、独居为主，空巢老人所占比重大幅增加，家庭养老功能由传统的经济、精神多元化转向经济为主的单一化[①]。2020年第七次人口普查数据显示，我国65岁以上人口达1.9063亿人，占比达13.5%，人口老龄化程度日益加深，老年人休闲生活的重要性不断凸显，"老年休闲"问题越来越受到社会的关注。

20世纪60年代，曾有理论家提出"脱离理论"试图解释个体衰老的过程。理论家们认为，当个体变老时，他们脱离社会，社会也脱离他们，为最后的脱离（死亡）做准备。20世纪80年代，有学者提出了一个与"脱离理论"完全相反的积极理论，认为老年人即使到了个体生命周期的后期，也应该保持较高水平的积极性，提高应对生活的能力。由于这两种理论都没有考虑老年人的某些具体情况，太过于偏激，于是就产生了持续性理论。该理论认为，老年人应该根据自己的具体情况（如年轻时的职业、爱好，现在的家庭和身体情况等）选择适合自己的休闲活动模式。同时，应该继续维持已经存在的生活方式，继续学习新知识、适应周围环境事物的变化，保证日常生活中的一贯行为。退休并不是退出社会，而是承担新的社会角色。

老年人从工作岗位退休后，生活中的所有时间几乎都属于空闲时间。因此，如何利用这些闲暇时间参与休闲活动以摆脱无聊和孤独情绪，对他们来说尤显重要。身体健康状况是决定老年人休闲数量和质量的主要因素。身体健康的老年人更愿意也更容易参与休闲活动，以保持健康状态。通过适当的工作活动、消遣玩乐能保持老年人的体力和身体灵活性，

---

① 王丽，王爱华. 人口老龄化、社会支持与多元休闲生活[J]. 湖北理工学院学报（人文社会科学版），2018，35（06）：22-29.

还可以防止寂寞感等心理问题的产生,增加老年人对生活的满意度。而那些移动性(Mobility)较差的老年人从事休闲娱乐活动的机会则明显减少。不过有研究者认为,阻碍老年人参与休闲活动的主要因素并不是老年人的身体状况,而是社会缺乏有效的组织和有效的供给。他们呼吁社会应该关注老年人,为这一特殊的人群提供平等参与休闲活动的机会。

总体而言,我国老年人的休闲以静态休闲为主,特别是消遣型休闲,在老年人休闲活动中占据重要的位置。研究发现,老年人休闲活动整体呈现"两低"现象,即参加体育锻炼、参与社区老年活动、做手工、学习上网等频率低;社会交往、学习充电时间利用效率较低[①]。他们乐于从事轻松、活动量小的娱乐活动,闲坐和无事休息等被动型休闲和看电视、听广播、游园散步等消遣型休闲活动是老年休闲的主要方式。从表6-2的数据可以清晰地看出此类被动型、消遣型的休闲活动参与度最高,而社交型、学习型的休闲活动参与度相对代很多。

表6-2 老年群体休闲活动的参与率与平均时长

组别	参与率(%)					平均时长(小时/天)				
	被动型	社交型	消遣性	健身型	学习型	被动型	社交型	消遣性	健身型	学习型
年轻老人	35.0	23.1	77.6	45.3	6.6	1.22	0.81	3.41	1.26	0.16
高龄老人	44.0	23.4	73.3	49.6	9.5	2.03	0.91	3.55	1.48	0.25
长寿老人	51.5	24.3	58.6	33.1	9.0	2.81	0.95	3.07	0.88	0.25

资料来源:杜凤莲,王文斌,董晓媛等.时间都去哪儿了?中国时间利用调查研究报告[M].北京:中国社会科学出版社,2018:234.

与我国相比,国外老年人的休闲活动更加多样化。近年来,北欧开始流行运动养老。北欧的老人保持着崇尚大自然的天性,倾向于享受现代文明以外的原始生活,不少北欧老人在树林里建房子,享受富含负氧离子的森林空气。挪威老人喜欢运动,他们经常去滑雪、游泳,海上运动不但能增强老人的心肺功能,还可以提升他们的身体灵活性,有助于延年益寿。在美国,老年人群中盛行"养游结合"。老年夫妇喜欢开着露营车、房车周游美国,甚至是周游世界。美国高速公路旁有专为这种大房车设置的停车场,公园里有超过6 000个公共露营地可供使用,备有水电和清洁设备。房车被美国老人称为是"车轮上的家",既是车又是房,老人们在房车里享受自由而充满乐趣的旅行热爱运动的他们往往拥有健康的身体,患心脑血管疾病的概率远远低于其他国家的同龄老人。瑞士老人只要能活动就不愿意待在家里,他们会找各种感兴趣的事情做。在瑞士的苏黎世公园,经常有老人下巨型国际象棋:棋盘有四分之一个篮球场大小,棋子有一尺多高,六十多斤重,每走一步都要搬

---

① 王丽,王爱华.人口老龄化、社会支持与多元休闲生活[J].湖北理工学院学报(人文社会科学版),2018,35(06):22-29.

动棋子，老人们通过这样的方式来锻炼身体和脑力。退休后，有条件的日本老人会开着车四处旅游，或者参加各种兴趣班，弥补年轻时候因工作繁重而错过的学习机会和乐趣。大部分老人在社区里就能找到并加入自己喜欢的兴趣小组，如合唱团、插画社、围棋社、高尔夫球社、茶道社、书法社等。还有的则喜欢回归乡下，享受慢节奏、悠闲的淳朴生活。[①]

对老年休闲问题的研究，关键是解决老年休闲活动急剧减少的问题以及为老年人提供多样化的休闲活动，让他们感到"老来有乐、老有所成"，这应当是老年休闲所追求的目标。面对老龄化进程的加速，政府和社会组织应该为探索老年休闲问题做出一点贡献。李享等人对北京市空巢老人休闲生活满意度的研究结果显示，休闲服务供给是提升老年人休闲生活质量和满意度的关键所在。例如，利用现有的大学资源服务于其周边老年人以丰富他们的休闲生活，这样既能有效地利用大学资源，减少重复投入的浪费，更有利于老年人融入社会，使他们不被割裂为孤立的特殊群体。[②]

第三节 生命周期不同阶段的休闲规划

马克·吐温曾说过，"人的前半生拥有享受的能力，但缺乏机会享受；人的后半生拥有享受的机会，但缺乏享受的能力。"这在一定程度上道出了人生的无奈。然而，通过对生命周期不同阶段的休闲规划，可以使个人生命历程中的休闲机会与休闲能力达到均衡，使生命更加绚丽多彩。

一、儿童时期休闲规划

人之初，性本"玩"。孙云晓教授认为，"没有游戏就没有童年"，因为玩游戏是最适合儿童的认知方式和娱乐方式，玩游戏的过程就是学习和成长的过程，其意义犹如在孩子的心里埋下创造的种子和幸福的种子。[③]儿童的世界是无功利性的世界，游戏没有目的，只享受快乐。儿童爱玩，也会想办法玩。但是他们毕竟是儿童，对世界充满了好奇，容易受到诱惑。因此，作为大人，就要考虑怎样玩对小孩子的身体和智慧发育最有好处。另外，儿童生活不像成人那样刻意追寻规律，所以，要善于了解儿童的心理，了解怎么玩最适宜孩子的发育阶段，这样就能够很好地使他（她）长身体、长智慧。要善于引导和启发小孩子去玩，为小孩子创造玩的条件，而且在小孩子玩时要保证他们的安全。儿童的玩，不仅是家庭的事，幼儿园和城市建设也要给予重视，公园里的儿童乐园是小孩子们常去的地方，幼儿园中的游戏是他们的主课。[④]

对于儿童时期的玩的重视和引导，是休闲规划的起步，对青少年时期、成年期、老年期的休闲活动、休闲规划具有重要影响。研究表明，人们在儿童时期与同伴的玩耍有非常

---

① 郭越昭. 国外老人退休后都做些什么[J]. 新湘评论, 2019（06）：60-61.
② 李享, 宁泽群, 马惠娣. 北京城市空巢老人休闲生活满意度研究——以北京市三大典型社区为例[J]. 旅游学刊, 2010（4）：76-83.
③ 孙云晓. 没有游戏就没有童年[J]. 青年教师, 2010（1）：14.
④ 于光远. 论普遍有闲的社会[M]. 北京：中国经济出版社, 2005：31-132.

重要的价值,能够缓解紧张情绪、提高认知发展水平、增强探索欲望。因此,儿童时期通常被认为是玩耍的黄金时期。儿童时期可以分为3~6岁的儿童早期和7~12岁的儿童中后期,即学前期和小学时期。因此,对于儿童时期的休闲规划也可以分阶段来进行。在学前期,儿童的一般运动技能基本发展成熟,可以为之提供如跑、踢、投掷和追逐等活动的休闲机会。学前儿童的记忆力发展也很迅速,所以可以引导他们玩一些规则简单的游戏,如唱歌、捉迷藏、记忆匹配游戏等。在儿童早期,孩子们更愿意主动参与休闲活动,因此可以利用创造性和技巧性活动来培养他们的休闲兴致,为儿童中后期奠定基础。在小学时期,儿童的认知能力和身体能力比前一阶段有显著提高,注意力和逻辑思维能力也得到加强,并且越来越愿意与同伴待在一起,伙伴关系在他们眼中非常重要。因此,在学校日间训练活动或者课外俱乐部活动中,应该提供机会培养和发展其身体能力和智力能力,鼓励他们主动表达创造性,如脑筋急转弯(字谜和填字游戏)、手工艺、竞技运动、棋牌游戏等。这一时期儿童的兴趣全面而广泛,因此为他们提供的休闲活动可以是多样性的。

二、青少年时期休闲规划

13~19岁是青少年时期,也可以称作青春期。青少年时期是寻求身份认同、试验不同角色和发展恋爱关系的生命阶段。这个时期的青少年最大的特征是社会情绪的变化。在这一阶段,青少年群体喜欢的是自由社交,他们变得更加自主,渴望控制自己的活动和环境。因此,要为他们提供一些灵活而富有吸引力的活动,促进青少年以更积极健康的方式来探索人生。如美国西部一家公园和游憩管理机构,利用授权的方式重新设计了青少年项目。首先,该机构成立了青少年咨询委员会来支持项目供应。青少年咨询委员会相当常见且作用不小,在这里活动的青少年通过创立项目感到自己就是自己闲暇时光的创造者,争当感兴趣项目的主人。[①]

青少年有着"成为人"的强烈愿望与冲动,他们是休闲领域最具潜力的群体。随着主体意识的不断强化,对世界认知能力的增强,青少年的世界观、人生观、价值观逐渐形成,而在此阶段其所接受的教育、所接触的经历将对其产生至关重要的影响,或令其步入正轨或令其走入歧途。青少年时期休闲活动的开展具有盲目性、从众性的特点,存在休闲生活迷茫与缺失、休闲教育缺位与错位现象,如何引导青少年开展有意义的探索,追求有意义的休闲至关重要。因此,对这一时期合理安排,制定科学的休闲规划,使休闲沿着正确的方向发展,不仅有助于青少年实现个性的全面发展,而且决定着我国未来休闲潜力的大小和休闲质量的高低。

首先,青少年要正确理解休闲的内涵,了解积极休闲的类型以及休闲带给个人、家庭、社会的积极意义。其次,合理安排闲暇时间,树立休闲目标。对于青少年而言,其大部分闲暇时间用来闲聊、上网、打游戏,休闲内容较为随意,且多以消磨时间为主。美国学者考德威尔指出休闲生活的"无聊"极可能引发青少年的偏差行为,需引导青少年科学合理

---

① O'SULLIVAN E. 休闲与游憩:一个多层次的供递系统[M]. 张梦,译. 北京:中国旅游出版社,2010:309.

地管理闲暇时间，掌握休闲技能①，引导自身的休闲活动朝着有利于实现自我价值、促进社会进步的方向发展。再次，开展休闲教育。布赖特提出"当我们谈论休闲教育时，包括帮助所有人提高鉴赏、兴趣、技能和机会的过程，能促使他们用自己喜欢的方式休闲。"②以休闲教育的方式培养青少年获得休闲技能，使其具有休闲的能力，形成健康的生活理念与生活方式，在休闲中不断丰富完善自身认知架构，引导其达到内心世界与外部环境的平衡，实现身心健康与人格完整。最后，为青少年提供开展休闲活动空间。休闲活动的开展需要一定的空间载体，政府社会层面需要提供丰富的公共休闲设施，如博物馆、文化馆、少年宫等，学校社区需动员青少年开展体育运动，亲近大自然，积极组织形式多样的休闲活动，在全社会范围营造积极的休闲文化氛围。

三、成年期休闲规划

成年期的休闲活动类型主要是发展自我型（学习新的知识与技能）与人际关系型（交新朋友排解孤独、提高交际能力、建立工作关系网），属于典型的个体性休闲需求与社会性休闲需求的结合，其休闲活动内容是需要积极引导的。一方面，应引导成年人保持积极健康的休闲心态，正确把握休闲的内涵，学会从事有"技术"内涵的休闲，而不是单纯靠着看电视、玩手机打发时间。另一方面，随着物质生活条件的改善与"自我完善"意识的增强，成年人会有更多的时间和精力投入休闲活动中，故导入体育运动、养生保健等健康的、有益的休闲活动是大有裨益的。

成年期分为两个阶段，即20～40岁的成年早期和40～60岁的中年期。在成年早期，年轻人在生活中关注的重点主要是开拓职业和建立人际关系两个方面，休闲活动一般也与此相关。旅游、听音乐会等文体活动以及其他一些竞技性、积极的休闲活动尤其受到年轻人的喜爱。芝加哥运动与社交俱乐部是专门针对年轻人开设的一家商业游憩组织。俱乐部成员必须在21岁以上，成员平均年龄约在21～35岁。这一组织为成员提供了相当丰富的项目，不仅包括足球、橄榄球、垒球、排球、篮球和视频足球等团体运动，也有台球、扑克、飞镖等游戏活动，还有瑜伽、皮划艇、攀岩和舞蹈等探险游憩和锻炼课程。俱乐部同时支持社交活动、派对、旅行和慈善活动等志愿工作机会。③在成年早期，社交网络对于年轻人的休闲活动起着非常重要的作用。年轻人应尽早为自己的休闲生活做好规划。首先，要合理安排工作与休闲的时间，休闲是为了更好地工作，工作是为了更好地休闲，要尽可能协调好两者之间的关系。其次，要明确自我发展的目标，利用休闲生活学习新的知识和技能，为完善自我做好充分准备。最后，成年人是社会发展、国家兴旺的主力军，扮演着重要的社会角色，其休闲生活要更多地融入社会，为工作、生活建立更加广阔的人际关系网络。

---

① CALDWELL L L. Time wise: taking charge of leisure time[M]. Scotts Valley: ETR Associates，2005.
② 王官勇. 中国青少年休闲：挑战与责任[A]. 中国大学生田径协会.第二十三届全国高校田径科研论文报告会论文专辑[C]. 中国大学生田径协会: 中国大学生体育协会田径分会，2013：4.
③ O'SULLIVAN E. 休闲与游憩：一个多层次的供递系统[M]. 张梦，译. 北京：中国旅游出版社，2010：309.

人至中年，身体机能、认知能力会慢慢退化，这在一定程度上会妨碍休闲活动的开展。但这一时期的成年人阅历丰富，并拥有了更多的闲时和闲钱，因此只要拥有相机抉择的智慧，休闲生活照样可以精彩纷呈。例如，针对中年人身体机能退化这一特征，休闲活动更应该强调生命活力，参加社群活动不失为较好的选择，因为广场舞、散步、登山等锻炼活动不仅能增强体质，也有助于满足中年人社会交往的需求。另外一些表达性活动，如陶艺、油画、品茶、园艺、摄影等，不仅为中年人提供了社交机会，对陶冶情操、愉悦心情也大有帮助。此外，志愿者和义工等深度休闲活动也有益于经历空巢综合征的中年人充实自我，增进身心健康。

四、老年期休闲规划

林语堂对老年人及老年生活曾有过精辟的论述：渐入老境之人，如黎明之既醒，昨夜好梦，已成追忆。春天的纯真，早已远去；夏天繁茂，仅余音轻徊。当新秋时节，翠绿错落着金黄，哀怨与快活偕至，希望与记忆相随。凉风徐至，树叶飘零。那随风而去的，究竟是欣喜的吟唱，还是销魂的挽歌，未必可知，亦无需挂怀。智利诗人聂鲁达也曾说过："当华美的叶片落尽，生命的脉络才历历可见。"在老年期，老人的身体能力和认知能力都降到了生命中较低的阶段，也比较容易出现情绪消极、自尊心下降等情况。实证研究表明，休闲活动的参与率和活动品质越高，老年人的成功老龄化结果就越显著。澳大利亚和美国的研究显示，休闲是影响老年人成功老龄化的重要因素之一。[1]休闲活动不仅为老年人体验新奇和多样性事物提供了机会，同时也为老年人生活方式的积极化提供了一种路径。因此，国家、家庭、社区及老年人自身必须提高休闲认知，对老年期休闲做出规划，使老年人"老有所乐""老有所为"。

"老有所乐"就是让老人重拾对生活的热情，享受生活。朋辈支持对于老年人休闲生活有重要影响，同一代人具有相同的集体记忆，基本需求更为相近，彼此能够提供有效的精神慰藉[2]。要多鼓励老年人走出家门，多参与到能满足心理需求（寻求愉悦、个人兴趣、怡情养性）的休闲活动中，如与同龄人分享趣事、邀上三五好友跳跳广场舞、与好友在棋局上厮杀等，以找到生活的乐趣与动力。

国外休闲与成功老龄化的研究发现表明，与简单的休闲活动项目相比，创造型的休闲活动能够给老年生活带来更多的意义和正向影响。[3]诚如理查德·波斯纳在《衰老与老龄》中所指出的，合适的制度设计与文化规范等要素可以有效缓解和调整老龄化带来的冲突与挑战，甚至带来新的机遇。玩转网络，享受触网带来的快感是实现老有所乐的另一途径，让广大老年人跟上年轻人的步伐，享受互联网生活。据2018年中国社会科学院国情调查与腾讯社会研究中心联合发布的《中老年人互联网生活研究报告》显示，中老年人对互联网

---

[1] FOOSE A, HAWKINS B, BINKLEY A. The contribution of leisure and resilience to life satisfaction: a comparison of gender and age cohorts in Australia and the United States[J]. Wilson social sciences abstracts，2004，44（1）：46.
[2] 王丽，王爱华. 人口老龄化、社会支持与多元休闲生活[J]. 湖北理工学院学报（人文社会科学版），2018，35（06）：22-29.
[3] BROWN C A, MCGUIRE F A, VOELKL J. The link between successful aging and serious leisure[J]. The international journal of aging and human development，2008，66（1）：73-95.

的应用主要集中在沟通交流和信息获取方面，大多数的老年人只会用微信聊天，生活休闲场景应用所占比例较低，让更多的"银发族"上网"冲浪"是互联网时代提升老年人休闲品质的重要环节。网购、玩直播，打造针对老年人的智能产品是跨越老年人数字生活鸿沟的重要手段。有些时尚老年人为社会树立了样板和典范，如因网络K歌走红的北京朝阳区的金香奶奶，虽年过花甲但玩直播互动录制了上千首歌，在"全民K歌"上收获了数十万粉丝。无独有偶，2018年初，阿里巴巴以35万～40万的年薪招聘两名年龄60岁以上的淘宝产品体验师。经过激烈的角逐，64岁的浙江理工大学的退休副教授刘艳萍脱颖而出，担任阿里巴巴老年大学的讲师，帮助150位同龄"学生"开启网购之旅。

"老有所为"并不是根据老年人的生产能力判断其价值，而是强调老年人拥有平等选择的机会和权利，让老年人充分发挥自己的余热和价值。人至老年，似乎社会价值大幅下降，成了社会负担，但根据2016年《中国老人社会追踪调查》（CLASS）数据显示，全国87.46%的老人的ADL指标完全自理，10.54%的老人处于轻度失能和中度失能，2%的老人处于重度失能，这表明大部分老年人拥有健康的身体。众多研究也证实，人到老年期不仅能够保持健康而且还能做出许多有益于社会的贡献，实现自身的发展。休闲娱乐、志愿活动、家庭照料、终身学习等都属于"老有所为"的老年活动。家庭照料是普遍的老有所为活动，事实上有一半的老人处于照料者的角色，含饴弄孙是我国传统家庭向往的老年生活。照顾失能配偶或半失能配偶，亦是老人承担的社会责任，但长期照料势必会减少老人的休闲活动，社区、政府应设置照料中心，提供专业化的服务与指导。公益活动是"老有所为"的典范，公益不仅能够防止老年人产生抑郁心理，促进身心健康而且可以扩大老年人的社会支持网络，实现自身价值，且弱势的老年人是公益活动的最大受益者[①]。公益活动内容形式广泛，既可以选择与自身经历相契合的活动，又可以选择尚未涉及的领域。活到老学到老，老年人和年轻人一样都享有平等发展的权利，可以发挥自己的价值。比如，门瑞兴老人退休后义务教授书法20载，李麟道关心青少年教育与成长，义务传授书法、数学等课程，退而不休。"老骥伏枥、志在千里"，老人们在"有为"中"有乐"，增强社会的融入感，收获成就感、价值感与幸福感。

综上，作为社会群体，人在一生的不同阶段呈现出差异性特点，休闲方式与休闲内容也大相径庭，同时工作与休闲侧重点也迥然有别。但有一点是肯定的：我国正朝着"面向休闲的生活方式"转变，因为个体对休闲与幸福的渴求是亘古不变的，而且，越来越多的中国人明白了一个显而易见的道理：生命周期的每个阶段的每一种生活方式都有其独特的美感。"忙碌而积极的生活，其目的在于使人有机会了解创造性工作的价值；悠闲而退隐的生活，则使人有机会体验美、艺术，或大自然，并引为一种成就。至于缺乏创新、又不悠闲的生活，也有其目的：它使人有机会提升人格情操，并在备受外力局限的情境下选择其生活态度。"[②]因此，我们真正需要的是改变对人生的态度，以及对休闲的态度。有了正确

---

① 苗青，张玉. 老有所为与老有所乐：公益参与的社会补偿效应[J]. 浙江大学学报（人文社会科学版），2017, 47 (05)：5-18.
② [奥]维克多·弗兰克. 活出意义来[M]. 赵可式，译. 上海：生活·读书·新知三联书店，1998：27.

的态度和合适的休闲行为，就可以成为自己生活方式的驾驭者，就能坚守精神的高度和心灵的高贵，于是我们终将告别生命的焦灼，发现生命的终极意义。

老年星巴克

老年人退休之后，有大量的空闲时间可以用来自由支配。进入退休状态后，大部分老年人的生活不再围绕着工作和家庭运转，公共场所就成了他们日常生活的中心。脱离了原来熟悉的企业组织，很多老年人容易陷入生活茫然、没有目标的状态，迫切需要一种适合老年群体的公共空间为他们提供组织和归属感。

美国西佛罗里达大学教授雷·奥登伯格把那些供人们经常聚会的公共场所（书店、咖啡馆、快餐店）称为"第三场所"。他认为，比起家庭（第一场所）或者工作地点（第二场所），这些"第三场所"所具备的功能对社会发展更重要。受到这种第三场所的概念启发，美国一家机构推出了面向老年群体的"星巴克"——Café Plus，除了提供一般的咖啡厅功能外，还提供琳琅满目的生活资讯、文化讲座以及健身运动。Café Plus这种模式在美国获得极大成功后，被其他国家广泛复制。

Café Plus这种模式之所以会出现，和老年人的心理、生理以及所处的社会环境变化密切相关。Café Plus以提供高性价比的餐点和饮品为切入点，通过给中老年人提供一个聚集的公共场所，缓解老年人群与社会脱节的问题。由于中老年人群与社会组织的弱链接属性，超过70%的老年人都感到孤独寂寞，并存在各种心理健康问题。而年轻人每天大量的时间都被工作占据，同时还有数不清的娱乐综艺节目陪伴，实际上，中老年群体对社交需求的渴望是远超过年轻人的。这种对社交的强烈需求，推动了线下形形色色的老年社群组织的繁荣发展，今天我们看到的在短时间内就圈住数十万中老年人的广场舞/艺术社团创业项目，排着队的老年大学，爆发式增长的中老年旅游市场，背后都是中老年人对社交娱乐的强烈需求在推动。Mather LifeWays经过多年发展，现在旗下有四大服务板块：老龄研究所、老年住宅、邻里计划和Mather's—More Than a Café（Café Plus）。其中最知名的Café Plus模式将星巴克、Bally's和Elderhostel完美融合，是美国老年人心中的一个创新典范。2005年起，Café Plus的模式被美国各地的咖啡馆先后复制，目前已经有来自全球138个城市的180个非营利组织、老年服务机构等加入了Mather LifeWays的Café Plus的成员组，这些组织机构覆盖了美国34个州，6个国家。

Café Plus——More than a coffee。

1. Café Plus模式的文化背景

咖啡是美国人日常生活中的重要饮料。美国的咖啡文化相当于中国的茶文化，美国人一般在工作休息之余会喝一杯咖啡，在星巴克的发源地西雅图，每隔几步路的距离就能找到一家咖啡馆。Matherlifeways Café Plus 所产生的背景就源于美国的咖啡文化，而这家咖啡店特别之处在于，所针对的主要人群是 50 岁以上的老年人，其口号是"More than a coffee"（不仅仅是一家咖啡），不仅仅为老年人提供一个喝咖啡、吃饭的场所，也是一个交友、聊天的好去处。

2. Café Plus 模式的客户体验

从客户角度，Matherlifeways Café Plus 是从一杯咖啡开始，接下来除了可以享受到餐厅的美食外，还可以参与餐厅中提供的各种活动项目。餐厅中除了就餐区域，还设有电脑、瑜伽、写作和健身等其他休闲娱乐区域，甚至成立了 Matherlifeways 的老年合唱团，从而打造了一个适合老年人的活动社区。例如，66 岁的帕特·泽泽在六年的时间里，已经通过 Mather's-Life Ways 学习了舞蹈和钢琴课程，使用 skype 参加了超过 50 个研讨会。

3. Café Plus 快速扩张复制的秘诀

Mather LifeWays 作为 Café Plus 概念的首创者，在芝加哥以 Café Plus 概念开办的咖啡店有三家。Mather LifeWays 对于 Café Plus 概念的推广，主要采取的是成员加盟形式，为加盟的成员提供咨询服务。AgeClub 认为：Mather LifeWays 的推广模式，不仅仅是因为 Café Plus 概念具有一定吸引性，还因为 Mather LifeWays 旗下的研究机构——老龄研究所（Institute on Aging），以该组织内的项目为研究对象，可以为 Café Plus 与时俱进的革新提供一个很好的基础，也为 Café Plus 的成员提供咨询服务提供一个很好的保障。

4. Café Plus 发展现状——覆盖美国 34 州，复制到 6 个国家

根据 Mather LifeWays 在 2015 年报告中的披露数据，目前已经有来自 138 个城市的 180 个非营利组织、老年服务机构加入了 Mather LifeWays 的 Café Plus 的成员组，这些组织机构覆盖了美国 34 个州，6 个国家。其中，Café Plus 模式在结合了当地的人文特点后，已经有来自在美国的 16 个州、2 个亚洲国家（日本与韩国）的 35 个城市中成功将 Café Plus 模式运用于当地的咖啡馆。

（整理自沈静远，段明杰. 复制到 6 个国家，被誉为"老年人的星巴克"，Mather LifeWays CafePlus 如何改变老年人的生活方式. AgeClub，2017-6-16.）

 复习思考题

1. 人的生命周期可分为哪些阶段？不同阶段所从事的休闲活动有哪些区别？
2. 影响生命周期各阶段休闲活动的因素有哪些？
3. 青少年的休闲观念有哪些倾向？
4. 成年期的休闲行为有哪些特征？
5. 在老龄化问题凸显的今天，提升老年人休闲质量迫在眉睫。结合所学知识，谈谈你对丰富老年人休闲活动的意见与建议。

本章参考文献

[1] MANNELL R C,KLEIBER D A. A social psychology of leisure[M]. State College,PA: Venture publishing,Inc.,1997.

[2] MCPHERSON B. Aging and leisure benefits: a life cycle perspective[M]//B L DRIVER, P J BROWN, G L PETERSON. Benefits of leisure[M]. Pennsylvania: Venture Publishing, Inc:1991:423-430.

[3] ISO- AHOLA S E. The social psychology of leisure and recreation[M]. Dubuque,IA: Wm. C. Brown Company Publisher ,1980.

[4] 理查德·波斯纳. 衰老与老龄[M]. 周云,译. 北京: 中国政法大学出版社,2002.

[5] [英]克里斯·布尔,杰恩·胡思. 休闲研究引论[M]. 田里,董建新,译. 昆明: 云南大学出版社,2006.

[6] 马惠娣. 休闲:人类美丽的精神家园[M]. 北京:中国经济出版社,2004.

[7] 苗青,张玉. 老有所为与老有所乐:公益参与的社会补偿效应[J]. 浙江大学学报（人文社会科学版）,2017,47（05）:5-18.

[8] 王丽,王爱华. 人口老龄化、社会支持与多元休闲生活[J]. 湖北理工学院学报（人文社会科学版）,2018,35（06）:22-29.

第七章
社会阶层与休闲

开篇案例

丹麦奇迹的秘诀：阶层平等

2012年，联合国有史以来的第一份《世界幸福报告》新鲜出炉，这份将盖洛普世界民意调查、世界价值观调查和欧洲价值观调查、欧洲社会调查等权威调查结果全面汇总的报告显示，丹麦是全世界最幸福的国度。这样一个地势平坦、阴暗潮湿、单调沉闷、税率高昂的小国家是如何让国民成为全世界最幸福的人的？

如果你认识并了解丹麦人便会发现，他们不喜张扬，不喜肆意外露内心的情感，与芬兰人（第二名）、挪威人（第三名）以及瑞典人（第七名）一道，也许是表面看来最不快乐的人。但是，这群生活在丹麦的人，他们和睦、包容、富足、开明；他们接受最好的教育，思想解放，技术领先；他们欣赏最美的流行乐、最精彩的电视侦探片，享用最美味的食物；他们的生活中没有谎言，没有无休止地获取再获取……这一切的一切，或许可归结为一个事实：阶层平等。

丹麦人坚定地认为，"无论社会阶层与职业如何，他们属于同一个民族，正如人只有一位母亲、一种命运和一个目标。"19世纪中叶的丹麦，一名洗衣妇的儿子汉斯·克里斯蒂安·安徒生出版了第一本童话故事集，成了丹麦最早一批真正的国际知名人士；"中小学光荣使命"发起，丹麦成为欧洲最早一批实行全国免费小学教育的国家；国王放弃了专制权力，国家和平转向民主体制……这些例子生动地刻画了丹麦的阶层平等。现在的丹麦是个庞大的中产阶层社会，人与人之间没有太大差别，首相在选举前体察民情，周围没有人关注他；成千上万座消夏别墅散落在海边，每家每户都一样。这里没有太多富人，穷人更少，这样一个乌托邦幻梦，在丹麦成了现实。

阶层平等使丹麦成了全世界信任度最高的国家。2011年经济合作与发展组织开展的一项调查显示，88.3%的丹麦人对别人高度信任。人们把孩子留在咖啡馆外面的婴儿车里，不必担心孩子被偷走；人们主动分享知识，透露"机密"信息；人们心甘情愿地承担巨额税赋，始终相信政府会明智地使用税款……这样一个高度信任的社会，铸就了一个包容而乐观的民族，愿意与他人分享知识、财富与快乐，并引以为傲。

　　阶层平等使丹麦人成了全世界最爱交际的群体。据丹麦智库"芒达戈摩根"称，丹麦人加入协会、俱乐部、公会、社团和小组等的人数为世界之最，他们的社交圈也最为广泛——16 岁以上的丹麦人中，43%加入了某个团体，平均起来，每个丹麦人的私人交际圈有 11.8 人。当然，这少不了政府的支持，只要协会本身组织适当，正式登记，地方政府就提供各种支持，比如免费提供房屋和资金等。最关键的是，这些协会或俱乐部吸引着各行各业的人们加入，企业高层管理人员、医生、媒体顾问、车间工人在某个周末的草坪上一起踢球的情况十分寻常。

　　如此看来，丹麦人有一种深深的、合情合理的幸福感。他们平等，所以他们信任他人；他们平等，所以他们乐意也不惧与任何人交往；他们平等，所以他们愿意将利他主义深植内心。这，就是丹麦奇迹背后的真相。

（整理自迈克尔·布斯. 北欧, 冰与火之地的寻真之旅[M]. 上海：生活·读书·新知三联书店，2016.）

　　丹麦的幸福奇迹深深根植于阶层的平等。然而，在不少新兴经济体中，阶层固化、社会断裂与阶层融合、社会和谐相伴而行，构成了社会转型期的重要特征。本章在分析不同阶层独具特色的休闲活动的基础上，以运动休闲共同体为例剖析了休闲共同体如何成为弥合阶层鸿沟的重要媒介，并指出休闲分层是未来社会分层的重要视角。

第一节　社会阶层与休闲

一、社会阶层的内涵剖析

　　阶层就是指"从横的方面把社会划分为完全固定和平等的许多层次，像阶级、门阀登记、地位身份等。"[①]社会阶层不是从来就有的，它是社会发展到一定阶段的产物。随着社会制度的确立，不同的人在社会中扮演了不同的角色。由于社会中不同的人在经历、能力、民族、人种、年龄、性别等社会和生理功能上存在差异，从而形成有差别的社会价值，最终形成社会阶层体系。社会成员按照社会地位的高低不同而分属于社会结构的不同层面，处于同一社会的同等地位的人，便构成了该社会分层结构中的一个"层"。

　　早在 19 世纪 90 年代初期，马克斯·韦伯就确定了社会分层的三个关键维度：即财富与收入（经济地位）、权力（政治地位）和声望（社会地位）。在现实社会中，不同的社会阶层的构成很复杂，划分阶层则可以根据研究目的的需要选择不同的标准，例如，有的社会以年龄、人种、心理满足性等因素划分社会阶层，也有的以职业类别、经济关系、社会地位等为标准。另外，还可以将以不同的标准划分的阶层交叉并列。

　　"社会阶层"（Social Class）这一概念最初是在西方政治学中出现并成熟的，而且也广泛辐射到其他人文学科。对于社会阶层的概念，不同的学者有不同的见解。以下列举国内外学者对于社会阶层的不同定义。

---

① 马克思恩格斯选集（第 1 卷、第 2 卷）[M]. 北京：人民出版社，1972.

(1) 在任何社会，所有成员都按照某种标准在社会空间中排序，这就是社会阶层。[①]
(2) 当社会的价值不均等地分配在其成员之间所形成的制度化体系即社会阶层。[②]
(3) 社会阶层是指某一社会结构中利益、价值、地位权力、生活方式与社会运动能力等具有同质、同构性群体的统称。[③]
(4) 社会阶层指的是就团体成员所拥有的权力、声望和财富被依次排序的社会团体。
(5) 社会阶层是指享有相同或相似的稀缺价值的社会集团，或者是受到类似的社会评价的人们。[④]
(6) 社会分层是社会分化和社会评价的结果，使用这个术语不是指哪个特别类型的阶级或等级，而只表明社会的正常生活方式已经在一定的集团和人群之间形成了系统的差别。而且分层的形式已被公认为是地位和声望悬殊的体现，而社会分层体现在个体与群体身上即为社会阶层。[⑤]

总结各学者对社会阶层的定义，我们认为社会阶层即是在一定的社会结构中，根据不同的标准（地位、声望、财富、教育等）所确定的具有相同等级或稀缺价值的群体。对于我国社会分层这一"社会现实"，大多数研究者是通过"收入分层""经济分层""政治分层""职业声望分层"乃至"消费分层"等来加以探讨的。这种用客观社会指标来分析、认识当代我国社会分层结构的做法，无疑是非常必要和重要的，今后它仍然是揭示我国社会分层结构的主要方法与途径。

二、社会阶层对休闲活动的影响

（一）不同学者对社会阶层的划分

社会分层是一个普遍的现象，国外有不少学者试图用不同的标准对社会阶层进行划分。例如，美国学者 Coleman（1983）将美国社会阶层划分为社会上层、社会中层、工薪阶层和社会下层。日本知名学者渡边雅男将现代日本的主要社会阶层划分为三个：其一是处于统治阶级地位的资本家阶级（经营者）；其二是处于被统治阶级地位的工人阶级（工人）；其三是处于这两个阶级之间的中间阶级（农民和个体经营者）。我国学者陆学艺（2002）则以职业分化和经济资源、组织资源和文化资源三种资源配置为基础划分出十大阶层，即国家与社会管理者阶层、经理人员阶层、私营企业主阶层、专业技术人员阶层、办事人员阶层、个体工商户阶层、商业服务业员工阶层、产业工人阶层、农业劳动者阶层和城乡无业失业半失业者阶层。而付炯（2005）将我国的消费者简单地归为三类，即社会上层、中产阶层和社会大众。每个社会阶层的休闲都有着比较典型的休闲行为，但是，社会阶层对休闲活动的影响并非这样简单，一个阶层内部，各阶层之间，休闲行为在相同与完全不同之

[①] [韩]孙海植，等. 休闲学[M]. 朴松爱，李仲广，译. 大连：东北财经大学出版社，2005：62.
[②] [韩]孙海植，等. 休闲学[M]. 朴松爱，李仲广，译. 大连：东北财经大学出版社，2005：62.
[③] 吴启焰. 大城市居住空间分异研究的理论与实践[M]. 北京：科学出版社，2001：30-31.
[④] [韩]孙海植，等. 休闲学[M]. 朴松爱，李仲广，译. 大连：东北财经大学出版社，2005：65.
[⑤] BARBER B. Social stratification: a comparative analysis of structure and process[M]. New York：Harcourt and Brace，1957.

间呈现出错综复杂的关系。因此，厘清社会阶层与休闲活动之间的关系，深入探析社会阶层对休闲活动的影响，对丰富休闲社会学理论及不同阶层的休闲体验意义重大。

（二）社会阶层与休闲活动相关性分析

社会阶层对休闲活动的影响，具体表现在以下四个方面。

1. 同一社会阶层内部休闲行为的相似性

同一个社会阶层的成员，在世界观、人生观、价值观、经济收入、教育程度等方面比较接近，因此休闲行为呈现出相似的特点。人们把和自己属于同阶层的其他人视为与自己相同或相似的人，对所属阶层具有认同感，会协调自己的行为，使之与同一阶层的人们保持一致。例如，中层阶层的人，通常倾向于富有文化内涵和教育意义的休闲产品与服务，对国外休闲用品也很感兴趣。

2. 同一社会阶层内部休闲行为的差异性

社会阶层是一个多维度的集合体，同一阶层的休闲者并不一定具有完全相同或相似的生活经历，同时，休闲者的休闲决策不仅受到所属阶层的影响，还取决于具体的社会环境。休闲行为既表现出社会阶层整体的相似性，同时也表现出休闲者的个人差异，这与休闲者的兴趣、爱好等有关。有些休闲者对中国的传统文化不是十分感兴趣，却对新近兴起的休闲方式更感兴趣，如生态休闲、网络休闲等。在同一社会阶层内部，休闲行为也会表现出差异，即使选择同一种休闲方式也会出于不同的休闲动机。例如，有些休闲者秉持"读万卷书，行万里路"的观点，经常旅游以了解社会、增广见闻；有些休闲者则出于健康的需要，选择一些疗养地、温泉景区以休养身心。

3. 不同社会阶层之间休闲行为的差异性

不同社会阶层的成员，由于受教育程度、收入和社会地位等不同，休闲行为的差异性特别明显。例如，社会上层购物时倾向于求美、求新，注重品牌和款式；社会大众则倾向于求实、求廉，注重物品的实用价值，要求所购买的商品价廉物美。社会上层，外出休闲旅游多选择旅行社或自驾游，不仅想漫游全国，还想周游世界；社会大众则可能选择比较经济的自助旅游，搭乘汽车或火车前往比较近的旅游区旅游度假。

4. 不同社会阶层之间休闲行为的相似性

俗话说，"人同此心，心同此理"。休闲者的休闲行为有时候会超越他们所属的阶层，表现出不同阶层的相似性，或者受其他因素的制约，与他们所处的社会阶层关系不大。例如，对时髦的关心程度就与社会阶层没有多大的联系，不同阶层的休闲者可能追逐同一种休闲产品与服务。

三、不同社会阶层的休闲活动

休闲活动是内涵丰富，形式多样的。出境旅游、打高尔夫、度假当然是比较典型的休闲活动。同时，在工作之余，与家人或朋友去看场电影或球赛，与三五知己在茶馆品茗小酌，或去酒吧、网吧、卡拉OK、舞厅、咖啡厅放松精神等，也是日常较普遍的休闲活动。

此外，带着悠然的心态在家读本好书，或去商场、公园随便逛逛，也是很有情调的休闲活动。休闲活动的多样性及社会分层的层级性使不同社会阶层的休闲活动呈现一定的差异性。

（一）社会上层：精众化休闲

《读者》杂志曾有文章论述了精众和大众的 11 个区别，即大众是个数量概念，精众是"人群+空间+生活方式"；大众活在信息中，精众活在信仰中；大众盲目信任媒体信息，精众理智判断；大众看重品牌符号，精众看重生活理念；大众喜欢价廉物美，精众追求品质至上；大众消费"满足基本"，精众消费是"精益求精"；大众圈子是"单一同质"，精众圈子是"兴趣多元"；精众是"独享"和"共享"并存，大众则是二选其一；大众生存在移动端点上，精众生存在整合的媒介节点上；精众是时尚的制造者和传播者，大众是时尚的追随者；精众不是土豪，而是通过自我奋斗逐渐获得成功且具有实力的人群。

社会上层人员的休闲活动属于精众化休闲，他们通过高品质的休闲活动向他人彰显身份地位、体现阶层文化，以及这种地位所带来的荣耀、声望和名誉。精众化休闲活动包括会所休闲、马术运动、太空游等。

1. 会所休闲

对于社会上层的人来说，休闲活动是一种惬意的生活方式，是一种与众不同的人生理念。他们寻找属于自己的空间，其目的是远离虚荣，而具有更多自我完善的意义。出入高档场所，不只是意味着拥有较多的财富，更重要的是实现更高的自我素质要求。在这里，最好的被认同方式是融入一个特定的"圈子"，神秘色彩浓郁的小众化私人会所是最为理想的选择。

私人会所之所以能吸引社会上层人员，主要原因在于这些会所可以满足上层人员休闲生活的需要：有古朴自然、独一无二的人文景观，有闹中取静的私密性极强的地理位置，以及高端品牌和高档休闲场所的服务与配合。私人会所这种唯我独尊的排他性恰好满足了成功人士的某种潜在心理需求。

2. 马术运动

在紧张的工作之余，利用双休日到马场骑马，尽情奔驰，不仅可以锻炼人的意志和体魄，同时又能欣赏大自然的美景，呼吸到新鲜空气，令人心旷神怡。马术运动高雅刺激，西方称其为第一贵族运动。

马术运动有其独特的魅力。首先，骑马能唤起人内心深处潜藏的自信，提高人对复杂环境的应变能力，缓解孤独和压抑的情绪，愉悦身心。其次，骑马是所有运动项目中对身体最有益处的高贵运动，它是主动与被动运动的最佳结合。在骑马运动中，你的注意力高度集中，全身的骨骼和肌肉以及内脏各器官都不由自主地处于运动状态，多余的脂肪能够得以消耗，各部位的肌肉得以强健。而且，马术运动不受季节和气候的限制。此外，骑马还能起到一定的治疗作用，如神经衰弱、失眠、心情抑郁、肠胃胀气、反应迟缓、脾气暴躁等，通过骑马都可得到缓解。据报道，俄罗斯目前至少有 15 家医疗马术馆。长期骑马的人大都年轻开朗、谈吐豁达、身体强壮、身型挺拔、精力充沛、全身肌肉发达健美。

不过，马术运动费用十分高昂，这限制了这项运动的普及和开展。马术休闲活动最发达的地区还是在欧洲。在瑞典，马术是第二受欢迎的运动。在法国，马术运动协会在全国体育协会中排名第三，拥有60万成员。在我国，马术休闲活动只在少数人中流行。

3. 太空游

英国亿万富翁理查德·布兰森旗下的维珍银河公司于美国时间2019年10月28日正式以"SPCE"的股票代码在纽交所挂牌上市，开启了私人太空船的新征程。太空飞船的发射母舰是"白色骑士二号"，这是一个双舱的高空喷气机。这种喷气机身兼两职，不仅能发射飞船，还能作为太空游客的训练机。据布兰森透露，"白色骑士二号"有四个发动机，翼展约42米，可与B—29轰炸机的翼展相媲美。不过，"白色骑士二号"有其特殊之处，那就是整个机身是由重量极轻的神秘材料制成的。2021年7月，维珍银河白骑士2号飞机载着可重复使用商业载人飞船太空船2号从美国航天港升空，飞船上载有布兰森和五名机组人员，在到达距地面约86千米的最高点后缓慢转向、滑翔下降，最后着陆美国航天港。随后，美国亿万富翁杰夫贝佐斯也亲自体验自家太空公司蓝色起源"新谢泼德"亚轨道飞行器的载人首飞，打卡"卡门线"（高度100公里）。

按维珍银河公司的官方说法，太空之旅每个席位的价格高达25万美元，飞行时长90分钟。目前为止，已有来自60个国家和地区的603人预定席位，并交纳了近8 000万美元的押金，还有3 000多名客户存在潜在购买意向。维珍银河预计到2023年将实现太空旅行商业运营的规模扩大化，每年将飞行270次商务太空航班，每次至少搭载5名乘客，让他们在太空边缘体验几分钟失重感觉后返回地球。北京人张潇雨（音）说30岁时上一次太空所带来的人生体验，远比买房买车重要得多，"你终于能回望自己出生的地方，体会一种真正离群索居的感觉，这是在其他任何地方都感受不到的。"

（二）社会中层：个性化休闲

改革开放以来，随着经济的高速增长、工业化与城市化的迅速推进以及义务教育的普及，人们的物质文化水平不断提高，社会中层这一社会群体也呈现不断扩大的趋势。社会中层的资产状况优越，年收入普遍较高且稳定，消费能力较强，但是面对日益加重的生存压力，他们更崇尚自由，追求个性化，内心希望逃离现实的"牢笼"。因此，他们的休闲倾向于追求自由和个性。出境旅游是中产阶级最喜爱的休闲方式之一，他们在旅游次数与旅游花费方面远远超过普通大众。除此之外，该阶层比较典型的个性化休闲方式还有运动休闲、社群旅游和文化休闲等。

1. 运动休闲

中产阶级的休闲活动最大的一个特征就是"自由"，就是不具有强制性和约束性地表现个性特点的活动。虽然中产阶级拥有体面的工作和较高的收入，但是高强度的都市生活和工作压力使他们身心俱疲，购房、子女教育和养老医疗使得中产阶级焦虑不安。而运动休闲可以缓解压力、锻炼意志并保健治病，是中产阶级减轻焦虑、追求高品质生活质量的主要方式之一。

现代社会，跑步被视为一种健康的生活方式，其最终目标是减肥、保持身体健康、改善生活质量，[1]同时还有益于心理健康。因此，中产阶级非常热衷于跑步，马拉松更被看成是中产阶级的运动。相比于普通大众，中产阶级有较为充足的财富资源与闲暇时间，能够掌握和理解马拉松运动所需要的知识。

2. 社群旅游

社群旅游作为一种自由化、定制化、场景化、碎片化和斑块化的新型旅游形式，正在迅猛地发展起来，越来越受到中产阶层的青睐。社群旅游的组织人性化、旅游主题化、交互情感化、价值共享化和体验极致化等特征使得社群成员能够按照个人爱好自由，平等地和共趣的同伴分享快乐、共同创造价值，这与中产阶级追求自由又喜好圈子文化的心理不谋而合，中产阶级因此成为社群旅游的追随者、先行者与引领者。

3. 文化休闲

由于中产阶级大多受过良好的教育并拥有较高的学历和文化水平，因此，他们特别重视学习新知识与新技能。从民俗学角度看，中产阶级与其他群体在生活方式和兴趣爱好或行为方式上都有很大的不同。从西方现有研究成果来看，新中产阶级强调生活的品位和格调，在追求生活舒适的同时，重视文化艺术和科技的含量，以及个性的培养、自由的空间。中产阶级每年用于购买书籍的花费为378元，平均每年阅读5.3本非工具类书籍，远远超过非中产阶级的阅读量。另外，随着中产阶级的文化娱乐活动不断丰富，他们每年观看文化类演出的次数也在增多，比如话剧、歌剧、曲艺等，每年观看此类演出在3次及以上的中产阶级占比达到了41%。

（三）社会大众：平民化休闲

社会大众在休闲条件、休闲设施、休闲资源方面的占有程度远远不如上两个阶层，但随着大众休闲时代的到来，国民休闲观正在形成，休闲权利意识开始觉醒，加之随着城乡居民收入的不断提高、国民带薪休假制度的落实、社会公共服务和旅游服务设施的完善，以及科技应用水平的提高，各种制约旅游休闲发展的障碍将逐步被消除。因此，休闲活动在社会大众中就表现出了平民化的特点。社会大众休闲属于"消遣型"休闲，他们从事休闲活动纯粹是为了缓解生活和工作所带来的压力。该类休闲活动花费少、容易实现，包括观光游、玩手机、睡懒觉、看电视、闲聊天等。

1. 观光游

《小康》杂志社与国家信息中心联合发布的《2020年中国休闲小康指数》调查数据显示，旅游依然保持着与前几年一样的领跑态势，在国人最常采用的十大休闲方式中位居第一。在国内，观光旅游是旅游的一项最基本的活动内容，相对于度假旅游而言，观光旅游属于大众型的休闲活动。

观光旅游，即观赏异国异地的风景名胜、人文古迹、城市美景及其风土人情等。旅游

---

[1] SHIPWAY, RICHARD, IMMY HOLLOWAY. Health and the running body notes from an ethnography[J]. International review for the sociology of sport, 2016, 51 (1).

者通过观光游览可达到改变常居环境、开阔眼界、增长见识、陶冶性情、鉴赏大自然造化之美、享受现代化城市生活的情趣以及满足异地购物等多方面的需求和目的。这种基本的旅游方式在今后一定时期内仍将继续占据大众休闲的重要地位。

2. 玩手机

据《小康》杂志社《2020年中国休闲小康指数》数据显示，玩手机休闲仍然享受着国民的宠爱，位居国民最喜爱的休闲方式的第二位。手机休闲之所以大受欢迎，一方面是因为近年来国家大力推行"提速降费"政策，大幅度提高了网速，降低了网费。因此，这对于闲钱不是很多的社会大众人士来说，玩手机无疑是一个打发时间和娱乐的不错选择。另一方面，这与现在快速的生活节奏和碎片化的闲暇时间有关，快节奏的生活使人们的休闲时间碎片化，只能忙里偷"闲"，便捷的手机休闲自然成为社会大众休闲的主要方式。

3. 睡懒觉

2019年睡眠日前夕，KJT集团（KJT Group）与飞利浦（Philips）集团联合发布的一项睡眠调查结果显示，在非休息日，中国人的睡眠时间平均每天为7.1个小时，位居世界第二；周末则为8.5个小时，领先亚洲国家睡眠排行榜。2018年《小康》杂志社关于"国人最常采用的十大休闲方式"的调查结果显示，25.4%的国人喜欢在休闲时间睡懒觉，睡懒觉已经成为国人最常见的休闲方式之一。

4. 看电视

2018年，国家统计局组织开展的第二次全国时间利用调查结果显示，居民每天的平均个人自由支配时间为3小时56分钟，从居民自由支配时间的配置情况来看，我国居民在看电视上投入的时间最多，平均达到了100分钟，由此可见，看电视仍然是居民闲暇时间最喜欢的休闲方式之一。

5. 闲聊天

环球时报上曾有过这样的论断："当一个中国网民打开电脑开始聊天的时候，一个美国网民可能正在查找他的一个商业伙伴办公地的行车路线，而一个法国网民可能正在自己的博客上'奋笔疾书'。调查表明，聊天是中国网民上网最爱干的事情之一。"[1]

毫无疑问，在当今中国，处于社会上层人士的休闲生活大多是精致优雅的，而中下层人士的休闲生活相对宁静质朴。每一种休闲生活都有它独特的美好。玫瑰灿烂艳丽，爱之者甚众，但炫目诱人的东西最容易沾尘蒙灰，唯有素雅如谷底幽兰般的休闲之旅，才于人生花园的角落淡然开放，为平凡的生活增添一份持久的芬芳和清香。

第二节 休闲共同体：弥合阶层鸿沟的重要媒介

共同体（Community）是一个社会学的基本概念，最早可以追溯到德国社会学家滕尼

---

[1] 李宏伟. 中国人上网爱聊天[N]. 环球时报，2006-5-14.

斯1887年发表的《共同体与社会》（Gemeinschaft and Gesellschaft），主要是指以血缘、感情和伦理团结为纽带自然生长起来的真实的、有机的群体，所有亲密的、隐秘的、排他性的共同生活都可被理解成共同体中的生活①。"共同体"也被社会学家赋予了"为了特定目的而聚合在一起生活的群体、组织或团队"的含义（Poplin，1979），它的理论出发点是人的意志完善的统一体，并把它作为一种原始的或者天然的状态。共同体具有如下基本特征：其一，它代表一种通过人们之间的内在结合而形成的特殊的生存方式和生活样式；其二，共同体的所有成员在情感、信念、价值等方面都处于共享状态；其三，人在互相依赖中获得安全感、确定性和归宿感。经典社会学家涂尔干同样指出，共同体的根本特点是"同质性"与"未分化"（涂尔干，2000）。因此，在共同体中，尽管存在着种种分离的因素，但人们保持着结合状态；但是，社会则相反，虽然其中存在着种种结合的因素，人们却保持着分离状态。毕竟社会是一个机械的集合体和人为制品，在社群或政治的意义里，"社会"的存在基础源于等级观念，商业社会的发展则进一步加快了社会分层的发展。马克思曾预言，"代替那存在着阶级和阶级对立的资产阶级旧社会的，将是这样一个联合体，在那里，每个人的自由发展是一切人的自由发展的条件""只有在共同体中，个人才能获得全面发展其才能的手段，也就是说，只有在共同体中才可能有个人自由。"从这个层面上来看，重建共同体，实现主体间的认同以及感受到休戚与共的"共同感"，是实现阶层融合的重要媒介。随着共同体与现代性的不断流变，以及人们生活方式的转变，休闲作为一种转变的力量越来越得到大众的认可，休闲作为一种共同的生活成为人们的共识，以共享休闲价值、共同参与休闲互动、共同创造社群价值为特征的休闲共同体正作为一种社会整合力量不断塑造着新的价值认同和社会结构，成为共同体发展的潮流。

休闲共同体为社会各阶层的交流互动提供了优质的平台，这是毋庸置疑的事实。一方面，休闲世界中人人平等，不需要考虑身份与阶层，老板和员工可以参与同一场足球友谊赛，球赛的规则不会因为双方地位而改变；另一方面，休闲的普遍性和公平性赋予了各阶层对自我生活方式的自由选择权利。休闲从不局限于某种形式，各阶层的人都可以选择适合自己的休闲方式以获得非凡的休闲体验，从而缓解人们由于阶层差异而产生的消极情绪。休闲的平等公正有效地拉近了阶层间的距离，消除了阶层间的隔阂。鉴于我国目前对休闲共同体的研究相当薄弱，笔者将以运动休闲社群为例，系统地探讨休闲共同体如何通过拉近阶层距离、培养包容心态来促进阶层融合。

一、运动休闲共同体的概念与类型

运动休闲共同体（运动休闲社群）泛指社会生活中基于共同的运动爱好或认可某种运动价值，灵活有效地运用多种社会性工具和社会性供给组织起来并展开集体活动的休闲共同体。随着休闲观念的增强和休闲层次的提高，运动休闲社群呈现出多元化的发展态势。根据相关文献及实践表现，本书认为运动休闲社群主要有以下几个划分标准。

---

① [德]斐迪南·滕尼斯. 共同体与社会[M]. 张巍卓，译. 北京：商务印书馆，2019：68.

从活动主题来看，运动休闲社群可以分为马术社群、冬泳社群、马拉松社群、广场舞社群、电竞社群等。这些社群分别以某种特定的运动为载体，不断吸引着对该主题感兴趣的社会成员参与其中。

从组织形式来看，运动休闲社群可以分为外生型、内生型、外生和内生相结合型。外生型是指由政府、企业、行业协会以及社会团体等大型社会组织规划、引导、推动形成的。一般来说，大型的、国际性的运动休闲社群都属于外生型，譬如马拉松社群和"英雄联盟"电竞社群。内生型是指通过自下而上的方式由社群成员自发组织形成的，一般来说，生活中最常见的小、微型运动休闲社群都属于内生型。通常情况是，偶然提起某项运动，刚好大家都感兴趣，于是形成了一个运动小团体。外生和内生相结合型是指在外部力量积极引导和内部成员主动参与的共同作用下形成的，如很多城市社区的广场舞社群，往往就是在社区管委会积极推动和社区成员积极参与的共同作用下形成的，这种类型的运动休闲社群更多地依赖于社会性供给的支持，其本身也有较为强烈的运动休闲需求。

从社群规模来看，运动休闲社群可以分为微型、小型、中型、大型以及超大型（韩丽，2012）。微型运动休闲社群由2~3名成员组成，他们可能原本就有着某种血缘、地缘或者业缘关系，或者是因缘际会结合而成的小团体；小型运动休闲社群由4~10名成员组成，譬如网络上的骑行社群，某个俱乐部的马术社群、高尔夫社群，这种类型的运动休闲社群往往对成员的技术性要求比较高，甚至金钱和时间投入也相对较高；中型运动休闲社群由十几人或几十人组成，生活中较为的常见的有广场舞社群、篮球社群、足球社群等，这种类型的运动休闲社群可能由于主题内容的限制，必须形成一定规模才能开展活动，譬如篮球社群和足球社群就对参与人数有一定要求；大型及超大型运动休闲社群由上百人甚至成千上万人组成，比如近几年热度颇高的马拉松社群，根据2017年度马拉松白皮书数据显示，难度系数最高的越野跑赛事，其参与人数一般都在300~2 000人，足以看出马拉松社群规模的庞大，但这种类型的运动休闲社群大都依赖于政府、行业协会、企业等大型社会组织的规划和推动。

二、运动休闲共同体（社群）的特征

（一）成员的庞杂性

俗话说：人同此心，心同此理。人们的休闲行为，有时候会超越他们所属的阶层，表现出不同阶层的相似性，或者受其他因素的制约，与他们所处的社会阶层关系不大。例如，人们对运动休闲活动的关心程度就与社会阶层的区隔没有多大联系，不同阶层的休闲者都可能追逐同一种休闲产品与服务。

在运动休闲社群中，最为明显的社群特征就是参与对象的广泛性。运动本身由于具有吸收力、抗扰力和辐射力等内在作用机制，因此成了最符合广大人民切身利益的休闲方式。人们通过运动锻炼身体、结交朋友，运动甚至可以帮助他们实现其社会权利和提高社会地位。从学龄前的婴幼儿到离退休的老年人，从健康人士到残疾病患，以及社会各阶层成员，都可以从中获得健康和快乐。陈宝成（2016）在调研北京市非正式跑步群体发展现状的过程中发现，跑步群体的职业结构具有多元化特征，群体成员来自各行各业，并且绝大多数群体成员对于跑步这项运动是发自内心地喜欢。可以看出为大众喜闻乐见是运动休闲方式的固有属性，这有利于运动休闲社群的不断成长。运动休闲社群如同一个"自由场"，吸引、包容着每一位社会成员，使他们皆能得到平等地实现自我的权利。尤其是近年来残疾人运动的普遍开展，使得运动休闲社群的对象更加全面化。

（二）功能的多元性

随着现代人休闲意识的普遍觉醒，人们对休闲的理解也不断深化。运动休闲社群作为一个多目标、多功能的休闲共同体，其对个人和社会产生的价值也呈现出多元化和层次化的特征。

基于弱关系网络联结而成的运动休闲社群，社会关系结构相对比较松散，成员参与社群的出发点也不统一，可以是强身健体，也可以是为了个体发展、个人情感维系、缓解工作压力、促进社会交往、协调社会关系等（刘鑫娟，2011）。运动休闲社群给群体成员提供了一个交流、互动的平台，社群成员不会因为社会资本的不同而互相排斥。在运动休闲社群情境下，人们的阶级背景、认知背景不断被弱化，所有人都可以从中寻找情感的归属，构建价值的认同。此外，随着社会的发展，人们闲暇时间的增多，如何善度余暇已经成为一个社会问题。通过运动休闲社群，人们可以从繁重的工作任务中获得喘息的机会，还可以培养兴趣、提高审美、陶冶情操、愉悦身心以及培养高尚的品格。

基于结构功能主义理论，运动作为调节社会系统的有效方式，具有积极的社会支持功能。人们在运动中共同遵守集体制定或者由来已久的活动规范，而这种规范，也是保障社会系统良性运转的关键要素。运动赋予了社群成员共享的"社会凝聚力"，而这种凝聚力会带来一种平衡，从而整合各种社会关系，维护社会秩序与稳定。运动本身也是一种创造的表现。运动之所以可以引起人们内心的愉悦，一方面是因为它具有宜人的形式；另一个最主要的方面就是这种美的内容能充分反映人类在实践中"自由创造"这一珍贵特性。人类对古老的跑、跳、投、攀爬等简单身体活动进行创造，发展成为今天的多种复杂的运动项目。可以说，每一个新的运动项目、活动方式的发明，无不体现着人类自由创造的先赋性特征。身体运动作为人类实践创造性的表征，使得通过运动实践来塑造认同成为可能。

（三）交互的平等性

运动休闲社群是一个开放的自组织系统，社群成员凭借对运动的热情和爱好，通过社交媒体自发组织起来，自动进行角色分工，形成一个休闲共同体。其中，每一个成员都可以在社群中发起话题讨论、组织社群活动，这在一定程度上带来了社群成员之间交互关系的平等性。基于这种平等身份，成员之间交互作用、相互影响、彼此感染，不断激发群体智慧与价值再造，极大地释放了运动休闲社群的能量和价值。社群内部互动渐渐不再是自上而下地由灵魂人物发力的传递模式，而是社群成员之间的横向交互、合力推动的自组织过程。

与其他形式的社群组织不同，运动休闲社群的互动属性决定了社群关系更多地依赖于线下社群活动的联结作用。运动这一休闲方式允许社群成员在参与线下活动的过程中持续互动，甚至伴随社群活动的始终，并且随着活动场景的持续转换而不断深化，继而形成线上线下随时交互的深度联系状态。在自由、动态的互动形式中，运动休闲社群真正走进了成员的生活，成为每一位社群成员生活中不可或缺的一部分。

三、运动休闲共同体（社群）促进阶层融合的分析

（一）社群认同：契合的初级形态

认同是人们在交往活动中彼此从自我出发而寻求共同点的过程和结果，它表达着人与人之间的共性关系，其核心是价值认同（贾英健，2006）。亨利·塔杰菲尔（Henry 1979）将社群认同定义为"个体认识到自身属于某个群体，并意识到群体成员的身份所带来的情感和价值意义"。社群认同反映了社群成员对社群共同体的主观评价，是社群成员共享的价值、信仰以及行动取向的集中体现，本质上是一种"群体意识"，表现为个体对社群共享的休闲价值观的认可与内化以及个体对所在社群的信任感与归属感。

图 7-1 反映了运动休闲社群的契合关系是如何一步步形成的：运动休闲社群中的价值认同取决于社群成员对身份认知结构的整合过程，是成员个体价值表达、社群价值表达与社会价值表达的统一。运动休闲社群情境下，成员共享的休闲价值认同与社群规范对社群认同有积极的预测作用。社群规范代表了个体与社群的互动作用，休闲价值认同代表了作为社群中的个体与社会的互动作用，社群中的个体感知到社群的主导价值理念与自身价值观产生契合，并且对社群规范形成积极的评价，会进一步推动社群认同的形成，形成一致的"群体意识"。强烈的社群认同感将激励社群参与者进行更深层次的社群涉入。这种建立在不同个体与社群共同体之间的内在化纽带能够有效地促进运动休闲社群的契合关系建构。

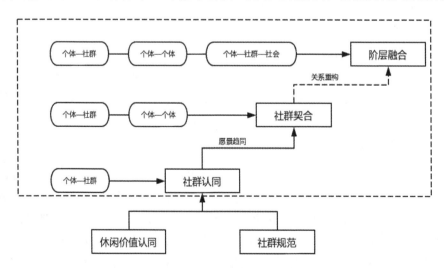

图 7-1 运动休闲社群的契合关系模型建构

（二）社群契合：阶层融合的前奏

契合能够有效地创造基于契合双方交互视角的关系价值，实现交换（韩先华，2009）。

社群契合集中反映了社群及其成员之间的"投合""联结"状态，是社群成员基于社群关系或社群互动产生的认知、情感和行为上的积极联系。运动休闲社群的自组织性使其具有自由选择的特性，社群成员进出社群完全出于自由意志，社群维系依赖于成员的相互认同，以互动、分享和行动等形式获得浑然忘我的交流体验，形成更高层次的社群关联，可以为更深层次的人际沟通提供有力保障（Hoffman，Novak，1996）。社群认同的建构突出的是个体与休闲共同体之间的积极联系，其内含的休闲目标整合以及"共趣"语境预设，为社群契合状态的达成创造了积极的预测作用。社群认同给予社群成员一定的价值承诺，使其相信通过社群平台能够更好地实现自我价值，不同个体的价值诉求被升华到更完全的社群愿景中，社群契合得以形成。社群共同体与成员个体基于共同的愿景和使命，通过有节奏的配合、协调一致的身体动作，彼此关注和情感交互，使得成员之间以及社群与成员间形成日益紧密的信任感、归属感与依赖感，频繁互动、高度分享、持续协同亦使社群关系由松散的弱连带逐渐转化为亲密的强连带，不断改善着社群及其成员之间的契合状态。在运动休闲社群情境中，契合关系的构建体现的不仅是成员与社群以及成员之间的关系，更是不同成员在社会结构中所处的位置之间的关系。因此，社会契合作为社会层面的人际关系和群际关系的良性发展态势，是运动休闲社群的社会效应最大化的积极表现，也是契合关系演化的高级形态。

（三）阶层融合：契合关系的高级形态

阶层融合是社群契合的社会构型，是社群关系在社会关系层面的动态映射。马克思曾经说过："正如社会本身生产作为人的人一样，人也生产着社会。"也就是说，人们的实践行为既被社会结构所塑形，又建构并影响着社会结构（切排，李元元，2009）。个体与社会是绝对不可分离的，存在于社会上的个体不是孤立存在的，尤其是随着互联网技术的日新月异，人们置身于相互连接的网络社会，在某种程度上，个体均与其他社会成员产生或强或弱、或直接或间接的联系。社群作为一个基本行动单元，嵌入于特定的社会结构之中，不断发挥着导向、凝聚、激励以及整合等社会功能，对外调适不同个体与社会之间的互动关系，对内调适不同个体与社群之间以及不同个体之间的互动关系。而社会结构中的联结关系又嵌入于所包含的一个个社群之中，运动休闲社群作为联结不同社会个体的新媒介，具有唤醒集体认知和共同情感甚至产生一致行动的社会关联作用。因此，在社会功能和反馈机制的共同作用下，来自不同阶层的社会成员在运动休闲社群中能够抛开甚至消除偏见，达到和谐相处、融合共生的状态。由此可见，不同社会阶层之间的融合共生，不仅需要经由社群契合得以实现，同样需要经由社群契合得以体现。运动休闲社群作为以趣缘关系为纽带的休闲共同体，通过社群契合的休闲表现，弥合了阶层鸿沟，促进了社会和谐。运动休闲社群引发的社会关系的结构性转变，打破了关系壁垒，弱化了社会排斥，使普遍的社会信任得以建立，构建了全新的社会网络，模糊了差序格局圈层的"边界"，个人与社群、社群与社群、社群与社会的层层嵌入推动跨边界流动，为阶层融合提供了一条以运动休闲为载体，以关系为核心的实现路径。运动休闲社群能够有效地打破阶层分野，推动和谐社会的建设。

休闲促进社会和谐是事关民众幸福的重大命题,值得深入研究。但目前国内相关研究却十分薄弱,本书只能以运动休闲社群为例,对休闲弥合阶层鸿沟这一问题进行初步的探索性研究。正如人类学家邓巴等人所指出的,我们可以利用处理小规模社群的经验应对无限连接的互联网社会,这是见微知著地读懂人类的大局观,能够使人在纷繁复杂的现代社会中领略社会变迁,把握时代走向。

第三节 休闲分层:一个阶层分析的新视角

一、休闲:一个社会分层新标准

从原始部落开始,社会分层便一直普遍存在,它的实质是社会资源在社会中的不均等分配,即不同的社会群体或社会地位不平等的人占有那些在社会中有价值的事物[①]。社会分层是社会学最为经典且经久不衰的议题,不同的分层理论家根据各自的目的考察收入差别、职业差别以及财产、权力、声望、教育等方面的差别,由此便形成了社会分层的多种标准,它的演化与深入,并不在于阶层形成的社会结构或是群体的多少,而是分层标准的不断转变或者说是分析社会分层的视角的不断深入与完善[②]。社会的发展必然导致人们看待与分析社会发展的视角的变化,在社会发展的不同阶段,这些标准的重要性也不相同。因此,应该用发展的眼光看待社会阶层的变化,其划分标准也应该符合社会发展的趋势。

随着现代社会经济技术的发展,传统意义上根据收入、职业、教育等因素来划分的阶层之间的差异逐渐式微,阶层藩篱正逐渐被打破,阶层融合初现端倪,其主要体现在两个方面:其一,中产阶层数量日渐庞大。后工业化时代,英国、日本、德国等发达国家中产阶层群体普遍高于70%,而美国这一比率则高于80%。澳大利亚《悉尼先驱晨报》认为,从2009年至2030年,我国的中产阶级将新增8.5亿人,从2009年占人口12%上升到2030年的73%。中产阶级人口的迅速增加,表明国民的贫富差距越来越小。实现共同富裕后,财富作为阶层区隔的显著性将逐渐降低。其二,教育普及正在逐渐消弭阶层鸿沟。全世界各个国家的高等教育普及率稳步上升,尤以发展中国家的增幅最大。以我国为例,新中国成立之初,全国人口中80%为文盲,70年来,从确立教育优先发展的战略地位,颁布实施义务教育法,到全面完成普及九年义务教育的战略任务,我国义务教育普及程度已达到世界高收入国家的平均水平,2019年高等教育已从大众化阶段进入普及化阶段。此外,知识获取的便捷性以及终身教育理念的广泛普及,让不同年龄、职业的个体可以通过更多渠道实现提升自我的目标,由教育背景不同而产生的阶层分异自然就淡化了。

在人类源远流长的历史进程中,从奴隶社会和封建社会主要关注经济、权力等因素转为工业革命以后对经济、科技、教育、知识等的全面衡量,社会分层的考量标准一直处于

[①] 李路路. 论社会分层研究[J]. 社会学研究,1999(01):101.
[②] 马林芳,王建平. 消费分层:社会发展视野中的社会分层[J]. 宁夏社会科学,2007(06):81.

渐进式变化之中，其总体趋势是从基于单一的物质性分层转向物质与精神特质并重的分层。如今，科学技术高度发达，社会财富创造并突破了瓶颈，呈现加速增长趋势，当全民普遍富裕后，经济将不再是一个社会问题，以精神特质考量社会分层的时刻已经到来。在由教育背景、知识储备等为基础的精神素养普遍提升的当下，以人的全面发展为主诉求，挖掘一种具有时代特征的新分层标准正当其时，而休闲分层恰好满足这一条件。审视当下的中国社会，休闲成为人们日常生活中重要的组成部分和精神地位的象征，休闲资本作为人类最稀缺性资源的特征开始显现。同时，由于我们正处在休闲时代的开端，这意味着尽管人人享有休闲，但其休闲方式、能力、体验各异。因此，以休闲资本和创意资本为全新的社会分层标准正好与时代特征相符。休闲分层是对当代中国社会分层的另一种解读，它将打破基于权力资本、财富资本的社会分层占据绝对中心地位的格局，人类或将以性格、兴趣与追求相似、相同的群体构成社会的重要组件，人们将以率真的兴趣、情感维系关系，建立信任，社会的价值观体系或将慢慢翻转。

二、休闲阶层的概念及划分

（一）休闲阶层的概念

社会分层理论强调社会资源分配在社会个体、群体、组织间的不平等状态。休闲阶层更多是强调休闲资源在不同社会群体之间分布不匀的状态，是休闲行为在休闲者之间形成系统差别的表征。休闲阶层是先赋性因素、获致性因素与互致性因素综合作用的结果。先赋性因素主要指天生的创意与休闲天赋、父母的财产和地位等；获致性因素主要包括受教育程度、休闲环境等；互致性因素主要是指在休闲互动中获得的人脉、新思想、新观点等。笔者借鉴社会分层的定义，将休闲阶层界定为，以休闲资本和创意资本为衡量标准所确定的具有相同等级或稀缺价值的休闲群体。

（二）休闲阶层的划分

在休闲时代，休闲阶层应以休闲资本和创意资本为评价指标。休闲资本包括社会成员的闲暇时间、闲暇配置和休闲涉入。创意资本包括创新精神、创新能力和创意投入。根据这一划分标准，可将社会成员分为休创阶层、休畅阶层和消遣阶层三个层次。

1. 休创阶层

经过对众多社会群体的调查我们发现，每个群体中都存在一部分对群体有着巨大贡献的关键意见领袖（Key Opinion Leader，简称KOL），他们凭借对休闲的热爱，在群体中投入了大量休闲资本和创意资本，成为休闲行为的创造者和推动者，并乐于尝试最新的休闲活动或方式。笔者认为，在社会群体中投入了大量休闲、创意资本的KOL就是休创阶层。因此，本书将休创阶层界定为：合理并充分利用创意资本和休闲资本对休闲行为进行创新，并从中获得休闲地位和快乐的群体。

休创阶层具有以下几个特点：第一，投入大量的闲暇时间和高乐价比的闲暇配置。休创阶层的第一要素是休闲时间的投入和休闲能力的展现，因此，该类人群是一个乐于将休闲作为生活重要组成部分并懂得合理分配休闲时间从而获得高乐价比的群体。第二，较深的休闲涉入。休闲涉入是指不同休闲者在闲暇时间之内对休闲活动的投入程度和贡献度，主要通过参与休闲活动的频率及对活动的推动和影响力等维度来衡量。休创阶层对社会休闲活动的涉入程度应该是最深的。第三，具有创新精神和创新能力。休创阶层的一个关键词是"创"，换言之，他们是休闲者中的创意阶层。因此，他们必须具备创新精神，乐于创新，并拥有一定的创新能力，能够创新。第四，愿意并乐于在社会休闲活动中投入创意。休创阶层不仅仅是有创新能力的人群，更重要的是，他们愿意为社会的休闲活动提供创意、分享创意，在创意的分享过程中得到其他人群的认可和尊重。第五，通过休闲行为获得创意灵感。休闲与创意本就相互影响，相互融合，休闲的丰富多彩归功于创意的源源不断，而更多的创意往往源于更轻松的休闲氛围和更独特的休闲体验。休创阶层不仅仅是休闲创意的提供者，他们更从休闲体验中收获创意灵感，在休闲和创意的不断交叉和碰撞中获得极致的快乐。

2. 休畅阶层

休畅阶层是合理并充分利用休闲资本推动休闲创新，并从中获得畅爽体验的群体。他们在社会休闲活动中虽然没有投入太多创意资本，但花费了大量闲暇时间，并通过合理的闲暇配置产生了高乐价比。更重要的是，他们对社会休闲的涉入程度较深，在群体中具有较强的影响力和推动力，能够推动休闲活动的扩展与影响力的扩散。他们是群体互动的主要参与者，是群体中最活跃的细胞。他们传递并扩散着休创阶层的休闲思维和创意理念，并带动着消遣阶层体验更深刻的休闲乐趣，是阶层间的纽带。同时，休畅阶层也有一定的创新能力，在传递休创阶层的休闲思维与创意理念的同时，他们也能从中提高自己的创新能力，培养自己的休闲能力。休畅阶层在这种传递中享受着群体和休闲所带来的畅爽感，同时将这种畅爽感传递给其他成员，从而达到体静心闲、乐趣盎然的精神满足。

3. 消遣阶层

消遣阶层是社会休闲层级中的基础层。由于时间、金钱等休闲因素的制约，其休闲涉入度有限，休闲中投入的创意资本也处于较低的水平。因此，消遣阶层比较倾向于参加较成熟的休闲活动，获得身心的放松是其休闲的主要目的。受传统价值观等因素的影响，他们在休闲资本与创意资本的投入方面远远低于休创阶层和休畅阶层。作为休闲活动的参与者，消遣阶层有着强大的自我满足感，他们的休闲涉入是较低的，一方面，消遣阶层虽然在休闲活动中同样投入了大量的闲暇时间，但收获到的休闲体验只在消遣层面，乐价比最低；另一方面，虽然他们也积极参与休闲活动，但对其他群体成员的关注度以及投入度是无法与休创阶层和休畅阶层相提并论的，一般较少激发其他成员的休闲创意，对休闲活动的开展与推动作用和对社会的贡献不明显，创意思维有限。与其他两个阶层相比，消遣阶层创意投入最少，只愿意被动地接受休创阶层的理念与思维，满足浅层次的欢愉，既不愿自己创新，也不愿意推动创意与休闲氛围的形成。因此，这类人群可被界定为：以满足自身快乐为目的，利用闲暇时间从事无须经验与技巧的休闲活动的群体。

三、休闲阶层的特征

（一）自由流动性

休闲阶层不是封闭的堡垒，而是开放的系统，其内部成员的结构不断发生着变化。一方面，休闲分层的标准决定了休闲阶层具有向上的自由流动性。休闲资本和创意资本并非传统物质性资本，而是偏重精神层面的社会资本。随着大众休闲时代和人人创意时代的到来，休闲成为人们日常生活中的必需品，创意同样随处可见，因此，每个人都可以根据自己的努力自由获取充足的休闲资本和创意资本。于是，休畅阶层和消遣阶层可通过自主地提升休闲和创意资本，向更高的休闲阶层转变；另一方面，休闲阶层同时具备向下自由流动的特征。比如，当休创阶层无法保持自身的休闲和创意优势时，就会被崛起的休畅阶层所取代，但是其成员也可以遵循自己的意志，自主选择阶层位置。如果休创阶层选择停止使用自己的阶层优势，只愿意成为休闲和创意思维的传播者，并享受在传递过程中获得的愉悦，此时，休创阶层便自然成了休畅阶层。

（二）高度互动性

休闲阶层之间以及阶层内部的平等性、包容性与价值共创性是构成其高度互动性的直接原因。高度互动性是休闲阶层区别于其他社会阶层的重要特点。其高度互动性主要体现在两个方面：第一，阶层互动。休闲具有大众性的特点，在相同的休闲活动中同时存在不同层级的休闲阶层，为其高频互动创造了良好条件。休创阶层作为休闲榜样，为休畅阶层与消遣阶层提供知识、经验和创意，接受其为活动开展提供的优良建议和意见，组织活动的开展，引领休畅阶层与消遣阶层不断提升。休创阶层会主动与消遣阶层沟通，识别其具体需求，与消遣阶层建立联系，提供契合其需求的产品，组织活动的开展。消遣阶层则通过与休畅阶层相互交流、分享信息、开展人际互动，获得经验与知识，从而提升自身的体验价值。第二，层内互动。同一阶层内部的成员投入的休闲和创意资本相近，在休闲活动中拥有更多的共同语言，这势必利于顺畅沟通，从而增加成员互动的频率。

（三）差异共享性

纪伯伦在《沙与沫》中写道，"人的意义不在于他获得了什么，而在于他想获得什么。"人终究是一种美好而各具差异的动物，这不仅体现在受教育程度、职业、年龄等方面，而且更重要的是，人的趣味、偏好千姿百态。休闲作为人的高级趣味体现，自然也是因人而异，正如罗曼·罗兰所言，每个人都有他的隐藏的精华，和任何别人的精华不同，它使人具有自己的气味，这在不同休闲阶层之间体现得淋漓尽致。但人是一种类存在，是相互影响、相互依赖的共在，正如17世纪英国诗人约翰·多恩所言："没人能自全，没人是孤岛，每人都是大陆的一片，要为本土应卯。"各个休闲阶层在保留差异的同时，也在通过时刻的共享来提升休闲体验，其基础在于休闲各阶层间的共同休闲价值——追求快乐。因此，人的差异性构成了精彩纷呈的世界，而共同的价值追求使共享成为一件轻而易举的事：各休闲阶层并不是唯我独大式的单一发展，而是尊重他者，包容其他阶层的共享式发展，是资源共享、创意共享、智慧共享。差异共享提升了休闲阶层生活的格调，使成员可以通过休闲实现精神上的人人平等。

随着社会物质财富的极大富裕，由经济收入、社会地位、受教育程度、职业等因素造就的阶层区隔逐步被消解，休闲正作为社会分层的新标准而被纳入学术视野。休闲分层以公平为起点，以休闲资本与创意资本作为阶层划分的考量指标，强调每个主体都可以从容不迫地享受平凡而惬意的人生，它与休闲时代的价值观是高度契合的，就如同篇尾案例中的乞丐一样。

国王、乞丐和阳光浴

一个乞丐，只有一条毛毯，然而他每天穿着破衣烂衫，晒着太阳，很愉快。而有一个国王，衣锦食丰，却不快乐。后来国王遇到乞丐，惊讶于他的快乐，想与他攀谈，乞丐却说："躲开。别挡着我的阳光。"对于乞丐，阳光就是他宝贵的也是唯一的财产。然而，他心里盛满了阳光，就是最富有、最快乐的了，他还需要别的什么吗？

也许，生命的意义就在于享受阳光吧。而阳光对于每一个人都是公平的，不分男女，不分贵贱，每个人都有享受阳光的权利。同样，在阶层中，最高端与最低端在休闲面前是平等的。快乐是平等的。

在日本，休闲被纳入强大的社会保障系统，政府不仅看着货币交易环节，而且盯紧休闲的全过程，提供健康支援。劳动福利会等半官方机构、民间团体经常组织老人、家庭主妇、公休日在职者参加休闲活动。针对女性开发的一日游、亲子游品种繁多。可以说，只要有休闲需要，就一定能在居住区域内找到非营利休闲组织。休闲，更多地被放在"事业"而非"产业"的框架中，许多活动具有公益成分。令日本困扰的反而是公共设施经营几乎都是赤字，使用效率低下。又如休闲产业高度繁荣的美国，政府要事先把它纳入公共政策和城市规划中，针对休闲设施种类、人均占有量、布局、社会效益、经济效益等，都有一套具体可操作的标准。再如世界旅游大国西班牙，该国极其重视休闲产业的规范，不仅严格执行欧盟分级收费、合理收费等一系列规章，而且清晰地界定了休闲事业和休闲产业，禁止事业单位的商业化。依赖如此多元、丰富的各级休闲措施，富人的奢侈休闲自不在话下，就连穷人，凭着勇气和技巧、怀揣一点零钱，游历黄金海岸，也并非白日做梦。

（节选自龚丹韵. 当休闲成为一种权利[J]. 解放日报，2007-11-15：07.）

 复习思考题

1. 什么是社会阶层？其评价方法有哪些？
2. 不同社会阶层的休闲活动各自有哪些特点？造成这些差别的原因是什么？

3．什么是休闲共同体？它通过什么方式弥合阶层差异？
4．无论身份高低，只要会消遣就是幸福。结合本章内容谈谈你对这句话的理解。
5．你认同"休闲是对当前中国社会分层新解读"的说法吗？为什么？
6．什么是休闲阶层？它有哪些类型和特征？

本章参考文献

[1] BARBER B. Social stratification: a comparative analysis of structure and process[M]. New York: Harcourt and Brace，1957.

[2] SHIPWAY RICHARD，IMMY HOLLOWAY. Health and the running body notes from an ethnography[J]. International review for the sociology of sport，2016，51(1).

[3] J．保罗·彼得，杰里·C．奥尔森．消费者行为与营销战略[M]．徐瑾，译．大连：东北财经大学出版社，2010.

[4] [日]渡边雅男，韩冬雪．现代日本社会结构的阶级分析[J]．政治学研究，2008（1）：26-34.

[5] 陈来成．休闲学[M]．广州：中山大学出版社，2009.

[6] 陈宝成．北京市非正式跑步群体发展现状与对策研究[D]．北京：北京体育大学，2016.

[7] 贾英健．认同的哲学意蕴与价值认同的本质[J]．山东师范大学学报（人文社会科学版），2006（01）：10-16.

[8] 韩丽．基于共趣社区的休闲消费行为研究[D]．杭州：浙江工商大学，2012.

[9] 韩先华．基于关系利益契合的顾客关系价值提升研究[D]．西安：西安理工大学，2009.

[10] 龙芳．阶层融合视角下运动休闲社群契合关系研究——基于马拉松社群的实证[D]．杭州：浙江工商大学，2019.

[11] 刘鑫娟. 90年代以来我国城市非正式体育群体发展研究[D]．北京：北京体育大学，2011.

[12] 吕鸣章．共享发展：从包容性发展到差异共享[J]．苏州大学学报（哲学社会科学版），2017，（6）：56-57.

[13] 马惠娣．"八个零"：折射中国农民工休闲生活境况之忧[J]．毛泽东邓小平理论研究，2010（12）：19-24.

[14] 切排，李元元．民族地区多元文化互动动因的微观解读——以甘肃天祝天堂村汉族成员"煨桑"行为为例[J]．西北民族大学学报（哲学社会科学版），2009（03）：104-110.

[15] 孙燕．试论工业化时期美国社会阶层的转变[J]．重庆科技学院学报（社会科学版），2007（6）：20-21.

[16] 杨国斌. 社会阶层论[M]. 北京：中国社会科学出版社，2009.

[17] 杨继绳. 中国当代社会阶层分析[M]. 南昌：江西高校出版社，2011.

[18] 谢彦君. 旅游体验的两极情感模型：快乐—痛苦[J]. 财经问题研究，2006（5）：87-92.

[19] 尹瑞. 基于共趣社群的休闲分层研究：驱动机制与演化模式[D]. 杭州：浙江工商大学，2018.

[20] 于光远，马惠娣. 于光远马惠娣十年对话：关于休闲学研究的基本问题[M]. 重庆：重庆大学出版社，2008.

[21] 郑晨. 阶层归属意识及其成因分析——中国广州市居民的一项调查[J]. 浙江学刊，2001（3）：115-117.

第三部分　休闲行为与休闲体验

休闲是人从事的寻求生命意义的活动。在休闲心理学视野中，休闲行为与休闲体验是获得人性成长的重要途径。这里的人不是抽象的人，而是实实在在、有血有肉，会享受、会受苦、会恐惧，又有自己的人生计划并渴望获得休闲快乐的个体。这些个体脆弱但独立，微小却完整。休闲的价值就看它能否给予这些个体丰富的体验，能否令这些个体产生"情感共鸣"。所有对休闲的思考都离不开人，离不开对个体休闲体验和命运福祉的关怀。人为什么要通过休闲来栖息灵魂、安顿生命，如何让休闲丰富人生之真我，这是休闲学必须考量的问题。

第八章
休闲动机与休闲制约

从心所欲——英国老兵伯纳德·乔丹的故事

2014年夏日的一个清晨,89岁的伯纳德·乔丹终于下定决心出逃。这位前英国海军军官将要前往诺曼底与其他二战老兵会合,一同参加登陆日70周年的庆祝活动。但有一个问题很棘手:他被"困"在了英国海滨城市霍夫的一家养老院里,根本无法获批出行。怎么办呢?伯纳德心生妙计。那天,他早早起床,穿上最称心的外套,认认真真地戴上自己获得的每一枚勋章,然后披上灰色雨衣掩人耳目,悄悄地溜了出去。出逃计划宣告成功!接着,他步履蹒跚地来到一英里以外的火车站,坐上开往朴次茅斯的最后一班列车,抵达后,又换乘轮渡前往法国。在船上,他与一众老兵成功"会师",共同开启了余下的旅程。

养老院的工作人员发现他失踪后,警察迅速在霍夫的大街小巷和当地医院展开地毯式"搜捕",但为时已晚,此时的伯纳德已经跨过英吉利海峡,正在现场乐队奏响的美妙音符中开怀畅饮。"每一分钟都是享受,我还会再来一次。真的非常开心!"他在返程途中感慨道,"我知道回去之后,养老院不会放过我,但一切都值了。我这么贪玩,肯定不会放过这样的机会。"

伯纳德大出逃的故事迅速席卷了英国各大媒体,把王室和各国领导人的年度演讲统统挤下了头条。那家轮渡公司还提出免费赠送伯纲德前往诺曼底的摆渡船票,终身有效。但他却未能领受这份礼物:六个月后,他离开了人世。

(节选自[英]罗曼·柯兹纳里奇. 重新活在当下[M]. 李英松, 译. 北京: 北京联合出版公司, 2018: 2-3.)

老兵伯纳德尽管年事已高,依旧竭尽所能地摆脱重重束缚,实现内心的渴望,这是他的价值追求。每个人由于对于人生与休闲的认知不同,休闲价值观自然也不同。古人云:流水之声可以养耳,青禾绿草可以养目,观书绎理可以养心,弹琴写字可以养脑,逍遥杖履可以养足,静坐调息可以养筋骸。如此境界,使自我心境与天地自然有机交融,这便是中国人"宁静逸远"的休闲价值观。不同的价值观引发的休闲动机与休闲制约也可能会有所差别,因此树立正确的休闲观,明确自己的休闲动机,突破休闲制约,提升休闲绩效,是文明休闲与智慧休闲的关键步骤。

第一节 休闲价值观

爱因斯坦曾说过:"人们解决世界的问题,靠的是大脑思维和智慧。"而王小波则在《沉默的大多数》中写道:"成为思维的精英,比成为道德的精英更为重要。"笔者对此深以为然,人与人之间的根本差异就在于价值观或思维方式的不同,一个人的思维层次,决定了他的人生格局。

一、休闲价值观的概念

世界观、人生观、价值观是主体思想意识最高层次上的"三观"。价值观是世界观的组成部分,是世界观在价值问题上的具体化。现实社会中,每个人都有自己的价值观,它是个人自我意识的核心,构建着个人的精神家园,回答着人生的价值和意义,统摄着人的生存和发展,普遍地、深层次地制约、规范、引导着人的全部生活和实践活动。[①]价值观作为一种精神实践,发挥着其他社会意识所不具有的特设功能,它是左右个人思想和行为的主导因素。从个体价值观的功能上看,个体努力使自身价值观符合社会的价值要求并指向社会的价值目标,不断审查过滤自己的动机、欲望、需要、意图,判断失误价值的有无,并进行价值优劣的选择,以形成个体为人处事的价值标准和价值目标,从而激励个体为实现之而努力。概括地说,个体价值观具有行为指导的规范功能、行为持久的激励功能、价值有无的判断功能、价值优劣的选择功能、价值目标的定向功能等,对个体的成长发展具有重要的意义。

从不同的角度可以将价值观划分为各种类型,休闲价值观是以价值观发挥的社会职能为分类标准划分出的一种具体价值观[②],是价值观的重要组成部分,位于心态文化层最稳定与最核心的位置,内在地包含着对休闲的评价,什么样的休闲具有价值,什么样的休闲不具有价值,应该选择什么样的休闲,应该避免什么样的休闲,审查个体的休闲动机、欲望、需要、意图等,制约、规范、引导着人们的全部休闲生活和休闲活动。因此,休闲价值观是人们对休闲价值问题的根本看法,是人们在处理休闲价值关系时所持的立场、观点和态度的总和。

人们休闲动机与休闲制约的形成,根本上是休闲价值观主导下的结果。休闲价值观主导下的休闲动机诱发过程如图8-1所示。

二、休闲价值观的变迁

不同国家和同一国家的不同发展时期,休闲价值观呈现出不同的特点。古希腊人休闲追求的是"唯美人生的境界",文艺复兴时期"人性解放"为休闲营造了享乐的氛围,自由

[①] 吴向东. 价值观的核心问题及其解答的前提批判[J]. 马克思主义与现实,2010,(1):161-165.
[②] 周玲强,范平. 我国小康社会大众休闲价值观及其发展趋势研究[J]. 浙江大学学报(人文社会科学版),2005,35(6):12-18.

意志的建立和对自由的追求构成了现代西方休闲价值观的主流。①中国人的休闲价值观讲求"体静心闲""宁静致远"。周玲强、范平认为，我国小康社会将出现的休闲价值观的总体发展趋势是休闲将成为生活中更有价值的一部分内容，或是更应该注重的一种生活"质量"。②刘根认为，基于社会和谐的休闲价值观表现为追求身心和谐、追求人与社会的和谐、追求人与自然的和谐以及追求休闲的经济价值。③

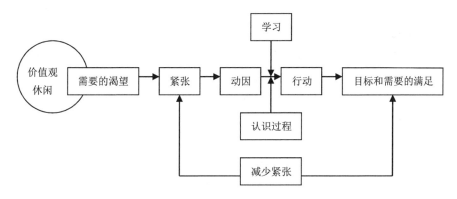

图 8-1　休闲价值观主导下的休闲动机诱发过程图

从全球来看，人们努力在工作和休闲之中达到一种自然、和谐、平衡的状态，工作伦理逐步向休闲伦理转变。总体而言，"自由、快乐、承担社会责任"是 21 世纪人类的休闲价值观。

第二节　休闲动机

电影《大佛普拉斯》中有句台词："虽然现在是太空时代，人类早就可以坐太空船去月球，但永远无法探索别人内心的宇宙。"动机是隐藏在冰山之下的内心宇宙，休闲动机则是激励人们参与休闲活动的内在动因，对此进行深入研究，对消除休闲制约因素、理解休闲行为大有裨益。

一、休闲动机的概念与特点

（一）休闲动机的概念

休闲动机是指引起、引导和整合个人休闲活动，并导致该休闲活动朝向某一目标的内在心理过程，休闲动机是产生休闲活动的主观原因。④休闲动机是激励人们参与休闲活动的主观愿望和要求，有什么样的休闲主观愿望和要求，就会有什么样的休闲动机。有很多理论可以解释休闲动机的形成，其中代表性的有不平衡理论、个人/社团理论、补偿/溢出

---

① 张雅静. 西方休闲价值观解读及启示[J]. 中共中央党校学报，2010，14（4）：110-112.
② 周玲强，范平. 我国小康社会大众休闲价值观及其发展趋势研究[J]. 浙江大学学报，2005，35（6）：12-18.
③ 刘根. 基于社会和谐的休闲价值观[J]. 江苏商论，2005（5）：107-109.
④ 李仲广，卢昌崇. 基础休闲学[M]. 北京：社会科学文献出版社，2004：135.

理论、熟悉/好奇理论等。不平衡理论认为，当人在生理或者心理上处于一种匮乏的状态时，就会产生一种驱动力，个体就会在这种动力的驱使下去平衡落差、补足需求，这种驱动力表现在休闲理论方面就是休闲动机。个人/社团理论认为，休闲者可以是为了自己而进行休闲活动，也可以是为了他人或者说受他人的影响而进行休闲活动。有相当比例的休闲行为会受到休闲者所处的团体的影响，这种影响可以分为主动影响和被动影响。人类是喜欢群居的动物，大多数人还是愿意并渴望与同伴、同事、亲人等一起享受休闲的乐趣，而且一般情况下，同伴之间有着相同的年龄和知识结构，相同的文化背景，相同的感兴趣的话题，相同的宗教信仰等，这使得团队休闲行为的组织变得十分便利，这就是社团带来的对个人休闲行为的主动影响。而有时候虽然个人主观上并不愿意参加某项休闲活动，但由于所处的社团中的其他成员都有这个意愿，个人就不得不跟从社团的意愿。补偿/溢出理论则从另一个侧面阐释了休闲动机的产生原因。恩格斯和马克思最早提出了补偿理论（The Compensation Theory），随后，维纶斯基（Wilensky）进一步丰富了补偿理论。他认为，工厂那种令人窒息的节奏会驱使人寻求强烈的、爆炸性的补偿。伯奇（Burch）认为一个人只要有机会避开平时的例行工作，他多半会找到一件完全相反的事来做。补偿理论表明这样一个逻辑关系：工作是持续的、被迫的、令人疲倦的劳动，让人感觉沉闷、乏味，休闲是工作这一苦差事的一种补偿或代替，个体从中可以寻求到工作领域中无法得到的快乐。溢出理论（The Spillover Theory）则是指将生活其他领域中的快乐和体验带到休闲世界中。1971年，英国学者亚瑟·彭蒂在《对后工业国家的研究》一书中提出，后工业国家是休闲国家。1962年，葛拉齐亚在其论著《关于时间、工作与休闲》中指出，休闲是一种难得的使人崇高与成功的理想存在状态，我们不应该把休闲仅仅当作工作后的消遣和恢复，而应在休闲中实现工作的目的。而维纶斯基的溢出理论指出，工作向休闲流畅地蔓延，将生活其他领域的快乐和体验带到休闲世界中，工作体验和内容极其令人愉悦，以致人们在闲暇里也愿意继续从事这种活动。熟悉/好奇理论的创立者斯坦利·C.布劳格（Stanley C.Plog）以个性心理模型来阐述人们休闲的动机。布劳格以心理分析人格概念为基础，将性格类型分为保守型和开放型。开放型显觉的特质表现为实验性、冒险性和自信，这样的休闲者偏好新奇的休闲活动和场所，享受体验新环境；而保守型则表现为感情内敛、神经质、缺乏冒险性，他们寻求熟悉感与具有家乡气息的符号，缺乏探索、体验新事物的精神。当保守型人格特征的人初次进入一个完全陌生的语言文化环境时，因失去了自己熟悉的种种符号容易产生焦虑和茫然的情绪，这就是美国人类学家奥伯格所指的"文化休克"（Culture Shock）现象。布劳格的研究发现，在总人口中，个人的个性特征接近于正态分布，在保守型、中间型和开放型之间还存在着两个过渡类型：近保守型和近开放型，这样就组成了完整的个性心理模型（见图8-2）。根据布劳格的观点，保守型的休闲者喜欢到熟悉的目的地从事休闲活动，或者是从事熟悉的休闲活动项目；而开放型的休闲者则常常是休闲活动的"开拓者"，喜欢新兴的休闲活动项目，甚至于自己开拓、发展新的休闲项目。

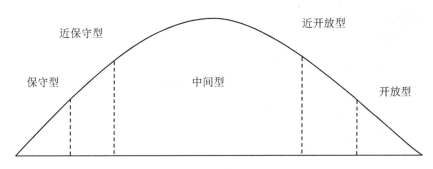

图 8-2　Plog 的个性心理模型

（二）休闲动机的特点

休闲动机有以下几个基本特点。

1. 休闲动机总是指向人类的一些基本目标或者是需要

例如，一个人想要郊游，可能是因为长时间工作太疲劳了。在这里，郊游并不是休闲动机，放松才是休闲动机。因此，休闲动机关注的是人们休闲行为背后的根本原因。

2. 休闲动机具有同一性

人类的基本休闲动机大致相同，但是用来满足这些休闲动机的方式却可以是多种多样、因人而异的。例如，同样是为了缓解疲劳、放松心情，A 选择郊游，而 B 选择看电影。

3. 休闲动机是错综复杂的

个体的休闲动机与休闲行为之间的关系不是一一对应，而是纷繁芜杂的。一方面，同样的休闲动机可以表现为不同的休闲行为，如上例。另一方面，同样的行为背后可以隐藏着不同的休闲动机，如 C 和 D 在一起打网球，C 是为了强身健体，而 D 则为了建立社会关系。

4. 休闲动机是一个动态的过程

人们可以通过参与休闲活动、满足休闲动机来获得短暂的"畅爽"的感觉，但这种感觉并不会一直持续，人们也极少达到完全满足的状态，因而新的休闲动机又会产生出来，驱使着人们参与另一项休闲活动。

二、休闲动机的分类

总的来说，休闲动机可以分为两大类：一为心理类动机，是指为满足个体的心理需求而产生的休闲动机，如因疲劳而产生休闲愿望；二为生理类动机，是指为满足个体的生理需求而产生的动机，如因腹饥、口渴等较为原始的需求而产生的休闲愿望，多为与生俱来的。

李仲广等学者在综合了 J. L. 克罗姆顿、贝维·德赖弗等国外学者的观点后，将参与休闲活动的动机归结为 15 个方面：

（1）欣赏大自然，从现代工业化文明中获得暂时的解脱；

（2）暂时逃离或忘却日常的生活、工作、感情等方面的责任；

（3）寻求回归自然的活动形式；

(4) 创造性地发挥平时受到压抑的个人潜能；

(5) 全身心地放松；

(6) 有机会遇到或结识不同的人；

(7) 结识异性并在减少社会压力的情况下与之交往；

(8) 寻求不同于日常生活的家庭活动；

(9) 寻求刺激；

(10) 获得成就感、挑战性和竞争感；

(11) 提高个人修养并获得某种反馈；

(12) 消磨时间、避免无聊；

(13) 求知性的审美活动；

(14) 利他主义行为；

(15) 获得社会承认及提高在非正规组织中的地位。

上述分类方法较为详细具体，但概括性不足，注重表象而缺少对实质性心理内容的分析。笔者认为，休闲动机是休闲活动产生的内在推动力，是休闲者内心的一个选择过程。美国著名心理学家、哈佛大学教授麦克利兰提出了一个著名的冰山模型。在这个模型中，他把人的素质描绘成一座冰山，这座冰山分为水面之上的和水面之下两个部分。水上的部分是表象特征，指的是人的知识和技能，通常容易被感知和测量。水下的部分是潜在特征，主要指的是社会角色、自我概念、潜在特质、动机等，这部分特征不容易被挖掘与感知。因此笔者试图从纳什的休闲层次理论入手，用新的视角探讨休闲动机的分类问题，如图8-3所示。

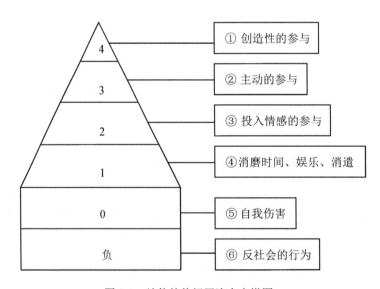

图 8-3 纳什的休闲层次金字塔图

在纳什的休闲层次理论中，人们参与休闲活动的行为从高到低可分为金字塔型的六个层次，依次为：①创造性的参与（Creative Participation），如绘画、作曲、写作等；②主动的参与（Active Participation），如戏迷看戏等的追随行为；③投入情感的参与（Emotional Participation），如游赏、观看等欣赏行为；④消磨时间（Killing Time）、娱乐（Entertainment）、消遣（Amusement），如看电视、逛街等解闷行为；⑤自我伤害（Injury or Detriment to Self），如酗酒等放纵行为；⑥反社会的行为（Acts Performed Against to Society），如赌博、吸毒、犯罪等不良行为。纳什的休闲层次理论反映了人们在不同动机的驱使下参与不同层次的休闲活动，随着层次的提升，人们所体验到的自我实现和发展的满足感以及人对自身能力的开拓程度也得到了提高。

根据纳什的休闲层次理论，我们将休闲动机分为以下六种。

1. 自我实现和挑战

这种休闲动机所引致的休闲活动本身就可成为个人取得成功与成就的象征，个体能从中获得独立感、优越感、自信心，这是为了满足个体自尊、自我实现等高层次心理需求所引发的一种休闲动机。例如，某人从事创造性的休闲活动——绘画是为了提高自我价值，挑战自我能力，并获得更多人对其绘画才能的肯定，以及满足个体自身在绘画方面的成就感。

由这种动机所引发的休闲活动属于精神层次较高的类型，不仅可以培养闲情逸致，而且可以陶冶情操，因此它对休闲者的知识结构和文化修养提出了较高的要求，因而文化程度和社会地位较高的休闲者更容易产生自我实现和挑战的休闲动机。

2. 发展个人兴趣

人们愿意花费闲暇时间来追求能激起个人兴趣的休闲活动，这里的兴趣可以是对生活、工作、学习等方面有帮助的兴趣，也可以是单纯的娱乐兴趣，但从精神层次而言，因这种兴趣而引发的休闲活动所带来的精神的愉悦要比休闲动机的第一种类型（自我实现和挑战）低。与该休闲动机相关的休闲行为有打麻将、阅读、打球等，当然也包括为发展社会关系、拓宽交际而进行的休闲活动，以及融入大自然、了解世界等的旅游活动，因为这些也可能成为个人兴趣、爱好的一个方面。

3. 放松

放松是休闲动机中最一般、最常见的动机，是休闲活动的永恒动机，主要涉及两个层面：身体的放松和心理的放松。身体的放松是最基本的放松动机类型，是人们经过劳累工作而体力透支后自然而然产生的一种休闲动机，这时人们会选择轻松、惬意、无须耗费太多体力的休闲活动方式来达到缓解身体疲劳的目的，如看电视、听音乐等。心理的放松对脑力劳动强度比较大的人群而言尤其需要，这类人群虽然体力支出不大，但长时间的脑力支出更容易疲劳，因此这类人群为得到身心的平衡，会从事一些体力耗费量大的放松活动，如运动、爬山等。

4. 消磨时间

很多时候人们并不是因为生理或心理上的需求而进行休闲活动，而仅仅是为了打发无聊的时光。因此，这类动机具有一定的无目的性和非刻意性，一般而言有这类休闲动机的人群并不介意所从事的休闲活动是什么或者跟什么人一起从事，因此常带有强烈的无所谓的态度。与该动机相关的休闲活动包括为消磨时间而从事的打牌、玩网络游戏等活动。

5. 放纵

在生活压力越来越巨大的现实社会，放纵的休闲动机越来越凸现其在现代人休闲生活中扮演的角色。西方国家对消极行为中的自我放纵的判断是将其纳入人性自由选择的范畴，因此毒品的泛滥、色情的传播成为西方现代文明的社会肿瘤。而对社会秩序损害程度较低的酗酒、吸烟等因放纵动机而产生的行为，也成为较常出现的休闲行为。

6. 失控

当理性思考无法驾驭情绪时，人就会失控。当人们在失控状态下时，所从事的休闲活动就可能具有一定的反社会、反法律的色彩，如沉迷性质的赌博及其他犯罪行为。

以上六种休闲动机，根据对自身、对社会是否有益或有害可分为两类：积极的休闲动机和消极的休闲动机。积极的休闲动机包括自我实现和挑战、发展个人兴趣和放松，消极的休闲动机包括消磨时间、放纵和失控。由此，休闲动机的类型和每种类型所包含的其他休闲动机的细分类可用表 8-1 表示。

表 8-1 休闲动机分类表

休闲动机	积极的休闲动机	自我实现和挑战	挑战极限、提高威望、实现自我价值、满足好奇心等拓宽
		发展个人兴趣	增长个人见识、体验自然、人际关系、体验异地生活、欣赏美景、参与各类文化活动等
		放松	摆脱与放松、远离日常生活、恢复体力、消解生活的压力等
	消极的休闲动机	消磨时间	无所事事等
		放纵	纵欲、自我沉溺等
		失控	犯罪等

第三节 休 闲 制 约

一、休闲制约概述

（一）休闲制约的历史发展

休闲制约（Leisure Constraints）是限制休闲偏好形成或阻碍人们参与并享受休闲的因素，这些因素往往通过研究者假定和/或通过个人感知体验而得出。[①]对休闲制约的研究由来已久，正如古德尔（Guder）和维特（Werther）所指出的，这一领域的缘起甚至可以追溯到 19 世纪北美公园休闲运动的源头。然而，在 20 世纪 80 年代前，大部分的休闲制约研究都是实证式的，研究者倾向于就制约因素和它们对人们休闲娱乐的影响做出某种假设。这一时期，休闲制约更多地被混同于"休闲参与障碍"，简单地将制约因素理解为从偏好到

---

① [加]埃德加·杰克逊. 休闲的制约[M]. 凌平，等，译. 杭州：浙江大学出版社，2009：3.

参与过程中的阻碍因素，即休闲制约因素仅仅影响的是参与或不参与，甚至认为休闲制约是无法逾越的、静止的。然而，"休闲制约"（Leisure Constraint）与"休闲障碍"（Leisure Barrier）是两个有区别的概念。前者是指一种限制和影响到休闲行为活动过程及品质的力量，这意味着一个人的休闲行为活动受到一系列身体的、道德的或者是环境的因素的限制；而后者通常可以理解为一种结构性的休闲阻碍。1987年，克劳福（Crawford）和戈比（Godbey）在《休闲科学》上发表了《对家庭休闲的障碍重新思考》一文，首次突破了对休闲制约研究的桎梏，将休闲偏好与休闲制约联系了起来，大大地拓宽了休闲制约的研究范围。随后，杰克逊（Jackson）等人提出了个人和人际制约因素的重要性，并且构建了等级/协商模型，认为协商能够影响个人克服制约的程度。这是对原有的"休闲制约是无法逾越"的观点的超越，使休闲制约研究取得了实质性进展。到20世纪90年代中后期，休闲体验被纳入休闲制约考虑范畴，体验受到制约这一观点在研究文献中得到认同，认为休闲体验质量的制约与参与活动制约在休闲活动中同等重要。

然而，到目前为止，休闲制约的研究还是在一些基本问题上纠缠，制约概念及相关的重要问题仍未解决。休闲制约研究的焦点仍然是结构性制约，即便我们已经清楚地了解到人际制约及内心制约对休闲的影响更为直接。

（二）研究休闲制约的价值所在

作为休闲学中一个独特而重要的分支，休闲制约的系统研究在早期却掀起了学术界的诸多争论，众多学者对以制约因素为视角进行的研究是否有价值产生了质疑。然而，休闲制约研究对丰富休闲内容、了解休闲行为、评估休闲绩效具有重要的作用，其理论与现实意义不容低估。

1. 丰富休闲内容

休闲已经成为越来越被广泛关注的课题，并且涉及哲学、心理学、社会学、经济学等众多学科领域。各研究领域与休闲学结合形成新的休闲学分支，并涉及休闲动机、休闲冲突、休闲供给等多方面内容。对休闲制约因素进行研究，可以对已经理解的休闲的各个方面产生新的见解，丰富休闲研究内容，更全面地对休闲进行深思。

2. 了解休闲行为

人们对休闲活动做出最终选择取决于众多因素，包括内在动机，即休闲偏好，也包括各项外在的积极因素，如充裕的闲暇时间和可自由支配收入等，当然，也不能忽略相关的消极因素，即休闲制约。要全面了解人们的休闲行为，必须对各类因素进行调查，辨明休闲相关变量与休闲制约因素的复杂关系。

3. 评估休闲绩效

休闲制约并不仅仅影响着对某项休闲活动的参与或不参与，更重要的是影响着休闲偏好和休闲体验的质量。对休闲制约进行研究，可以了解到休闲活动进行过程中参与者所能实现的满意度，并且有针对性地提出相关方案来调整休闲制约的影响程度，有效地将理论研究转换为完善的政策与措施，提升休闲绩效。

(三)休闲制约的分类

休闲制约通常分为三类:个人内在制约、人际交往制约和结构性制约。

1. 个人内在制约

个人内在制约是指阻碍休闲者参与某项休闲活动的个人心理障碍,如压抑感、焦虑感、沮丧感、宗教信仰、朋友的态度、自己对某一特定休闲活动的能力感等。人们可能会在周末突然觉得没兴趣而取消了原定的登山活动,也可能因为心情不好而失去了和朋友逛街、喝茶的兴趣,这些心理因素都可能成为个人内心中的阻碍,使人们无法参与某休闲活动。个人内在制约在男女之间表现得更为明显,因为两性对不同休闲项目感兴趣的程度差异很大,如男性喜欢具有刺激性、危险性的休闲项目(如球类、赛车等),而女性偏爱轻松的、解压类的休闲项目(如逛街、聊天等)。

研究表明,创伤性事件往往会造成更深的个人内在制约。譬如,某人参加某次活动获得了不好的体验或者受到了伤害,那么此人对同类休闲活动便会产生一种排斥的心理,或许他参加这类活动的行为能力并没有丧失,但是对此类活动的意义已经有了新的解读。

2. 人际关系制约

人际关系制约涉及人与人之间的相互关系和相互作用,来源于家庭、朋友及相关联的群体。如当你想组织一次大学班级的集体旅游时,由于没有人响应,或者说很少人响应而不得不取消计划;又如你很想打羽毛球,但找不到同伴。由于很多休闲活动必须要找同伴一起参与,而这往往又是最难以控制和设计的,因此,就会有各种繁杂的人际交往的障碍阻碍人们顺利地进行休闲活动。另外,同样的休闲活动,参与者的人际关系不同也会影响到休闲体验的质量,与朋友一同聚会唱歌往往比与父母一起来得更加快乐。

3. 结构性制约

结构性制约在相关文献中曾被频繁地提及,最普遍适用的内容包括参与成本、时间及其他方面的保证、设施问题、阻隔(社会阻隔和地理阻隔)及技能和能力的缺乏。[1]譬如一个人有滑雪的意愿,但客观的原因使他不能实现这个意愿——或者是积雪不够厚,或者是没有足够的时间。不过这种因素的限制也并不是绝对的,如果滑雪的意愿足够强烈的话,就算是借钱、凑时间也会专程跑到一个场地环境好的地方滑雪。很多结构性的借口,像"没有时间",就经常暗含了这样的意思。没有做成某项休闲活动是因为休闲者对做这件事的意愿还没有强烈到可以放弃其他事情的地步。比如,某人可以说"腾不出足够的时间"陪父母聊天,但却总有足够的时间看上好几个小时的电视。个人一旦认定某件事的成本高于收益,就不会去做,有一种所谓的交换理论(Exchange Theory)就是建立在这样的假设上。但有时,某一项休闲活动的结构性障碍即使不是绝对无法克服的,却也使人感到无可奈何。如某人很想出去旅游,但由于流行病泛滥(如SARS),因此不得不取消行程。

---

[1] [加]埃德加·杰克逊. 休闲的制约[M]. 凌平,等,译. 杭州:浙江大学出版社,2009:8.

二、特殊群体的休闲制约

（一）残障人士的休闲制约

世界卫生组织命名的国际功能、残疾和健康分类（International Classification of Function, Disability and Health, ICF）将身心功能紊乱或因后天社会意外所造成损伤后果的社会人定义为"残障者"。国家统计局、国务院第七次全国人口普查领导小组办公室于2021年5月公布了最新统计的数据，我国人口总数为14.1178亿人。根据中国残联最新统计的数据，我国各类残疾人总数是8500万人，中国残疾人数量约占中国人口总数的6.21%。从城乡分布看，生活在农村的残障人口约占总数的75%。

休闲是人类共享的平等权利，残障者由于自身限制无法充分保障参与社会活动的可能性，因而往往对休闲抱有更迫切的需求。西方发达国家在休闲设施、制度、教育等方面日臻完善，为残障者提供了合宜的环境，譬如美国国家游憩与公园协会（National Recreation and Park Association, NRPA）提出"全纳休闲"的概念，鼓励并为各种能力水平的人提供更多机会，使其有尊严地与他人一起参与生命活动且相互影响，提高个体全面积极地参与休闲活动与体验的可能性。[1]反观我国，虽然在和谐社会的发展背景下，政府大力倡导关注弱势群体，残障人士越发受到各界的重视和支持，然而受限于社会保障体系不健全和民众观念滞后等因素，残障者参与休闲活动时仍存在诸多制约。

1. 生理障碍的制约

许多休闲行为需要健全的体魄作为支撑，如体育运动、旅游等，而据统计，我国8500多万残障人口中绝大多数患有不同类型的生理障碍，其中，视力残障1263万人、听力残障2054万人、言语残障130万人、肢体残障2472万人。因此，一些普通大众看来易如拾芥的休闲活动，残障者们却力不从心，于是他们更加倾向足不出户的活动。研究表明，残障青少年选择的休闲方式排在前三位的分别为看电视、一个人发呆和上网，他们不愿意涉足户外休闲，如旅游、参观博物馆、参加体育运动等。[2]生理障碍是残障人士难以逾越的鸿沟，并大幅削弱了他们的休闲体验感。

2. 基础设施的制约

残障人士的休闲活动通常需要特定的基础设施，然而社会对残障者的关注大多聚焦于基本生活保障、康复、就业、教育等方面，有关休闲方面的投入和建设尚处于萌芽期。国务院于2012年出台了《无障碍环境建设条例》以保护残障者参与社会公共生活，但目前国内无障碍公共设施不健全、管理和维护不完善、覆盖面积不广泛等问题构成了残障者进入公共区域休闲的藩篱，加之公众因无障碍意识薄弱而随意侵占盲道等行为更加剧了困境的发展。此外，城市和乡村的现状相距甚远，城镇地区的残障者休闲设施建设尚且方兴未艾，广袤的乡村地区因经济发展滞后，其无障碍设施更几乎为零，令人扼腕。由于75%的残障

---

[1] 麦克林, 赫德, 罗杰斯. 现代社会游憩与休闲[M]. 梁春媚, 译. 北京：中国旅游出版社, 2010：102.
[2] 唐慧. 残疾青少年休闲娱乐状况研究[J]. 中国青年研究, 2015（04）：18-24.

者居住在农村,这意味着我国大部分残障人士的休闲受到了严重限制。此外,特殊休闲设备,如器材、服装等的匮乏进一步阻碍了残障者进行休闲。针对武汉市的残障者研究发现,由于休闲设施不完善、所在社区休闲设施缺乏,他们的活动场所一般为自己或朋友的家中,休闲项目也传统且单一。①大城市尚且如此,农村地区残障人士面临的严峻窘境可想而知。

3. 公众污名化的制约

社会学家高夫曼(Goffman)最早提出了"污名"(Stigma)一词,定义其为个体不受欢迎或耻辱的属性使他的个人地位在社会中受到贬低。学者管健认为,污名是社会对某些个体或群体的贬低性、侮辱性的标签,它使个体或群体拥有了(或被相信拥有)某些被贬抑的属性和特质,这些属性或特质不仅使被污名者产生自我贬损心理,也导致了社会对其产生歧视和不公正待遇。②残障人士由于先天或后天的缺陷,无法创造足够的社会价值且往往成为家庭负担,自然而然地成了公众污名化的"异类"对象,其过程综合了贴标签、刻板印象化、地位丧失和歧视等多种机制(Link & Phelan, 2001)。尽管随着人道主义的深入人心,大众对残障者的生存权利和社会保障愈加重视,但却普遍忽略了他们的休闲权利。在公共休闲中,污名化还会导致社会排斥(Social Rejection)现象的产生(Lucas & Phelan, 2012),使社会成员遭受经济层面、制度层面、文化层面及社会层面的排斥而处于弱势地位。同时,社会支持(如尊重、肯定、帮助等)也会递减,普罗大众将自己和残障人士区隔开来,造成双方之间社会关系的断裂,社会距离由此扩大。研究表明,社会排斥会导致一系列的消极情绪,如抑郁、焦虑、孤独、嫉妒等(Leary, 1997),成为制约残障人士进行休闲活动(尤其是社会性休闲)的巨大阻碍。

4. 经济条件的制约

休闲的本质是心灵和精神的体验,是一个人以乐活的姿态悠游在红尘之中,寻求内心的恬静、祥和与丰盈。林语堂曾说,享受休闲生活并不需要花费很多,它要比享受奢侈生活便宜得多,③"江山风月,本无常主,闲者便是主人",且取之不尽、用之不竭。然而,虽然休闲的本质是精神的浸润,但不可否认大多休闲活动都以一定的物质条件为基石,且不论高尔夫、马术、游艇等高消费休闲,普通的休闲活动,诸如体育运动、旅游、美食、看电影或演出等的花费日趋昂贵,经济基础俨然已经成为精神生活的前提。

据《2019年度中国残疾人状况及小康进程监测报告》显示,残障者家庭人均可支配收入为8 970.5元;农村残障者家庭人均可支配收入为4 836.7元。由于残障人士主要聚集于农村地区,这就意味着绝大多数残障人士的经济状况令人担忧,他们维持基本的生活已捉襟见肘,更遑论参与休闲活动了。调查表明,在制约残疾青少年休闲娱乐的因素中,排第一位的是"缺钱"(39.6%),尤其是涉及"旅游""参观展览"等户外活动时。经济方面的制约也是导致残疾青少年上网比例低的重要原因,残疾青少年与网络相疏离的原因中,"没

---

① 别江侠. 社会排斥视角下城市残疾人休闲娱乐贫乏原因探究——仅以武汉市为例[J]. 劳动保障世界, 2012(8):50-53.
② 管健. 污名的概念发展与多维度模型建构[J]. 南开学报(哲学社会科学版), 2007(5):126-134.
③ 林语堂. 生活的艺术[M]. 南京:江苏文艺出版社, 2010:145.

有上网条件"占了35.4%。[①]此外，肢体残障人士参与休闲活动需要配备特殊且价格不菲的辅助工具，这构筑了残障人士进行休闲活动的另一道令他们望而生畏的屏障。

5. 自我认知的制约

所有制约因素中，最直接的是残障人士自身的认知。首先，公众污名容易导致自我污名的产生（Corrigan，Watson，2002）。残障人士会内化其受到的污名，如偏见、歧视和贬低等公众态度，并将污名化态度转移向自身，形成对污名的认可和接纳，产生低落、羞耻、绝望等情绪，导致自尊水平的下降。低自尊残障人士的内在控制感更低，他们的休闲体验更容易受外部负面情境的影响，自我污名化程度会进一步加强，导致恶性循环。其次，残障人士饱受自卑情绪的困扰。精神分析学派心理学家阿德勒（Adler）曾说："肉体与环境不能协调一致，心灵就会产生一种负担，因此身体器官有缺陷的儿童在心灵的发展上比其他人蒙受了更多的阻碍，他们需要较多的心理和精力，才能获得相同的目标。"[②]残障人士往往会有不同程度的自卑感，表现为孤僻、忧郁、悲观，在休闲活动中常以为自己的残缺会受到异样的注视而尽力避免公众视野下的表现。再次，多数残障人士都有不同程度的社交焦虑症，社交焦虑会使他们产生恐惧和回避。《精神障碍诊断与统计手册（第五版）》（DSM-5）里将社交焦虑症定义为"个体由于面对可能被他人审视的一种或多种社交情境时而产生的显著的担忧和焦虑症状，且这种担忧和焦虑至少持续 6 个月并会导致社交、职业或其他社会功能受到影响"。社交焦虑会产生负性评价恐惧（Fear of Negative Evaluation, FNE），即对他人的评价感到忧虑，对他人的负面评价感到烦恼以及预期别人对自己会产生的负面评价。为了避免这种恐惧感带来的心理压力，残障人士会本能地选择回避群体性的休闲行为，拒绝被他人审视或评估，独自一人的居家休闲便成为他们的首选活动。

（二）宠物主的休闲制约

随着我国经济的蓬勃发展，居民生活水平与日俱增，大众休闲时代悄然而至，休闲行为日趋多元化。养宠物作为一种新兴的休闲方式，逐渐成为社会生活的新潮流，而"丁克家族"和"空巢家庭"等家庭模式的风靡致使成千上万的人（尤其城市居民）加入养宠物的大军。数据显示，从整体来看，我国宠物数量呈稳定上涨趋势。2020 年，我国宠物数量达 1.9 亿只，同比增长 3.1%。据中商产业研究院预测，2022 年我国宠物数量可达 2.2 亿只。宠物逐渐成为众多人的精神慰藉，宠物除了可以填补饥渴的情感需求，纾解无尽的寂寞孤独，丰富乏味的闲居生活，在信任式微的年代还能给人以最纯真的陪伴和温暖。米兰·昆德拉就曾说，"狗是我们与天堂的联结。它们不懂何为邪恶、嫉妒、不满。在美丽的黄昏，和狗儿并肩坐在河边，有如重回伊甸园。即使什么事也不做也不觉得无聊——只有幸福平和。"更有研究表明，养宠物能增强人体的免疫力和抵抗力。[③]但无可置否的是，许多因素制约着宠物主的休闲活动，导致其无法参加或被迫降低休闲投入。

---

① 唐慧. 残疾青少年休闲娱乐状况研究[J]. 中国青年研究，2015（04）：18-24.
② [奥地利]阿尔弗雷德·阿德勒. 自卑与超越[M]. 李心明，译. 北京：光明日报出版社，2006：30.
③ 徐春林，陈士良. 中国休闲文化大观[M]. 上海：上海文化出版社，2012：350.

1. 宠物黏性制约

一旦成为宠物主，不仅要满足宠物基本的生理需求，为其提供充足的饮食和舒适的生活环境，在与宠物的交往与互动中产生的强烈依恋情感也使得宠物主与宠物难舍难分。宠物黏性，也称宠物依恋，极大地制约了宠物主的休闲参与行为，宠物主会因担心家中的宠物在其休闲参与过程中难以得到周全的照顾而降低休闲意愿，因此在考虑是否参与休闲活动时势必会谨慎考虑。当然，休闲制约并非是静止的、不能逾越的，宠物黏性制约是典型的宠物主非携宠休闲制约因素，但能强烈刺激宠物主的携宠休闲参与行为（何玎嫣，2015）。而一旦携宠休闲，就会带来其他更多的制约因素。

2. 宠物可进入性制约

宠物作为伴侣已经轻松融入了家庭生活，然而目前社会的整体氛围对宠物的接纳程度普遍偏低，大部分的酒店、餐厅、景区等公共休闲场所均严格限制或分时段限制宠物的进入，公共交通工具对于宠物的运送也有诸多限制，住宿地也常出于环境清洁、影响其他客人的考虑难以接待宠物入住。宠物主客观上对于休闲地点、休闲出行方式、休闲时间的选择均十分有限，其休闲权利在现有的条件下难以得到保障，休闲体验十分有限（何玎嫣，2015）。比如，《上海市养犬管理条例》第二十三条就禁止携带犬只进入办公楼、学校、医院、体育场馆、博物馆、图书馆、文化娱乐场所、候车（机、船）室、餐饮场所、商场、宾馆等场所或者乘坐公共汽车、电车、轨道交通等公共交通工具，其他城市也均有类似的规定。此外，一些场所针对宠物进入要收取不菲的费用，如在上海月湖雕塑公园的售票处专设有宠物门票，每只30元。

3. 携宠休闲的时间制约

宠物主携宠休闲还会面临时间因素的困扰。第一类时间制约源自休闲活动本身。短程的携宠休闲活动需要在出发前准备相应物品，休闲过程中要花费额外的时间照料、引导和约束宠物并履行"铲屎官"的义务；若是携宠长途旅游，时间消耗更会飙升，尤其是在交通方面。高铁已经有托运宠物的业务，但是出行前一到两天主人需带上宠物及防疫证前往铁路部门认可的宠物卫生检疫部门体检，取得健康证明，并在出发前2~3个小时用航空箱或宠物铁笼将宠物送至托运部门。携宠乘坐飞机需提前确认航班是否能携带宠物、是否为有氧舱，需提供县级以上卫生检疫部门出具的动物检疫证明，检疫证明有效期最长为7天，也意味着几乎每次携宠飞行都要重新办理检疫证明。此外，由于多数酒店不支持宠物入住，携宠住宿酒店也难以实现。第二类时间制约来自政策法规。以宠物狗为例，《杭州市限制养犬规定》中声明，允许携带小型观赏犬出户的时间为19时至次日7时，小型观赏犬在允许出户时间内，必须束犬链，并由成年人牵领，大型犬必须圈（栓）养，不得出户。据香港《南华早报》报道，云南省文山市于2018年发布了"史上最严养狗限令"：狗主人只能在早7点前和晚10点后出门遛狗。由于这类时间制约没有任何协商的余地，完全令人束手无策，广大宠物主们只能徒呼奈何。

4. 社会价值观的制约

虽然近年来养宠大军的声势日益浩荡，但许多民众对宠物的认知仍旧受到传统思想的桎梏，将诸如猫、狗等宠物视作工具性动物，对那些将宠物与人平等待之的行为视为不可理喻甚至嗤之以鼻，而一些不文明的养宠行为更是激化了一部分非养宠人士的偏激言论和行为。比如 2018 年，网红 Saya 遛狗不拴绳并与一名孕妇发生冲突导致对方先兆流产；杭州某小区一女子用脚驱赶一条没有拴绳的宠物狗朝自己的儿子狂吠，结果遭狗主人殴打。一时间针对宠物主们的各种疾言厉色的言语攻击此起彼伏，甚至导致很多反对养狗的民众进入了一个误区：从仇恨不文明的养狗行为变成了仇恨养狗的人，人与宠物间的冲突最终演化为人与人之间的冲突。鉴于此，许多文明的宠物主们也无计可施，只能降低携宠外出休闲的频率。

三、休闲制约的协商策略

休闲制约形式繁多且不可避免，在早期经常被视为是无法克服的障碍，其结果就是个体放弃参与休闲活动。随后学者们开始意识到休闲制约拥有不同的强度和影响，虽然类似脊髓受伤这类制约对休闲行为和体验有持久而强烈的影响，但在大多数非极端的情形下，个体通常能找到应对休闲制约的方法，并寻找或创造新的可能性环境。[①]杰克逊等人在 1993 年提出了休闲制约协商（Negotiation of Leisure Constraints）的概念，认为即使遭遇了制约，个体仍会通过使用各种协商策略（Negotiation Strategy）主动积极地排除障碍，从而继续投身于喜爱的休闲活动。他们将协商策略分为认知协商和行为协商两类，前者为认知调整（比如减少认知失调），后者可以进一步分为非休闲活动因素的调整（如重新安排其他活动、减少其他开支等）和休闲活动本身的调整（如选择便宜的场地、调整参与的频率、推迟参与时间等）（Jackson，Crawford & Godbey，1993）。亨德森等人研究发现，有生理残障的妇女虽然时常遭遇休闲制约，如时间和精力的缺乏，但会同时使用认知和行为协商策略继续参与休闲活动。

Jackson 和 Rucks 在对休闲制约协商的探索性研究中进一步扩充了认知策略和行为策略，认知策略包括忽略、自我接纳和提高信心等，行为策略包括时间的调整、学习技能、改善人际关系、物理治疗和改变休闲方式等，策略的选择主要依据面临的制约内容。Hubbard 和 Mannell（2001）归纳了四类协商策略：时间的安排、获得技能、人际协调和资金支持。White（2008）根据居民户外游憩活动的休闲制约因素，构建了改善人际关系、改变休闲意愿、提升财务状况和协商效能四大协商策略。基于以往研究成果，我们认为休闲制约的协商策略包括以下几个维度。

1. 认知管理策略

认知心理学认为引起情绪和行为问题的原因不是事件本身，而是源自认知，即人们对

[①] 道格拉斯·克雷伯，[加]戈登·沃克，[加]罗杰·曼内尔. 休闲社会心理学 [M]. 陈美爱，译.2 版. 杭州：浙江大学出版社，2014：315.

事件的看法和解释。当人们常常期待某一休闲行为,但又无法参与时,就会造成认知失调。休闲制约是休闲意愿和现实条件之间的失调,通过改变对休闲活动的认知态度可以有效地克服这种制约,正如弥尔顿在《失乐园》中写的,心灵是个自主的地方,一念起,天堂变地狱;一念灭,地狱变天堂。比如,针对澳大利亚青春期少女游泳者的研究发现,一些少女最初对在公共场合暴露她们的身体感到害羞和拘谨,而通过认知调整后,她们逐渐变得对此不敏感。①再以残障人士为例,许多人因为自卑、唯恐他人嘲笑而拒绝参加公共体育锻炼,通过自信和自尊的训练、忽略他人的看法、形成场独立型人格等,可以有效祛除这类制约。罗马帝国的哲人帝王马可·奥勒留曾言,"外界事物令你痛苦并不是因为它们打扰你,而是肇因于你对它们的判断,而你有能力立刻消弭那种判断。"当然,认知调整并非全然有益,如果个体面对制约时尝试弱化休闲本身的价值从而降低自己的参与兴趣并通过回避来消除制约,那么此类认知调整就会产生消极意义,导致参与者失去休闲体验带来的潜在乐趣和成长机遇,因此认知管理策略需择善从之。

2. 调整休闲方式

最直接有效的休闲制约协商策略莫过于调整休闲方式,因为它回避了最初产生制约的因素,转而寻找并参与更合适、制约程度更轻的休闲行为。例如,出国游日食万钱,无力承担,于是选择相对廉价的国内游;身体羸弱,无法参加篮球、足球等高度竞技、对抗激烈的运动,于是改为散步、瑜伽等缓和、轻柔的运动;闲暇时间有限,长途旅行难以实行,于是信步四周林间,体悟曼妙生灵;公共图书馆座无虚席、熙熙攘攘,于是静坐家中、品茗阅读……南朝著名的山水画大师宋宗炳一生酷爱游山玩水、往辄忘归,《宋书·宗炳传》记载:"(宗炳)有疾,还江陵。叹曰:'老疾俱至,名山恐难遍睹,唯当澄怀观道,卧以游之。'凡所游履皆图之于室……"。当他因为受到疾病制约,无法再身临其境地徜徉锦绣河山时,选择将一生去过的地方画在纸上贴于屋内,用卧游的方式来满足自己的休闲旅游愿望,清朝张问陶有诗云"丹青影里放扁舟,山水都从枕上游"亦是如此。毫无疑问,这种协商策略是休闲智慧的集中体现。

3. 改善资金短缺问题

"生活不止眼前的苟且,还有诗和远方的田野",诗与远方一直诱惑着我们挣脱现实的怀抱,但囊中羞涩却将我们桎梏在自己的一亩三分地,经济问题成为制约休闲自由的重要因素。凯和杰克逊对人们如何应对休闲活动中的资金限制进行了调查,结果表明11%的人选择不参与休闲活动,60%的人会减少参与度,11%的人会为了参加休闲活动而存钱,8%的人会去寻找较低花费的活动,4%的人会尽量节省其他开支(Kay & Jackson, 1991)。可见,很大一部分人都采取了相对消极的应对模式。面对休闲资金困境,个体理应学会更明智的协调途径。第一,提高财务管理能力。基于个人需求实现财务的分别管理,通过如储蓄、投资等行为,最终创造更多财富,实现自我财务自由,开设专门用于休闲的账户,为

---

① 道格拉斯·克雷伯,[加]戈登·沃克,[加]罗杰·曼内尔. 休闲社会心理学 [M]. 陈美爱,译. 2版. 杭州:浙江大学出版社,2014:316.

休闲提供充足的资金支持。第二,提高个人的经济收入。可通过兼职、寻找薪酬更高的工作等方式直接增加收入,或者通过节约各项开支的方式迂回地、间接地提高休闲资金。第三,改变休闲消费模式。采用更理性、力所能及的方式参与休闲消费,摒弃盲目从众、奢华浪费的不良习性。以旅游为例,可错开高峰期,在价格相对低廉的淡季出游,选择廉价的航班、青年旅社等,因为旅行的宽度由目光决定,旅行的深度由心灵决定,物质消费仅仅只是辅助。如同诗人海子所说:"我要做远方的忠诚的儿子,和物质的短暂情人,和所有以梦为马的诗人一样。"以梦为马,同样能悠游春暖花开的天涯。

4. 提高时间管理能力

研究表明,无论是青少年还是老年人,最显著的休闲制约之一就是休闲时间的匮乏。时间的供给不增不减、毫无弹性且绝对公平,所以要消除时间制约唯有提高时间管理能力。首先,学会制定时间清单。将工作、家务、休闲时间等分配合理的权重,在清单的指引下尽可能高效地完成各项目标,避免因某项任务的超时引发连锁反应。其次,对工作进行等级划分。著名管理学家科维把工作按照重要和紧急两个维度划分为四个"象限":紧急且重要、重要但不紧急、紧急但不重要、既不紧急也不重要。依据这一理论对工作进行科学处理,提高时间利用率,从而制造更多闲暇时间。再次,善用碎片化时间。个人的时间可分为整块时间和碎片化时间,后者虽然叠加起来十分庞大却常常被人忽视。因此,可以高效利用诸如交通来回、购物排队、工作间歇、睡前发呆等碎片化时间进行碎片化的休闲,提高休闲时间的整体占比。最后,学会拒绝。无论职场还是社交关系中,个体总会面临各方人士的诸多请托,倘若不假思索地全部接受必定耗费过多精力导致无暇休闲,因此个体要学会量力而行。

5. 拓展休闲技能

一些被动性休闲活动,如看电视、上网娱乐等几乎不需要任何技能,人人皆可享有,但多数休闲类型,尤其是深度休闲,需要一定技能作为支撑,包括各种体育运动、艺术审美、益智游戏、阅读等,金圣叹在著名剧曲《西厢记》的评语中写道,"夫善游之人也者……其胸中之一副别才,眉下之一双别眼"。在休闲活动提质升级的时代背景下,发展休闲技能变得尤为迫切。缺乏相应技能,个体便无法体会休闲活动的乐趣,无法享受休闲胜任感带来的满足感和幸福感,反而会削弱休闲动机的强度,徒增无聊空虚之感。而在群体休闲中,参与者在自我休闲技能薄弱而他人游刃有余的情况下会感到自卑、焦虑,容易产生抗拒、退缩心理,从而降低休闲参与意愿。个体可以通过上培训课、向专业人士求教、刻意练习等方式逐步培养自己的运动能力、审美情趣、人际交往能力、专业技巧和心理素质等。

6. 提升人际社交能力

休闲活动可以独自一人,可以三两成群,也可以由庞大的团队协作完成。一个人阅读、一个人旅行、一个人饮茶、一个人漫步林间感悟天地之美,独自休闲固然可以给人带来静谧、欣喜和升华,但人作为社会性动物的本质决定了人际交往的必然性,休闲作为人的活动自然也是社会性活动,是"走出一个狭隘的社会圈子,进入其他社会天地、其他行为、其他信仰"。①在传统的熟人社会，休闲主要发生于家庭和邻里之间，现代社会的休闲则越来越多地产生于陌生人相聚之时，这就要求个体拥有良好的人际交往能力。缺乏人际沟通和协作能力，就无法顺利地进行团队性的活动，如篮球、足球；没有广博的人际社交网络，会导致个体进行需要同伴的休闲行为时感到力不从心，如下棋、聚餐、畅聊等。改善人际社交能力，提高情商是行之有效的方法。"情商之父"丹尼尔·戈尔曼（Daniel Goleman）认为，情商就是管理情绪的能力，并将其概括为五大能力：认识自身情绪的能力、妥善管理情绪的能力、自我激励的能力、认识他人情绪的能力和管理人际关系的能力。②通过积极情商训练升级交往能力，群体休闲中的人际制约自然会逐步递减。

7. 增加协商效能感

自我效能感（Self-efficacy）是由美国著名心理学家班杜拉（Bandura，1977）提出的，指个体对自己能否在一定水平上完成某一活动所具有的能力判断、信念或主体自我把握与感受。自我效能感可以决定人们对行为任务的选择及对该任务的坚持性和努力程度，同时也影响人们在执行任务过程中的思维模式以及情感反应模式。在休闲活动中，自我效能感越高，个体的自信水平就越高，情绪体验也会相应地更加积极。Atkinson 等人（2007）将自我效能感引入休闲制约协商策略的探索中，提出了协商效能（Negotiation-efficacy）这一全新概念，意为个体对自身能够通过运用协商策略有效克服或减少休闲制约的自信心和把握程度。协商效能感可被视作所有协商行为的基础，踌躇不前的心态容易引发消极的回避行为，只有拥有较高的协商效能感，个体才会有信心和勇气采取各种策略对抗制约。

休闲参与者可以根据自我效能感理论的几个维度来提升协商效能感：第一，个人自身行为的成败经验。面对休闲制约时，个体通过回顾以往成功的制约克服经验来激励自己。第二，替代性经验。通过观察他人成功克服休闲制约的行为或经验产生一种替代体验，尤其在个体与他人相似性较高时，替代学习效果最佳，协商效能感也会扶摇直上。第三，言语说服。通过亲戚、朋友、师长（尤其是榜样）的言语鼓励、赞赏、积极反馈，个体克服休闲制约的自信心可得到强化。第四，唤醒水平。一个人的情绪状态与生理状态也会影响自我效能感的水平，比如生理上的疲劳、疼痛和强烈的情绪反应会干扰个体对自我能力的判断，从而降低自我效能感，因此在从事休闲活动之前，参与者应将身心状况调整为最佳状态，确保即使遭遇制约，也能拥有较高的协商效能水平。

四、休闲制约与动机的平衡

正如前文所说，休闲制约并非静止的、不能逾越的。休闲制约的影响程度可以通过协商来缓解。当参与某项活动的动机强烈到一定程度的时候，休闲制约因素是完全可以被克服的。据凯和杰克逊以及司格特的观点，尽管遭遇制约因素，人们还是能设法参与并享受休闲，即使这种参与和享受在不受制约时，情况是不同的。③人们参与休闲并非取决于制

---

① [法]罗歇·苏. 休闲[M]. 江依群，译. 北京：商务印书馆，1996：5.
② 丹尼尔·戈尔曼. 情商[M]. 杨春晓，译. 北京：中信出版社，2010：3.
③ [加]埃德加·杰克逊. 休闲的制约[M]. 凌平，等，译. 杭州：浙江大学出版社，2009：7.

约因素的有无,而在于同这些因素进行协商,协商的结果往往是对人们实现休闲的路径的修改,而并非取消休闲。另外需要注意的是,这些制约因素的强弱并不只是它本身的强弱,还应包括个体对制约进行协商的意愿及对协商能力的预期。

进行协商的意愿很大程度上受到休闲动机的影响。通过协商不但能够促使休闲活动的实现,更能够提升休闲绩效。因此,休闲制约并不应是一个单独的命题,还应与休闲动机结合起来考虑,单纯地分析休闲制约或者动机都是有失偏颇的。杰克逊在《休闲的制约》一书中将制约与动机进行了融合,总结出了等级/协商模型,如图8-4所示。

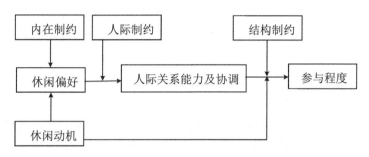

图 8-4　休闲动机与休闲制约的等级/协商模型

资料来源:[加]埃德加·杰克逊. 休闲的制约[M]. 凌平,等,译. 杭州:浙江大学出版社,2009:7.

从 8-4 所示的模型中我们可以看出,内在制约与休闲动机共同影响着休闲偏好,而人际制约及结构制约则在休闲实现过程中对其产生影响,最终共同作用于休闲的参与程度。当休闲动机远远高于内在制约时,内在制约就可以被克服,从而产生强烈的休闲偏好。强烈的休闲偏好促使着人们克服各种困难,包括人际交往上的和结构上的,最终落实休闲行为,提升休闲绩效。这一休闲的实现过程正是休闲动机和内在制约的平衡过程。

有这样一则小故事:美国军官被派往印第安部落,陪同的妻子无法忍受恶劣的环境,写信向母亲抱怨。于是她的母亲回了封信对她说:"有两个囚犯,他们住同一间房,往同一个窗外看,一个看到的是泥巴,另一个则看到星星。"因此,对一个体而言,休闲动机总会不断萌生,而各种不同的休闲制约也总是如影随形,选择的权利永远掌控在自己手中,就像散漫的印度人,时间永远不会构成他们的休闲制约。

"散漫"的印度人

待在印度的外国人,不管是谁,都有一种苦不堪言的共同体验,在印度人心目中,根本没有时间观念。和印度人约好"明天几点在什么地方见面吧",如果希望对方按照这个时间赴约,几乎是不可能的。迟到30分钟、1个小时是正常的;糟糕的时候,要迟到5个小时,甚至10个小时;最糟糕的是一点音信也没有,最终甚至没去赴约。

我在印度的 3 年,几乎都在旅行,但我没有一次看到汽车是按时刻表上的时间到的。甚至一些汽车晚10个小时也是非常正常的事情，即使去晚了，每次也都能赶上车。如果按时去还错过了车，你根本不用担心，只要跑到车站，肯定有别的汽车在那里等你。不只是汽车，即使是飞机也常常晚点。由于在印度生活了3年，我以在印度的这种习惯在欧洲和日本乘飞机，都延误了飞机。在伦敦，我准备搭乘前往阿姆斯特丹的飞机，只因联系的汽车晚了5分钟，错过了飞机；返回日本时，又以两分钟之差，延误了回程。细想起来，还是很留恋印度的。

在时间观念淡薄的印度，虽然汽车超出常理来得很晚可以找出各种各样的理由，但是有一点是非常重要的，这就是比起时间来，人类是优先的。火车也是这样，除了很少的干线——从加尔各答到德里、孟买、马道拉斯的列车外，几乎在所有的铁路线上，只要有一位等车的旅客，即使是特快列车，也能自由地停下来，而且停车时间能从5分钟延长到1小时30分。为了等这些没有按时间来的列车，我不得不在车站待到天亮，而我也曾经享受过那种被火车等的特权。

在我的记忆中，停车时间最长的一次，是我和印度学者一起去参加在比哈鲁邦的劳哈鲁达嘎召开的有关未开化民族福利会议途中的事情。经过拉齐车站时，我们这一行中的一位提议，在下一个车站附近的旅馆吃早饭，大家一致赞成。一到车站我们就一个跟一个地下了车——当然我们也没有忘记叫列车长——走了约两三分钟就到了。准备就绪后，旅馆的经理过来请我们入座。

在饭桌上集中了印度各地的学者、官吏、知事等，因此，大家对各个地方的消息、未开化民族的对策和人类学诸问题进行评价并展开了热烈的讨论。早饭快要结束的时候，列车长心神不定地说道："我们一起乘车吧？"结果，同来的学者不约而同地说道："还是慢慢地喝茶吧！"倒上了一些红茶后，大家又开始海阔天空地谈了起来。在饭后的一番畅谈之后，大家好像才想到该坐火车了。在这一鸦雀无声的田野车站，长长的列车好像什么事也没有发生过，在那里静静地等着。如果在日本，我们这一群人一定会被等在车上的旅客揍一顿。不可思议的是，乘客连一点非难的表情都没有，非常愉快地打发着自己的时间。实际上，印度的人们不管怎样等，都不会生气。这是因为他们是在超越时间的前提下生活着的。

在印度，哲学得到了非常充分的发展，而与此相对应的历史学却不发达，这可能要归结于这一"悠久"的观念。有一次，我以埋怨的口气对加尔各答大学优秀的孟加拉文学专家说："印度人从古代开始对于时间完全不加以考虑，所以没有比印度史的研究更困难的了。在中国从公元前开始的记载，就有明确的年月日，而印度的记载完全忽视了年月日。这确实是令人头疼的事。"我的话音刚落，这位文学家即席说道："哎，你说的是什么呀，何必要拘泥于年月日呢！我们认为那些'时间'没有什么价值，而且也有问题。所有人的生活和经营都融入这悠久的流水中，完全超越了所谓的时间范畴。我们难道不是即使在宇宙中也是少有的高贵的人类？"

（节选自[日]中根千枝.未开的脸与文明的脸[M].麻国庆，张辉黎，译.济南：山东画报出版社，2001.有修改。）

复习思考题

1. 什么是休闲价值观？如何树立正确的休闲价值观？
2. 什么是休闲动机？根据纳什的休闲层次理论可以将休闲行为分为哪几类？
3. 试用补偿/溢出理论解释休闲动机。
4. 请分别谈谈残障人士与宠物主的休闲制约。
5. 休闲制约的协商策略有哪些？
6. 请谈谈你对中国人的"快节奏"与印度人的"慢生活"的看法。

 本章参考文献

[1] CROMPTON L. Motivations for pleasure vacations[J]. Annals of tourism research, 1979, 6（Oct/Dec）: 408-424.

[2] DRIVER B L, PERRY J, J H PETERSON G L. Benefits of leisure[M]. Pennsylvania: Venture Publishing, Inc, 1992.

[3] LUCAS J W, PHELAN J C. Stigma and status: the interrelation of two theoretical perspectives[J]. Social psychology quarterly. 2012（75）: 310–333.

[4] LOUCKS-ATKINSON A, MANNELL R C. Role of self-efficacy in the constraints negotiation process: the case of individuals with fibromyalgia syndrome [J]. Leisure sciences, 2007, 29（1）: 19-36.

[5] LEARY MR. Responses to social exclusion: social anxiety, jealousy, loneliness, depression, and low self-esteem[J]. Journal of social and clinical psychology, 1997, 9（2）: 221-229.

[6] MCCLELLAND D C. Testing for competence rather than for intelligence[J]. American psychologist, 1973: 28.

[7] NASH J B. The philosophy of recreation and leisure [M]. Dabaque: William C. Brown Company, 1953: 89.

[8] OBERG K. Culture shock: adjustment to new cultural environments [J]. Practical anthropology. 1960, 7（4）.

[9] WILENSKY H L. Labor and leisure in urban community: a study of social order and social change[D]. Ann Arbor: University of Michigan, 1960.

[10] 杰弗瑞·戈比. 你生命中的休闲[M]. 康筝, 田松, 译. 昆明: 云南人民出版社, 2000.

[11] [加]埃德加·杰克逊. 休闲的制约[M]. 凌平, 等, 译. 杭州: 浙江大学出版社, 2009.

[12] [德]法尔克·莱茵贝格. 动机心理学[M]. 王晚蕾, 译. 7版. 上海: 上海社会科学院出版社, 2012: 124.

[13] 别江侠. 社会排斥视角下城市残疾人休闲娱乐贫乏原因探究——以武汉市为例[J]. 劳动保障世界, 2012（8）: 50-53.

[14] 陈章龙，周莉. 价值观研究[M]. 南京：南京师范大学出版社，2004.
[15] 管健. 污名的概念发展与多维度模型建构[J]. 南开学报（哲学社会科学版），2007（5）：126-134.
[16] 李仲广，卢昌崇. 基础休闲学[M]. 北京：社会科学文献出版社，2004.
[17] 林语堂. 生活的艺术[M]. 南京：江苏文艺出版社，2010：145.
[18] 刘慧，张彦. 西方休闲理论的历史演变[J]. 自然辩证法研究，2006，22（4）：91-96.
[19] 沙莲香. 社会心理学[M]. 北京：中国人民大学出版社，2002.
[20] 唐慧. 残疾青少年休闲娱乐状况研究[J]. 中国青年研究，2015（04）：18-24.

第九章
闲暇配置

开篇案例

未来属于善用闲暇的人

虽然一般人都很期待下班回家的一刻,准备好好享受辛苦挣来的闲暇,可是他们往往不知道如何利用这段时间。更讽刺的是,工作时的乐趣似乎比闲暇时更多。因为工作有类似心流活动的内在目标、回馈、游戏规则与挑战,能使人全情投入、全神贯注、浑然忘我。然而闲暇却没有结构可言,必须花更多精力才能把它塑造成产生乐趣的形式。需要技巧的嗜好,设定目标与范畴的习惯,个人的兴趣,以及内心的自我纪律,都有助于使闲暇发挥它真正的作用——一个再创造的机会。

但大致而言,一般人在闲暇时错失享受乐趣机会的情况比工作时更严重。不断兴起的休闲事业,以用富有乐趣的体验填满空间、时间为宗旨。然而,大多数人不但没有善用生理与心理资源,体会心流,反而花许多时间坐在电视机前,观赏知名运动好手在大体育场的表演。我们并不创造音乐,而只听身价数百万美元的歌手的白金唱片;我们不从事艺术创作,只会对拍卖会场上喊的最高价的名画赞叹不已;我们也不肯冒险贯彻自己的信念,只会每天花几个小时看演员在虚拟的情境中,假扮出生入死。

这种替代的参与方式,至少暂时粉饰了浪费时间的空洞感。但是跟投注在真实挑战上的专注相比,实在太薄弱了。从技巧的运用中产生的心流体验会带来成长、成熟,被动的娱乐背后什么也没有,全人类加起来,我们每年浪费了数以百万年计的人类意识。这么大的能量本来可以用来完成更复杂的目标,带动乐趣横生的成长,现在却浪费在模拟现实的刺激追求上。大众休闲、大众文化,甚至包括所谓的上流文化在内,都是因为外在的因素(如炫耀个人的地位)才赢得消极的注意,成为心灵的寄生虫,它们吸收精神能量,却没能提供实质的力量作为报酬,只是徒然使我们变得比原来更疲倦,更沮丧而已,除非一个人能自行控制工作与闲暇,否则注定会感到失望,大多数的工作与休闲活动,尤其是消极接受大众传媒的方式,都不是为使人变得更快乐、更强有力而设计的,他们只是某些人赚钱的工具。一方面,如果我们任凭他们得逞,他们就会吸干我们的生命精髓,只剩下一副空壳；另一方面，工作与闲暇正如同人生，可以应我们的需求发挥作用。学会从工作中发掘乐趣，不浪费闲暇的人，会觉得人生越发有价值。布莱特比尔写道，未来不仅属于受过教育的人，更属于那些懂得善用闲暇的人。

（节选自米哈里·契克森米哈赖. 心流[M]. 张定绮，译. 北京：中信出版社，2017：274-276.）

高尔基曾说：世界上最快而又最慢，最长而又最短，最平凡而又最珍贵，最轻易被人忽视，而又最令人后悔的就是时间。余华也曾说过：没有什么比时间更具有说服力了，因为只有时间无须通知我们，就可以改变一切。时间是我们这个时代最宝贵、最不可替代的资源，只有时间，我们租不到、借不到，也买不到，因此时间才是最大的奢侈品。诚如管理学大师德鲁克所言，时间的供给，丝毫没有弹性。不管对时间的需求有多大，供给绝不可能增加。而闲暇时间的多寡则与国家综合实力相辅相成。本章将在界定闲暇时间及闲暇配置概念、阐述优化闲暇配置重要意义的基础上，对闲暇进行分类，指出我国目前公众闲暇配置中存在的问题，提出构建乐活生活形态和优化闲暇配置的对策。

第一节　闲暇配置概述

一、闲暇时间的基本概念及特征

闲暇时间是人们从事各种休闲活动的载体，也就是说，休闲活动的开展是建立在拥有充裕闲暇时间的基础之上的。因此，要实现休闲品质的提升必须对闲暇进行优化配置。在研究闲暇配置之前，我们首先要清楚什么是闲暇时间。

关于闲暇时间，可从不同角度加以界定。马克思从功能的角度出发，认为自由时间包括"个人受教育的时间，发展智力的时间，履行社会职能的时间，进行社交活动的时间和自由运用体力与智力的时间，以至于星期日的休息时间"，也就是"为全体社会成员本身发展所需要的时间"。在1970年6月国际娱乐协会通过的《休闲宪章》从时间分类的角度，将闲暇时间定义为"剩余"时间，即"个人完成工作和满足生活要求之后，完全由他们本人自由支配的一段时间。"卿前龙在这一基础上对闲暇时间做了更详尽的解释，将闲暇时间定义为"个人除工作、学习、生活和劳务时间以外的可自由支配时间"。[1]戈达姆则从另一个角度对闲暇时间进行了分析。他并不认同所有的可自由支配时间都是闲暇时间的观点。他认为，当个人的闲暇时间变得日益充裕却不知道应如何度过时，这部分时间将会变成一种无形的压力。消费这部分时间将会给人带来负的边际效用，那么，这样的时间我们便不能称之为闲暇时间。古德尔对此也持相同的态度，他认为每个人都会拥有可自由支配的时间，但是并非每个人都懂得如何利用这部分时间。结合以上观点，我们认为，闲暇时间是除工作时间以外，扣除满足生活基本需要时间及家务劳动时间后所剩余的能够真正给人们带来正效用的时间。

一般来说，闲暇时间具有以下几个特征。

---

[1] 卿前龙. 休闲服务与休闲服务业发展[M]. 北京：经济科学出版社，2007：41.

1. 自主性

"自由时间也许意味着人们用以填满它的种种游戏活动,但它首先意味着可以自由地耗费时间,有时是将它消磨掉,纯粹地浪费掉。"[1]闲暇时间的第一大特性就是自主性。闲暇时间是完全可以按照自己的个性和意志,不受限制地进行自由支配的时间。它不受到任何来自外界的压力,完全出于自我。正是由于闲暇时间的自主性,使人们找到了能够自由发挥创造力,独特并且完美地表现自我的平台,使马克思所说的"自由王国"成为可能。然而完全的自主也会带来另一个问题,就是如何进行闲暇配置。并非每一个人都有主宰时间的能力,青少年过分沉迷网络游戏的现象就是缺失这一能力的表现。因此,拥有了自主的时间,还必须学会如何对闲暇时间进行优化配置。

2. 双重性

闲暇时间具有个人及社会双重属性。首先,闲暇时间是个人私有的时间,可以完全按照自己的意识进行支配,而不会受到外界压力的干扰。当然,闲暇时间不可能被他人剥夺,也不能用于交易。闲暇时间的个人属性要求我们进行个人时间管理。其次,闲暇时间具有社会属性。一方面,闲暇时间来自于社会必要劳动时间的减少,闲暇时间的多少与社会生产力发展水平紧密相连。另一方面,闲暇时间是以人的休闲活动的形式存在的,而人本身具有社会属性。迪尔凯姆学派是最先注意到时间的社会属性的。在他们看来,时间是一个集体的概念,是一个社会范畴,是社会的产物。社会学家从社会属性的角度对闲暇时间进行了研究,从社会整体发展的高度调整了闲暇时间结构,从而提升了整个社会的休闲质量。

同时,闲暇时间具有消费与生产双重属性。从事休闲消费活动必须以拥有闲暇时间为前提,因此闲暇时间的消费属性是显而易见的。而随着知识经济时代的来临,闲暇时间的生产属性日益凸现。闲暇时间是个人"生产"社会资源(建立广泛的社会资源)和文化资源(掌握立足于社会所必需的知识和信息)的时间,而这种社会的和文化的资源恰恰可以转化为经济资源和经济效益。也就是说,在信息社会和网络时代,从事闲暇活动的"生活时间"客观上成了创造社会财富的"生产"时间,因为知识、信息往往要通过目前仍被视为闲暇时间的那些活动种类来获得,如阅读报纸、杂志、书籍、上网等。因此,闲暇时间是发展个人才能,激发人们去创造新的社会财富的重要前提。

3. 稀缺性

时间是一切活动的载体,没有时间,任何人类活动都变得毫无意义。恩格斯曾经指出:"一切存在的基本形式是空间和时间,时间以外的存在与空间以外的存在,同样是非常荒诞的事情。"[2]而时间却是不可能被创造的,每天 24 小时是不可能改变的自然规律,这就是时间的稀缺性。闲暇时间作为时间的一部分自然也是稀缺的。虽然生产力的提高带来了闲暇时间的增加,但是一天 24 小时的闲暇已经是最理想的饱和状态。随着经济的不断增长,人们对于闲暇时间的需求越来越强烈,其稀缺性也表现得越来越明显。现代社会经济迅速

---

[1] [法]让·波德里亚. 消费社会[M]. 张一兵,刘成富,全志钢,译. 南京:南京大学出版社,2001:70.
[2] 马克思,恩格斯. 马克思恩格斯选集(第3卷)[M]. 北京:人民出版社,1974:392.

发展的同时，却带来了时间的匮乏，闲暇时间成了一种宝贵的社会财富。在稀缺的闲暇时间中寻求最大的休闲效用也是闲暇配置的目的所在。

4. 乐生性

"乐生"是一个愉快的词语，它意味着情趣、品位、爱、音乐……乐生是属于精神层面的，是一种心态，与物质没有太大关系。闲暇时间区别于其他时间最重要的特性就是乐生性。乐生绝非简单的娱乐消遣，而是以快乐为指向，在快乐中尽情享受大自然赐给人间的一切美的东西，在快乐中追求人的全面发展，从而提高生命质量的生活形态。英国作家乔治·吉辛对闲暇与乐生之间的关系有着精妙的阐述："我们的休息日总有一种特殊的神圣性——让每周中有这么一个整天，脱离世上的粗俗生活，超越于通常忧乐之上。这种想法虽然带有宗教狂热，却仍富有福惠；星期天总是把很多好处带给大多数人，对于少数人它更意味着灵魂修养的生活。"他甚至说："如果星期天的这一作用在我们之中消失了，那对我们的国家，就更糟糕了。"闲暇涵盖了生活品质与生命意义，闲暇时间就是用于实现乐生生活的时间。诚然，每个人追求快乐的方式不同，人与人之间的差异使得人们对于乐生的解读伴随着奇妙的独特性，这完全取决于个人的价值观。异化的休闲观扭曲了乐生的定义，自然影响了闲暇时间的配置绩效，从而使休闲行为陷于失范之境地。因此，闲暇时间的乐生性要求我们必须了解个体内心深处真实的需求，形成正确的休闲观，使休闲轻松愉悦、舒适怡心。

二、闲暇配置的重要性

研究闲暇配置就是研究如何对时间进行深度开发，如何用有限的闲暇时间去包容和浓缩尽可能多的高品质的休闲体验，从而获得最大的快乐。闲暇配置的重要性包括以下几个方面。

（一）闲暇配置是提升生命质量的重要手段

人的生活质量的高低，并不在于他八小时之内干了什么，很大程度上在于八小时之外的生活。如果一个人对自己的闲暇能进行科学、合理地配置，使闲暇生活内容丰富、积极向上，他就获得了比别人更多的知识、情感、技能、才干和能力（包括认知能力、组织能力、社交能力、理解能力及欣赏能力等），获得了比别人更多的业余爱好，就可以用"闲"去拓展专业以外的知识，开阔眼界，丰富阅历。可以说，闲暇配置既是提升个人人力资本的重要手段，更是提升生命质量的重要手段。因为对每个人来说，工作是必须做的事，而"闲"时是做自己喜欢做的事。手挥五弦、目送归鸿，思如流水、欲如白云，情趣盎然、优游畅神，是闲暇配置应有之义。没有闲暇，人就失去了掌握平衡的能力，失去了感知生活的智慧。因此，完全可以说，闲暇时间是休闲的必要条件，能否合理安排闲暇时间直接关系到生命的质量高低。

（二）闲暇配置是文化资本积累的动力之源

萨缪尔·约翰逊（Samuel Johnson）说过："人类智慧的任何进步都从闲暇而来。"对此，文化学者余秋雨有深刻的感悟："什么都是忙出来的，只有文化是闲出来的。"对个人而言，闲暇配置是驱逐身体劳顿，安抚疲惫心灵，获得精神升华的重要条件。缺少闲暇，人类永远只是工作的奴隶，被束缚于狭隘的世界之中而脱身不得。而对一个国家、一个民族来说，闲暇乃是文化的基础。闲暇的价值不在于实用，而在于文化。闲暇配置及聪明用闲问题，实际上是对人的教育与教养的投资，标志着思想和精神的态度，是积累文化资本的重要手段。社会发展的历史表明，人类许多伟大的创造都与闲暇有着密切的关系。许多科学家、思想家、艺术家的灵感不是在做研究时出现的，而是闲暇时的灵光一现、路转峰回与茅塞顿开。而诗人徐志摩则以充满诗意的反问句道出了在闲暇配置中优美的环境对文化的反哺——"人类清明的深沉的伟大的优美思想根源不就可以在风籁中，云彩里，山势与地形的起伏间，花草的颜色和香气里寻得吗？"因此，闲暇乃文化进步的驱动器，闲暇配置是积累文化资本的重要条件。

（三）闲暇配置是获得自由之境的主导力量

"自由是人的存在的特征"[①]，人类是唯一懂得自由、追求自由并创造自由的物种。自从人类诞生以来，自由便被视为神圣与崇高的象征，被认为是人的基本生存价值之一，是人的本质的体现，而"休闲的自由是一种（主体）成为状态的自由，是在生活规范内做决定的自由空间"[②]。闲暇配置是在一定的物质基础之上的必然行为，是走向生命的自由、自在和自得。它使个体达到一种超越于一切依赖和束缚的"无待"，达到"至人无己，神人无功，圣人无名"的逍遥境界。无己，无功，无名，这是一种自由的生命状态，是从是非、虚实、善恶、内外、物我、生死的区别中超脱出来，达到"天地与我并生，万物与我为一"的"齐物"境界。从这个意义上看，闲暇配置是获得自由之境的主导力量。无怪乎亚里士多德有言，休闲中的沉思是人的最好场所，它可以使我们保持内心的安宁与自由感。

（四）闲暇配置是未来社会发展的必然要求

科技快速发展带动了社会进步，数字经济彻底改变了人类的生活方式与思维习惯，追求高品质的休闲生活成为21世纪的主旋律，并且将不断地延续下去。日本著名的管理学家大前研一在其所著的《OFF学》中也充分表达了"未来将是一个休闲主导时代"的观点，并认为，会玩才会成功。在这样的时代背景下，闲暇配置变得尤为重要。因为"没有相当大量的闲暇，一个人就和许多最美好的事物绝缘"。[③]只有在闲暇时间，人才可以摆脱物欲功利的羁绊，"宠辱不惊，看庭前花开花落。去留无意，望天上云卷云舒"。也只有在闲暇时间，人才能洗涤内心，以旷达平和的情怀，从容怡然的态度，高效快乐地做自己想做且值得一做的事。在精神家园居住，在广阔世界行走，在唯美境界漫游，这一超越时空的永恒画面是未来献给向往快乐、钟情悠闲的消费者的。因此，工作需要智商（IQ），生活需要情商（EQ），而休闲需要时间商（TQ）。在未来社会，人们做得快、做得多已经变得不

---

① [德]弗洛姆. 逃避自由[M]. 陈学明，译. 北京：工人出版社，1987：39.
② 约翰·凯利. 走向自由——休闲社会学新论[M]. 赵冉，译. 昆明：云南人民出版社，2000：20.
③ [英]罗素. 悠闲颂[M]. 李金波，译. 北京：中国工人出版社，1993：8.

那么重要，更重要的在于我们需要有一套全新的时间管理理论和方法，以自然原则为师，以心灵为依归，以寻求快乐为宗旨，用较低的生命代价去完成更多的人生使命，实现自我的价值。

第二节　闲暇配置的测量指标

人类由动物向人进化的标志之一，就是人类懂得从自然时间加速进入以时钟为动力的社会时间。这一转变使人类打开了一扇通往遥不可及的财富与成就的大门。而现在，生活在钟表时间里的人必须开始放缓生活的脚步去适应慢步调文化，如果能调整自己的时间思维方式，将闲暇看作比工作成就更重要的意识形态的时候，快乐也就触手可及了。想要了解自己是否拥有时间配置的高智商去适应这样的转变，我们可以在对闲暇时间分类的基础上通过一套闲暇配置的测量指标进行评价。

一、闲暇时间的分类

我们根据不同国家、不同时期对生活时间的研究，按照人类活动的不同内容，对生活时间进行了不同的结构分析，对闲暇时间的分类可归结为二分法、三分法、四分法和五分法。

（一）二分法

二分法就是将生活时间分为两部分。按生活时间的性质可分为工作时间和非工作时间，按生活时间的可控程度可以分为受约束时间和非受约束时间，按生活时间的主体是否获得收入将生活时间分为市场时间和非市场时间，根据生活时间的利用状况可将其划分为利用时间和空耗时间。

（二）三分法

三分法是根据人们对时间需要的层次不同将生活时间划分为一次活动时间、二次活动时间和三次活动时间。一次活动时间是人们用于睡眠、吃饭、洗漱等活动的时间，二次活动时间是为家庭和社会尽义务的活动时间，三次活动时间是指不被社会生产劳动所占用并由个人根据自身喜好自由选择从事的、不受外在力量支配的、旨在满足享受和发展需要的活动时间。

（三）四分法

四分法是按活动的属性将生活时间分为工作（学习）时间、生活必需时间、家务劳动时间和闲暇时间。

（四）五分法

苏联的斯特鲁米林等人在1924年对苏联城市工人进行研究时，提出过一个生活时间的五分法，即吃饭睡觉时间、家务劳动时间、生产劳动时间、上下班途中和购物时间、学习娱乐时间。

二、闲暇衡量指标与闲暇预算表

（一）闲暇衡量指标

常用的闲暇衡量指标有闲暇率、闲暇工作时间比、闲暇公平度指标等。

1. 闲暇率

闲暇率是指闲暇时间在某一段个人时间中所占的比例。闲暇率是衡量闲暇时间在个人生活时间中所占比重的指标，闲暇率越高，表明可用于闲暇活动的时间总量越多。其计算表达式为

$$闲暇率 = \frac{闲暇时间}{个人时间} \times 100\%$$

2. 闲暇工作时间比

闲暇工作时间比是闲暇时间与工作时间的比率，反映人们将生活时间用于闲暇与工作的比例。其比率越高，说明相对工作而言，闲暇活动所占用的个人生活时间越多。其计算表达式为

$$闲暇工作时间比 = \frac{闲暇时间}{工作时间} \times 100\%$$

3. 闲暇公平度指标

闲暇具有相对性或结构性，社会学家把闲暇的这种相对性或结构性称为闲暇的不公平。闲暇不公平性通过样本比较来显示。当比较样本为两个人或两组人群时，闲暇的公平性可以直接用他们的闲暇时间来对比。当比较三个以上的样本时，我们则可以用方差来衡量闲暇的公平。其计算表达式为

$$闲暇公平度 = \sqrt{\frac{(t_1-\overline{t})^2+(t_2-\overline{t})^2\cdots+(t_n-\overline{t})^2}{n}} \times 100\%$$

公式中，t 表示闲暇时间，n 表示比较对象的数量，$t_1, t_2, \cdots, t_n$ 表示第 $1, 2, \cdots, n$ 个对象的闲暇时间。闲暇公平度指标在一定程度上反映了不同人的闲暇差距，当它等于 0 时，表示绝对公平，即每个人的闲暇时间都相同。一般情况下，闲暇公平度大于 0。

4. 其他衡量指标

如工休差分值、不平等指标以及主观满意度等。

（二）闲暇分布衡量指标与闲暇预算表

衡量闲暇分布的指标主要是通过反映闲暇活动各个方面的指标来衡量分布，包括活动内容、活动顺序、活动的时间量、活动频率、活动空间、活动相伴者。

根据这些指标构建的闲暇明细表是一种专门设计的记录表格（见表 9-1），可用来客观地记录和测量每一段闲暇时间里人们活动的情况，了解人们闲暇活动的模式。我们可以把

它称为个人时间的社会网络分析。这类研究有助于预计今后各项活动参与者的数量。有时候这种调查是由政府职能部门发起的，旨在为公众规划娱乐服务设施。总之，闲暇明细表对个人和政府都具有重要意义。

表 9-1 某人某时期闲暇明细表

顺 序	活动项目	活动频率（次）	闲暇时间（分）	比 重	活动空间
1	娱乐休养				
2	听音乐				
3	学习				
4	钻研业务				
5	发呆				
…	…	…	…	…	…
总计					

据统计，人的一生中平均有 1 年的时间都用于排队等车等消耗行为。为找回这些被浪费掉的时间，由美国记者卡尔·奥诺雷创建的"找回你失去的时间"运动每年都要举行时间大会，他们号召人们扔掉闹钟和手表，找回那些被工作挤占掉的业余时间，寻求一种悠闲生活方式，让人们充分享受自由，享受高科技文明的便利，而不是做时间和技术的奴隶。

第三节 我国居民闲暇配置中存在的问题

"世界是永恒的，资源是充分的，欲望是无限的，而人生是短暂的，人的生命成本是极其有限的。正是有限的生命成本（稀缺的人力资源）成为人类实现快乐最大化的根本约束条件。"[①] 陈惠雄教授的这段话深刻地阐明了快乐对于个体有限生命的重要性。闲暇配置的实质，就是解决如何在闲暇时间约束条件下实现快乐最大化的问题。经济发展的最终目标，就是使人的成本更加节约，释放出更多闲暇时间，从而给人们带来更多快乐。资源配置以效率为中心，而闲暇配置则必须强调以幸福与快乐为导向。如何科学地安排闲暇资源，合理地分配体力和脑力、工作与闲暇，以达到快乐最大化，这是攸关生命质量的问题，也是闲暇配置应解决的核心问题。

近年来，如何增加人们的快乐和幸福，已成为国际学术界研究的热点问题。很多经济学家开始把心理学、经济学和统计学相结合，通过使用幸福数据来研究人们的生存满足感和幸福感，使得国民幸福核算在理论与方法方面都取得了显著发展。美国经济学家萨缪尔森最早提出了幸福方程：幸福=效用／欲望；20 世纪 70 年代，南亚的不丹国王提出了国民幸福指数（Gross National Happiness，GNH）的概念，他认为国家应该以实现幸福为目标，将环保和传统文化保护置于经济发展之上，把实现大众幸福作为政府的首要目标。很多经

---

① 陈惠雄. 快乐原则——人类经济行为的分析[M]. 北京：经济科学出版社，2003：46.

济学家的研究成果表明，人们收入的高低与平均快乐水平之间没有明显的关系。因而当丹尼尔·卡尼曼提出应当建立国民快乐账户（National Well-being Account）来取代传统的GDP时，发达国家在这方面已经开始做出一些尝试。然而，作为新兴的经济体，我国尚处于GDP崇拜阶段，狂飙突进式的造富运动和速度比赛使我国社会充满了"现实狂躁者"和"未来焦虑者"，金钱财富在快速积累，而很多人的灵魂则无处安放。一些人在丰饶中纵欲无度，生活方式与生活形态完全偏离了快乐的轨道，这反映在闲暇配置领域，则是"伪休闲""逆休闲""浅休闲""忙休闲"等非理性行为恣意盛行，人们迷失在金钱与速度的陷阱中难以自拔。

一、休闲行为与心灵诉求相背离：伪休闲

宋代名儒程颢有诗曰："闲来无事不从容，睡觉东窗日已红；万物静观皆自得，四时佳兴与人同。道通天地有形外，思入风云变态中；富贵不淫贫贱乐，男儿到此是豪雄！"意即人们有了闲心和闲趣，才能从容畅游，超越贫贱富贵的计较，达到"无往而非乐"的心安体舒的怡然境界。明代洪应明在其名著《菜根谭》中说："忙里要偷闲，闹中要取静"。"心无物欲，即是秋空霁海"。"静中念虑澄澈，见心之真体；闲中气象从容，识心之真机；淡中意趣冲夷，得心之真味。观凡正道，无如此三者"。明朝僧人无愠也说："闲到心闲始是闲。"显然，古人用他们的智慧告诉我们，闲心与闲趣是休闲的内核，不为名所累，不为利所缚，玩物适情，情与物游，沉醉、感悟、回忆、升华、感受，这才是休闲生活的真谛。

反观我国居民的闲暇配置情况，休闲行为与心灵诉求相背离的"伪休闲"现象尤为突出。"伪休闲"就是那种背离了休闲的真正本质，似是而非的休闲。伪休闲者只注重休闲形而下的享乐、刺激、炫耀的工具价值，而很少顾及休闲涵养精神、开启心智、体悟生命的文化价值。消费主义与享乐主义文化的弥散，使本应充盈审美意蕴与诗意梦想的休闲也打上了深深的功利与实用的烙印。正如法国学者波德里亚所言："休闲并非对时间的自由支配，那只是它的一个标签，其基本规定性就是区别于劳动时间的束缚。所以它是不自主的：它是由劳动时间的缺席规定的。这种构成了休闲深刻价值的区别到处被解释、强调为多余、过度展示。在其一切符号之中、在其一切姿态之中、在其一切实践之中及在其表达的一切话语之中，休闲靠着对这样自我、对这种持续的炫耀，对这个标志、对这张标签的这种展示和过度展示而存在。"伪休闲者把休闲当作身份和地位的象征，其休闲动机或出于炫耀，或者随波逐流，可以说休得越贵族感觉越好，闲得越流行越刺激。虽然他们参与休闲活动的频率较高，但休闲时手机、电脑一个也不少，忙碌于应付，身心俱疲，苏轼曾浩叹过的"长恨此身非我所有，何时忘却营营？"成了伪休闲者真实休闲生活的写照。

"伪休闲"现象的出现，一方面与我国传统文化失落，浮躁功利之风蔓延到休闲领域有关；另一方面，它与我国公共休闲设施的短缺也不无关系。要扭转伪休闲的现象，既要加强休闲教育，将我国传统文化特别是道家的"自然无为"贯穿于休闲精神当中，培养国人宁静娴适的心境，使人们做到"身放闲处，心安静中"。同时也要加强公共休闲设施的建设，为人们闲暇时间开展活动提供良好条件。

二、生产力水平与闲暇时间相背离：逆休闲

根据马克思的观点，劳动生产率提高是导致工作时间缩短从而产生闲暇时间的最根本动因。也就是说，闲暇时间的多少与生产率的高低呈正向变化趋势。我国自改革开放以来，特别是步入 21 世纪以后，经济得到了飞跃性的发展。根据马克思的理论，我国公民的闲暇时间必然呈增长趋势。然而，虽然我国一再完善休假制度，实行双休制，并且不断增加公共假期，但是不少研究表明，我国公民的实际闲暇时间不但没有随之增加，反而有减少的趋势。到目前为止，大部分公民的周工作时间超过了《劳动法》所规定的 44 小时，特别是农民工的闲暇时间更加得不到保障。据国家统计局《城市农民工生活质量状况调查报告》显示，农民工中每天工作 9~10 小时的占 26.28%，每天工作 11~12 小时的占 10.70%；2.91%的农民工平均每天工作时间在 12 小时以上；46.90%的农民工每周工作 7 天，36.71%的农民工每周工作时间为 6 天。可见，近四成的农民工每天的工作时间超过 9 个小时，近一半农民工甚至连假期都没有。更令人惊讶的是，在香港这样经济发达的城市，雇员的工作时间甚至比内地居民更长，达到了 48 小时/周，高出国际劳工组织建议时间两成。《2021 中国现代休闲发展指数》的调查结果显示，在每周休闲时间方面，34.7%的受访者为 10 小时以内，25.7%的受访者为 10~19 小时，16.4%的受访者为 20~30 小时，11.8%的受访者为 30 小时以上。此外，完全没时间休闲的受访者占比为 11.4%。56.3%的受访者表示自己的休闲时间跟别人相比"差远了"。

生产力水平的提高并没有带来闲暇时间的增加，经济发展并没有让人们的生活变得更休闲，而是更加忙碌，"逆休闲"现象逐渐显现。究其原因，主要包括以下几个方面。

1. 物价指数不断飙升

工资的增加赶不上通货膨胀的速度，生活压力不断增加。特别是房价的剧增，给人们带来了不小的购房压力。因此，人们只好延长自己的工作时间甚至寻求第二份工作来弥补货币相对贬值所造成的损失。

2. 闲暇机会成本增加

时间是有机会成本的，在选择闲暇的时候意味着放弃其他利用时间的可能。然而，在这个仍然由物质主导的时代，人们似乎更愿意将时间用于创造更多的物质商品。在许多人眼中，将时间用于闲暇显得过于奢侈。

3. 休假制度难以落实

虽然《劳动法》规定周工作时间不得超过 44 小时，并且规定了大量的法定假期及年休假，但是却不能真正落实。大部分的工作，加班加点是常事，这自然造成了工作时间居高不下。

4. 闲暇时间分配不均

前面已经说过，闲暇时间产生的一大条件就是劳动的普遍化，也就是劳动的平均分配。然而，现在仍然有很多闲暇时间仅仅掌握在少数人手中。从城市居民与农民工的工作时间对比可以看出，农民工的闲暇时间是少之又少的。

"逆休闲"现象是我国经济发展非常时期的不和谐音符，短期内经济的蓬勃发展是以牺牲公众的闲暇时间为代价的。要扭转"逆休闲"的现象，必须齐心协力，多方努力。首先要促进经济稳定健康发展；其次要注重闲暇时间的均衡配置，特别要重视闲暇时间匮乏群体特别是农民工的闲暇问题；最后，要将休假制度真正落到实处。只要政策到位，措施得力，在未来的休闲时代，工作时间缩短，闲暇时间延长，必将是不可避免的历史必然。

三、休闲广度与休闲深度相背离：浅休闲

随着经济的发展和社会的进步，中国人的闲暇时间利用与分配的形式趋于多元化，娱乐、社会交往、学习与自修、逛街、健身、美容、上网、旅游等活动已成为人们的重要选择。然而，不可否认的是，看电视仍然是国人的主要闲暇活动方式，上网、电话交谈等活动也占据了人们很多的闲暇时间。我们把这类休闲活动称之为"浅休闲"。它具有短暂性、大众化和被动性等特点，随意性较强。这类休闲活动往往难以给参与者提供一种较为深入的体验，较易产生无聊、厌倦等负面情绪，所创造的快乐也会稍纵即逝，边际效用快速递减。其表现可归纳为四化，即"物化、闲化、被化、恶化"。

第一，物化。在"时间就是金钱，效率就是生命"的工作主义价值观主导下，人们的闲暇配置也呈现出物化倾向。大量地购买奢侈品，大把地花钱，灯红酒绿，纸醉金迷，整个社会陷入了"拜物教"的潮流中，而人类却在纵欲无度中丧失了精神家园。诚如戈比所言："我们的物质主义生活方式已经从很多方面损害了我们的休闲感受。对于物的欲望常常使我们处于一种非休闲的生活状态之中，也常常使我们把休闲的机会转让出去，以换取更多的金钱。"[1]如今的不少中国人，整天沉醉在物欲享受和感官刺激中，空闲时间再多，也无法满足他们"逐物"的欲望，可以说，物欲的浊浪已冲垮了其精神的大坝，使人们越来越远离人生的本质和目的。心灵的自由、对爱和美的体悟、对星空的仰望，这些质朴而美好的追求正日益淡出人们的视野。

第二，闲化。选择休闲的形式，实际上对生活方式的选择。随着收入的提高及休闲设施的日益完善，人们的闲暇活动内容、方式总体上变得更加充实和丰富。但一些群体（如低薪群体、老年人群体、非在业者群体等）的闲暇配置往往以"闲置"的形态出现，"三闲"（闲待、闲聊、闲逛）时间较多，闲暇活动单调、活动种类不丰富、趣味也不高雅。

第三，被化。闲暇配置缺乏主动性，致使闲暇时间处于自流和盲目状态，休闲也就成了打发时间的代名词，导致不少国人的精神生活无聊和空虚，心态失衡。而作为财富的"闲暇时间"丧失了本有的价值，人的自我完善和自我发展也难以实现。

第四，恶化。休闲是自由的，但是"自由并不意味着放纵、无约束或无视一个人在闲暇中对自己、对他人和对社会所负的责任。"[2]目前，在我国一些地区，赌博、酗酒、嫖娼、吸毒等失范行为盛行，不仅严重污染了社会环境，毒化了人的心灵，而且使休闲陷入庸俗化和恶俗化。

---

[1] 杰弗瑞·戈比. 你生命中的休闲[M]. 康筝，田松，译. 昆明：云南人民出版社，2000：171.
[2] J·曼蒂，L·奥杜姆. 闲暇教育的理论与实践[M]. 叶京，等，译. 北京：春秋出版社，1989：5.

当前，浅休闲所表现出来的"四化"已成为国民享受品质休闲的绊脚石。虽然人们的休闲方式越来越丰富，休闲的涉及面越来越广，但大多只是停留在较浅层次的休闲活动上，闲暇配置方式的多元化并没有带来休闲深度的增加，休闲的体验感也没有相应提升。因此，树立深度休闲的观念，对闲暇进行科学合理配置，摈弃恶俗的休闲活动，让熠熠生辉的休闲生活滋养与哺育人的心性，是中国人生活品位跃迁的必由之路。

四、闲暇时间分配与休闲本质相背离：忙休闲

中国人的生活节奏并没有因闲暇时间的增多而放缓，忙忙碌碌还是其生活的常态，"慢慢地哼着一首歌，慢慢地想着一个人，慢慢地感受来自内心最自然的快乐"，歌手余宪宗在《慢慢爱》中描述的悠闲场景与现实中只争朝夕的"忙休闲"构成了极大的反差。"我想要尽情享受生活，但我永远忙碌，根本没有多余的时间留给自己。无法在个人生活与工作之间取得平衡，每当挪出一边的时间给另一边，结果更糟。"这样的生活现象随处可见。其实"在哲学的观点上看来，劳碌和智慧似乎是根本相左的。智慧的人绝不劳碌，过于劳碌的人绝不是智慧，善于悠游岁月的人才是真正有智慧的"。[①] 焦虑不安，浮躁不定的忙休闲降低了人们对生活的满意度，使人没有时间去思考与参悟，智慧在忙碌中悄无声息地溜走了，幸福感也渐行渐远了，这正暗合了英国散文家兰姆的观点，"人一旦事务缠身，便失其灵性"。

其实，工作以效率为导向，闲暇配置则必须以快乐为导向，而金钱只应是获得快乐的物质基础。而当今的中国人，似乎都患上了"幸福延期症"，总觉得只要现在拼命努力，在闲暇时间不断积累人脉，幸福就在前方。然而，也许事情并不是这样简单。正如约翰·列侬所说，当我们正在为生活疲于奔命的时候，生活已离我们而去。因此，在处理闲暇的问题上，我们不妨引用第四代时间管理的理念。这种时间管理强调的是一种人生的远景，这种人生远景的一个宗旨就是创造生命的品质，悠然品味生活，让"慢"成为生活的主色调。这是一种思维方式的变革，经过这样的变革，人们才能真正体会到休闲所带来的快乐。

第四节 乐活的生活形态与闲暇配置优化

生活形态是一个内涵与外延都颇为宽泛的社会学名词，它指在一定社会历史条件下，为人们价值观指导的满足其生存和发展需要的整个生活活动的稳定形式和典型特征。[②] 法国社会学家福勒斯戴同时指出，生活形态中最主要的内容就是闲暇时间，尤其在后工业社会或知识经济社会中，闲暇作为一种重要的现代生活形态越来越受到人们的青睐。

伯春·鲁塞尔（Bertrand Russell）说过："能把闲暇时间很好利用起来是文明时代人类最后的一大创造，然而迄今为止，很少有人做到这一点。"总体来说，中国人目前当然没有做到这一点，伪休闲、逆休闲、浅休闲与忙休闲泛滥成灾就是闲暇配置不良的明证。而在

---

① 林语堂. 生活的艺术[M]. 合肥：安徽文艺出版社，1989：131.
② 刘海春. 生命与休闲教育[M]. 北京：人民出版社，2008：51.

西方，人们总把"拥有充足的闲暇时间和高质量的闲暇生活作为真正富有的标志"。人们发现，还有比金钱与物质更值得追求的东西，即健康、快乐和自然，这直接导致了乐活主义的诞生。乐活概念揭示了生活主体在社会变革中对现代性掌握的同时，又要及时反思现代生活方式带来的缺陷与弊端，寻求一种兼顾与包容的生活主张与期待。乐活不仅是一种重要的生活形态，更将成为优化闲暇配置的核心准则。为了生活的健康与可持续性发展，乐活的生活形态将引导人们在既有的约束条件下改变原有的生活方式，充实休闲时间，优化闲暇配置，重塑健康、有机、和谐的新生活。

一、乐活的生活形态

乐活的概念最初出现在社会学家保罗·雷（Paul Ray）和心理学家谢里·鲁思·安德森（Sherry Ruth Anderson）的研究中。两位学者以 15 万美国人为研究对象，并进行了长达 15 年的价值观调查与研究后，于 1998 年出版了《文化创意者：五千万人如何改造世界》（*The Cultural Creatives: How 50 Million People are Changing the World*）一书，书中主要介绍了两位学者 15 年来对美国社会的观察及调查，而书中提到所谓的文化创意者也就是现今所提到的乐活（LOHAS）。

（一）乐活之定义

LOHAS 是英语 Lifestyles of Health and Sustainability 的缩写，意为以健康及自给自足的形态过生活。我们认为，乐活的定义是强调一群人在进行消费决策时，会考量自己与家人的健康与环境责任。以字面上的解释，H 指的是"健康的饮食、生活、身心的探索与个人成长"，健康的生活形态是近年逐渐被提倡的生机饮食法、营养补充品等。而 S 指的是"生态永续的精神"，如可重复使用的能源，或是有机、可回收的产品。因此，乐活（LOHAS）的重点在于"永续精神"。

（二）乐活生活形态

乐活生活形态强调的是健康的和生命可持续的生活方式，是对这一生活态度的发现，是一种既要享受现代科技生活又要对自然环境负责的生活倾向，可将其概括为"一群人在做消费决策时，会考虑到自己与家人的健康和环境责任"。乐活的核心理念是一种健康持续的生活方式，由此可知乐活族群的行为需符合自己、家人的健康及环境的概念，但并非局限于环保和健康的生活，更涉及政治、经济、文化、工作和人际关系等，几乎与生活各层面都有连带关系。

（三）乐活生活形态与闲暇配置

随着现代科技的进步与社会生产力的发展，我国居民的闲暇时间获得了显著的增加。然而，有的人有很多可自由支配的时间，却不知如何打发。失落怅然、无所事事的退休干部到处都有；以逛商店、美容店、聊天吃饭、打麻将为生活内容的"全职太太"也并不少见。①长期以来，我国居民的闲暇活动多数在于填补闲暇时间，呈现出单一化、低层次、被动性等特征，闲暇质量问题凸显。从本质上说，这是闲暇配置效率低下的集中体现，是时间与金钱双重挥霍型的典型例证。因此，导入以乐活为核心的生活形态，崇尚义利合一、天人合一与身心均衡发展的价值观，既获得高质量的生活环境又不消耗很多资源，主动放弃违背道德、健康、环保与可持续的"不乐活"的思想与理念，成为现代人闲暇管理与配置的重要目标和主要手段。

二、乐活形态下的闲暇配置优化

闲暇问题的核心，不在闲暇时间的数量，而在闲暇质量。提升闲暇质量无疑已成为个人闲暇管理与设计的目标。科学、合理地利用闲暇时间，会转化出一笔巨大的社会资源和个人财富。正如马克思所说，人们有了充裕的闲暇时间，就等于享有了充分发挥自己一切爱好、兴趣、才能、力量的广阔空间，有了为"思想"提供的自由驰骋的天地。就当前而言，提升闲暇质量与生活形态的导入和塑造密不可分。我们以乐活的生活形态为理念向导，通过优良的生命质地、积极的生活态度、和谐的生活方式以及舒缓的生活节奏四个方面为手段，实现闲暇配置的优化与生活品质的全面提升。

（一）优良的生命质地

日本思想家池田大作说："最崇高、最尊贵的财宝，除生命外段无他物。"②生命质地是以社会经济、文化背景和价值取向为基础，人们对自己的身体状态、心理功能、社会能力以及个人整体情形的一种感觉体验。这种感觉与体验的基础就是闲暇时间的合理配置与利用。从本质上看，趋向快乐、逃避痛苦是人的本能。但在追求幸福的过程中，人们总是容易迷失方向，丢失自我，甚至在宝贵的闲暇生活中，仍然无法做到身心放松和心灵的愉悦。闲暇时间的优化配置是构建优良生命质地的基础，是生命的宝贵财富。马克思曾经指出，"自由时间，可以自由支配的时间，就是财富本身""这种时间不被直接生产劳动所吸收，而是用于娱乐和休闲，从而为自由活动和发展开辟广阔天地"。③

闲暇配置优化的目标，便是重塑闲暇作为一种无形资产的价值，充实其文化内涵。法国思想家布尔迪厄把开发闲暇时间看作是构筑一个人或者一个家庭的文化资本，他把"早期家庭教育投资""能力"和"节约时间"看作是衡量文化资本的重要途径。他说，"这种资本与个人的联系是如此紧密，一方面取决于整个家庭所拥有的文化资本，另一方面取决于他的家庭为他提供的自由时间的长度，自由时间是从经济的必需中摆脱出来的时间，这便是最初积累的先决条件"。④闲暇时间的资本化提升也成为实现人们生活幸福的重要方式，Cavette（1999）等提出，个体通过参与闲暇能提高自尊、增加对健康的认识、提高信心和群体社会化程度，甚至对经济增长、宏观消费等经济变量也将产生长期影响，这便是

---

① 沈爱民. 闲暇的本质与人的全面发展[J]. 自然辩证法研究，2004, 20 (6): 95-97.
② [日]池田大作. 我的人学·下卷[M]. 铭九，译. 北京: 北京大学出版社，1990: 257.
③ 马惠娣, 张景安. 中国人休闲生活状况调查[M]. 北京: 中国经济出版，2004: 8.
④ 包亚明. 文化资本与社会炼金术[M]. 上海: 上海人民出版社，1997: 191.

闲暇作为无形资产的重要作用和潜在价值。

（二）积极的生活态度

生活态度是指人们通过生活实践形成的对人生问题的一种稳定的心理倾向和基本意愿。某种程度上说，闲暇配置问题是生活态度与生活方式的选择问题。拥有积极、乐观生活态度的人，必然拥有明确的人生目标、完善的个性人格和不灭的生活热情，是把握生活的主动权的强者。正如丰子恺在漫画《豁然开朗》旁题的小诗一样："你若爱，生活哪里都可爱。你若恨，生活哪里都可恨。你若感恩，处处可感恩。你若成长，事事可成长"。歌德曾说过，谁若不能主宰自己，谁就永远是一个奴隶。在个人闲暇配置的过程中，积极的人生态度将引导人们成为"时间的主人"，努力工作，快乐休闲，享受劳逸结合、张弛有度的"弹性"人生。

积极的生活态度也体现在以人本精神丰富闲暇时间的内涵与外延。在国外，从人文精神和人文关怀的角度丰富闲暇时间的内涵与外延已渐成潮流，如参加志愿者活动、捐助活动、慈善活动、扶贫济困、社会救助、环保、爱动物、爱植物，鼓励人们把自我发展和承担社会责任联系在一起，用这样的行为方式营造温煦、友善、互助的社会氛围。高质量的闲暇配置倡导以积极的生活态度与热情影响他人，服务社会，增强社会的凝聚力、亲和力，促进人与社会的和谐发展，增强对社会有形资源与无形资源的全面利用，实现人与文化的共生共荣。

（三）和谐的生活方式

闲暇是生命的自由空间，但主体在闲暇中的自由并不意味着无丝毫约束，并不意味着可以忽视对自己、他人和社会的责任，恰恰相反，人们需要负责任地行使对闲暇活动过程做出的选择和决定的权利。这种闲暇配置中的责任意识，体现在和谐生活方式的导入和创造。在人们选择闲暇生活方式的同时，必须尽可能地做到工作与家庭的和谐，人与自然的和谐以及身体与心灵的和谐，这是对家庭、自然与心灵的三重责任的集中体现。

首先，在工作与家庭的和谐上，基于时间、压力以及行为等多方面的冲突，很多人难以在工作与家庭中找到一种平衡，造成了工作角色与家庭角色的失衡。因此，和谐生活方式的优化必须在工作时间与家庭时间分配上寻找一个适合自己的均衡点，通过个体情绪胜任力的提升，让人们不仅把他们在家庭闲暇中汲取的能量带到工作情境，更把工作中发展的技巧和经验用于丰富家庭的闲暇生活，实现工作与家庭的相互促进与共同改良。基于这样的生活理念，全球管理大师大前研一也提出了工作与休闲平衡的"OFF 学"，即从年轻时候开始，对于 ON（工作）与 OFF（休闲），都应该同样加以科学地学习和规划，并且创造出时间、金钱、悠闲的心情，尽情享受人生。其次，在人与自然的和谐上，最重要的是要有旷达超脱的审美胸襟，天人合一。当然，充分领悟"乐活"生活形态的内涵，亲近自然，崇尚健康，物质返璞，消费归真，也至关重要。在休闲生活中，趋向于选择有绿色标签的商品：吃无污染食品，穿天然织物，开电动汽车，游生态景点。20 世纪 70 年代以来，在发达国家出现的环保主义者倡导"自愿简单化"的生活方式已得到越来越多人的赞同和响应。他们奉行"少就是多"的人生哲学，从而使自己的生活方式同自然生态环境之间保持和谐与平衡的关系，成为人与自然和谐共存的模范群体。最后，个体的身心和谐同样也是乐活生活形态下闲暇配置优化的重要内容。乐活理念强调了健康、亲情、经济、文化、生态环境与生命愉悦之间的密切关系，规避了物质财富极大丰富后，人们的精神却变得愈加贫困的风险。随着城市化的加剧，"忙碌、盲目、茫然"的生活压力下造成了人们"灵魂跟不上脚步，心灵游离于身体"的不和谐状态。通过乐活生活形态的导入，在闲暇生活中摆脱满足于感官上的刺激与快感，放弃片面追求名牌与奢华的"虚假需求"，抵御丰饶中的纵欲无度，"抵御成功对人的扭曲"，明智地利用休闲，认识自己，回归本我，实现身体与心灵的和解与和谐。

总体而言，保持身心健康发展的生活应该是物质和精神生活相平衡的生活方式。美国学者拉兹洛在其著作《系统科学和世界秩序》中预言，21世纪人类社会将进入一个"人类生态学时代"。他对这个时代人类生活方式的描述是"……个人的地位将同其生活方式的真实和朴素联系在一起，同生活方式经历的纯洁联系在一起，而不是夸耀个人的财富和权力"。在人类生态学时代，人们将不太需要用物质财产的积累来夸耀和证实自身的价值，而更需要在人性的标准、公民精神、艺术创造力、智力深度、科学上的聪明才智和政治知识方面来反映自己的价值。

（四）舒缓的生活节奏

闲暇配置优化的目标落实到具体的生活中，就是以舒缓的生活节奏为导向，追求从容淡然的生活状态。从容是一种优良的生活习惯，是一块智慧的美玉，它与豁达宽容结伴，同宁静慈悲为伍，以简单自然为本真，以成熟丰富为内涵。一个人能以安详的心态从容地看天空云卷云舒，看地上花开花落，看世间人聚人散，这便是一种淡然的生活境界。

在日常的生活中，舒缓生活节奏在闲暇配置中的主要表现，便是"慢生活"化的闲暇生活方式。圣者有言，欲速则不达。慢生活，是一种生活态度，是一种健康的心态，是一种积极地奋斗，是对人生的高度自信。2004年，日本文化人类学家计信一出版了一本名为《慢的是美好的——慢作为一种文化》的书，以"慢"为关键词，讨论以"快"为象征的现代文化与现代社会给人类生活与环境所带来的负面影响以及"慢"的可能性。在书中，计信一给"慢"的定义是宽泛的。"慢"（Slow），字面上即有"缓慢""迟缓"的意思，但也包含当代语境中"环保"（Ecological）、"可持续"（Sustainable）的意思。他说："慢经济、慢科学、慢餐饮、慢设计、慢身体、慢爱情……这种语言的游戏也许就解放了我们的想象力。（它们）有异于现代社会通行的'常识'，面向的是另一种经济、另一种技术、另一种科学、另一种饮食生活、另一种美的生活、另一种身体、另一种爱的方式。"[①] "慢生活家"卡尔·霍诺也指出，"慢生活"不是磨蹭，更不是懒惰，而是让速度的指标"撤退"，让生活变得精致。这是相对于当前社会匆匆忙忙的快节奏生活而言的另一种生活方式，这里的"慢"是一种意境，一种回归自然、轻松和谐的意境。慢生活并非散漫和慵懒，而是自然

[①] 顾铮. 慢的是美好的[N]. 南方周末，2011-08-04：F30.

与从容。淡泊宁静,和谐有序,"让时间慢下来",放慢生活的节奏,减少浮躁的行动,逐渐体验简单生活、宁静生活与悠闲生活的价值与趣味。在慢生活这一核心理念的引导下,慢食、慢游、慢城、慢行也随之孕育而生,取代了快节奏而成为一些欧美国家民众生活的主色调。美国知名的休闲学家杰弗瑞·戈比曾指出,在未来的几十年中,休闲最重要的功能大概将是减轻。这意味着人们将有机会放慢生活节奏,享受独处、独斟、独行的乐趣,尽可能地接近自然并拥有一份安静。①毋庸置疑,这种舒缓的生活节奏也将成为未来大众闲暇配置优化的重要手段。

综上所述,我们认为,休闲并非向别人证明"我来过",而是要告诉自己"我感受过,快乐过"。闲暇配置是实现休闲理想的必要手段。当今的都市人,背负着功名利禄的重压,生活被设立在无数的标准之中,不再有品味时间的心境,不再关心内心的感受,不善于从苦中掘乐。当社会的法则越来越多地染上金钱的颜色时,谁能坚守恬淡圆融的人生态度,在拥挤的道路上歇下脚,仔细看看周围的风景,给身体以活力,给思想以升华,给灵魂以自由,谁就是生活的智者。智者,拥有着积极的生命时间观。

幸福的人拥有怎样的时间观

斯坦福大学的心理学家菲利普·津巴多提出了"时间视角"概念,指出了人们对过去、现在和未来的五种不同视角:第一种是积极过去视角;第二种是消极过去视角;第三种是享乐主义视角;第四种是以宿命的观点看待现在的宿命论视角;第五种是习惯往前看、为未来谋划的未来视角。

菲利普·津巴多几十年来的研究表明,在过去、现在和未来这三个时间区之中,每个时间区都有两种不同的体验方式:积极的与消极的。对于一些主要生活在过去时区的人来说,有些人充满了积极回忆,如成功的经历、美好的家庭时光和他人的关爱。而另外一些人则生活在消极的过去里,他们总是记着失败、遗憾、虐待和拒绝。有些人不幸患上了创伤后应激障碍,他们被困在一个消极的、似乎是不可改变的过去里。现在时区也有两种体验方式:一个是现在享乐主义——这些人总是寻求快乐、刺激和新奇,凭一时冲动做决定,总是玩乐大于工作,寻欢作乐大于责任。相反,另一种则是相信宿命的人,他们认为只有消极的事情会发生在他们身上,没必要为未来计划,因为贫穷、不稳定或相信命运已决,他们觉得自己对任何事的结果都无法控制。那些未来导向的人会把重点放在通过规划、努力工作和受教育来得到积极和有希望的结果。相反,另一种人主要关注未来而不是过去或现在,他们会花费很多时间来担心和焦虑是否能够实现目标。研究表明,平衡的时间观可以创造一个充实的生活。一个平衡的时间观,是高度积极的过去观、中等偏高的积极的未

---

① 杰弗瑞·戈比. 21世纪的休闲与休闲服务[M]. 张春波,陈定家,刘风华,译. 昆明:云南人民出版社,2000:157.

来观,以及温和的选择性地享乐(但不头脑发热地冲动应对)的现在观。拥有这种时间观的人已被证明会过得更幸福,拥有更充实的人际关系、更少的生活压力、更健康的心理和更多的智慧,能更充分地享受他们的休闲时光,拥有健康水平的时间压力及财务安全。

同样研究时间视角的瑞典心理学家林德沃(Lindvall)提出,具有平衡式时间视角的人,在内心具有一种"延伸的当下感",既可以"从当下来审视过去",也可以"视未来于当下",这种视角应具有囊括"过去"和"未来"的包容性。从"平衡的时间观"和"延伸的当下感"这些观点出发,林德沃提出了更好地对待时间的十条建议。其中第一条就是"生活在当下";第二条是"严肃地对待时间";第五条是"从现在出发去联结过去";第九条是"视未来存在于当下",这些建议涉及我们如何处理"当下"这个最重要的问题。

简而言之,灵活切换视角,而不是固定在某一种视角里,能让我们更加自如和从容。多选取积极过去视角、享乐主义视角和未来视角,并且在三者中取得平衡才能过得更幸福、更快乐。

(整理自菲利普·津巴多. 津巴多时间心理学[M]. 段鑫星,译. 沈阳:万卷出版公司,2010;采铜. 精进:如何成为一个很厉害的人[M]. 南京:江苏凤凰文艺出版社,2019:4、6-7.)

 复习思考题

1. 什么是闲暇配置?它有哪些特点?
2. 试述闲暇配置的重要性。
3. 闲暇衡量指标有哪些?
4. 我国公众闲暇配置存在哪些问题?造成这些问题的原因分别是什么?
5. 乐活生活形态的产生背景是什么?如何理解乐活与闲暇配置的关系?
6. 请结合自身经验谈谈你对闲暇管理的看法。

 本章参考文献

[1] GREEN B,JONES I. Serious leisure,social identity and sport tourism [J]. Sport in society,2005,8(2):164-181.

[2] ROBERT A STEBBINS. Choice and experiential definitions of leisure[J]. Leisure sciences,2005,27:349-352.

[3] STEBBINS ROBERT A. Identity and cultural tourism [J]. Annals of tourism research,1997,24(2):450-452.

[4] VEBLEN T. The theory of the leisure class[M]. New York: The Macmillan Company,1899.

[5] ZHOU T,LU Y. Examining mobile instant messaging user loyalty from the perspectives of network externalities and flow experience[J]. Computers in Human Behavior,2011,27(2):883-889.

[6] J·曼蒂，L·奥杜姆. 闲暇教育的理论与实践[M]. 叶京，等，译. 北京：春秋出版社，1989.

[7] 杰弗瑞·戈比. 你生命中的休闲[M]. 康筝，田松，译. 昆明：云南人民出版社，2000.

[8] [日]大前研一. OFF 学[M]. 陈柏诚，译. 北京：中信出版社，2007.

[9] [英]罗素. 悠闲颂[M]. 李金波，译. 北京：中国工人出版社，1993.

[10] [爱尔兰]布莱恩·奥康纳. 闲散的哲学[M]. 王喆，赵铭，译. 北京：北京联合出版公司，2019.

[11] 冯文全，贾艳霞. 论闲暇教育对人的发展的意义[J]. 成都中医药大学学报，2010，12（3）：19-20.

[12] 林语堂. 生活的艺术[M]. 合肥：安徽文艺出版社，2004.

[13] 李林蔓. 大众休闲方式审美化研究[D]. 重庆：西南大学，2014：7-10.

[14] 刘扬，邹伟，王小梅. 以时间为基础的国民幸福核算的实证分析[J]. 北京社会科学，2010（04）：48-54.

[15] 马惠娣，魏翔. 中国休闲研究[M]. 北京：中国经济出版社，2014：62-69.

[16] 王琪延. 中国人的生活时间分配[M]. 北京：经济科学出版社，2000.

[17] 王雅林. 城市休闲——上海、天津、哈尔滨城市居民时间分配的考察[M]. 北京：社会科学文献出版社，2003.

[18] 王艳杰，齐淑英，田福勇. 浅谈运动训练后疲劳的恢复[J]. 保定师范专科学校学报，2005，18（4）：99-100.

[19] 朱光潜. 朱光潜全集（第四卷）[M]. 合肥：安徽教育出版社，1987：129.

[20] 郑也夫. 后物欲时代的来临[M]. 北京：中信出版社，2016：VII.

第十章
休闲与体验

开篇案例

休闲体验的价值几何：让法国的狂人国告诉你

提起主题公园，人们首先想到的自然是迪士尼乐园，似乎"IP+各种游乐设施+园区游艺"的迪士尼才是最佳的主题公园模式。然而，世界上有一个地方，没有一台游乐设备，每年经营期只有7个月，却可以收获250多万的游客。那就是2018年荣获世界主题娱乐协会（Themed Entertainment Association，TEA）最佳主题公园奖的法国狂人国（PUY DU FOU）。

狂人国是全球唯一一个以戏剧演艺为主题的主题公园，占地44.5万平方米，拥有19个项目，其中包括11场表演、4个景点、4个花园和喷泉等设施、11家餐厅和5家主题酒店。最大的一场演出可以同时容纳1.4万人观看，演出场地23万平方米，表演面积堪称世界最大，参加演出的人员多达4150人（包括演员和志愿者、工作人员等）。狂人国是欧洲历史的微缩版和体验版，将古罗马、中世纪、文艺复兴等重大历史节点搬上舞台，通过表演和场景，创新演绎各种传奇故事，为它们注入超越文化界限的灵魂，再现了法国和欧洲的历史、文化风情和精神气质。

狂人国与其他主题公园不一样的地方在于它能给游客带来沉浸式的体验。比如，《神矛之谜》这场演出最大的亮点在于巨型城墙和城堡的"逆天"大变形，在一个看似普通的场地上，场景突然乾坤大挪移，让人瞠目结舌，叹为观止；《黎塞留的火枪手》表现的是法国作家大仲马笔下17世纪传奇三剑客的故事，整场表演汇集马术表演、击剑表演和弗拉明戈舞蹈表演，类似拉斯维加斯秀和亚运会开幕式水上舞台的效果，加上炫酷的灯光效果，着实惊艳；《胜利者的征兆》在直径达115米的圆形竞技场再现古罗马斗兽场面，有令人荡气回肠的战车驰骋、大型猛兽出入和令人眼花缭乱的角斗，表演具有高度互动性，观众全身心地投入环境中，时时刻刻将自己处于第一人称的角色，参与高卢人和罗马元老院的相互叫阵中，几千人相互之间的隔空呐喊颇让人心旌动摇；《圆桌骑士》中最后几位演员整体沉入水中的效果，夜间秀《火之风琴》的三名舞者从水中升起的情节，加强了体验的冲击力，给人留下刻骨铭心的印象。此外，狂人国还有意识地保留和还原了14世纪法国乡村古朴和自然的调性，与大多数主题公园硬化路面的做法不同的是，它的路面会让游客的鞋上稍沾乡间的灰尘和泥土，让游客感受与大地的亲近。

沉浸式体验包括人的感官体验和认知体验，通过全景式的视、触、听、嗅觉交互体验，使游客有一种"身临其境"的感觉，狂人国这种曾经真实存在过的原始、原真、原味的人间烟火，是最为真切的沉浸式体验，也是最为大众游客喜闻乐见的。它强调的是游客的切身体验，只有将自身与旅游体验紧密地联系在一起，游客才不会对表演产生疲惫感，从而获得最优的体验。

让游客观看一次表演不是最成功的，让游客感受到自己曾经在表演的场景中生活过，才是沉浸式体验的最高旨趣。有互动、有参与、有体验、有感应、有认知，这才是休闲体验的价值所在。

（整理自丁俊杰. 狂人国，告诉你一个主题公园行业的蓝海[EB/OL].（2019-10-16）. http://www.sohu.com/a/347485754-685101；文旅帮. 沉浸式旅游体验：不止光怪陆离，还要还原生活. [EB/OL].（2018-09-13）. http://www.sohu.com/a/253679721-747909.）

狂人国的沉浸式旅游体验赢得了无数游客的青睐，也预示着体验时代的来临。休闲作为一种体验生活的方式，被赋予了积极的意义——休闲不仅仅是摆脱身心的羁绊，追求感官以及心灵上的自由，更为人们实现自我、追求高尚的精神生活、获得"畅爽"或"迷狂"的心灵体验提供了机会。体验生活的真谛才能体验别样的人生，才能享受如甘醇美酒般的休闲生活，让灵魂自由绽放。

第一节 体验与休闲体验

一、体验的概念与分类

（一）体验的概念

"体验"一词在近几年频繁地被提及，在国内外学术界的有关研究中，学者们对"体验"（Experience）做出过很多定义或解释，其中较为著名的有以下几种。

定义1："体验事实上是当一个人达到情绪、体力、智力甚至是精神的某一特定水平时，在他意识中所产生的美好感觉。"[1]这一定义出自于约瑟夫·派恩和詹姆斯·吉尔摩的《体验经济》，它是最早对体验做出解释的著作。

定义2："体验往往是指经历了一段时间或活动对这段感知进行处理的过程，是个人对外部材料进行感知与同化的一种精神及情感过程，不是简单的感觉，而是一种行为以及对这一行为的解释性意识，是一种与当时的时间空间联系的精神过程。"[2]

定义3："体验是使每个人以个性化的方式参与其中的事件，同时受到某种物件的刺激，使得他的情绪、体力、智力甚至是精神达到某一特定水平，并在他的意识中产生一种美好

---

[1] PINE B J, GILMORE J H. The Experience Economy[M]. New York：Harvard Business School Press，1999：56.
[2] 约翰·凯利. 走向自由——休闲社会学新论[M]. 赵冉，译. 昆明：云南人民出版社，2000：25.

的感觉。"[1]

定义4："体验是企业以服务为舞台、以商品为道具、以消费者为中心，创造能够使消费者参与、值得消费者回忆的活动。"[2]

定义5："体验是指可以获得某种身心反应的休闲活动，是难忘的和值得回忆的某种经历。"[3]

定义6："体验是一种独特的经济提供物，本身代表一种经济产出类型，经济提供物在产品、商品、服务、体验的角色转换中不断升值，从而使体验成为一种新的价值源泉，各种体验将成为未来经济增长的基础。"[4]

结合学者们的各种观点，我们可将体验的定义表述为：人们通过实践活动后得到的印象、感受、领悟的综合；是一种复杂的、综合的感受和一种难忘的经历；是人们与外界事物、活动以及他人互动的结果。它是一种新的价值源泉，能使人们身临其境地获得独特的感觉，从而创造出新的消费价值。

（二）体验的分类

1. 约瑟夫·派恩、詹姆斯·吉尔摩的"体验王国"

体验类型的划分，对于消费者获得难忘的体验感受非常重要。约瑟夫·派恩和詹姆斯·吉尔摩在《体验经济》中提出了一个很特别的分析模型。他们根据消费者的参与程度以及与环境的相关性将体验分为娱乐体验、教育体验、遁世体验和审美体验四类，如图10-1所示[5]。

此处，派恩和吉尔摩对体验所形成的吸引力从两个方面进行了思考，一是体验者的参与程度，表明是否直接影响表演；二是体验者与环境的关系。表示参与度的横轴分为两极，左极为"被动参与"，右极为"主动参与"，如古典音乐听众和溜冰者分别是这两种体验的典型代表。表示体验者和环境联结形式的纵轴，上端为"吸收"，表示通过心智体验而吸引了体验者的注意力；下端为"浸入"，表示体验者本身成为体验的一部分。例如，看电影就属于"吸收"，玩游戏是"浸入"。通过这样的横轴和纵轴，派恩和吉尔摩将体验经济的基本形态描述为四种类型：教育体验（主动参与/吸收）、娱乐体验（被动参与/吸收）、审美体验（被动参与/浸入）和遁世体验（主动参与/浸入）四种，简称为"4E体验王国"。而集教育体验、娱乐体验、审美体验和遁世体验为一体的体验活动则被专家们誉为"甜蜜地带"（Sweet Spot）。

---

[1] 袁志超，马瑞. 体验经济背景下的品牌战略与管理研究初探[J]. 河北经贸大学学报，2003（6）：57-62.
[2] 刘敏，石学勇. 体验经济与内蒙古草原旅游开发[J]. 干旱区资源与环境，2004（5）：128-131.
[3] 李仲广，卢昌崇. 基础休闲学[M]. 北京：社会科学文献出版社，2004：170.
[4] 吴文智，庄志民. 体验经济时代下旅游产品的设计与创新——以古村落旅游产品体验化开发为例[J]. 旅游学刊，2003（6）：66-70.
[5] PINE B J，J H GILMORE. The experience economy: work is theatre and every business a state[M]. New York: Harvard Business School Press，1999：25-42.

图 10-1　派恩、吉尔摩的"体验王国"

派恩和吉尔摩认为，娱乐体验改变人们的世界观，教育体验驱使人们重新思考如何适应世界，遁世体验把个人能力和品质提升到新的境界，审美体验形成对奇迹、美丽和欣赏的感觉。具体地说，娱乐体验是人们被动地参与并身心投入的一种体验，它主要通过感觉来实现，如看电影、看演出、听音乐以及读书等。教育体验是人们主动参与并身心投入的一种体验。与娱乐体验不同，教育体验包含了客体更多的积极参与。审美体验是人们融入其间但处于被动状态的一种体验，站在大峡谷的边沿上极目远眺、参观艺术画廊或坐在充满怀旧氛围的威尼斯佛洛里安咖啡馆中都可称作审美体验，虽融入其间但只能是欣赏而已，不能对体验物或者周围环境产生影响。遁世体验则是人们主动参与并融入其间的一种体验，是体验活动中主动性与融入性最突出的一种体验，如逛主题公园、登山旅游、玩网络游戏等。[①]派恩和吉尔摩的这个体验模型是从各自独立的角度对体验经济的形态进行的分类，每一种和每一次体验都可能是其中的一种或几种类型的融合，因此，各种体验类型既具有独立性，又具有交叉性。例如，游览名胜古迹，既是教育体验，又是审美体验；观光自然景色，既是遁世体验，又是审美体验；身居于网络游戏之中，既是娱乐体验，又是遁世的体验，如此等等。

在基本意义上，以上四大体验类型都离不开人的感官。而审美体验在"体验王国"中最为重要，审美体验在审美活动中与人的精神需求相伴而生，是现实生活中的人的心理活动的产物，是一种体现宇宙精神、把握人生境界、渗透自然之气、讲求灵肉内修的过程。审美体验中主体迅速突破对审美对象外形式的掌握，而以心灵的味觉去体悟对象的内在形式意韵，最后，主体自身的内在之气与本身就具有生命的自然在瞬间沟通、融合，超越现实时空，达到一种悠远无限的"游"的境界，于是见人之所未见的"大象"，听希声渺冥之

---

① 邹统钎. 体验经济时代的旅游景区管理模式[J]. 商业经济与管理, 2003（11）：41-44.

"大音"，以一瞬凝终古，以一在存大千。

在现实生活中，美是随处可见的，审美体验也是随处可得的，只要有人生活的地方就有美的存在，只要存在美的地方就会引发人的审美体验。2010年11月，《环球时报》评出了"美国最美的十条海岸线"，面对浩浩大海，生活中的烦恼思忧瞬间消散，人们的思绪情感追随着大海的浩瀚无垠，达到一种舒适与豁达的境界，这是一种"以体去验"的诗意的审美体验。大海的蔚蓝，大海的浩瀚，无不带给人们别样的审美感受和美妙的精神体验，让人依依不舍。海洋的魔力，既来自于海风拂来的清香，脚下踩着的细沙，也源于难以忘怀的日落景色，抑或是跳跃的白色浪花。面对大海，不管你是否真心实意地爱上海岸，但海潮似乎有着催眠的能力——大海的广阔，让生活的忧愁只剩下斑斑点点，飘散在海波中不可寻。

这种感知大海魅力的深度审美体验往往由对审美对象形式美的愉悦进入对人生、未来的感悟，并能直接进入人的潜意识领域，唤醒蒙蔽的自我意识，达到一定的精神自觉。这正是审美体验的最佳体现和最高境界，同时也印证了审美体验的一大显著特征——超功利性。正如亚里士多德在其《伦理学》中所认为的，审美体验大致有六大特征：①这是一种在观看和倾听中获得的极其愉快的体验，这种愉快如此强烈，以至于诗人忘却一切忧郁而关注于眼前的对象；②这种体验可以使意志中断，人似乎觉得自己像是在海的美色中陶醉了；③这种经验有不同的强烈程度，即使它过于强烈或过量，也不会使人感到厌烦；④这种愉快的体验是人独有的，人的审美快乐来源于视觉和听觉感受到的和谐；⑤虽然这种经验来源于感官，但不能仅归因于感官的敏锐；⑥这种愉悦来自于对对象的感觉本身，而不是来自于它引起的联想。①

2. 伯恩德·H. 施密特的体验五分法

除了上述提到的体验四分法，美国体验营销专家、美国哥伦比亚大学的伯恩德·H. 施密特教授从心理学的角度提出了另一个模型。施密特把不同的体验形态看作"战略经验模块"，它们同大脑模块一样，有其内在的结构和原理。他认为，根据大脑由不同功能的模块组成的概念，体验可分为五种形态，感官（Sense）、情感（Feel）、思考（Think）、行动（Act）和关联（Relate），它们各有其独特的构成与处理程序，构成体验营销的框架。②如图10-2所示。体验营销通过看（See）、听（Hear）、用（Use）、参与（Participate）的手段，充分刺激和调动消费者的感官、情感、思考、行动、关联等感性因素和理性因素，引导消费者获得精彩绝伦的美妙体验。

施密特总结出的五大体验形态关注的重点各有不同。感官体验将视觉、听觉、触觉、味觉与嗅觉等知觉器官应用在体验营销上，感官体验可区分为公司与产品（识别）、引发消费者购买动机和增加产品的附加价值等；思考体验即以创意的方式引起消费者的惊奇、兴趣，对问题进行集中或分散思考，为消费者创造认知和解决问题的体验；行动体验指通过

---

① B. H. 施密特. 体验营销[M]. 周兆晴，等，译. 南宁：广西民族出版社，2003：145.
② B. H. 施密特. 体验营销[M]. 周兆晴，等，译. 南宁：广西民族出版社，2003：113.

增加消费者的身体体验，指出他们做事的替代方法、替代的生活形态与互动，丰富消费者的生活，从而使消费者被激发或自发地改变生活形态；情感体验即体现消费者内在的感情与情绪，使消费者在消费中感受到各种情感，如亲情、友情和爱情等；关联体验即以通过实践自我改进的个人渴望，使别人对自己产生好感。它使消费者和一个较广泛的社会系统产生关联，从而建立对某种品牌的偏好。以广告为例，感官式电视广告用迅速切入的图像和音乐迷惑观众的感觉，充满活力，能给人深刻的印象；情感式电视广告用生活片段渐渐抓住观众的感情，一些非常有名的广告采用的都是情感的场面，长度超过一分钟；思考式广告都很稳重，首先是画外音，然后屏幕上出现字幕，以引人深思；行动式广告表现的是动作的结果或生活方式；关联式广告展示的是与客户有假定关系的人物或群体。①

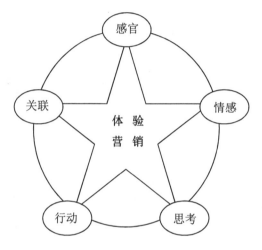

图 10-2　体验营销五大模块

星巴克的互动体验营销是体验营销领域中一个典型的成功案例。星巴克是世界上唯一一个把店面开遍四大洲的世界性咖啡品牌，它从一间小咖啡屋发展成为国际最著名的咖啡连锁店品牌的其中一个秘诀就是其灵活的经营智慧——充分运用"体验"。星巴克一个主要的竞争战略就是在咖啡店中同客户进行交流，特别重视同客户之间的沟通，正如星巴克董事长、首席战略总监霍华德·舒尔茨先生所说："星巴克没有高科技，没有专利，成功完全建立在员工和企业的关系上。"星巴克员工的培训不仅包括咖啡烹制技能的训练，如基本销售技巧、咖啡基本知识、咖啡的制作技巧等，还要求所有员工对星巴克文化有所认识，即 3C（Coffee、Connection、Culture），要求每一位服务员都能够预感客户的需求。另外，星巴克更擅长咖啡之外的体验，如气氛管理、个性化的店内设计、暖色灯光、柔和音乐等。就像麦当劳一直倡导售卖欢乐一样，星巴克把美式文化逐步分解成可以体验的东西。"认真对待每一位顾客，一次只烹调顾客那一杯咖啡。"这句取材自意大利老咖啡馆工艺精神的企业理念，是星巴克快速崛起的秘诀。注重"one at time"（当下体验）的观念，强调在工作、生活及休闲娱乐中，用心经营"当下"这一次的生活体验。星巴克坚信，只有优质的咖啡

---

① B.H.施密特. 体验营销[M]. 周兆晴，等，译. 南宁：广西民族出版社，2003：114.

喝起来才会让人感到悠闲和惬意，他们对产品质量的追求达到了发狂的程度。无论是原料豆及其运输、烘焙、配制、配料的掺加、水的滤除，还是最后把咖啡端给顾客的那一刻，一切都必须符合最严格的标准，都要恰到好处。星巴克还极力强调美国式的消费文化，顾客可以随意谈笑，甚至可以挪动桌椅进行随意组合，这也是星巴克营销风格的一部分。在设计风格上，星巴克强调每栋建筑物都要有自己的风格，应让星巴克的风格融合到原来的建筑物中去，而不是破坏建筑物原来的设计。在拓展新店时，他们费尽心思地去找寻具有特色的店址，并结合当地景观进行设计。位于上海城隍庙的星巴克，外观就像座现代化的庙；而面朝黄浦江的滨江分店，则用花园玻璃帷幕表现出宫殿般的华丽，夜晚时分，透过巨大的玻璃窗，看着霓虹闪烁、流光溢彩的街头，轻轻啜饮一口味道纯正的咖啡，这是一种多么"雅皮"的感觉体验。

二、休闲体验的内涵、特征及层次性

（一）休闲体验的内涵

休闲体验是一种动态的、积极的生活体验过程。休闲体验将体验、过程放在核心位置，强调体验是休闲的过程，同时体验也是在休闲的过程中产生的。休闲体验并不是消极的无事赋闲，而是有着积极的意义——它为人们实现自我、追求高尚的精神生活、获得"畅爽"或"迷狂"的心灵体验提供机会。

休闲是一种集心理体验、外在行为等多种因素于一体的生存状态。陶渊明有一句诗："采菊东篱下，悠然见南山"，诗中的"采菊"，既可以看作是一种劳作，也可以看作是一种休闲，而从陶渊明写这首诗的意境来看，这里指的是休闲。而这句诗非常有代表性地表达了我国传统文化中休闲之境界与智慧。这是自我心境与天地自然的交流与融合，是精神世界与客观世界的和谐统一。可以说，休闲是一种生活的态度、一种文化的体现，是对自由精神的追求。这与老子的主张不谋而合。老子认为，人要活得自然，心性尤其要悠然散淡。"人法地，地法天，天法道、道法自然"是老子哲学的核心思想。因此，"君子之行，静以修身，俭以养德，非淡泊无以明志，非宁静无以致远"的理念，一直以来都受到推崇，并被人们赞誉为"体静心闲"。

借鉴张玉勤对休闲体验的分类方法，依据休闲主体的心态和内在追求，我们把休闲体验分为恬静和合型、活力刺激型和厚重典雅型三类。恬静和合型休闲体验侧重追求平和、宁静和安适，强化生命的自足、安逸和祥和，如闲庭信步、滨水垂钓、怡然阅读等均属此类；活力刺激型休闲体验侧重追求新奇刺激、潮流怪异，强化生命的张力和心灵的丰满，如探险漂流、攀岩蹦极、狩猎习武等可归入此类；而厚重典雅型休闲体验侧重追求文化欣赏、文化创造和文化建设，强调生命的本真、自由和畅爽，琴棋书画、以文会友、品茶论道等均属此列。

（二）休闲体验的特征

为了更好地把握休闲体验的内在深蕴，我们对休闲体验概括出了以下几大特征。

1. 鲜明的主体性

尽管人们会和他人一起参加休闲活动,但究竟怎样去体验这个过程则完全取决于个人的理解和感悟。休闲体验是与体验主体密切相关的,与休闲主体的心态、精神紧紧相连。在休闲研究领域,人们常常必须面对"某项活动究竟是否属于休闲"这样的问题,而对此类问题的判定,也往往难度较大。比如,读书对有些人而言是一种文化休闲,而有些人却视之为任务、负担和非做不可的事情;同样是读书,即便对同一个人而言,有时可能是诗意的休闲行为,能够怡情悦性,有时则可能是生命中不能承受之重。我国著名经济学家于光远先生在谈及此类问题时,曾做出这样的区分:"是否属于休闲,是由活动使人愉快的性质所决定的"。这里,主体的体验性愉悦成为区分休闲的重要参数和变量。休闲体验有着双重含义:一是指"休闲中的体验",也就是说主体能否以休闲之心进入体验,将直接影响到主体体验继而影响到休闲活动的质量和效果,因而这层意义上的"休闲体验"带有鲜明的主体性;二是指"体验着的休闲",正是由于休闲主体进入了体验层次,而不是仅仅停留在表面的经验感知状态,才使得休闲更有质量和品位,而且主体的体验方式和体验程度的差别将直接决定休闲的层次,显然这层意义上的休闲体验同样呈现出鲜明的主体性。另外,在休闲体验中,主体的教育水平、知识结构、文化修养、社会阅历、家庭教养等因素也都影响着主体的休闲体验、休闲方式和休闲质量。同时,作为一种特殊的文化形态,休闲"往往以渗透、融合、感染、凝聚、熏陶、净化等多种形式影响着人的行为方式和生活方式",塑造着人的现实品格,这些均可视为休闲体验的主体性表征。

2. 突出的整体性

休闲主体所体验的世界是一个浑然不可分的一体化世界。在日常生命活动中,人们习惯上把完整的"我"分割为相互分裂甚至敌对的两部分,即"躯体之我"和"精神之我";人们喜欢用"对象性思维"对待周围的世界,将世界视为异己的力量加以征服、利用和改造。这样,原本统一的世界从此有了主客之分,完整的"我"的存在也有了内外之别和灵与肉的对立。但到了休闲体验这里,常规意义上的二元对立已不复存在,分裂和敌对状态得以化解。比如,当人们选择登山、旅游等户外活动作为自己的休闲方式时,往往会淡化自己的身份和地位,忘记平时的焦虑和压力,而与自然景观融合沟通,与人文氛围交相契合。又如,当我们以休闲之心步入茶馆时,我们不是把茶当作饮用和占有的对象,而是与茶同道,使自己置身于"吾与万物同体"的自由境界,徜徉于品茶论道、诗意正浓的和谐人际氛围中,沉迷于清芬淡雅、香气袭人的茶香和底蕴深厚、源远流长的茶文化中。在休闲体验中,"我感到活动并不是对着对象,而是就在对象里面,我感到欣喜,也不是对着我的活动,而是就在我的活动里面。我在我的活动里面感到欣喜或幸福""在它里面我感到的愉快的自我和使我感到愉快的对象并不是分割开来成为两回事"。用中国古典美学的话来说,这便是一种"凝神遐想,妙悟自然,物我两忘,离形去智"的审美境界。休闲体验的这种整体性特征直接决定着休闲主体的体验方式。在休闲体验中,主体所借助的既非感性认识也非理性认识而是审美兴趣、审美直觉,与客体之间不是占有或反映方式而是存在和妙悟方式，体验的结果能够"显现真实"却又"可意会不可言传"。

3. 自由的创造性

休闲时间是与工作时间相对而言的。在工作时间里，人们难免要受到一定的定势、规律、规则等的限制和束缚，往往停留在机械性、重复性、枯燥性的层面上，因而人的创造性会受到不同程度的抑制。尽管工作中的确存在着"畅"的状态和类似"自我实现"的情况，但这似乎并不具有普遍的说服力。与此相反，休闲时间是一种自由时间，是主体相对洒脱和不受羁绊的时间。"人们有了充裕的休闲时间，就等于享有了充分发挥自己一切爱好、兴趣、才能、力量的广阔空间，有了为'思想'提供的自由驰骋的天地。"[①]在这个时间里，休闲主体并不是被动消极地承受，而是以充盈的内心体验积极地"担当"。休闲体验在认知、情感、意志等诸多领域重塑着休闲主体的内在性灵，丰富了休闲主体的既定品格，引领着休闲主体在思维的碰撞、灵感的突发、生活的思考中不断地走向自由创造。

4. 诗意的超越性

从词源上来讲，"体验"一语含有感受生命、体味生活、反思生存、品味人生之意。也就是说，生命表现为由情感去感受、以思去反思的体验，而体验又总是对生命自身置于其中的生活关联域的体验。因此，生命即生活，生活即生命，其中心的关联是体验。休闲体验能够把人们从异化劳动状态或负有责任的其他活动中分离出来，从对世界的征服、外物的占有中超脱出来，从表层需要、感官满足的追逐中提升出来，使其能够充分地享受人生，尽情地体验人生，更好地把握人生。主体通过休闲体验对世界的意义更加澄明，生存的本质更加彰显，从而建构起一个能为自己安身立命的意义世界和精神家园。这样，主体便因体验而充盈，人生便因休闲而精彩。

（三）休闲体验的层次性

"休闲有多个层次的意义。在让我们摆脱日常生活中必要的劳动和功利的考虑，而对生命进行整体的关照和体悟，从而形成自己的信仰这个意义上，它跟人类最高层次的精神生活联系起来了。"[②]休闲，既可消除人的生理疲劳，又是心灵的驿站，让人领略人生的真谛，获得精神上的慰藉。休闲体验活动的方式和内容是丰富多彩的，人们可以根据自己的喜好自由选择，获得非凡的享受和体验。当然，休闲体验是有层次性的，无论是基层的"感性之娱"和中层的"审美之境"，还是顶层的"诗意之栖"，都是休闲体验的重要组成部分。

1. 基层的"感性之娱"

最基层的是感性的耳目之娱、感官之悦、身体满足、世俗享受。读书、音乐、艺术、体育等快乐的休闲活动不仅可以平添生活的情趣，丰富生活的色彩，同时又往往以渗透、融合、凝聚、净化等多种形式陶冶人的性情，让人轻松愉快地享受生活、享受生命。声色犬马之乐，给人新奇的感性刺激，符合人类喜新厌旧的审美规律。[③]在大众旅游的时代，

---

① 陆彦明，马惠娣. 马克思休闲思想初探[J]. 自然辩证法研究，2002，18（1）：44.
② 刘耳. 休闲、信仰与对生命意义的追寻[J]. 自然辩证法研究，2005（10）：89.
③ 王世德. 论休闲与诗意的审美境界[J]. 美与时代，2008（9）：16.

人们游山玩水，欣赏民俗风情，了解地理、历史、文化，购买特产、纪念品，研究人文景观、建筑特点，抄录对联匾额碑刻等，无不满足了人们求新求奇的心理需求。常常有人感叹道：人在江湖，身不由己。在名利场中，人们急于事功，忙于应付，疲于奔命，常恨此身非我所有，而只有在休闲活动中，才感到身心自如，才能享受自主的欢乐与潇洒。

2. 中层的"审美之境"

中间一层是人们能寄寓自己的情意，追求审美的精神境界。孔子在《论语·雍也》中说："知之者不如好之者，好之者不如乐之者。"意为：知识上求真，不如意志上爱好求善深入人心，更不如情感上求美，动情的欢乐享受更为强烈深刻。在儒道休闲境界中，"孔颜乐处"和"曾点气象"是广为传颂的两件事。所谓"孔颜乐处"，是孔子赞扬其得意门生颜回"一箪食，一瓢饮，居陋巷，人不堪其忧，回也不改其乐。"这实际上反映了孔圣人对超越现实困苦，进入精神自由愉悦的洒脱境界的赞许与向往，是人性的达观境界。而"曾点气象"则是指孔子叫弟子"各言其志"。曾点说："暮春者，春服既成，冠者五六人，童子六七人，浴乎沂，风乎舞雩，咏而归。"意指在暮春时节，去郊游踏青，沐浴于沂水，尽兴而归，载歌载舞。孔子喟叹曰："吾与点也！"孔子虽然积极进取，却又视富贵如浮云，其推崇"曾点之乐"，这正是一种"大乐与天地同和"的天地境界，也是人生的审美境界。同时，古人的游山玩水、吟诗作画等活动，也是人的自由创造与世界的对象化欣赏的浑然无间，是一种寄寓情意的审美活动。宋代诗人范仲淹在其名著《岳阳楼记》中描写过山水胜景："至若春和景明，波澜不惊，上下天光，一碧万顷，沙鸥翔集，锦鳞游泳，岸芷汀兰，郁郁青青。而或长烟一空，皓月千里，浮光跃金，静影沉璧，渔歌互答，此乐何极！"他在对山水胜景进行审美欣赏中感到"此乐何极"的同时，愉快地欢呼："心旷神怡，宠辱偕忘，把酒临风，其喜洋洋者矣"，这些都表明了休闲不是单调贫乏的游玩，而是有着强烈丰富的审美内涵和文化意蕴。①休闲与审美之间有内在的必然关系，休闲与审美的生存智慧在于人们可以通过人生态度的恰当把握，在当下的境地中获得相对的自由精神空间，由此进入休闲的审美境界，即在审美的欣赏和愉悦中，体验、培养、树立一种审美的人生态度，然后将其融入人的日常生活中去，赋予日常生活和事业一种审美的意味和力量，不计个人苦乐得失，甚至不计生死，执着地追求美好的未来。

3. 顶层的"诗意之栖"

我国著名小说家、思想家王小波有句名言："一个人仅拥有此生此世是不够的，他还应该拥有诗意的世界。"休闲体验上升到精神层面，即能感悟到诗意的审美境界，使自己能胸襟开阔，提升境界，让人们找到能"诗意地栖居"的精神家园，感悟天人合一的畅爽状态。根据德国哲学家狄尔泰的观点，"体验"一词不同于一般认识论意义上的"经验""感受"，而是具有本体论意义上、源于个体生命深层的对人生重大事件的领悟，是特指的"生命体验"。②

---

① 王世德. 论休闲与诗意的审美境界[J]. 美与时代，2008（9）：17.
② 王一川. 意义的瞬间生成[M]. 济南：山东文艺出版社，1988：5.

海德格尔说，人来到世上，就被抛入先前给定的外在于他的社会历史境遇，并不是他自由设计、自由开展他的生活。萨特认为，人的本性要求自己来决定和选择自己的生活，使自己成为自己所喜爱的、愿意的、自由的、自主的人。休闲是"人的自在生命及其自由体验状态，自在、自由、自得是其最基本的特征"。[①]休闲的最高层级是通过审美过程达到这种自在自由的精神境界。在这一层次，人们进入了一种能够抛开日常情欲需求、功利欲望的新境界，即一种不计个人得失、无忧忘我、大公无私的道德境界，到达一种心灵精神的"至乐"。

我国著名学者钱钟书先生在其著作《写在人生边上》中有一段描述人生的意义的话："洗一个澡，看一朵花，吃一顿饭，假使你觉得快活，并非全因为澡洗得干净，花开得好，或者菜合你口味，主要因为你心上没有挂碍，轻松的灵魂可以专注肉体的感觉，来欣赏，来审定。"人们休闲体验的最高目的也是为了追求人自由而全面的发展。因此，在休闲过程中，一定要避免为了休闲而去休闲的机械目的，全心全意地投入到当时所处的休闲意境中去，心无羁绊。休闲体验的本质不在于机械地填充生命中的时间，而是要为自己留下时间的足迹和有趣的经历，为自我发展增加生命的正能量，就像海德格尔书写的那般"诗意地栖居"，最终迈向"自由王国"。这既是休闲体验的最终目标，又是休闲体验的最高境界。

第二节 畅爽：公众休闲体验的终极目标

一、畅爽的概念、维度及模型

（一）畅爽（Flow）的概念与中文译名辨析

心理学家米哈里·契克森米哈赖通过对共计数百位的科学家、攀岩爱好者、国际象棋冠军、作家、运动员、艺术家和外科医生的研究发现，当他们沉浸在活动中时会体验到一种物我两忘、全神贯注、酣畅淋漓的感觉，令人愉悦至极，以至于他们愿意为了继续获得这种体验而全情投入和付出，其中很多人在描述这种状态时表示仿佛有一股"洪流"带领着他们。据此，契克森米哈赖将此状态命名为畅爽（Flow），并视其为心理的最优体验（Optimal Experience），是个体获得幸福的最有效途径，1990年其著作 *Flow: The Psychology of Optimal Experience* 出版后洛阳纸贵。Flow一词的中文译称名目繁多，其中屡见不鲜的译名有"畅"（康筝，2000；陈素梅，马惠娣等，2000）、"心流"（张定琦，2017；陈秀娟，2009）、"福流"（彭凯平，2016）、"畅爽"（谢彦君，2005；厉新建，2008；吴茂英，2014；郭鲁芳，2011）和"沉浸"（刘燕等，2016；张冬静等，2017）。"一名之立"（严复语）在翻译中举足轻重，Flow作为休闲学的一个重要概念，其译名应力争信、达、雅。纵观所有译名，"畅"字体现了个体内在力量的流畅性和秩序感，形象地描绘了最优体验时的心灵状态，但只用一字来表达如此丰硕的体验略欠圆善；"心流"一词最早出现于2009年出版的《生命的心流》，此后被心理学领域广泛接纳和使用，心流喻义内心澎湃、连贯地流动，意

[①] 潘立勇. 休闲与审美：自在生命的自由体验[J]. 浙江大学学报（人文社会科学版），2005，35（11）：5.

在阐述 Flow 体验者所描述的洪流之状，但心流的字面含义并没有彰显出流动的具体姿态，因此较之"畅"缺乏形象性；"福流"则由清华大学的彭凯平提出，除了表现流动感外，重点突出了 Flow 给人带来的美好的结果，即人人追求的终极幸福体验。此外，福流和 Flow 读音相近，具有音译和意译的双重功效，其不足之处也在于"流"字无法表达出"畅"字的意境，音近、意近，唯独缺乏神近；"沉浸"一词反映了全身陶醉、浑然忘我的状态，尽管有学者认为沉浸可以和 Flow 概念互换（Hoffman & Novak, 2009），但它只侧重表现最优体验时的投入强度，不能完整概括其精髓；"畅爽"一词最早由谢彦君（2005）提出，"畅"字表现了酣畅淋漓之感，是内心思维齐头并进、和谐一致、强健蓬勃的表现，"爽"字体现了历经 Flow 后的愉悦、幸福与爽快感，将这一最优体验过程的姿态和纷至沓来的完美感受一起呈现了出来。综上所述，我们认为畅爽更形象、更贴切、更传神地体现了 Flow 的应有之意，故将 Flow 译作畅爽。

米哈里·契克森米哈赖教授认为，休闲是一种有益于内心健康发展的内心体验，人们无论是在工作还是在闲暇活动中都能体验"畅爽"，即心地明澈、想象翱翔、灵魂自由飞扬的感觉，是休闲体验与休闲快乐的极致境界，其意义在于通过释放精神世界中人的创造力和鉴赏力，促使人对自在自为的生存意义进行自由的思考和体验，使人沉浸其中，心醉神迷（Ecstasy），"从心所欲不逾矩"，超然、从容且自得。

畅爽不仅在顺境时会发生，刚从千钧一发的危机中逃生的人也有可能在最艰难的一刻，突然大彻大悟。契克森米哈赖教授曾以俄罗斯著名作家、诺贝尔文学奖获得者亚历山大·索尔仁尼琴为例说明，即使在最不堪的情况下，只要心是自由的，畅爽仍然会翩然而至。索尔仁尼琴曾以生动的笔触描述其虽身陷囹圄但主观上仍保持自由的状况：

"有时，跟一群绝望的犯人站在一起，周围环伺着荷机关枪叫嚣的警卫，我感到一阵节奏和意象汹涌呈现，仿佛把我托到了半空……这个时候，我觉得非常自由而幸福，有的犯人会设法冲破铁丝网逃脱，对我而言，铁丝网根本不存在，犯人的总数并没有减少，但我已飞到远方去了。"

索尔仁尼琴的案例充分说明，畅爽仍是由自己缔造的。他自得其乐的性格，使他在最困顿的监狱生活中也能得到快乐的体验。因此，畅爽归根到底取决于心灵如何过滤与阐释日常体验。

综上所述，我们不妨引用米哈里·契克森米哈赖教授对畅爽的概括，"畅爽是指人们在各种休闲活动或工作活动时产生的一种最佳体验"[①]，是主体的自我实现，是人们活动前或活动中面临活动的挑战性时和自身能力约束下所具有的一种心理状态，是对马斯洛的需求层次理论中最高层次——自我实现的突破和升华。当人心中有目标，而他有足够的技术水平并且使个人的行动与环境的反馈之间形成立即明晰的互动，个人意识的注意力被立即回馈攫住，而环境也逼迫着个人意识的回应，就像网球的高手相互对打，小白球就成为两人之间意识流动的媒介。

---

① 李仲广，卢昌崇. 基础休闲学[M]. 北京：社会科学文献出版社，2004：179.

(二)畅爽的维度

1. 具有挑战性的活动

任何活动都包含许多采取行动的机会，或需要适当的技巧才能完成的挑战。对于不具备技巧的人，这种活动非但不算是挑战，而且根本毫无意义。爱下象棋的人，看到棋盘就血脉贲张，不会玩的人却无动于衷。加州优瑟美地山谷的船长崖对一般人而言，只是一块丑陋的岩石，而攀岩者却把它当成心灵和体能挑战的交响曲。

如果能掌握挑战与技巧的黄金比例，则每次挑战都是获得畅爽的良机。对一个孩子而言，畅爽也许就是用发抖的小手，将最后一块积木安放到他从未堆过的高的塔尖；对一位游泳健将而言，畅爽可能来自打破世界纪录的那一刻；对一位小提琴家而言，畅爽也许就是把一段复杂的乐曲演奏得出神入化。

2. 目标的明确性与反馈的及时性

在畅爽的状态下，人的意识全神贯注、秩序井然，有助于自我的整合。同时，思想、企图、感觉和所有的感官都集中于相同目标上，体验也臻于和谐。譬如攀岩者的目标就十分清晰而简单：攀至山顶，不要中途掉下去。历经千辛万苦登上崖顶的攀岩者，往往为自己的成功而欣喜若狂。又如某些游戏的积分升级、拯救战友、摧毁敌人或荒野求生等目标的实现过程，就比较容易获得畅爽感。

3. 反馈的及时性

参与者在某一休闲活动中，通过比较竞争者后认清自己所处的状况，获得及时反馈，判断自己做的每个步骤对结果有否改进，就容易产生畅爽的感觉。也就是说，反馈只要跟我们投入的精神能量、追求的目标有合理的关联，就能产生较佳的体验。

4. 全神贯注

打网球、看书、谈话等活动，若不全神贯注，人们就会觉得索然无味，毫无乐趣可言。跨栏名将爱德温·摩西指出，比赛时一定要全神贯注："头脑必须百分之百清醒，对手、时差、食物的口味、住宿以及一切个人问题，都要完全从意识中抹去——好像不存在似的。"而一位登山者也表达了相同的看法："登山时，你全然不会想到生活中的种种问题，活动自成一个世界，吸取你所有的注意力，一旦进入状态，世界就变得十分真实，完全在你的控制之下，成为你的全部。"可见，全神贯注可以排除闯入意识的忧虑与不安的干扰，使精神能量流转自如。

5. 掌控自如

游戏、运动及其他休闲活动常常是畅爽的源泉，因为这些活动与困难层出不穷的日常生活相距较远。日常活动没有成功也许会遭遇灭顶之灾，而休闲却不然。在局外人看来，充满乐趣的休闲活动也许比正常生活潜伏着更多的危险。滑翔翼、洞穴探险、赛车、深海潜水、冲浪、攀岩以及许多其他类似的运动，都故意把人置于文明世界的安全防护网之外，但参与者都承认，在他们的畅爽体验中，高度控制感居于重要地位——在艰难状况下行使控制权的感觉，使最佳体验悄然来临。

6. 浑然忘我

处于畅爽状态的人在精神上融入了活动的挑战性和其固有的快乐中，没有自我意识和活动绩效忧虑。一位知名远洋航海家曾表示："你会忘记自己，忘了一切，只看到船在海上嬉戏，海在船的周围嬉戏，凡是与这场游戏无关的一切，都搁在一旁。"当然，浑然忘我，自我意识消失，并不代表自我随之消失，意识也依然存在，只不过它不再感觉到自我而已。而且，消除自我意识可以带来自我超越，使人产生一种自我疆界向外扩展的感觉。

7. 目标不假外求

畅爽的一大特征在于它本身就是目标。即使最初怀有其他目的，但到头来活动本身就带来了足够的报酬，即"自成目标"。"自成目标"指的是自我涵容的活动，它不追求未来的报酬，做一件事本身就是最大的回馈。如果教育孩子是为了把他们培养成良好的公民，则不算自成目标；但如果是为体会与孩子沟通的乐趣而教导他们，就是自成目标了。从表面上看，这两种情形不分轩轾，不过真正的差别是，在自成目标的活动中，一个人可以完全为活动本身而投入全部心力，否则他会把注意力集中到行动的结果上。

自成目标的体验就是"畅爽"，它能把生命的历程提升到不同的层次，疏离变成了介入，乐趣取代了无聊，无力感变成了控制感，精神能量会投注于加强自我，不再浪费于外在目标上，体验若能自动自发地产生报酬，现在的生命当然有意义，不再需要受制于将来可能出现的报偿。

8. 时间迥异于平常

描述最优体验时，人们常常提及的一点就是时间感跟平时不一样。我们用来衡量外在客观时间的标准都被活动所要求的节奏推翻。往往几个小时好像只有几分钟；大致多半的人觉得时间过得比较快，但有时正好相反。

（三）畅爽模型

畅爽理论的演化过程中，一共出现了三种模型："焦虑—畅爽—无聊"三段式模型、"焦虑—麻木—畅爽—无聊"四段式模型、"淡漠—担心—焦虑—觉醒—畅爽—控制—松懈—无趣"八段式模型，后两者较为经典。

1. "焦虑—麻木—畅爽—无聊"四段式模型

在"焦虑—畅爽—无聊"三段式模型中，契克森米哈赖认为只要个体的技能水平和休闲活动的挑战水平相匹配，就能获得畅爽体验。随后，他修正了这一观点，认为畅爽体验是在高难度挑战和卓越技能的相互配合协调下，参与者全身心投入触发的难忘体验，它需要体验者付出努力和精力。图10-3是一个四段式模型，它将挑战水平和技能水平都较低的状态视为"麻木"，即漠不关心、无动于衷的状态。这样，基于"技巧"与"挑战"的匹配度，就存在"焦虑""无聊""麻木"和"畅爽"四种状态。

图10-3中，当挑战水平和技能水平一致时，人们可能会获得畅爽体验。如果难度远远

超出了个体的能力范围，个体就会产生焦虑感；而当难度远远低于个人的能力范围，个体则会产生无聊感。例如，著名 110 米跨栏运动员刘翔参加比赛时，如果他的竞争对手与其实力相差悬殊，其竞争对手又产生焦虑紧张情绪，那么刘翔则会在比赛中感到缺乏动力，产生无聊感，在这种情况下，即使他获得冠军，他也可能不会有畅爽体验。唯有与其实力相当的罗伯斯一起参赛时，夺得冠军那一刻，他才会乐趣横生，畅爽无比。

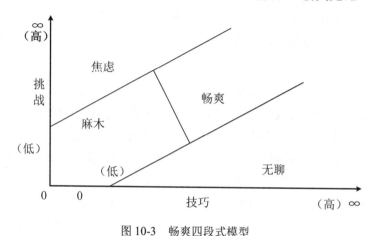

图 10-3 畅爽四段式模型

资料来源：李仲广，卢昌崇. 基础休闲学[M]. 北京：社会科学文献出版社，2004：185.（有修改）

2."淡漠—担心—焦虑—觉醒—畅爽—控制—松懈—无趣"八段式模型

尽管四段式模型比较全面地反映了畅爽的形成机制，但对体验的分类过于宽泛，因此为了进一步增加理论的科学性，契克森米哈赖和他的团队继续对原有模型进行了完善，并于 1997 年构建了畅爽的八段式模型（见图 10-4）。这一模型精细化了畅爽体验的过程，在四通道模型的基础上增加了各种心理类型之间的缓冲空间，消除了突兀感，使模型更加符合心理变化渐进的科学规律。而各种状态呈现为扇形，形象展示了同一种心理体验的强弱程度，八段式模型也由此成为畅爽体验最经典的模型。

除继续保留技能和挑战相适配才能产生畅爽这一核心观点外，八段式模型将心理体验细分为 8 种类型：挑战水平和技水平匹配的情况下，当二者同时都很低，个体产生淡漠体验（Apathy），当二者同时很高，个体才会有畅爽体验（Flow）；在挑战水平高于个体的技巧水平时，根据两种水平之间差距大小的不同，会分别产生担心（Worry）、焦虑（Anxiety）或觉醒（Arousal）的体验，而不像四段式模型中仅仅只是焦虑一种状态，即中等挑战水平—低技巧水平的组合导致担心，高挑战水平—中等技巧水平的组合引起觉醒；在外界挑战水平低于个体的技巧水平时，除了原有的无趣感（Boredom）外，个体还会产生掌控（Control）、松懈（Relaxation）这两种体验，分别由中等挑战水平—高技巧水平、低挑战水平—中等技巧水平两种组合引发。

契克森米哈赖认为除畅爽这一最佳体验外，觉醒和掌控这两种状态也具备很大的追求价值。觉醒状态时，个体会变得专一、主动且投入，但不会十分坚强、振奋和掌控一切；掌控状态时，个体也能获得快乐、满足，但缺乏全神贯注的态度。由于二者离畅爽状态只有咫尺之遥,个体只需要提升挑战水平和技巧水平中时任意一项就可以进入畅爽体验之境。

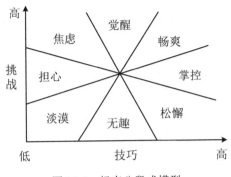

图 10-4 畅爽八段式模型

资料来源:米哈里·契克森米哈赖. 发现心流[M]. 陈秀娟, 译. 北京:中信出版社, 2018: 56.(有修改)

二、畅爽:休闲时代的核心表征

工业革命之后,追求普遍的有闲时代成为世界各国追逐的理想状态,尤其在进入 21 世纪后,休闲正在成为"时代的主旋律"和"下一个经济大潮"。所谓休闲时代,是指一个国家或地区的人均 GDP 进入 3 000~5 000 美元阶段以后,居民生活方式、城市功能和产业结构等方面相继形成休闲化特点的一个发展时期。休闲时代建立在诸多发展基础之上,其中有两个基本条件:经济水平和闲暇时间。自 20 世纪 60 年代以来,发达国家人均 GDP 已经普遍提升到 3 万~4 万美元,居民可支配休闲时间所占比例也上升至全年的 41%左右,休闲发展经历了从较低阶段向较高阶段演进和跨越的轨迹。[①]反观我国,2021 年人均 GDP 已达到 1.26 万美元,全国法定假日和周末休息日由改革开放初期的约 60 天增长到目前的 115 天,占全年的比例超过 31%,2013 年发布的《国民旅游休闲纲要》提出"2020 年全面推行带薪休假制度"。此外,民众的休闲意愿也大幅提升。

当物质、时间和休闲意愿齐备时,是否一定意味着休闲时代的来临?马惠娣认为,休闲时代并不仅仅是闲暇时间多了,人们丰衣足食了,而是人的一种精神态度和存在状态的变化,既有时间层面和物质层面的标准,也有精神和道德伦理方面的标准。尽管科技发展为休闲时代的到来提供了强大的支持条件,但仍不能一蹴而就。虽然空闲时间人人可以拥有,休闲却并非是每个人都可以真正达到的人生状态。众所周知,品质休闲在我国的积厚流光,如儒家的"六艺"、道家的"逍遥游",以及历代文人醉心的琴棋书画、曲水流觞等。然而仔细审视目前公众的休闲体验现状不难发现,中国人的休闲体验状况总体上呈现典型的"三重三轻"的倾斜型结构。

第一,"重形式、轻内容"。随着人们休闲意识的增强,很多人懂得在繁忙的工作之余需要休闲,让身心有个呼吸放松的空间,但在真正进行休闲活动时却往往只注重形式,而忽视了休闲的内容和意义。对现代整日忙碌的上班族而言,即使潜意识里存在劳逸结合的

---

① 楼嘉军,徐爱萍. 论休闲时代发展阶段及特点[J]. 旅游科学,2009,(1):61-66.

休闲观念，但现实的休闲生活往往是反向操作的。

第二，"重结果、轻过程"。人们加快休闲活动的速度，用一种能迅速完成的休闲活动来取代耗时较长的活动，同时进行多种活动，精确安排各项休闲活动的时间，使"匆忙的休闲"成为常态，在这个过程中虽有享乐和娱乐，但人内心的空白却无法填补，精神的黎明和黄昏变得荒芜、寒冷，人们生活得越来越像一架机器，体味与梦想的能力逐步退化了。

第三，"重消遣、轻品质"。我国城镇居民休闲消费不断增长，可供选择的休闲方式日益增多，但休闲内容上存在结构性不均衡，消遣型休闲占据比例较高，而文化型休闲却略显不足。即便近年来公众的闲暇时间整体上有所增加，但是用于学习知识、阅读报纸及书籍的时间却在减少。人们仍习惯于将休闲作为消遣的一种方式，作为精力得以恢复的一种手段，并逐渐走向了"休闲就是无所事事"的误区，并且越陷越深，休闲体验的本意也就这样逐渐被人们遗忘和抹杀。

诸多调查（马惠娣，魏翔，2014；李林蔓，2014；《小康》杂志社，国家信息中心，2018）数据证实了上述现状，上网、看电视、睡觉、美食等成为当下被人们采用得最频繁的休闲选择，而文化、艺术、运动类休闲则被置于一旁，呈浮光掠影、浅尝辄止之态。许多休闲行为既不能达到颐养身心、消除疲倦的基本功效，还成为滋养生命无意义感的温床，大多数中国人的休闲体验离中层的"审美之境"尚有一段遥远的距离，更遑论顶层的"诗意之栖"了。

因此，当人们从"有闲阶级的社会"走向"普遍有闲的社会"后，如何从"有闲时代"步入"休闲时代"是摆在我们面前的重要课题。寻找一种有效的行为范式，提升休闲的雅趣性、文化性和审美性，让闲暇时间更加丰裕、精神生活更具厚度、沉沦的自我得以回归，已经成为人们的迫切诉求。畅爽理论恰好提供了一个行之有效的科学视角，它更是休闲时代的核心表征，之所以这样说，基于以下几点原因。

1. 畅爽体验本身就是一种休闲

畅爽不仅普遍存在于众多主动性休闲活动中，如冒险娱乐活动、户外休闲活动、登山运动、艺术工作、游戏、购物行为等，并且其自身就是一种有深度、高级的休闲。心理学家依索赫拉（Iso-Ahola）根据自由选择与内在动机两个变量把非工作活动分为三个层次：自由选择程度较低、内在动机较弱的为"必需的非工作活动"；有一定的自由选择和内在动机的活动是"自由时间的活动"；具有高度的自由选择与很强的内在动机的活动，才是真正的"休闲活动"。他指出，休闲并不是消极的无事赋闲，而是有着积极的意义——它为人们实现自我、追求高尚的精神生活提供了机会。[1]按照这一说法，休闲的本质特征和畅爽有着高度的契合性，无怪乎杰弗瑞·戈比认为畅爽模型的主观指标更适合作为"自成目的"的休闲质量最重要的评价标准。[2]那些受内源性动机驱使、自由选择、全情投入的休闲行为可称之为畅爽，契克森米哈赖也将休闲活动中的审美体验本身作为一种畅爽体验（Wanzer等，2018）。

---

[1] 马惠娣，刘耳. 西方休闲学研究述评[J]. 自然辩证法研究，2001，17（5）：45-49.
[2] 杰弗瑞·戈比. 你生命中的休闲[M]. 康筝，译. 昆明：云南人民出版社，2000：21.

2. 畅爽是休闲行为的核心内源性动机

莱茵贝格将动机分为以目的为中心的激励和以行为为中心的激励。[①]畅爽的一个重要维度是它必定是自成目的的活动体验（Activity Autotelic Nature），也就是说，它是以休闲行为本身为中心的内源性动机。譬如攀岩、下棋、登山等活动，对于业余爱好者来说不仅无法带来任何物质利益，反而还需要付出诸如时间、金钱、刻苦训练等代价，因而投身于此类休闲活动不在于事后的奖励，而是享受过程中的极致体验。畅爽的激励作用还具有专家效应，技能高超者比初学者更频繁地感受畅爽，畅爽感越强烈，其产生的动机也就越大，激发深度的参与并获得持续的畅爽感，如此良性的循环往复形成一种最佳的休闲模式。此外，除了直接的内源性激励外，畅爽能激起强烈的幸福感、满意度、忠诚度及卓越表现（Ayazlar，2015；Lucy 等，2019；Kim 等，2018），这些正是提高休闲参与度的有效外源性动机。

3. 畅爽具有可获得性

马斯洛提出了"高峰体验"（Peak Experience），将其描述为一种源自灵魂深处的颤栗、极乐、超然、狂迷的完美体验，是人性的至高境界，能够令人感悟到终极真理、世界的本质和生命的奥秘[②]。畅爽理论问世后，许多学者将这两种概念等而视之（Rana 等，2009；Privetee，1983）。它们的相同处有：第一，皆是高水平的积极心理体验。畅爽作为最优心理体验，是积极心理学的重要范畴，高峰体验则是跨越自我实现后的超然经验（Transcendence），是人类最高的心理需求，两者都致力于实现人性的圆满和升华，促进人格成长、提升创造力和幸福感。第二，都处于完全沉醉的状态。经历畅爽或高峰体验时，外界事物变得无关紧要，个体与时间、空间的惯常联结被消解，完全浸没在极致感受中，达到物我两忘的境界。第三，每个人都会体验这两种状态。高峰体验虽主要为自我实现者所拥有，但普通人一生中也会偶遇几次，而畅爽体验基于它的可实现性，更加普遍地存在于那些致力获得它的个体。

不过，尽管畅爽可以追溯至高峰体验（Finneran 等，2004），但两者存在显著的区别：①出发点不同：马斯洛的高峰体验是从哲学的超越性出发的，含有浓厚的意念论者倾向，而畅爽体验则是基于广泛实证科学研究得出的，这一特性使其脱离了纯粹的哲学意味，更具可操作性、可证伪性。②体验强度不同：高峰体验是人类最强烈、狂热至极的感受，是基于自我实现的超然存在，而畅爽体验则是人们从事爱好活动时产生的畅快淋漓、心潮澎湃之感，且在程度上可以区分为数个水平。总体而言，高峰体验的强度普遍高于畅爽体验。③持续时间不同：高峰体验是"自我实现的倏忽急逝的瞬间"（Transient Moments of Self Actualization），具有短暂性、爆发性的特点，相反，畅爽体验是个体的浸润状态，如潺潺流水般涓涓不断，持续时间远长于前者。④发生频率不同：高峰体验的前提是自我实现，自我实现作为最高层次需求，所达者寥寥无几，因此高峰体验可遇不可求。反观畅爽体验，

---

① [德]法尔克·莱茵贝格. 动机心理学[M]. 王晚蕾，译. 7版. 上海：上海社会科学院出版社，2012：124.
② MASLOW A. Religion, values, and peak experiences [M]. New York: Viking, 1970: 164.

只要个体在爱好的活动上灌注热情且具备中等及以上的技巧水平，畅爽体验往往就能不期而至，其发生频率远高于高峰体验。

因此，畅爽体验虽整体热烈程度不及高峰体验，但其实现的门槛远低于后者，具备人人皆可获得的务实性，是休闲行为更应追求的高品质体验。

三、畅爽之于休闲的多重价值

（一）畅达心盛（Flourishing）：快乐与实现主义的全面繁荣

在幸福研究中，主要有两种取向，一种是遵循快乐论（Hedonism）的主观幸福感（Subjective Well-being），注重纯粹的主观情绪体验，将幸福和快乐等同；另一种是基于实现论（Eudemonia）的心理幸福感（Psychological Well-being）或实现主义幸福感（Eudaimonic Well-being），是指个人追求有意义的生活，实现自我和谐、潜能发展、个人成长和人格展现等（Keyes，2002；Waterman，1993）。塞里格曼在整合两种幸福感的基础上提出了真实幸福感的PERMA模型，包含积极的情感（Positive Emotion）、投入（Engagement）、良好关系（Relationship）、意义（Meaning）和成就（Achievement）5个维度（Seligman，2011），并将之作为幸福的最高追求，即心盛（Flourishing）。心盛源自古法语"花开"之义，有繁荣、昌盛、兴旺、茁壮成长、健康幸福的意思。在心盛状态下，个体充满活力和积极情绪，且拥有完好的心理和社会功能，是主观幸福感和实现主义幸福感的双重繁荣（Keyes，2007）。

畅爽能产生自得其乐的幸福感，不仅仅带来转瞬即逝或单纯的愉悦，而且还营造个体成长、心智充盈的美好生存状态，增强成就感、自尊心、专注力、自信心等积极心理特质，促进个体达到心盛状态。假如一个人的某个行动本身是自成目的（Autotelic），并且这一行动所试图达到的结果也是具有自足价值的（Autarkeia），①那么这一行动必定使他获得幸福（赵汀阳，2004）。Han（2009）调查了许多水上运动者，发现畅爽体验是休闲活动和生活满意度之间的中介变量；Chen和lin（2011）通过对登山爱好者的研究发现畅爽能促进个体获得更多的积极情绪体验，表述更高的幸福指数，并且连同自尊感、成就感、内源性动机也一并提升（Katie，2012）；高空滑翔运动、艺术工作领域等的畅爽体验也都显著增加了参与者的幸福感（Ayazlar，2015；Kim等，2018）。潜水运动和旅游等易达到畅爽体验的活动除了带来积极情感外，还会赋予人们意义感，促进个人成长、自我接受等（Kler，2012；Berdychevsky，2013）。此外，许多并未直接涉及畅爽，但存在数个与畅爽的重要维度相似的休闲行为的研究也获得了类似结论。当人们参与深度的、挑战性高的、有意义的、需要不断培养技能以及社会互动的休闲行为时，会得到更多的积极体验，如心理满意度和幸福感，反之随兴行为则没有此效果（Tinsley，1986；Kelly & Steinkamp，1987；Lu等，1994）。

（二）对抗精神熵：内在一致性的有序实现

"熵"本是一个物理学名词，指用热量除温度所得的商，标志热量转化为功的程度，也用作衡量客观世界无序程度的度量。精神熵（Psychic Entropy），顾名思义就是指精神处于

---

① 赵汀阳. 论可能生活[M]. 北京：中国人民大学出版社，2004：161.

无序状态程度的高低，其数值越大，代表内心的无序程度越高，反之越小。亚马逊创始人贝佐斯在1998年致股东信里就说："我们要反抗熵"（We want to fight entropy）。物理学家薛定谔也认为自然万物都趋向从有序到无序，即熵值增加。而生命需要通过不断抵消其生活中产生的正熵，使自己维持在一个稳定而较低的熵水平上，生命以负熵为生。

如果人们在空闲期间百无聊赖，各种杂乱无章的念想就会涌入大脑，造成精神错乱度提高、内在失序、心猿意马，能量不能流转自如。清华大学曾经做过一个调查：放假回来，你的状态怎么样？排名第一的答案是——累。英国作家阿尔伯特也说过"没有比刚刚度过假的人更需要假期的了。"追求畅爽恰恰就是反熵的过程，因其涵盖了高度的专注力，可以抵抗外物的介入和破坏，远离纷杂的尘世喧嚣。而大脑的混乱程度一旦降低，全部力量便可集中于投身的活动，培育出积极的心理状态。畅爽过程让人的欲望、意图和情绪不再相互抵触，保持和谐一致①。作家王小波曾表示他的写作是反熵行为，无怪乎他能创造出诸多优秀的文学作品，这一点与米哈里的看法如出一辙。此外，实验证明，全神贯注反而会减轻脑力负担，因为能关闭其他资讯管道，把一些杂乱无章的东西抛在一旁。当感觉有超越细节和瞬时的重要性（Significance）、有目标（Purpose）或者有超越混沌的一致性（Coherence）时，生活就会产生意义感。②Martela和Steger（2016）也持有相似的观点。畅爽通过负熵实现超越混沌的一致性，让参与者秩序井然、心无旁骛地投入休闲中。

（三）强化驱动力：深层忠诚度的显著催发

忠诚度是驱动休闲参与的关键成分，只有当个体忠于某一行为才会持续坚持并不断提高自己的技能。畅爽具有自成目的的特性，它是休闲的核心内驱力，同时会使人产生全面幸福感和满意度，因此能显著激发休闲忠诚度。

Ayazlar（2015）发现许多人在高空滑翔运动中体会到畅爽和愉悦，他们为了这份感受不断地参与这项运动；刘燕等人的研究表明，游客的畅爽体验对再次预定有正向的、显著的预测作用③，Jones（2000）证实了畅爽是个体参与冒险运动的重要动机。在游戏领域，这一现象尤为显著，畅爽体验越强烈，玩家继续参与游戏的意愿就越高，对游戏的忠诚度也随之提升（Choi & Kim，2004；Su等 2016）。许多游戏的设置是完全按照畅爽理论来建构的，诸如目标、反馈等环节，以期让玩家体验成功的快乐与成就感，增强对游戏的控制感，从而提高玩家的忠诚度（Russell& Barrett，1999；Carver，2003）。在这个光怪陆离的时代，朝秦暮楚式的休闲选择成了常态，然而如此蜻蜓点水般的休闲显然无法起到改善人的生存品质、提升社会文化资本的作用，畅爽能有效地扭转这一局面，它既是休闲体验的美好结果，也是休闲忠诚度的高效催化剂（Woran & Arnberger，2012）。

（四）防御休闲病：身心康健的有力保障

休闲有助于个体生理和心理的健康发展几乎成了约定俗成的观点，然而心理学家温格

---

① 米哈里·契克森米哈赖. 发现心流[M]. 陈秀娟, 译. 北京：中信出版社, 2018：53.
② 李占宏, 赵梦娇, 刘慧瀛, 等. 生命意义寻求的原因：成长抑或危机[J]. 心理科学进展, 2018, 26（12）：2192-2203.
③ 刘燕, 蒲波, 官振中. 沉浸理论视角下旅游消费者在线体验对再预订的影响[J]. 旅游学刊, 2016, 31（9）：85-95.

霍茨（Vingerhoets）却发现有些人在平日并不容易得病，而一旦在周末或放长假期的时候便会浑身是病，如疲劳、恶心、偏头痛、头痛、肌肉疼痛、感冒等，病征可以维持十年甚至以上，这种现象被称为休闲病（Leisure Sickness）。20 世纪初，心理分析师桑多·费伦茨注意到，他的病人在周日爆发抑郁症的概率远高于其他日子，他将这种症状取名为"周日精神病"。此后也有报告指出，法定假日或假期同样也是令人心神不安的时段。①特斯拉的 CEO 埃隆·马斯克就说过：休假有害身体健康。可见，许多人在闲暇时期经历了更多的身心损伤，其主因是参与了放纵性、成瘾性、颓废性的休闲活动，或对突如其来的空闲茫然不知所措、随波逐流；或幽居独处、闭门不出；或尽情放纵、夜夜笙歌。对一切沉溺于口腹之乐，并在吃、喝、情爱方面纵欲过度的人，快乐的时间是很短的，他们就只是在吃着、喝着的时刻才是快乐的，而随之而来的坏处却很大……除了瞬息即逝的快乐外，这一切之中丝毫没有好东西。②

相反，畅爽体验则完全有益于个体的身心健康。契克森米哈赖在 ESM 研究中发现，有目标可追寻的人体验到畅爽后，连生理状况也会随之改善。Manzano 等人运用肌电图仪器对畅爽体验者的生理指标进行探索后发现，畅爽体验能够降低心动周期、心率变异性，提升总体能量以及呼吸深度，自主神经中的交感神经活跃度增加（Manzano，2010）。畅爽在心理层面同样大有裨益，能降低参与者的精神熵指数，营造良好的心理状态，Asakawa（2004）对大学生的调查表明体验畅爽的人拥有更高的心理健康指数。

（五）追寻品质化：和谐时代的积极构建

踏入有闲社会后，人们普遍遭遇了"生命不能承受之轻"。如萧伯纳所说，人生有两种悲剧，一种是没有得到你心里想要的东西，另一种是得到了。于是，"饱食终日，无所用心"正在成为当代社会的真实写照，纵情声色、酗酒赌博等成为部分人的休闲活动，诺尔·罗伯特认为，忽视民众娱乐活动引起的社会动乱不亚于短暂的饥荒。③追寻畅爽无疑是消除这种隐忧的一剂良药。

第一，畅爽是衡量休闲品质的标准。由于畅爽是休闲的最优体验，其目的在于"活出生命的意义"，能获得畅爽的休闲必然是有深度的、主动的、积极的，这就意味着休闲行为本身也是品质化的，有利于社会和谐的。第二，由于畅爽体验的维度包含了技能训练、全神贯注、主动控制等心理过程，需要消耗个体的心理能量。按照弗洛伊德的精神分析理论，心理能量即力比多（Libido）是一切行为的驱动力，追寻畅爽的过程将释放大量的力比多，降低个体的精神焦虑，使个体恢复平和与宁静。Schmidt（2000）研究美国青少年时发现，挑战活动的有效性、对这些挑战活动的投入程度以及获得的成功感都与研究对象两年后不良行为的减少有高度的正相关关系。这一结果既验证了畅爽能遏制不良行为，有助于休闲社会的和谐稳定，同时也彰显了其影响力的持久性。此外，美国民众的休闲行为在 1899

---

① 米哈里·契克森米哈赖. 发现心流[M]. 陈秀娟，译. 北京：中信出版社，2018：100.
② 北京大学哲学系外国哲学史教研室. 古希腊罗马哲学[M]. 北京：商务印书馆，1961：118.
③ [法] 让-诺埃尔·罗伯特. 古罗马人的欢娱[M]. 王长明，译. 桂林：广西师范大学出版社，2005：67.

年凡勃仑的《有闲阶级论》发表后逐渐开始提质升级,人们不再沉湎于奢靡,慈善、志愿者事业蔚然成风。因此,追求达到畅爽的高级趣味休闲行为同样能助推社会朝着积极、友善的方向发展。

第三节 公众休闲体验获得畅爽的有效路径

尽管畅爽具备可获得性,然而研究却表明人们休闲时体验到畅爽的概率仅为18%。究其原因,如同工作需要不断地学习技能,休闲亦是如此。希腊文的休闲(Skole)与英文的学校(School)源自同一字根,说明休闲的本质也是一种学习,是对自由生活艺术的思考、研习和实践。于光远认为,要玩得有文化,要有玩的文化,要研究玩的学术,要掌握玩的技术,发展玩的艺术①,畅爽作为最优的休闲体验更需通过学习获得。具体而言,可以将自我认知和易达到畅爽的休闲行为二者匹配,选择适合个体的最佳休闲行为,然后通过刻意练习(Deliberate Practice)获得初级畅爽体验。在个体应对现有休闲挑战得心应手时,继续通过刻意练习进一步达到进阶畅爽乃至深度畅爽。获得畅爽的具体路径如图 10-5 所示。

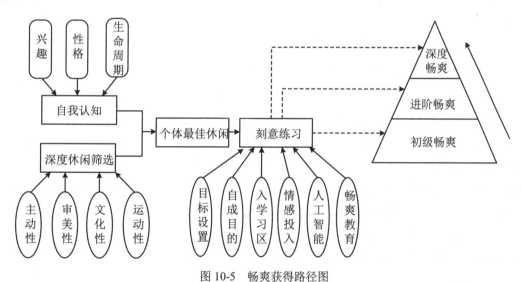

图 10-5 畅爽获得路径图

一、明确最佳休闲行为:畅爽体验的先决条件

闲暇时,个体会面对多样化的选择,唯有明智挑选才可实现休闲的价值,以看电视为例,即使全神贯注也不易获得畅爽体验。因此,追寻畅爽的首要任务是选择契合自己秉性,同时又具备达到畅爽条件的最佳休闲行为。

(一)自我认知:洞察与评价的结合

自我认知是生而为人的第一要务,主要在于理清个体的兴趣爱好、性格特征及所处生

---

① 于光远, 马惠娣. 于光远马惠娣十年对话[M]. 重庆:重庆大学出版社, 2008: 45.

命周期。

　　契克森米哈赖认为，获得高质量的休闲满足其实很简单，就是找到一项长期的业余爱好。兴趣是一种紧迫的需要，能增强内在动机并发挥持久影响力。投身于所醉心的休闲活动更容易使个体进入幸福的状态，海明威曾说：我为我喜爱的东西大费周章，所以我才能快乐如斯。喜欢登山的人，即使"十里崎岖半里平，一峰才送一峰迎。青山似茧将人裹，不信前头有路行"，他依旧乐在其中，毫无畏惧；喜欢写作的人，可以通宵达旦、废寝忘食。Stebbins（2012）将休闲按照投入的程度分为参与者、中等热衷者和深度热衷者（Core Devotee）。拥有强烈兴趣使人更倾向于成为深度热衷者，体验畅爽的概率也随之飙升。休闲与工作一样，只有和参与者的性格爱好相匹配，才能最大限度地激发内在动机，提升自我投入感，达到"乐以忘忧，不知老之将至"。诸多研究表明，深度的自我投入能帮助个体收获更多的畅爽体验（Chang，2017；Cheng，2016）。

　　不同生命周期的休闲参与都会受到诸多内外因素的制约和影响，因此要根据相应时期的现状选择最适宜的休闲。譬如，步入老年期的人，之前的嗜好和特长是篮球运动，但生理机能的衰退会导致技能减弱，从而无法匹配对应的挑战强度，继续参与篮球运动将和畅爽体验渐行渐远。在此情形下，改变休闲意愿，选择门球等对生理要求相对较低的运动是明智之举。

（二）深度休闲：基于畅爽标准的筛选

　　休闲活动类型五花八门，只有具备达到畅爽的标准才能体验畅爽的曼妙。

　　1. 主动性

　　米哈里按畅爽发生率高低将休闲分为两种：被动式休闲和主动式休闲。被动式休闲是指不需要消耗什么精力，不需要什么技巧或专注力的活动。主动式休闲则是指需要动脑筋、花心思、用心投入才能享受到乐趣的活动。前者畅爽发生率低，后者畅爽发生率高。一项针对美国青少年的调查发现，畅爽体验大约有13%发生在看电视时，34%发生在进行爱好活动时，44%发生于运动或游戏时，但是青少年空闲时花在看电视上的时间却至少是用于爱好或体育活动的4倍。[1]无独有偶，中国人的闲暇配置也存在类似问题（李林蔓，2014）。减少被动式休闲，投入到主动式休闲之中是获得畅爽体验的关键。

　　2. 审美性

　　休闲从来不能被简单地归类为消遣，当它被赋予了精神内涵和审美文化后，才会变得优雅而有活力。要追求高质量、高品位的畅爽体验，就必须以审美为导向，以人的价值、存在为考量，为休闲中的人们提供更广阔的诗意空间、更有效的价值引导和更有力的精神支撑，使休闲从生活中跳脱出来，进入诗性的时空。艺术活动中的审美能够令人体验畅爽（Jackson，1996），林语堂曾说：享受悠闲的生活只要一种艺术家的性情，在一种全然闲暇的情绪中，去消遣一个闲暇的下午。柏拉图也强调教育儿童应该首先教他们学习音乐，把

---

[1] 米哈里·契克森米哈赖. 发现心流[M]. 陈秀娟，译. 北京：中信出版社，2018：102.

精神专注于优美和谐的节奏之中，一时的秩序才能得以建立，这正是畅爽的核心维度。

3. 文化性。

"学而时习之，不亦乐乎？"投身文化活动是实现畅爽的重要途径。比如阅读，需要澄净的心灵，全神贯注地与许多伟大的灵魂做超越时空的对话和反馈，随着阅读水平的提升，产生的情感共鸣也会随之增加。米哈里研究发现，深度阅读非常容易产生高心流，德国一项大规模研究也表明书看得越多，人的畅爽体验也越多。文化旅游亦是如此，明代陈献章把旅游分为三个层级：计程而往为形游；心思之间，不疾而速，不行而至为神游；与道同流，与天地万物同体为天游（亢雄，2012）。相比走马观花式的形游，文化旅游更易获得畅爽体验（Richards，2018）。

4. 运动性

研究表明，体育运动项目如攀岩（Fave，Bassi & Massimini，2003）、冒险运动（Cater，2006；Pomfret，2006）、户外休闲（Coble，Selin & Erickson，2003；Tan，Kung & Luh，2013）、登山运动（Chen & Lin，2011）等都能令人频繁地体验畅爽。运动会带来生理、心理、人际等各个方面的全面繁荣和完善，为畅爽体验奠定坚实基础。

Stebbins（1982）提出的深度休闲（Serious Leisure）理论比较完美地契合了畅爽的标准，深度休闲是听从内心的召唤的休闲方式，目前已经成为发达国家公众休闲的重要活动形式。它是一种深层的满足感及存在感，通常参与者不单单只是参与，而是将该休闲活动视为生活的一部分，以自由自在的心情去从事活动，认真地向目标迈进。[①]深度代表"专注"与"奉献"，它要求参与者出于一种认真的态度，深度投入到休闲中去，将情绪性的兴趣转化为冷静思考。

许多学者对深度休闲如跑步、单车运动等进行实证分析后发现，深度休闲不但能让个体得到快乐，还能"提供一个和他人分享成就、经验的契机，能形成相互认同的小团体"，能够带来成就感和尊重。这里要注意的是，深度休闲并非严肃休闲，因为它所带来的是乐趣而非压力。相对浅休闲而言，深度休闲打破了边际效应递减的规律，随着休闲的深入，个体会对该休闲活动越来越感兴趣，获得越来越多的快乐和满足，有边际效应递增的趋势。Stebbins 在其所著的《深度休闲》一书中将随兴休闲、主题计划性休闲和深度休闲做了解释与比较，如表10-1 所示。

尽管 Stebbins 的理论在一定程度上只是关于休闲方式的分类，但许多人将深度休闲和畅爽紧密联系在一起，甚至认为只有深度休闲才能够达到畅爽体验，随兴休闲和主题计划性休闲活动则不能，这一观点虽稍有偏颇，但许多研究证实了深度休闲的确可以给人带来更强的幸福感和更频繁的畅爽体验（Heo 等，2010；Stebbins，2008）。在深度休闲中，以下两类休闲行为特别值得重视。

[①] STEBBINS, ROBERT A. Identity and cultural tourism [J]. Annals of tourism research，1997，24（2）：450-452.

表 10-1 深度休闲与其他休闲类型的比较

类 型	定 义	区 别	活动例举
随兴休闲	一种参与者在短时间内从事的愉快的活动，可立刻达到内在所需的愉快体验和正向的感觉，只需要很少甚至不需要任何训练，就可以得到愉悦的感受	具有产生创造力、寓教于乐、休息恢复、维持发展人际关系、安适心灵五大回馈；也有易产生无聊感、缺乏休闲认同、占用太多时间、对个人社区贡献有限四大代价	看电影、聊天、打盹、看球赛、逛街等
主题计划性休闲	参与者需要一定的计划、努力和意志，有时还需要些许技术和知识才能参与，但这并不是深度休闲，参与者也不是刻意去参与此类休闲，此类活动若长时间地持续参与，会使参与者感到无聊而放弃	需要相关知识和技术，参与多了易产生无聊感；分为一次性参与及偶尔参与	举办生日宴会、准备假日活动、参加运动会等
深度休闲	在非工作的情况下有系统、有计划地从事业余、嗜好或志愿工作的活动，他们投入如事业一般的专注力，并借此机会获得或展现特殊的技巧、知识及经验	具有坚持不懈、生涯性、个人努力、持久的利益、次文化、强烈的认同感等特质；具有自我充实、自我实现、自我表现、提升个人形象、自我满足、个人重建、社会吸引、团体成就及团体发展及维持等利益	艺术爱好者、志愿工作者、集邮、运动热爱者等

资料来源：STEBBINS ROBERT A. Serious leisure: a perspective for our time [M]. New Brunswick, N.J.: Transaction Publishers, 2006.

第一，回归自然的休闲。英国 BBC 曾做过一项万人研究：你觉得最好的休息方式是什么？排名第一的是亲近大自然。西方的山川草木总显得寡情乏灵，那里的人是人，自然是自然，彼此尚未涵融、尚未钟毓，而我国的"人"和我国的"自然"，从《诗经》起，历楚汉辞赋唐宋诗词，表现出平等参透的关系，人们乐其乐亦宣泄于自然，忧其忧亦投诉于自然（木心）。于是，"久在樊笼里，复得返自然"成了中国人历来钟情的休闲方式。李泽厚认为"人的自然化"包含三个层次或三种内容，一是人与自然环境、自然生态的关系，把自然作为自己安居乐业、休养生息的美好环境；二是把自然景物和景象作为欣赏、欢娱的对象；三是人通过某种学习，使身心节律与自然节律相吻合，而达到与"天"（自然）合一的境界状态。第三个层次正是达到畅爽的最佳状态，物我两忘、灵思泉涌。卢梭在漫步自然中经历了畅爽：记得我曾经在一条沿着罗纳河蜿蜒的小路上，度过了一个美妙的夜晚。我如痴如醉的漫步着，用我的感官和心灵享受这一切，只因为没有人同我一起分享而感到惋惜。我沉湎于甜美的遐想，直到深夜还在继续我的漫步，没有疲倦的感觉（拉马丁，1987）。梭罗的"回归自然"的休闲智慧也证明了自然的魅力，他在《瓦尔登湖》一书中对"自由""闲暇"进行了深刻论述，并身体力行地在平凡的瓦尔登湖湖畔度过两年之久的时光（梭罗，2011）。他的休闲理念为我们提供了新的视角，那就是回归自然，在彻底的放松中感悟生命、体验幸福。

第二，社会性休闲行为。中国台湾学者傅仰止（2009）将休闲分为社会性（Sociability）休闲和个人式休闲（Singlity），雅斯贝尔斯将人定义为"交往内存在"，人的一切活动和行为都具有交往性的特征。社会性休闲活动满足了产生畅爽的几个重要维度，社交活动中需要不断投注精力，需要有话题、有目标，需要反馈、需要谈话的艺术和技巧，需要专注地聆听。畅爽在过去一直被视为个人的体验，研究表明它同样是群体性的、一种分享的经验（Shared Flow）（Kaye，2016），社会性活动可以提升畅爽体验，同时消解或分散任务难度过大造成的不良后果（Tse 等，2018）。其中，家庭休闲、挚友互动以及社会公益事业都是最佳的社会性休闲行为。家庭休闲具备许多独特的优势和优点，被认为是休闲的优先选择。研究表明，类似春节、中秋节等具有历史沉淀和心理意味的传统节日给人们带来的快乐要比元旦、五一、国庆等现代节日更多（彭凯平，2014），其原因不外乎春节和中秋假期中家庭休闲活动普遍比其他节日更加丰富。与志同道合，兴趣相近的挚友相聚，产生的共鸣也能将人引到畅爽的境地。周作人在《喝茶》中写道："喝茶当于瓦屋纸窗之下，清泉绿茶，用素雅的陶瓷茶具，同二三人共饮，得半日之闲，可抵十年尘梦。"与挚友畅聊，不断地进行思想交换和精神碰撞，畅爽体验就能不期而至。此外，社会公益事业（如志愿者活动、慈善行为）能给人带来意想不到的幸福体验和满足感，如约翰·洛克菲勒、比尔·盖茨等人均将个人财富捐赠给了科学、医疗、文化教育事业，提升了生命的意义。高尚的情操使人更容易达到生命的至高体验。

二、刻意练习：畅爽技能的持续拓展

《尚书·旅獒》中有"玩物丧志"一说，朱熹则提出"玩物适情"。同为玩物，前者颓废，后者彰显了自由和愉悦的生命体验，这就是休闲技能差异导致的。作为最佳的休闲体验，获得畅爽自然要求一定的技能，最有效的途径就是刻意练习（Deliberate Practice）。刻意练习由心理学家埃里克森（Ericsson）等人提出，他通过研究音乐、体育、国际象棋等领域的专家后指出，个体成为大师、拥有高水平技能的原因不是出于天赋而是源自刻意地练习。刻意练习是指为了提高某个领域的技能而进行长期的、有目的的、有计划的结构化训练，一般包括一个明确目标、全神贯注、不懈努力、及时的反馈等要素（Ericsson 等，1993），与漫无目的的练习不同。通过对足球和棋类运动的研究表明，个体投入刻意练习的时间越多，技能水平的提升就越显著。可见，畅爽在表面上与刻意练习有许多类似之处，但刻意练习是技能提升的过程，畅爽则是将提升后的技能应用于休闲行为所获得的体验，因此，刻意练习实际上为畅爽的前提条件。"宝剑锋从磨砺出，梅花香自苦寒来"，如果畅爽是吹毛利刃和沁人花香，那么刻意练习就是不断磨砺和历经苦寒的过程。通过刻意练习获得畅爽体验具体包括以下几个途径。

（一）确定挑战目标

基于匹配自我认知和易达到畅爽的休闲行为，个体会梳理出最适合自己的一种休闲类型。此时需要根据已有的休闲技能水平，确定一个合理的挑战目标。挑战目标过低会引发无聊感，挑战目标过高则会导致焦虑，自信心和自尊心受挫以至于产生习得无助感，丧失休闲兴趣。选择挑战目标最关键的在于匹配能力和任务难度，促进自我胜任感，而这种感觉能正向预测畅爽体验（Jin，2012）。目标设置可遵循维果斯基（Vygotsky）的"最近发展区理论"。维果斯基认为，发展有两种水平：一种是现有水平，指个体独立活动时所能达到的解决问题的水平；另一种是可能的发展水平，也就是个体通过学习所获得的潜力。根据最近发展区设置休闲行为的挑战目标难度系数，使之成为一种最佳挑战（Optimal Challenge），激发参与者的胜任感，进而提升享受感和内在动机（Abuhamdeh & Csikszentmihalyi，2012）。

（二）培养自成目的的人格和坚毅的性格

畅爽体验的获得与人格类型相关，契克森米哈赖（1975）认为，拥有"自成目的人格"（Autotelic Personality）的个体在内源性动机的激励下，将由于事情本身而非外在目标和利益的驱使全身心地投入活动，他们的行为遵循自我决定论，因为他们想做，而不是他们不得不做（Deci & Ryan，1985）。诸多实证研究也表明，拥有这种人格的休闲者更容易获得畅爽体验（Asakawa，2010）。Asakawa（2004）发现，相比非自成目的人格的学生，自成目的人格者更愿意置身于较高的挑战水平中。

心理学家安吉拉·达克沃斯（Angela Duckworth）调查了众多领域的杰出人才后发现，这些成功人士身上都有某种相似的特点，她将其定义为"坚毅"（Grit）。坚毅品质是对长期目标的热爱和坚持不懈，包含两个部分：激情（Passion）和毅力（Perseverance）（2007）。具备坚毅品质能驱使个体持续进行长时间的刻意练习，在面对挫折和逆境的时候仍然能持之以恒并始终怀抱着最初的热情，最终有效地促进休闲技能的提升并达到畅爽体验。

（三）从"舒适区"走进"学习区"

Noel Tichy 提出，人类对于外部世界的认识可分为三个区域：舒适区（Comfort Zone）、学习区（Stretch Zone）和恐慌区（Stress Zone）。在许多人的观念中，休闲就意味着时刻让自己处于舒适区中，无忧无虑、优哉游哉。然而在舒适区中，个体对外在的挑战和环境信手拈来、驾轻就熟，处于低水平的平衡态。此时人生的精神熵值就会增加，个体离畅爽体验就会愈发遥远。心无所向地看电视虽然使人时刻处于主观的舒适状态，但缺少了技能提升的空间和接受高水平挑战的机会。因此，个体需要打破惯常的习性，逃离舒适区，进入学习区，通过刻意练习，开阔视野、激发动机，提高自己的休闲技能。但是，进入恐慌区容易引发人的焦虑心理，令人丧失自信心，导致个体逃离现有的休闲行为，让一个学琴不久的孩子弹奏肖邦的钢琴协奏曲，只会给他带来恐惧和无助。

（四）增加休闲的情感投入

约翰·凯利将投入强度引入休闲者的休闲体验研究后，将体验的强度分为了畅爽（Flow）、参与（Involved）、放松（Relaxed）和消磨时间（Time-killing）四个等级。社会状况的性质则为独处（Solitary）、平行（Parallel）、联合活动（Joint Activity）和交融（Communion）。社会情景层面包括互动本身的投入强度。图10-6所示的模式将投入程度展现为具有互动（Interaction）和活动（Activity）两个层面的精神状态。因此，一段休闲时光可能在两个层面上同为高投入状态或同为低投入状态。

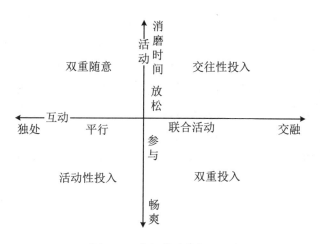

图 10-6 休闲体验的投入强度

资料来源：约翰·凯利. 走向自由——休闲社会学新论[M]. 赵冉, 译. 昆明：云南人民出版社，2000：36.

双重随意的活动（如看电视）是比较轻松的，其注意力、技能要求和与人交往的强度都是低水平的。交往性投入的活动（如亲密的交谈、互动）与人交往的强度较高，但却不需要具备高技能。活动性投入的活动（如骑车、绘画）的重心在于对活动的体力或脑力上的要求。双重投入的活动（如团体体育运动）则需要活动和互动两方面的高度投入。因此，休闲体验最终因参与的投入强度的不同而不同。

一位畅游法国的旅人曾讲过《无福消受的浓汤》的故事，他这样描述道：

半年前我乘巴士在法国乡间旅行。一次，汽车要在一个小镇上停留 10 分钟。闲着没事儿，我便走进了附近的一家小餐馆。餐馆十分整洁，陈列台上有浓汤、各色沙拉以及咖啡和美酒，我想尝尝法式浓汤，便向老板点了一道。

"不卖汤。"

"什么？"我疑惑不解。

"请原谅，因为您是搭乘巴士的人，所以，我想您还是随便点个汉堡包或者三明治的好，不瞒您说，为了熬这汤，我花去了好几个小时，它的味道是全法国最棒的，面对这样的美味，您却只有几分钟来喝它，太可惜了，我决不会让您糟蹋它的。"

可以看出，餐馆老板认为汤中那丰富与细致的滋味，唯有慢慢与细细地品尝才可领略。反观我国，休闲体验是快餐式、功利化的，如同在匆忙中咽下的三明治，食不知味，缺乏乐趣。印第安人有句名言："走得太快，灵魂会跟不上。"日本的"寿司之神"小野二郎一辈子专注于做不起眼的寿司，却表示："我一直重复同样的事情以求精进，总是向往能够有所进步，努力达到巅峰，但没人知道巅峰在哪里。我依然不认为自己已经足够完善，我爱自己的工作，一生投入其中。" 唯有增加休闲体验的情感投入，才有希望品尝畅爽甘甜的果实。

（五）运用人工智能辅助训练

电子游戏之所以成为获得畅爽体验最频繁的休闲活动，是因其本身设置了科学的目标和快捷的反馈，参与者通过按部就班地练习就可以逐渐升级，然而其他类型的休闲行为几乎都不具备这一完美条件。人工智能如火如荼的发展形势，为个体体验畅爽提供了良好的辅助功能。"君子性非异也，善假于物也"，依托科技力量，休闲行为离畅爽的距离将日渐缩短。目前，篮球、足球、网球、羽毛球等智能训练设施已经逐渐开始在市场流通。如 Spelmezan 等在滑雪板与滑雪鞋上安装传感器采集数据，由此作为判断运动员动作合理性的依据。又如，基于全身动作分析的高尔夫球员辅助训练装备——My Swing Professional 借助球员穿戴在身上的多个微型运动传感器，捕捉球员的身体以及球杆的空间运动数据并提供分析（刘昊扬，2018）。再如，在天津南翠屏公园，太极拳和百度 AR 技术相结合形成了"AR 太极大师"，一个可全身扫描的大屏幕，通过 AR 体感识别与手势识别技术，帮助参与者提高太极拳技术。

（六）发展畅爽教育

除自我的能力训练外，针对畅爽体验的教育也不可或缺。罗素说，"闲暇时间是一种资源、一种财富；闲暇时间越多，越需要理智，越需要教育"。人们缺乏体验畅爽的能力是因为从小没有接受过这样的教育，没有形成相应的意识和技能，这些并不是渴望的时候能呼之即来挥之即去。郑也夫认为，近代教育是服务于生产，教人们如何工作的，而古典教育是服务于贵族，教他们过艺术化的生活的。因为全民即将如古代贵族不用担心温饱，因为工作的重要性正在丧失，未来的教育显然要融合生产本领和生活艺术。通过畅爽教育有助于个体了解畅爽的本质和获得的流程、刻意练习的方法和技能，如此个体在实际休闲行为中就可有据可循，从而提高达成畅爽的可能性及品质。

三、休闲环境：美好家园的合力共建

心理学家勒温（Kurt Lewin）提出了一个著名的公式：B=f(P E)，意为人的行为是人与其环境相互作用的函数。按此观点，休闲行为就是休闲者与休闲环境的交互、融合、共生的过程，对环境的知觉判断会影响个体的行为表现和心理状态。优质的休闲环境具有唤起功能，吸引休闲者去感知、投入，所以在一定程度上，环境是休闲行为的外部动机之一。体验畅爽除了刻意训练外，营造美好的休闲环境也必不可少。葛鲁嘉（2007）将环境细化为物理环境、生物环境、社会环境、文化环境和心理环境，几乎所有休闲行为都涉及这几方面，它们的提升需要全社会的合力共建。

1. 守护自然生态

人与自然的涵融是最佳的品质休闲行为之一，"明月松间照、清泉石上流"的自然之美容易引发畅爽体验，但人类竭泽而渔式的开发令自然遭遇了空前的戕害，莽莽林海成了濯濯童山，碧水微澜只剩污泥浊水，晴空若洗被漫漫黄沙遮蔽。大地给予所有人物质的精华，而最后它从人类那里得到的回赠却是这些物质的垃圾。自然休闲品质的降低给畅爽体验蒙上了厚重的阴影，守护生态环境、寻回大自然最初的美丽是塑造畅爽环境的第一要务。具体而言，要推崇生态可持续的休闲伦理观和行为，要以人与自然互为主体为思想前提，将环保意识贯穿于日常生活休闲行为之中，促进人的真正自由发展、人与自然的和谐相处以及世界的可持续发展。生态休闲观的建立意味着从"人类中心主义"到"人与自然互为主体"的思维转向。"人类中心主义"的思维模式将人作为主体，将自然作为客体，主体完全凌驾于客体之上，导致了人与自然关系的异化。生态危机的根源，并不在于确认和强调了人的主体性，而在于使这种主体性的作用发挥到了极端的程度，主体为所欲为的结果，最后导致危机的形成。也就是说，生态问题所表现出来的人与自然关系的危机，在根本上是人的占有性和个人主体性所致。因此，生态问题的根源在于人把自然置于自身之外，为征服世界而忽略了对自然应有的责任和人性关怀。摒弃狭隘的"人类中心主义"，转向到"人与自然互为主体"的思维就是重新认识人与自然的本质关系是相互包容、相互促进的。人是主体，自然亦是主体，人不是在自然之上或是自然之外，而是在自然之中，也就是中国哲学中"天地运而相通，万物总而为一"（《淮南子·精神训》）的天人合一观。守护自然生态，要在休闲活动中实践亲环境行为，一是避免遵循个体无节制的自然状态，克制为所欲为的本能冲动以防止造成环境恶化；二是在此基础上主动实施改善生态环境的行为，从而使人在生态环境中的角色由"负债"转化为"资产"。人与环境和谐共生、相得益彰，是人拥有诗意的栖居之地的固有前提。

2. 关注旅游承载力

旅游是获得休闲畅爽体验最重要的途径之一，而当下"黄金周""假日经济"的盛行令许多旅游目的地应接不暇，客流量远超旅游区的承载力。旅游承载力是在自然环境和游客体验质量没有出现不可接受的降低的情况下，一个景点可以容纳的最大游客人数（wagar, 1964）。旅游人数井喷会加大人口密度，造成拥挤，从而影响满意度（whisman, 1998），直接降低休闲体验。比如，"十一"期间若漫步西湖苏堤，只会遭遇"大人看脑袋、小孩看屁股"的局面，因此应根据旅游目的地的环境承载力控制人数，优化基础设施和娱乐设施的空间布局和管理，实行错峰出行，分流游客，提高旅游体验质量。

3. 弘扬体育文化事业

体育运动和文化类活动是最易达到畅爽体验的休闲活动类型，尽管目前我国体育运动和文化产业日益蓬勃，它们却并不是民众最青睐的休闲选择。《小康》杂志社联合国家信息中心，开展了名为"2021中国现代休闲发展指数"的调查，通过收集、整理受访者的答案，从近三十种休闲活动中评选出了"国人最喜爱的十种休闲方式"，结果表明"旅游"继续蝉联冠军宝座，"玩手机"位居第二位，"逛街购物""看电影""睡懒觉""读书""参观博物馆""摄影""体育运动""享用美食"分列第三至第十位。由此可见，投身体育类和文化类活动并未得到大众的足够重视。积极发扬体育文化事业，加强基础设施建设、引领休闲观念升级，能有效地促进民众获得畅爽体验。

四、阶梯化渐进：畅爽层次的逐步升华

虽然所有个体通过选择最佳的休闲行为再加上刻意练习，都有机会体验畅爽，但在休闲行为中展现的层次却因人而异。按照体验的程度不同，可将畅爽区分为初级畅爽、进阶

畅爽和深度畅爽。初级畅爽，即个体热爱某一休闲活动，并投入一定的精力和时间提高自己的休闲技能，当技能达到中等水平且选择中等难度的挑战时就可能出现初级畅爽。譬如一个围棋爱好者经过几个月的学习和训练，与旗鼓相当的对手博弈时就容易迎来初级畅爽。进阶畅爽是连接初级畅爽和深度畅爽的纽带，处于中等的体验强度，是指个体在心爱的活动上不断钻研奋进，达到较高的技能水平，如技艺高超的滑板运动者在拥挤的人潮闲庭信步、呼啸而过。深度畅爽，即个体的休闲技能达到了炉火纯青、游刃有余的最高水平，同时配之以最高的挑战，使其达到一种极致的体验感，如攀岩大师亚历克斯•霍诺尔德（Alex Honnold）徒手攻克美国约塞米蒂国家公园约914米高、几乎垂直于地的酋长巨石（El Capitan），在持续多个小时中保持极度专注，并在成功登顶的那一刻享受澎湃的畅快与愉悦。

三种层次的畅爽体验首先都具备畅爽的诸多维度，且各个维度的体验程度类似。无论是初级、进阶还是深度，都包含刻意练习、全神贯注和自我投入，个体也会体验到相同程度的主观幸福感。但是，畅爽的层级越高，个体的心理幸福感或实现主义幸福感就越强烈，如更深刻的灵魂触动、高度的自我实现、高水平的思维激发和潜能探索等各种心理品质的升华。此外，三种畅爽由低到高呈金字塔状，层次越高，体验的难度越大，体验的人数也越少。一般而言，畅爽实现的顺序层层递进，类似于马斯洛的需要层次理论，高一层次的畅爽必须以低一层次的畅爽为基础。但同样也存在例外，即个体越过初级或进阶畅爽，直接体验深度畅爽，如在一个春意盎然的清晨，游人A首次漫步西湖，万籁俱寂少行人，A突感与自然的和谐共鸣、彼此交融，产生了天人合一的极致感悟。深度畅爽的热烈程度近乎高峰体验，毫无疑问是最优体验的最高水平展现，除了偶有的灵光乍现，大体都需要休闲者具备超乎常人的精湛技艺，这对许多人而言是可望而不可即的。因此，在大众休闲领域，休闲者可退而求其次，将初级畅爽和进阶畅爽作为首选的目标，同样能获得极致的灵魂体验。

著名画家丰子恺将生命归结为"三层楼"之说，一是物质生活，二是精神生活，三是灵魂生活。唯有洞悉了休闲在精神家园中的地位，才能真正感受到休闲休验的重要性。其实，每个人都是自己精神世界的建筑师。对于中国人来说，坚守精神的高度，提升自己的闲适心态，丰富休闲内容，体会工作和休闲相融合的乐趣，享受品质生活带来的成果，是我国真正进入休闲时代的重要表征。生活的目的就是要真正享受人生，而休闲体验指向人性、自在与舒适，因此懂得休闲是人生的一种大智慧。如果无所适从，不妨阅读本章的篇尾案例，让优雅的欧洲人告诉你生活原来可以如此舒缓静雅，回归生而为人存在的意义和价值是如此美好。

欧洲人的优雅

欧洲的建筑的确金碧辉煌，欧洲的风景的确优雅迷人，可是欧洲人的生活，却只能用一个词来形容：沉闷。

每天晚上一到8点，周围就一片寂静，所有的店铺都关门，街上连个人影都看不到。曾经想过多走几条街说不定能看到小吃摊、小舞厅之类的娱乐场所，结果，越走越安静。在欧洲，很多店铺下午5点准时下班，商业街上的店最多也就开到晚上8点。周末，很多店铺干脆不开门。就连理发店也是按时上下班，真不明白他们怎么赚钱，难道人们不是下班了才能去理发吗？

有趣的是，国内盛行的公款吃喝应酬在欧洲人看来竟然是一项"苦差事"。好几个在金融界工作的朋友经常跟我抱怨，一个月至少要去应酬一次。

"公款吃喝"去那么高档的地方，还抱怨什么？我很不解。

"第一，那是工作，让我感觉自己很可怜。第二，必须要穿西装打领带，很烦。第三，都是职位比我高的人，要跟他们去搞关系，这简直太痛苦了。下了班，是我自由支配的时间，我可以去看看展览，听听讲座，或者睡觉，反正，我不喜欢吃饭。"

看展览、听讲座在欧洲的大城市确实是一件平常事。在伦敦，大大小小的博物馆都是免费参观的，每天都有不同主题的展览，你可以在政府网站上查阅详细的信息。大学里的讲座大多也是免费的，你可以在那里聆听到很多大人物的演讲。

我有一位从北欧来的朋友说，她选择在伦敦生活，就是因为这里有看不完的展览，听不完的讲座，而且都是免费的，简直像天堂一样。当在伦敦博物馆里听英国文学讲座，在英格兰银行里看历代英镑的变迁，在宏伟的皇家艺术学院细品各种类型的古代珍藏文物，在特拉法加广场与俄罗斯民族舞蹈家一起翩翩起舞庆祝新年，在泰特现代艺术博物馆的落地窗前欣赏夕阳在泰晤士河上洒下的点点金光，谁说这不是另一种天堂？而且，全都是免费的。

谁说优雅必须富有？

去法国的时候，香榭丽舍大街上熙熙攘攘的人群中，LV门口排起的长龙中，很多都是亚洲人的面孔。埃菲尔铁塔上欢呼雀跃的口音也都是南腔北调，法国人都跑到哪里去了？他们在某个小巷子的咖啡馆里，懒洋洋地啜着咖啡；看着手里的香烟袅袅上升，偶尔用低沉的嗓音交谈两句。他们在卢森堡公园的草地上，四仰八叉地躺着，浑身涂了油，戴着墨镜，一动也不动，好像睡着了。

他们在塞纳河边的树荫里，手边一杯酒、一支烟，往画板上涂涂抹抹。或者从西岱岛上的小店里买一客手工水果冰激凌，坐在木桥上呆看河上的游船。他们似乎很多时候都是独来独往，而不是成群结队。他们不大会去Modern的新凯旋门里当个白领，而更愿意在小巷子里开个小书店，整个下午只有一个顾客。他们不太会在丽都夜总会里狂欢，而是在圣心大教堂脚下的小山坡上找一家拥挤的小餐馆，每天只有中午12点到2点，下午6点到8点供应食物。

欧洲人不喜欢照相。他们去旅游，必须带的物品当中没有照相机，取而代之的是书籍和啤酒。据说他们到一个地儿，不热衷于去吃美食，不热衷于去看景点，不热衷于照相什么的，就钻进小酒馆，一杯酒喝半天。晚上也不出去玩，也不聚众打牌，而是找个地方喝酒聊天。

他们耸耸肩说:"我们来这里是度假的,为什么要去所有的景点?"至于不爱照相,他们的理由是:"照相要和家人在一起才有意义,跟一个房子照相有什么意思?"

花钱到一个地方,什么都没看,什么纪念都没留下,不是很不划算吗?

"只要我们当时觉得快乐舒服,就是划算的。"

在地中海沿岸看到的欧洲人,他们背着草席,跳上火车,看到哪里海水蓝、沙滩好,就下车,铺开席子日光浴一整天,就心满意足了。渐渐地,我发现他们的思维方式不是我们固有的"做这件事有什么用"而是"做这件事情有趣吗?"

来到欧洲,我开始明白,享受生活并不一定要吃山珍海味,要去高级场所消费,要证明自己去过什么地方。在欧洲,能享受到蔚蓝的天、碧绿的草、清新的空气,能时刻感受到自己是自然的一部分,而不是已经忘了自然的模样,你能时刻融入松弛的氛围中,而不是把物质消费当作生活品质。

其实,他们的生活,不是"沉闷",而是雅而有趣。

(节选自杨丹. 欧洲人的优雅[J]. 读者,2006(13):52-53.)

 复习思考题

1. 在派恩、吉尔摩的"体验王国"中,体验分为哪几种类型?
2. 施密特把体验分为哪几种类型?简述各种类型的含义。
3. 简述休闲体验的内涵与特征。
4. 休闲体验有哪几个层次性?你如何理解"诗意地栖居"是休闲体验的最高境界?
5. 什么是畅爽(Flow)?畅爽有哪些特征?请描述你一生中最有乐趣的畅爽体验。
6. 简述畅爽的四段式、八段式模型。
7. 简述畅爽在休闲中的价值。
8. 中国人休闲体验中存在哪些问题?你认为应采取哪些措施来提升中国公众的休闲体验质量?
9. 简述公众休闲体验获得畅爽的路径。

本章参考文献

[1] BERDYCHEVSKY L, GIBSON H J, BELL H L. Girlfriend getaways and women's well-being[J]. Journal of leisure research, 2013, 45(5): 602-623.

[2] CSIKSZENTMIHALYI M. Finding flow: the psychology of engagement with everyday life. New York: The Perseus Books, 1998.

[3] CSIKSZENTMIHALYI M. Flow: the psychology of optimal experience[M]. New York: HarperCollins e-books, 2008.

[4] HEO J, LEE Y, MCCORMICK B P, PEDERSEN P M. Daily experience of serious

leisure, flow and subjective well-being of older adults[J]. Leisure studies, 2010, 29 (2): 207–225.

[5] KLER B K, TRIBE J, MUSA G. Flourishing through scuba: understanding the pursuit of dive experiences[J]. Tourism in marine environments, 2012, 8 (1-2): 19-32 (14).

[6] MARTIN K, RENE W, TILO T J, KIRCHER K. Neural contributions to flow experience during video game playing[J]. Scan, 2012, 7 (4).

[7] PINE B J, J H GILMORE. The experience economy: work is theatre and every business a state[M]. Boston: Harvard Business School Press, 1999.

[8] WATERMAN A S. Two conceptions of happiness: contrasts of personal expressiveness (eudaimonia) and hedonic enjoyment [J]. Journal of personality & social psychology, 1993, 64 (4): 678-691.

[9] WATERMAN A S, SCHWARTZ S J, ZAMBOANGA B L. The questionnaire for eudaimonic well-being: psy-chometric properties, demographic comparisons, and evidence of validity [J]. Journal of positive psychology, 2010, 5: 41-61.

[10] STEBBINS ROBERT A. Serious leisure: a perspective for our time[M]. New Brunswick, N.J.: Transaction Publishers, 2006.

[11] STEBBINS ROBERT A. Identity and cultural tourism [J]. Annals of tourism research, 1997, 24 (2): 450-452.

[12] SEUNG-A ANNIE JIN. Toward integrative models of flow: effects of performance, skill, challenge, playfulness and presence on flow in video games[J]. Journal of broadcasting & electronic media. 2012, 56 (2): 169–186

[13] SELIGMAN M E, P FLOURISH. A new understanding of happiness and well- being and how to achieve them[M]. London: Nicholas Brealey Publishing, 2011.

[14] TSE D C K, FUNG H H, NAKAMURA J, CSIKSZENTMIHALYI M. Teamwork and flow proneness mitigate the negative effect of excess challenge on flow state[J]. The journal of positive psychology, 2018, 13 (3): 284-289.

[15] GREEN B, JONES I. Serious leisure, social identity and sport tourism[J]. Sport in society, 2005, 8 (2): 164-181.

[16] WHISMAN S A, HOLLENHORST S J. A path model of whitewater boating satisfaction on the cheat river of west Virginia[J]. Environmental management, 1998, 22 (1): 109-117.

[17] 约翰·凯利. 走向自由——休闲社会学新论[M]. 赵冉, 译. 昆明: 云南人民出版社, 2000.

[18] 托马斯·古德尔. 人类思想史中的休闲[M]. 马惠娣, 译. 昆明: 云南人民出版社, 2000.

[19] 米哈里·契克森米哈赖. 心流：最优体验心理学[M]. 张定绮，译. 北京：中信出版社，2017.

[20] 米哈里·契克森米哈赖. 幸福的真意[M]. 张定绮，译. 北京：中信出版社，2009.

[21] 蒋奖，秦明，克燕南，应小萍. 休闲活动与主观幸福感[J]. 旅游学刊，2011，26（9）：74-78

[22] 杰弗瑞·戈比. 你生命中的休闲[M]. 康筝，田松，译. 昆明：云南人民出版社，2000.

[23] 刘昊扬. 基于人工智能的运动教练系统分析与展望[J]. 北京体育大学学报，2018，41（4）：55-60

[24] 刘燕，蒲波，官振中. 沉浸理论视角下旅游消费者在线体验对再预订的影响[J]. 旅游学刊，2016，31（9）：85-95.

[25] 梁实秋. 雅舍杂文[M]. 武汉：武汉出版社，2013：18.

[26] 麻彦坤. 维果茨基与现代西方心理学[M]. 哈尔滨：黑龙江人民出版社，2005：86.

[27] 彭凯平. 吾心可鉴：澎湃的福流[M]. 北京：清华大学出版社，2016.

[28] 王宁. 对中国有闲阶层休闲趋势的社会学考察[M]. 北京：中国经济出版社，2004.

[29] 吴文智，庄志民. 体验经济时代下旅游产品的设计与创新——以古村落旅游产品体验化开发为例[J]. 旅游学刊，2003（6）：66-70.

[30] 谢彦君. 旅游体验的两极情感模型[J]. 财经问题研究，2006（5）：87-92.

[31] 于光远，马惠娣. 于光远马惠娣十年对话[M]. 重庆：重庆大学出版社，2008.

[32] 张潮. 幽梦影全鉴[M]. 蔡践，译. 北京：中国纺织出版社，2016.

第四部分　休闲与经济

　　人的休闲需求是普遍存在的。休闲作为一种消费行为，必然产生商业类型，形成经济产业。休闲产业与休闲消费必然受到休闲政策和消费观念的影响。因此，培育发展休闲产业，引导休闲消费，制定休闲政策，实施休闲教育，对国民经济的发展至关重要，也有助于提升国民的休闲指数。

第十一章
休闲产业

开篇案例

IG夺冠，你还看不起游戏产业吗？

现在，你还不知道IG吗？在其获得2018英雄联盟全球总决赛冠军及名人效应的双重加持下，这支游戏战队走入了大众视野，热度居高不下，这也让人们开始重新审视电子竞技产业是让人大笔投入而不产生价值的"销金窟"，还是以无形博有形，为社会创造财富的"吸金石"？

战队队员们凭借电子竞技技术吸引玩家的关注，通过直播的方式获得"粉丝"，带来高收视，最终形成战队品牌效应。这样的"高人气"是战队最重要的无形资产。RNG同样是我国一支实力强劲的电子竞技战队，在电子竞技比赛中获得好成绩后，品牌代言接踵而来，包括梅赛德斯奔驰、惠普暗夜精灵笔记本电脑等，为战队带来实际收益。荷兰市场研究公司Newzoo发布的一组数据显示，全球电子竞技的大部分收入都来自品牌运营，2017年的总额约为5.16亿美元，赞助、广告和媒体转播权的收入分别为2.66亿、1.55亿和9 500万美元。战队的品牌效应带动了社会对电子竞技的更多关注，成为产业提升的有力保障。在我国，电子竞技拥有广阔的市场，艾瑞咨询发布的《2022年中国电竞行业研究报告》显示，2021年，中国电竞市场规模达到1673亿元，同比增长13.5%，行业进入平稳增长阶段；移动电竞游戏仍是电竞市场的主要组成部分，市场份额占比为52.8%。2021年，中国电竞用户规模达到5.06亿人，随着未成年人保护政策落实，电竞用户的年龄结构将更加健康、合理。一条以游戏研发商、赛事策划公司、广告赞助商以及周边产品售卖等为主体的电子竞技产业链日趋成熟。

以此看来，电子竞技已经打破了社会固有的"玩物丧志"的印象，走上一条以无形资产撬动实际价值的道路。从2017年国际奥委会承认电竞"可以被称为一项运动"，到2018年六款电竞项目成为雅加达亚运会的表演赛项目，再到八款电竞游戏将作为正式项目加入2022年杭州奥运会。不管是电竞和体育界展开的联动还是来自体育界的资本入局电竞，都可以看出，体育和电竞的融合越来越深入。而在2021年4月22日，国际奥委会宣布与5

家国际体育机构以及游戏发行商合作举办奥林匹克虚拟系列赛。从上述内容可以看出,电竞与奥运会虽然尚有距离,但已经越来越接近。这对电竞而言,不仅意味着它被主流社会更深层的认可,也意味着电竞的体育化能够有机会再度深入。

在笔者看来,电子竞技产业发展迅速的当下,再一次证明了无形资产大有可为。我们应该充分认识到这一新兴产业的价值,挖掘其知识产权潜力,掌握更多产业发展的主动权。同时,我们也应看到,我国自主研发进入大型电子竞技比赛领域的游戏还较少,相关游戏企业可以加大研发力度,开发出更多符合市场需求,满足竞技要求的游戏,为我国的电子竞技产业添薪加火。

(部分节选自木叶. IG 夺冠,你还看不起游戏产业吗?[N]. 中国知识产权报,2018-11-14.)

电竞是一种极具代表性的新兴休闲活动,由此培育出的休闲产业成了经济发展的强大推动力。休闲对经济的能动作用不可小觑,发展休闲已经进入国家发展战略。经过数十年的发展,休闲产业已经成为国民经济的支柱性产业,集群化与融合化的趋势也日益明显。在集群、融合、共生的产业发展进程中,一种广受关注的业态——特色小镇应运而生,成为休闲产业发展的新亮点。

第一节 休闲产业的概念、特征及分类

一、休闲产业的概念

目前学术界在研究休闲产业时,对其范围和概念的界定并未达成一致。我国过去统称其为第三产业,世界经济合作组织称其为服务业,美国的休闲研究者称其为休闲产业。

国外学者对休闲产业存在多种定义。布朗和威尔认为,休闲产业主要是指那些为满足人们在闲暇时间里的消费而向他们提供物品、服务和设施的组织和个人的集合;[①]杰弗瑞·戈比曾把休闲业定义为与旅游、疗养、娱乐及游园等与休闲行为有关的职业和团体组织。[②]

国内关于休闲产业的研究起步较晚,于光远先生认为,"休闲产业"就是为满足人们休闲的需要而组织起来的产业,它是休闲得以实现的条件。在市场经济条件下,休闲产业需要有人投资,有人去运作,而且还一定要有一系列其他产业为其服务。[③]于先生高屋建瓴,开启了我国休闲产业研究的先河,但由于没有对"休闲需求"做出明确解释,难以界定休闲产业的范围和内容。

李再永认为,所谓休闲产业,是指当人们的收入达到一定水平后,随着生活质量的提高和休闲时间的增加而兴起的产业,它主要为人们的精神享受提供服务,以满足人们的美、感、游、创等心理需求,主要包括旅游业、美容业、文化娱乐业、居民服务业、体育产业、

---

① BROWN P A VEAl. The professional preparation of leisure workers: possibilities and dilemmas[C]. Paper presented at the ACHPER 17th National Biennial Conference, Canberra, 1988.
② 杰弗瑞·戈比. 21 世纪的休闲与休闲服务[M]. 张春波,译. 昆明:云南人民出版社,2000:18.
③ 于光远. 论普遍有闲社会[M]. 北京:中国经济出版社,2005:2.

教育产业等。[1]宋成立将休闲产业与休闲服务业等同,认为休闲产业是那些为人们的休闲活动提供直接服务的各种行业和产业的统称,它包括传统的消费品零售业、生活服务业、社区服务业、娱乐及旅游业、文化、体育、继续教育等产业。[2]这两种定义将教育产业、消费品零售业等一些服务业也纳入了休闲产业的范畴,存在概念外延过大的问题。

杨国梁认为,休闲事业是能够为人们提供从事休闲时所需的相关产品或服务的企业。依据性质可以将休闲事业分为一般娱乐事业和观光游憩事业。一般娱乐事业是指提供民众日常休闲生活所需的事业,通常位于都市内,包括电玩业、出版业、唱片业、娱乐业、百货业、餐饮业等;观光游憩事业是提供民众出外旅游所需的相关服务事业,如运输业、饭店业、旅游业等。

马惠娣是国内较早研究休闲产业的学者,她关于休闲产业的观点一直为学术界广泛引用。她认为,休闲产业是指与人的休闲生活、休闲行为、休闲需求(物质的、精神的)密切相关的领域,特别是以旅游业、娱乐业、服务业、体育产业和文化产业为龙头形成的经济形态和产业系统,一般包括国家公园、博物馆、体育运动(运动场馆、运动项目、体育健身设备、设施维修)、影视、交通、旅行社、餐饮业、社区服务以及由此连带的产业群。但是"密切相关"的定义是不明确的,而且国际上第三产业就是指服务业,包含旅游业、娱乐业等,而不是三者的并列。

卿前龙、胡跃红认为,根据"消费者直接使用"的原则,休闲产业是由消费者的休闲消费需求引发的、国民经济中那些生产休闲物品和休闲服务行业的总称,它广泛存在于国民经济三大产业之中。[3]这一定义比较准确地描述了休闲产业是由消费者需求所引发的行业集合这一产业特征,与沃特斯对"产业"概念的界定相一致,将马惠娣界定的休闲产业外延拓展开了。它既包括那些为满足人们休闲需要而提供直接服务的行业和产业,又包含了那些为生产休闲物品和休闲服务提供中间产品的行业和产业。

综上所述,我们将休闲产业定义为与休闲相关的物质产品和服务的所有业务的集成。

休闲产业是意义产业,其本质特点是让消费者怀疑人生意义的时候找到内心所爱,觅得生命意义。

二、休闲产业的特征

(一)复合性

休闲产业在国民经济产业链中几乎涉及现存的所有产业部门。为休闲需要而提供相关产品与服务的企业渗透于国民经济各行各业中。例如,第一产业中的休闲观光农业、休闲畜牧业等;第二产业中的休闲食品加工业、休闲用具制造业等;第三产业中的休闲产业更是数不胜数,如旅游业、餐饮业、娱乐业等。这些生产部门渗透融合,构成了整个休闲产业。因此,从整体上看,休闲产业是一个高复合性的产业。

---

[1] 李再永. 增加就业的新途径——休闲产业[J]. 山西财政大学学报,1999,21:7.
[2] 宋成立. 利用资源优势发展休闲产业[N]. 中国贸易报,2001-3-29:6.
[3] 卿前龙,胡跃红. 休闲产业——国内研究述评[J]. 经济学家,2006,4:40.

（二）层次性

由于地域差别、城乡差别和贫富差别，休闲产业分化出了高端、中端和低端休闲市场三个层次。健身行业中，各大健身中心推出年消费几百到上万不等的会员种类，层次分明，享受到的服务和附加产品也大相径庭；餐饮行业中，各类高端私人会所不断增加的同时，面向普通家庭消费的大众餐饮市场也势头强劲。目前看来，高端休闲市场虽然规模不大，但其产生的经济效益巨大。随着经济的不断发展，中高端休闲市场将不断扩大，而以大众消费为主的中、低端休闲市场也将随着休闲时代的来临得到迅猛发展，并将长久居于休闲产业的主体地位。

（三）竞争性

休闲产业的竞争性表现在两大方面：首先，是对资源的竞争。休闲产业的发展除了需要传统的土地、劳动力和资金要素，更离不开现代社会的时间、信息、技术和管理等高层次要素。这些资源的配置受到市场经济规律的影响，主要取决于经济收益的追逐。可见，发展休闲产业将促使企业对这些休闲资源展开激烈竞争。其次，是对市场的竞争。虽然休闲资源的分布十分广泛，但是同类休闲产品之间往往差异性较小。在国际休闲市场上，目前没有哪个国家或地区的休闲产品居于垄断地位。

（四）差异性

休闲产业发展最突出的特征就是差异性，主要体现在两方面：一是地区差异性。受制于资源禀赋、市场规模、政策环境等条件，休闲产业的地区差异性是客观存在的。除此之外，自然环境的非均匀分布和区域经济发展也会影响区域休闲产业发展的规模及效益，导致休闲产业地区发展的不平衡。二是业态的差异性。一方面，休闲产业的复合性决定了休闲产业与其他产业必然渗透融合，产生新的休闲业态；另一方面，消费者的休闲需求呈现个性化、多元化、定制化发展的趋势，消费者需求的发展也会带来业态的创新与发展。

（五）意义性

这是休闲产业区别于其他产业的本质特征。提供产品与服务以获取利润，这是所有产业的共性，但休闲产业一旦产生，就与"快乐""爱""生命意义"等概念同在，因为其核心功能是让消费者品世间万象，历人生百态，找回生命本真的快乐，唤起内心对世间万物的热爱，从而享受人生的美好时光，找到生命的意义。人在寻找生命意义的过程中不仅依赖个人的修行、悟道、求真与至善，也得力于休闲产业的发展与壮大。可以说，休闲产业边界不断拓展的过程，也是人性不断探索生命意义的历程。从这一视角理解，休闲产业是修心保身、体验生命价值的意义产业，是人类消除疲累困顿、感知生命力量的重要源泉。

三、休闲产业的分类

休闲产业是与人们休闲行为密切相关的产业领域，特别是指以旅游、度假、健身娱乐、文化传播、社区服务等产业为主形成的产业群。如今，休闲产业已成为不少国家的龙头产业。据资料显示，与休闲产业密切相关的户外休闲产业每年能为美国创造超过十亿美元的消费和成千上万的工作岗位。[①]但是由于休闲产业与服务业、第三产业、文化产业等相互交叉与渗透，产业边界十分模糊。

发达国家休闲服务业一般包括营利性组织、非营利性组织和公益机构三类部门，其中营利性组织在这三类部门中居主导作用。以美国为例，95%的休闲服务项目由营利性服务机构承担，主要包括旅游设施（旅游景区、饭店、俱乐部等）、休闲产品（玩具、游戏器材、运动设备、书籍、车辆制造与销售）及文化娱乐活动（协会组织、体育比赛、文娱演出或康体健身活动）等。非营利性组织和公益机构主要为青少年和老年人服务。非营利性组织提供的休闲内容包括公共娱乐场所、博物馆、运动场地等。公益机构提供的休闲内容包括环境保护机构、社区活动场所、娱乐策划组织、文化组织和俱乐部等。

国内学者对休闲产业范围的界定主要存在四种观点。

（1）马惠娣（2001）的休闲产业类型论。作为国内较早对休闲进行深度研究的学者，马慧娣认为休闲产业是以旅游业、娱乐业、服务业和文化产业为龙头形成的经济形态和产业系统，包括国家公园、博物馆、体育、影视、交通、餐饮业、社区服务等。

（2）王宁（2000）的产业供给渠道论。王宁基于供给渠道将休闲产业划分为社会供给性休闲产业和商业供给性休闲产业两类。学者王寿春对其划分进行了拓展和深化，认为城市休闲产业大体可划分为两大类：一类是公共福利设施的经营管理以及为此提供的相关服务构成的经济活动，主要包括由政府和各社会团体投资兴建的公共福利设施的经营活动以及为此提供的免费服务；二是付费休闲形成的商业活动，主要包括休闲旅游业、文化传播业、体育健身业和休闲娱乐业四大领域。

（3）卿前龙和胡跃红的三大产业论。他们将存在于三大产业中的休闲产业部门分别称为休闲第一产业、休闲第二产业和休闲第三产业。其中，休闲第一产业和休闲第二产业可以统称为休闲物品业，休闲第三产业也称为休闲服务业。休闲物品业包括休闲农业、休闲林业、休闲畜牧业、休闲渔业、休闲食品加工业、休闲用品（具）制造业以及休闲建筑业。休闲服务业包括休闲旅游业、健身和美容休闲业、文化和娱乐休闲业、餐饮休闲业以及其他服务业等。休闲产业广泛存在于国民经济三大产业之中，与三大产业存在交叉、包含关系（见图11-1）。

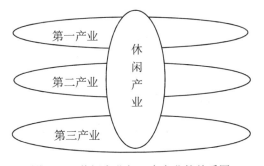

图11-1　休闲产业与三大产业的关系图

[①] 品橙旅游.美国：每年经济收入有8870亿美元指望户外休闲[EB/OL].（2017-05-04）.http://www.pinchain.com/article/119615.

（4）王琪延基于统计方法的休闲产业广义和狭义论。王琪延认为，广义的休闲产业包括三个层次，即核心休闲产业（旅游、娱乐、体育、养生、公益、文化、宗教休闲及其他休闲产业），为核心休闲产业服务的交通、商业、信息业、金融、新闻出版等行业，以及从事休闲品制造的休闲地产业、休闲工业、休闲农林牧渔业；狭义的休闲产业就是核心休闲产业。

结合我国国民经济行业分类《国家经济行业分类标准（2017年6月30日版）》和休闲产业的性质，按照产业统计标准，休闲产业具体可以概括为以下三类：休闲核心产业、休闲支持产业和休闲关联产业。休闲核心产业是直接为休闲活动提供产品和服务的企业群，如博物馆、游乐场、健身房、娱乐中心、商场、图书馆、景区景点等；休闲支持产业是为核心产业提供物质支持或休闲活动组织的企业群，如食品加工企业、光盘制作公司等；休闲关联产业是为核心产业和支持产业提供各项服务的企业群，如银行、社区服务公司、交通公司、广告公司、保险公司等。

休闲产业所包含的主要行业范围如图11-2所示。

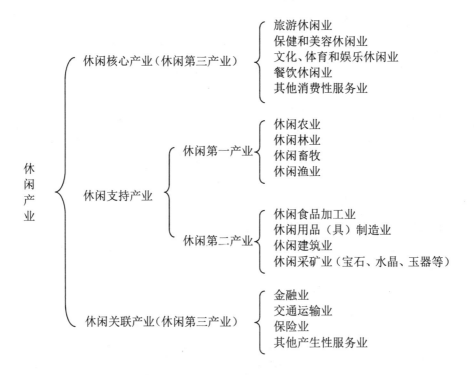

图11-2　休闲产业行业范围谱系图

当然，从广义上看，休闲产业是"泛产业"，只要是为消费者休闲活动提供服务、为消费者的休闲体验带来价值的行业均可归为休闲产业；从产业资源的供给看，休闲产业的边界可以无限延伸；从产业发展的时空维度看，休闲需求的动态性和休闲供给的区域特色导致了休闲产业边界的不确定性；从产业发展的驱动要素看，休闲产业的发展已经进入软要素驱动阶段，即创意成为休闲产业发展的主动力。因此，笔者认为，休闲产业是一个随休闲需求的变化而与时俱进、不断创新的产业，是产业边界无限拓展、为消费者带来非凡体验的意义产业，是永不落幕的朝阳产业。

第二节　休闲产业大趋势——集群化

一、休闲产业集群的概念及类型

（一）休闲产业集群的概念

休闲产业被誉为新千年全球经济发展的五大推动力中的第一引擎，具有高产业关联和长产业链的特性，在城市经济中的地位越来越重要。产业集群强调的是分工和集约化发展，对企业生产力的提升、工作效率的改善都有积极作用，是提升区域竞争力的有效模式。因此，发展休闲产业集群已经成为一些城市探索新的城市经营模式的路径之一，也成为区域竞争力提升的新选择。

与现实中的火热发展相比，休闲产业集群的理论研究稍显不足。国内外学者对于休闲产业集群尚无完整、统一的定义，大多聚焦于旅游、体育、文化等具体休闲产业的集群研究，系统性、完整性的休闲产业集群研究寥寥无几。郭勇（2010）认为，休闲产业集群是以旅游产业、文化产业、娱乐产业和体育产业四大龙头产业为核心，大量休闲企业以及相关企业和服务部门在特定地域范围内集聚，为人们提供休闲产品和休闲服务，依据专业化分工和协作建立起正式与非正式关系的一种更具活力的新型产业组织形式。[①]连凯宇（2015）认为，所谓休闲产业集群，是指在某一特定地域之内，依托该地区的核心休闲产业资源，形成核心休闲产业和企业，进而通过产业链的关联性，产生一批为主体休闲产业和企业提供辅助性支撑的企业和产业，两类休闲产业（企业）通过人才、资源要素等方面的交流，来实现彼此之间的互补、共生共长、共同壮大，最终形成的一种产业集聚现象。[②]付达院（2015）认为，休闲企业及其相关机构集聚在一定空间，并通过有效整合实现有序生存与成长，就形成了休闲产业集群。[③]

本书将休闲产业集群界定为：以休闲旅游业、文化传播业、体育健身业、休闲娱乐业四大龙头产业为核心，以为消费者提供超凡体验为目标，由一系列为当地居民和外来游客提供产品和服务的企业在一定地域范围内集聚而形成的纵横交错的产业群体。

（二）休闲产业集群的类型

1. 依据推动集群形成的主体划分

按照驱动休闲产业集群形成的主体不同，可将休闲产业集群的类型分为外生构建型休闲产业集群（政府推动）和内生自发型休闲产业集群（企业推动）两种。

[①] 郭勇. 休闲产业集群与区域经济发展研究——山西省为例[D]. 太原：山西财经大学，2010.
[②] 连凯宇. 河北沿海地区休闲产业集群化发展研究[D]. 秦皇岛：燕山大学，2015.
[③] 付达院. 休闲产业集群的竞争优势及其促进城市竞争力提升的路径[J]. 特区经济，2015（11）：103.

（1）外生构建型。外生构建型由政府规划、引导、推动形成，也就是说此类休闲产业集群是自上而下地通过国家或地区政府的扶持干预形成的，政府在休闲产业集群形成的过程中起主推作用，处于强势介入的状态，其典型代表有意图打造成"东方休闲之都"的杭州。

（2）内生自发型。内生自发型由产业系统和环境互动形成，也就是说此类休闲产业集群是自下而上地通过休闲企业对利益的追逐自发形成的，政府对休闲产业集群的形成演进是起辅助作用的。通过分析我国休闲产业集群的发展现状可以发现，我国休闲产业集群在很大程度上是民营资本驱动的结果，是一种内源性的休闲产业集群。

然而，在休闲产业集群发展进程中，外生构建与内生自发结合型休闲产业集群成为主要发展模式，尤其是跨入"休闲时代"后，政府的扶持与休闲市场的需求极大地推动了这种混合型休闲产业集群的发展。

2. 依据推动集群形成的要素划分

在市场需求充分的条件下，按照生产要素优劣情况，可将休闲产业集群的类型分为：原生型休闲产业集群（生产要素富有）、衍生型休闲产业集群（生产要素匮乏）、嵌入型休闲产业集群（生产要素转亏为盈）三种。

（1）原生型休闲产业集群是基于本地资源的充分利用而得以生长的休闲产业集群，是区域内的企业依托本地资源与市场需求互动作用的结果。原生型休闲产业集群的形成主要来自于区域休闲产业的发展资源，如区域企业和企业家、区域休闲人才资源以及地方政府的扶持等。这类产业集群一般出现在休闲文化历史悠久和休闲资源丰富的地区，本身资源的特性成为地区集群形成的基础性前提条件。"天府之国"成都是原生型休闲产业集群的典型代表。

（2）衍生型休闲产业集群是基于其他专业市场的带动和扩散作用形成的休闲产业集群。与原生型休闲产业集群相比，衍生型休闲产业集群是在本地缺乏资源禀赋条件下发展起来的。这类产业集群是本地主导企业从组织与运作外部资源入手，并随着自己的资源与能力变化而转化的结果。受到缺乏本地资源禀赋与外部资源流入的限制，这类休闲产业集群生成呈现了一个从非休闲专业市场带动休闲产业发展从而向休闲产业集群集聚的转化过程。浙江省义乌市就是这类产业集群的典型代表。

（3）嵌入型休闲产业集群是区位与基于主导企业引发的外部性共同作用的结果，其发展动力主要来自产业外部，常常伴随着少数一两家龙头企业的进入引发与该企业有密切业务关系的配套企业随之跟进。嵌入型休闲产业集群的形成最先始于休闲产业中某一行业专业市场的形成，随着该行业的纵深发展带动其他相关产业和支持性产业的发展，产业链不断延伸。横店便是这类产业集群的典型代表。

二、休闲产业集群的特征

（一）地域集聚性

产业集群最明显的特征表现为地域的集聚性，无论是传统工业产业集群或是高新技术产业集群普遍都具有这一特征，休闲产业集群也不例外，但集聚的具体表现形式却有所区别。传统工业产业集群或高新技术产业集群的地域集聚性较多地呈现为园区经济模式的块状集聚形式，同时，集聚地域选择一般以城郊居多。而休闲产业集群的地域集聚形式不仅有以区块为主的块状形式，还存在以街区为主的条状形式及以零散网点为主的网络状形式。同时，集聚地域的选择也有别于传统工业和高新技术产业集群，一般选取人口流动量大的都市中心或是旅游资源密集的城郊地带。对休闲产业而言，交易成本重点取决于产品与市场的接触成本，都市中心或是旅游景区可以实现产品与市场零距离接触，极大限度地降低交易成本。

（二）行业共生性

休闲产业集群不是众多企业的简单集中，而是以专业化分工与社会化协作为基础，大、中、小不同等级企业并存、不同类型企业共生互补的生态化企业群体。集群内各行业互惠共生，构成一个大的社会生态系统。在这个系统中，相关行为主体（包括政府、各种企业、科研院所、社会中间组织和劳动者等）之间存在着物质、知识技术、人力资源、信息和金融资本等方面的交换。它们在相互交易、相互合作、相互竞争和相互信任中形成了具有共生关系的共同体。在集群中，有竞争，也有协作，竞争使得企业个体保持足够的发展动力，但更多的是协作共生关系。集群内的企业既能独立生存，又要围绕休闲产业紧密结合，功能互补，从而使大部分企业都有更广阔的发展空间。

（三）产品互补性

休闲产业集群内产品的互补特征主要表现为两方面：一方面是指内容上的物质与精神的互补；另一方面是形式上的产品形态互补。所谓内容上的物质与精神互补，是指休闲产业集群内各企业提供的产品，消费者在购买实体物质的同时也伴随着精神上的享受。例如，工艺美术作品、女装等，消费者不仅拥有产品本身，同时也能从产品的使用中感受到愉悦的精神享受。所谓形式上的产品形态互补，主要指休闲产业集群内提供的产品，包括消费者从头到脚的各个部位。例如，化妆行业涉及的美容美发用品以及化妆品提供的是专门针对消费者头部的产品，女装等服装行业提供的则是针对消费者身体部位的产品，足疗则是针对足部的护理按摩等。

（四）供给全时性

休闲产业集群在空间上表现为多形式的集聚性，在时间上表现为产品供给的全时性，即集群内企业运营时间分布在一天 24 小时的各个不同时段。例如，疗、休养与运动休闲行业运作时间普遍比较偏早。所谓一日之计在于晨，有着多种内涵，早起早锻炼也是其中一个例子。清晨的城市公园内，打太极、练气功、晨跑等休闲活动丰富多彩；餐饮、茶楼、化妆、工艺美术、婴童等行业一般集中在白天时段营业；酒吧、KTV、演艺场所、足浴室等行业是人们下班后休闲娱乐、放松身心的最佳去处，营业时间以夜间为主。休闲产业集群内不同行业消费时间的分散性，能很好地缓和各行业间的顾客竞争，从而实现共生共荣的目标。

（五）目标协同性

目标协同性是指休闲产业集群内，虽然各行业提供的产品有差异，但最终要实现的目的是不冲突的。它们互相协同努力，共同实现"创意、快乐、美丽、体验、时尚、健康"的"休闲"享受。美容等时尚行业是满足人们追求美丽、时尚的行业；保健，疗、休养行业是满足人们对健康、快乐的向往的行业；旅游、运动休闲等是满足人们对体验的需求的行业；餐饮、演艺、娱乐等是满足人们对快乐、体验、健康等需求的行业。总之，休闲产业集群内不同行业凭借各异的产品，协作互助，共同满足消费者的多种功能性需求。[①]

三、休闲产业集群优化对策

（一）加强产业集群规划，优化集群产业结构

科学合理地对休闲产业集群进行规划，对产业组织、布局和企业规模等结构进行优化整合，提升产业素质，是休闲产业集群优化的首要选择。通过产业集群规划来实现休闲产业集群产业结构的优化和休闲产业集群竞争力的提升主要体现在以下两个方面：第一，明确休闲产业在产业集聚中的核心地位。不同地区所具有的资源禀赋不同，这就需要根据产业发展实际选择，充分利用其优势生产要素资源，选择自下而上的产业集群发展模式。第二，整合产业集群内部企业，优化休闲产业结构。休闲产业集群内部结构的优化整合是提升其竞争优势的内在要求。要充分发挥休闲产业集群的集聚效应，必须要转变集群内部不同行业"散兵游勇，不成气候"的被动局面，用全局的思维统领，提高产业集群内企业分工和专业化的水平。

（二）明确集群服务需求，创新集群管理服务

现代管理之父彼得·德鲁克指出，"管理创新是一种更有效的资源整合范式"。在市场竞争加剧、技术变革加速、产业价值链重组的产业集群发展背景下，传统的集群管理服务已无法适应集群的服务需求，管理创新服务势在必行。首先，建设基于网络的可交互的管理服务平台，确定系统化、规范化的管理服务流程、标准，建设专业化的产业管理顾问师和培训师队伍，为产业集群管理服务创新奠定基础[②]；其次，建立提供管理创新服务的专家库，整合高校、科研院所、行业协会、教育培训机构、专业中介机构、政府、产业集群管理部门、企业等单位的人才资源，为创新管理服务提供智力支持；最后，开展产业集群协同管理诊断及协同制度、协同方法方面的关键技术研究，更好地为产业集群管理创新服务提供理论指导。

（三）实施整合营销战略，塑造良好行业形象

休闲产业集群内部各行业形态各异、覆盖面广、企业数量众多，多以中小型企业为主，单体规模普遍较小，市场竞争力较弱。有鉴于此，对休闲产业集群进行统一宣传，实施整合营销战略已成当务之急。实施整合营销战略，一方面有利于整合各行业的优势资源，统

---

① 方竞敏. 共生型旅游休闲产业集群研究：杭州案例[D]. 杭州：浙江工商大学，2010.
② 郭伏，阚双，李森. 产业集群发展面临的问题及管理创新服务对策研究[J]. 东北大学学报（社会科学版），2014（09）：465.

一行动,提升行业影响力,塑造良好行业形象;另一方面有利于提高对该休闲产业集群所在地的整体感知度。

整合营销载体可重点考虑以下几个方面:一是推出消费保障计划。由当地相关部门及行业协会主导,实施休闲产业的消费保障计划,建立"正品"保障机制、消费维权平台和投诉反馈热线,切实提高消费者的消费信心。二是运用多元化的营销手段,拓宽营销渠道。针对不同人群选择适宜的宣传平台,如加强对年轻消费者依存度较高的微信、微博、抖音等的营销推广力度。三要加强各类信息平台建设,加大休闲产业集群的对外宣传力度。四是通过对产业整体形象进行艺术化、创意化包装,提升品牌形象与行业美誉度。

(四)实施产业集群人才战略,打造集群发展人才高地

人才是影响休闲产业集群发展的重要因素,休闲产业人才战略是集群发展的根本。为了使集群获得更好的发展,提高休闲产业队伍的素质,可以从以下几个方面开展工作:一是广纳各类人才。集聚一批具有国内外知名度的高层次、高素质人才是休闲产业集群发展的客观要求,因此,应大力引进营销人才、管理人才、创意型和复合型等产业发展急需的人才。二是建立人才培养与引进机制。坚持"引进急需"和"培养现有"并举,充分利用集群优势,吸引一批国内外优秀人才。加强与国内外一些相关高校和研究机构的交流与合作,充分利用各种教育培训资源,拓宽人才培养方式,培养不同层次的人才。三是完善人才激励机制。建立科学有效的人才激励机制,努力形成"鼓励创新、宽容失败"的社会环境,让各类人才的创新创意都得到应有的尊重,奖励创新创意成果,激发人才的工作热情和创造潜能。

第三节 休闲产业新趋势——融合化

一、休闲产业融合的概念

产业融合是指由于技术进步、放松管制和管理创新而导致不同产业边界模糊或消失,使各产业之间的联系更紧密,产业之间相互交叉、相互渗透,最终形成新的产业的动态发展过程。[①]因此,产业的融合发展能够促进技术创新、调整产业结构、优化资源配置、降低成本,突破产业间的条块分割,加强产业间的竞争合作关系,形成竞争优势。产业融合是产业发展的新趋势。

休闲产业融合是指休闲产业与其他产业或者休闲产业内部各行业之间相互渗透、相互交叉形成新业态的动态过程。休闲产业融合的方式有两种:其一,休闲产业内部融合,即休闲产业之间的相互渗透与补充。如杭州的《最忆是杭州》、承德的《鼎盛王朝·康熙大典》就是旅游产业、文化产业与演艺产业相融合的产物;美国休斯敦借助 NBA 实现了从航空化工城向休闲娱乐城的华丽转型,是体育产业与娱乐产业融合的经典案例。其二,休闲产业与其他产业融合。休闲农业是休闲产业与第一产业融合发展的典型案例。近年来,在市

---

① 程锦,陆林,朱付彪. 旅游产业融合研究进展及启示[J]. 旅游学刊,2011,26(04):14.

场拉动、政策推动和经营主体的驱动下，休闲农业发展迅速，已经成为农村第一、第二、第三产业融合发展和产业兴旺的重要载体。[①]除此之外，"休闲+工业""休闲+养老""休闲+婚庆"等创新项目层出不穷，各产业间优势互补，传统产业迎来新生机。

二、休闲产业融合基础

高新技术的快速发展打破了产业壁垒，加速了产业融合。在产业融合的大浪潮中，休闲产业已显露出融合发展的迹象，休闲农业、研学旅游、休闲养老等休闲新业态不断出现。作为一种综合性产业，休闲产业与其他产业相互融合有其发展的内在必然性和外在必要性。

（一）需求革命为产业融合指明方向

随着经济社会的发展，人们的消费需求发生巨大变革，功能性消费需求减少，享受性和精神性消费需求日益高涨。休闲消费者对休闲极致体验的追求，使得彰显自身个性、体现独特风格的个性化和定制化产品与服务成为休闲新需求。共享经济时代，消费者热衷于与他人互动并分享自己的创意，成为重要的内容生产商，在休闲消费过程中，消费者乐于与企业互动，参与到企业产品设计、生产和销售的全过程中，成为企业的关系型合作伙伴。面对休闲消费者日益个性化、定制化、体验化和精神性的消费需求，传统的、单一的、标准的休闲产品已无法满足消费者需求。需求产生供给，在需求领域发生的革命必然导致供给端发生重大变化，倒逼休闲产业加快融合发展，不断催生新业态和新产品，满足不断革新的消费新需求。

（二）技术革新为产业融合注入强劲活力

技术革新是产业融合的先导，从20世纪70年代开始，技术在产业融合的发展进程中扮演着愈发重要的角色。进入21世纪以来，技术革新在驱动着时代快速前进的同时，也在不断改变着人们的休闲消费方式，重塑产业发展结构。在这个网络与终端无处不在的时代，人们可以利用碎片时间进行碎片化的休闲活动，"抖音""快手"等风靡全国的短视频App就是这一时代背景下催生的典型案例。另外，高新技术也模糊并逐渐消弭了产业间的原有边界，极大地提升了产业融合的可能性与可行性，有效地推动了企业间融合的进程，为休闲产业融合提供了强大的技术支撑。

（三）有为政府为产业融合提供制度保障

从经济学视角看，管制放松是产业融合的原因之一。近年来，休闲产业在拉动其他产业发展、调整产业结构和促进就业等方面成果突出，越来越受到各级政府的重视。中央政府陆续出台相关政策支持休闲产业融合发展，如国务院办公厅于2019年8月23日颁布的《国务院办公厅关于进一步激发文化和旅游消费潜力的意见》（以下简称《意见》）明确指出，要促进文化和旅游产业的融合发展，促进文化、旅游与现代技术相互融合，发展基于5G、超高清、增强现实、虚拟现实、人工智能等技术的新一代沉浸式体验型文化和旅游消费内容。《意见》的主要目标是：到2022年，建设30个国家文化产业和旅游产业融合发展示范

---

① 宋瑞. 2018—2019年中国休闲发展报告[M]. 北京：社会科学文献出版社，2019：71.

区，产业融合水平进一步提升，新型文化和旅游消费业态不断丰富。

三、休闲产业融合模式

在国际产业价值链重组的背景下，产业融合成为价值的主要增长点和经济增长最具活力的源泉与动力。在此趋势下，休闲产业显露出了"跨界"发展的迹象，形成了"休闲+产业型""休闲+技术型"和"休闲+元素型"的融合模式。

（一）"休闲+产业型"融合模式

1. 休闲产业内部重组

休闲产业是一个涵盖面极广的"泛产业"。休闲产业的子产业间相互融合形成了休闲产业内部重组。文化产业与旅游产业作为休闲产业最主要的子产业，二者的相互融合是休闲产业重组的重要方向，实现了文化产业与旅游产业共荣，推动了休闲产业转型升级和产品价值创新，标志着文化和旅游产业进入融合发展的新时代。

诗和远方的深度融合——故宫文创获得世界瞩目

故宫的雪、故宫的猫、故宫文创、故宫展览，如今，故宫已不再仅仅是一座博物馆，更是利用文化创意产品走进百姓生活的一个样板。

作为一个拥有近600年历史的文化符号，故宫拥有众多皇宫建筑群、文物古迹，是我国传统文化的典型象征。近年来，在文创产业带动下，故宫化身成为"网红"。据介绍，截至2018年12月，故宫文化创意产品研发超1.1万件，2017年的文创产品收入达15亿元。

人们愿意买、喜欢买

让文物藏品更好地融入人们的日常生活，发挥其文化价值，这是故宫追求的目标。由此，故宫开始举办故宫文化创意产品比赛，以此拓宽研发思路。2013年8月，故宫第一次面向公众征集文化产品创意，举办以"把故宫文化带回家"为主题的文创设计大赛。此后，"奉旨旅行"行李牌、"朕就是这样汉子"折扇等各路"萌"系路线产品问世，使故宫变得年轻起来。

除了实体的文创产品，故宫在网络上也打开了"宫门"，故宫文化创意产品从"馆舍天地"走向"大千世界"。

故宫博物院文创旗舰店配合故宫博物院展览，进行了主题性的文化挖掘，研发了千里江山系列、清明上河图系列等产品，已积累了200万多粉丝；故宫淘宝产品有趣而不失雅致，致力于以轻松时尚的方式展现故宫文物、推广故宫文化，推出了故宫娃娃、折扇团扇、文具用品等产品，目前拥有400万粉丝。

年轻人爱上故宫文化

随着故宫文创产品的热销，故宫文化也受到越来越多的年轻人喜爱。最直观的反映体现在参观故宫的年轻人变多了：据故宫发布的统计数据，2018年，故宫接待游客数量突破

1 700万人次，其中30岁以下游客占40%，年轻游客尤其是"80后"和"90后"，已成为参观故宫博物院的"主力"。

要拉近故宫与年轻人的距离，就要研究年轻人乐于接受的传播方式。如何让历史"平易近人""生动有趣"，成为故宫"网红"进阶史上的重要话题。

2014年，故宫淘宝微信公众号刊登了《雍正：感觉自己萌萌哒》一文。此文迅速成为故宫淘宝公众号第一篇"10万+"爆文，雍正皇帝也借此成为当时的热门"网红"。同一年，故宫文创相继推出"朝珠"耳机、"奉旨旅行"腰牌卡、"朕就是这样的汉子"折扇等一系列产品。"朝珠"耳机还获得"2014年中国最具人气的十大文创产品"第一名。

令创意满满的文化产品与年轻人的"脑洞"碰撞到一起，便能持续挖掘故宫"矿藏"，使传播效果更加强大。虽然北京故宫走上文创之路时间不长，却迅速走出了一条自己的路子，故宫也成为融历史与现代、文化与科技、传统与创新为一体的知识产权。

运用多种方式传播优秀传统文化

一座博物馆的价值，不仅在于拥有悠久历史、丰富藏品，更在于应用这些文化资源为人们做些实实在在的贡献，在于将这些文化资源融入人们的现实生活。

通过文化创意为观众架起一座沟通文化的桥梁、奉上一场文化盛宴，正是很好的表现形式。让人们通过故宫文化创意直接触摸到文化，是故宫发展文化创意事业的出发点，也是落脚点。

近年来，故宫定位于"根植于传统文化，紧扣人民群众大众生活"原则，做出了许多令社会大众乐于享用、将传统文化与现代生活相结合的产品。

为了更好地塑造品牌形象，故宫博物院在确保每件文化产品都拥有故宫创意元素的同时，也不断加强着对产品设计、生产、营销各个环节的把控，力争使每件产品均具备高质量。

据介绍，故宫文创产品样品打样常规在4次至5次以上，以精准把握细节、调整产品工艺、完善制造工序。从文化创意产品本身到包装盒、包装袋都需要有统一的呈现，延续整体风格。2018年年底，火爆一时的故宫口红，在研发过程中，仅口红外观设计稿就修改了1 240次。

故宫博物院要改变传统的传播方式，要学会运用多种方式来传播优秀传统文化，要让故宫文化遗产资源活起来。

（节选自王萌. 故宫文创这样造品牌，多种方式传播优秀传统文化[N]. 人民日报海外版，2019-03-01：10.）

此外，依托体育资源发展的体育旅游，也是近年来旅游经济新的增长点；电子竞技被纳入奥运会比赛项目，它是深受年轻人欢迎的体育竞技新方式……产业内部的重组催生了大量休闲新业态，创造了新的产品价值与产业活力，是休闲产业发展的必由之路。

2. 休闲产业间延伸

休闲产业凭借其极强的渗透性和综合性不断模糊着产业边界。第一、二、三产业在生产经营或产品开发过程中，有意识地融入休闲功能，与休闲产业相互融合，创新性地在保持原有产业形态的基础上添加了休闲属性。休闲产业与第一产业的融合主要体现在利用第一产业相关生活、生产、生态资源，形成以生产、销售、体验、教育、环保功能为体系的新型产业融合模式。[①]如休闲农业，其发展主要依赖于居民对农村生活的向往及旺盛需求，并以此为农民增收。休闲产业与第二产业的融合主要表现为休闲制造业的出现。休闲制造业主要为休闲物质资料的提升，通过产消合一促进消费者对休闲产品的创新与升级。休闲产业与第三产业的融合是指与囊括餐饮娱乐业、交通运输业、金融保险业的大服务产业的融合。休闲产业间的延伸改变了产业原有的纵向分类格局，促进了产业结构优化、核心竞争力创新、模块化分工发展及价值链重组，是工业化中后期城市转型升级的普遍选择。

（二）"休闲+技术型"融合模式

技术既能促进休闲与其他产业无缝对接，又能为休闲产业融合提供智力支持，是休闲产业融合的黏合剂。通过植入互联网等高新技术，休闲产业已突破时间与空间的限制，实现了虚拟现实化，实现了智慧营销和智慧服务。

在智慧营销方面，休闲产业打破渠道为王的现状，充分利用新媒体的传播特性，吸引休闲消费者主动参与信息传播和品牌营销，并通过积累服务和产品大数据，逐步形成自媒体运营平台。在智慧服务方面，通过技术升级，引入VR技术，使休闲活动的开展更加智能与便捷。"互联网+旅游"构建了导航、导游、导览、导购的"四导"一站式模式，为游客提供了便捷的旅游服务与优质的场景体验。世界顶级足球体验中心融合了体育、娱乐与高科技元素，以VR和AR带动不同的模拟足球训练体验，让消费者置身于足球世界，获得极致的场景体验。"多人互动的社交型VR+娱乐"为线下游戏呈现出极具沉浸感的画面，或将引领线下电竞风潮，届时，每一位游戏爱好者都将成为"头号玩家"。

（三）"休闲+元素型"融合模式

还未形成产业规模，却与休闲紧密结合的新现象或新业态，可归之为"休闲+元素型"融合模式。正是由于这些新元素的出现，增添了创意与内涵，休闲才被赋予了全新的意义。近几年，"旅游+扶贫"悄然兴起，旅行社纷纷推出扶贫旅游线路，更为可贵的是，很多市民自发组织旅游活动，边旅游、边支教或捐赠，为贫困地区的学校和孤儿院等送去温暖。旅游者在获得快乐的同时，更获得了心灵的慰藉与灵魂的满足。"体育+公益"更让公益事业变得富有趣味性，让体育活动变得有温度。"爱德杯"乒乓球公益赛搭建了一个将乒乓球和公益结合起来的平台，让更多人在强身健体的同时了解、关注和参与公益活动，享受做公益带来的快乐。"休闲+社交"也将成为休闲融合的发展方向。放眼当下主流媒体，不难发现，"圈层"已被广泛使用，如豪宅圈层营销、奢侈品引领圈层热潮、圈层社交盛宴、名流圈层活动等，圈层并非简单地把一群人聚在一起，它是以各种内在的精神契合（如价值观、生活观等）作为纽带，将人与人联系在一起的虚拟平台。在追求自我实现的道路上，

---

① 潘立勇.休闲与文化创意[M].南京：南京大学出版社，2019：164.

各圈层的人们更关注本我的感受和生活状态，他们形成价值观相似、步调一致的群体。这些群体可以在互不认识的情形下，凭借契合的价值取向、共同的目标追求等，在无形中发展出一个个区分于外界的圈层，这是一个由陌生人因价值观相同而组成的有共同兴趣的休闲虚拟社区。当休闲融入社交的元素，休闲代表的就不是一个产品，而是一种生活方式、一种品位格调、一种社会参与，甚至一种人生态度。

四、休闲产业融合发展瓶颈

（一）产业融合缺乏共识，创新力量尚未汇聚

虽然全国都在提"大众创业，万众创新"，但实际上，创新的力量还远远不够。杭州的阿里巴巴只能说是互联网企业，但还不能完全被称为创新型企业，阿里巴巴的市值比不上谷歌，原因是谷歌的创新性是首屈一指的。无论是搜索引擎、Gmail 邮箱、网络文档编辑器，还是 Google 地球、Android 手机操作系统，以及最炙手可热的"云计算"，谷歌在技术方面走在了最前沿。谷歌在行动上真正做到了把员工当作最重要的资产，它为员工提供了很多激发潜能的机会，并营造了很好的知识工作环境，以独特的公司文化吸引了最聪明的人才。一般来说，创意的构思过程是混乱无序的，但谷歌却以一套以数据为驱动的创意评估流程，很好地平衡了这种无序性，谷歌对于分析和数据的重视远远超过绝大多数公司。目前来看，大部分休闲相关企业还没有形成创新的氛围，特别是技术创新和商业模式的创新。

（二）产业发展依赖要素，企业同质竞争激烈

许多休闲活动在很大程度上仍然依赖于传统的资源要素，由于沉淀成本、规模经济和既得利益的作用，这一点在旅游业体现得尤为明显。很多城市的旅游发展具有较强的路径依赖性，随着经济规模的扩大和资源要素成本的提高，如果任由产业结构定型在较低层次，就会严重制约产业的发展和经济质量效益的提高。与此同时，知识产权保护力度不足，使产品创新极易被同类型商家"复制"，创新动力不足在极大程度上影响了休闲产业融合进度。

（三）行业壁垒尚未打破，融合红利难以释放

首先是制度壁垒导致融合红利难以释放。比如土地制度，发展农家乐时，如何使农家乐的土地开发合法化，这到现在还是一个难题，制约着乡村与旅游的融合发展。其次是信息壁垒导致融合红利难以释放。比如信息孤岛状态，由于政府部门之间的信息不互通，产生过很多历史遗留问题，如涉及个人财产、资金、房产等问题的证明，非常容易引发经济纠纷。最后是管理壁垒。正如注册公司开始试点"三证合一"的同时，注销公司还是要分头找国税、地税、工商、银行、质监等部门，每个部门都有审核期，公司资产清算之后还要公告 45 天。这么算下来，没有两个月时间、不跑上十几趟是完不成注销手续的，这就给创业者带来了隐性的负担。

（四）产业之间缺乏共享，生态群落无法升级

产业共享有着强劲的溢出效应和某些网络效应，产业共享可以促进产业群体的合作发

展,产业共享是提升相关产业群体竞争优势的利器。不同利益相关方对产业共享的共用利益相同,但对产业共享可持续发展所愿意承担的责任并不相同,存在着搭便车的可能。另外,某些利益相关方为了自身利益考虑,改变自身的生产或投资行为,也会导致产业共享受损,生态圈无法可持续发展。

第四节　休闲产业集群化与融合化发展的新典范——特色小镇

2016年10月,国务院办公厅发布《关于加快发展健身休闲产业的指导意见》,提出要以健身休闲项目和产业基地为基本依托,积极培育一批以健身休闲为特色的服务贸易示范区,该意见为特色小镇的发展提供了政策支持。特色小镇是大休闲时代旅游业发展的一大突破,也是休闲产业集群化及融合化的有益实践。

一、特色小镇的历史渊源

欧洲是现代城镇化发展的发祥地。19世纪,伴随着工业革命的发展,欧洲的城镇化进程不断加快,至二战结束,其城镇化比率已达51.3%。以中小城镇为主体的欧洲是全球城镇化建设历史最为悠久,理念最为超前,成果最为显著的地区,无疑有丰富的经验可资借鉴。经历百余年历史的欧洲城镇化建设并非一帆风顺,西方文明和城市之间的关系矛盾重重,城市被视为文明之地,同时又被视作沉沦或危险之地。[①]工人的贫困、酗酒、疾病成为城镇化进程中的毒瘤,"反城市"运动爆发。为恢复生活与工作的平衡,1898年,英国城市学家霍华德在其著作《明天的花园城市》中,主张在大城市的远郊建设若干地理上独立的小镇,疏解大城市的压力和负担;19世纪后期,倡导渐进城市化的"田园城市"启动,允许家庭在城镇中从事农业,回归田园;1933年《雅典宪章》颁布,将"以人为本"作为城市发展的核心思想,提出"纵向城市化"的城市格局……多元化的举措有力地推进了欧洲城镇化的进程,类型多样的特色小镇逐渐涌现。充满哥特式建筑的德国海德堡小镇、因香水而得名的法国格拉斯小镇、拥有极地风光的圣诞老人之乡芬兰罗瓦涅米小镇、书写《罗密欧与朱丽叶》爱情故事的意大利维罗纳小镇等例子不胜枚举,特色小镇成为当地居民的乐活天堂与游客的神往之处。

与西方国家均衡发展的城镇化相比,我国的城镇化发展方式在一定程度上形成了大者恒大、小者减少而农村凋敝的格局[②],陷入城市发展的怪圈。在我国寻求城镇化创新发展道路时,西方国家的特色小镇为我国城镇化发展提供了有益借鉴。2014年,浙江省率先创建了特色小镇,将特色小镇与驱动新经济发展的七大产业相提并论,并将其定位为浙江省产业创新发展的重要载体。随后在政府的大力支持下,浙江特色小镇蓬勃发展,西湖云

---

① 皮埃尔·卡兰默. 二十世纪城市发展的思考——了解欧洲近五十年城市化的进程[J]. 社会与公益, 2012(6): 35.
② 宋瑞. 欧洲特色小镇的发展与启示[J]. 旅游学刊, 2018(06): 2.

栖小镇、余杭梦想小镇、嘉善巧克力甜蜜小镇、龙泉青瓷小镇等一批小镇相继建成，闻名全国。

浙江特色小镇不是行政区划意义上的建制镇，也不同于纯粹集聚企业的产业园区，而是融合了特色产业、城镇社区、历史文化和休闲观光等多种功能于一体的人文化产业型社区[1]。特色小镇是我国新城镇化发展的方向，同时也是当前大力推进供给侧结构性改革的一次重要实践，为经济进入新常态后深入实施创新驱动战略提供了坚实的支撑，为传统产业集群升级换代和区域经济创新驱动提供了新的发展路径。

浙江特色小镇的成功建设使人们看到了我国城镇化建设的曙光，特色小镇成为全国城镇化创新建设的新风口。2016年，住建部、国家发改委、财政部发布的《关于开展特色小镇培育工作的通知》（以下简称《通知》）提出："到2020年，培育1000个左右各具特色、富有活力的休闲旅游、商贸物流、现代制造、教育科技、传统文化、美丽宜居等特色小镇，引领带动全国小城镇建设，不断提高建设水平和发展质量。"该《通知》的颁布标志着特色小镇进入普及发展的阶段，各类特色鲜明的小镇如雨后春笋般生长起来。

二、特色小镇的内涵解读

特色小镇是我国经济社会发展转型升级大背景下的产物，也是休闲产业自身发展规律的必然实践。国家发改委将特色小镇定义为聚焦特色产业和新兴产业，集聚发展要素，不同于行政建制镇和产业园区的创新创业平台。[2]卫宝龙，史新杰（2016）认为，"特色小镇是以某一特色产业为基础，汇聚相关组织、机构与人员形成的，具有特色与文化氛围的现代化群落"。盛世豪，张伟明（2016）提出，特色小镇是集特色产业的创新、生产、销售、服务于一体的新兴产业空间组织形式。何世剑强调，特色小镇是相对独立于市区，具有明确产业定位，文化内涵、旅游功能、社区特征融合叠加的发展空间载体。此外，国家体育局界定运动特色小镇为：以运动休闲为主题打造的，具有独特体育文化内涵、良好体育产业基础，集运动休闲、文化、健康、旅游、养老、教育培训等多种功能于一体的空间区域、全民健身发展平台和体育产业基地。[3]本书借鉴了相关学者的观点，将特色小镇定义为"以产业为主导，以大型企业为主体，集聚高端产业发展要素，融创新、生产、消费、体验、生活为一体的产业集群和产业融合的空间平台。"

（一）特色小镇是休闲产业升级的有效载体

特色小镇通过集聚高端休闲产业发展要素，构筑良好的休闲产业生态系统，为休闲产业转型升级提供了新的平台。产业转型升级的基础是技术创新，技术创新的关键是人才。特色小镇通过优美的环境和创新平台吸引高端创新人才，集聚了资本、技术等各类高端生

---

[1] 马斌.特色小镇：浙江经济转型升级的大战略[J].浙江社会科学，2016（03）：40.
[2] 中华人民共和国发展和改革委员会.国家发展改革委关于加快美丽特色小（城）镇建设的指导意见[EB/OL]. (2016-10-08). https://www.ndrc.gov.cn/xxgk/zcfb/tz/201610/t20161031_963257_ext.html.
[3] 国家体育总局.体育总局办公厅关于推动运动休闲特色小镇建设工作的通知[EB/OL]. (2017-05-09). https://www.ndrc.gov.cn/xwdt/ztzl/xxczhjs/ghzc/201707/t20170731_972142.html.

产要素，支撑休闲新产品、新模式、新业态的创新，形成以创新为导向的新兴休闲产业或产业集群，同时在产业、文化和生产、生活、生态的高度融合中创新供给方式，加快休闲产业转型升级；另一方面则是构筑休闲产业生态系统，通过市场机制淘汰或迁移一部分难以适应环境变化的"弱"产业，为新兴的休闲产业腾挪出新的发展空间，进一步加强休闲产业转型的内生动力。

（二）特色小镇是休闲产业集群的创新模式

特色小镇是休闲产业集群演进发展的必然结果，也是产业经济发展从投资驱动走向创新驱动的内在要求。特色小镇是全新的休闲产业集群模式，其核心要素就是创新，就是要在特色小镇中通过龙头企业和高端项目的引领，形成一个集文化创意、创新研发、成果转换、体验应用等于一体的循环式的休闲产业系统，进而在小镇范围内构建起由市场主体共同参与的知识或技术的共享、共创、共进机制，进而形成企业间知识外溢、技术扩散、收益共享的创新网络，实现创新资源在小镇范围内的持续循环滚动配置，进而推动小镇范围内产业的集聚发展。

（三）特色小镇是休闲产业融合的重要实践

特色小镇既是休闲产业集群发展的新模式，也是休闲产业融合发展的创新平台。特色小镇的融合主要体现在三个方面：一是产业间的融合，即休闲产业与其他产业之间的融合发展问题，产业间的协作和配套是这种融合的重要体现；二是产业内的融合，即休闲产业内的直接融合和发展，能融则融是这种融合的原则；三是产业发展和城镇空间布局之间的融合发展，体现出宜业、宜居的特点，实现产镇融合发展的完美结合。

三、特色小镇建设的困境与反思

随着政府的政策支持，特色小镇的建设如火如荼，建成数量远超预期。前期的建设虽已经获得了不俗的成效，却也暴露出了一些问题，引起了政府和众多学者的反思。

（一）特色小镇建设的困境

1. 特色产业基础薄弱，集群优势尚未形成

《瞭望》新闻周刊记者曾实地走访了多个小镇，发现存在"八大凑"怪现象：产品不够，"吃喝"来凑；产业不够，"房地产"来凑；项目不够，"农作物"来凑；形象不够，"穿衣戴帽"来凑；景色不够，"挖湖造绿"来凑；数量不够，"园区景区"来凑；资金不够，"PPP项目"来凑；活动不够，"节庆会展"来凑。[1]特色小镇"凑"的特色是对部分小镇建设盲目跟风的讽刺。一些小镇为建而建，没有核心产业支撑，脱离地方实际而盲目拼凑，破坏了原有的历史基因和生态，惹来群众抱怨的同时走向彻底的失败。产业是特色小镇开发中的核心抓手，产业定位不清、产业基础薄弱、产业链单一甚至复制产业链的小镇注定无法形成集聚效应，因其违背了以特色小镇推进经济转型升级和新型城镇化建设的初衷。

---

[1] 张军，李钧德，梁建强等. 特色小镇"八大凑"[N]. 瞭望，2018-12-24.

2. 传统风貌逐渐遗失，人文情怀无法体现

北京的"古北水镇"是中青旅借鉴乌镇模式在密云山区建立的特色小镇，而事实上，它并不能被严格地定义为"特色小镇"，更确切地说，这是一个旅游设施，因为小镇里面没有一户人家，也没有民间店铺，所有的建筑和运营都是中青旅的商业活动。与此类似的小镇还有很多，它们在规划时未能与地形地貌有机结合，未能保持原有肌理、延续传统小镇风貌，未能顺应当地人口集聚和生产生活需要，在建设之初让当地居民整体搬迁，建设过程中过分注重旅游玩赏的功能，忽视了文化传承。特色小镇要有"人"才有灵魂，才能真正成为宜居、宜业、宜游的空间载体。没有居民、缺乏人情味、商业氛围过浓的小镇缺失的是根深蒂固的小镇文化，只能算得上一座空城，无法鲜活与长久，终将被人们所厌弃。

3. 科技植入有待深化，智慧建设仍需探索

数字时代，互联网、人工智能、大数据、5G等高新科技以摩尔速度甚至超摩尔速度发展着，这给各行各业都带来了颠覆性的改变。对于高新科技的研究和探索，有些小镇已走在路上。云南的普洱茶小镇通过打造全产业数据化服务中心，运用"大数据+大旅游+大产业"模式，加快了普洱茶产业和旅游产业的智慧建设，小镇中的每一个智能设备都是一个物理节点，全面接入网络，实现了特色小镇的万物互联。遗憾的是，大部分小镇还没有意识到数字时代的巨大变革，缺乏对科技的前瞻性。另一些小镇尽管站在了科技风口，建立了研究院、科创中心等科技平台，但与原有的产业结合不紧密，最终科技仅沦为一种"噱头"，落入俗套。数字时代隐藏在水下的巨大经济力量已经浮现了"冰山一角"，如何更快、更好地将科技植入小镇建设是未来小镇建设的关键。

4. 创新驱动力度不足，千篇一律、缺乏特色

一镇一特色是小镇的生命力所在，差异定位、错位发展才能使小镇永葆活力与青春。然而，从小镇目前的发展状况来看，"千篇一律"是最大的痛点。许多所谓的特色小镇，集体搞物理空间建设，规划思路雷同，无外乎改造农村的老房子，或者引入葡萄园、小茅屋等主题元素，即特色小镇的"模式化创建"。其实，这种僵化的"模式化创建"在19世纪的欧洲也出现过，被称为"机械形式的城市化"，城镇内部和城镇之间显现出单调的、毫无生机的、拥挤的感觉，失去了生活的气息和历史的痕迹，让人们感到"它的未来是对自己的背弃"①。小镇建设的本意是为"在城市中厌倦烘干的砖和污浊的臭气的人们变换下环境、呼吸新鲜空气、振奋下精神"，然与城市如同孪生兄弟般的小镇只会让人们更加厌烦与麻木，不但无法令人心生向往，甚至令人更想要逃离。

（二）特色小镇的破局之道

在刘易斯·芒福德看来，"城市的主要功能是化力为形，化权能为文化，化腐朽为鲜活的艺术形象，化生物繁衍为社会创新。"②特色小镇作为新型城市形态和社会架构，要解决

---

① 皮埃尔·卡兰默. 二十世纪城市发展的思考——了解欧洲近五十年城市化的进程[J]. 社会与公益，2012（6）：35.
② 刘易斯·芒福德. 城市发展史——起源、演变和前景[M]. 宋俊玲，倪文彦，译. 北京：中国建筑工业出版社，2005：9.

"千镇一面""名不副实""毫无特色"等问题,打造"小而精""特而贵"的特色,彻底发挥小镇功能,产业、人文、科技、创意四位一体是关键。

1. 专注核心产业,形成比较优势

一个功能完善的特色小镇必须是高产业集聚区和多产业融合体,既能增加有效供给,又能创造新的需求;既能带动工农业发展,又能带动乡村旅游业等现代服务业发展;既能推动产业加快聚集,又能补齐新兴产业发展短板。在小镇规划之初,必须深挖小镇最有基础、最具潜力、最能成长的特色产业,打造以核心产业为主,文化产业、体育产业、旅游产业等多产业融合发展的良性产业生态,发挥集聚优势。同时,用特色项目拉动消费、凝聚人气,以故事化的手段进行创意创作,增加游客黏性,增强小镇发展动力。正如因四处散落着黑色光泽金矿而得名的巴西黑金城,其以深厚的历史积淀被联合国教科文组织列为世界文化遗产,以旅游业闻名天下,但真正给予这个城市最大经济活力的是矿产业和大学城。20世纪40年代,矿产业带动了当地工业的快速发展,黑金城顺势建起了大学,为小城带来了相当可观的财政收入,从而保证了政府维护和发展城市所需资金。核心产业的深化和多产业的发展带动小城实现了更灵活的创收,使淘金盛况的历史记忆得到了更好的保护。

2. 挖掘文化内涵,凸显人文标签

正如芒福德所言,特色小镇的功能应该是"贮存并流传人类的文明成果"。小镇的建设不在于富丽堂皇的建筑,而在于其所蕴含的文化。市井居民的生活百态是小镇最好的文化体现,是"小城故事多"的完美写照,原有的小镇生活状态与人文精神应得以承传。以墨西哥小城瓜纳华托为例,一年一度的塞万提斯国际艺术节使瓜纳华托这个小镇享誉全球。当地每个月还会举办各种艺术活动,来往小镇的游客除了欣赏当地独特的建筑、了解相关历史外,更对丰富的文化资源情有独钟。一场歌剧、一场艺术展,都能成为游客前往的目的。艺术活动的举办不仅没有给当地文化造成冲击,反而促进了新潮文化和传统文化的融合,通过人和思想的流动,将小镇文化再加工与再提炼,如此反复、永续传承,是为"文化立镇"的典范。

3. 强化智能制造,培育新兴优势

互联网释放新动能的下一个蓝海是智能制造领域。随着5G元年的到来,"5G+文旅"模式已经在不少旅游企业得以实施。深圳欢乐谷正在打造我国首个5G+体验乐园,推出园内交通工具自动驾驶技术、客服机器人、MR体验式导览等新模式;故宫博物院与华为合作建设"5G智慧故宫",有望让远在世界各地的观众都能身临其境地参观故宫博物院;河南红旗渠率先试水"5G+智慧景区"新项目,5G+VR全景直播、5G+AR慧眼、5G+AI社交分享、5G智慧鹰眼等新技术已经在景区局部试点。5G、人工智能、互联网等高科技正在重塑文旅产品乃至市场格局,小镇建设也应该摆出"正确姿势"拥抱科技,迎接腾飞。广州的艾米稻香小镇使用大数据物联网技术及田间智能机器对生态水稻大数据进行全方位监测和采集,实现了传统农业到人工智能农业的蝶变;杭州的机器人小镇以高端装备制造为产业定位，致力于打造集机器人研发孵化、生产制造、论坛会晤、展览体验、工程服务、总部经济、教育培训、旅游休闲八大功能于一体的机器人全产业链特色小镇，领先站在了智能制造的风口浪尖。总体而言，智能制造植入特色小镇已成必行之势，"科技强镇"必将成为新时代小镇发展的关键所在。

4. 注入创意创新，锻造小镇之魂

"在崭新的城市架构下，创意是主要的通货之一。"[①]特色小镇"通过'创意'来破除传统城市的弊病，用'创新'来奠基其精神品格，才能让之永葆青春活力，充满时代动感。"[②]注入创新与创意的特色小镇，才能完成升级。

第一，发挥平台功能，打造创意产业。特色小镇非镇非区，本就是产业创新发展的平台，承载和孵育了互联网、金融、创意产业及部分新兴产业，并为"双创"发展提供了系统性、全方位的支撑。因此，小镇建设必须坚持以创新带动生产力，集聚创新要素，培育新型业态，构建产业创新生态圈，引领小镇自身和区域产业转型升级。

第二，饱含自由氛围，培育创意阶层。佛罗里达教授强调："一个创意社会必须具备3T——技术（Technology）、人才（Talent）和宽容（Tolerance）。"人才是创新的主要力量，创意阶层是小镇创新发展的基础，自由宽容的氛围是小镇留住人才、培育创意阶层的保障。自由宽容是对创意阶层对生活方式选择权的尊重，是对多样性人群的包容，纯任逸兴、解放个性，才能成就创意小镇的建设。创意阶层对于小镇的意义并不仅在于带来全新的创意与创造，更在于将自由无待的创意心态和卓尔不群的创意之能传递给小镇中的每一个人，从根本上破除标准化、专门化的小镇建造模式。

第三，重视文脉传承，凝聚创意文化。文化从来不是一个静止的存在，而是一种文脉的传承。过去，我们对经典心存敬畏，而如今，我们更应探索文化的新意表达。特色小镇建设一方面应深耕文化基因，以文化元素的提炼、创意和再生设计为手段，打造与众不同的文化IP。另一方面需融入高新技术，营造创意创新氛围，将双创文化与小镇的传统文化相融合，使小镇成为兼具历史记忆与现代时尚的独特生命体。

特色小镇不一定有美轮美奂的自然禀赋，但一定有至纯至善的小镇居民；不一定有古色古香的华丽建筑，但一定有深刻悠长的历史痕迹；不一定有熙熙攘攘的来往游客，但一定有蓬勃向上的创意活力，让人流连忘返，印象深刻。浙江特色小镇，兼具美丽、体验、文化、创新、活力等核心特质，因而成为我国休闲旅游的新名片。

浙江特色小镇：休闲旅游新名片

明代高人袁宏道初入浙江便做出了"士比鲫鱼多"这样让人忍俊不禁的类比，山地多、

---

① [英]查尔斯·兰德利. 创意城市——如何打造都市创意生活圈[M]. 杨幼兰，译. 北京：清华大学出版社，2009：5.
② 潘立勇. 休闲与文化创意[M]. 南京：南京大学出版社，2019：115.

平原少的浙江，通过历史上大规模的基建运动，不仅建成了杭州这样"最美丽华贵"的大城市，还创造了无数个小市镇。明代的中晚期，浙江的工商小市镇已超过 100 个，清代时增加到 1 000 个，这是我国历史上少有的城市化进程壮举，西塘、南浔、乌镇等小城镇正是在此时崛起的，宋代范大成的名句"上有天堂，下有苏杭"流传至今。

浙江有 4 处世界文化和自然遗产，即：杭州西湖文化景观、京杭大运河、良渚古城遗址世界文化遗产和中国丹霞——江郎山世界自然遗产。在我国很难找到第二个像浙江这样有如此多正面评价的省份，富裕、创新、活力、风景如画、江南水乡……

近年来，浙江特色小镇的发展如火如荼。从杭州梦想小镇、云栖小镇，到东海之滨的机器人小镇、沈家门渔港小镇；从浙北平原的巧克力甜蜜小镇、丝绸小镇，到浙西山区的青瓷小镇、江南药镇……浙江的特色小镇形态各异，不拘一格：有历史古镇，也有现代产业园区；有灵秀水乡，也有奇峻山区；有的山水相连，有的人文荟萃……

一个个创新能力强、体制机制活、生态环境美的特色小镇，正在成为浙江全面践行新发展理念的高端平台，深刻改变着浙江的经济社会发展格局，讲述着新时代浙江的新一轮改革故事。

《银河护卫队 2》《星际特工：千星之城》……这些大家耳熟能详的电影，因视觉冲击力强，让观众耳目一新。鲜为人知的是，这些大片的制作团队就"藏身"于上虞的 e 游小镇。三年多的时间，这里集聚了数字经济企业六百余家，实现了数字经济从无到有、到初具规模的破局。从当初的"一地油菜"，到今天的数字经济新高地，e 游小镇的神奇蝶变是浙江特色小镇高质量发展的缩影。

一批脱胎于"块状经济"的制造业小镇，瞄准了制造业中高端，成为新时代浙江高质量发展的重要抓手。诸暨的袜艺小镇、桐乡的毛衫时尚小镇、黄岩的智能模具小镇等，都是立足于当地的优势产业，在新平台上引入代表产业高端的研发、设计、时尚等高附加值环节，改变了原有块状经济重生产轻设计、重数量轻品质、重代工轻品牌的状况。

在创业者眼中，一个个特色小镇也是开放共享的孵化器。浙江特色小镇的起源——杭州梦想小镇，一开始便锁定了互联网创业和天使基金两大产业，如今已成为互联网创业高地。玉皇山南基金小镇、云栖小镇、萧山信息港小镇、富阳硅谷小镇……这些特色小镇创建之初就瞄准了"互联网+"、云计算、大数据等，通过打造一流的生态环境吸引了创业者，使无数众创项目落地生根。

浙江各类特色小镇根据小镇特质植入旅游功能，深化产城文旅的肌里融合，实现生产、生活、生态三合一，构建了浙江全域旅游新格局，成为浙江休闲旅游的新名片，为全国特色小镇建设与全域旅游推进提供了鲜活的"浙江样本"。

（整理自刘乐平. 为什么特？为什么强？浙江特色小镇发展有"密码"[N]. 浙江新闻，2019-9-25. ）

复习思考题

1. 什么是休闲产业？它具有哪些特征？

2．什么是休闲产业集群？为什么说集群化是未来休闲产业发展的大趋势？
3．按照生产要素优劣情况可将休闲产业集群的动力机制分为哪几类？请举例说明。
4．请谈谈休闲产业融合的概念、基础和模式。
5．为什么说特色小镇是休闲产业集群化与融合化的典范？
6．我国特色小镇在发展中出现哪些困境？如何破解？
7．请谈谈你给留下最深印象的特色小镇？它具有哪些特点？

本章参考文献

[1] HENDERSON KARLA. Discrimination in the social context of leisure: a response[J]. Leisure sciences，2005，1-2（27）．

[2] 刘恒江，陈继祥．世博会与上海旅游产业簇群化发展研究[J]．上海管理科学，2004（3）：14-15．

[3] 费芩芳．新经济时代旅游产业融合机制及效应研究——以浙江省为例[D]．杭州：浙江工商大学，2017．

[4] 郭玉晓，闫娟，何佳梅．休闲业对城市经济的推动[J]．北京城市学院学报，2006，（1）：61-63．

[5] 胡建伟，陈建淮．上海邮轮产业集群动力机制研究[J]．旅游学刊，2004，19（1）：42-46．

[6] 何世剑．中华休闲美学精神承传与特色小镇建设创意设计[J]．休闲与文化创意，2019（01）：109．

[7] 卿前龙，胡跃红．休闲产业——国内研究述评[J]．经济学家，2006（4）：40-46．

[8] 沈正平，刘海军．产业集群与区域经济发展探究[J]．中国软科学，2004，（2）：120-124．

[9] 盛世豪，张伟明．特色小镇：一种产业空间组织形式[J]．浙江社会科学，2016（03）：37．

[10] 吴敬琏．中国增长模式抉择[M]．上海：上海远东出版社，2006．

[11] 卫宝龙，史新杰．浙江特色小镇建设的若干思考与建议[J]．浙江社会科学，2016（03）：29．

[12] 徐虹，王彩彩．旅游特色小镇建设的取势、明道和优术[J]．旅游学刊，2018，6（33）：5-7．

[13] 宋瑞，赵鑫．城市化与休闲服务业动态关系考察——以美国为例[J]．城市问题，2014（9）：28．

第十二章
休闲消费

开篇案例

二次元经济下的休闲消费

据统计，2020年我国泛二次元用户规模已达4.1亿人，在线动漫用户量达2.97亿人，总用户数量中"95后"所占的比例已超过60%，由此催生了一种新的休闲消费风向。很多二次元粉丝都会购买漫画、轻小说及其衍生的动漫周边产品，如手办、服装、抱枕等，一个用户一年的二次元产品消费额从上千元到上万元不等。由淘宝所提供的数据显示，2018年"双12"期间，二次元行业的销售额同比增长近90%，"双12"开场仅19分钟，"三分妄想销售店"（COS服店铺名称）销售额已超百万元。之所以能拥有如此狂热的消费群体，是因为二次元文化满足了部分受众特有的审美视角。评论家葛颖在《文艺百家》中这样评论二次元文化："二次元审美的核心是由互联网的虚拟属性与青春的特质共谋的一种世界观。它用萌化、少女化、拟人化的手段，软化了现实世界的运行法则，带有强烈的游戏感和青春乌托邦色彩……这种世界观确立了一个未经污染的异世界。"

在这庞大的粉丝群体产生的经济风口下，粉丝在购买的过程中会产生一些微妙的心理活动。

1. 大IP时代下的从众务实心

从网易《阴阳师》、腾讯《王者荣耀》、快看漫画《快把我哥带走》、再到最近大火的古装剧《陈情令》的原著《魔道祖师》IP热，它们带来了大批的泛二次元用户。相对于核心二次元用户而言，泛二次元用户们对动漫只是基本了解，会观看热门漫画或动画改编的大电影，但投入的精力和财力相对有限。泛二次元粉丝群体基数大，多是新加入的"90后"和"00后"大军，他们拥有极强的变现能力，在内容和消费上喜欢追求热点，容易受到外界人群行为的影响，从而在认知、喜好上跟随公众舆论，易出现从众心理，多数会购买与生活相关的带有二次元特征的实用品，如IP联名食品、美妆、服饰、影视门票等基本必需品。出于务实心理，他们更看重消费品的实用价值，购买行为也是为了满足这些实际的需求。

2. 二次元 KOL 影响下的求新求美心

网红电商崛起后，随之涌现出一批二次元 KOL。喜爱二次元 KOL 的大多数属于核心二次元用户，不同于泛二次元用户，他们会经常上相关二次元网站观看喜爱的二次元内容，愿意为此花费大量的时间和财力。大部分二次元 KOL 带货时会做限量发售、周年款等营销，所以在店铺上新时，商品往往会引起二次元消费群体哄抢的现象。例如，"中牌制服馆"开售 3 分钟内，限量预售量就能达到 10 万+。由于二次元圈独有的社交属性，很多核心二次元用户都有自己的"种草"群，每次出新款，成员间都会互相"安利"。这类二次元消费者在生活消费中非常愿意购买新出的产品，这也被称作为一种普遍的求新心理。二次元消费者观看"种草"视频后，大部分人会有购买的冲动。因为符合审美的商品一旦撞击到神经和情感，就会使人产生强烈的满足和快乐。而在享乐主义的当下，人们审美的不断提高使这种对商品的求美心理越来越明显和强烈。

3. 标签下的归属感与品牌心

二次元圈有独有的文化属性，同时也拥有非常多的标签。大多数人反对贴标签行为，可被打上标签的商品却比普通商品更受欢迎。二次元消费者在生存性消费需求得到满足后，更期望通过二次元消费获得所属群体的一种内在联系和认同，这种行为在心理学上被称作归属感，而拥有标签属性的商品更容易满足二次元消费者归属感的需要。二次元圈子里常常会出现"一裙难求"的现象。商家在限量发售后，那些没有抢到限量版的粉丝甚至会花双倍或更多的价钱在"闲鱼"等二手市场求购，因此在利益的驱使下，市场上出现了很多山寨产品。由于二次元商业并不如大众商业饱和度那么高，品牌产品有限，除了平价品牌外，有些品牌服饰价格甚至上万，被称为"行走的人民币"。二次元二手市场流通快，比起价格，二次元消费者对高端品牌商品有着更强烈的追求欲望和信任感。品牌的设计提高了消费的效果，这让一些二次元消费者更崇尚高端品牌，进而相互效仿产生了追求高端品牌的心理。

随着二次元经济的发展，二次元消费市场也逐渐变大。各大 IP 激流向前，从美国的漫威宇宙，日本的动漫大国，到我国的恋与制作人、魔道祖师等大 IP 形成成熟的品牌链接，以及 CHINA JOY 等二次元展会开遍全国各地，二次元衍生商品大卖。二次元市场早已冲破"次元壁"，成为影响主流大众的文化，同时也开辟了一块越来越庞大的休闲消费领域。

（节选自元满.二次元经济风口下如何读懂新一代消费者心理.TopKlout 克劳锐，2019-9-23. ）

二次元经济的火热开辟了一块崭新的、庞大的休闲消费领域，是休闲需求高度发展的表现之一。休闲消费作为推动经济增长的新引擎和激发人力资本活性的新途径，备受国内外政府、商家和学者的关注和重视。但与此同时，我国居民的休闲消费结构呈现低度化的趋势。因此，优化休闲消费结构，推动休闲消费升级，是协调休闲供求关系、提升居民休闲消费体验与生命意义的必经之路。

第一节 休闲消费的基本理论问题

一、休闲消费的概念及类型

（一）休闲消费的概念

随着居民收入的增加，消费结构出现较大升级变化，主要表现在享受型和发展型消费的增长。中央电视台、国家统计局等联合发布的《中国经济生活大调查（2019）》显示，在消费意愿中，旅游、健康养生、文化娱乐等方面的需求较为旺盛，旅游数年列消费意愿首位。从居民的消费意愿的变化，不难看出居民消费的休闲目的，也不难看出收入增长对居民休闲意识的释放作用。休闲消费已成为刺激内需、拉动经济增长的重要手段，与教育、住房、汽车一并被称为推动我国在21世纪初社会经济持续发展的"四大发动机"。休闲消费是指人们利用闲暇时间，从事个人享受和自身发展的一种消费活动。但必须明确的是，古代的休闲消费活动与现代意义上的休闲消费活动有着本质的区别。古代休闲消费只集中于少数贵族人身上，规模小、对休闲服务的需求不高，而现代意义的休闲消费已逐渐发展为大众化，规模不断壮大，并且对休闲服务有着较高的要求，从质量上、数量上都发生了巨大的变化。[①]

据我国有关咨询机构预测，未来世界经济将会面临十大挑战，其中之一就是休闲时间的增多、生活质量的提高所带来的挑战，显然，休闲生活消费将成为全球关注的热点。但是现代休闲消费活动是消费主体（休闲者）、消费客体（休闲对象物）及休闲媒介（休闲产业）之间互为条件、相互作用所产生的多种关系和现象的总和。我国自进入21世纪以后，经济发展开始由供给主导的短缺经济转向需求主导的过剩经济，供给侧结构性改革减少了无效和低端供给，扩大了有效和中高端供给，增强了供给结构对需求变化的适应性和灵活性，国内居民的消费需求也由满足生存的温饱型，向追求生活质量的享受型、发展型转变。人们也表现出对生活质量的提高、住房环境的改善、休闲时间的增多、出行的方便、身体健康、愉快娱乐等生活需要的追求。在此大背景下，现代休闲消费正在逐步纳入全球市场体系中。

目前，对于休闲消费的界定存在两种观点。其一，把休闲消费者纳入休闲产业之中，以对休闲产业的表述来取代对整个休闲消费活动的表述。休闲者作为休闲消费活动的主体是休闲产业的服务对象，正是由于有了近代以来休闲主体所形成的社会规模的需求，才使休闲产业作为一项新兴产业的产生和发展有了必要和可能。没有群体规模的旅游潮的涌现，没有不断追求高峰体验的大众娱乐者，又何来兴旺发达的休闲产业呢！因此，不应把休闲消费者纳入休闲产业的概念中。其二，把休闲产业与休闲消费活动混同起来，它以休闲产业来取代休闲消费活动这一内涵更为广泛且丰富的大概念。休闲消费行为的主体是休闲消费者，休闲消费者的休闲需求是发生全部休闲消费活动的直接诱因。休闲消费行为的直接

[①] 郭鲁芳. 休闲消费的经济分析[J]. 数量经济技术经济研究, 2004（04）: 12-21.

对象物是包括景点、景观在内的多种消费对象物，它们是诱发休闲动机和满足休闲者进行休闲消费的客体。休闲主体和客体之间的互相连接和形成的相互作用，是需要经过一定的市场机制进行运作才能实现的。于是休闲产业作为这两者之间的中介体，就被推入了休闲市场中，通过休闲产业的媒介作用，使得休闲消费主体与休闲消费客体之间的消费与被消费的关系得以和谐地实现。因此，不能把休闲产业与休闲消费活动混同起来，以休闲产业来取代休闲消费活动。

另外，还须明确的是，休闲消费活动要健康、顺畅地运行，必须要有相关条件的配合。首先，需要相关部门、相关产业对休闲消费活动的支持，调动其参与休闲消费的积极性。其次，需要政府主管部门及全社会对休闲消费活动的支持和健全的管理。最后，需要内外协调的持续与稳定的政治、经济环境的配合，这些是休闲消费活动的外延条件。

综上分析，我们将休闲消费活动定义为：休闲消费活动是以一定水平的社会、经济发展为依托，由休闲消费主体、休闲消费客体和休闲消费媒体互为条件、相互作用所产生的多种现象和关系的总和。

（二）休闲消费的类型

近年来，国内一些学者对休闲消费进行了分类。邓志阳（2001）按休闲产品形态和休闲频率等标准把休闲消费划分为有形消费与无形消费、一次性休闲消费与反复性休闲消费等部分。在他看来，美食是有形消费，欣赏音乐会是无形消费；赴某个景点旅游有时去一次就够了，属于一次性消费，而到美容院美容瘦身则需多次和反复去，属于反复性休闲消费。宋瑞（2002）则把休闲消费分为三个部分，即市场化的休闲消费、非市场化的休闲消费和政府满足的休闲消费。依照宋瑞的观点，在市场主导领域内，交换双方按照市场交换的商业原则获得/提供休闲服务和休闲产品；在非市场主导领域内，公民和政府、组织和其成员或服务对象之间按照政治或者社会原则来获得/提供休闲服务。

笔者认为，宋瑞在上述类型划分中注意到了"休闲"与"休闲消费"的区别，考虑到了满足休闲消费需求的主体的差异性，给人以启迪。但她把休闲消费划分为以上三部分，存在着划分标准不统一的问题。市场化与非市场化消费划分标准是"是否由市场原则主导"，而政府满足的休闲消费是根据"休闲供给主体指向"划分的。因此，这一划分方法虽有新意，但是否恰当值得商榷。

在借鉴前人分类的基础上，笔者认为，可以根据下列标准对休闲消费进行分类。

（1）按消费地点，把休闲消费划分为居家休闲和离家休闲。居家休闲通常以拥有一定的休闲商品为基础，消费地点在自己家中，而离家休闲则是在家庭以外的地点开展休闲消费活动，最典型的离家休闲消费活动就是外出旅游。

（2）按消费内容划分，把休闲消费分为商品密集型休闲和时间密集型休闲。商品密集型休闲是指需要消费大量商品的休闲活动，而时间密集型休闲是指休闲投入中时间比例较高的消费活动。

二、休闲消费的特征

消费通常是指人们为了满足生活需要而消耗物质产品和享受劳务行为的过程。而休闲消费是人们在实现生存消费需要的基础上,为了追求自身发展和精神享受的生活需要,通过休闲消费媒介完善自我的过程。因此,休闲消费与一般意义上的消费相比具有以下独有的特征。

(一)休闲消费是以精神消费为核心内容的消费

从大类上划分,消费支出可分为基本生活消费和休闲消费两大类。基本生活消费以生存型消费为核心内容,是消费者为满足基本生理需要而进行的消费。而休闲消费是人们在满足了基本生活消费之后发生的一种旨在追求享受和发展的高层次消费,并受到预期收入(或永久收入)的限制。当然,休闲消费不会完全超脱于一般的基本生活消费。然而,从消费的导向和构成以及各部分的意义上看,休闲消费确有大不同于基本生活消费之处,突出地表现在重视精神内容、追求审美体验。"因为休闲活动的目的并不在于时间的填补,而是在于充实和满足人生;不在于占有个人,而在于使人精神愉快;不在于鼓励人们逃避自我,而是在于帮助人们发现自我,肯定自己。"[①]由此看来,现代意义上的休闲是基本生活得到满足之后更高层次的需求,是追求个人自由全面发展的表现,是社会文明进步的标志。休闲消费的核心内容是精神消费。

当然,休闲消费的精神消费特点并不排斥其以物质为载体。正如陈惠雄教授所言,"人类的任何消费活动都是以对一定客观对象的利用、吸收为基础的,一切看似精神性的消费,实际上都是以相应的物质为载体的"。[②]休闲消费也不例外,休闲消费是以一定的物质形态为载体而到达消费者内心的消费活动。

(二)休闲消费是一种知识限定性消费

休闲可以使人怡情悦性,获得生理和心理机能的恢复和发展,但反过来,它又往往以休闲消费者具有健全的体魄和良好的心智为前提。在知识经济时代,休闲消费知识化、智能化是一个必然趋势。不少研究表明,休闲消费者的受教育程度直接影响着他的休闲能力和取向。受教育程度高的人,由于收入水平也相应较高,因此,具有较强的休闲能力。同时,还表现出对高雅休闲活动的较大兴趣。可见,休闲经济是典型的知识支撑型经济,即休闲经济下的消费行为具有明显的知识限定性特征,将一部分"无知识"的消费者排除在外。休闲绩效不仅是休闲时间、休闲产品的函数,更重要的是支持休闲活动开展的知识厚度的函数。"当人们熟练掌握高级的'玩儿'的技能之后,更容易从高雅的休闲活动中获得愉悦的感受,这种'雅趣'将促使人们放弃低级趣味。如花鸟鱼虫、琴棋书画、收集珍藏、体育运动、冒险挑战,这些活动将不仅占据人们的闲暇时光,使生活乐趣百生,并能起到怡情养性、磨炼品质的诸种功能"(王小波,2002)。

---

① 林清山. 休闲活动的理论与实务[M]. 台北:辅仁大学出版社,1985:16.
② 陈惠雄. 快乐原则——人类经济行为的分析[M]. 北京:经济科学出版社,2003:162.

（三）休闲消费是一种体验消费

休闲既是一种生活观念，又是一种生活方式，是人们的生活从单调贫乏走向丰富多彩的具体表现。休闲消费过程，是消费者不断与外部世界发生联系和互动，并获得心灵愉悦的过程，因而是一种体验消费过程。高质量的休闲体验给消费者以预期甚至超过预期的休闲满足，是休闲企业获得经济效益的长久基础。在体验过程中，由于生命现象本身的复杂性、休闲者个体心理的复杂性以及所追求目标的多元性，使休闲消费中的体验内容极其丰富，具有综合性体验的特征。消费者既可以在休闲消费过程中享受世俗之乐，又可以在休闲中观赏美景，与人交往，享受多彩的人生，获得审美愉悦。但总体而言，休闲体验是一种以追求愉悦为目标的体验，是一项集自然美、艺术美和社会生活美之大成的综合性审美实践活动。由于社会经济的发展，人们在休闲消费过程中需要的不仅仅是一种物质上的享受，更追求一种精神上的满足。在买方市场条件下，消费者走过了数量满足时代和质量满足时代，进入到情感满足时代，购买休闲产品更多的是为了一种情感的需要，消费者对休闲产品的总体认识不仅包括质量、价格等理性层面的理解，而且越来越强调以文化、知识、个性、品位为主要内容的感性思考，并得到一种心理体验——一种快乐的体验。从本质上看，休闲消费是一种乐趣导向消费。

（四）休闲消费是时间约束硬化消费

休闲消费有其特点：个人购买休闲消费品不仅受资金预算的制约，而且，特别受时间预算的制约，即个人购买休闲产品取决于有可能用于休闲的时间。而在高速运转的现代社会生活中，时间正成为最稀缺的资源。科学技术的日新月异，生产力的加速发展，社会经济环境的改变，加强了时间资源的利用，时间的价值在升华，时间变得弥足珍贵和稀缺。而随着社会的发展，时间单位价值越来越高，从而使消费者的时间约束硬化程度大于收入约束硬化程度，休闲消费品的分配日益转向物品集约型的消费，而不是时间集约型的消费。

休闲消费的多涵性和特殊性无疑强化了城镇居民休闲消费行为的层级性。以物质为载体、以精神消费为核心内容的休闲消费不仅能被高收入阶层所接受，而且也能被一般的工薪阶层所接受甚至低收入阶层所接受。同时，休闲消费体验化、个性化、知识约束和时间约束的特征又为层级性休闲消费提供了现实可能性。

三、休闲消费的趋势

随着休闲产业的延伸和扩张、休闲方式的变革和增加，休闲已经成为人们生活中不可或缺的部分。当前休闲消费种类不断增加，消费总额持续攀升，为国民经济做出了巨大贡献。关注休闲消费发展趋势已成为休闲经济持续发展的必要条件，以下对休闲消费的发展趋势进行详细介绍。

（一）个性化

休闲是伴随着人们自我意识的增强而出现的，它最大的功能是调节人们的工作、生活压力，使人们获得精神上的享受和满足。人们在选择休闲活动的时候，由于在自身兴趣、社会地位、文化程度和经济实力方面存在差异，对休闲活动的需求和期望也是千差万别，但大体上休闲个体对休闲活动的选择往往更注重个人偏好和个性展示。为顺应消费者个性化的需求，休闲产品应当在类型多样化、内容主题化、形式特色化、配套服务专业化等方面进行拓展和延伸。例如，针对运动休闲爱好者开发的卡丁车、滑翔伞、漂流等休闲项目，活动主题要鲜明且有专业的安全保障服务。未来的休闲消费中，消费者将更注重休闲活动的个性化设计，以在休闲中提升身心的享受和体验。无论是"自然慢生活""遁世回归""宅"或是"生态休闲""知识休闲""社交休闲"，不同的休闲理念决定了消费方式也因人而异、日新月异，休闲消费将随着休闲理念的变化向着更时尚、个性的方向发展，引领社会风尚、消费时尚。

（二）多元化

时至今日，随着休闲方式的多样性，休闲消费也逐渐向多元化方向发展。首先，多层次消费带来了消费结构多元化。不同层次的消费，其需求具有明显的差异性，即使是同层次的消费，也具有不同的需求及偏好。以餐饮为例，从路边餐饮到高端私人会所，餐饮消费层次将愈加明确清晰，每一消费层次都有固定的消费群体及消费偏好。再如旅游休闲活动，从豪华游轮洲际游到城市近郊游，无不体现着休闲消费的多层次性。休闲消费的多层次针对不同的消费档次和水平，休闲企业必须做出正确的定位和分层，以便于提供合适产品以及进行营销活动。其次，休闲消费已进入一个"全时化"时代。例如，城市公园几乎都是24小时开放，除日间的休闲消费场所之外，现在已有越来越多的休闲企业加入到24小时营业的行列，增开不同时段的业务的企业亦不在少数。顺应市场的需求，延长门店的营业时间，并增加相应产品，是企业应对休闲产业全时化的正确选择。休闲消费的多元化要求企业明确自身的市场定位，锁定目标群体，准确把握经营管理方式，这是休闲企业在经营活动中立于不败之地的不二法则。

（三）数字化

随着大数据、云计算等数字化技术的加速发展，休闲消费行为习惯发生了翻天覆地的变化。随着"互联网+"等技术的发展，以微信、微博、抖音、拼多多等为代表的互动性和社交消费功能强大的数字化媒体逐渐成为人们的主流休闲娱乐和消费平台，数字化技术如同生活必需品一样渗透到人们休闲的方方面面。以杭州市为例，杭州市旅游委员会与支付宝、口碑合作推出城市会员计划（City Prime）。来杭州的游客，只需打开手机里的支付宝搜索"杭州城市会员"生活号，或打开口碑旅游版领取城市会员卡，就可以一卡搞定吃喝玩乐。这张卡相当于"一卡通"：游玩时，城市会员可享受专属的景点和酒店预订红包；就餐时，可在"专属权益"里领取杭州本地餐厅的优惠券，也可通过"本地必去店铺"栏目查询口碑人气值在85分以上的当地特色好店；出行时，可以享受共享单车提供的专属骑行券。除了线上优惠，每位城市会员都可线下定点领取一个城市福袋，内含礼品袋、饮用水、城市旅游地图及手册。游客还可以在平台上实时查看景点的拥挤程度、离自己最近的厕所，甚至还能享受智能游览行程的规划。数字化休闲消费已深入人们的日常生活，既方便了休闲消费者进行休闲消费，又促进了城市休闲产业的发展。因此，培育新的消费热点、拓展消费空间、创新消费形式是应对休闲消费数字化趋势的必然选择。

（四）理性化

休闲消费的另一个发展趋势是消费者逐渐摒弃了以往跟风式、炫耀式、攀比式的消费心理，消费趋于理性化。例如，在旅游休闲活动上，黄金周、旅游旺季蜂拥出游已不再是休闲消费者的首选，越来越多的消费者选择避开旅游旺季和出游高峰，有效合理地利用时间，选择通过阅读、游戏机、网络等方式进行居家休闲，或者选择城内娱乐场所、近郊景点开展就近休闲；在休闲购物消费上，消费者也不再盲目跟风或是炫耀性地进行奢侈品消费，而是从自身需求出发，理性消费。更为理性化的消费理念，使消费者能够更加充分品味现代社会带来的精神和物质双重享受。

（五）享受化

休闲消费已经从一种放松身体、填充时间的娱乐活动，上升为一种更为纯粹的为优化生命、获得身心愉悦和幸福感而进行的休闲行为。休闲最原始和最基本的功用就是使人的身体获得休息和放松，恢复精力。休闲生活可以成为紧张生活和疾病之间的缓冲。[①]休闲在提高人们的生活质量方面具有重要作用，世界卫生组织已把休闲放入生活质量评价体系之中。休闲的意义不仅是消除体力上的疲劳，还有获得精神上的慰藉[②]，释放心理压力，摆脱心理压力的束缚，保持愉悦轻松的心理状态，"心理需要的回应有助于丰富人类的生活质量，尤其是那些与休闲、休息或娱乐相关的需要"。[③]随着休闲方式的增加，消费者可以自主地选择从事个人偏好的休闲活动，这个休闲活动过程中，消费者能够完全被活动吸引，心情愉悦放松，完全投入其中，并且从这些活动中获得日常生活事务所不能给予的身心愉悦、精神满足和自我实现与发展。例如，拓展类的运动休闲项目的开展，能够使参与者在锻炼身体、增强体魄的同时，充分享受挑战自我后的成就感、征服感和满足感。

（六）定制化

随着互联网的普及和数字化时代的发展，消费者有了更多的方式和方法去了解世界，进行更多的休闲消费比较，信息泛滥直接影响到消费者的消费行为，休闲消费者愈加注重休闲的品质、深度和体验，追求独特性和个性化，原有的休闲方式无法满足消费者更高层次的需求。定制化休闲恰好符合追求个性化且自主性较强的休闲消费者。以定制旅游为例，中国旅游研究院发布的《中国定制旅行发展报告（2019）》显示，随着越来越多的市场主体涌现，定制旅行从概念走向市场，一个新的时代正在到来。2018 年，中国定制旅行总额突破 1 000 亿元，定制正在为更多游客所享有，定制用户正向低线城市渗透，2018 年定制旅行份额一线城市占 36%，二线城市占 42%，三线城市占 13%，其他城市占 9%。从客单价来看，定制门槛在降低，2016 年，国内定制旅游为 4 000 元、出境为 8 407 元；2017 年，国内为 3 200 元，出境为 7 800 元；2018 年，国内为 3 302 元，出境为 7 020 元。

---

① 杰弗瑞·戈比. 你生命中的休闲[M]. 康筝，田松，译. 昆明：云南人民出版社，2000：33.
② 马惠娣. 文化精神之域的休闲理论初探[J]. 齐鲁学刊，1998，（3）：99-107.
③ Independent Commission on Population and Quality of Life. Caring for the Future[R]. Oxford: Qxford University Press, 1996: 77.

第二节 时间约束与休闲消费模型①

时间成为稀缺资源被视为现代社会以及后现代的重要特征,时间稀缺和休闲时间贫困理论因而成为休闲经济学的前沿课题。近二十年来国外众多经济学家致力于这方面的研究(如 Schor,1991;Nowotny,1994;Adam,1995;Hochschild,1997;Robinson and Godbey,1997 等)。但遗憾的是,这些经济学家对时间价值的分析完全是描述性的,没有建立正规的模型。国内经济学者对消费领域时间价值的关注起始于 21 世纪初,张旭昆、徐俊(2000)和丰广(2003)在论文中相继提出了"耗时性商品"和"省时性商品"的概念,并构建了相关的理论模型。但他们仅从假日经济的视角强调了时间作为显性约束变量的作用,并没有把时间约束一般化。有鉴于此,本节首先分析了休闲消费中引入"时间约束"的必要性,随后构建了一个引入"时间约束"的休闲消费模型,并基于时间密集型休闲品和物品密集型休闲品的休闲消费二分法,探讨了消费者最优休闲消费选择的条件,分析了工资率、非工资收入、工作时间变化对休闲消费选择的影响。

一、休闲消费模型中引入"时间约束"的必要性

(一)从消费耗用的资源结构看,休闲是物品和时间的复合体

休闲消费是物品和时间结合产生效用的过程。休闲状况取决于个人配置多少时间和物质产品以一种有效的方式用于休闲的生产。Bittman(1999)曾说过:"有能力参加休闲,既意味着获得休闲物品和服务,又意味着充足的休闲时间量。"这清楚地表明,对休闲品的需求,并不完全在于物品本身,还在于物品与时间结合过程中提供的特殊服务。物品和时间是休闲消费过程中两种对称的要素,缺一不可。如果消费者不花时间去享用,再丰盛的晚宴美食也不会带来任何效用;同样,即使消费者在旅行社付清了所有费用,如果他不花时间出境旅游,远在千里之外的异国美景也不能使他获得任何满足。特别值得注意的是,尽管消费其他物品也需要一定的时间,但其他物品的消费时间大多是可以从市场上购买的(如雇用家政服务的活动实际上是对消费时间的购买),且可以是不连续的,人们完全可以在每天的工作时间之余来实现消费行为。然而,由于休闲时间是必须由个人自己提供的,同时,休闲消费总体上是耗时性的(Gronau & Hamermesh,2003),表 12-1 就反映出休闲时间与其他家庭活动耗时对比。故人们要实现休闲行为,必须有一定的、连续的可自由支配时间,休闲消费行为实际上是对可自由支配时间的消费。因此,从这个意义上说,时间——特别是人们连续的可自由支配时间是休闲消费得以实现的必要条件,是影响消费者休闲行为的重要因素。

(二)从发展趋势看,消费者的时间约束硬化程度会大于收入约束硬化程度

消费者购买休闲品的支出是二重性的,即消费者开展商业性休闲活动不仅要支付金钱,而且必须要支付另一种代价:时间。早在 20 世纪 70 年代初期,林德(Linder,1970)就

---

① 郭鲁芳. 时间约束与休闲消费[J]. 数量经济技术经济研究,2006(02):117-125+160.

预言：我们既可能遭受严重的金钱灾荒，也可能遭受严重的时间灾荒。时间的稀缺给现代人带来的心理压力恐怕是当今社会中的最大杀手。尽管工业革命以来，生产力水平的快速提高为人们减少工作时间来增加休闲时间提供了可能，但据经济学家的研究发现，绝大多数人是选择同样的工作时间以获得更多的收入，而不是获得同样的收入并减少工作时间。因此，人们实际的休闲时间并没有增加。在工业化国家，目前的工作时间仍然超过了工业革命前的工作时间（Schor, 1991）。据美国希尔顿时间价值调查（Hilton Time Values Survey, 1991）的一项研究结果表明，享受高度物质文明的美国人早就被忙碌紧张所包围。在受访人群中，因时间不充裕而感到有压力的高达43%，而经常处于压力之下的人占31%。当感到需要更多时间的时候，倾向于减少睡眠时间的占40%。在一天即将结束时，经常感到没有完成计划中事情的占33%，而根本没有娱乐时间的占22%。由于承担了更多的家庭工作，美国女性感到时间紧迫和压力的程度高于男性，男女总体上相差6个百分点。同时，男女感到时间紧迫的程度也受年龄、工作状况、家庭中的子女情况、种族/民族、婚姻状况等因素的影响。从年龄结构看，30～49岁的中年女性感到时间紧迫的程度最高，10人中有4人感到时间紧迫和有压力。从工作状况看，兼职男性感到时间紧迫的程度较高，10人中有4人感到有压力。从家庭中的子女情况看，家里有6～17岁孩子的女性感到时间特别紧迫。从种族/民族看，黑人、拉美裔女性承受的压力远高于白人。从婚姻状况看，离婚/丧偶女性承受的压力最大，这些人有时间紧迫感的比例比未婚者高11个百分点，比已婚者高10个百分点（详见表12-2、表12-3）。

事实上，正如一位经济学家所言："一个社会真正可用的闲暇时间数量通常与这个社会用以节省劳动力的机器数量成反比。"[①]科学技术的日新月异，生产力的加速发展，社会经济环境的改变，拓展了时间资源的利用，时间的稀缺性日益增长。在高速运转的现代社会生活中，时间正成为最稀缺的资源，时间密集型产品正成为真正的奢侈品。从发展趋势看，时间的单位价值会越来越高，消费者的时间约束硬化程度会大于收入约束硬化程度。因此，重视休闲消费中时间的价值，无疑能更深入地解释和理解休闲消费行为。

表12-1 美国和以色列工作外时间使用对比

	美 国			以 色 列		
	时间 （小时/月）	物品 （$/每月）	物品/时间相对 密集度	时间 （小时/月）	物品 （$/每月）	物品/时间相对 密集度
睡	485	0	0	469	0	0
住	76	680	5.39	55	1925	6.88
个人修饰	65	153	1.42	45	385	1.69
吃	145	403	1.67	127	1175	1.82
照看孩子	22	47	1.27	53	395	1.48
休闲	299	179	0.36	333	740	0.44
保健	4	92	12.35	8	424	10.73
旅游	60	364	3.63	71	723	2.02
杂项	19	37	1.16	32	270	1.68

---

① 艾伦·杜宁. 多少算够——消费社会与地球的未来[M]. 毕聿，译. 长春：吉林人民出版社，1997：26.

续表

	美国			以色列		
	时间 （小时/月）	物品 （$/每月）	物品/时间相对 密集度	时间 （小时/月）	物品 （$/每月）	物品/时间相对 密集度
总计	1176	1954	1.0	1192	6037	1.00
可能总数	1440	2141		1440	6139	

资料来源：GRONAU, R G, HAMERMESH D. Time vs Goods: the value of measuring household production technologies[N]. NBER Working Paper, 2003-04-04.

表 12-2　时间紧迫和感到时间紧迫的人

项　目	同　意
1. 我在时间不充裕的时候经常感到有压力	43%
2. 当我感到需要更多时间的时候，我倾向于减少睡眠时间	40%
3. 在一天即将结束时，我经常感到没有完成计划中的事情	33%
4. 我担心没有拿出充足的时间和家人或朋友共度	33%
5. 我觉得经常处于压力之下——心有余而力不足	31%
6. 我感到被日常琐事所纠缠	28%
7. 当我长时间地工作时，常会因为不在家中而感到内疚	27%
8. 我认为自己是一个工作狂	26%
9. 我根本没有娱乐时间	22%
10. 有时候我觉得我的伴侣不再了解我	21%

资料来源：Hilton Time Values Survey，1991

表 12-3　时间紧迫方面的人口统计差异

	女	男
总计	3.5	2.9
年龄		
18～29	3.6	2.8
30～49	3.8	2.9
50～59	2.4	2.8
60 与 60 岁以上下班	2.7	2.8
工作状况		
全职	3.7	2.8
兼职	3.3	4.1
非雇用工	3.1	2.7
家庭中的子女情况		
6 岁以下	4.0	2.8
6 岁至 11 岁	4.1	2.7
12 岁至 17 岁	4.1	3.2
18 岁以下的子女	3.3	2.8
种族/民族		
白人	3.3	2.8
黑人、拉美裔	4.4	2.8
婚姻状况		
未婚	3.2	2.9
已婚	3.3	2.9
离婚/丧偶	4.3	2.5

资料来源：Hilton Time Values Survey，1991

二、引入时间约束的理论模型

（一）基本模型

假定：①单人家庭；②消费者的全部收入和时间用于休闲；③消费者的效用取决于消费的休闲品的数量。

这样，基本模型由效用函数和家庭生产函数两个函数表达式组成。

（1）效用函数

$$U = U(L_i) \tag{12.1}$$

（2）家庭生产函数

$$L_i = L(G_i, T_i) \tag{12.2}$$

式（12.1）和式（12.2）中，U 代表效用函数，L_i 代表不同结构的休闲消费品，休闲消费品是通过物品 G_i 和时间 T_i 的组合而生产出来的。

在帕累托效率下，家庭休闲消费行为可以表示为下列行为的解

$$\text{Max} U = U(L_i)$$

预算约束包括时间约束和收入约束。

首先分析时间约束：

$$T = t_w + \sum_{i=1}^{n} T_i \quad i = 1, 2, \cdots, n \tag{12.3}$$

式（12.3）中，T 为总时间，t_w 与 T_i 分别表示家庭用于市场劳动及用于生产 L_i 的时间。为简化起见，我们假定 T_i 与休闲品数量之间是一种固定的比例关系，即

$$T_i = t_i L_i$$

这里的 t_i 可视为休闲品 i 的"时间价格"。

再分析收入约束

$$\sum_{i=1}^{n} L_i P_i = w t_w + m \quad L_i \geq 0; i = 1, 2, \cdots, n \tag{12.4}$$

式（12.4）中，P_i 为第 i 种休闲品的市场价格，w 代表工资率，m 代表非工资收入。下面，让我们来分析充分预算约束。

由式（12.3）可得

$$t_w = T - \sum_{i=1}^{n} t_i L_i \tag{12.5}$$

把式（12.5）代入式（12.4）可得

$$\sum_{i=1}^{n} L_i P_i = m + w\left(T - \sum_{i=1}^{n} t_i L_i\right)$$

或

$$\sum_{i=1}^{n} (P_i + w t_i) L_i = m + wT \tag{12.6}$$

式（12.6）中的 wt_i 就是消费一个单位的休闲品 i 的机会成本，而 P_i 是一单位休闲品 i 的货币价格。因此，我们可以称 P_i+wt_i 为商品 i 的"充分价格"，即消费一单位休闲品 i 的显性货币成本与隐性时间成本之和。另一方面，wT 代表当所有时间都用于工作时的货币收入，因此 $m+wT$ 即为贝克尔意义上的"充分收入"。于是模型中的约束条件式（12.3）和式（12.4）就化为一个表达式：式（12.6）。笔者在此将其称之为"充分预算约束"或"资源约束"。它意味着消费休闲品的充分成本必须等于休闲消费者的充分收入，显然，这是符合最大化原理的。

（二）引入"时间密集度"概念后的休闲消费决策

"时间密集度"指的是时间成本在消费的商品总成本中所占的比重，它可以表示为 $wt_i/(P_i+wt_i)$。如果引入"时间密集度"概念，则休闲消费品可据此分为两大类。在此，笔者把"时间密集度"低的休闲消费品称为物品密集型休闲消费品，把"时间密集度"高的休闲消费品称为时间密集型休闲消费品。

设 L_1 为物品密集型休闲消费品，L_2 为时间密集型休闲消费品。在两种休闲消费品的场合，式（12.6）变为

$$(P_1+wt_1)L_1+(P_2+wt_2)L_2=m+wT \tag{12.7}$$

这时充分预算线的斜率等于

$$d_{L_1}/d_{L_2}=-(P_1+wt_1)/(P_2+wt_2)$$

图 12-1 是引入"时间密集度"概念的休闲消费模型。

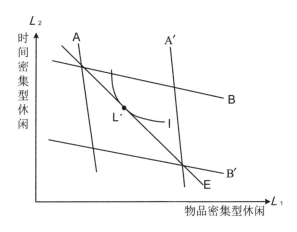

图 12-1 引入"时间密集度"概念的休闲消费模型

在图 12-1 中，A 线称为等货币支出线，它表示在花费 $m+wT$ 的条件下，消费者所能购买到的休闲品的不同数量组合的轨迹。其方程为

$$P_1L_1+P_2L_2=m+wT$$

与 A 线并行的 A′ 线表示在其他条件不变的情况下花费 $m+w'T$ 的所有休闲品的组合，且 $w'>w$。

B 线称为等闲暇支出线，它是在付出 $T-t_w$ 的时间投入的条件下，消费者的休闲品组

合轨迹，其方程为

$$t_1 L_1 + t_2 L_2 = T - t_w$$

与 B 线并行的 B′线表示在其他条件不变的情况下付出了 $T-t_w$ 的时间投入的所有休闲消费组合，且 $t_w'>t_w$。

A 线和 B 线及 A′线和 B′的交点的轨迹组成了充分预算线 E，代表在"充分价格"与"充分收入"意义下的休闲消费组合，其方程为

$$(P_1 + wt_1)L_1 + (P_2 + wt_2)L_2 = m + wT \tag{12.8}$$

从图 12-1 可以看到，等支出线的斜率等于 $-P_1/P_2$，而等闲暇线的斜率等于 $-t_1/t_2$。图 12-1 所示的等支出线 A 线比等时间线 B 线更陡峭，即 $t_1/t_2 < P_1/P_2$。

根据效用函数式（12.7）和约束条件式（12.8），拉格朗日（Lagrangian）方程可以表示为

$$L = U(L_1, L_2) - \lambda[(P_1 + wt_1)L_1 + (P_2 + wt_2) - (m + wt)]$$

解方程可得

$$\frac{\partial U}{\partial L_1} \bigg/ \frac{\partial U}{\partial L_2} = -(P_1 + wt_1)/(P_2 + wt_2) \tag{12.9}$$

式（12.9）即为最大化的一阶条件。它表示，在一定的"充分收入"约束条件下，为了取得最大的效用满足，休闲消费者选择的最大休闲品数量应该使得两种休闲品的边际替代率等于这两种休闲品的"充分"价格之比。换言之，在休闲消费者均衡点上，消费者愿意用一单位某种休闲品代替另一种休闲品的数量等于市场上这一单位休闲消费品在费用和时间的机会成本上可以换取的另一种休闲品数量。

在图 12-1 中，休闲消费者的最优选择即模型的最优解应是无差异曲线和充分预算约束线 E 的相切点（即 L^* 点），此点又可称为休闲消费者均衡点。在 L^* 点，充分预算线 E 的斜率与无差异曲线的斜率相等，即充分价格的比率必须等于休闲消费者的边际替代率。

于是，由均衡条件，便可求出休闲需求函数

$$L_i = D_i(P_1, P_2, t_1, t_2, w, m)$$

或表示为充分价格和充分收入的函数

$$L_i = \overline{D}(P_1 + wt_1, P_2 + wt_2, m)$$

从而，得到最优休闲消费的选择结果。

（三）工资率 w 变化对休闲消费选择的影响

在休闲品价格、消费时间、消费者工作时间保持不变的条件下，随着休闲消费者工资率 w 变动而引起的消费者实际收入也会发生变动，从而导致消费者对休闲品需求量的变动。为了追求总效用最大化，休闲消费者的均衡点也将随之变动。

工资率 w 的变动通过两种方式影响休闲消费的可行集。

1. 收入效应

首先，w 上升使充分预算线 E 向外移动，以使休闲消费者能达到更高的效用水平。

假设 T, m, t_w 保持不变,当 w 上升时,等闲暇线 B 的位置将不作改变,而 w 的增加使更多的支出 wt_w+m 成为可能,于是使得等支出线 A 向外移动至新的等支出线 A′ 线,从而使充分预算线向外移动。等闲暇线 B 与新的等支出线 A′ 的交点构成了新的充分预算线 E′(见图12-2),这样就促使休闲消费者去寻求新的消费均衡点。换言之,休闲消费者将在 t_w 不变的情况下沿新的充分预算线 E′ 去找到最优休闲消费组合。在新的消费者均衡点上,消费者将既增加物品密集型休闲品 L_1 的消费,又增加时间密集型休闲品 L_2 的消费。这就是说,w 上升使 E 外移,从而使休闲消费者达到了更高的效用水平。

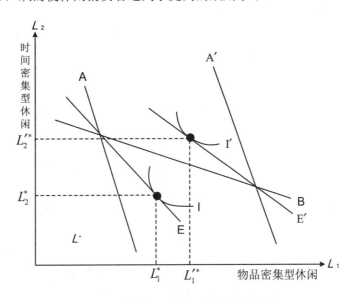

图12-2 工资率 w 对休闲消费选择的影响

2. 替代效应

w 上升的第二个效应是使充分预算线的斜率改变。

由图12-1可见,等闲暇线的斜率绝对值要小于等支出线的斜率的绝对值,即
$$t_1/t_2 < P_1/P_2 \text{ 或 } t_1/P_1 < t_2/P_2 \quad (12.10)$$

如果两边各除以工资率 w,那么式(12.10)可以写成
$$P_1/wt_1 < P_2/wt_2$$

或
$$1 \Big/ \left(\frac{P_1}{wt_1}+1\right) > 1 \Big/ \left(\frac{P_2}{wt_2}+1\right)$$

于是可以得到
$$\frac{wt_1}{P_1+wt_1} < \frac{wt_2}{P_2+wt_2} \quad (12.11)$$

式(12.11)清楚地说明了休闲品 L_1 的时间密集度低于休闲品 L_2 的时间密集度。当工资率由 w 上升到 w' 时,休闲品 L_1 的充分价格的提高幅度小于休闲品 L_2,这意味着充分预算线的斜率的绝对值变小,充分预算线 E 变得更平坦,如图12-2所示。

图 12-2 说明了收入效应和替代效应使物品密集型休闲品和时间密集型休闲品的消费者同时增加的情形。对于初始工资率 w，最优选择点是 (L_1^*, L_2^*)。当工资率上升至 w' 时，休闲的最佳组合移动到 (L_1^{**}, L_2^{**})，这一移动是替代效应和收入效应共同作用的产物。而由于休闲是正常物品，这里替代效应与收入效应是朝着相同的方向起作用的。

综上，工资率上升会产生收入效应和替代效应。收入效应使充分预算线向右移动，替代效应使充分预算线变得更为平坦。随着工资的增加，休闲时间变得更加昂贵，从而会使消费者产生节约休闲时间的激励作用。为什么发达国家的国民对物质产品高度消费，而对非物质产品的时间极度吝惜；为什么发达繁荣地区比落后地区的人们具有更强的时间观念；为什么白领较之蓝领更偏好物品密集型休闲；为什么现代人休闲时间增多，但对时间的使用却更加精打细算，这些问题均能从中得到解释。

（四）非工资收入 m 的变化对休闲消费选择的影响

非工资收入 m 的变化，使得等支出线发生平行移动，带来纯粹的收入效应。这是因为，随着非工资收入 m 的变化，消费者的总收入 $m+wT$ 将增加，因而使物品密集型休闲与时间密集型休闲的消费都相应增加。

图 12-3 说明了变化过程。随着 m 的上升，等支出线的截距不断升高。因为物品密集型休闲品与时间密集型休闲品都是正常物品，则充分预算线的平行移动（即从 E 至 E′ 直至 E″）导致两类休闲品消费的共同提高。

（五）工作时间 t_w 的变化对休闲消费选择的影响

在其他条件不变的情况下，工作时间 t_w 的变化会使时间约束线发生位移，从而影响消费者的最优休闲消费选择。图 12-4 清晰地说明了这一变化过程。随着工作时间 t_w 的减少，休闲时间 $T-t_w$ 增加，则等闲暇线的截距上升。由于效用水平的提高，消费者可能会同时增加物品密集型休闲品与时间密集型休闲品的消费，也可能增加其中一种休闲品的消费，但减少另一种休闲品的消费。但 L_1 和 L_2 增加或减少的具体数量，在此则不能确定。

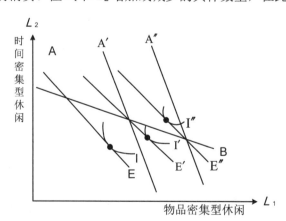

图 12-3 非工资收入 m 变化对休闲消费选择的影响

需要指出的是，L_1 和 L_2 的增加或减少量与消费者的收入密切相关。对于低收入者来说，时间的相对价值较低，因而时间密集型休闲消费的价格相对低于物品密集型休闲消费的价格，从而会倾向于时间密集型的休闲消费而偏离物品密集型的休闲消费。而对于高收入者来说，由于时间具有较高的机会成本，因而时间密集型休闲消费的相对价格也较高，消费者会倾向于物品密集型的休闲消费。

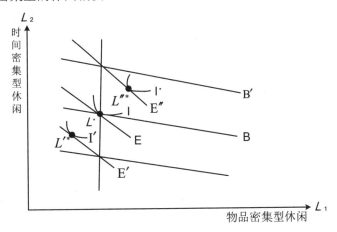

图 12-4　工作时间对休闲消费选择的影响

生命周期阶段也是影响不同休闲品配置的重要因素。"在生命周期的不同阶段，个人的时间价值也会发生变化，而且，这些变化也将导致转向相对廉价的生产手段的替代。"（贝克尔，1965）[①]。对于学生来说，或许时间价值相对较低而物品的价值相对较高，故搭便车旅游便成为其生产某些时间密集型休闲品的形式。而人处在主要工作年龄，譬如从 30 岁到 55 岁，时间价值相对较高，可以发现，这类人群消费物品密集型休闲品（如打高尔夫球、出境旅游）的比例较高。在生命周期的后期阶段，时间价值再度降得相对较低，工作时间减少，更多的时间用于城市公园休闲、看电视等时间密集型休闲品消费。

本节的中心思想是：无论时间还是金钱，都不是休闲的充分条件。休闲既取决于金钱，又取决于时间，它是物品和时间的复合体。基于这一思路，本书构建了双约束的休闲消费模型，并把休闲品分为时间密集型休闲品与物品密集型休闲品。本书的模型显示，在一定的充分预算约束条件下，消费者均衡的条件是两种休闲品的边际替代率等于两种休闲品的"充分价格"之比，而工资率的上升则会使消费者产生节约休闲时间的激励。由于双约束模型把休闲者在消费过程中花费的时间看作如物品同等重要的因素并将其纳入效用函数，因而这是一个更具包容性的休闲消费模型，对休闲消费行为具有更强的解释能力。

第三节　我国休闲消费结构分析

一、我国休闲消费结构的实证分析

消费是人类生存与发展的常青主题，而休闲消费则是我国消费领域的特殊存在。目前，通过参与休闲消费活动获得消遣放松已经成为人们情真意切的追求，休闲消费因而成为推

[①] 加里·S. 贝克尔. 人类行为的经济分析[M]. 王业宇，陈琪，译. 上海：上海人民出版，1995：171.

动经济增长的新引擎和激发人力资本活性的新途径，备受国内外政府、商家和学者的关注和重视。

休闲消费结构是指在一定的社会经济条件下，人们在休闲消费过程中所消费的不同类型的消费资料（包括劳务）的构成或比例关系，有实物形式和价值形式两种。休闲消费结构是反映居民休闲消费质量变化状况以及内在构成合理化程度的重要标志。目前我国居民的休闲消费结构呈现低度化的趋势，对我国休闲消费结构存在问题进行深入分析，有利于制定相关的产业政策，有利于休闲产业结构和休闲产品结构的调整，有利于调节休闲供求矛盾，而且对于正确引导居民休闲消费，实现休闲消费结构合理化有着重要的意义。

（一）粗放型与集约型休闲消费结构双主导：基于层次性的分析

一般来说，休闲消费结构的层次性具有两个方面的含义：一是从发展的不同时期来看，有低级层次、较高级层次和高级层次，而且这些层次随时代的发展而被更高层次的休闲消费结构所取代；二是从同一时期内不同发展水平的国家或地区及不同消费团体的比较来看，它具有不同的档次，反映出不同的休闲消费结构在同一时期内处于不同阶梯状态。

通过借鉴一些学者的研究成果，笔者尝试性地把休闲消费结构界定为四种类型，即简朴型消费结构、粗放型消费结构、集约型消费结构和舒展型消费结构。第一种类型——简朴型休闲消费结构的基本特征是：消费者收入水平较低，休闲类型单一；绝大部分休闲花费集中于大众化休闲消费，个性化新颖休闲项目和产品所占比例甚微，甚至空白；休闲消费主要以低档项目为主；休闲消费频率低、支出少。第二种类型——粗放型休闲消费结构的基本特征是：消费者收入水平不高，休闲消费类型有限；消遣性、娱乐性休闲消费比例有所上升，但发展性休闲消费比例偏低；休闲项目和产品在量上有粗放型增长，但质量和档次并未提升；休闲消费频率较低、支出较少。这种类型的消费结构中，休闲消费水平的提高主要表现为外延型的量的扩张，而不是集约型的质的提高。第三种类型——集约型休闲消费结构的基本特征是：消费者收入水平较高，休闲消费类型呈现多样化；发展性休闲消费在休闲消费结构中所占比例与享受性休闲消费比例大致相当；休闲项目和产品在量的增加的基础上，其质量和档次有所提高，中高档休闲产品开始出现；休闲消费频率上升，休闲消费支出增长较快。第四种类型——舒展型休闲消费结构的基本特征是：消费者收入水平较高，主动性休闲消费日益普及，人们为了自己的快乐而休闲。除了常规休闲类型外，还出现了能满足消费者情感需求的个性化休闲产品；享受性休闲消费比例下降，发展性休闲消费所占比重较大；休闲项目和产品的消费在量上保持稳定，在质上提升较快，高档休闲产品已被一部分人接受；闲暇时间较多，休闲消费频率较高，支付消费行为的约束弱化，休闲支出较高。从简朴型消费结构到舒展型消费结构，休闲消费结构呈现出梯度推进的态势。简朴型休闲消费结构和粗放型休闲消费结构属于低层次或较低层次的休闲消费结构，而集约型休闲消费结构和舒展型休闲消费结构则属于较高层次或高层次的消费结构。

由于高低收入者消费差距、城乡消费差距进一步扩大，因而目前我国休闲消费结构层次也是参差不齐。一些大中城市、发达地区以及高收入阶层，实际上已进入集约型休闲消费结构，休闲者的消费频率逐渐上升，质量意识和品牌意识日趋增强，对个性化休闲产品的需求与日俱增。据麦肯锡2019年中国奢侈品报告显示，2018年，中国人在境内外的奢侈品消费额达到7 700亿元人民币，占到全球奢侈品消费总额的三分之一，平均每户消费奢侈品的家庭支出近8万元购买奢侈品。到2025年，奢侈品消费总额有望增至1.2万亿元人民币。2012年至2018年间，全球奢侈品市场超过一半的增幅来自于中国，预计至2025年，这个比例将达到65%。而另一份研究报告则显示，到2023年，我国将成为世界第一大奢侈品消费市场。随着改革的不断深入，农村居民生活迈入小康，人均收入逐年提高，农民消费结构得到优化，主要表现在物质生活消费比重下降，精神生活的相关消费比重上升；为生存所需的生活必需品比重下降，发展型及享受型消费比重上升。但在广大偏远的农村地区，简朴型休闲消费结构仍占据一定比例。因此，目前多数的农村消费者和少数的城镇消费者则属于第二种类型，即粗放型休闲消费结构；大部分高收入的城镇消费者属于第三种类型，即集约型休闲消费结构；而极少数观念开放、意识超前、支付能力很强的现代消费者属于第四种类型，即舒展型休闲消费结构。总的来说，城乡居民休闲消费结构呈现两元性，即粗放型与集约型休闲消费结构目前在我国占主导地位。

（二）倾斜型休闲消费结构：基于内容的分析[①]

休闲消费活动类型多样，内涵丰富，节假日出境旅游、打高尔夫球、去乡村俱乐部度假等高消费和集中消费活动当然是典型的休闲消费活动。同时，在日常工作之余，与家人、朋友一起去看一场电影或球赛，与三五知己在茶馆品茗小酌，或是去酒吧、网吧、卡拉OK厅、舞厅、咖啡厅等放松精神，也是日常较普遍的休闲消费活动。甚至，带着悠然的心境逛商店、吃点心、泡图书馆，都可以归入休闲消费。据此，一些学者把休闲消费划分为七大类型，即保健性消费、美容性消费、餐饮性消费、娱乐性消费、情感性消费、增智性消费和综合性消费。但仔细审视目前国人的休闲消费内容可以发现，我国休闲消费结构呈典型的"三重三轻"的倾斜型消费结构。

1. 重娱乐性、消遣性休闲消费，轻发展性、智力性休闲消费

娱乐性、消遣性休闲消费主要指以休息放松、娱乐消遣为目的的，诸如看电视、听音乐、唱卡拉OK、聊天、棋牌类活动及散步等休闲活动，发展性、智力性消费是指居民在休闲时间内以提高和发展为目的的看书、读报、学习知识技能等活动。2018年国家统计局组织开展的第二次全国时间利用调查结果显示：看电视依然是居民的主要休闲方式，2018年的相关数据为1小时40分钟，占全天时间的比重为6.9%；手机和互联网成为我国成年国民每天接触媒介的主体，纸质书和报刊的阅读时长均有所减少。总之，从现实生活中人们的休闲消费情况看，尽管近些年我国公民每年可自由支配的休闲时间有所增加，但休闲消费内容以看电视，聚堆打牌、搓麻将，上网聊天、玩游戏，压马路、逛商店居多，用于阅读知识或提高专业的人还是偏少。因此，促进我国公民休闲消费向发展性、智力性消费转化是一项长期而紧迫的任务。

2. 重非自主性休闲消费，轻自主性休闲消费

休闲消费是人们在自由时间创造性地行使自由的一种活动，是满足个性偏好、追求生

---

① 郭鲁芳. 中国休闲消费结构：实证分析与优化对策[J]. 浙江大学学报（人文社会科学版），2006（05）：122-130.

存意义的精神之旅，是个人幸福、自由和快乐的象征和代名词。它支撑和守护着人类精神生活的家园，使人们的心灵有所安顿、有所皈依。然而，考察目前国人的休闲消费现状后不难发现，以炫耀性消费、攀比性消费和位置消费为主要特征的非自主性休闲消费仍占主导地位。一些人追求休闲消费品并非出自放松精神和提升修养的动机，而是为了显示财富和谋求地位；一些人尽管"囊中羞涩"，但出于攀比目的，其休闲消费标准也不断飙升，休闲花费一路攀高。在"奢侈风暴"席卷下，作为个体自我完善、自我实现过程的休闲消费逐渐沦为一种争名、寻位的位置消费工具。不同的群体通过追求高档休闲消费品而试图获得一种较高的象征性地位，即获得比他人优越的自我感觉。此时，休闲的功能已不在于发挥其作用，而在于其符号象征功能。南开大学社会学系彭华民的调查显示，有65.4%的消费者迫于环境的压力选择讲排场、摆阔的炫耀性消费行为，而休闲消费则成为攀比性消费、炫耀性消费的重要展示领域。财富水平较高的阶层通过炫耀性休闲消费（如豪华出境旅游，加入高尔夫球俱乐部等）来力争区别于财富水平较低的阶层，而财富水平较低的阶层则力图通过炫耀性消费来效仿财富水平较高的阶层以期被认为是其中一员。

3. 重被动性休闲消费，轻主动性休闲消费

根据休闲主体对消费活动的控制程度进行划分，休闲消费有主动性休闲消费与被动性休闲消费两类。所谓主动性休闲消费，是指休闲主体有明确的休闲目的并能或多或少地控制休闲活动的进程和结果的消费活动，如登山、旅游、打球、上网、弹琴等。被动性休闲消费则是指休闲主体处于旁观和被动接受状态，不能控制休闲活动的进程和结果的消费活动，如到露天球场观看足球赛、在家里看电视节目等。总体而言，目前我国居民的主动性休闲消费与被动性休闲消费处于不均衡状态，大多数休闲活动缺乏主动的选择和明确的目的。这主要体现在两个方面：一是休闲电视化趋势的日益加剧。伴随着电视的普及和电视节目的日益丰富、邻里社区的陌生化和距离化，以及时间饥荒群体的日益庞大，看电视日益成为我国城乡居民最主要的消遣方式。电视化休闲从一个侧面说明了我国居民休闲消费的被动性和无目的性。二是某些群体休闲生活的单调化和被动化。据王雅林、车路光对哈尔滨非在业群体闲暇时间利用状况的调查发现，非在业者每天的"三闲"（闲待、闲聊、闲逛）时间多，平均每天达115.88分钟，超过闲暇时间的四分之一。在消遣活动中耗费时间较多的是无须花费钱财和对闲暇技能要求不高的活动种类，如下棋、打牌和养花鸟鱼虫等。这种缺乏主动性的休闲消费内容贫乏，在很大程度上变成了"时间消费"和"物质消费"。

二、优化我国休闲消费结构的对策建议

通过对我国公民休闲消费结构的分析可知，要使休闲消费健康、可持续发展，必须合理调整休闲消费结构，大力推进休闲消费升级。休闲消费升级，是指一个社会的休闲消费需求由代表低一级消费时代的主流休闲品到代表较高一级消费时代的主流休闲品的变革过程。休闲消费升级是消费结构层次的递升，其产生的经济势能是持久且强大的，它可以充分带动休闲经济的整体发展，可以带来较长时期休闲产业的景气繁荣，因而是支撑我国国民经济稳定快速增长的重要动力。同时，休闲消费升级也是培育新的休闲消费热点，更好

地满足不同群体休闲需求的有效途径。当今在我国,阶层消费已浮出水面,表现在休闲消费领域则是实用型的理性休闲消费与求新型的感性休闲消费并存。传统型消费者以实用消费为主,讲究休闲中的节约和理性,而新消费者则倾向时尚和新潮,讲究精致的生活享受和品位,追求旅游娱乐、运动休闲等"经历型"休闲方式。因此,合理调整休闲消费结构,大力推进休闲消费升级,可以适应高、中、低档次的多元化休闲需求,赢得更广大的消费群体。

鉴于我国目前的情况,大力构建集约型、舒展型休闲消费结构,推动休闲消费升级不仅是十分必要的,而且具有现实可行性。

其一,恩格尔系数持续下降。恩格尔系数反映了居民消费水平的高低和消费结构优化的程度。进入20世纪90年代以来,我国城镇居民恩格尔系数和农村居民食物性消费比重基本呈现逐年下降的态势。1990年城镇居民的恩格尔系数为54%,2000年为39.2%,2010年降至35.7%,2020年降至29.2%;1998年农村居民的恩格尔系数为53.4%,2000年为49.1%,2010年为41.1%,2020年降至32.7%。恩格尔系数的持续降低表明我国城乡居民在满足食品消费以后,收入中用于改善穿着、居住、交通通信及文化教育等方面的支出所占的比重越来越大。也就是说,恩格尔系数的持续下降为休闲消费结构的升级提供了基础和空间。

其二,城乡居民金融资产的较大存量和较高的增长率及收入水平的持续增长为居民休闲消费结构的升级提供了雄厚的基础。休闲消费是人们利用闲暇时间,从事个人享受和自身发展的一种消费活动。收入是决定休闲消费的主要因素,休闲消费结构的转换与升级必须以城乡居民较高的支付能力为前提。一般情况下,决定居民支付能力的因素主要有两点:一是居民历年的积蓄,二是居民的现期收入。一方面,由于长期以来我国城乡居民具有较高的储蓄倾向,从而导致目前的居民金融资产已经具有了较大的存量,并保持较快的增长速度。2021年,我国城乡居民户人民币储蓄存款达到227.21万亿元。另一方面,我国居民的现期收入近些年也保持着一定的增长幅度。因此,从储蓄的积累及居民收入的绝对额看,实现休闲消费结构的转换与升级、启动新一轮的休闲消费需求仍然有很大的可能性。

其三,收入梯度的形成也为休闲消费结构的转换与休闲消费梯度的形成创造了条件。伴随着我国收入分配制度的变革及"允许一部分人先富起来"的政策的实施,我国城乡居民的收入具有了明显的梯次性。这种梯次性主要表现在两个方面:一是城乡居民收入差距的扩大,二是不同收入水平家庭之间收入差距的扩大。首先,作为我国最大的消费群体,农村家庭的人均纯收入不仅增幅逐年降低,而且大大低于城镇居民收入的增长,增幅差距呈扩大趋势。2021年,我国城镇居民人均可支配收入为47 412元,而农村居民人均可支配收入为18 931元,仅为城镇居民人均可支配收入的40%。由此可见,城乡居民收入的梯次性已十分明显。其次,关于城市居民金融资产状况的调查结果,也从一个重要方面反映了城镇居民收入的梯次性。调查数据显示,金融资产出现了向高收入家庭集中的趋势。按照调查样本户金融资产由低到高五等分排序,户均储蓄存款最多的20%家庭拥有城市人民币和外币储蓄存款总值的比例分别为64.4%和88.1%,而户均金融资产最少的20%家庭拥有城市人民币和外币储蓄存款总值的比例分别仅为 1.3%和 0.3%。由于不同收入层次往往有不同的休闲消费习惯和支付能力，因而居民收入水平的梯次性成为居民休闲消费梯次性和居民休闲消费结构转换与升级的基础。

综上分析，我国已基本具备了休闲消费需求结构转换与消费梯度形成的条件，但是这种条件只不过为休闲消费结构的调整和优化提供了一种可能性而已。要想使休闲消费结构高度化成为现实，还必须提出一整套思路和对策。

（一）培育高素质的休闲消费主体，促进休闲消费知识化和丰富化

培育高素质的休闲消费主体是提升休闲消费结构的前提条件。没有休闲消费者素质的提高，要实现休闲消费结构从娱乐性、消遣性休闲消费为主向发展性、智力性休闲消费为主转化就十分困难。而休闲消费者素质是一个内涵十分丰富的概念，它特指休闲消费主体在消费行为上所具有的修养和能力。这种能力主要包括审美鉴赏能力、识别挑选能力、质量监督能力和适度消费能力。前三种能力反映了休闲消费主体的文化程度、消费觉悟、消费技巧及商品知识，而适度的休闲消费能力则不仅取决于休闲主体的收入水平，也取决于休闲主体理念的成熟程度。因此，倡导聪明用"闲"，培育高素质的休闲消费主体，政府一方面要加强休闲教育，提升消费者的消费能力与休闲技巧；另一方面，要用科学的价值观、消费观来引导人们的休闲消费活动，用高层次的精神文化来统帅人们的休闲消费行为。目前的政策着力点有四项：第一，通过精神文明建设，提高休闲主体的文化、伦理与审美素质，使人的休闲消费本能可以受到来自精神方面的引导与制约。第二，逐步普及休闲教育，提高消费者享受休闲生活的素养和技巧，引导他们从物欲型、享乐型休闲消费逐步转化为知识型、科技型休闲消费。第三，借鉴和学习国外先进的、适应时代潮流的休闲文化，大力发展社区文化、村镇文化、企业文化和校园文化，充分发挥文化馆、图书馆、博物馆、少年宫、体育场馆等群众活动中心的作用，让休闲主体受到精神激励和思想启迪。第四，在城乡建立专门组织管理休闲活动的机构，按节日、假日、季节有计划地组织一些大型的休闲活动，特别要注意组织居民开展一些高雅的文化活动，如书画、吟诗、文学、摄影、展览等相关活动，举办各种学习班，提高人们休闲生活的格调。

（二）培养自主性休闲消费理念，推动休闲消费文明化和健康化

当今世界已普遍出现了"消费过度"的倾向，通过不顾后果的获利欲望驱动起来的消费主义趋势呈愈演愈烈、不可收拾之势。具体到休闲领域，则表现为上层群体对高档、豪华型休闲生活资料的实际占有和消费，以及较低层的群体对"消费社会的盛宴与狂欢"的不胜羡慕以及急于补偿的迫切心理。这种畸形的休闲消费意识形态加快了资源的消耗，破坏了生态平衡和人类的生存环境，加速了人的异化，已构成我国在当今世界生存与可持续发展所面临的最严峻的挑战与危机。因此，批判和抵制畸形的休闲消费意识形态，倡导自主性休闲消费，强调精神消费重于物质消费，消费质量重于消费数量，已成为优化休闲消费结构、推动休闲消费文明化和健康化的治本之策。

在培育自主性休闲消费理念方面，政府和媒体都应有所作为。早在1956年，德国社会

市场经济之父艾哈德就曾指出,仅通过物质富裕并不能使人民变得幸福,因而要开启新的价值、新的经济政策的内涵、新的人的存在的内涵,而这一切只有从一种精神原则中才能得到。鉴于休闲消费是一种以精神消费为核心内容的消费活动,因此,笔者认为,政府可考虑从两个方面入手来培育自主性休闲消费理念:一是要培育和倡导一种以义务感、敬重意识和自我约束理念为内涵的放弃之伦理,即对超出必要休闲消费之界限的挥霍性的物质欲望与物质享受做出自愿的限制与放弃。当然,高收入阶层与中低收入阶层在放弃伦理实施过程中的权利与义务应有所不同。对于高收入阶层而言,由于其已经享有了高质量的休闲生活的权利,因而其义务更多地表现为对挥霍性的休闲享受的放弃。而数量众多的中低收入阶层仍然拥有继续改善其休闲生活条件的权利,其义务要更多地体现在应警惕要求与在挥霍性、炫耀性休闲消费上与高收入阶层达到同等水准的主张。人生最宝贵的、能够反映其本质的东西乃是通过其个性、独特性所表现出来的自我实现。因此,要把人的注意力集中到生活质量的问题上,引导人们自动放弃既需要消耗大量资源又不能推进人的自我实现的休闲消费方式。二是培养一种不是在自身之外而是在自我内部为休闲消费行为寻找理由的习惯。炫耀性休闲消费、攀比性休闲消费和位置消费的共同特征是:休闲主体不在自身内部寻找其休闲行为的理由,而是把外在事物作为尺度,将别人理解为自己休闲行为的标准。这种旨在炫耀自己的地位、身份或个人价值的攀附休闲行为容易使休闲消费主体淹没在物的世界中而丧失自我,心灵空虚。因此,要倡导一种新型的休闲消费伦理,提倡在自身内部寻找休闲行为的动机,善于休闲,积极休闲,高效休闲,减少人们休闲消费的随意性和模仿性。

此外,大众传媒在培育自主性休闲消费理念中的作用也不容忽视。报纸、广播、特别是电视、互联网等大众传媒对人们的价值取向、生活态度、行为习惯等起着强烈的诱导、暗示和导向作用,影响着人们对休闲消费的认知以及休闲消费行为的选择。因此,传媒不应当屈从于商业利益,对目前存在的炫耀性消费、攀比性消费以及奢靡性消费过分渲染、正面宣传,为不当的休闲消费方式起推波助澜的作用,而应当承担起社会责任,着力宣传文明、健康、合理的休闲消费观念与消费方式,创造科学、理性的休闲消费示范,提高人们把握休闲消费的自主意识及合理进行休闲消费决策的能力。在具体做法上,传媒可以开设专栏,聘请专家学者介绍可持续休闲消费知识,剖析炫耀性、攀比性休闲消费的危害,还可对社会中不良休闲消费行为予以曝光等。

(三)全面提升休闲产业,改善休闲供需关系

20世纪90年代,德国社会学家贝克提出了著名的第二个现代化理论。第二个现代化的经济表达模式是以再生能源为基础、重复循环利用资源的可持续发展的经济。它的基本语言就是"同情""体味"与"梦想之能力"。与以经济增长、技术进步为主要特征的第一个现代化显著不同的是,第二个现代化的主要特征在于整个社会都是朝着个性化的方向发展,人们强调自己的时间、自我决定的活动、内心的情感体验及与他人的对话和交往,即在于非物质的竞争。这样一种并非以物质财富的占有为尺度来衡量人们的贫富差别的时代,

被贝克称为"自我生活的时代",它是一种更具吸引力、使人的本质特征得以更深刻地展现的崭新的生活方式。

消费选择是对生活方式的选择,而休闲消费则是表现人的品位和生活风格的主要场所。例如,在法国,那些具有高经济资本的群体(如工商界老板)的品位,主要体现在喜欢生意餐、外国车、右侧美术馆(传统美术)、拍卖会、第二住宅、网球、冲浪等。那些具有高文化资本、却不具有高经济资本的群体(如高校教师、艺术家、中学教师等),则对先锋音乐节、左侧美术馆(先锋艺术)、现代派、外语、象棋、跳蚤市场、巴赫、登山等有较高的兴趣。那些经济资本和文化资本均较低的群体(如熟练、半熟练和不熟练工人),其品位主要体现在对足球、普通红酒、体育比赛、跳舞等的兴趣上。因此,从一定意义上讲,自目的性很强、以注重生活质量为核心的休闲消费是迈向"自我生活的时代"的出发点。在当今我国,高度个性化、崇尚独立、消息灵通,但缺乏时间、注意力和信任度的新消费者正在迅速崛起。他们追求休闲中非比寻常的体验,重视自我展示,强调与众不同,要求休闲企业按照自己的生活意识和消费需求,开发能与他们产生共鸣的个性化休闲产品。无疑,这些讲究、挑剔且掌握了休闲消费主动权的新消费者对我国的休闲产业造成了强大的创新压力。因此,推进休闲供给创新,全面提升休闲产业,已成为优化休闲消费结构,改善休闲供需关系的关键环节。具体的思路和对策包括:第一,政府部门要完善标准化的休闲设施,全面提升交通、通信、宾馆、饭店、会展中心、游乐场、公园、步行街、文化、体育、娱乐、健身等基础设施的档次;第二,供给部门要赋予休闲产品与服务以丰富的文化精神内涵,确保休闲产品与服务既具备质量等基本品质,又具备个性、情感等超基本品质,以满足要求日益提高的新消费者的需求;第三,要瞄准消费者的文化需求、娱乐需求和知识需求,创造多样化、网络化的休闲场所系统,形成都市—郊区乡间—原野—家庭—学校—公园—街巷—邻里等休闲系统,适应、引导、满足不同细分群体的休闲需求;第四,充分利用现代科技成果,拓展休闲的内容,增加休闲经济的科技含量,以激发人们自我实现的快乐体验,推动休闲消费升级。

第四节 新消费主义视角下的休闲消费升级

一、新消费主义:解构休闲消费升级的新视角

社会发展带来了生活方式的巨变,作为生活内容的核心要素,大众的消费结构正从以物质型消费为主转向以服务型消费为主,并由生存型消费朝享受型消费、发展型消费快速升级。日益崛起的富裕阶层和年轻消费者是推动消费升级的主要驱动力,从饮食到购物、从出行到社交、从教育到医疗、从理财到娱乐等,随着线上线下深度融合以及诸多新兴技术的不断引入,人们的消费理念不断更新,消费方式与消费渠道日趋多元。毫无疑问,传统消费转变为新型消费这一过程必然引发消费文化的更迭,即从消费主义向新消费主义转型。

消费主义作为一种社会思潮最早发端于20世纪中期的西方国家,主张通过消费物质产

品来追求优越的社会评价和精神感受,它是工业文明时期人们的思维和行为方式。法国社会学家让·鲍德里亚在其著作《消费社会》中提到,人们对物的消费实质上是对物背后所承载符号意义的消费,"商品的价值是以它们所带来的声誉以及它们所展现社会地位与权力的方式来衡量的"[①]。马尔库塞基于人道视角批判了异化的消费致使人丧失自由个性和主体性而沦为商品的奴隶。[②]而新消费主义则是以年轻消费者为主导、以互联网等新技术为驱动,在新零售、新服务和新场景等新商业模式赋能下,大众追求多元消费价值与文明消费行为的一种消费新形态,它鼓励消费者摒弃盲目消费、被动消费和炫耀性消费,倡导理性消费、主动消费和品质消费。新消费主义与传统消费主义在技术动能、价值观、消费核心、消费心理、消费准则、消费动力、消费迭代、消费引领和消费追求等方面呈现显著差异性(详见表12-4)。

表12-4 消费主义与新消费主义比较分析

模式 项目	传统消费主义	新消费主义
技术动能	工业文明	互联网文明
价值观	物质价值代表我的身份	享受所买,"我"最重要
消费核心	商品	美好商品
消费心理	为买而活	为活而买
消费准则	只买贵的	买我所爱
消费动力	被动	主动
消费迭代	慢	快
消费引领	前喻时代	后喻时代
消费追求	符号意义	生命意义

国务院2015年印发的《关于积极发挥新消费引领作用加快培育形成新供给新动力的指导意见》指出新消费以传统消费提质、新兴消费蓬勃兴起为主要内容,表12-4中的比较分析清楚地表明新消费主义是对消费主义的升级。在新消费主义中,人们不仅关注物品的使用价值、符号价值,而且重视体验、服务和情感需求的满足,并且会在力所能及的范围内同时关注生态环境、人文主义等其他更广的维度。消费主义升级为新消费主义除得力于经济和科技水平外,还有赖于我国人口的新红利。尽管目前我国人口数量的红利几近消失,但三大新的结构性人口红利正在形成:第一,老龄化社会,成就了庞大的银发经济;第二,新中产阶级和小镇青年崛起,一二线城市成功的商业模式通过大规模复制到三四线城市以及农村地区;第三,Z世代日益成熟,他们超越了X一代和Y一代,正迅速成为我国消费市场的主要驱动力。尤其是Z世代的崛起,让消费引领从前喻时代迈入后喻时代。美国社会学家玛格丽特·米德在《文化与承诺》一书中将人类社会划分为"前喻文化""并喻文化""后喻文化"三个时代。在"前喻文化"中,晚辈主要向长辈学习;"并喻文化"中晚辈和

---

① 道格拉斯·凯尔纳,斯蒂文·贝斯特. 后现代理论——批判性的质疑[M]. 张志斌,译. 北京:中央编译出版社,2011:127.
② 韩淑梅,刘同舫. 鲍德里亚消费异化批判的视角及其理论局限[J]. 社会科学研究,2018(5):135-136.

长辈的学习平行发生;而长辈反过来向晚辈学习的时代则为"后喻文化"时代。早在1970年,米德就在《代沟》一书中这样写道:"即使在不久以前,老一代仍然可以毫无愧色地训斥年轻一代'你应该明白,在这个世界上我曾年轻过,而你却未老过'。但是,现在的年轻一代却能够理直气壮地回答'在此刻这个世界上,我是年轻的,而你却从未年轻过,并且永远不可能再年轻'。"而今天的互联网时代是一个被科技进步所震颤的全新时代,Z世代的年轻人作为这个新时代的原住民,理解、接受和掌握新信息、新技术的能力已远超他们的长辈,并在生活、学习和娱乐等各方面影响着所有人,自然也将消费带入了后喻文化时代。

毫无疑问,新消费主义风潮的盛行,将使消费理念与消费行为发生深刻变革。休闲消费作为消费行为的关键组成,必然也会迎来巨大转变,而作为消费主力军的Z世代势必会起到主导休闲潮流的作用。

二、Z世代:休闲消费的弄潮儿

Z世代,意指在1995—2009年出生的人,又称网络世代、互联网世代,他们是第一代数字原住民,伴随着互联网和移动设备长大,自由穿梭在物理世界和数字世界之间。根据国家统计局的数据,2019年我国Z世代总人数约为2.6亿,约占总人口的19%。其中,"95后"约为9 945万,"00后"约为8 312万,"05后"约为7 995万(未计入港澳台地区和海外华侨数据)。Z世代作为新消费主义的中坚力量,在消费核心、消费心理、消费准则、消费动力、消费迭代和消费追求等方面与其他群体形成鲜明的对比,因而成了休闲消费的弄潮儿。阿里研究院对Z世代在双十一的消费数据及其他数据进行研究后刻画了他们的休闲消费哲学,具体为:创享生活、个性真我、独而不孤、颜值正义、二元世界、娱乐至上、全球享乐。结合相关研究,我们认为Z世代的休闲消费具有以下几个特征。

(一)"饭"随"爱豆",追随KOL

社会上存在娱乐化的风潮,Z世代借助互联网等工具以异乎常人的热情追随他们的"爱豆",即所倾慕的特定个人(明星、名流)、节目/作品(电影、电视、音乐作品)、团体(流行乐团、球队)等。随着追星文化进入了3.0时代,Z世代跟自己的"爱豆"之间有了前所未有的深度互动。比如2018年的青春成长节目《创造101》,该节目里面的粉丝不称为粉丝,而叫作创始人。Z世代的粉丝深入参与到自己"爱豆"的创造过程中,并陪伴爱豆一步步变化与成长,这就是为什么肖战、王一博等偶像只能容纳1万人的演唱会现场却来了5万粉丝,他们多数人无法进场,但是守望在会场之外令他们觉得"我来了,我在这里,我心安"。对偶像的崇拜是Z世代的人格认同与情感依赖的产物,这一心理强烈地影响着他们的休闲消费心理与行为,使其对偶像代言的产品青睐有加,从而形成了庞大的"粉丝经济效应"。虽然许多Z世代群体不一定具备强大的购买能力,但其为偶像消费的冲动却令人吃惊,并十分愿意为偶像同款支付溢价。据央广网的数据粗略统计,2019年我国的粉丝群体(偶像类型包括文体、政商界等多领域明星)已达到5亿人,Z世代占据了半壁江山,他们多数人都抱着"爱他就给他花钱"的想法。由搜狗联合音悦台发布的《中国粉丝追星大数据报告》显示，2017 年，62.9%的粉丝平均每个月会为偶像消费 500 元左右；虽然粉丝个人月度消费在 5 000 元以上的人占比只有 1.9%，但是为了偶像而月度消费 5 000 元以上的粉丝却占到 2.8%，这对于其他群体而言是难以想象的。

此外，Z 世代热衷娱乐与社交，偏爱直观且互动性强的营销方式，这使得通过直播、短视频、社交媒体等途径的消费成为 Z 世代的日常。相比其他年龄段的休闲消费者，Z 世代除了热衷于追随明星"爱豆"以外，还对 KOL 抱有高度的接受度和信任感。KOL，即关键意见领袖（Key Opinion Leader），指在特定群体中拥有更多、更准确的产品信息，具有较强的话语权并对群体成员的购买行为有较大影响力的人，群体范畴没有绝对限定，可以大到一个行业，一个亚文化圈，也可以小到一个兴趣小组。Z 世代一旦对 KOL 产生认可度，其休闲消费决策极易受到 KOL 的引导，他们习惯于持续追随所喜爱的 KOL 并购买其推荐的各种产品，且经常包含许多非必需品。目前，Z 世代已经成为直播电商、短视频带货等种"草"平台的主力消费用户。

（二）雕琢真我，情绪消费

现代营销之父菲利普·科特勒认为消费者行为成长历经了三个阶段：第一，量的消费阶段。在商品短缺时，消费者追求数量的满足。第二，质的消费阶段。当商品数量丰富时，消费者开始追求高品质的商品。第三，感性消费阶段。消费者开始追求最能表现自己个性和价值的商品，并注重购物时的情感体验和人际沟通。通常感性消费阶段又分为基于直观感性认识的感性消费和基于情绪体验的感性消费。Z 世代的休闲消费者已经进入了感性消费阶段，休闲产品的实用性、功能对他们来说已经不是决定是否购买的主要因素，他们渴望在感知、体验产品的过程中发掘内在需求，找到自我归属感和情感联结，感受到精神上的愉悦和满足。因此，Z 世代更喜欢情绪代入感强的休闲产品，由此催生出的情绪消费市场也成了消费的新空间。以观影为例，电影院的半私密性使它成为一个合适的释放情绪空间，在两个小时看电影的过程中，不管是商业喜剧的阵阵欢乐还是悲伤电影的恸哭一场，都在刺激着 Z 世代的敏感情绪。另外，近几年的主旋律电影市场也乘风破浪，这类电影充满着让 Z 世代热血沸腾的场景，激发了他们浓烈的民族自尊心和自豪感，如创下中国电影票房神话的《战狼 2》票房高达 56.83 亿，而《红海行动》和《流浪地球》等也让 Z 世代愿意多次观看。由此可见，在当下我国的电影行业，情绪消费已经成为一种主导力量，就算没有超级特效、没有流量偶像，只要抓住了 Z 世代的情绪，他们就会毫不犹豫地埋单。

"情绪性消费"成为 Z 世代最主要的消费方式与消费特性，是相对于"工具性"消费产生的。人的购买行为分为工具性消费以及情绪性消费两大类。当人们进行工具性消费时，买的是产品的功能，在意的是这些功能是否能满足生活需求；而如果人们进行情绪性消费，那么买的就不只是功能，更关注的是这个产品所带来的正面情绪，这些情绪包括了自信、舒服、自在、轻松、快乐、得意等。根据 Z 世代情绪与情感需求的不同，以下几种类型的休闲消费也越来越成为消费市场中重要的趋势与发展方向。

1. 抒压型情绪休闲

行色匆匆的都市生活里，每个人都逃脱不了生存压力、生活压力、竞争压力的困扰。在各种压力面前，越来越多的 Z 世代选择通过运动健身等休闲方式来调节身心、放松自我、缓解压力。运动休闲已经逐渐成为现代人的自觉行为，而非追赶潮流的一时冲动。

2. 排忧型情绪休闲

情绪出了状况，出去疯狂血拼，这就属于排忧型情绪休闲的典型代表。当 Z 世代在生活或者工作中遇到各种问题，产生了负面情绪后，购物、K 歌等休闲活动将起到很好的"排除负面情绪，增强积极情感"的功效。

3. 玩趣型情绪休闲

兴趣与玩乐是人的天性。尤其在目前泛娱乐化的时代，以电子竞技、网络游戏等"玩趣"为主题的休闲活动成为消费者尤其是 Z 世代年轻消费者的钟爱，并衍生了一系列休闲产业与市场。

4. 社交型情绪休闲

以家庭聚会、商务会谈、朋友约会等为重点的社交型需求成为众多都市休闲活动的主要目的。以茶馆、咖啡厅、足浴馆等为代表的休闲场所也成为越来越重要的社交场所，成为 Z 世代促进沟通、加强交流的主要平台。

5. 自我实现型情绪休闲

"活出精彩的自己"是自我实现型情绪休闲的典型诉求。Z 世代通过读书、看电影等方式进行自我投资，在休闲中实现自我价值的最大化也成为未来休闲的重要方向。

总之，无论何种情绪消费，Z 世代都在寻找能够激发情绪共鸣的触点，从而宽慰自己的心灵，找到精神的寄托。

（三）社交驱动，圈层消费

移动互联网带来了社会信息的大爆炸，现在一天所产生的信息量是 2000 年以前所有人类信息量的总和。信息爆炸令人目不暇接，为了降低筛选过量无用或多余信息所花费的时间成本，人们越发倾向接收来自于跟自己的兴趣、态度、爱好、价值观相同者的信息，并在一定时间内形成稳定的群体，即"物以类聚，人以群分"。于是，社会开始圈层化，人也开始圈层化。

Z 世代的圈层文化明显，同辈归属感较强，喜爱"种草"，用消费行为交换"社交货币"，用自成一派的语言逻辑和体系建立起自己的圈层，从而产生许多虚拟休闲消费商圈。圈层可能基于爱好，比如动漫圈；可能基于身份，如准妈妈圈；可能基于共同的诉求，如拼团群；也可能基于共同的"爱豆"；甚至基于位置或社区等，如以小红书为代表的社区平台因为聚集了大量和消费相关的内容，已成为 Z 世代做休闲消费决策的依据。小红书公布的数据显示，仅 2019 年小红书用户就在平台发布了超过 200 万篇国货相关笔记，同比增长 110%，累计获得来自超过 4 200 万人的 3 亿次分享和讨论。圈层社区增强了产品的黏性，这也导致许多Z世代放弃淘宝等传统电商转而青睐通过小红书直接购物。

同时,圈层的日益细分形成了众多基于兴趣爱好的小圈层。B站上90%的用户是Z世代,他们拥有着7 000多个亚文化圈。从地下摇滚少年,到软萌元气少女;从"宅腐"二次元达人,到文艺复古手作控,还有文艺范、社交客、"乐忙"族、科技咖等。这些亚文化圈正在成长为一个个主流文化圈,如近两年增速惊人的国风圈,数据显示整个线上国风、古风类服饰的消费额连续两年增长超过300%。Z世代的年轻人非常愿意去为自己打造别样的整体妆容,成群结队地穿梭在街道上;再如模玩手办圈,这些圈子的Z世代醉心于在线上购买自己酷爱的IP形象,使得像海贼王、高达这样的经典IP周边产品的消费也一直呈现出快速增长的趋势。

"全球企业研究者先锋",哈佛大学、波士顿大学客座教授托马斯·科洛波洛斯在新书《圈层效应》中表示,科技发展和社会环境的影响令全球正在快速进入Z世代,不同年龄段、不同圈层的边界逐渐缩小,如果不能适应这种变化,很可能在不久的将来被社会淘汰。依靠技术,网络时代的圈层已经无处不在,而"社交+成交"的模式让圈层成为Z世代休闲消费的重要聚集地。Z世代在社交网络中形成的圈层效应,正在重塑这个时代的消费格局,未来无疑会有更多样化的圈层喷涌而出。

(四)创享生活,潮流消费

新消费主义时代,主流换挡加快,产品使用周期、品牌遗忘周期越来越短,潮流品牌的消费规模逐年提升,譬如高阶线上潮玩家不断涌现出来,2019年消费5 000元以上消费者人数增速高达146%。而随着Z世代时尚意识的不断增强,他们已成为潮流市场的中流砥柱,据《中国潮流消费发展白皮书》显示,目前以"95后"与"00后"为代表的Z世代潮流消费规模占到总体规模的80%,且增长趋势明显,对他们而言,潮流不仅是商品,更是一种文化符号,蕴含着许多令人神往的附加价值。

衣食住行领域,Z世代在潮流消费上主要购买的品类是衣服和鞋靴,随着近几年国潮、球鞋风行,传统服装企业已经被新的敏捷生产、供应链技术及新零售方式所颠覆。此外,潮流消费领域也变得越来越多元化,像潮童、居家生活、玩具类的潮流消费增速迅猛,其中尤以潮玩为甚。潮流玩具,也被称为Designer Toys(设计师玩具)或者Art Toys(艺术玩具),最早起源于我国香港地区和日本,多以外观设计和艺术风格取胜,玲珑的产品体现着人们对设计美学的理解。在Z世代的眼中,潮流玩具不仅是普通的玩物,更是彰显自己个性的载体,除了商业价值,潮玩的艺术价值受到了他们的肯定。潮玩中的限量款数量极为稀少,"排队摇号"购买成了很多Z世代的日常,但这也没有阻止他们成为忠实的潮玩粉丝。潮玩从小众圈子走出来到拥有众多Z世代玩家则是借助了盲盒的流行,盲盒别出心裁的售卖方式将潮流玩具推向了新高度,无论是集齐整个系列还是"中彩票"式的开出隐藏款的样式,都足够让消费者们上瘾和兴奋,Z世代们甚至愿意以高出正常售价数十倍的价格买到一个隐藏款玩具。2019年"双十一",潮玩领军者泡泡玛特的天猫旗舰店1小时销售额超过2018年全年的销售额,同比增幅295%,LABUBU迷你一代系列盲盒9秒钟就售出55 000个,全天一共卖出潮流玩具超200万个,销售额达到8 212万。

在娱乐运动领域,最流行的音乐、最劲爆的节奏、最天马行空的二次元、最张狂反主流的朋克和最崇尚自由的街头运动,成为Z世代的流行休闲文化。他们让Hip-Hop走向主流,最好的例证即是网综《中国有嘻哈》的火爆,而各大音乐排行榜也时常被说唱作品占据;滑板,这项以令人眼花缭乱的高难度动作为特征却常被视为叛逆的酷炫街头运动,征服了敢于挑战的Z世代。得益于Z世代的推崇和迷恋,滑板运动实现了质的飞跃,将成为奥林匹克家族中的一员,并在东京奥运会上首次亮相。

总之,Z世代正在迅速成长,他们是"'我'最重要"理念的传播者、美好商品的购买者、美好体验的先行者,在消费中追寻生命的意义。毋庸置疑,为存在感、仪式感、参与感和幸福感而消费的Z世代,将引领下一个十年的消费浪潮。

三、新消费主义时代的休闲消费升级

(一)休闲消费升级的旨归:美好体验与生命意义

消费主义时代下的休闲消费旨在追求消费赋予的符号意义,其过程中起主导作用的不是消费品的物质价值和功能,而是隐藏其后的符号价值,即借助休闲消费来表彰自我的地位、权利、财富和个性品位等,从而传递阶层区隔的信息。随着新消费主义理念的渗透,加之Z世代的风向引领,休闲消费得以升级,其中涉及的并非单单是休闲支出在消费总支出中的结构升级和层次提高,更不能和"更贵的"相等同,而是指向了更高的消费旨归,即美好体验与生命意义。尼采曾说过:"一个人知道自己为什么而活,才会去忍受任何一种生活。"新消费主义时代,休闲消费者"为活而买",无论是在完美的环境里享用高雅精致的晚宴,还是到海边牵手漫步,或是偷得浮生半日闲的逛街购物,或是"对影成三人"的月下小酌,或是在游戏的世界深度遨游,都是他们的主动选择。对他们而言,消费过程不仅满足物质上的享受,达到身心放松与愉悦的目的,更着眼于个体内心深处的渴望及深刻的消费体验,其实质是在清醒地释放对世间万物的爱意中享受美好时光、体悟生命意义。要实现这一消费升级旨归,除了优化休闲消费升级方向外,休闲消费节奏、场景等的完善也至关重要。概而论之,新消费主义时代下,弘扬开源精神,在休闲消费领域强调以下四方面的结合,是帮助休闲者在消费能力范畴内达到终极旨归的最优解。

1. 快节奏与慢休闲的结合

现代社会,工作节奏不断加快,"超载""超速"成为常态。无止境的奔波与快节奏的生活在可能带来成就感的同时,也使人陷入终日营营、身心俱疲的境地。人们渴望返璞归真,静下心来细细体会和品味生活的细节,让生活变成"慢板"。于是,以享受"慢生活"为主题的休闲消费活动逐渐成为人们感知生命悦动的重要方向。静思、冥想、瑜伽、香薰、林间漫步,甚至归于田野等"慢休闲"日渐兴起,让人在解除体力疲劳的同时获得精神的慰藉。而徜徉于"慢休闲"世界的消费者,他的生命一旦被打开,鲜活的气息和灵动的思绪便能把生命提升到一个自由的层次。可以说,随心、随性的"慢休闲"代表着"创造意义"的浪漫生命情调,是万千热爱生命的自由人的不二选择。

2. 大融合与小精致的结合

大融合是指以大型一站式休闲产品的兴起为代表的，融合各种休闲要素与活动的综合性休闲消费活动。比如近十几年风靡中国的特色小镇、商业综合体项目等，它们融购物、餐饮、娱乐、艺术等多种业态于一体，满足了消费者多元化的休闲需求，极大地提升了消费者的休闲体验。小精致是以小型精致化休闲产品为代表的，以满足个性化需求为特征的休闲活动与产品。特色的面包房、美甲店、家居店、SPA 馆、民宿、宠物店等，都是"小精致型"休闲业态的典型代表，并拥有了一大批拥趸，形成了较强的消费黏性。

3. 新潮流与旧复古的结合

在现代社会中，潮流与怀旧的碰撞与共生同样促进了人们休闲消费活动的多元化发展态势。人们追求潮流，渴望新鲜与未知的事物。因此，玩短视频、购物、泡吧、蹦极、玩滑翔伞等成为 Z 世代热衷的休闲活动，他们在追求潮流中彰显个性、表达自我，引领着休闲消费向纵深发展。而与此同时，以看露天电影、骑行老街等为代表的怀旧型休闲活动也日益兴起，经典、复古是这些消费活动的主题，而追寻父辈们的记忆，感受生活的历史成为人们热衷于怀旧休闲活动的初衷，也成为消费升级的新潮流。

4. 大城市与小田园的结合

当今中国，数字化基因正以前所未有的速度、规模和影响力再造城市的基础设施，重塑商业形态，大城市的舒适性与便利性呈指数级提升，从而吸引了成千上万的年轻人投身其中。与此同时，大城市高昂的房价、急剧攀升的教育与生活成本，也使身居其中的都市人生活压力陡增，于是人们急于逃离拥挤、被污染的水泥丛林，返璞归真。重返自然成为现代人休闲消费的追求方向。这一背景下，起源于 20 世纪 80 年代欧美国家的"新田园主义"正在向全球范围扩散，在我国大地上也呈现出蔚然之势。新田园主义倡导者以"享受悠闲时光"和"活用大地资源"为基本生活价值观，主张通过绿色旅游、生态旅游、久留或定居乡村等形式表达对乡野悠闲情调的向往与热爱。于是，大城市与小田园成为人们践行"乐活主义"的消费场域，这不仅有助于削减人类活动对生态环境的冲击，而且有助于提升了人们休闲消费质量。

总之，新消费主义时代，休闲消费领域最大的矛盾是广大消费者的品位和诉求快速迭代且变幻莫测，而休闲供给主体，却无法持续、快速地创新。因此，把握新消费者的特点，找准休闲升级方向，主张休闲服务、休闲场景等与休闲消费协同升级，是实现休闲消费升级旨归并最终达到供求双赢目标的理性选择。

（二）休闲消费升级的方向

1. 基于文化性提升的情怀消费

新消费时代的休闲消费者除了关注休闲产品表象的品质外，更加注重蕴藏在产品背后的文化要素，包括是否有内涵、创意，能否促进自我成长等。中国旅游研究院和上海创图公共文化和休闲联合实验室联合开展了文化消费专项调查，通过对全国 31 个省、市、自治区城乡居民的研究，收集有效样本 15 027 份，结果显示 2019 年国内文化休闲基础设施日益完善，各地文化旅游、民俗活动、节庆娱乐等休闲活动精彩纷呈，居民和游客文化消费持续升级。其中，51.78%的受访者认为"文化消费能提高人的生活质量和幸福感，比衣食住行更重要"，38.74%的受访者认为"文化消费属于生活必需品，跟衣食住行一样重要"。对于文化消费的花销主要用于"文艺演出"；其次为"文化创意产品购买"和"文化培训"。在对文化消费的意愿调查中，选择"现代科技文化"的受访者较多，占比为50.32%，其次为"传统民族文化""红色军旅文化"等。研究认为，文化消费是民众消费升级的重要标志，并将为休闲消费的持续发展提供强大的新动能。

第一，国潮消费渐成时尚。所谓"国潮"，是将传统文化与时下潮流相融合而形成的具有时尚感的产品。国潮具有三个重要元素，分别为民族文化、国货品牌和青年力量。汉字、水墨画、朱雀、祥云、东方古典园林等，这些曾与现代时尚完全搭不上边的元素正融入各种休闲消费品类，成为民族富强后文化自豪感在消费领域的投射。2018年"国潮"开启流行模式后迅速高涨，所包含的内容也越发多元化。比如，安踏与故宫联名的冬奥特许商品运动鞋推出"奥运和国家队元素系列"商品，361度推出以中国传统陶瓷文化"建盏"为主题的篮球鞋系列，深受消费者喜爱；百雀羚与敦煌博物院合作研发的"悦色岩彩"系列彩妆从敦煌壁画中提取形象与色彩灵感，成为文化和美妆完美融合的匠心之作；李宁开创了独特风格的"悟道"系列、复古风的"老爹鞋"以及展示中国态度的"中国李宁"卫衣，成为线上和线下销售的爆款产品。2018年巴黎时装周，李宁首次展现国潮风尚，带有浓厚中国特色的产品不仅让粉丝们心潮澎湃，更让外国市场见证了中国文化的魅力；汉服文化兴起，由汉服带动的古风消费热度大增，有数据显示，汉服从2019年开始市场增长速度惊人，2015年汉服市场规模才1.9亿元，2019年就已达到45.2亿元，而到了2021年其市场规模已经突破100亿元。从2015年到2021年，汉服的市场规模从1.9亿元到100亿元，增长近一百倍。可见，各类国潮休闲产品正如火如荼地发展着。

第二，文化旅游欣欣向荣。文化是旅游的灵魂，旅游是文化的载体。文旅融合之后，旅游中的文化地位得到彰显，旅游消费中的文化消费占比骤升。中国旅游研究院2019年上半年进行的专项调查显示，超过八成的受访者表示参加过异地旅游的文化体验消费，旅游中的文化消费已经成为旅游高质量发展的重要支点。比如，文旅演艺作为体现文化之魂和旅游之美的重要途径，经过十几年的演变，已由原来1.0版本的剧院式演出，演变为2.0版本的实景演出，并正递进到3.0版本的互动式高科技演出。以《宋城千古情》《印象·刘三姐》为代表的演艺活动正受到游客的钟情和追捧；故宫作为文旅战略趋势下的超级网红IP，诠释了"宜融则融，能融尽融"的时代创新，以独特的文化资源和无限创意为驱动，推动休闲旅游消费的文化升级与迸发；各具特色、千姿百态的乡村旅游深入挖掘地方传统文化、农耕文化、美食文化等，令游客的消费更具意义、深度和价值。

第三，知识付费持续增长。休闲活动中，越来越多的人通过学习付费知识来提升文化内涵，缓解知识焦虑。2016年是我国的知识付费元年，几乎每个月都有知识付费新产品出现：罗辑思维创始人打造"得到App"，喜马拉雅FM创办知识付费节"123知识狂欢节"，知乎上线"知乎Live"。随后，知识付费领域出现了更加垂直细分的产品，形式也日趋多样化。自 2016 年以来，中国知识付费用户规模呈高速增长态势，2021 年已达 4.77 亿人，预计 2022 年将突破 5 亿人。同时，知识付费市场规模逐渐扩展，"印象笔记"的数据表明，73.4%的受访者会在工作之余进行自我提升，每人每年平均在付费知识产品上的花费为 513 元左右；iiMedia Research（艾媒咨询）统计的数据显示，2021 年中国知识付费市场规模达 675 亿元，较 2015 年增长约 42 倍，预计 2023 年该市场规模将突破 1800 亿元。随着产品更加精准地筛选出匹配用户需求的内容，知识付费行业的用户规模和市场规模将进一步增长。

总之，文化性提升作为休闲消费升级的典型表征，未来将在更多领域展现出与时俱进的风采，吸引万千休闲消费者的目光和参与热情。

2. 基于美学性提升的格调消费

21 世纪初的休闲消费主要注重休闲产品的实用价值，而如今的休闲者则赋予产品的美学价值更高的地位，这一变更趋势主要受美学经济盛行的影响。何谓美学经济呢？台湾政治大学科技管理研究所李仁芳定义其为以创意整合、生活美感为核心知识，提供具有深度体验与高质美感的经济。全球产业的竞争态势已经跳脱降低生产成本的思维，"美丽"已经变成生产力，"心"的经济——美学经济成为经济舞台的主角。从经济发展层级的角度观之，目前的经济发展已经进入能够普遍地、大规模地满足马斯洛所谓的最高需求层次——自我实现的阶段，尤其是对审美的需求与知识的渴望。在制造业与服务业界线逐渐模糊的今天，不论是产品还是服务，终将因为竞争激烈而降低成本，最后演变成价格竞争，这成为"美学经济"发展的重要契机；就需求面而言，随着人们所得提升、物价下跌、生活水平的提高，消费者的消费行为升级，消费不再只是单纯的物欲满足，而是更高层次的自我实现；而就供给面而言，拜科技所赐，产品的同构型一直在扩大，厂商很难只靠高质量与低价格抓住消费者的心，因此美学经济这一趋势，也是让供需双方获得双赢的唯一出路。

美学经济带动了消费美学意识的觉醒，休闲者的购买特性也随之发生了变化，消费者购买商品或服务的时候追求有品位、有设计、有态度的个性产品，创意与感动是让他们化心动为行动的关键，以美感风格为导向的休闲消费已经成为世界经济与社会发展的新潮流。具体而言，休闲者十分重视产品造型的美感或体验情境的美感布局，甚至消费的只是过程中那份美好的感受，他们倾向于购买能够满足自身审美需求的高"颜值"产品，并为这些拥有美感的产品支付溢价。例如，社交平台的兴盛让自拍、晒照等逐渐变成人们日常生活中不可或缺的一部分，围绕美颜、美妆、美容、健身、潮流服饰等提升外观美的消费成为人们狂热追逐的方向。天猫发布的"颜值"经济报告显示 2018 年天猫的美妆消费者突破 3 亿人次，Mob 研究院发布的《2019 中国颜值经济洞察报告》称，2019 年中国"颜值经济"App 活跃用户规模接近 4 亿；新东方美学的再度崛起也时刻刺激着大众的休闲消费。具有传统美学元素的手机壳、"正大光明"充电器、"朕亦甚想你"折扇、口红、抱枕、故宫猫系列书包……这些"脑洞大开"的文创产品品类已经多达上万种，年销售额也已达到数十亿。此外，故宫还与腾讯合作，开发出剧集、动漫、游戏等一系列新颖的美学产品。清华大学文化经济研究院的调查显示，2019年实际购买过博物馆美学创意产品的消费者的数量已近九百万，是2017年数量的四倍多。

同时，商业竞争也加速了美学产品的孵化和生产。据统计，如果在工业设计投入1美元，则其产出就会增加2 000美元。日本索尼公司每年在工业设计方面创造的产值占全公司总产值的53%，而技术改造所增加的产值只占总产值的13%。鉴于此，我国数码家电行业的巨头也都将重心放在了产品的美学造型设计上，如海尔、格力、美的以及米家生态链企业，并不断收获各种国际性的设计类奖项，以期依靠美感的升华来赢得休闲消费者的青睐。

一个讲究美感的时代，任何触动休闲者心中对于追求美感体验需求的商品都能引起他们的热爱，美学令休闲消费更具格调。

3. 基于可持续性的生态消费

随着大众整体素养的提升，休闲消费越来越关注人类发展的可持续性，由此引发了可持续性消费理念的风靡。休闲活动的可持续消费包括是绿色消费（Green Consumption）、适度消费（Moderate Consumption）和健康的生活。《2019中国可持续消费报告》数据显示，当前休闲消费者在日常休闲生活中的可持续消费行为的践行度较高，超过八成的受访者在日常生活中遵循可持续消费理念。在衣服选购及旧衣处理方面，约83%的人在购买衣服时会选择环保织物；超九成的受访者表示自己会通过二手商店、衣物租赁平台购买/租赁衣物；外出用餐方面，84.85%的受访者表示会尽量不使用一次性餐具；短途出行上，95.34%的人表示在有单车的情况下会选择骑单车出行。此外，无塑料旅行逐渐成为自由旅行者的一种新时尚，甚至连放爆竹这一传统春节休闲习俗也随着可持续消费理念的深入人心而转变形式，除了使用环保烟花，如今的休闲消费者开始采用如电子鞭炮、环保礼花筒、挂饰炮仗等替代品。

休闲消费者环保意识的升级也促使商家将重心转移到绿色产品的研发和营销上。比如，国际大牌纷纷宣布旗下产品停用动物皮草，"国际零皮草联盟"成员队伍越来越壮大，Calvin Klein、Giorgio Armani、Ralph Lauren、Tommy Hilfiger、Gucci、Burberry等都归属其中。零皮草涉及的不仅是面料选择或设计的需求，更是休闲消费升级背景下消费态度的扭转和宣扬，Gucci在2017年10月宣布加入国际零皮草联盟，承诺从2018春夏系列开始不再使用动物皮草，该措施宣布后，瞬间赢得许多年轻消费者的赞许，并表示将会购买Gucci的产品。许多快时尚品牌过去因为加快了人们更新衣物的频率让消费者变得盲目购物并对环境造成严重污染，一直被消费者诟病不够环保，现在也接二连三推出了"旧衣回收"的服务，让消费者购买新衣时享受一定优惠。一些品牌甚至表示旧衣回收不局限于本品牌，如H&M。

商家生产理念的升级以及经济的增长进一步刺激了休闲消费者对可持续产品的购买欲，形成了良性的生产与购买循环。《2019中国可持续消费报告》的研究表明，价格对消费者进行可持续消费的影响明显降低，2018年的调研中77%的消费者表示不进行可持续消费是由于"价格高于同类产品,难以负担",而2019年只有42.95%的消费者认为价格会阻碍其进行可持续消费,另有超过70%的消费者表示愿意为可持续产品支付更高的价格,这点在服饰服装品类最显著。除此之外,休闲消费者对企业践行社会责任的关注度持续上升,并以此指引其消费,调查显示2017年消费者因为"产品以制造商履行CSR(企业社会责任)承诺知名"来选购可持续产品占比仅为21.53%,2018年占比43.2%,而在2019年已高达52.35%。

可持续消费理念的普及意味着休闲消费者已经开始从全球视野和人类发展角度来思考和践行休闲消费这一活动,这能够保持当代与未来、人与自然间的平衡与和谐。

4. 基于下沉市场的品质消费

根据"2021中国城市商业魅力排行榜",我国现有一线城市4个,"新一线"城市15个,二线城市30个,除去这49个城市,其他地域均属于下沉市场范畴。按人口计算,下沉市场的规模约为10亿人。众所周知,以往休闲消费的主力一直集中在一二线城市,下沉市场受制于经济、网络和物流等因素,其民众的休闲消费能力历来薄弱,消费产品往往与山寨、廉价相勾连,而和消费升级几乎绝缘。

不过现如今,随着下沉市场居民收入的增加、移动互联普及地域边界的打破、物流基础设施的完善、消费观念与上线城市逐渐趋同,下沉市场的休闲消费迎来了史无前例的爆发期。《中国居民消费升级报告(2019)》显示,居民收入与GDP仍保持同步增长,实物类与服务类消费升级态势稳健,特别是下沉市场消费升级趋势明显。首先,居民的消费能力大涨,《2019下沉市场图鉴》的数据显示,月收入超过5 000元的人口占比已经超过40%,加上房价、物价的相对低廉,尤其很多下沉市场的休闲消费者都拥有原生住房,不会因为房贷挤压收入空间,所以他们的可支配收入实际上相当可观;其次,下沉市场慢节奏的生活方式和较低的生存压力,让休闲者产生了旺盛的消费意愿和消费信心。《中国消费者信心指数报告》显示,2018年一线城市居民的消费信心最弱,而三线城市与农村居民的消费信心最强烈。与此同时,许多从一二线城市回归的年轻人带来了新的消费理念,引领其他人开启"买我所爱"的美好商品消费潮流。下沉市场的一个典型消费代表就是小镇青年,这群既有消费能力又有消费意愿的群体通过休闲消费表达个性与诉求。尼尔森发布的《2019年第三季度中国消费趋势指数报告》表明1.2亿小镇青年群体中有56%每月可支配收入超过3 000元,愿意尝试新品和愿意升级的占比分别为31%和55%,高于一二线城市消费者的24%和53%。

随着一二线城市消费市场的日趋饱和流量红利逐渐减少,下沉市场俨然已成了商业竞争的热土,这也成为休闲消费升级的一个直接驱动力。特别是2018年,拼多多与趣头条先后在美国上市,里程碑般地撬开了下沉市场这片长期以来被人们忽视的庞大消费蓝海,并凭借一日千里的成长速度诠释着下沉市场休闲消费升级的无限可能。这让深耕一二线城市的其他商家领略到了下沉市场的无比潜力,如今所有的商业形态,如电商、游戏、金融、社交、科技等,都在加速逐鹿下沉市场,使得遍布我国广袤大地上的所有群体都能享受到休闲消费升级带来的便捷和愉悦。只有当10亿下沉市场的休闲消费者拥有了和一二线城市民众相同的消费能力、消费渠道和消费体验时,我国的休闲消费才真正实现了全面的品质升级。

拼多多:消费降级抑或是休闲升级?

我们一直在说消费升级是市场的主流趋势,但随着2018年年初,涪陵榨菜收入、利润率大幅增加,中国方便面销量收入五年来首次止跌回升,圈内出现了"消费降级"的推断,而拼多多平台的迅速崛起,也让更多人对"消费降级"的说法表示认可,大家开始争论到底消费是在持续升级还是开始降级了?有一种观点是消费层级不同导致了消费分层。拼多多平台的强势崛起说明了我们正处于一个消费分层的社会,拼多多满足了与之对应的层级消费者的消费需求。

拼多多是2015年上线的一家专注于C2B拼团的第三方社交电商平台,凭借"团购+低价"以及对微信平台社交属性的运用,拼多多从三线及以下城市神奇崛起,2018年7月26日正式登陆美国资本市场。随着名声越来越大,拼多多平台被频频爆出涉及"假名牌""傍名牌"、销售假冒伪劣产品等"黑料",但这些似乎并没有影响到它。数据显示,截至2021年底,拼多多拥有的年活跃买家数达8.687亿人,同比增长10%,单季新增约140万人。2021年第四季度,拼多多App平均月活跃用户数为7.334亿人,同比增长2%。2021年全年,拼多多年成交额(GMV)为24 410亿元,同比增长46%;活跃买家年度平均消费额为2810元,较上一年的2115.2元,同比增长33%。

越来越多的消费者在拼多多上"血拼"便宜货,用户快速崛起。到底谁在使用拼多多?拼多多的创始人黄峥的回答是:"拼多多想做的事情是永远匹配,让合适的人在合适的场景下买到合适的东西。"如以当下的社会青年群体喜闻乐见的文化内容作为消费的有力牵引:以流行的男团组合"NINE PERCENT"为拼多多的形象代言,以NINE PERCENT发放的礼物作为消费动力吸引了不少粉丝及"颜控"的疯狂追捧。而在微博上发布的这条销售广告评论达到了两万以上,其中多是"和蔡徐坤(组合C位)一起收礼物啦!""当然要和蔡徐坤一起啊"。对于很多"00后""90后"年轻消费群体,他们与追求实用价值的"80后""70后"不同,对于新奇、智能的新产品充满了好奇心,拼多多以青年群体的爱好作为发展方向,符合当下青年追求新奇、怪异的生活体验。

拼多多虽以低价吸引和满足消费者,但在看似消费降级的表象下却蕴含着消费者的多重休闲升级。第一,社交分享制造联结的快乐。拼多多通过社交软件,以拼单、砍价等形式将众多志同道合的消费者紧密地联结在了一起,一同享受扩大化的欢欣购物体验,诚如马克·吐温所言:"欢乐的滋味如果要充分体会,你就必须有人分享才行"。第二,高性价比提升购物体验。拼多多商品便宜又实惠的本质原因在于薄利多销的拼购模式和产地直达的"高速公路",是典型的 C2M(Customer-to-Manufacturer),规模化的购买方式实现了低库存甚至零库存,让商家有了更大的空间提供价格更低、质量更好的商品。因此,消费者买到的一般都是精挑细选之后有性价比保障的产品。第三,消费匹配扩展休闲购物者边界。拼多多的初衷是专为下沉市场的消费者服务,也就是广大四五线城市以及县域范围的民众,其高性价比商品让一些对中高端消费望而生畏的人也可以畅快体验购物的乐趣,进一步拓宽了休闲购物大众化的范畴。第四,娱乐设计增进购物趣味。拼多多的消费模式体现出一种偏娱乐性的全新购物体验,拥有强大的可玩性,无论是产品设计、诸多小游戏还是如今风靡一时的"多多果园",其主旨都是让消费者边购物边娱乐,让购物变得更有趣,从而增强用户黏性,回应了诸多网友的心声:好的生活,从来都应当是不昂贵、有趣味。第五,公益扶贫彰显休闲品质。2020 年,拼多多农产品成交额超过 2700 亿元人民币,规模同比翻倍。该平台已经将一千两百多万农民与消费者连接起来,在"互联网+农业"战略的指引下,拼多多指导农民在线开店,帮助他们增加家庭收入,通过培训,让农村青年成为精通电商业务的"新农民",很多农民变成了数字经济的先行者,成为当地创造财富的催化剂。许多人在购买价廉物美的产品的同时也顺手帮助了因为农作物滞销而愁眉不展的广大贫困农民,让休闲购物拥有了更加高尚的内涵。

(整理自沈杨,朱雅. 青年"拼团"消费群体生成逻辑及其调适——以社交购物 APP 拼多多为研究个例[J]. 山西经济管理干部学院学报,2018,26(04):33-36;侯婷婷. 消费阶层不同导致消费分层,拼多多满足了用户的获得感[J]. 家用电器,2019(05):42-43;拼多多公布"限时秒杀"相关数据:订单增幅同比达到 320%[EB/OL].(2019-06-26).www.techweb.com.cn/intemet/2019-06-26/2741084.shtml.)

 复习思考题

1. 什么是休闲消费?它具有哪些特征?
2. 如何理解休闲消费的多元化发展趋势?
3. 为什么说时间约束是休闲消费的硬约束?
4. 试述其他收入、工资率及进入成本对休闲消费的影响。
5. 试述数字时代对休闲消费趋势的影响。
6. 我国休闲消费结构存在哪些弊端?针对目前的消费结构,你有哪些思路或建议?
7. 什么是新消费主义?请概述它与消费主义的异同点。
8. 何为 Z 世代?为什么说 Z 世代是新消费主义时代休闲消费的弄潮儿?
9. 试述新消费主义时代休闲消费升级的旨归与方向。

 本章参考文献

[1] ATTANASIO O P. The intertemporal allocation of consumption:theory and evidence,NBER working papers W4811[EB/OL]. (1994-07),http://ideas.repec.org/nbr/nberwo/4811.html.

[2] Independent commission on population and quality of Life.Caring for the future[R]. Oxford: QxfordUniversity Press, 1996.

[3] 多恩布什·弗希尔. 宏观经济学[M]. 王志伟, 译. 北京：中国人民大学出版社, 2000.

[4] 郭鲁芳. 跨期休闲消费的经济解析[J]. 统计与决策, 2006（03）：8-10.

[5] 郭鲁芳. 时间约束与休闲消费[J]. 数量经济技术经济研究, 2006（02）：117-125+160.

[6] 郭鲁芳. 休闲消费的经济分析[J]. 数量经济技术经济研究, 2004（04）：12-21.

[7] 郭鲁芳. 中国休闲消费结构:实证分析与优化对策[J]. 浙江大学学报（人文社会科学版）, 2006（05）：122-130.

[8] 加里·S. 贝克尔. 人类行为的经济分析[M]. 王业宇, 陈琪, 译. 上海：上海人民出版社, 1995.

[9] 杰弗里·萨克斯, 费利普·拉雷恩. 全球视角的宏观经济学[M]. 费方域, 等, 译. 上海：上海人民出版社, 1997.

[10] 胡志坚, 李永威, 马惠娣. 我国公众闲暇时间文化生活研究[J]. 清华大学学报（哲学社会科学版）, 2003（6）：53-58.

[11] 李峥嵘, 柴彦威. 大连城市居民周末休闲时间的利用特征[J]. 经济地理, 1999（5）：80-84.

[12] 李培林, 张翼. 消费分层：启动经济的一个重要视点[J]. 中国社会科学, 2000（1）：52-61.

[13] 彭华民. 炫耀消费探析[J]. 南开经济研究, 1999（1）：39-42.

[14] 宋瑞. 休闲：经济学分析与统计[J]. 旅游学刊, 2002, 17（6）：26-31.

[15] 马惠娣, 张景安. 中国公众休闲状况调查[M]. 北京：中国经济出版社, 2004.

[16] 王小波. 工作与休闲—现代生活方式的重要变迁[J]. 自然辩证法研究, 2002, 18（8）：59-62.

[17] 夏怡然. 女性闲暇生活状况—以福建省为例[J]. 南京人口管理干部学院学报, 2004（1）：28-33.

[18] 严先溥. 中国居民消费群体的分析与研究[J]. 经济研究参考, 2002（72）：33-39.

第十三章
休闲政策与休闲教育

开篇案例

带薪年假：中国休假最后的短板

"世界那么大，我想去看看。"这份郑州某中学老师顾某某的辞职报告，一时走红网络，真有一种"仰天大笑出门去，我辈岂是蓬蒿人"的快意与豪情。然而，亦有网友将顾老师的辞职信作为上联，对出了所谓的"下联"——"钱包这样小，谁都走不了。"也不见得都走不了，一些人索性自动"下岗"，自己给自己放大假。"20年财务工作，没计算出生命的本色。"这是某公司财务部员工的辞职原因。

与之相对应的，是大多数人职场压力的增大。近日，网上票选京、沪、穗和深圳"最强加班楼"，成了一二线城市白领热议的话题。以上海为例，相关数据显示，恒隆广场写字楼、外滩中心、世纪商贸广场位居三鼎甲。"我们的工作是5+2、白加黑。""反正合同就是这么写的——下班前做不完的工作就要自愿留下做完"，职场人士已然对加班麻木了，甚至有白领为了不影响家人休息，想出在外租房的"妙招"。

上海市统计局公布的近年上海职工带薪休假情况调查显示，超过8成的上海职工近3年使用过带薪休假，但只有43.9%的受访职工全部休完，42%休掉了一部分。该项调查还显示，外资合资企业受访职工使用带薪休假的比例最高；其次为国有企业；相较之下，事业单位、私营企业和政府机关的受访职工，过去3年内使用过带薪休假的比例都不足80%。

记者最近了解到的劳动人事纠纷则很能说明某些用人单位对职工休假的"终极态度"。某公司管理人员董某2014年没有申请过年休假，在其劳动合同期限届满时，他要求单位支付未休年休假的工资。单位答复说，董某虽然在当年没单独休年休假，但单位在4月已统一组织职工旅游5天，视为其享受了带薪年休假。董某则不认为旅游福利就是年休假待遇，而且单位也未提前特别说明，于是申请劳动仲裁。

上海交大城市社会研究中心主任陈映芳教授告诉记者，我国现在大多数人的工资是结构工资，真正的底薪只有一部分，带薪休假之"薪"，却往往是底薪。由此，导致职场人不敢休假。休闲，这一重要生产力也就无法平稳迅捷地发动。

（节选自姜浩峰. 带薪年假：中国休假最后的短板[J]. 北方人，2015，（07）：1.）

休闲不仅仅是实现经济发展的手段,也不只是一种生活方式,更是人的一种基本权利。世界休闲游憩协会(WLRA)于1970宣示:"享有休闲游憩之机会,教育及资源是一种基本人权,亦是生活品质中极重要、不可或缺之一环,所以应予保障及满足。"和谐社会中,休闲应当成为一项社会福利,成为每个社会成员的利益和权利。要提高全民的休闲质量,既需要政策作为保障,也需要教育作为指引,最终实现和谐社会的建设目标。

第一节 休闲政策

一、休闲政策的概念及类型

(一)休闲政策的概念

休闲政策概念的提出是随着大众休闲时代的到来而产生的,但有关这方面的研究较少,至今未有一个权威的概念。楼嘉军(2005)从休闲产业角度出发,定义了休闲产业政策,他指出"所谓休闲产业政策,是指国家或政府为了实现一定历史发展时期内的经济和社会目标,以全产业为对象而制定和实施的促进产业发展、机制形成的综合性政策体系"。[①]孙海植等韩国学者(2005)概括了学术界关于休闲政策的两种概念:"一种观点认为休闲政策是组织体采取的各种休闲对策的总体,是政府活动总体的一个方面;另一种观点认为,休闲政策是主体为了追求关于休闲的政策目的,所采取的社会、经济行为,即为了解决休闲问题而采取的行动",[②]并同时提出了自己的概念:"可以把休闲政策定义为一种计划,是政府机关规划和决定的关于国民休闲的行动指南,休闲政策的目标是通过休闲活动提高国民生活质量,并为此健全相应的社会体系和按一定的程序运作的组织。此外,为了综合调整和推进休闲政策行政,休闲政策还应指出相应的业务范围和方向"。[③]

此外,一些学者还对休闲政策的分化性和休闲政策的未来趋势做了相关研究,对休闲政策的内涵与外延的界定有一定的启示作用。2006年杭州西湖博览会上,弗莱·德柯特(美国斯特林大学体育政策主席)指出:休闲方面的政策还是很分化,各个部门有不同的政策。各个职能部门也各司其职,应该让这些职能部门达到统一。在制定教育政策等非休闲政策的时候,应该充分地考量休闲的因素。

杰弗瑞·戈比认为,为适应休闲经济的发展,各国的休闲政策必将做出相应的调整,甚至发生根本性的变化,其具有以下几个发展趋势。[④]

(1)休闲政策将更多地反映环境、社会和经济改革的需要,而不仅仅是被动地满足需求。

(2)由于"有钱人"(Haves)和"没钱人"(Haves not)的两重社会的迅速出现,休闲服务将经历重大的政策斗争。特定机构内的政策将必须包含多重目标。

---

① 楼嘉军. 休闲新论[M]. 上海:立信会计出版社,2005:357.
② [韩]孙海植,安永冕,曹明焕. 休闲学[M]. 朴松爱,李仲广,译. 大连:东北财经大学出版社,2005:113.
③ [韩]孙海植,安永冕,曹明焕. 休闲学[M]. 朴松爱,李仲广,译. 大连:东北财经大学出版社,2005:114.
④ 杰弗瑞·戈比. 你生命中的休闲[M]. 康筝,田松,译. 昆明:云南人民出版社,2000:380.

（3）休闲服务部门在行使职能时，与政府其他服务部门的关系将更为紧密。在许多政府服务的部门中将发现越来越多的休闲成分。

（4）休闲政策将会更多地考虑"预防"。

（5）在宏观水平上，我们自己的休闲政策和其他相关政策应该越来越多地响应可持续发展和可持续社会发展的趋势，我们的自身利益要求我们重新调整我们对休闲的利用方式和我们的生活方式。

综上所述，休闲政策要考虑环境、社会、经济、人口特征、相关部门之间的协调性等方方面面的实际情况。结合一般政策的框架，从时间角度来说，各个时期的休闲需求具有差异；从目的性角度来说，休闲的最终目的是改善人类环境和提高生活质量，从而达到社会的可持续发展和社会的整体和谐；从政策与环境的关系/生态学的角度来说，休闲政策是为了协调休闲需求与环境、社会、经济、人口特征的各种关系；从政策的功能的角度来说，休闲政策引导人们合理正确地休闲，获取生活的价值，从而达到社会价值的最大体现。由此可知，休闲政策可以定义为：休闲政策是政府、政党或社会其他公共团体在不同的历史时期，在考虑到环境、经济、社会效益的基础上，为提高人们的生活质量、构建和谐社会、促进社会的可持续发展，制定的一系列以科学休闲、健康休闲为核心的措施，进而实现社会价值分配的最大化。休闲政策具体包括休闲产业政策、休闲管理政策、休闲就业政策、配套与保障政策以及休闲发展的指导方针与总体原则等。

（二）国外休闲政策的类型

一个国家休闲的发达程度是其经济发展水平和社会文明程度的重要标志。英国、美国等发达国家在休闲政策制定、休闲行政管理机构设置以及公共休闲设施和服务供给等方面有比较好的经验。吴承忠（2015）指出，国外休闲政策大致可分为户外游憩政策、艺术与娱乐政策、旅游政策、针对特殊人群的休闲政策、休闲服务业的人力资源管理政策、运动政策六大类。[①]

1. 户外游憩政策

户外游憩政策包括资源政策、旅游和野生生物政策、海岸游憩政策、海港游憩功能开发政策、森林游憩政策、乡村游憩政策等。以乡村游憩政策为例，美国和欧洲各国均实行以资源为基础的乡村游憩模式。其中，国家公园是乡村游憩的重要载体。美国的国家公园政策体现在《1930年国家公园法案》和后来的《分区制规划政策》中。政府通过公园的功能区规划政策以约束开发、管理和经营中的不当行为。

2. 艺术与娱乐政策

国外学者所论及的艺术和娱乐产业大致包括艺术产业、传媒产业、娱乐产业、图书馆业、网络等产业，大致相当于文化休闲产业和娱乐产业的范围[②]。发达国家在艺术和娱乐政策上采取了参与部分艺术与娱乐设施的直接供应、资助商业和志愿者机构、提供艺术和

[①] 吴承忠. 国外休闲政策实践及其启示[J]. 武汉大学学报（哲学社会科学版），2015（02）：109.
[②] A J VEAl. Leisure and tourism policy and planning[M]. Wallingford: CABI Publishing, 2002：241-244.

娱乐供应等形式，以市场化为主导，促进了艺术和娱乐产业的发展。有的国家还把以发展艺术和娱乐为主的文化产业作为政府的发展战略来实施。美国正是依靠其出色的市场经济体制和产业积聚政策成功地实现了好莱坞电影产品向全球市场的扩张。

3. 旅游政策

旅游政策涉及海滨旅游政策、生态旅游政策、文化旅游政策、乡村旅游政策等几种类型。旅游政策包含两个有一定矛盾的目标："一是使在旅游目的地的游客数量和花费最大化；二是游客对目的地环境的冲击最小化。"1974年以后，英国的海滨度假出现了明显的衰退迹象，英国南部的多数地方政府制定了旅游发展战略来应对危机。另外，美国《1981年国家旅游政策法案》规定，国家商务部有推动美国旅游、减少旅游障碍、便利国际旅行的职责。法案第2123条还授权美国商务部长与外国政府就旅行和旅游事务进行磋商，在国外建立官方旅游办事机构，提供援助，进行相关训练和培训。法案规定商务部下设旅行和旅游部，负责旅游具体工作。

4. 针对特殊人群的休闲政策

针对特殊人群的休闲政策涉及妇女、少数民族、残疾人、小孩、青年人、老年人等。例如，英国通过相关法案为残疾人的休闲进入和其他权利制定了指南，此外，许多英国的海岸城镇已经成为退休度假地。目前，有些国家的政府和跨国公司为老年出国旅游市场提供专业服务，充分考虑老年人的特点，以"正确的时间、正确的地方和正确的价格"为他们提供休闲服务。

5. 休闲服务业的人力资源管理政策

由于游憩、公园和服务业领域十分分散，因此讨论具体的各个领域的人力资源政策十分困难。例如，美国联邦政府雇员的政策来自个人管理办公室，基本上依据1978年颁布的《民用服务业改革法令》。在私人部门，政策可能来自一个公司的总部办公室，政策的制定要听取个人的意见并需要得到政策制定团队或首脑的批准，管理者需要定期对新老员工进行政策解释。总体来看，美国并没有制定专门的为休闲服务业准备的人力资源管理政策和法规，有关人力资源方面的政策更多的是通过国家综合性法令制定通用标准，如《1964年人权法令》《1983年平等付报酬法令》，以及退休、就业者福利等有关法令。

6. 运动政策

英国于1975年发布的《运动和游憩白皮书》认为，参与运动能促进国民健康，因此，通过政策手段提高国民身体素质也是政府的重要职责之一。发展运动产业是政府关心运动和制定政策的另一个重要原因。政府运动政策的目标和原则是：大众体育和精英体育。为此，政府应该提供运动方面的社会福利，主要途径包括资助消费者、资助商业领域和志愿者领域的供应者，或者直接以比私人生产者更低的价格供应商品。资助的另一个目的是为了实现运动产品、资源和运动机会的更公平分配。政府有时直接提供部分大型公共体育馆等公共产品的建设和服务，以弥补市场的不足，有时还通过制定国家和地区运动计划来促进学校运动与休闲教育的发展。

二、休闲政策的主体

政策主体（政策活动者）可以一般地界定为直接或间接地参与政策制定、执行、评估和监控的个人、团体或组织。政策的构成因素一般包括立法机关、行政机关、司法机关、政党、利益团体、思想库、大众传媒或公民（选民）等。但是，由于各国的社会政治制度、经济发展状况、文化传统等方面的不同，各国政策的制定过程存在着差别。因此，政策主体的构成因素及其作用方式也有所不同。[①]政策主体根据不同的分类方法可以划分为不同的类型，在西方，人们习惯将政策主体尤其是政策制定者分为官方的主体和非官方的主体两大类，安德森在《公共决策》一书中就是这样划分的。在他看来，官方的政策制定者是指那些具有合法权利去制定政策的人们，包括立法者、行政官员、行政管理人员和司法人员；非官方的政策决策者或组织包括利益团体、政党和作为个人的公民。[②]本书对休闲政策主体的划分根据主体对客体的作用和影响分为政府休闲主管部门、商业休闲组织、民间休闲组织以及大众传媒。

（一）政府休闲主管部门

政府休闲主管部门包括为公民的休闲提供各项服务的中央政府和地方政府，其资金主要来自国家和地方的财政收入。政府参与休闲服务的传统解释是：政府的参与对向全体人民提供总福利是必要的。随着社会变得越来越都市化，人与人之间的依赖性越来越强，现在的观点是，公共休闲服务能起到"促进"的作用，它能提供一些非政府不能提供的休闲服务。政府休闲主管部门对休闲的控制和管理主要体现在以下几个方面。

1. 休闲政策活动

休闲政策活动包括对休闲政策的研究、制定、颁布、落实以及调整等，对整个国家的休闲活动起到科学引导和规范的作用，其范围涉及休闲活动的方方面面。在欧洲，许多发达国家在对企业进行征税的过程中，往往会对休闲产业中的旅游业、文化业实行宽松的税率制度，甚至对一些非营利性的图书、报刊等文化产品实行零税率政策。这种调控手段在实际的应用中取得了非常成功的效果。[③]

2. 提供休闲场所和设施设备

政府部门与商业部门都提供相关的休闲场所和设施设备，政府部门侧重于休闲的公共场所和设施的提供，如图书馆、艺术中心、公园及娱乐设施、旅游配套服务等。目前，我国逐步开始免费开放更多的博物馆，完善公园的休闲功能，增加体育场的建设，健全城市的图书馆功能，以及在城市附近开辟露营地等，使得市民可进行宜静宜动的常规休闲活动。

3. 提供具体的休闲技能教育

休闲从某种意义上来说也是种能力，拥有休闲技能的人往往比那些缺乏休闲技能的人

---

① 郑敬高. 政策科学[M]. 济南：山东人民出版社，2005：76.
② 詹姆斯·E. 安德森. 公共政策制定[M]. 谢明，等，译. 5版. 北京：中国人大出版社，2009：44-45.
③ 楼嘉军. 休闲新论[M]. 上海：立信会计出版社，2005：364.

更懂得如何更好地安排闲暇时间。因此，政府部门组织提供具体的休闲技能教育非常有必要。在北美和其他工业化国家的政府休闲机构通常会对某些休闲活动提供一定的辅导，它们包括体育和田径、视觉和表演艺术、手工艺和一系列非职业性的成人教育课程。①在我国的一些大中型城市，政府部门会在老年大学、街道社区等公共场所为下岗工人、退休人士开展一系列的技能培训等，教授一些休闲技术，如插花园艺、文学欣赏、计算机培训等。然而，这种专门的机构还未真正形成，未来在建立这种机构时，要充分考虑课程的层次性，要与学员的教育水平与休闲水平挂钩。

4. 保护休闲环境与资源

休闲环境与资源是休闲活动得以展开的基础，也是休闲活动实现可持续发展的保证。政府部门对休闲环境与资源的保护主要体现在两个方面：一方面是对基础公共休闲设施的维护与改善，另一方面是对独特的稀缺性资源的保护。我国的很多资源已经被纳入世界遗产保护系列，截至2021年，我国已有56处自然文化遗址和自然景观列入《世界遗产名录》，其中，自然遗产14项，世界文化遗产名录38项，文化和自然双重遗产4项，并且在世界遗产申请保护方面的工作还在进行中。政府在休闲环境与资源保护方面做出的努力，一方面满足了市民一般的休闲体验需求，另一方面满足了特殊的休闲体验需求。

5. 向特殊人群和个人提供服务

一项由北美国家娱乐和公园协会（National Recreation and Park Associaton）进行的研究发现，将近4/5的地方娱乐组织和公园机构向老年人提供休闲服务，1/5以上的机构向学龄前儿童提供服务（Szwak，1989）。有一半以上的此类组织向智力障碍青年提供服务，13%的组织向智力障碍成年人提供服务。向残疾人和成年人提供服务的机构大约占15%。随着特殊群体被纳入社会运动的发展大军，市政休闲服务机构向他们提供休闲服务的责任越来越大。②在我国，政府对特殊群体的休闲服务正在逐步完善，如在城市规划方面越来越从细节处考虑到残疾人的需求，如残疾人过道、残疾人厕所、残疾人专用电梯等无障碍设施的修建，北京还开通了无障碍公交车，此外，政府部门还举办了各种大型活动邀请残疾人参加。在学习西方经验的基础上，我国政府对特殊群体的服务将越来越健全。

6. 开展各种规模的节事活动

在历史上，大多数休闲节事活动基本上都是为了给当地人带来愉悦和享乐，如教会的丰收节、学校的圣诞剧、园艺俱乐部的年度展览、村庄的夏季狂欢节等。如今，政府部门为促进社会、经济、文化的交流与发展，会举办各种节事活动，节事活动是指城市举办的一系列活动或事件，包括节日、庆典、地方特色产品展览会、交易会、博览会、会议，以及各种具有文化、体育特色的活动或非日常发生的特殊事件。③

---

① 杰弗瑞·戈比. 你生命中的休闲[M]. 康筝，田松，译. 昆明：云南人民出版社，2000：321.
② 杰弗瑞·戈比. 你生命中的休闲[M]. 康筝，田松，译. 昆明：云南人民出版社，2000：361.
③ 吴必虎. 我国城市节事活动的开发与管理研究[N]. 中国网，2003-12-09.

（二）商业休闲组织

商业休闲组织是指以赢利为目的，提供与休闲相关的产品与服务的企业。随着休闲生活越来越丰富，商业休闲组织发展的空间将越来越大。此外，在某些情况下，商业休闲组织还可以引导人们的休闲行为。

根据不同的分类方法，学者们对商业休闲组织进行了不同的划分。

托可尔岑在 1984 年将涉足休闲业的商业部门划分为五个类别：围绕着家庭的娱乐活动，社会型的娱乐活动，娱乐与艺术，运动与康体娱乐，旅游、度假和非正式的娱乐。[1]家庭的娱乐活动主要涉及阅读、看电视、家庭健身、园艺等，其主要供应者包括器材制造商和供应商、DIY 商店、园艺中心、报纸和出版商等；社会型的娱乐活动在普及程度上仅次于围绕着家庭的娱乐活动，主要涉及酒吧、饭店、餐馆、电影院等；以娱乐与艺术为主的休闲活动主要涉及酒馆、电影院、保龄球馆、剧院、娱乐场等，与其他内容有相当程度的重叠；运动与康体娱乐包括运动设施（健身俱乐部、体育馆、私营休闲中心和专项的运动俱乐部）、运动产品（休闲运动装备、衣物和鞋袜等）、零售（体育用品店和批发店）等；旅游、度假和非正式的娱乐主要涉及航空公司、旅行社、旅游吸引物等与旅游相关的企业，以及与野营相关的设施销售商与经营商。这种分类方法对商业部门分析来说既有效而又不会显得太死板，而且也方便对活跃于各个领域的供应商们进行识别。

余青等（2004）认为这类机构的组织形式总体上可分为：①个人所有企业，如家庭旅馆、小旅行社等；②国有企业，如中国国际旅行社、风景名胜区等；③上市公司，如华侨城、新锦江集团等；④股份制企业，如各类度假村、主题公园；⑤大型跨国集团公司，如迪士尼乐园。这种分类方法是从企业的经营模式来划分的。

相对于政府休闲部门、民间休闲组织，商业休闲组织具有更强的市场洞察力，更新速度更快，一些新的商业休闲组织随时会产生，如现在以网络为核心的一系列新产品——电脑、手机、游戏等的服务商。此外，还有休闲教育商业机构，如钢琴培训班、书法培训班等，类似此类的教育机构将随着休闲产业的不断发展而不断壮大。另外，休闲咨询商业机构也将作为新成员加入商业服务组织中。

（三）民间休闲组织

民间组织的概念在国外有许多不同的称谓，如独立部门（Independent Sector）、第三部门（Third Sector）、非营利组织（Nonprofit Organization）、慈善组织（Philanthropic Organizations）、志愿者组织（Voluntary Sector）、免税组织（Tax-exempt Sector）、非政府组织（Nongovernmental Organization）、社会经济（Social Economy）、公民社会（Civil Society）等。这些概念涵盖的都是处于政府与企业之间的制度空间，分别从不同的侧面论述了民间组织的特征与功能。

关于民间组织的概念，人们大多认同美国约翰·霍布金斯大学的莱斯特·M. 塞拉蒙

---

[1] [英]克里斯·布尔. 休闲研究引论[M]. 田里，译. 昆明：云南大学出版社，2006：199.

(Lester M. Salamon)教授所下的定义：①组织性（Formal），即有内部规章制度，有负责人，有经常性的活动。②民间性（Private），即在体制上独立于政府，但可以接受政府的一些资助。③非营利性（Non-profit Distributing），即组织的利润不能分配给所有者和管理者，不以赢利为目的。④自治性（Self-governing），即要能够自己控制和管理自己的事务。⑤志愿性（Voluntary），即在组织的活动和管理中都有显著的自愿参与的成分，如由志愿者组成董事会。这是对民间组织管理状况较为全面的概括。①

根据莱斯特·M.塞拉蒙教授所下的定义，民间休闲组织即在民间组织的概念的基础上再添加从事与休闲相关的活动。民间休闲组织涵盖了休闲活动的各个方面，托克尔岑（Torkildsen, 1999）提供了一张与此相关的英国休闲机构的清单，他把这些繁复的内容加以分类并且进行了举例说明，如表13-1所示。②

表13-1 英国非营利性休闲机构的种类

社区组织	社区联合会、社区委员会
社区活动团体	全国志愿者组织理事会、城市中心联合会、互助会、姜饼联合会
儿童团体	学前儿童游戏组联合会、玩具库联合会
年轻人组织	侦察联盟、女童子军联盟、基督教青年会全国理事会、青年俱乐部的全国理事会
妇女组织	女子学院全国联盟、城镇妇女行会全国联盟、母亲联合会、妇女志愿服务队
男士团体	工人俱乐部、服务俱乐部
老年人团体	老年俱乐部、城市老年人
残疾人团体	残疾人的花园、伤残司机发动机俱乐部
探险组织	外出组织、爱丁堡伯爵奖品组织、全国洞穴联盟
户外活动组织和旅游团体	英国和爱尔兰野营俱乐部、青年旅馆联盟、大不列颠自然主义中心理事会、漫步者协会、大不列颠有篷马车旅行者俱乐部
体育运动和康乐组织	健身俱乐部、大不列颠水上曲棍球联合会、大不列颠溜冰联合会、自行车理事会、大不列颠轮椅篮球联盟
"文化的"和娱乐组织	大不列颠剧院联合会、博物馆联合会、英国民间歌舞社团、英国音乐节联盟
教育组织	全国成人教育协会、工人教育协会、国立听力图书馆
业余爱好和兴趣团体	全国插花联合会、市民乐队联合会、古董收藏家俱乐部、为残障人士服务的手工艺品咨询联盟、大不列颠酒垫子收藏会
动物与宠物团体环境、自然资源和遗迹保护团体	小马俱乐部、爱猫联盟、国名托管组织、地球之友、皇家鸟类保护协会、英国环境清洁组织、拯救乡村池塘运动组织、珍稀物种保护协会
消费者团体	消费者协会、争取散装啤酒运动协会
咨询服务团体	大不列颠咨询联合会、市民建议办公室、酒精匿名者、婚姻指导委员会、撒马利坦会
博爱组织	大不列颠和爱尔兰"扶轮国际"、大不列颠保护多样性俱乐部

---

① 李瑜青，刘根华. 日本的民间组织[J]. 社会，2002（12）：41.
② [英]克里斯·布尔. 休闲研究引论[M]. 田里，译. 昆明：云南大学出版社，2006：218.

续表

辅助医务组织	英国红十字协会、圣约翰救护车队
保卫国家统一团体	志愿准备团、本土防卫自卫队、海军和陆军军官学校学生团、空军训练兵团
宗教团体	卫理公会教派教堂分配会、教堂军、英国国教儿童团
政治团体	政党、协会

资料来源：TORKILDSEN G. Leisure and recreation management[M]. 4th. Edn., London: E & FN Spon(Routledge), 1999: 287-288.

在休闲和旅游领域，还存在着一种机构，它主要负责相关资产的委托管理，这种托管机构一般属于非营利部门或志愿部门的组成部分。托管机构和非营利组织都是作为社团实体而设立的，常常扮演着政府机构的角色。根据维尔（Veal，A.J.）[1]的描述，托管机构有可能是根据相关的立法，在英国则是经皇家许可而设立，并由理事会进行监管。委托管理这一形式常见于艺术领域，如政府会提供大量的资助，但很多博物馆、美术馆、影院等都是以托管这一形式运作的。在遗产管理方面，最著名的例子是英国的国民托管组织，该组织掌管着全国被托管的自然遗产和建筑遗产。在有些国家，如德国，一些志愿性的体育组织扮演着广泛的社会角色，并得到来自国家政府的大量资金支持。在澳大利亚的新南威尔士州，与体育运动、退伍老兵和文化族群有关的各种注册俱乐部，都扮演着一种独特的社区中心支持者和体育运动支持者的作用。国际奥委会是全球体育运动领域的顶级组织，也可被看作是一个政府间组织，特别是就其监管在体育运动中使用违禁药物方面所起的作用而言。

民间休闲组织在推动休闲业发展中扮演了重要的角色，克里斯·布尔登等[2]对此做了总结，认为它所承担的角色有：休闲资源的供给，包括私人和集体的；雇佣志愿的劳动力；宣传活动以及陈情运动；组织和控制休闲活动；为政府和公共部门之间提供有益的联系；提供各种社会和心理方面的帮助。近年来，随着休闲需求的多元化发展，在我国也出现了各种以"休闲"为核心的社会团体，他们广泛发动各种社会力量，组织和开展了各种类型的活动，对整个社会的休闲发展起到了积极的推动作用。如以中国休闲经济研究中心、休闲哲学专业委员会为代表的学术机构，以中国休闲农业协会、全国休闲标准化技术委员为代表的业界机构，以小康杂志社、休闲期刊为代表的媒体机构等，甚至还包括世界休闲组织，该组织于2006年在杭州举行了第一届世界休闲博览会，目前已与杭州市政府正式签署协议，世界休闲博览会将永久落户杭州。这些社会团体和组织整合各方资源，在社会上开展了一系列与休闲相关的活动，如以休闲学研究为重点的学术研讨、以休闲发展为主题的论坛峰会、以休闲城市排名为代表的评选颁奖、以休闲指数和休闲标准为代表的评测活动，还包括一系列以"休闲"冠名的商业性博览会、展览会等。以上这些都表明，当前民间休闲组织已经成为休闲发展过程中不可忽视的力量。

相对于其他休闲机构，民间休闲组织更具有自发性，很多组织集合了具有共同兴趣的成员，使他们在这个集体中找到归属感，如业余划船协会、垂钓俱乐部、漫步者联合会等；

---

[1] [澳]维尔. 休闲和旅游供给：政策与规划[M]. 李天元，徐虹，译. 北京：中国旅游出版社，2010：119.
[2] [英]克里斯·布尔. 休闲研究引论[M]. 田里，译. 昆明：云南大学出版社，2006：223.

此外，民间休闲组织也为政府承担了一些责任，如资源与环境保护类的组织、提供社会和心理帮助的组织，同时，它们也通过合理组织各种休闲活动使得政府从这种职责中解放出来。而政府需要做的是合理引导民间休闲组织，使得他们的活动与政府的政策相符合，当然政府也能从民间休闲组织中获得一些好的建议和创意。同时，政府会在资金、税收、设施等各方面对民间休闲组织给予帮助。总之，民间休闲组织的存在对政府和公众来说都是有利的，有助于两者找到平衡。

（四）大众传媒

大众传媒包括报纸、杂志、书籍、广播、电视、电影、网络等一切宣传载体。从某种意义上来说，大众传媒从属于政府休闲部门和商业休闲组织，而且从产品上来说，它也是人们平时生活中从事休闲的对象。这里之所以单独来讲，主要是从大众传媒对休闲知识的传播功能角度考虑的。作为大众传媒，应该配合各种休闲组织，对休闲活动进行科学合理的宣传。

当前，随着科技的发展，出现了一系列新型的大众传播方式，微博就是其中的代表。微博等"第四媒体"如同其他传统媒体一样，成为政府以及各商业组织或社会团体公共宣传的扬声器。随着微博影响力的扩大，越来越多的政府机构和官员注意到了微博的力量和重要性，开始有意识地尝试注册微博账号，利用微博发布信息、引导舆论、获取反馈、与公众交流，为公共事务的管理增强了广度和信度。在网络问政日益常态化、制度化的今天，微博的出现无疑为"官""民"间的互动提供了一种有效而新颖的手段。对于普通网民而言，当原本需要仰望而略显遥远的政府机关化身成为自己的微博关注者列表中一个普通的 ID，"政府机关"便也具备了如同朋友面对面般的亲近与亲和感。越来越多的网民对公共事务的关注和参与是微博问政的巨大推动力。在利用微博等网络工具为休闲事业发展建立基础的过程中，如休闲政策的制定和实施、公共休闲活动的策划和开展、休闲设施的建设和完善等方面，政府要倾听民情民意，注重在决策过程中保持人民与政府的互动关系的紧密和顺畅。政府除了要高度关注微博问政的影响力，时刻关注舆情发展新走向，充分发挥微博在推动民众参政议政、加强政府与民众交流方面的平台作用，政府也要对"微博问政"保持清醒的认识，建立科学的舆情评判机制，这样才有助于休闲事业的健康发展。

除了新型社交工具在公共休闲事业发展中的双向互动作用，在大众消费的时代，电视、报纸、杂志、广播等传播媒介在休闲消费中也扮演着重要的角色，两者之间存在着一种十分密切的互动关系。大众传媒以其强势之力左右着人们的休闲消费，影响着人们社会生活方式的变革。大众传媒不仅是休闲消费的中介，也是人们借以反馈和表达休闲消费观念、行为方式和生活方式等的有效工具。作为权威信息提供机构的大众传播媒介，以其强大的、无孔不入的宣传，为休闲消费的受众提供了一个认知休闲消费观和生活方式的信息环境。比如，人们能够从网络上清楚地了解到"吃、住、行、购、娱、乐"等休闲消费方面的信息；旅行社利用大众媒体做宣传，做广告，引领时尚，吸引游客，获得效益。同时，人们往往会模仿影视明星、体育明星和歌星（都是媒体制造的人物）的生活方式、行为方式，关注他们的演技风格、个性魅力和休闲消费,而这些信息都是通过大众传媒渠道获得的。

作为现代神话的制造者,一方面,大众传媒应该摒弃本身的消极不良因素,发挥积极的功能,及时反映民意,了解广大群众需求的特点,正确引导和促进休闲消费,推进休闲消费生活方式的健康发展。另一方面,休闲消费本身也需要大众传媒进行引导,应该要充分体现大众传媒的存在价值并帮助其拓展自身的发展空间。因此,生活在大众消费时代的现代人,应该关注和提高各种宣传媒体(包括报刊、书籍、电视广播、电脑网络、视听作品等)的质量,不盲目崇拜传媒的神话,正确、客观地看待媒体效应并掌握其分寸,充分体现其在休闲消费中的重要作用,同时也应树立科学、健康、文明的休闲消费观念,重视和提倡闲暇教育,养成合理的行为方式和习惯,使每个人在规范的休闲消费中都能找到各得其所的消费方式,充分开展有意义的休闲活动,从而推动社会文明的进步和人类的全面发展。

三、国内休闲政策

(一)新假日制度的形成

闲暇时间是休闲得以产生和实现的重要因素,自改革开放以来,我国的假日制度出现了多次变化,这些变化都朝着增加国民的休息时间发展。

1994年3月5日,星期六。这是我国新工时制实行后的第一个休息日,人们感到了不小的"解放"。但人们对当时第一个五天半工作日还不习惯,当时一家报纸登有这样的新闻:轮到第一个双休日(当时是隔周休息一个星期六),全市有几十个单位的工作人员忘了"今天我休息",照常一大早赶到单位。1995年3月25日,国务院重新发布修改《关于职工工作时间的规定》,将每周工作时间改为40小时,实行双休日制度,同年5月1日起正式实施。新工时制使人们自由支配的闲暇时间增多,同时也促进了第三产业的发展。双休日的出现,为我国居民安排休闲生活创造了前所未有的有利条件,也为我国休闲产业的"预热"创造了条件。但基于我国当前的国情,受收入水平与社会休闲供给因素的制约,居民的休闲活动开展比较有限,尤其是许多职工在每周的两天休息日时间内仍未从家庭事务中摆脱出来,故不能很好地休闲。因此,1995年的"双休日"制度虽然创造了休闲条件,但大部分国人无法实现真正的"休闲"。

根据1999年9月18日,国务院关于修改《全国年节及纪念日放假办法》的决定,1999年"十一"开始的长假日真真正正地让国民知道了"休息"与"闲暇"的意义,假日经济悄然兴起。2008年1月1日,国务院公布的关于修改《全国年节及纪念日放假办法》的决定和《职工带薪年休假条例》正式实施,新假日制度将长假调整为两个,短假增加为五个,规定不同工龄的职工能获得5~15天不等的年休假,并在休假期间享受与正常工作期间相等的工资收入。至此,我国休假制度形成"1+2+5"的模式,即一个带薪假期,"十一"、春节两个七天黄金周,以及元旦、清明、"五一"、端午、中秋五个为期三天的长周末假期。2015年,国务院办公厅发布的《关于进一步促进旅游投资和消费的若干意见》鼓励弹性休假,提出2.5天的休假模式。随后,一些省市相继推出带薪休假制度进行试点,江西省上饶市持续探索夏季周末两天半短假制度;江苏省出台《关于推进旅游业供给侧机构性改革促进旅游投资和消费的意见》,提出制定带薪休假制度实施办法,并将落实情况纳入劳动监察工作考核范围;《吉林省推进旅游业攻坚发展实施方案》探索实行周末 2.5 天休假模式。随着新假日制度的不断完善,国民的休闲意识出现了明显的变化,消费者的假期安排和假日消费趋向理智,理性消费让国民从单一的出行走向了多元化的"休闲"。

(二)休闲相关政策的落实

1. 休闲相关立法与修法的落实

1995 年颁布的《中华人民共和国体育法》是我国与休闲直接相关的、最早的一部法律。2009 年 12 月 1 日,国务院印发《关于加快发展旅游业的意见》提出抓紧旅游综合立法,加快制定旅游市场监管、资源保护、从业规范等专项法规,不断完善相关法律法规,使得旅游立法问题得到实质性突破。于 2013 年 4 月发布的《中华人民共和国旅游法》以综合法的形式规定了旅游业发展的主要关系,规范了旅游市场,为治理旅游业乱象提供了法律依据。2016 年,以《中华人民共和国公共文化服务保障法》和《中华人民共和国电影产业促进法》的颁布,以及《中华人民共和国旅游法》和《中华人民共和国体育法》的修订为标志,我国休闲领域的立法工作得到了较大的推进。

2017 年 3 月 1 日起正式施行的《中华人民共和国电影产业促进法》是我国文化产业领域的第一部法律。这部法律对国产电影保护、票房监管、艺人行为等进行了规范,有效地促进了我国电影产业的健康发展。同时施行的法律还有《中华人民共和国公共文化服务保障法》,该法律规定:县级以上人民政府应当将公共文化服务纳入本级国民经济和社会发展规划,按照公益性、基本性、均等性、便利性的要求,加强公共文化设施建设,完善公共文化服务体系,提高公共文化服务效能。国务院根据公民基本文化需求和经济社会发展水平,制定并调整国家基本公共文化服务指导标准。这部法律被视为民众基本文化权益从行政性维护到法律性保障的重要跨越。随着各项新的法律的制定和原有休闲领域法律的修改,休闲发展的法制基础不断深厚。

2. 确定"休闲发展"的部门归属

国民的休闲需求多种多样,对其加以满足、引导和管理的公共部门众多。从我国目前的行政体系来看,与需求对应的至少包括国家文化和旅游部、体育总局、广电总局等直接相关的公共管理部门,也有包括发展和改革委员会、商务部、国土资源部等在内的其他间接相关的综合职能部门。但总体来看,这些部门按照各自隶属对本领域休闲的相关工作加以管理,大多属于分散、无主导、间接和非自觉的管理模式,直接目的并不是为了发展休闲。

2007 年的《政府工作报告》中明确提出"积极培育休闲消费热点",首次将休闲纳入经济社会发展的工作部署。2008 年下半年,国务院办公厅印发了国务院批准的"三定"方案,赋予国家旅游局"引导休闲度假"职能,首次明确了休闲在国务院部门的工作归口,"休闲"作为一个专门的领域,被正式纳入到行政管理范畴,相关管理工作有了特定的机构归属。国家旅游局随即进行了内设机构"三定",决定由国家旅游司综合协调司行使"引导休闲度假"的职能,具体工作由假日处承担。文化和旅游部成立后,指导休闲发展的职能由文化和旅游部承担。

3. 编纂和启动"国民休闲计划"

《国务院关于加快发展旅游业的意见》中明确提出制定国民旅游休闲纲要。国民旅游休闲纲要,也称国民休闲计划,就是通过制订有关扶持政策,采取各种激励措施,让广大人民群众切实享受到改革开放的成果,最大限度地调动全社会参与旅游休闲活动的积极性,满足人民群众日益增长的旅游休闲需要,使旅游休闲真正成为广大群众日常的生活方式和健康消费行为,进一步提升国民的生活质量、生命质量和幸福指数。2013年,国务院办公厅发布《国民旅游休闲纲要(2013—2020年)》(以下简称《纲要》),其中提出的发展目标是:到2020年,职工带薪年休假制度基本得到落实,城乡居民旅游休闲消费水平大幅增长,健康、文明、环保的旅游休闲理念成为全社会的共识,国民旅游休闲质量显著提高,与小康社会相适应的现代国民旅游休闲体系基本建成。《纲要》中提出的主要任务是:保障国民旅游休闲时间;改善国民旅游休闲环境;推进国民旅游休闲基础设施建设;加强国民旅游休闲产品开发与活动组织;完善国民旅游休闲公共服务和提升国民旅游休闲服务质量。"健康中国2030"规划纲要》要求进一步优化市场环境,培育多元主体,引导社会力量参与健身休闲设施建设运营,推动体育项目协会改革和体育场馆资源所有权、经营权分离改革,加快开放体育资源,创新健身休闲运动项目推广普及方式,进一步健全政府购买体育公共服务的体制机制,打造健身休闲综合服务体;鼓励发展多种形式的体育健身俱乐部,丰富业余体育赛事,积极培育冰雪、山地、水上、汽摩、航空、极限、马术等具有消费引领特征的时尚休闲运动项目,打造具有区域特色的健身休闲示范区、健身休闲产业带。

在国家的大力倡导和粤、浙、鲁等省份的带动下,"国民(旅游)休闲计划"在全国多个省市相继获得实施,将旅游与教育、体育、健康、养老等相结合,带动相关产业消费的同时更激发了人们的休闲意识。推行"国民(旅游)休闲计划"不仅能让每个人都享受到假期,而且能够刺激消费、拉动内需,带动众多行业的发展。

4. 建设休闲标准化体系

随着人们休闲需求的日益增长,休闲供给主体也呈现多样化趋势,对休闲产品进行规范和标准化势在必行。目前,休闲已纳入新修订的《全国旅游业标准体系表》(2009版),休闲度假与旅游区、旅游产品、旅游住宿、旅行社、旅游车船等相关设施与服务被列为"旅游标准的重点领域",已颁布的和正待审批的休闲标准近二十项,包括国际邮轮口岸旅游、内河旅游船、游览船、游乐园(场)、旅游娱乐场所、旅游度假区、绿色旅游景区、生态旅游示范区、民族民俗文化旅游示范区、温泉服务质量等。2010年,国家标准化管理委员会新立项6个国家休闲标准,包括《城市公共休闲服务与管理导则》《城市中央休闲区服务质量规范》《城市休闲公共服务与管理基础术语》《度假社区服务质量规范》《社区休闲服务质量导则》和《休闲农庄服务质量规范》,由全国休闲标准化技术委员会负责,并在青岛市、洛阳市、秦皇岛市、西安市曲江新区等地对前两项草案进行试点验证工作,通过标准综合试点的深入推进和经验推广，使相关研究内容更具实际操作性。全国休闲标准化技术委员会经过研究，初步提出了《休闲标准基础概念体系表（草案）》，较为完善地提出了休闲标准的研究和工作内容，并从术语定义、技术规程、服务规范、管理指南等几个方面着手准备编制各级各类休闲标准。目前，委员会已出版标志性成果《共同的事业：中国休闲标准化发展导引》一书，这是我国休闲标准化领域的第一本著作。之后国家标准化管理委员会又颁布了《休闲咨询服务规范》《国民休闲教育导引》《休闲露营地建设与服务规范》《生态休闲养生（养老）基地建设和运营服务规范》《商贸休闲区服务规范》《休闲绿道服务规范》等休闲标准。

5. 休闲教育政策

我国的休闲教育政策旨在增加国民的休闲意识、提高国民休闲技能、为国民提供多种休闲条件，以及鼓励国民参与户外休闲活动。从我国休闲教育政策的内容来看，主要涉及旅游、艺术、体育等领域。具体来看，在《全民健身计划》的指导下，教育部、国家体育局等部门联合发文，从2007年开始全面开展阳光体育，推进素质教育。文化艺术类休闲教育政策主要依托学校教育展开，近年的《教育部工作要点》均将开展学校美育、德育作为一项重要工作，已制定的相关政策有《全国学校艺术教育工作经验交流会会议纪要》《关于全面加强和改进学校美育工作的意见》等。此外，我国休闲教育旨在构建从小学到大学且贯穿人的各个生命周期的休闲教育，已制定的相关政策有《3～6岁儿童学习与发展指南》《关于加快发展青少年校园足球的实施意见》《老年教育发展规划（2016—2020年）》等。

6. 全民运动政策

2001年8月发布的《全民健身计划纲要》第二期工程（2001—2010年）规划的主要目标是实现全民健身事业与国民经济和社会事业的协调发展，全面提高国民身体素质，基本建成具有中国特色的全民健身体系和面向大众的体育服务体系。2009年9月国务院颁布的《全民健身条例》明确保障公民在全民健身活动中的合法权益。2014年10月国务院颁布的《关于加快发展体育产业促进体育消费的若干意见》第一次将全民健身提升到了国家战略层面，是新中国成立以来首次由国务院颁布有关体育产业及体育消费的文件。2021年，国务院印发了《全民健身计划（2021—2025年）》，其发展目标是：到2025年，全民健身公共服务体系更加完善，人民群众体育健身更加便利，健身热情进一步提高，各运动项目参与人数持续提升，经常参加体育锻炼人数的比例达到38.5%，县（市、区）、乡镇（街道）、行政村（社区）三级公共健身设施和社区15分钟健身圈实现全覆盖，每千人拥有社会体育指导员2.16名，带动全国体育产业总规模达到5万亿元。2017年5月发布的《体育总局关于推动运动休闲特色小镇建设工作的通知》提出的建设目标是：特色鲜明的运动休闲业态；深厚浓郁的体育文化氛围；与旅游等相关产业融合发展；脱贫成效明显；禀赋资源的合理有效利用。

以上所述仅是国内外休闲政策的部分体现。随着个人拥有的物质财富和自由时间的增多，人们弥补和发展精神生活的需求显得尤为迫切，除了休闲的基本权利以外，休闲政策也是人们所关注的焦点。休闲是每个人的基本权益,因此休闲政策必须体现出"以人为本"的理念,在此背景下就有了《休闲宪章》的诞生。1970年,在联合国的援助下,在比利时首都布鲁塞尔召开了国际闲暇会议,并通过了著名的《休闲宪章》。《休闲宪章》指出:"所有的人都拥有符合其所在社会规范和价值标准的休闲活动的基本人权,所有的政府都有义务承认并保证其公民的休闲权利。"该宪章曾于1979年被修改,2007年7月由世界休闲理事会正式批准通过,使得休闲作为一项基本权利得到了法律保护。

第二节 休闲教育

康德说:"教育以人类个体的未完成状态为起点,以人的向善倾向和人类已有的发展状态为依托,以人性的完善为终点。教育是一个引导人自我完善、丰满人性的过程。"[①]休闲,从来就是人类生活的重要命题,而休闲教育则是规范社会生活与个人行为的基础性教育,它是个体生命与生活世界的需求,是社会文明进步的客观要求。休闲教育主要引导人们理解休闲,科学、合理地安排休闲生活,体验多姿多彩的生命,以促进人的自由和全面发展。

一、休闲教育的内涵、目标与原则

(一)休闲教育的内涵

关于休闲教育的内涵,国内外学术界观点不一,至今还没有形成一个统一的概念。美国学者布赖特·比尔从教育形式和教育目的方面对休闲教育进行了阐释,认为休闲教育意味着应当尽早地让人们参与家庭、学校和社区中的休闲活动,帮助他们培养休闲技巧和休闲鉴赏力,以使人们越来越多的自由时间得到充分的利用。他认为,休闲教育是一个缓慢的、循序渐进的过程,需要传授一定的技巧并要练习这些技巧。[②]

皮特森和甘(Peterson & Gunn,1984)把休闲教育定义为广义的服务,重点是培养和传授各种与休闲相关的技能、态度和知识。休闲教育的核心任务是培养相关技能和知识,使受教育者能够有效地利用休闲来满足社会和自身的需要。

休闲教育家曼迪和 L. 奥德姆用一系列肯定句阐述了休闲教育的概念。她们认为:休闲教育是一场使人能够通过休闲来改善自己生活质量的全面运动;是一个使人明确自己休闲价值观和休闲目的的过程;是一种使人们能够在休闲中提高自己生活质量的方法;是一种通过扩大人们的选择范围,使他们获得令人满意的高质量的休闲体验的活动;是一种贯穿于从幼儿园以前到退休以后的终身教育;是一种为了帮助人们自主地确定休闲在生活中的位置,并从休闲的角度认识自己而进行的教育。

而克瑞勃(Kleiber)在 2002 年 1 月份的"环太平洋地区休闲教育会议"上则以休闲在教育过程中所充当的角色为基点,对休闲教育的内涵进行了系统的阐述。他认为,休闲是教育的科目或主题,应包括传统的休闲活动,如运动、游戏、艺术、越野、识图比赛和弹

---

① INNANVEL KANT. Education [M]. Ann Arbor: The University of Michigan Press,1971:1803.
② 邓蕊. 休闲教育——一个值得关注的问题[J]. 山西高等学校社会科学学报,2004(4):27.

奏变奏曲，这些都是从休闲的意义和机会的角度来说休闲本身。休闲是教育的背景或大环境，教育要通过休闲或在休闲的状态下进行，如在非正规的学习环境中学习，以及课间休息、放学后、暑期夏令营等时间内的学习和教育，也就是说休闲作为实施教育的一个大环境，同时包括空间、时间两方面。

我国对休闲教育的理论研究远远滞后于国外。不少学者偏重于从时间的角度来定义休闲教育，所以往往将它命名为闲暇教育，亦称"余暇教育"。它是指闲暇时间里进行的教育活动，也指教会人们具有利用闲暇时间充实本人生活、发展个人志趣的本领，是伴随现代化技术在生产中的运用导致人们劳动时间缩短、闲暇时间增多而出现的。①《国际教育百科全书》中也指出，闲暇教育"旨在让学习者通过利用闲暇时间获得某种变化。这些变化会表现在信念、情感、态度、知识、技能和行为方面，并且它通常发生在儿童、青年和成人的正式与非正式的教育环境或娱乐环境中。"②云南师范大学教育学博士罗明东教授提出，闲暇素质涉及闲暇认知、闲暇态度、闲暇技能和闲暇习惯等要素，他认为闲暇教育的目的实际上是通过提高人的闲暇素质来达到提高人的闲暇生活质量的目标。因此，闲暇教育应该是提高人的闲暇素质的教育。这样，闲暇教育的直接目的是深化受教育者的闲暇认知，培养他们树立正确的闲暇态度，提高他们的闲暇技能，使他们养成良好的闲暇习惯。③中国艺术研究院休闲文化研究中心主任马惠娣女士则从内容上对休闲教育进行了概括，认为它包括智力的、肢体的、审美的、心理的、社会经验的内容；创造性地表达观念、方法、形状、色彩、声音和活动；主动参加各种公益活动的经验；社会参与和表达友谊、归属和协作；野外生活经验；促进健康生活的身体娱乐；培养一种达到小憩、休息和松弛的平衡方法的经验和过程。④郑胜华等从休闲教育主体地位出发认为，休闲教育是指休闲学专家或休闲从业资深人员把从事休闲理论研究和管理实践所积累的知识、技能、经验等传授给受教育者，使之转化为接受者个人精神财富的社会化过程。根据休闲教育的内容、对象以及目标的不同，休闲教育可以分为三大类：休闲理论与研究教育类，主要培养休闲理论、休闲规划等方面的研究型人员；休闲产业经营管理及服务教育类，主要培养休闲管理和从业人员；休闲活动教育类，主要引导大众选择健康、文明的休闲生活方式和休闲体验活动，旨在提高国民的整体素质。⑤邓蕊从休闲教育的目的出发指出，休闲教育要求把休闲的非职业培训作为教育的一项重要内容，在教育过程中培养人的鉴赏力、兴趣、技能以及创造休闲机会的能力，使人能以一种有益的方式去安排自己的休闲时间，从而实现"成为人的过程"。⑥

尽管国内外各位学者对休闲教育内涵的认识角度各不相同，但对于休闲教育的主要目标、主要内容和主要方式上的观点基本能够达成共识。休闲教育的目标是多元的，休闲教

---

① 顾明远. 教育大辞典[M]. 上海：上海教育出版社，1990：53.
② 闲暇教育. 国际教育百科全书：5卷[M]. 贵阳：贵州教育出版社，1990.
③ 罗明东，扶斌. 论闲暇、闲暇素质与闲暇教育[J]. 学术探索，2002（6）：106.
④ 马惠娣. 闲暇时间与"以人为本"的科学发展观[J]. 自然辩证法研究，2004（6）：102.
⑤ 郑胜华，刘嘉龙. 我国休闲教育的现状与发展构想[J]. 高等教育究，2007（2）：80.
⑥ 邓蕊. 休闲教育与中国高等教育的应对[J]. 自然辩证法研究，2002（6）：46.

育的内容是丰富的，休闲教育的形式是多样的。人类只有在休闲中才能不断完善自我，彻底发挥个人的聪明才智，最终实现自由全面的发展。

（二）休闲教育的目标

美国休闲教育家曼迪（Mundy）认为，"休闲教育的目标是：①发展对休闲行为价值判断的能力；②发展选择和评估休闲活动的能力；③发展决定个体目标和休闲行为标准的能力；④发展对合理运用闲暇时间重要性的意识和理解。"[①]世界休闲教育委员会认为，"休闲教育的目的是协助儿童、青年和成年人，通过个人在智慧、情感、身体和社会等方面的发展培育，去获得美好生活、以最好的方式利用休闲。"[②]而我国学者刘海春则把休闲教育的目标分解为以下四个方面。

1. 培养人们科学的休闲观

观念是行为的先导，有什么样的休闲观，就会产生什么样的休闲行为。休闲教育的首要目标就是帮助人们树立科学合理、积极向上的休闲观。要纠正人们把休闲等同于虚掷光阴、玩物丧志，把休闲等同于纯金钱的错误认识，教育人们认识休闲的多元化潜在价值，并自觉地把消遣和提高、娱乐与学习、休息和健康、游玩和创造有机地结合起来，使人们学会合理休闲和聪明休闲。

2. 强化人们正确的休闲伦理

休闲伦理是与工作伦理相对应的，它强调的是一种"为生活而工作，而不是为工作而生活"的伦理观。休闲是一种自由之境，但"自由并不意味着放纵、无约束或无视一个人在闲暇中对自己、对他人和对社会所负的责任"。[③]换言之，人们的休闲方式必须符合社会价值规范，人们的休闲行为选择必须负责任、符合社会道德伦理，做到"休而有节""休而有礼"。

3. 培养人们良好的休闲技能、技巧

布赖特·比尔指出，休闲教育意味着应当尽早地让人们参与家庭、学校和社区中的休闲活动，帮助他们培养休闲技巧和休闲鉴赏力，以使人们越来越多的自由时间得到充分的利用。显而易见，很多休闲活动（如网球、诗歌、收藏等）没有一定的技巧就不能享受其中的乐趣，而这些技巧是要通过正规学习才能掌握的。正如古德尔和戈比在《人类思想之中的休闲》一书中所言："任何一种令人满意的休闲活动都和知识技能的增长分不开。不管是烹饪、划船、打高尔夫球、写诗、收藏古玩、做木工活还是打桥牌，所有这些活动都是通过知识与技能的逐步增长而不断得到丰富的。"[④]

4. 促进人的自由全面发展

实现自我、促进人的自由全面发展是休闲教育的根本目标。人的自由全面发展既是个

---

① 沈金荣. 社区教育的发展和展望[M]. 上海：上海大学出版社，2000：194-195.
② 宋瑞，杰夫瑞·戈比. 寻找中国的休闲：跨越太平洋的对话[M]. 北京：社会科学文献出版社，2015：168.
③ J. 曼迪，L. 奥杜姆. 闲暇教育的理论与实践[M]. 叶京，潘敏，鲍建东，译. 北京：春秋出版社，1989：5.
④ L GOODALE, GODBEY. The evolution of leisure: historical and philosophical perspective[M]. Pennsylvania: Venture Publishing, Inc, 1995：217.

体发展的主动追求，也是社会发展对个体的根本要求。休闲教育的理想就是实现个体与社会协调发展、共荣共赢。有了正确的休闲教育，闲暇时间就不会成为游手好闲、无所事事的时间，人才可以在"休闲中享受生活"，进而拥有生命的原本意义。

简言之，休闲教育的目标就是"器""道"统一。《易经·系辞上传》中说："是故，形而上者谓之道；形而下者谓之器……"[1]休闲教育的价值不仅在于提供物质财富或实用工具与技术知识，它还给人们提供德行的支持、精神的补给和生命意义的养料，使人类的心灵有所皈依。

（三）休闲教育的原则

如何开发"以闲暇形态存在的社会资源"，提高人们的生活质量与生命质量，乃是我国在今后相当长时间内面临的重大挑战。为此，我们在实施休闲教育的过程中要把握好以下四大原则。

1. 全民教育原则

要将休闲教育纳入全民教育体系，使之成为全民教育的主要内容。各级教育者不仅限于学校的教师，还应包括家庭、企业、民间机构、社会团体和政府组织。针对全民的休闲教育，不仅是技能的培训和信息的提供，而且要通过社会舆论、休闲服务、政策导向等形式传导休闲的自由、创造、快乐理念，让人们超越物质的诱惑，追求精神的自由。休闲教育不仅要让公众明白"何以为生"，更要使他们懂得"为何而生"，并进而获得生存的价值导向，建立起人所特有的"意义世界"和精神家园。

2. 终身教育原则

知识经济时代，知识是最大的财富，因而树立终身教育理念，构建学习型社会正逐渐深入人心。对知识的学习不仅将终身延续，并且生活本身也将成为学习的核心。作为一种生活方式，休闲并不是孤立的存在，而是与以各种面貌出现的教育联系在一起，与人类生态、良好的身心健康联系在一起。休闲发展至今，它几乎渗透到了我们生活中的每个行业、每个领域，对人们进行休闲教育不仅仅是学校的义务，更是所有学科和机构的责任。休闲教育帮助人们自主地确定休闲在生活中的位置，帮助人们从休闲的角度认识自己。因此，休闲教育是贯穿人整个生命周期的终身教育。在未来社会中，我们期待，人类在整个生命周期中能够获得更广泛、更灵活、更创新、更多样化的休闲教育，这将比以往所有有组织的教育更有意义。

3. 分类教育原则

休闲教育应区分不同对象分类施教，并注意教育内容、教育方式的针对性，从而使公众善于休闲、积极休闲、高效休闲。例如，针对我国东部沿海地区和大城市经济发达、人们休闲需求迫切，西部和中部及农村大部分地区经济相对落后、人们的谋生愿望强烈的社会现状，休闲教育内容的侧重点应有所区别。对于前者，休闲教育应强调"乐生型"休闲教育，让人们认识到休闲才是生活的目的，而工作仅仅是手段，即"教育应该使得人们能

---

[1] [法]阿尔努. 科学与哲学的对话[M]. 卞晓平, 译. 上海：生活·读书·新知三联书店, 2001：214.

够从其休闲中确保身心的充分休整,并丰富和完善其个性。这样的一种目标要求人们能够充分利用通常的娱乐手段,如音乐、艺术、文学、戏剧和社会交往等,以及令每个人都培养出一种或多种业余爱好来。"①而对于后者,由于收入相对低下,因此休闲教育既要倡导文明、健康、科学的休闲生活方式,又要重点培养他们良好的谋生与休闲技能与技巧,使其闲置时间变成再创造的机会。因为人们只有在安居乐业、丰衣足食之后,才会开始追求富有意义的精神生活。

4. 注意实践原则

休闲教育根植于人本身以及人的生命、生活与生存实践之中,是人类对自身生存和生活实践意义的体悟,是"现实的人"在参与休闲活动的具体实践中予以推动才能完成的。因此,休闲教育的落脚点应是实践,教育要帮助休闲者树立正确的休闲观,排解日常休闲生活中的问题,培养公众休闲消费的知识和技能,引导公众处理好休闲与工作、休闲与创业的关系,克服损害健康、扰乱家庭、降低效率、破坏秩序的不良休闲行为。

二、休闲教育的必要性

布莱特·比尔指出,如果我们想要休闲,应当先接受休闲教育。休闲教育可以教会更多的国民明智地、个性化地安排休闲生活,充分认识和开发自我的休闲价值,提高个体的生命质量。同时,休闲教育对有效解决现代社会的公平与效率两难困境,促进社会和谐也具有深远的意义。

(一)休闲教育的现实意义

1. 休闲教育符合社会发展的潮流

早在20世纪初叶,英国教育家斯宾塞就指出,教育的目的是为"完美生活做准备"。他认为怎样生活是人生最重要的问题,而所谓完美的生活包括五种活动:其一是和自我生存有直接关系的活动——即身体的活动;其二是与自我生存有间接关系的活动——即谋生的职业;其三是关于繁殖种族的活动——即做父母的准备;其四是维持社会关系和政治活动——即公民道德的活动;其五是开展利用休闲时间满足趣味的活动——即休闲和娱乐。斯宾塞认为,人类从事这五类活动,必须有相应的知识,而对知识价值的衡量应以能否达到完美生活为依据,休闲活动是完美生活不可或缺的一环。随着社会经济的发展,人们的生活方式由以工作为主转向以休闲生活方式为主。而在我国,1994年人均国民生产总值只有459.8美元,到2018年,人均达到创纪录的9 770美元。国外大量研究表明,人均GDP从1 000美元跃进到3 000美元将是一个国家国民经济获得快速增长的时期,同时也是现代化的过程加快、休闲娱乐需求高度增长的时期。休闲教育的出现,正好符合当今时代社会经济发展的需要,它与快节奏、高效率、强竞争的社会步调形成互补,成为现代人娱乐身心、结交朋友、保持体能、平衡心态、回归自然的重要方式。我国应把握世界休闲潮流的走向,积极提倡国民运用健康的手段聪明休闲,以便为适应这个快速多变的社会做好准备。

---

① 托马斯·古德尔,杰弗瑞·戈比. 人类思想史中的休闲[M]. 成素梅,等,译. 昆明:云南人民出版社,2000:172.

2. 普及休闲教育符合新时代对人们全面发展的要求

休闲教育是一种形成性、民主性、创造性和能满足民众个性化发展需要的教育。随着社会节奏的加快，工作压力的增大，以及空气、饮水、食品等的污染，现代人的健康面临着严重的威胁，高血压、高血脂、心血管病、糖尿病、肿瘤等现代病正加速侵袭着人们的身体，而焦虑、恐惧、孤独、迷惘等不良情绪也在各个群体中时有发生。不少人不知道如何处理学习与工作、工作与休闲的关系，也不知道如何安排闲暇时间，此时就会出现"灰色休闲"和"黄色休闲"的休闲活动形式，如无度地上网聊天和上街闲逛等。加强休闲教育，可以全面提高人的各种能力，如环境适应能力、为人处世能力、自我锻炼能力和自我调控能力，满足大众求新求变的心态。同时，休闲教育还可以促进人的个性发展。人们在闲暇时间里，可以开阔视野，培养情趣爱好，充分地发挥自己的个性和创造力。因为休闲的生命是开放的、真实的，也是创造的。"通过休闲，我们将周围的异己力量推到一边，更多地实现了自我。我们具有更加真实的生产力、创造力和决断力"。因此，集娱乐性、健身性、教育性于一体的休闲教育活动，是教育工作不可或缺的重要内容，符合新时代对人们全面发展的要求。

3. 普及休闲教育对促进我国和谐社会建设具有深远意义

"休闲是个体的，同时也是社会的。休闲对于个体来说，基本上是没有直接功利性目的的，但对于社会来说则是功能性的。"因此，具有引导和规范个体休闲作用的休闲教育，不仅是促使个体"成为人"的过程，而且也是解决我国经济、社会、文化、环境协同发展问题的主要手段。

目前，我国就业形势十分严峻。一方面，从计划经济向市场经济转轨，就是要提高经济效益。宏观产业结构调整本身就是一个资本排斥劳动力的过程，同时也带来严重的结构性失业。另一方面，微观主体企业为节约成本，必然选择减员增效。加之我国大量的农村剩余劳动力涌入城镇寻求工作机会，使我国的就业竞争日益加剧。而休闲教育对促进我国和谐就业的作用是显而易见的。其一，休闲教育能有效地缓解劳动力市场供需失衡状况。休闲教育的具体目标是培养休闲能力，引导人们确立正确的休闲价值观和休闲伦理观。普及休闲教育，必然会引发人们的休闲兴趣，促进休闲产业的发展。而休闲产业的特点之一就是就业容量大，可以提供较多的就业机会。其二，休闲教育可以推动以人为本的发展模式，以增长带动就业。以人为本的发展模式是国际上一种先进的发展模式，其基本特点是：以"人"而非"物"作为这种发展模式的出发点和落脚点。普及休闲教育，是推动以人为本的发展模式在我国早日形成的重要手段。因为在休闲时间里，个人可以接受教育、发展智力、履行社会职责等，人的因素得到了空前的重视和彰显。此外，在经济上，休闲教育使得休闲资源得到更大范围的利用，休闲产业将得到蓬勃发展，新的休闲教育职业也将成为新兴行业；在文化上，休闲教育将丰富人类的精神文化生活，使人们在物欲横流的现实中找到属于自己的心灵家园；在环境上，休闲教育的有效开展，使得人们越来越懂得保护资源和环境的重要性，从而付诸于休闲行为上；从社会整体角度看，休闲教育将促进全人类的沟通和交流，使人类找到生命意义的共同点，从而促进和谐社会的发展。

（二）休闲的异化使休闲教育的紧迫性凸显

在当今高速运转的社会中，人们的休闲观念和休闲行为很大程度上在匆忙中被异化了。在休闲观念上，人们陷入了追求物质休闲的误区，从而形成了炫耀性、攀比性的休闲消费心态；在休闲行为上，人们如同工作一样追求效率，休闲生活沦为"第二职场"。此外，休闲的道德观念也备受质疑，休闲的失范行为成为生活中一道丑恶的伤痕，有些休闲行为甚至对有限的休闲资源和生态环境造成了严重的破坏，影响了休闲的可持续发展，而有些休闲行为甚至触犯了法律，造成了一系列社会问题。因此，对我国国民实施休闲教育已迫在眉睫。

1. 休闲理念的异化——陷入追求物质休闲的怪圈

休闲本是在自由时间里做自己喜欢做的事情，是生命个体的理想追求，所以休闲应该是摆脱物欲、提升自我、实现自我的心灵之旅。然而，现实的休闲生活中，追求物质休闲却蔚然成风。人们每天匆忙努力地工作，以赚取足够的金钱，从而可以进行炫耀性、挥霍性的物质休闲，而这种非理性的物质休闲反过来激励人们更努力地工作。由此人们也陷入了"工作——金钱——物质休闲——工作"的怪圈。叶文等在《城市休闲旅游》中得出了如下结论：无论是社会还是个人都接受了这样的理念：只有具备生产和消费能力的人才具备休闲的资格；只有对物质的占有才代表休闲的品质，并进而代表个人的成功和价值。对闲着不匆忙的人，容易让人怀疑其生活态度的消极。因此从某种意义上说，对"消费者"才是"休闲者"的认同，使人们在"匆忙"中越陷越深。①

2. 休闲行为的时间异化——快餐式休闲

随着人们的工作压力越来越大，生活节奏不断加快，"快餐文化"也变得越来越流行。快餐文化的主要含义就是工作之外的事情都必须快速处理，讲究效率，以免耽误了工作。人们如同上了发条的时钟，时刻在追求速度与效率，透露出部分人急功近利、金钱至上的价值观。美国休闲专家托马斯·古德尔曾这样形象地描述人们匆忙的情形：假设你在北美的收费公路上驾车，你会发现附近只有快餐馆，这样的一些设施促使你匆忙行事——车停得尽可能近一些，排队的时候要找一个人最少的队伍；看看柜台后面忙乱的活动吧！雇员们小步紧赶，而且，为了缩短时间，他们讲着设计好的简略语言。你得到的是完全烧好的、能在两三分钟内吃完的食品。你必须在十分钟内吃完并离开餐馆；或者把所有事情都集中在一起做，比如，边吃饭边驾驶可以节约十分钟。在人们重要的生活领域——休闲生活中，也避免不了"快餐文化"的影响。休闲作为一种活动被匆忙完成，具体而言可用以下方式进行：第一，加快活动的速度，如驾车游览公路、乘索道游览名山；第二，尽量用一种能迅速完成的休闲活动替代耗时较长的活动，如用有氧运动代替打网球；第三，同时进行一种以上的活动，如一边吃饭、一边看电视；第四，精确地安排各项休闲活动的时间。休闲

---

① 叶文. 城市休闲旅游[M]. 天津：南开大学出版社，2006：64.

本应是在自由时间，随心所欲地沉浸在自己喜欢的事情中，摆脱生存压力，在完全放松的心态下享受生命的意义。但这些理念已经在快速运转的世界里被埋没了，同时也埋没了很多了人的本性，人如同一个虚无的外壳麻木地生活在自己的轨道上，已停不下来去慢慢品味身边的风景。

3. 休闲行为的道德失范——不文明休闲

随着休闲资源与休闲服务的日益丰富，人们的休闲生活逐渐变得丰富多彩。但与此同时，休闲行为中的道德失范问题也越来越突出。这主要体现在两方面：其一是对休闲资源与环境的破坏，其二是对身心健康的破坏。关于前者，华东师范大学的楼嘉军教授曾做过专题研究。他指出，休闲活动过程中游客有意无意地对公共设施进行破坏是一个世界性的难题，如美国闻名于世的纽约中央公园，每年因游客的粗鲁行为造成的财物损失总值在 200 万美元以上。在我国香港，政府建了数量众多的郊野公园，为人们日常的休闲生活提供了广阔而又充满野趣的户外活动场所。可是，据统计，香港郊野公园每年发生的数千起山火中，有 2/3 以上是因游客明火使用不当而造成的。在我国台湾地区，公园管理部门将 70% 以上的精力用于处理各类冲突。在我国内地，近年来随着人们休闲时间的增多，休闲活动的频率呈现快速增长的势头，而人们在休闲活动过程中对占有设施的破坏性活动的数量也急剧上升。[①]至于对休闲者身心健康的破坏，主要与部分群体染上了酗酒、暴力、纵欲、吸毒等不良休闲行为有关。这些行为不仅危害自己，还危害家庭和社会。中国青少年研究中心发布的中国"十五"期间青年发展状况和"十一五"期间青年发展趋势研究报告指出："十五"期间青少年犯罪总体数量呈上升趋势，未成年人犯罪数量增长迅猛，其中全国法院判决的青少年罪犯数量 5 年间增长 12.6%，未成年人犯罪数量增长情况更加突出，5 年间上涨 68%。由于发育年龄提前和频繁接受暴力文化影响等原因，近年来不满 14 周岁的未成年人危害社会的行为逐渐增多。从这份报告可以看出，青少年在无知中接受了不文明的休闲文化，如暴力文化和纵欲文化，由此引发了众多的悲剧。综上可见，不文明的休闲行为不仅造成了国家的经济损失，也导致了部分人的人性恶化与道德沦落。

休闲教育"旨在让学习者通过利用闲暇时间获得某种变化。这些变化会表现在信念、情感、态度、知识、技能和行为方面，并且它通常发生在儿童、青年和成人的正式与非正式的教育环境或娱乐环境中"。休闲教育是"成为人"的过程，通过休闲，让人们发展自我，实现人与自我、人与社会的协调，完善人的生命过程，提高人的生命质量，成为真正心智健全、人格完善、热爱生活的人，这是休闲教育的重大使命。通过教育而获得工作技能的人将有更好的人生前景，同样，通过教育而获得休闲能力的人能够感受到更多的快乐和幸福。

三、国外休闲教育的发展

早在两千多年前，希腊人就认识到了休闲和教育的关系，他们认为"自由人如果不想

---

① 楼嘉军. 休闲新论[M]. 上海：立信会计出版社，2005：226.

使自己的生活沦为灾难,就一定要接受休闲人生的教育"。①古希腊雅典人的教育目标就是培养身心和谐发展的自由臣民,而休闲教育是生活教育的一个重要组成部分,休闲则是自由臣民生活的中心。当年的雅典人是午前办理公务,午后便跻身浴室、角力场、剧场中尽情地享受休闲之乐。可是近代以来,尤其是产业革命以后,教育开始以工作为中心,休闲被从教育中驱逐出去,直至20世纪,真正意义上的休闲教育才被重新提上议事日程。

休闲教育的明确提出源于美国联邦教育局1918年做出的一份报告,这份报告把休闲教育看作高中教育中的一条"中心原则",是帮助高中生正确树立人生价值观的途径。只是由于1929年的股票行情大跌以及随后而来的十年大萧条和第二次世界大战的爆发,使得这一原则没能如期贯彻下去,直至20世纪40年代末,人们才又重新关注这份报告中所呼吁的休闲教育。该报告指出:"每个人都应该享有时间去培养个人的和社会的兴趣。如果能够被合理地使用,那么,这种闲暇将重新扩大个体的力量并进一步丰富其生活,从而使得个体能更好地履行自己的职责。相反,滥用闲暇将损害健康、扰乱家庭、降低工作效率并破坏公民意识。有鉴于此,作为我们的一个目标,有关如何合理地使用休闲时间的教育便显得越来越重要了。"②此后,休闲教育开始在大学普及并开设了专门的课程,进行休闲及相关专业学习的学生人数持续增加。在这个时期,公园及娱乐服务业领域的发展极为迅速。然而,大多数教学计划不是为了配合休闲教育而做出的,他们仅仅是为职业生涯做准备。③值得庆幸的事,在这个时期里,关于休闲教育的大量学术论文、专著得以发表,众多休闲教育的学术团体、研究机构成立,这标志着休闲教育在美国已逐渐形成热潮。比如,1966年,美国学者查尔斯·布赖特·比尔的《休闲的挑战》和《以休闲为中心的教育》对休闲之于人类价值、情感以及知识结构等方面的影响进行了深入的研究,并指出现代教育应以休闲为中心。1974年,美国成立了第一届全国休闲教育委员会,编写并向全国发行了休闲教育资料。1984年9月,该组织在法国巴黎召开了一次有关休闲问题研究的世界性大会,把休闲教育列为其中心议题之一,这标志着休闲教育已成为全球教育领域内的新课题。这时,休闲教育不仅赢得了与其他科目一样设置学分的地位,而且取得了更多的理论研究成果。1993年8月,在以色列耶路撒冷召开了一次专门针对休闲教育的会议,通过了著名的《世界休闲教育国际宪章》,其目的就是使政府、非政府组织和教育机构充分认识到休闲和休闲教育的重要性,并为教育机构(如学校社区和人事培训机构)提供指导,希望能以该宪章为基础制定休闲教育的政策和策略。④1996年,国际21世纪教育委员会向联合国教科文组织提交的一份报告中也强调,"完整的教育应当是包括工作教育和休闲教育在内的、两者不可偏废的、塑造人的品性的一种方式。"⑤从而把休闲教育与工作教育摆在了同等重要的位置上。美国国家休闲研究院前主席杰弗瑞·戈比教授说:"在稍后的几年,休闲的中

---

① 杰弗瑞·戈比. 你生命中的休闲[M]. 康筝,田松,译. 昆明:云南人民出版社出版,2000:298.
② 托马斯·古德尔,杰弗瑞·戈比. 人类思想史中的休闲[M]. 成素梅,等,译. 昆明:云南人民出版社,2000:172.
③ 托马斯·古德尔,杰弗瑞·戈比. 人类思想史中的休闲[M]. 成素梅,等,译. 昆明:云南人民出版社,2000:173.
④ 邓蕊. 休闲教育与中国高等教育的应对[J]. 自然辩证法研究,2002(6):48.
⑤ 孙林叶,董美珍. 国外休闲教育的发展及启示[J]. 教育理论与实践,2006(10):30.

心地位会进一步加强,人们的休闲观念将发生根本的变革。人们将倍加关注休闲与健康之间的关系,应运而生的休闲教育将在教育中占据比较大的份额。"国外休闲教育最显著的一个特点,就是许多高等教育机构都有专门为休闲设置的休闲学士、休闲硕士、休闲博士等学位学历教育。例如,澳大利亚的格里菲斯大学在本科专业中设有休闲管理学士、休闲管理自选课程学士、休闲管理/工商学士等学士学位;研究生专业中设有休闲管理硕士、休闲管理自选课程硕士、户外教育硕士、户外教育自选课程硕士、休闲管理硕士课程证书、户外教育硕士课程证书等硕士学位。

四、我国休闲教育的实施途径

对于我国而言,休闲教育并不是一个新的观念,"寓教于乐"的思想自古有之。我国的圣人主张休闲人生,孔老夫子曾自称"好歌好和,好鼓瑟,好射,好乐"。我国古代《礼记·学记》中也有精辟的论述:"大学之教也时,教必有正业,退息必有居"。而教育的主要内容,比如六经《诗》《书》《礼》《易》《春秋》《乐》和六艺等,都极具休闲意味。这说明在古代社会,教育与休闲是一体的。然而,到了近代和现代,我国的休闲教育却远远落后于西方国家。美国教育学家杜威早在20世纪就提出,要把休闲教育当作"最为严肃的教育任务"。休闲教育的内容非常庞杂,主要涉及知识、价值、态度和技能四个领域。[1]

(1)知识:为公民提供可选择的休闲知识和信息。

(2)价值:提供可量度的工具,帮助人们建立休闲与其他活动之间的爱好,帮助其做出休闲选择。

(3)态度:对一般情况赋予休闲合法性的概念和特定的休闲范围。

(4)技能:主动地体验多种休闲活动,同时获得一系列的能力,包括体能的、技术的、精神的、智力的、情感的和心理的。

为了更好地适应国民享受休闲生活以及提升生命质量的日益迫切的需求,我国有必要构建一个互为补充、各有侧重的休闲教育系统,即家庭休闲教育体统、正规的学校教育系统和社会休闲教育系统,以全面提升国民休闲素养,为国民构建一条享受学习、享受工作、享受创造、享受生活的幸福链。

(一)家庭休闲教育

从出生到接受学校教育之前这一阶段的幼儿,由于本能和父母的诱导,掌握了一些最简单的休闲娱乐的方式。父母等家庭成员的休闲观念、习惯、方式等对孩子日后休闲习惯的形成有直接且重大的影响。父母在这一阶段主要起着榜样和言传身教的作用,也是正规的学校教育的前奏。当然,孩子接受正规的学校教育的过程中,并不意味着家庭休闲教育就终结了。从某种意义上说,家庭休闲教育既是摇篮教育也是终身教育,因为家庭休闲教育可以一直持续到孩子长大成人,甚至终身。

---

[1] 黄文琴. 以色列学校休闲教育经验[J]. 外国中小学教育,2005(3):38.

(二)正规的学校休闲教育

正规的学校休闲教育是孩子从幼儿园入托或上小学开始,主要包括幼儿园、小学、中学、大学各个阶段的休闲教育,不同阶段实施不同的教育内容。但目前我国的休闲教育还有待耕耘,目前的基础教育仍未能摆脱应试教育的影响,小学、中学、大学除开设体育课外,基本没有涉及休闲教育的内容,造成了许多学生的休闲技能不足。从高等院校的情况来看,休闲教育课程没有完全列入学校的教学计划,只有少部分院校开设了诸如"休闲学概论""休闲学"等基础课程。这直接导致了人们对休闲价值缺乏科学的认识,休闲观念陈旧,休闲情趣和休闲技能单一。而在美国、法国等西方国家,休闲教育是一门必修课,是现代国家管理与服务于公众的重要途径。这些国家在学校教育的各个阶段采取多种途径提升人们的休闲素养和技能。以大学教育为例,他们开设了休闲哲学、休闲心理学、休闲与体育娱乐、休闲社会学、休闲经济学、休闲与健康教育等课程,内容几乎囊括休闲活动的所有方式和内容。因此,结合我国公民的休闲现状,各级学校开设教育课程势在必行。尤其要对教育者展开教育,培养从事休闲教育的专职教师。这些教师除必须具备丰富的实践经验与较强的协调能力和活动能力外,还必须了解休闲者的心理,能与休闲者形成良好的互动与沟通。

(三)社会休闲教育

社会休闲教育是面对社会成人进行的休闲教育,具体而言,可通过以下几个途径进行:①创办休闲教育学校,开设知识课程、专门课程以及发展成人兴趣、爱好与个性特长的课程,向成人系统地灌输休闲知识与技能,提高其休闲素养;②以各级消费者协会为载体,组成全国性休闲教育网络,维护休闲者权益,向休闲者提供信息和咨询服务;③充分运用电视台、电台、报纸、杂志和网络等媒介,引导公民健康、科学地休闲;④充分发挥社区在休闲教育中的阵地作用,采用讲座、黑板报、墙报、宣传栏等形式,让居民更多地了解休闲知识和方法,提高其休闲质量。

社会休闲教育应特别重视具体休闲项目的设计。休闲项目不仅要能满足个人的兴趣爱好,还要符合社会的格调,使个人能融入社会,增加人际交往。从个人在社会中扮演的角色考虑,休闲项目大体可分为以下几种类型:一是个人生活类型。设置相关适合个人休闲的课程,使得个人在不同阶段可以寻找到提升自我、实现自我的休闲项目,探寻到生命的意义。二是家庭生活类型。家庭是每个人温馨的港湾,如何使休闲活动有助于家庭关系融洽是至关重要的问题,因而可开设亲子类的休闲活动。三是职业生活类型。现实表明,工作压力正在吞噬着人类,通过休闲教育,让人懂得如何在压力重重的职场中,合理地安排好自己的生活,同时学会如何与同事融洽相处,以及在集体休闲中增进友谊,释放工作压力。四是社会生活类型。人生活在社会中,不仅要学会社交休闲方式,融入社会,同时要学会社会休闲的道德伦理知识,拒绝消极休闲行为、学会爱护公共休闲资源,做到文明休闲。

青少年的休闲问题一直是社会关注的焦点。各个国家尤其是西方发达国家,很早就有了关注青少年休闲教育问题的相关社团和组织,如美国男童俱乐部、英国儿童玩耍协会等。

联合国儿童权利公约中也强调"儿童享有休息、休闲、开展与儿童的年龄相适宜的游戏和娱乐活动的权利,以及自由地参加文化生活和艺术活动的权利"。随着休闲方式的不断更新,休闲教育的载体也越来越多样化。比如,近些年迅速崛起的 B 站已成为青少年休闲学习的重要阵地。

B 站,年轻人精神世界的映射

"B 站是一个能给大家带来快乐的地方。"这是当下很多年轻用户对于 B 站的评价。bilibili——这个有些"中二"、搞怪的名字,是今天国内领先的年轻人文化社区,它于 2009 年由一群资深二次元爱好者创立,2018 年在美股完成上市,目前已经有超亿的月活用户。经过发展,B 站的内容已经不再只局限于二次元,而是以视频为载体的"文化"创造和输出,并不断拓展到影视、游戏、直播甚至纪录片等泛娱乐领域,成为聚集大量年轻一代互联网用户的超级平台。

如今,B 站,甚至正在成为年轻人学习的首要阵地。

每周五下午 4 点,小明都像往常一样,打开 bilibili 网站,观看讲解机器学习的课程。想深入学习 AI 的小明,在 B 站学习机器等相关课程已有半年时间,按他的话说,"B 站现在成了学习 AI 的圣地之一";园园是一位在美国读计算机科学硕士的留学生,在外漂泊两年多的她,一年前找到了与这种孤独无依处境相和解的方式——在 B 站开学习直播。除了去学校上课,园园大部分时间都在努力码代码,卧室桌面上长期标配有两台电脑,一台用于写代码,另一台则用作同步 B 站直播。

B 站一站式地满足了年轻人的多元爱好需求且体验感良好,使得直播学习在 B 站拥有了兴起的土壤。如果说,前述机器学习课程还仅是满足小部分人所需,那么在 B 站这一冰山一角学习内容的另一面,实则是有着更广泛受众的学习天地。

英语、日语等语言学习在 B 站学习领域占比较大,高考、研究生考试和各类职业技能相关内容也比比皆是。例如,针对通过率极低的司法考试,在 B 站有"段子手"罗翔老师。这位网络资料显示为中国政法大学刑事司法学院教授的老师,用生动形象的案例,外加特色的湖南口音,点燃了 B 站用户学法的兴趣。除了专业教学的视频,生长自 B 站的原生内容更是从不同维度提供了学习范本。以英语学习为例,有四六级裸考 650 分以上的学霸 UP 主们分享的学习方法及技巧,还有如美国 UP 主 Real 麦克老师生活化地讲解如何说地道英语,甚至直播间的英语课也成为学习路径之一。

B 站数据显示,在 B 站所有专业用户制作的视频(PUGV)中,泛知识内容所占的比例达到 49%。2021 年,B 站知识区的创作者规模增长了 92%,涵盖生物、医学、历史、文学等多个专业领域,在 B 站学习的人数已突破 1.83 亿人。年轻人在 B 站学习已成为新的潮流。

原因何在？若追溯 B 站的学习之风，2016 年底生于央视却走红于 B 站的纪录片《我在故宫修文物》，颇能说明这届年轻人并非年长者想象的那样热衷无脑娱乐，反而充满着好奇心和求知欲，极易被一些有深度的、有意义的东西深深吸引。例如，他们会用他们的方式——连绵弹幕，向以钟表师王津为代表的故宫博物院文物修复工匠师傅们示以敬意。随后《国家宝藏》《历史那些事》等人文历史色彩浓重的纪录片，逐一走红 B 站，播放量均超千万。以《历史那些事》为例，它既有严肃考证的史实内容，还有通过热门综艺、脱口秀、MV、广告、比赛、电影片段等形式展现的脑洞内容。

实际上，物质基础优越、具备很好审美基础的 Z 世代也充满学习欲。第一财经周刊发布的《2018 年中国 Z 世代理想生活报告》显示，74%的受访"95 后"会选用闲暇时间"学习和课外自我充电"，远超"95 前"的 35.49%。只是这届年轻人，他们不再受制于以往的单向输出式的填鸭教学，当拥有可选项时，他们的目光更容易被社交型学习所吸引。在 Z 世代眼里，学习已非单纯地习得知识，学习资源是否丰富、过程是否愉悦将成为主要考量标准。

打开 B 站与学习相关的视频，可以发现弹幕和评论的互动营造了良好的学习氛围——如果学习过程中产生困惑，直接发起提问，往往会得到后来者，甚至是 UP 主的答疑解惑。在"虚拟人设"的外壳下，用户内心的真实想法得以释放，不再惮于自我表达。看视频学习充盈自身的同时，他们更享受从 B 站的弹幕和评论里找到一种互为同道中人的陪伴感，让现实里无处安放的内心戏在这里得以上演。甚至用户自己都能轻而易举地站上舞台中心，变成光源，去吸引那些有共同学习经历，或者说想一起参与学习的人。

谁能想到有朝一日可以在 B 站上上课学习？十年前 B 站自己都难以预设如此场景。如今，它与它的用户共同创造了这种新式社交型学习平台，使得在 B 站学习成为风行一时的现象。你看，有趣而快乐的学习似乎没那么困难。

（整理自 B 站是一个什么样的存在？？？. [EB/OL]. (2019-01-21). https://xw.qq.com/cmsid/20190121B071L500; 知道吗？这届年轻人爱上 B 站搞学习. [EB/OL]. (2019-04-17). http://news.cctv.com/2019/04/17/ARTlkdxgldxCuSmVdTOimrAw190417.shtml.）

 复习思考题

1. 休闲的主体主要包括哪些？
2. 结合我国实际情况，谈谈应如何制定针对青少年的休闲政策？
3. 举例说明休闲教育的必要性。
4. 实施休闲教育的途径有哪些？
5. 提供内容健康、丰富多彩的休闲机会也是休闲教育的重要内容。你认同这一观点吗？请阐述你的理由。

本章参考文献

[1] HAROLD D LASSWELL, ABRAHAM KAPLAN. Power and society(New Haven)[M]. CT:Yale Universty Press，1970.

[2] IMMANVEL KANT. Education[M]. AnnArbor: The University of Michigan Press，1971：1803.

[3] L GOODALE，C GODBEY. The evolution of leisure：historical and philosophical perspective[M]. Pennsylvania: Venture Publishing，Inc.，1995.

[4] SPENCER. Education intellectual, moral and physical[M]. N.Y: D.Appleton，1914.

[5] [韩]朴贞子，金炯烈. 公共政策[M]. 济南：山东人民出版社，2005.

[6] 詹姆斯.E·安德森. 公共政策制度[M]. 谢明，等，译. 5版. 北京：华夏出版社，2009.

[7] J. 曼迪，L. 奥杜姆. 闲暇教育的理论与实践[M]. 叶京，潘敏，鲍建乐，译. 北京：春秋出版社，1989.

[8] [法]阿尔努. 科学与哲学的对话[M]. 卞晓平，译. 上海：生活·读书·新知三联书店，2001.

[9] [英]克里斯·布尔. 休闲研究引论[M]. 田里，译. 昆明：云南大学出版社，2006.

[10] [澳]维尔. 休闲和旅游供给：政策与规划[M]. 李天元，徐虹，译. 北京：中国旅游出版社，2010.

[11] 陈振明. 政策科学[M]. 北京：中国人民大学出版社，1998.

[12] 邓蕊. 休闲教育——一个值得关注的问题[J]. 山西高等学校社会科学学报，2004，4：26-29.

[13] 邓蕊. 休闲教育与中国高等教育的应对[J]. 自然辩证法研究，2002，6：46-48.

[14] 黄文琴. 以色列学校休闲教育经验[J]. 外国中小学教育，2005，3：37-40.

[15] 罗明东，扶斌. 论闲暇、闲暇素质与闲暇教育[J]. 学术探索，2002，6：104-107.

[16] 刘德谦，高舜礼，宋瑞. 2010年中国休闲发展报告[R]. 北京：社会科学文献出版社，2010.

[17] 刘海春. 生命与休闲教育[M]. 北京：人民出版社，2008.

[18] 马惠娣. 闲暇时间与"以人为本"的科学发展观[J]. 自然辩证法研究，2004，6：100-102.

[19] 沈金荣. 社区教育的发展和展望[M]. 上海：上海大学出版社，2000.

[20] 孙林叶，董美珍. 国外休闲教育的发展及启示[J]. 教育理论与实践，2006，10：3-5.

[21] 叶文. 城市休闲旅游[M]. 天津：南开大学出版社，2006.

[22] 余青，吴必虎，殷平，等. 中国城市节事活动的开发与管理[J]. 人文地理，2005，6：56-59.

[23] 郑敬高. 政策科学[M]. 济南：山东人民出版社，2005.

[24] 郑胜华，刘嘉龙. 我国休闲教育的现状与发展构想[J]. 高等教育研究，2007，2：79-84.

[25] 朱崇实，陈振明. 公共政策[M]. 北京：中国人民大学出版社，1999.

第五部分　休闲与未来

城市是人们休闲生活的空间载体，休闲城市是未来城市发展的方向。作为汇聚无数休闲产业与无限消费潜力的综合体，休闲城市的舒适物多寡决定了其未来的发展潜力。我国的古人为我们留下了"诗词歌赋，琴棋书画"等高雅的休闲方式，而数字时代、社群时代以及创意时代的来临将进一步加强休闲的中心地位，人们的休闲观念与休闲行为将以史无前例的速度发生变化，抱持诗意和创意的"休闲人"将被唤醒。

第十四章
休闲城市

诗意城市，休闲天堂

"诗是理想之树上，闪耀的雨滴。"当诗意与城市紧密相连的那一刻，人们身体的故乡与心灵的故乡便走到了一起。中国是一个诗的国度，历史悠久、文化灿烂辉煌，因此，在幅员辽阔的中国大地上孕育了许多充满诗意的城市。泉州是一个活着的历史古城，沉淀了太多层岁月。又像个藏宝之城，你永远不知道，在泉州，下一刻，你将邂逅到的，是哪一个朝代，甚至哪一个国家的哪一块碎片。泉州的性格如五月的细雨一样温润：穿透千年的时光，在历史的烟尘中不期而遇。这样的雨露使得这里的人也温润和蔼，极富涵养。陌生人之间的关照也无微不至。泉州人一直眷恋着清源山的恋恋山尘，它离尘不离城，没有城市的喧哗，一切都是宁静而充满诗意的。昆明享有"春城"之誉，四季如春。有滇池在调节温湿度，这里空气清新、天高云淡、阳光明媚、鲜花常开。时光柔软，春城温暖，生活节奏舒缓是昆明人的气质；民族融合，天下一家，多元文化的包容是昆明的城市灵魂。凤凰古城因西南有一山酷似展翅而飞的凤凰而得名。作为以苗族、土家族为主的少数民族的聚集地，凤凰古城钟灵毓秀，古意盎然，民族特色浓郁。一条沱江静静流淌，沿沱江而建的吊脚楼、古色古香的明清古院，这座"最美的古镇"中的一切，都那么令人神往。苍山洱海，风花雪月是大理休闲文化的精髓，这座让外国人流连忘返的小城到处充满着咖啡的芳香和酒的热情。在这些充满诗意的城市，你可以尽情追逐自己想要的生活，"诗意地栖居"在中国的大地上。

诗意城市也是适宜城市，是人类宜居的家园。"天府之国"成都是一个令外国人向往的魅力之都，其魅力来自何处？川菜、川剧、茶馆、麻将……不一而足，其中最迷人的也许是这座城市散发出的包容气质。在这里，各个阶层都能找到适宜自己的休闲活动。三千年来上至王侯将相，下至升斗小民，无数人逐一登临这个舞台，共同营造了这座中国最具人间烟火气的城市。

诗意不在远方，它升腾于大地之上、泥土之中，更深藏于我们内心。在这千变万化的世界里，任何东西都蕴藏着诗意，而我们就在这无限的诗意中生活着。诗不一定只在远方的田野，诗意像精灵一样，在城市的角落流淌，它们就在那里，但是默默地、静静地等着那些驻足的人。

诗意城市是宜居城市，更是休闲城市。

（整理自星球研究所，中国青藏高原研究会. 这里是中国[M]. 北京：中信出版社，2019：271；吴小壕. 五个诗意城市. 豆瓣，2019-8-10.）

日本著名作家村上春树曾说："如果一个城市没有愿意开小咖啡馆的人，那么这个城市无论多有钱，都只是一个内心空虚的城市。"休闲，是衡量一个城市的价值的重要尺度；诗意，是衡量城市宜居、宜游的核心所在。优越的自然环境、浓厚的休闲氛围、独特的休闲文化展现了休闲城市的巨大魅力。目前，全世界尤其在中国范围内，打造休闲城市的热潮方兴未艾，如何理解休闲城市、建设休闲城市也是每一个城市经营者和居住者需要思考的重要问题。

第一节 休闲城市的发展历程

一、休闲城市的由来

（一）世界城市的发展历程

城市是一个现代用语，但"城"和"市"在古代就出现了。在我国古代，"城"与"市"有着不同的含义："城"是指四周围的城墙，"城，廓也，都邑之地，筑此以资保障也"。"市"是指商品交易的场所。《周易·系辞》说："日中为市，致天下之民，聚天下之货，交易而退，各得其所……"随着社会经济的发展，"城"与"市"逐渐成为一个统一的聚合体——城市。不过，不同研究者对城市概念的界定有较大的差异。

芝加哥学派创始人帕克认为，"城市，它是一种心理状态，是各种礼俗和传统构成的整体，是这些礼俗中所包含并随传统而流传的那些统一思想和感情所构成的整体。城市是文明人类的自然生息地，世界史从某种意义讲就是人类的城市史。"

伴随着人类文明的进步，城市经历了从无到有、从小到大、从简单到复杂、从初级到高级的变化过程，逐渐成为人类文明的重要载体和集中体现。新技术的发展推动了工业化的快速发展，而工业化又极大地推动了城市化进程。纵观发达国家城市化历程，城市化主要分为两个重要阶段：一是聚集为主的初期阶段；二是分散为主的成熟阶段，前者称为城市化，后者则称为郊区化。[①]18世纪中期，工业革命在英国以及欧洲大陆的展开和大规模制造业的出现，成为城市发展的催化剂，刺激着大量农村人口向城市中心区快速聚集。然而在城市化发展的同时，亦出现了污染、绿地减少、交通拥堵、失业严重、贫富差距加大等问题。在第二次世界大战后，发达国家的城市化进程持续加速，出现逆城市化现象。20世纪中叶后，发达国家基于科技技术创新推动城市结构变化。以铁路、轻轨建设四通八达

---

① 徐和平. 城市化历史演变与中国城市化未来发展研究[M]. 北京：人民出版社，2016：2.

的交通网，以"信息公路"、电子通信技术建设纵横分布的通信网，加速了城市工厂与人口的大量外迁，城市功能与经济从集聚转向分散，郊区成为重要的经济增长中心。

与此同时，发展中国家的城市化获得了较快的发展，联合国经济和社会事务部发布的《2018年版世界城镇化展望》报告显示，世界上有55%的人口居住在城市，这一比例预计在2050年将达到68%。此外，1 000万人以上人口的特大城市快速增加，1955年只有2个，2019年已经达到33个。另外，人口超过2000万的城市在2018年达到11个，我国占有2文化2个，即上海、北京。

尽管发展中国家的城市化进程较快，但与发达国家相比，差距仍然较大。据统计，2018年发达国家的城市化率达到了82%，而发展中国家的城市化率仅为50%，并且对于拉美国家以及部分亚洲国家来说，它们走的是过度城市化道路。但是面对大量涌入的农村人口，部分发展中国家尚无能力为其提供就业机会，城市病问题日益严重，城市发展畸形，不少发展中国家形成了首位式城市规模结构体系，即首位城市巨大，区域城市数量少，这将抑制社会经济的发展。

就我国所有城市而言，在经济快速发展与城市化水平不断提高的同时，前100位城市规模逐渐均衡化，未形成首位度较高的城市，但101位～255位城市越来越符合齐夫法则，即位序—规模法则（它指的是一个国家中首位城市的人口规模是第二大城市人口规模的两倍，是第三大城市人口的三倍）（李茂、张真理，2014）。但若以我国省和自治区为单位，有2/3的省和自治区中的第一大城市的人口数是第二大城市的2倍或2倍以上，其余1/3多数是该省或自治区有两大城市[①]。首位城市集中资源优势、汇聚人才，但不可避免存在资源利用不充分等问题，中小城市虽规模较少，但有助于保持城市的多样性与活力，从而提供另一种生活状态。因此，大有大的难处，小有小的优势，一个大国的城市化并不是依靠超大型城市或只依靠中小城市，而是大、中、小三者多元并举推动有序发展。基于此，发展城市群成为工业化和城镇化的重要路径选择。

现今我国已形成京津冀、长三角、珠三角、哈长、北部湾、长江中游、成渝、中原八大城市群，构筑以城市群为主体，推动大中小城市和小城镇协调发展的城镇格局。八大城市群中，虽总体相对差异呈上升趋势、非均衡性不断增强，但相似功能等级的城市生产性服务业的发展具有良好的互动与协调，我国城市生产性服务业发展差异在缩小[②]。"不均衡发展是一种常态，均衡发展仅是一个追求过程。"尽管不可能实现完全的均衡发展，但应推动各城市实现平等差异等值发展[③]。

巴西著名城市管理专家杰米·莱纳说："如果说20世纪是城市化的世纪，那么21世纪是城市的世纪。在城市里，人们为生活的质量而展开决定性的战斗，战斗的结果则是对地球的环境与人类关系产生深刻的影响。"[④]进入21世纪后，国家或地区不再盲目地

[①] 郑也夫. 见识城邦·郑也夫作品系列：城市社会学[M]. 3版. 北京：中信出版集团., 2018.
[②] 梁红艳. 中国城市群生产性服务业分布动态、差异分解与收敛性[J]. 数量经济技术经济研究，2018，35（12）：40-60.
[③] 梁红艳. 中国城市群生产性服务业分布动态、差异分解与收敛性[J]. 数量经济技术经济研究，2018，35（12）：40-60.
[④] 陈松川. 西方城市管理：历史、理论与政策[M]. 北京：中国建筑工业出版社，2018：Ⅳ.

追求城市化的快速增长,人类生存的核心问题,即城市的宜居性成为关注焦点。如彼德·史密森所言:"在这里,街道和建筑、树木、一年里的四季、城市装饰物、城市里的人和事都形成了一种和谐而自然的联系。"空间的宜居性、生态的可持续性成为全球城市未来发展的主旋律。

(二)休闲城市的产生背景

希腊先哲亚里士多德说过,"人们为了生活来到城市,为了生活得更加美好而定居于城市"。然而随着城市的不断发展和人口的大量涌入,追求现代化生活的强烈意愿与自然资源供给能力和生态环境承载能力的矛盾日益凸现和尖锐,引发严重的生态破坏、物价上涨、精神疾患增多、城市文脉丧失、城市安全等问题,这与"建设城市的最终目的在于使居民在其中幸福的生活"的理念背道而驰。

随着科学技术以及人文理念的发展,如何让城市生活更美好成为众多国家或地区最为紧迫的议题。此外,中产阶层的成长对城市发展产生了重大影响。中产阶层不断壮大,话语权不断增强,日益成为中坚力量,其愿望也在城市社会发展中得以展现。依据马斯洛需求理论,当基本需求得以满足时,就会向更高一层的需求迈进。对于中产阶层而言,人们的需求已从富足、"易居"转向提升居住环境并获得自由、安全、健康、诗意的城市生活。

在这样的大背景下,作为城市原始的休闲生活功能再次被提到重要的位置。1999年,美国《时代》杂志封面文章指出"娱乐和休闲业将成为下一个经济大潮并席卷世界各地,国民生产总值中会有一半以上的份额由休闲产业创造,人们将把生命中一半的时间和一半的金钱用于休闲。"著名未来预测学家格雷厄姆·T.T默利托认为,休闲将是新千年经济发展五大推动力中的第一引擎,新千年的若干趋势将使"一个以休闲为基础的新社会有可能出现"。可见,休闲、娱乐已成为当今时代人类生活最重要的特征之一,也将对城市经济、文化、社会生活产生重大影响。休闲城市的形成与发展正好顺应了休闲时代的发展潮流,借助了时代发展的强大趋势,满足了人类日益增长的休闲需求,因此也获得了巨大的动力,发展成为一个结构多元化、形态提升化、形象品牌化和价值最大化的全新的城市系统。

二、休闲城市的内涵与特征

(一)休闲城市的内涵

目前,学术界对休闲城市本质内涵的研究已趋于成熟。现有的研究主要从城市休闲经济、城市休闲功能、城市休闲文化和城市休闲品牌形象的角度定义休闲城市。著名学者王学峰(2003)认为,休闲城市是集各种休闲经济要素于一体的城市,其涵盖丰富多样的休闲资源与环境、数量众多的传统与现代共存的休闲设施与场所、强烈的大众休闲意识和旺盛的居民休闲消费能力,还有与国际接轨的发达便捷的交通条件、完善配套的基础设施和较高的知名度。四川大学旅游学院的杨振之、周坤(2008)认为,随着城市功能进一步从以生产为主演变为以服务消费为主,生产空间将逐步边缘化、郊区化,制造产业逐渐向城市边缘地带转移,而公共休闲空间及与之相关的信息空间、服务空间、消费空间则趋向城市的中心和城市的社区，城市在很大程度上成为消费城市、信息城市、服务城市和休闲城市。主题城市研究专家付宝华（2007）提出，传统意义上的城市发展往往集中于城市的经济建设和城市的产业特色，但在世界越来越同质化的趋势中，跟风式的发展严重破坏了城市的特色。一些具有特色文化和乡土文化的城市，往往建设得千篇一律、千城一面。只有当一个城市的产业、资源、文化特质与一个时代的发展特质相结合时，这个城市才会出现自发打造城市主题文化的机遇。中国社会科学院旅游研究中心研究员魏小安（2005）认为，休闲城市是指在城市生活中，休闲活动普遍，具有丰富的休闲设施，休闲产业在城市发展中占据重要地位，形成品牌，并构成强大的市场吸引力。

基于已有定义，本书认为休闲城市是以提升居民与旅游者幸福感为目标，以城市舒适物为核心，以休闲产业为主导的诗意城市。其主要特点是：拥有丰富的城市舒适物、发达的休闲产业、完善的休闲服务设施、高品质的休闲生活，具备独特的休闲形象。

（二）休闲城市的特征

休闲城市是城市现代化发展中重要的分支类型，是"以人为本"城市建设理念的重要体现形式。纵观国内外休闲城市发展，鲜明的休闲形象、完善的休闲环境与服务设施、发达的休闲产业、优质的休闲生活是休闲城市必备的基本特征。

1. 鲜明的休闲形象

休闲城市都具有独特的休闲形象，个性鲜明是休闲城市的核心吸引力。在全球城市化进程中，城市建设"千城一面"，同质化现象严重，无法满足现代居民与旅游者的多元需求。享有休闲与旅游美誉的城市，无一不具有独特个性和鲜明形象。

2. 完善的休闲环境与服务设施

良好的生态环境与深厚的文化底蕴是一座休闲城市的必要条件。"城市的文化是它的内涵，流转百年，愈加醇香；美丽风光是它的标识，时而纯净，时而浪漫，时而优雅。"[①]休闲城市能完美地呈现自然与人文的融合。此外，休闲城市还具备完善的服务设施，便捷的交通，丰富的休闲资源，齐全的休闲活动设施，为居民、游客开展休闲活动提供便利条件。

3. 发达的休闲产业

休闲产业能否成为城市的核心产业，是衡量一座城市休闲化程度的重要指标。纵观国内外休闲城市的发展可以发现，它们都拥有丰富的休闲产业体系和强大的休闲产业核心竞争力。优秀的休闲城市在休闲产业的品牌、休闲产品的质量与休闲的美誉度上都令外来游客极其向往。

4. 优质的休闲生活

一座休闲城市应致力于让休闲意识渗透到人们的思想中，为居民和旅游者提供高品质的休闲生活，促使他们对所处城市的自然环境、社会环境和自身的状态感到高度满意，继而实现在休闲中回归自我、获得幸福的目标。

---

① 梦想之旅编委会. 国家地理旅游推荐地：欧洲最美的旅程[M]. 北京：北京联合出版社，2011.

三、休闲城市的标准评析

2007年12月,"首届中国休闲产业经济论坛"在上海举行。论坛从全国推选出十大休闲城市:杭州市、成都市、昆明市、湛江市、北海市、三亚市、桂林市、丽江市、上海市、五大连池市。此次中国休闲城市推选指标体系主要包括经济发展状况、城市休闲基础设施情况、城市休闲环境、休闲文化和休闲满意度五方面。此后,多家研究机构、众多学者也发布了关于休闲城市标准的研究成果。2010年4月,中国人民大学、中国休闲经济研究中心和国际休闲产业协会联合发布了《中国休闲城市评价标准体系》。该体系将主观标准和客观标准结合使用,提出了环境休闲力、基础休闲力、核心休闲力三位一体的休闲结构体系理论。其中,环境休闲力包括自然环境和人文环境两个要素;基础休闲力包括基础设施、休闲设施两个要素;核心休闲力包括市民休闲力、休闲感受度(满意度和生活幸福度)两个要素。楼嘉军等人(2012)构建了由公共基础、消费能力、产业能力、资源特色四部分指标组成的城市休闲化质量评价体系,并以此作为评判城市休闲化的标准。[1]

评价休闲城市发展的水平与程度,除了上述学者的相关研究成果,本书将重点阐述吕宁所提的休闲城市评价指标。2009年,吕宁首次提出城市休闲指数(City Leisure Index,简称CLI)的概念,CLI是指"对城市休闲功能发展状况的综合性测算,是对不能直接相加的城市休闲化程度方面的复杂现象在数量上综合变动情况的相对数据综合测评的反映"[2],城市综合实力指数、居民休闲需要指数、城市休闲环境指数三大系统层建构了休闲城市的基础。2013年,吕宁借助城市休闲指数的评价指标体系将休闲城市分类模型划分为三种方式,以此为政府、企业、个人休闲化提供评价工具和发展导向。[3]2018年,吕宁对城市休闲指数进行了修正,按垂直式将系统层分为指标性评价和市场性评价,第二层次下按平行式再分类建构城市休闲指数评价指标体系。城市休闲指数评价的具体指标如表14-1所示。

近年来我国人均GDP已远超国际对国家进入休闲时代的定义——人均国内生产总值(GDP)达3 000~5 000美元,2018年我国人均GDP甚至达到约9 780美元,为休闲城市的发展奠定了经济基础。全国十大特色休闲城市、全国十大最佳休闲城市、全国最宜居城市、全国最美城市等各类休闲城市排名极大地激励着各城市管理者为改善休闲环境,提升休闲功能,建设更舒适、更宜居的城市做出大量工作。然而,2019年发布的《休闲绿皮书:2018—2019年中国休闲发展报告》表明,我国休闲城市存在空间分布不均、发展要素不平衡等问题,排名前十的休闲城市中,东部有八个,西部有两个,且不同城市在休闲建设中存在不同程度的短板。对于发达城市而言,休闲空间和生态环境是重要的制约因素;对于欠发达地区,经济发展水平制约着城市基础设施设备的建设。总体而言,我国休闲城市近年来的发展卓有成效,城市的休闲功能已逐步培育出来,城市发展中生态环境、基础设施、休闲空间布局等一系列能够给人们带来舒适生活的要素慢慢崛起,人们越发把城市当作消费整体,高品质的舒适物成为吸引人们居住的重要因素,以生活质量和吸引人才为关注点

---

[1] 楼嘉军,李丽梅,杨勇. 我国城市休闲化质量测度的实证研究[J]. 旅游科学,2012,26(05):45-53.
[2] 吕宁. 基于城市休闲指数的中国休闲城市发展研究[D]. 北京:中央民族大学,2009.
[3] 吕宁. 休闲城市评价模型及实证分析[J]. 旅游学刊,2013,28(09):121-128.

的城市舒适物已成为休闲城市发展的重要衡量指标。一个城市的舒适物水平越高,就意味着这个城市越有可能成为一个休闲城市。[①]对生活品质的强调、对城市舒适物的构造将成为休闲城市发展的重要方向,下文将对舒适物与休闲城市展开具体阐述。

表14-1 城市休闲指数评价指标体系层次表

城市休闲指数	指标性评价（80%）	城市形象与美誉（7%）	国家级荣誉称号
			国家级非物质文化遗产数量
		休闲空间与环境（21%）	人口密度
			空气质量达到二级以上天数占全年比重
			人均绿地面积
			建成区绿化覆盖率
			人均城市道路面积
			城镇生活污水集中处理率
			生活垃圾无害化处理率
		休闲设施与服务（21%）	每百万人拥有4A级及以上旅游区数量
			每百万人拥有剧场、影剧院数量
			每百万人拥有体育场馆数量
			每百人拥有公共图书馆藏书数量
			每万人拥有星级饭店数量
			每百人拥有私家车数量
			每万人拥有公共汽车数量
			每万人拥有出租汽车数量
		休闲经济与产业（21%）	每万人客运总量
			第三产业占GDP的比重
			休闲核心产业从业人员比重
			居民服务和其他服务业从业人员比重
			批发和零售业从业人员比重
			人均旅游总收入
			国际化程度
			国内外游客总量
		休闲生活与消费（10%）	城市人均社会消费品零售额
			每万人国际互联网用户数
			人均可支配收入
			恩格尔系数
			城市居民人均地区生产总值
	市场性评价（20%）	消费者对休闲城市的关注程度（20%）	

注：消费者对休闲城市的关注程度的数据直接从网络获取,故无具体指标。
资料来源：吕宁. 中国休闲城市发展报告[M]. 北京：旅游教育出版社,2018：23.

---

① 王宁. 舒适物、休闲城市与产业升级[C]. 2013.

第二节　舒适物与休闲城市

工业时代，城市发展更多的围绕传统的生产要素（即土地、劳动力、资本和管理）促进经济发展。一些城市依靠工业经济在城市竞争中获得了极大的成功，而城市亦为此付出了惨重的代价，出现环境污染、能源浪费、基础设施陈旧、交通堵塞等一系列的城市问题，引起了欧美国家对城市发展的反思。此后有学者提出"田园城市""广亩城市"等概念，强调城市对自然的回归。1983年，特里·N.克拉克教授领衔"财政紧缩与都市更新"项目，研究发现影响未来城市经济社会发展的关键因素已从传统的工业生产转向审美、休闲娱乐、符号消费。[①]城市形态开始从"生产导向"转向"消费导向"，以消费为主的后工业城市悄然来临。消费在经济发展中的重要性逐渐超过生产，休闲消费、艺术活动、便利设施成为驱动城市发展的重要变量。城市不等于建筑，城市等于居民[②]，真正的城市是由居民而不是由混凝土组成，不能仅将城市看作是增长机器，而要在人们的行为中体现对文化价值观和生活方式的诉求。秉承着"城市让生活更美好"的理念，20世纪初期，西方城市在使城市变得健康方面投入了大量的资本，兴建大量的娱乐设施、饭店、咖啡厅等城市舒适物，增强了城市的舒适性与便利性，强化了城市生活品质，使城市作为一种生活方式而存在。

一、舒适物的内涵解读

（一）舒适物的概念

何为舒适物？目前国内外对此尚未形成统一界定，但已有不少国内外学者关注舒适物的研究。舒适物（Urban Amenity）最早是经济学概念，作为城市发展的附属物而存在。直到1954年，厄尔曼将舒适物定义为令人愉悦的生活条件，能促进人口迁移，进而刺激城市经济增长。[③]此后，舒适物正式作为独立变量，成为吸引人才聚集、提高生活质量的重要因素。新西兰的《1991国家资源管理法》（Resource Management Act 1991，RMA）将舒适物概括为："一个地区自然的或人造的环境或特征，这些特征能满足人们关于享乐、审美、文化和游憩的需要"。[④]Luger（1996）将城市舒适物定义为城市利用公共设施和公共部门工作人员作为资本和劳动力投入生产的复合"产品"。[⑤]舒适物一词传入我国后，其翻译各异，如"便利性""舒适性""适宜性"等。崔人元、霍明远提出，城市舒适性是指城市生活的异质性、多样性和包容性的都市风格，各色人等共处、市民心态宽容，有多种生活方式可

---

① 吴军，夏建中，特里·克拉克. 场景理论与城市发展——芝加哥学派城市研究新理论范式[J].中国名城，2013（12）：8-14.
② 爱德华·格莱泽. 城市的胜利——城市如何让我们变得更加富有、智慧、绿色、健康和幸福[M]. 刘润泉，译. 上海：上海社会科学院出版社，2012，8.
③ ULLMAN E. Amenities as a factor in regional growth[J]. Geographical review.1954，44（1）.
④ The quality of our built environments: an urban amenity guide. prepared by Enviro Solutions NZ Ltd and Glasson Potts Fowler Ltd，2001（5）：5.
⑤ LUGER M L. Quality-of-life differences and urban and re-gional outcomes: a review[J]. Housing policy debate，1996，7（4）：749-771.

供选择。[1]王宁认为，舒适物就是使人在感官上、心情上感到舒心愉悦的事物、设施或环境。[2]

舒适物从广义上来讲就是一切令人感到舒心、愉悦的事物、服务、设施、氛围等。现今人类文明已从工业社会迈向网络社会，物质需求已得到极大满足，人们日益追求高品质的生活质量，获得精神的满足。在此大环境下，城市舒适物正逐步被纳入休闲城市的发展范畴中。

（二）舒适物的类型

究竟哪些内容构成了城市舒适物，不同学者的界定有所不同。Brueckner等人（1999）提出基于舒适物的收入地点理论，并依据此理论将舒适物划分为三种类型：自然舒适物，由一个地区的特征形成的，包括河流、丘陵、海岸线等；历史舒适物，由纪念碑、建筑物、广场和其他城市基础设施组成；现代设施，包括餐厅、剧院以及现代公共设施等，并认为自然舒适物与历史舒适物是外生的，现代舒适物是内生的，与经济发展水平相关。Glaeser（2001）认为，城市的未来更多地取决于城市舒适物，包含四个方面：第一，丰富多样的服务和消费产品，包括餐厅、剧院以及具有吸引力的社会氛围等不可转移的本地产品；第二，美学和自然环境，如适宜的气候、美丽的建筑等；第三，好的公共服务，良好的教育和低犯罪率与城市发展密切相关；第四，速度，包括便捷的交通与通信设施。Clark（2004）为进一步提高舒适物的解释力，将舒适物分为：自然舒适物（气候、温度、湿度、自然的整体吸引力）、建造舒适物（图书馆、博物馆、歌剧院等大型机构的数量，书店、商店、星巴克等）、社会经济构成与多样性（居民的收入、教育）、居民的价值观和态度（友好或敌意、宽容、个人主义、敢于冒险和其他）。

我国学者王宁（2014）认为，结合我国的实际，需把制度性因素也归入舒适物中，因此他将舒适物划分为：自然环境舒适物（气候、气温、地区、地貌特征）、人造环境舒适物（建筑环境的特色、自行车道、绿地与树木覆盖率等）、商业与生活舒适物（生活服务的配套供应、消费品供应的丰富度、多样性与便捷度、消费品价格、住房价格）、公共物品舒适物（医疗、教育、住房保障、博物馆、公交服务、公园、政府办事效率与办事作风、政府公正度与清廉度）、基础设施舒适物（交通基础设施的发达、配套、出行的便捷程度、停车场、自来水等）和社会舒适物（居民的素质和态度、普通话普及程度、私人朋友圈、社会治安等）。温婷等（2014）鉴于中西方发展存在经济发展差异、城市化发展差异以及传统文化差异，认为在我国并不能直接套用西方舒适物的内涵，依据中国特性将舒适物分为三类：①自然舒适物，包括地貌环境、气候条件等；②人工舒适物，包括历史舒适物与现代舒适物，如历史建筑、纪念碑、图书馆、休闲娱乐设施、通信基础设施等；③社会氛围舒适物，包括价值观、态度、包容性、风险承担意识等。

---

[1] 崔人元，霍明远. 创造阶层与城市可持续发展[J]. 人文地理，2007（01）：7-11.
[2] 王宁. 城市舒适物与社会不平等[J]. 西北师大学报（社会科学版），2010，47（05）：1-8.

（三）舒适物的特征

1. 自目的性

"自目的"是由"自身"和"目的"组合而成的词，即"自身就是目的"[①]。行动者的行动本身就是目的，它不是某个或某些外在的功利性目的的手段或工具，即很多人去做某件事情不是为了获得金钱、荣誉、承认，而是因为做这件事很愉悦，值得去做。舒适物的本质是使人们感到幸福快乐的事情、服务、设施等，优质的生态、宏伟的建筑、小型的书店、温馨的咖啡店等舒适物的存在就是为了满足人们的消费、审美需求。

2. 舒适自致性

舒适自致性，即舒适物成为推动产业升级、提升城市竞争力的重要驱动力量。地方消费主义的兴起对于创意阶层而言形成某种舒适物偏好，出现移居现象。高新技术产业追随创意人才、高技术人才而落户，推动某一城市的产业调整与升级。芝加哥实现从传统工业城市向休闲宜居城市的完美蜕变就是有力证明：戴利在任职期间通过建设大量的城市舒适物，极大地改善了城市形象，大力发展了休闲娱乐业，吸引众多高新技术人才聚集，到2000年，娱乐业已成为芝加哥的支柱产业，实现了产业的转型升级，从传统工业城市向休闲宜居城市完美蜕变，现今芝加哥被称为"艺术城市""花园城市"。

3. 空间梯度化

舒适物的整体空间布局不均，城市舒适物水平从东部沿海向西部内陆地区逐渐降低[②]，具有明显的地带性梯度。东部地区京津冀城市群、珠三角城市群、长三角城市群等城市较高的经济发展水平为舒适物的发展奠定了经济基础。根据年度统计调查结果显示，2018年，北京GDP达30 320亿元，全市居民人均可支配收入为62 361元；杭州GDP达13 509亿元，城镇常住居民人均可支配收入61 172元，农村常住居民人均可支配收入33 193元。这些城市居民可支配收入的增加，使其越发重视生活品质，对休闲设施、环境等方面舒适物的需求更加旺盛。而中西部地区经济发展水平、城市发展水平较东部偏低，致使中西部对舒适物的供给与需求能力与东部有所不同。

二、舒适物：休闲城市的基础构件

舒适物在城市发展中的作用日益强化，开始作为一种新的建构力量推动城市转型，为休闲城市发展提供新范式。在具体的休闲城市实践中，舒适物必须嵌入在休闲城市这一载体中，当一座城市的舒适物日趋完善时，人们会拥有更多的休闲机会，引发更大的消费力与创造力，其越有可能发展成为休闲城市。

（一）自然舒适物——休闲城市的快乐之本

生态环境是人类赖以生存的物质基础，是一个城市发展的源头活水。宜人的气候、秀美的风景、丰富的动植物资源等均属于自然舒适物的范畴，是大自然的馈赠。自然环境对

[①] 王宁. 自目的性和部落主义：消费社会学研究的新范式[J]. 人文杂志，2017（02）：103-111.
[②] 温婷，林静，蔡建明，等. 城市舒适性：中国城市竞争力评估的新视角及实证研判[J]. 地理研究，2016，35（02）：214-226.

于城市可持续发展至关重要，是人们日常生活的底色，亦是居民的基本诉求。优美的自然环境可以缓解身心疲惫，释放压力，带来强烈的积极情绪（杨盈，耿柳娜，2017）和"舒缓的魅力"（soft fascination），这种软魅力不仅能缓解身心劳顿，同时能产生美的享受。"山光悦鸟性，潭影空人心"，在自然山水中洗涤内心，心无杂念地追逐内心的安宁、生命的自由。在这个意义上讲，自然环境就是快乐之本。

（二）社会氛围舒适物——休闲城市的文化之脉

社会氛围（Social Climate）是指某一社会、地区或群体内的人们能够感知到的具有相同持续性的一般气氛（Lewin，1940），与个人心理、精神层面的舒适度息息相关。社会氛围是城市悠久历史的凝结，浓缩在居民生活的每一个片段中，展示在游客欣赏的每一个瞬间。居民的休闲文化传承着城市悠久的历史、折射出深厚的底蕴。巴黎街头充满涂鸦文化，随处可见的彩绘墙，弥漫的咖啡香，营造着浪漫自由的社会氛围；西安街头的古建筑、古城墙、古街道展现着深厚的文化积淀，营造着古朴大气的社会氛围。

此外，历史建筑是社会氛围的物质载体，中国的故宫、罗马的斗兽场、俄罗斯的克里姆林宫、匈牙利的布达城堡无一不见证着历史的沧海桑田，诉说着历史的传衍。历史建筑承载了居民共同的集体记忆，赋予了居民特殊的情感体验，为城市休闲增添了文化厚度。

（三）人造舒适物——休闲城市的活力之源

人造舒适物突显人的主体意识，依据人的意识而转移，由此更具无限的可能性与创造性。自然舒适物中的气候、地形具有不可改变性，社会氛围舒适物由历史文化长期积淀而形成，具有地域性与不可复制性。因此，城市革新更多地依赖于人造舒适物的建设，城市的交通、商业与文化产品、服务基础设施等大型舒适物的完备程度影响着城市的吸引力和整体舒适水平；书店、茶馆、健身房等小型舒适物影响着城市居民的生活水平与生活质量。错落有致的大小型舒适物在提升休闲消费的丰富性、层次性、多样性方面发挥着重要作用。

此外，对于年轻人而言，人造舒适物更具吸引力。最具创新活力、个性凸显、兴趣为王的"90后""95后"已逐渐成为社会主力军，既追求物质享受、社会交往的开放，又追求自我实现与精神愉悦，他们的潮流文化、小众旨趣不断为城市生活注入新的生命力。人造舒适物改变着人们的生活方式、吸引着更富创意的新一代，在此意义上可以将人造舒适物理解为城市的活力之源。

城市舒适物作为城市发展的新动力，与人们的生活品质息息相关，人们越来越倾向于地方消费主义，城市整体的消费品质量成为人们青睐的重要因素，在推动休闲城市发展过程中具有重要作用。当一座城市的舒适物日趋完善时，人们会拥有更多的休闲机会，引发更大的消费力与创造力，城市本身越有可能发展成为休闲城市，反过来，一个城市如果是休闲城市，居民就会越来越看重生活品质的提升，这就要求城市在生态质量、休闲娱乐、审美、消费等方面做出努力，而这些要素最终体现在城市舒适物中，由此倒逼休闲舒适物系统的完善。藉此，舒适物水平成为评判休闲城市的重要指标，是构建休闲城市的重要因素。为进一步分析舒适物在休闲城市中的应用，我们将在下文进行具体阐述。

第三节　基于舒适物的国外休闲城市案例研究

西方发达国家已进入休闲时代，城市休闲功能日益完善，为当地居民与外来旅游者提供了高品质的休闲生活。纵观国外休闲城市发展历程，大致可分为三类：一是自发生成型休闲城市，即凭借自身优越的自然舒适物与社会氛围舒适物而在众多城市中脱颖而出，如芬兰赫尔辛基、法国尼斯；二是外力构建型休闲城市，即通过投入巨资兴建大量的人造舒适物，精心规划打造而成的休闲城市，如阿拉伯联合酋长国的迪拜，新加坡；三是自发与外力构建相结合型休闲城市，即通过大力发展第三产业实现从工业城市向休闲城市的转型升级，如英国曼彻斯特、美国奥兰多等；本节将分别从三类舒适物视角剖析国外具有代表性的三个城市，以阐述城市舒适物对休闲城市发展的推动作用。

一、赫尔辛基——从森林里走出来的城市

"信是千湖国，港湾分外多，森林凝岭立，岛屿似星多"（郭沫若），赫尔辛基有"千湖之国"之称，被誉为"波罗的海的女儿"，65%的森林覆盖率使赫尔辛基成为被森林包围的城市，舒适的自然环境、闲适的社会氛围、"SISU"的生活状态，使其以独特的魅力成为宜居宜游之城，2016年英国"经济学家智库"发布的全球最宜居城市名单中，赫尔辛基排名第九，其居民自称为世界上最幸福的人。

赫尔辛基是距离北极圈不远的一座城市，绿色、环保、宁静是这座城市留给大家的最初印象。从森林里走出来的赫尔辛基人秉持着生活应当与自然共处的理念，他们将自然带入生活中，以自然点缀生活。在赫尔辛基，食物的取材和选料都来源于森林，"每个人的权利"保障了人人都有权采摘野生浆果、草药、菌类等，以原汁原味的美食享受一场味觉的饕餮盛宴。森林和水域是居住场所的标配，为保证每间房屋，即使是一楼房间，全年也都能有充沛的阳光，赫尔辛基人各出奇招，其中巨大的窗户是重要方式。另外，阳台也是重要空间，花卉绿植、躺椅、遮阳伞一应俱全，人们无时无刻不享受着生活。居住区出门入目即是大片的草坪，距离不远处就是小森林，城市与森林近在咫尺。即使生活在城市，人们依然可以享受森林的馈赠。

如果说文化、艺术、建筑深深根植于赫尔辛基城市的DNA中，那么这些文化、艺术、建筑则将自然贯彻其中。"人是自然界的一部分，就像松树和桦树，我们几乎可以用科技做任何事情，但不能把它们做得更富有人情味。"芬兰著名建筑师兼设计师阿尔瓦·阿尔托坚信"形式必须要有内容，而内容必须要与大自然联系起来。"岩石教堂坐落于一堆"乱石"之中，教堂穹顶几乎与地平面同高，利用天然的地基形成教堂的主体空间，在天气状况良好的时候不需要任何的照明设备，阳光从顶部洒向教堂内。圆弧形设计聚拢声音，厚重的岩石使空间变得冬暖夏凉。因地制宜、因势利导，一切都是那么撼人心弦又浑然天成。此外，芬兰地亚大厦、音乐中心大厦、康比静思堂、美卓图书馆、萨约斯文化中心等城市建

筑设计中无一不利用着自然优势、体现着自然元素。众多无与伦比的建筑与自然风光融为一体，共同构成了让人陶醉的迷人风景，最终体现的是赫尔辛基人对自然的崇尚和对人性的尊重。

设计街区里的各类商品琳琅满目，充满着自然的色彩，使人每走一步都收获独特的风景和乐趣。这里还是设计师们的天堂，他们奉行亲近自然，把大自然融入设计中，挖掘天然素材的设计理念促使许多作品独具特色，将平凡设计到极致。驻足休息在露天咖啡厅或酒吧，一杯香槟、一杯咖啡、一本书，人们享受着看似平淡骨子里却充满乐趣的生活。赫尔辛基从食材、建筑、生活休闲等无一不将自然体现得淋漓尽致，他们尊重自然、崇尚自然、享受自然，以自然构筑城市基调，悠然自得的休闲已成为赫尔辛基人的生活常态。

二、迪拜——从沙漠中走出来的城市

迪拜是沙漠与海水共存的城市，有美丽的海滩，也有沙漠奇景，人们既可以坐游轮出海、欣赏棕榈岛，又可以去沙漠探险、冲沙，体验极致刺激，它奢华、梦幻、迷离，被戏称为中东的"解放区"。作为中东沙漠中的一座城市，迪拜的兴盛完全是依据人造舒适物的建设得以实现的。21世纪初，迪拜提出大力发展旅游业时，被很多人认为是异想天开。然而，通过精准的战略定位，大规模兴建集休闲观光、会展、购物等功能为一体的旅游综合体，迪拜最终实现了无中生有的跨越式发展，完成了从小渔村到金融中心、旅游胜地的完美蜕变，成为奢华高端的极致休闲城市。

迪拜处于热带沙漠地区，绿化是奢侈的代名词，为打造舒适的自然环境，迪拜政府斥巨资投入生态环境维护。众多别墅院子里种植着大量的棕榈树、凤凰木，鲜花、草坪分布在人行道两侧，在淡水贵如油的迪拜，种植一棵树需要极大的成本，而在此情况下，迪拜人均绿地面积竟达20平方米，成为镶嵌在沙漠中的绿洲，大量的绿化面积极大地提升了城市的舒适度。

此外，政府还加大了公共休闲设施项目的投入，延长海岸线进一步扩大了公共休闲空间。迪拜坚信只有第一才会被记得，要做就做世界第一，因此建造了世界七星级的帆船酒店。帆船酒店的所有客房均为复式套房，在房间里可欣赏到"一半沙漠一半海"的奇异景观。酒店在海底设置了餐厅，房客需要乘坐潜水艇才能够到达，在途中可以体验海底世界的美轮美奂；凭借在陆地以劳斯莱斯车、空中以直升机、海底以潜水艇接送旅客的独具创新的奢侈设施与极致周到的服务打造了帆船酒店品牌。随后，十星级的海底酒店、世界最大的室内滑雪场、世界最大的购物中心、世界最大的音乐喷泉、世界最高的哈利法塔、世界最长的全自动无人驾驶轻轨等舒适物大量建设起来，几乎所有的设施建筑都冠以世界之最的称号。这些刷新世界纪录的、具有特色的、极致的创意项目使得迪拜几乎成了奢华的代名词，成功将迪拜推向了世界舞台，让世界记住了迪拜。

三、曼彻斯特——最放荡不羁的城市

"起源于工业，创造出辉煌"，曼彻斯特塑造了充满文化又现代感十足、放荡不羁的城市形象。城市生活杂志——*Time Out* 在2018年全球生活指数分析中指出，曼彻斯特在全球最适宜大众生活的城市中排名第七。在这里，没有加班压力，没有令人窒息的快节奏，"慢生活"理念使人们拥有更多的休闲时间，可以尽情地享受生活。

曼彻斯特的夜生活丰富多彩，被誉为"24小时派对城"。首先一个重要原因在于激情四射的足球文化，这里孕育着曼城、曼联两大世界顶级球队，一场球赛就可引起球迷的彻夜狂欢。其次就是随处可见的酒馆与酒吧，它们多是由保存完好的历史建筑改造而成，如运河街附近的仓库式酒吧。一到晚上，人们便三五成群地直奔夜店，伴随着风格多样化的音乐演奏，褪下白天的端庄，展现出狂野的一面，放浪形骸、恣意洒脱。

曼彻斯特以红砖建筑架构城市的骨骼，以音乐、足球、艺术铸就城市肌理，造就其活力四射、文化十足的城市形象。以"城市自由延展的气息，给予'畸零漂泊者'坦然的底气"，吸引着世界各地人群在此汇聚，追逐简单的幸福。

综上所述，本节从自然舒适物、人造舒适物、社会氛围舒适物视角分别阐释了不同休闲城市发展的成功经验，揭示了舒适物是打造休闲城市的核心要素，并为其他休闲城市的建设与发展提供了蓝本。休闲城市的设计与建设并不是一蹴而就的，它的演变与发展是一个漫长而艰巨的过程，下文将进一步从舒适物系统出发探讨休闲城市的提升策略，以期为休闲城市的发展提供有益支持。

四、基于舒适物视角的休闲城市提升策略

作为城市发展的高级形态，我国已将休闲城市列为城市发展和建设的重要方向。城市舒适物强调满足人们的心理和生理需求，注重人的价值，其理念与休闲城市建设以人为本的原则完美契合。因此，立足于舒适物的系统化工程，构建自然舒适物，打造人造舒适物和营造社会氛围舒适物，将组成休闲城市提升发展的关键内容。

（一）建构自然联结，提供"舒缓的魅力"

提出亲生物假设理论的Wilson认为，人类是在自然环境中演化而来的，与动物、植物保持亲密关系是其天然需求。而现今我国城市在快速发展过程中出现了大气污染、水污染、雾霾、环境破坏等一系列生态问题，城市间的高楼林立，道路的纵横交错，使人丧失了与大自然的千丝万缕的联系，这是人类为发展城市所付出的惨痛代价。从某种意义上来说，城市发展的过程就是与自然逐渐分离的过程。因此，引导人们关注自然，重新建立与自然的联结，构筑良好的人居环境至关重要。

首先，倡导朴门（Permaculture）理念是重新建立与自然联结的重要环节，比尔·莫里森和大卫·洪葛兰提出的朴门理念遵循"关心地球、关爱人类、分享剩余"的三大伦理原则，传达的是一种尊重自然、顺应自然、可持续的生活态度。墙面、阳台、屋顶都是建筑与自然相连的交界，居民可以在一个个小小的阳台上打造社区内部的"百草园"，布置屋顶花园、螺旋花园、锁孔花园等。其次，可以在城市中构建更多的自然舒适物，使城市变成自然的生态系统。工作之余在自然中冥想、静思，获得"舒缓的魅力"，这种软魅力不仅有助于注意力资源的恢复，更能使人获得精神的慰藉，在享受美的同时留下反思的空间。

（二）塑造休闲氛围，留住"活化的记忆"

第一，凝造包容的社会氛围。包容性是城市文明的表征之一，只有当一座城市呈现开放、包容的态势，充分尊重异质文化特色，容许多元文化的碰撞与共存，才能吸引形态各异、四面八方的人群的汇集，尤其是赢得众多新兴创意阶层的青睐，为城市带来源源不断的创意，并实现"各美其美，美人之美，美美与共，天下大同"。提升包容性可以使每位市民的日常生活特别是弱势群体的基本诉求得到关注，营造公平、自由、随性、开放、安全的社会氛围，最终挖掘人的深层次需求，实现人最本质的精神需求，为城市的发展带来持续的生命力与活力。

第二，打造活态文化空间。历史建筑是一座城市文化传承延续的印记，联结着历史与现代，经过历史洗礼而得以遗存的历史建筑往往具有独特的价值，是提高城市休闲品质、发展特色休闲文化的重要催化剂。首先，推动历史文化建筑功能的弹性变化，使之既可用于参观游览，又可用于开展各类学术会议、展览展示、研究基地，从而充分挖掘文化基因与历史传衍；其次，以历史建筑为主题，将其与文化街区、公园相勾连，奠定城市文化基调，凸显城市休闲文化底蕴，从而实现传承历史文化、营造休闲氛围的目标。

（三）优化空间布局，提升"城市的活力"

第一，构建休闲城市的基本单元。城市社区在人们的生活中具有支撑作用，是居民的核心性休闲活动场所，深度影响着居民生活质量的展现，因此布局社区空间至关重要。首先，要在社区空间的打造中突出人性化特点、令其充满人情味，要关注核心休闲活动的服务供给，如在公寓楼、居民区附近设置小型花园、漫步道、家庭健身房、咖啡馆、甜品店等小型舒适物。其次，增加开放空间，为居民留存更多自由舒展的生命空间，同时关注空间的多元集约化配置，最大化有限空间的利用率。

第二，打造休闲城市的神经脉络。简·雅各布斯说，"当我们想到一个城市时，首先出现在脑海里的就是街道。街道有生气，城市也就有生气，街道沉闷，城市也就沉闷"。如果一个城市的街道非常适宜人们步行、骑行或者闲坐，那么这座城市也会吸引人们长居于此，并激发人们创新，促进投资。因此，首先必须要做好"步行"街道的建设工作，减少城市街道上的私家车出行，鼓励人们乘坐公交汽车与"主动交通"（即人力运输方式，主要包括步行和自行车，滑板、轮滑亦归入此类），实现还街道于行人，还街道于休闲，使"街道是人的街道，人受到人的尊重，也受到机器的尊重"[①]，因为街道不仅要让人们从一个地方到达另一个地方，更多的是要满足人们的步行性与社会性价值。其次，增强街道休闲舒适物的游憩性，如在街道旁设置长椅或在街道旁搭建临时的咖啡桌、甜品桌、茶桌等小舒适物供人们驻足休息，将本地文化融入城市的每一条街道，打造一城一街一文，从而展现地域特色并提升休闲空间的辨识度，使街道更具趣味与活力。

丹尼贝尔说过：城市不仅仅是一个地方，更是一种心理状态、一种生活方式的象征。

---

① 熊培云. 思想国[M]. 北京：新星出版社，2012.

选择一座城市,就是投奔一种生活;规划一座城市,就是设计一种生活。一个有品位的休闲城市,除了代表其休闲文化的自然禀赋、历史遗迹、人文景观、经济空间、产业结构和活动方式外,更重要的是代表生活在这个城市中的人及其休闲理念、价值取向、行为方式和处事特点。①休闲城市并不是旅游城市的扩展,不在于每年旅游人数的增加,不是为了发展而发展,而是一座城市的全面发展提升,给人一种好的感受,使人愉悦,它代表的是一种生活理念、一种生活态度,同时"意味着可持续发展"(杰弗瑞·戈比,2015)。目前,我国休闲城市在发展中面临着可持续发展的挑战,舒适物正是促进休闲城市发展的一剂良方。作为休闲城市的基础构件,舒适物不仅包括城市的基础设施、产业,还包含城市中的社会氛围、历史文化,旨在营造诗意的休闲环境,吸纳更多创意人才、高新技术人才,使之成为城市可持续发展的引擎,从而全面提升休闲城市的竞争力。北上广,正是通过舒适物的塑造,成为"筑巢引凤"的典型代表。

终于:我们逃回"北上广"

传统印象中,北上广深就像一座围城,外边的人想进去,里边的人想出来。进入的人发现繁华锦绣的城市背后往往是刺骨的冰冷和残酷,出去后的人也并未寻找到诗和远方。

而如今,北上广汇聚着密集的"为自己而活"的独立青年,也就是"95 后"们。赶集网于 2017 年针对"95 后"蓝领们对逃回北上广深的认可程度展开了调查,数据显示,65.5% 的人更愿意在北上广这样的一线城市工作,而他们中已在北上广有过工作经历的人中,有 67.6% 的人表示希望继续留在一线城市。这意味着,逃离北上广的热潮已经偃旗息鼓,一线城市仍是年轻一代心之所向的乐土。北上广作为水草更丰美之地,拥有令人身往的舒适物,在那里等待年轻人的可能是更优渥的生活、更前沿的思想、更心仪的伙伴,在那里,他们似乎离梦想更近。

1. 自然舒适物:今非昔比

北上广的城市绿化覆盖率虽在国内一直名列前茅,但其空气质量常被人们诟病,尤其是 2015 年北京那段"厚德载雾、自强不吸"的日子曾令人望而却步。今天,北上广的空气焕然一新。2013—2017 年,北京的优良空气天数分别是 164 天、173 天、192 天、198 天、238 天,PM2.5 的浓度降幅超过 30%。2018 年,上海市环境空气 AQI 优良天数为 296 天,AQI 优良率为 81.1%,达到历年最高。深圳的环境空气质量综合指数高居全国第六。北上广那段"平沙莽莽黄入天"的日子已经一去不返。

2. 社会氛围舒适物:霁风朗月

"你在的城市,决定了你的命运。"这是一句最近很戳痛人心的流行语。相比许多二三

---

① 陈敏. 基于休闲学的休闲城市评价标准研究[J]. 旅游理论与实践, 2010(3): 91.

线城市难以摆脱的固步自封、人情世故,北上广拥有更优良的社会氛围。第一,公平性。"这里很公平,家里都是靠关系,拼爹""我本能适应黑暗,怎奈看见了光明"……契约精神和理性是北上广最大的特质,人人所向往的自由也是这里的文化特质,这使很多没有社会关系的年轻人有了晋身之阶,与其在"关系酱缸"中浑浑噩噩地厮混一生,还不如逃回北上广努力实现自我。第二,包容性。"知其雄,守其雌,为天下溪",海纳百川、兼容并蓄是北上广的魅力,中国最博大包容的城市排行中,北上广深均列入前十。在这里,三十岁是单身无所谓,不会被人人戳脊梁骨,女生可以变女强人;四十岁高呼不婚主义是流行,说"我是少女/年呀",不会被嫌弃与翻白眼;六十岁想跳伞、想乘热气球、想登珠穆朗玛,统统没问题,想用全部家产换一个有机菜地,只要你舍得或愿意。第三,创意性。北上广的创意经济、创意氛围高度契合了新崛起的创意阶层的本性,为他们的发展提供了包容、和谐的社会环境。北京大学、新华网等联合发布的"2018年中国城市文化创意指数排行榜"显示,北上广深均排名前5,它们是滋养创意的沃土。

3. 人造舒适物:独领风骚

人造舒适物作为城市的活力之源,首先得具备活力。小城市公共文化环境局促逼仄,基础文化建设不到位,在一定程度上限制了人们的精神生活。北上广除了为生活提供便利以外,还有各种最"in"的展、最前沿的科技,街巷阡陌无不透露着现代文化与文明,在丰富着人们的生活的同时也开拓着人们的眼界,这就是大城市给予的红利。最近一项调查采集了博物馆、科技馆、美术馆、图书馆、展览馆、音乐厅、剧场、电影院和书店等文化场所的信息,从规模和丰富度两个维度对全国35个主要城市进行了评价,结果显示,北京、上海遥遥领先,广州紧随其后,它们都饱含着多元与充沛的文化与休闲生活。

留在一线城市奋斗的人,都是回不去的人。

(整理自《你为什么逃回北上广》,赶集网官方订阅号,2017-01-05;《未来何处安放?2019年他们选择"逃回北上广"!》,思想聚焦,2019-02-26;《为什么要逃回北上广?因为三四线城市在逼着人变成赌徒!》,创业见闻,2017-03-27.)

 复习思考题

1. 世界城市化发展经历了哪两个阶段?划分这两个阶段的标志是什么?
2. 什么是休闲城市?它具有哪些特征?
3. 国外休闲城市的成功经验给了你什么启发?
4. 什么是舒适物?各类舒适物在休闲城市发展中起着哪些作用?
5. 休闲城市应通过什么策略来提升其品位?

 本章参考文献

[1] LEWIN K. The conceptual representation and the measurement of psychological forces[J]. Psychiatry interpersonal & biological processes,1940,9(4):822-823.

[2] MIHALY CSIKSZENTMIHALYI, NINA GILBERT. Singing and the self: choral music as "active leisure" [J]. The choral journal, 1995, 7 (35): 13-19.

[3] The quality of our built environments: an urban amenity guide. prepared by Enviro Solutions NZ Ltd and Glasson Potts Fowler Ltd, 2001 (05): 5.

[4] S S Y.LAU, R GIRIGHARAN, S GANESAN. Multiple and intensive land use: case studies in Hong Kong[J]. Habitat international, 2005, 29 (3): 526-546.

[5] R. E. 帕克. 城市社会学——芝加哥学派城市研究文集[M]. 北京：华夏出版社，1987.

[6] [英]彼得·琼斯，[澳]纳塔莉娅·布热科，[英]斯蒂芬·马歇尔. 交通链路与城市空间——街道规划设计指南. 孙壮志，刘剑锋，刘新华，译. 北京：中国建筑工业出版社，2012：17.

[7] 白凯，王晓娜. 社会氛围对旅游劳工移民地方融入的影响研究——以丽江古城为例[J]. 人文地理，2018，33（05）：133-142.

[8] 陈胜，马凌. 高素质人才的城市舒适物偏好及其就业城市选择——以信息产业中的科技人才为例[J]. 人文杂志，2014（09）：114-121.

[9] 付宝华. 城市主题文化与特色城市构建[M]. 北京：中国经济出版社，2007.

[10] [日]芦原义信. 街道的美学[M]. 尹培桐，译. 南京：江苏凤凰文艺出版社，2017：39.

[11] 李萍萍. 一种生态伦理替代学说——永续农业及其设计中的生态思想分析[J]. 南京林业大学学报（人文社会科学版），2015，15（03）：71-78.

[12] 吕宁. 中国休闲城市发展报告[M]. 北京：旅游教育出版社，2018：23.

[13] 理查德·利罕. 文学中的城市：知识与文化的历史[M]. 吴子枫，译. 上海：上海人民出版社，2009：377.

[14] 王宁. 城市舒适物与社会不平等[J]. 西北师大学报（社会科学版），2010，47（05）：1-8.

[15] 王宁. 城市舒适物与消费型资本——从消费社会学视角看城市产业升级[J]. 兰州大学学报（社会科学版），2014，42（01）：1-7.

[16] 王宁. 地方消费主义、城市舒适物与产业结构优化——从消费社会学视角看产业转型升级[J]. 社会学研究，2014，29（04）：24-48+242-243.

[17] 王学峰. 休闲都市的特征及构建途径研究[D]. 济南：山东师范大学，2003.

[18] 魏小安. 中国休闲经济[M]. 北京：社会科学文献出版社，2005.

[19] 宋瑞，杰弗瑞·戈德比. 寻找中国的休闲——跨越太平洋的对话[M]. 北京：社会科学文献出版社，2015：142-149.

[20] 童蕊，李新亮. 基于舒适物理论的高新技术开发区人才政策体系分析[J]. 江汉大学学报（社会科学版），2015，32（04）：23-28+123.

[21] 杨振之，周坤. 也谈休闲城市与城市休闲[J]. 旅游学刊，2008，12：51-57.

[22] 张云. 城市街道空间营造研究[D]. 杭州：中国美术学院，2016.

[23] 珍妮特·萨迪-汗，等. 抢街：大城市的重生之路[M]. 宋平，等，译. 北京：电子工业出版社，2018：15-16.

第十五章
休闲与人类未来发展

开篇案例

百变达人秀：创意、休闲与心灵的思考

"我们人类生命终有一天会尘归尘土归土，宇宙中更多的是黑暗，当我们愿意用生命去点燃黑暗的时候，生命才能真正绽放伟大的光辉，这就是真正的达人光彩。"

2019年4月21日，创意竞演秀《百变达人》在江苏卫视开播。节目并不止于简单呈现普通人的绝技，而是更侧重于对"达人"们背后的价值进行挖掘。

以"变"为线

正如《百变达人》的关键字眼"变"和"达"："变"是创新，"达"为极致。

在节目总制片人李好心中，从立项开始，节目的目标便已经明朗，"它一定是超越过去的、前所未见的全新形态，必须找到一个独特的角度"。既有大气的落脚，又有浪漫的呈现。节目视觉团队为了让舞台更具备沉浸式的体验，在画面的构图、配色，以及空间的营造上，都相应地进行了艺术化的处理。舞台上，不论是随意穿梭的中国"蜘蛛侠"，将真实闪电融入表演的"雷电英雄"，还是将人体描绘为灭绝动物的人体彩绘艺术家，大到如梦似幻的丛林布景，小到噙在"星赏人"眼眶中的一滴眼泪，都得到了较好的捕捉与呈现。

落在节目内容上，出新出彩亦是每一位"达人"的追求。"达人"张领领、张钊玮将舞蹈与杂技融合，日本电子马戏团将表演与电子屏无缝链接，"非遗"骑射传人李云义甚至将"星赏人"潘玮柏请上舞台配合演出。而四位"星赏人"对过关的竞演者提出最多的要求也是："下一个节目还有怎样的新意？"

平凡人的"高光"时刻

"每个人的人生都应该获得一次全场起立鼓掌的机会，每个人也都可以从平凡到非凡。"

英雄不问出处，节目中不论是将几百万伏闪电引到身上，自嘲"都说我们是疯子"的"雷霆疯"团队，还是在舞台上化身成动漫英雄蜘蛛侠的郭成，或是一天练习两千箭最后"百步穿杨"的李云义……他们的平凡人生，都在舞台上迎来了"高光"时刻。选手从大众中来，同时交付予大众投票权。节目将目光触及这些平凡人的精彩瞬间与幕后，试图让人们产生最大化的情感共振。

有震撼，有欢乐，也有思考

有震撼，有欢乐，也有思考，是《百变达人》区别于传统"达人"类节目的特质之一。能够看到，节目一开始便不止于打造一幕幕视觉"奇观"，给予观众欢乐与震撼，而是重在挖掘每一个表演背后的价值所在。一如约翰内斯·斯多特与队员表演完《丛林边缘》后，现场观众集体起立，灯光也暗了下来，黑色的大屏上密集地闪过一串名字："台湾云豹灭绝于1983年""纽芬兰白狼灭绝于1911年""大象鸟灭绝于1700年"……这样的表演，除了震撼，更让观众的心情变得复杂，开始思考表现背后的意义与价值。

以求变的姿态升级制作，以素人视角观照普通大众，在寻求视觉效果的同时也探讨人生思考，《百变达人》的舞台让休闲变得非凡。

当创意与休闲融合，当休闲被赋予了更深层次的意义，休闲便开启了未来人类发展的新篇章。

（整理自王海婷.《百变达人》让平凡人成为舞台上"最亮的光"[J]. 广电时评，2019（14）：25-27.）

"那是最美好的时代，那是最糟糕的时代；那是智慧的年头，那是愚昧的年头；那是信仰的时期，那是怀疑的时期；那是光明的季节，那是黑暗的季节；那是希望的春天，那是失望的冬天；我们面前什么都有，我们面前什么也没有；人们全都在直奔天堂，人们全都在直奔相反的方向。"这是英国大文豪狄更斯的名著《双城记》的经典开场白。说它经典，是因为一百年之后，这个评价即使原封不动地挪过来作为对当下这个时代的概括，恐怕也是相当贴切的。创新和极致是"百变达人秀"的理念，也是对新时代下休闲体验的绝妙概括。而随着"数字时代""社群时代"和"创意时代"的全面来临，休闲理念和休闲行为也会随之发生激烈的变革。人类的加速发展，更将唤醒沉睡已久的"休闲人"。这是一个令人向往和期待的时代、一个值得一活的时代、一个让人们的梦想成真的时代，同时也是对每一个身处其中的人发起巨大挑战的时代。洞察未来社会发展对休闲的影响是人们构筑起美好精神家园的自然之策和实际要求。

第一节　数字时代与休闲展望

一、数字经济时代的定义

数字经济是伴随人类社会发展形成的一种新经济形态，如今已成为全球经济发展的新动能，占据着重要位置。在众多关于数字经济的定义中，以2016年G20杭州峰会发布的《二十国集团数字经济发展与合作倡议》中的内容最具代表性。该倡议认为，数字经济是指以使用数字化的知识和信息作为关键生产要素、以现代信息网络作为重要载体、以信息通信技术（ICT）的有效使用作为效率提升和经济结构优化的重要推动力的一系列经济活动。

近年来，我国数字经济获得了高速、蓬勃的发展。统计显示，2020年我国数字经济规模达39.2万亿元，占GDP比重达38.6%，并已跃居世界第二。随着大数据、云计算、物联网等新一代信息技术取得重大进展,新的人工智能应用场景不断被开发和挖掘。数字经济与传统产业深度融合成为引领我国经济发展的强劲动力。

在数字经济时代,媒体、网络无处不在,虚拟与现实的边界将被打破,使得人们能随时随地穿梭于二者之间。当全新的经济形态驱动人们的生活方式发生巨大变革时,休闲也将迎来崭新的发展。

二、善数者闲:数字时代重塑劳闲关系

数字经济将深入劳闲关系的核心,颠覆工业化时代清晰区分的工作与休闲,让两者的界限日渐模糊,甚至趋向于统一。首先,在时空上,数字经济的各种媒介工具与网络设备让工作与休闲有条件融于一体。随着自由职业者、SOHO一族、弹性工作制、网络视频会议等的出现与普及,忙与闲很难从时空上明显区分。其次,在数字经济时代中,智能手机成为人们最重要的日常休闲工具。手机作为通信工具的原有功能不断弱化,逐渐成为个人获得娱乐休闲体验的核心载体。相关数据显示,到2021年年底,全球智能手机用户数量已达到40亿,其中亚太地区用户占比超过一半,而中国将是全球最大的智能手机市场。对移动互联网下的庞大手机用户群体而言,工作和休闲之间是交互进行的,甚至工作过程就是一种休闲过程。

当工作和休闲之间的界限变得越来越模糊的时候,一个"后工作时代"开始降临。在"成功""勤劳"等工作价值再次得到强化的同时,"快乐"和"休闲而富有诗意的生活"正成为衡量工作的新尺度。可以说,在数字经济时代,工作在生活中的主体地位将让位于休闲,快乐工作、休闲生活成为新的时代特征。

除了重塑劳闲关系外,数字经济对传统的供需关系也造成了巨大的冲击。传统经济活动严格划分为供给侧和需求侧,一个经济行为的供给方和需求方的界限非常清晰。但是,随着数字经济的发展,供给方和需求方逐渐成为融合的"产消者"。一方面,从产品设计、创造、调整到消费的过程,消费者可以全程参与。在这个过程当中,就形成了消费者与生产者、经营者的一体化,这在原来传统的消费领域是无法想象的。另一方面,通过数字化手段进行一种实际的交流和社会化行为,从而实现高品质的生活水平。总之,在数字经济的影响下,休闲逐渐成为一种生活的常态。

三、数字时代的休闲演化

(一)数字化休闲活动成为主流,"游戏化"成为常态

随着数字经济渗透到人类社会生活的各个方面,休闲方式也发生了重大变革。越来越多的人依赖互联网生活、工作和娱乐,都市人90%的休闲时间都花在手游、浏览新闻、社交等互联网平台上,特别是以手机游戏为代表的互联网游戏业更是发展迅猛。相关数据显示,2017年娱乐消费项目有将近一半的份额被游戏业占据,可见其创造的惊人价值。很多人的游戏生活和现实生活的联系越来越紧密,这种状态将在数字时代迎来爆发。正如2018年好莱坞大片《头号玩家》展现的那样,游戏中一件高阶装备会比现实生活中一件阿玛尼

套装的价格更高,网上的一些装备专卖店也堪比奢侈品商店。世界上所有玩家花在《魔兽世界》上的总时间超过593万年,相当于从人类祖先第一次站起身来演进至今的时长。在2018年英雄联盟全球总决赛(简称S8总决赛)中,来自中国的iG战队以3:0战胜了FNC勇夺冠军,获得了LPL赛区的第一个世界赛冠军,成为中国电子竞技和游戏界发展的历史里程碑。

但实际上,游戏化不是狭隘地指全民玩游戏,Deterding等人(2011)将游戏化定义为将游戏设计的元素应用在非游戏的情境之中,Warbatch(2014)则认为游戏化是将某种活动变得像游戏一般的过程,是人们以游戏化的方式从事各种活动。如今,游戏不再单单被视为娱乐放松的手段,其令人沉浸愉悦的本质吸引了各个领域的人试图利用游戏的魅力来吸引参与者的投入。比如,在工作方面,T-Mobile在2013年引进了一套由三万名员工参与其中的游戏化解决方案,比起采用游戏化措施以前,员工在T-community上的参与度提高了96%,贡献度提升了583%,顾客满意度提升了31%。Bunchball公司开始为客户设计现代意义上的游戏化系统(包括经验值、排行榜、徽章等元素),用以实现客户的商业目标(冯绚,胡君辰,2016);学习游戏化(G-Learning)也开始盛行,这类游戏化学习程序,从孩子爱玩的天性出发,通过设置巧妙的剧情,将学习的内容与游戏化任务融合,让学生在一种趣味性的情境中进行学习,完成各类挑战,给学生们带来了良好的互动式学习体验,保持了学生的学习兴趣和专注度,备受学生的喜欢。未来,游戏化思维将泛化到更多的生活领域,彻底改变人们的工作与休闲生活。

随着数字化的全面到来,游戏化成为互联时代的重要趋势,经济学家爱德华·卡斯特罗瓦(Edward Castronova)称其为人类向游戏空间的"大规模迁移"。这一趋势的背后,是人们在现实生活中不断追逐外在奖励,但真正需求却处于贫瘠状态。而游戏中的自我激励活动能让人们更幸福。因此,数字时代下的游戏化休闲,并不是为了逃避现实生活,而是为了主动让现实变得更有价值。

(二)碎片性休闲活动成为主流,"微生活"引领未来

数字经济的另一大主要特征,就是媒体与信息的碎片化程度越来越高。未来学家托夫勒曾经预言,随着技术的发展,时间会变得更加快,变化也会加速,但他没预言到技术的发展会让时间细碎得如同镜子跌落一样。越来越多的创新让我们的"时间和空间都不是问题",现代化的交通和通信方式把看似虚无且不断流淌的时间分成无数的小块。数字经济已经让人类社会进入了全新的"微时代"。所谓微时代,是以微信息、微社区、微媒体为代表的信息处理方式的时代。掌上电脑、手机等方便快捷的小型高科技产品介入社会生活的诸多小细节,使信息的传播方式和手段发生革命性的变化。如果说网络是对传统媒体的一次革命,那么微时代的各种产品,就是对网络的一次革命。

"微生活"下的休闲行为,也必然被切割成碎片。人们已经习惯于醒来的第一件事就是刷微信朋友圈,在等公交的时候玩手机游戏,在行走的路上看抖音,在坐飞机的时候看电影等。庞学铨(2016)曾提出"微生活是一种真正的生活,将会引领未来。它符合人性,

适合年轻人的生活理念和需求,也是年轻人的一种创造。在信息化的时代,新的创意、新的策划、新的活动都是由年轻人开始的,逐渐引起社会和他人的重视、仿效和推广,从而引领了未来社会和生活。"

(三)基于大数据的休闲供给成为趋势,"定制化"彰显个性

2018年11月,知名火锅连锁品牌海底捞与阿里云合作推出了搭载大数据先进技术、千人千面的超级海底捞App。这款基于3 000万会员的智能服务系统,不仅让排号、订位、点餐等基础功能更流畅,还创新性地集成了社区、短视频分享、智能语音交互等功能和新技术,在功能性的基础上,为用户提供游戏、社交、娱乐等增值服务。而这款超级App最为"超级"之处,在于能"认识"每一位不同的顾客,"记得住"3 000万注册会员中每个人的不同口味和喜好。每一位顾客打开超级App,所看的菜品推荐、促销信息、达人分享等内容都不一样。这些在传统服务模式下根本无法想象的服务模式,在数字经济的驱动下已经成为现实。旅游业、休闲业等现代服务业插上了大数据、云计算等先进技术的翅膀,已经进入了"大规模定制"的新时代。

特别是随着物质条件的丰盛、自由时间的增加,以及创新需求的凸显,人们对休闲消费个性化发展的诉求比以往任何时候都显得更加强烈。传统的工业时代,人们的需求主要是物质性的,满足的主要是吃、穿、住、行等生活需求;但在数字经济时代,人们需要的不仅是物质性消费,而且更重视精神方面的需求。从"千人千面"到不同场景下的"单人千面",人们个性化需求的程度日益增加,从而形成了多元化休闲需求态势,成为数字经济带来的又一重要的休闲方式变革。基于大数据,商家得以洞察每个消费者的休闲需求,并通过各类促销手段、信息推送、内容优化等方式进行触达和沟通,并不断调整算法和模式,从而与消费者建立"一对一"的个性化情感链接,实现高度的品牌黏性和消费路径依赖,最终开发巨大的商业价值。

第二节 社群时代与休闲变迁

一、重启社群时代

根据艾瑞咨询在《2016年中国网络社群研究报告》中对社群的定义,社群是有共同爱好、需求的人组成的群体,有内容、有互动,由多种形式组成。社群并非新词,早在19世纪,有关社群的实验便已经开始。1824年,英国人罗伯特·欧文带着一批志同道合的人,漂洋过海、历尽艰辛,到达美国的印第安纳州,用了20万美元买下3英亩土地,开始新建"新和谐村"。"新和谐村"兴建之初,给劳苦民众带来了极大的希望,他们从各地赶来,投入村子的建设。然而,由于加入"新和谐村"的人来自各个地方,隶属不同阶层,抱有各自的目的,寻求不同的利益,很快群内成员的矛盾便产生了,理想中的和谐状态并没有成为现实。随后,各种关于平等主义、共产主义、无政府主义的社群实验陆续开展,遗憾的是均宣告失败,社群成为"乌托邦"式的存在。

然而在今天，互联网重新唤起了人们对社群的记忆，并带领社群摆脱了"乌托邦"式的定位，走向现实。早在1994年，凯文·凯利就预言：网络是21世纪的图标。人民网研究院发布的《中国移动互联网发展报告（2022）》显示，截至2021年底，全球上网人口达到49亿人，大约占全球人口总数的63%。搭上网络快车的中国，已成为不折不扣的互联网大国，拥有全球最多的互联网用户，占全球的20%。网络社会无限扩展了个体的交往范围，颠覆了时空秩序的传统概念，在极大程度上实现了"人与人的连接"。社会关系从原子化的松散离散演化为组织化的紧密联结，一个个社群如雨后春笋般滋长，成为社会的主流结构。

社群在21世纪的成功除了得益于技术的力量外，还有赖于社会环境的变化。其一，处于陌生社会中的人们渴望摆脱孤独感。过去，人们的身份感根植于自己所处的群体，随着人口流动加剧，越来越多人漂泊在陌生的城市里，与周围人和事物的陌生及隔阂诱发了令人恐慌的孤独感。其二，商业社会加剧了人与人之间的不平等。现下的经济体系所追求的高速回报、赢家通吃的商业逻辑摧毁了我们的生活，收入不平等成为社会现实。正如19世纪的美国哲学家爱默生所言："确定无疑的是，每个人的眼神都能确切地反映他在众人之中的地位。"这句话表达了这样一个现实，即在不平等的社会，社会评价（或者仅仅是一个眼神）让我们焦虑。社群成功地将社会评价与身份焦虑隔离在外，众生平等让人们感到轻松与舒适，为社会关系的重构创造了可能，成为"一个关系契合平台"①。

人类本质上是一种关系的动物。根据世界著名进化人类学家罗宾·邓巴的观点，"社群意识"是人类能够在漫长的进化史中留下浓墨重彩、震古烁今的印记，并变得卓尔不群的六大特质之一。技术的支持及社会环境的变化成功重启了社群时代，陌生人社会即将成为过去，以社群为单元的半熟人社会正在向我们走来。休闲社群该如何进化？小规模社群如何迁移至无限的互联网社会？这是值得思考的问题。

二、乐群者畅：社群亲密关系引爆畅爽体验

社群的爆发式增长不仅颠覆了人与人之间的连接方式，更催生了人本主义的回归与建构。人类社会的每一次变革与转型，都伴随着社会关系的革命性变化。随着移动互联的不断崛起，碎片化状态中的实时在线与沟通成为常态，社群成了当代人的一种全新的、必然的组织形式，并随之产生了基于社交网络的新型人际关系。

（一）趣缘：启动亲密关系的第四种力量

瑞士心理学家卡尔·荣格说："一个被我们称为地道的现代人的人是孤独的。我们所说的现代人是一个可以感知到现代状况的人，并非人人都是一个屹立在高地之上或是位于世界最边界的人，在他的眼前是茫然无知的未来的深渊；在他的头顶是苍天；在他的脚下是历史覆盖的一层层原始迷雾的全部人类"。②传统意义上，我国社会大致可以被看成是以血

---

① SASHI C M. Customer engagement, buyer-seller relationship, and social media [J]. Management decision, 2012, 2(3): 253-272.
② 卡尔·荣格. 寻求灵魂的现代人[M]. 沈永阳, 译. 天津：天津人民出版社, 2018.

缘、地缘和业缘支配的"社会大场域"。其中，血缘亲疏、距离远近与职位高低分别是主导三大场域内人际关系亲密度的关键因素。社群时代打破了血缘、地缘和业缘的主导支配状态，以兴趣为纽带的趣缘成为审视社会关系的全新视角。最早提及趣缘的是 Yorburg（1973），他认为这种新型社会关系所形成的场域是"表达与增强初级关系的主要社会空间"①，社群成员之间紧密的纽带关系不仅依靠共同任务的功能转移，还涉及社群活动过程中产生的友谊因素。克莱·舍基（2009）则更关注于趣缘的组织力量，他在《未来是湿的》一书中提到，"基于爱、正义、共同的喜好和经历，人和人可以超越传统的种种限制，灵活而有效地采用各种社会性工具连接起来，一起分享、合作乃至集体行动。"②国内最早关注趣缘的学者是郑杭生（2003），他将趣缘群体定义为基于成员间兴趣、爱好、志向等的相同或相近而形成的群体。此后，各领域学者基于不同研究视角，纷纷对品牌社群（王彦勇，苏奕婷，2017；杨洋等，2017）、网络社群（张岩，韩复龄，2018；宁连举等，2018）以及各类休闲社群（卢和萍，2012；潘洁，张莉，2013）展开广泛探讨。

相较于传统场域，趣缘为主导的社群有着无与伦比的"场域优势"。首先，社会成员在趣缘场域的控制力更强。通过更为多元的价值实现方式以及相对自主的自我表达形式，趣缘场域为内部行动者提供了更加平等和自由的社会交往空间。其次，作为一个多向度的社会空间，趣缘场域具有统领血缘、地缘和业缘场域的整合能力。在同一个趣缘群体中，不同个体间可能原本就有着某种血缘、地缘或者业缘关系，"趣"缘的形成则进一步强化了他们的先赋性关系。最后，趣缘场域可以给社群成员带来更深刻的安全感、归属感与幸福感。从嵌入到统领其他社会关系，趣缘场域赋予空间更多的社会意义，激活了社群亲和的基因，成为启动亲密关系的第四种力量。

（二）社群亲密网：一个令人惊喜的弱关系网络

马克拉·格兰诺维特（Mark Granovetter，1973）在《弱关系的力量》一文中提出了"关系力量"概念和弱关系力量假设，从互动频率、感情力量、亲密程度和互惠互换四个维度测量关系的强弱，分析了强、弱关系的作用差异。弱关系是指个体与其"熟人网络"成员之间的关系，这些熟人（一般主要指亲属以外的朋友）彼此之间一般并不相识，同时与个体的紧密网络的成员也不相识。强关系是指个体与其亲友之间的社会关系，这些关系是个体之间组成的紧密的社会网络，网络成员之间彼此熟悉、互动频繁。以趣缘为主导力量编织的社群亲密网超越了人们以往生活中固有的熟人关系网络，取而代之的是更为多元与复杂的"弱关系"网络——无须耗费过多的时间、充满善意的频繁互动、即时分享知识与见解，从而有效地提升休闲能量。

强、弱关系对个体与个体、组织与组织、个体和社会系统的发展有着不同的作用，强关系是维系群体内部关系的纽带，弱关系则是维系群体之间关系的纽带（Mark Granovetter，1973）。强关系在群体、组织内部建立关系，多发生在社会经济特征相似的个体之间，性别、

---

① YORBURG B. The changing family [M]. New York: Columbia University Press，1973：23.
② 克莱·舍基. 未来是湿的：无组织的组织力量[M]. 胡泳，沈满琳，译. 北京：中国人民大学出版社,，2009：57.

年龄、教育程度、职业身份、收入水平等的相似性能促进强关系的产生和发展，因而信息的重复性较高（Shi et al., 2007）。弱关系不仅存在于群体、组织内部，同时也存在于群体之间，并在它们之间建立联系。由于弱关系对新群体的诞生和发展不会施加任何网络约束，所以它有利于新群体的形成（Ruef，Carter，2004）。个体可以通过弱关系从另一个群体中获得信息，在自己群体内共享信息后，再流向其他群体，从而提供一种信息传递通道，使信息传播范围无限扩大。因此，弱关系比强关系更能充当跨越其社会界限去获得信息和资源的桥梁（Mark Granovetter，1973）。与相似度高的信息网络相比，弱关系可形成一个允许信息在更大范围内得到广泛传播的社会结构框架，信息在这一框架内的传递速度不仅更快，而且可获得低成本和高效能的传播效率。弱关系是社会的黏合剂，社会系统一旦缺乏弱关系将走向分崩离析（Mark Granovetter，1983），因此，弱关系是一个检视社会组织凝聚力强度的强大分析工具。著名投资人理查德·科克和格雷格·洛克伍德通过实验发现，当要完成一项艰难的任务时，弱关系群体的作用是朋友的三倍，提供所需连接或有用资讯的效果是朋友的九倍，因此他得出如下结论：弱关系是"最强大且最具有创造性的力量"[①]，在这样一个信息社会，成就超级人脉王的关键是抓住那些你以为是泛泛之交的"弱关系"；被誉为"数字化未来十大科技思想家"之一的美国科普作家史蒂文·约翰逊认为，"弱关系"能带来创意上的无限空间，"相比于单一垂直的深度交往，广泛横向的网络更易催生出好创意"[②]。可见，与核心家庭成员、挚友、工作伙伴等形成的强关系相比，弱关系不仅在信息传播、扩展人脉方面起着积极作用，而且在激发创意、促进休闲进化中也起着至关重要的作用。

（三）弱关系：如何托起休闲进化之舟

休闲的生命力在于趣缘主导下形成的不断连接、扩展、交织的弱关系网络。近年来，休闲旅游、休闲农业、休闲体育等新型休闲产业均在社群化发展的过程中受益良多。弱关系在商业中的作用也已经显现，例如，"卓玛带你游藏区"专注藏区旅游十余年，庞大的流量与可观的收益源于其经营的一个国内最大的藏区旅行社群，一百多万藏区爱好者聚集于此，高频互动为其带来了无限的发展可能；"探农者"社群的三位发起人出于一个偶然的机会在"如何做好软文营销"的微信群里结识，彼此志趣相投，成立社群探讨农产品话题，一个基于"生态旅游+社群+共享生态农业"的商业新模式便诞生了，真正实现了生态农业的共享经济；PPTV聚力通过细分社群，架构了泛体育IP的社群连接，为成员提供线上线下全方位"沉浸式"的体育文化体验，促进了体育产业的休闲升级……把握社群，把握弱关系的力量，已成为现代社会休闲进化的关键所在。由此可见，不同地域、职业、生活背景的社群成员在不经意的交流互动与随机的思维碰撞中迸发出令人惊喜的休闲创意，凝聚成不可小觑的休闲能量，最终推动休闲进化。

弱关系带来休闲进化，主要表现在如下几个方面：其一，弱关系带来温暖的力量，让渺小的个体拥有与世界和解的智慧。弱关系并非亲密无间的，它是那种淡淡的、时刻在你

---

① 理查德·科克，格雷格·洛克伍德. 超级人脉：从泛泛之交到人脉网[M]. 周为，张俊芳，译. 北京：中信出版集团，2012：11.
② 史蒂文·约翰逊. 伟大创意的诞生[M]. 盛杨燕，译. 杭州：浙江人民出版社，2014：149.

身旁的一种力量，它让无助的你拥有驾驭休闲生活的能力，与天、地、人和谐相处，活得通透明白。其二，弱关系带来思想的力量，让平凡的个体拥有哲思的智慧。宇宙浩渺无际，我们只是人间走一趟的卑微的生灵之一员，而弱关系凝聚的强力量让我们学、思、感、悟，拥有一种积极的超然与洒脱。其三，弱关系让我们遇见有趣的灵魂，让脆弱如花草的生命拥有坚韧的力量。弱关系中可能潜藏着给你带来生命中诸多惊喜的人与事，它如同"由无数世代苦心积累、神圣不可侵犯的庙堂珍宝"（亚里士多德语），人纵然是脆弱的生命，如帕斯卡尔所言的"一支会思想的芦苇"，但是因为有社群力量的支持才变得积极坚强。

三、社群时代的休闲变迁

（一）社群搭建创意平台，众创引领休闲生活

社群"开放"与"平等"的精神内核形成了一种全新的基因排序方式：去中心化。去中心化带来的高度民主化催生了独特的创意文化，一大批有梦想、有意愿、有能力的人开始在社群中脱颖而出，成为社群中的 KOL，即关键意见领袖。KOL 拥有更多、更准确的社群休闲信息，且被其他社群成员高度信任，并对社群成员休闲行为有较大影响力。来自不同阶层、不同行业，有着独特甚至"怪异的"共同兴趣的社群成员在 KOL 的带领下平等、自由地表达自己的意愿，探索别具一格的休闲方式，创造全新的休闲互动，从中产生强烈的参与感与积极的休闲体验，获得情感、人格、心灵的升华。由此，社群蝶变成了休闲爱好者的"众创空间"，形成了互动多元、创意凝聚、价值共创的休闲新态势。全球最大的创意社群 Maker Faire 就是一个很好的例子。Maker Faire 是美国 Make 杂志社举办的全世界最大的 DIY 聚会，是一个展示创意、创新与创造的舞台，也是一个适合一家人共同参加的周末嘉年华。人们在 Maker Faire 中创造，也在 Maker Faire 中快乐，"脑洞大开"的休闲嘉年华让人们意识到，休闲原来不是那么简单。

（二）社群带来蜂群效应，共享引爆休闲产业

社群时代，更多的人清晰地认识到，与人有效地合作可以降低成本、提高效率。首先，新成员在进入社群的第一时间就可以通过浏览立即消费社群的内容，社群的"沉默者"同样可以轻而易举地获取社群信息，上手门槛极低；其次，社群中人人平等，即便你是社群新人，只要你发表的信息符合社群价值观及成员期望，就会被广泛传播。社群产生的"蜂群效应"正悄无声息地挑战着传统休闲营销方式，广场舞社群就是其中的典范。国家体育总局曾公布过一项数据，据不完全统计，全国经常参加广场舞健身的人群已超过 1 亿，承载着巨大的社群价值。2015 年，某广场舞鞋品牌创始人联系了 3 万名广场舞社群队长，送出 3 万双免费舞鞋，通过这些人的传播，触达 100 万名广场舞爱好者和 100 万户家庭，卖出 100 余万双舞鞋。社群的传播力量让销售变得简单直接，因此，商家应该从传统的休闲产品品牌塑造向社群会员培育转变，注意社群内容的优质生产，从而实现用户沉淀。

（三）社群打破阶层藩篱，平等创造自由快乐

社群休闲打破了原有的圈层关系，年龄、性别、地域、职业、学历不再成为人群分类

的标签，因兴趣爱好、价值观相似等因素而产生的新圈层在社群中得以盛行，关系变得纯粹，人际相处也变得轻松且自在。社群给人们提供了肆意展现个性、寄托情感、表达需求的互动舞台，有效地缓解了城市化与经济高速发展所带来的困顿——信任感的缺失与冷漠且功利的人际关系，让鲜活而有趣的灵魂得以无所顾忌地绽放。各具才能的社群成员通过基于信任与平等的协作轻而易举地获得畅爽的休闲体验，实现了真正的心灵自由。

四、社群关系思辨：更亲密还是更疏离？

社群的休闲优势毋庸置疑，但是我们必须认识到，趣缘主导的网络社会人际关系是一体两面的。网络让人更孤独、关系更疏离，还是让人超越孤独、关系更亲密，这是一个在国际学术界颇具争议的话题。"疏离论"者以社会心理学家雪莉·特克尔（2014）为代表，她认为信息技术在给人们带来沟通便捷性的同时，也使人与人之间的关系弱化，有些人甚至丧失面对面交流的能力，于是"网络亲密"滑向"关系疏离"，人们无可救药地陷入了"群体性孤独"；"亲密论"者以巴里·威尔曼为代表，作为网络理论与实践的先驱，威尔曼在其代表作《超越孤独》中首次提出了"网络化个体主义"的概念，认为三大革命——社会网革命、互联网革命与移动互联革命相互交织，为人类的社会生活带来颠覆性的变化。我们不反对威尔曼的观点，但是，过分依赖互联网的力量又会陷入特克尔所说的困境。因此，现实与虚拟的平衡至关重要，社群关系的强健性必然是线上线下共同参与的结果，片面强调虚拟社群的发展或许会陷入"群体性孤独"。

第三节 创意时代与休闲重构

一、"创意时代"的到来

罗曼·罗兰曾说："只有创造的生灵才是生灵。"人类在创意中诞生，自破天荒地制造了石器后，古猿完成了到人的进化，使真正意义上的人类得以出现。随后，从茹毛饮血到钻木取火，再到第一次创造性地通过化学变化发明崭新物质——陶器，以及农业文明、工业文明和科技文明的陆续到来，人类的每一次进步都伴随着不断发展的创意。如果说历史之初的创意是人类为了能在自然竞争和环境压迫中满足生理和生存需要，那么当代社会的创意则出于灵感和精神需求，主要目的是为了全面提升全人类的生活质量。

早在 21 世纪初，理查德·佛罗里达便预示了以企业为中心的"组织化"制度的必然衰落，并宣告了"创意阶层"的崛起以及"创意时代"的来临；未来学家阿尔文·托夫勒指出："资本的时代已过去，创意时代在来临；谁占领了创意的制高点，谁就能控制全球！主宰 21 世纪商业命脉的将是创意！创意！创意！除了创意还是创意！"；约翰·霍金斯也认为最有价值的财产不是金钱而是概念和智慧财产，它们是无形的，具有高度的机动性。看不见、摸不着的创意，现在是全球炙手可热的无形资本，各国政府官员和风险投资者都纷纷捧着大笔的预算，追着创意人，希望找到点石成金的法宝，开启新经济模式。将薄利的传统制造业升华到产品附加值高的新经济体系，成为引领时代发展与社会进步的"永动机"。

可见，创意经济已经是知识经济的一种最高级形态，成为新一轮全球经济竞争的核心领域。

传统观念中的创意时代主要聚焦于商业经济领域，且创意主宰者往往是精英知识分子阶层。而如今，创意内容不再局限于经济，创意产生也不再只源自于个别群体，一个人人都是创意者的大众化创意时代正在到来，其原因在于：第一，技术层面。数字化、互联网为引爆创意提供了支撑和交流、展示的平台。第二，动机层面。全球范围内经济的快速发展使人类摆脱温饱问题，要满足自由意识觉醒的人类的多样化需求，唯有不断创新。第三，知识层面。高等教育的普及，终身教育理念的日益深化，信息获取渠道史无前例的增多，意味着更多的人具有丰富的知识储备进行创意。第四，环境层面。和平的国际环境及全球对多元性、创新失败的包容和自由度的提升都营造了良好的创意氛围。

大众创意时代的到来不仅表现为创意数量和范围的扩张，同时还表现在创意深度的晋升，如赖声川所言："创意绝不仅仅是技巧上的进步，如果不是在精神上、心灵上，在自我改造与转换上下功夫，创意永远不会有太大的价值。同样，利他的精神会让创意变得更美好、隽永。"这一切，将为休闲带来无与伦比的良性影响。创意不仅重构休闲价值，更将成为引领人类未来发展的主导力量。

二、"更休闲"：创意重构休闲价值

"更休闲"不是休闲的比较级，不是"更加休闲"，而是休闲的底层逻辑的本质变化。"更休闲"是针对新世代用户现实需求提出的全新休闲哲学，其核心是休闲理念的革命性颠覆。"更休闲"所探讨的话题不再是如何靠舒适物的禀赋或政策的支持实现全民休闲，而是如何将休闲观根植于人类的内心深处，并以此引导人们生活、工作及创造。

创意时代为汹涌澎湃的创造力提供了温润的土壤，不仅孕育出了五彩斑斓的独特休闲产品，同时也让休闲领域的内涵与外延都得到了前所未有的延伸，呈现出休闲泛化的趋势。不仅传统的休闲，如运动、美食、艺术、购物、旅游、游戏等领域的休闲涉及程度更高、范围更广，同时还意味着一些原本不属于休闲范畴的事物也逐渐开始休闲化，休闲的辐射范围愈发广远。在创意的助推下，休闲渐渐融入生活的各个领域，创造力如同打磨机一样，让一切融合产生的突兀和裂缝都变得浑然天成。

当休闲插上了创意的翅膀，它便脱离了世俗的桎梏，升华到无可名状的高度，用开阔的视角制造独具匠心的别致新物种，以迎合并创造新时代消费者的休闲需求。比如，从2016年开始打造的淘宝造物节就完美契合了"更休闲"这一理念。在2019年的淘宝造物节上，你可以看到各种稀奇古怪的商品，以及最前沿的潮流文化和炫酷科技："鬼畜式"画风的"神奇物种"海报、突破次元壁的阿里拍卖、治愈心灵的吊瓶奶茶、挑战味蕾的茅台冰淇淋、堪称"中国版乐高"的榫卯积木、代表"天下第一造"的造物节奖杯"金火钳"……这些立足于人类无边无际的想象力的新物种不仅表现为新产品、新技术的休闲升级，更彰显一个"更休闲"时代的来临。

创意时代的基础是人人有闲，人们唯有浸染于休闲之中，方可摆脱现实中一切有形和无形的羁绊和束缚，成为自在、自由、自主的生灵，释放前所未有的创意潜能，正如约瑟夫·皮珀所说:"缺乏闲暇,人类永远会是工作的奴隶,被束缚于狭隘的世界中而脱身不得,没有闲暇,人就不可能有思想活动,文化就无从产生。"①与此同时,创意时代又能助力休闲往更高的方向发展,它打破了思维僵化的墙,让一切事物与休闲产生链接。因此,创意与休闲相得益彰,让"更休闲"成为可能。

创意与休闲相结合的更高端前卫的休闲理念已转化为我国国人的生活常态。其突出表现形式是:其一,文创休闲百花齐放。风靡全国的博物馆文创、特色小镇、非物质文化遗产产品、公共艺术等,都将精神传承和休闲美学紧密相连,以美妙的体验建立与休闲者的情感联系,是文创融合的典范。其二,绿色休闲渐入人心。它是一种全新的休闲观念,与奢靡、虚耗、无节制的胡吃海喝泾渭分明,倡导以环保理念重新描绘休闲生活,形成人与自然万物的良性互动,让休闲成为一种健康的生活方式。如本着善待地球、善待生命、善待人类的理念而诞生的公司 Right Treat,推出了名为 Omnipork 的"新猪肉",以全植物性材料制成,比真正猪肉更能满足人体的营养需要,并且不含胆固醇、无抗生素、无激素、零"残忍",成为绿色休闲美食的航向标。其三,人道休闲初现端倪。以往,残障人士受限于身心制约,无法获得良好的休闲体验,而技术创新正在逐渐消弭这一点。近两年,"无障碍旅游"逐渐走进人们的视野,南京博物院专门设置"博爱馆",为残障人士提供手感触摸、语音解读、全自动导览车等个性化、无障碍的参观体验服务。布拉格国家美术馆和 Neuro Digital 合作开发了一种独特的 VR 体验,创建了与许多著名艺术品一比一对应、高还原度的 3D 模型。借助 VR 和触觉反馈,技术人员让视力受损的人以前所未有的方式接近这些艺术作品并感受它们的美丽,当用户将触觉手套移动到它们可以响应的虚拟空间时,会有不同的质感和深度,这意味着盲人可以第一次"看到"艺术品。此外,涉及诸多休闲领域更细致化的人道主义创意研发也正缓缓拉开帷幕。

三、创意时代的休闲重构

(一)创意激荡,休闲方式极速迭代

清代赵翼在《论诗五首》中写道:"满眼生机转化钧,天工人巧日争新。预支五百年新意,到了千年又觉陈。"传统时代的事物更替速度缓慢,一旦形成就会长时间生存,而隶属时代背景下的休闲活动亦是如此。不过,当如今的社会发展呈现日异月殊之态时,休闲在创意推动下,无论从内容、形式还是载体也同样不断地涌现崭新的面貌,令人不可端倪。如果说以前,变化只是生活的一部分;那么现在,变化则成了生活本身。

尽管形式各异的休闲活动纷至沓来,但正如新技术"苟日新,日日新,又日新"的迭代一样,诸多休闲活动也难逃"……其兴也悖焉……其亡也忽焉"(《左传·庄公十一年》)的宿命,迅速被喜爱、追随,又迅速被抛弃、遗忘。甚至,一些根深蒂固的传统休闲项目也正饱受冷落。比如,美国著名的程序员、风险投资家保罗·格雷厄姆曾发表了一篇名为"摧毁好莱坞"的文章,指出电影行业正在死亡,互联网蓬勃兴起,未来会有更好的娱乐方

---

① [德]约瑟夫·皮珀. 闲暇:文化的基础[M]. 刘森尧,译. 北京:新星出版社,2005:7.

式,让人们乐在其中,"杀死"电影和电视,这种娱乐方式可能源自新的平台,其发行方式可能是更具互动性的新媒体,虽然无法确定这种新的商业物种究竟是什么,但其无界、无常、流动及共享的特点是十分鲜明的,其发展的脚步也是无法阻挡的。

休闲方式快速迭代的根本目的是为了满足人类的需求升级,而由于喜新厌旧是人类在长期进化过程中形成的根深蒂固的心理机能,所以人永远不会停止追寻新奇。德国经济学家赫尔曼·海因里希·戈森(Hermann Heinrich Gossen)提出了边际效应递减理论,认为"如果我们重复以前已满足过的享受,享受量也会发生类似的递减;在重复满足享受的过程中,不仅发生类似的递减,而且初始感到的享受量也会变得更小,重复享受时感到其享受的时间更短,饱和感觉则出现得更早。重复享受进行得越快,初始感到的享受量则越少,感到是享受的持续时间也就越短。"这一理论完美地解释了人对某一特定休闲活动的热情总是呈上升、高潮、回落的抛物线轨迹。

面对人类空前庞大的休闲需求,创意成了产生休闲的永不枯竭的重要资源,并持续促进其更迭。

1. 从无到有,创意创造了更多新型休闲活动

基于第三次科技革命,创意正在持续更新休闲的方式。如在社交领域,QQ、Facebook、微博、微信等接踵而至;在知识获得方式上,短视频的出现,实现了从图文向视频为主的转变;在电影观看上,从最初平淡的2D,到3D的盛行,再到4D、5D电影的出现,创意一直不断升级着人们的观影体验。此外,创意融合了许多原本关联度极低的项目,创造了全新的休闲模式。休闲农业采用了"农业+文化+休闲旅游"的模式,针对儿童、青少年的学习与休闲并举需求,推出"农业+科普"活动、亲子乐等;针对老年人的休闲与养老融合需求,开发"农业+养老"活动;针对不同的爱好群体,推出"农业+酒庄""农业+茶庄"等以酒文化、茶文化等为主线的休闲娱乐活动。创意的激荡,实现了"无中生有"之"创意创造"的奇迹,也加速了传统休闲的消失。

2. 从有到优,创意革新了原有的休闲活动

传统的休闲产业与休闲活动的同质化、单一化在很大程度上消减了人们参与休闲活动的热情。创意的到来则改变了传统产业的发展格局,赋予其生产创意、生活创意和功能创意等,细分消费人群,去除同质化、寻求差异化,创新了休闲服务内容和模式。以餐饮行业为例,近年来兴起的各式主题餐厅,就是创意改造的最好诠释。海底餐厅、黑暗餐厅、音乐餐厅、寺庙素斋、农家乐等一系列产品的出现,极大地丰富了原有的产品体系,改变了原有的竞争态势,满足了现代人体验化、多元化与个性化的消费需求。此外,创意也使同一休闲产品升级换代的周期大大缩短。以手机为例,从21世纪初到现在的短短十几年,我们走过了只支持打电话、发短信的时代,跨越了1G、2G、3G、4G、5G的时代,不断地更新,继而不断地淘汰,手掌心的手机也越来越智能化,创意给人们带来了绝妙的休闲体验。

(二)创意赋能，MCN 撬动超级 IP

根据 MBA 智库百科的定义："超级 IP，又叫超级知识产权，是具有较多的读者、观众或粉丝群体，具有一定的社会影响力的知识产权。超级 IP 在文化产业链上具有一定延展性，是可全方位开发的知识产权产品。"社交网络时代，一大批网络红人成为超级 IP 的代名词，以其强大的号召力及影响力吸引着成千上万的粉丝，引领着休闲时代的潮流。

超级 IP 彻底颠覆了克里斯·安德森（Chris Anderson）2004 年提出的"长尾"（The Long Tail）理论。根据该理论，互联网时代，只要产品的存储和流通的渠道足够大，需求不旺或销量不佳的产品所共同占据的市场份额可以和那些少数热销产品所占据的市场份额相匹敌甚至更大，即众多小市场汇聚成可产生与主流相匹敌的市场能量。在海量信息时代，超级 IP 吸引了绝大多数人的注意力，"前端流量+后端商业"已不合时宜，"超级 IP+社群+商业"模式渐成趋势。

在休闲领域，超级 IP 展现出了符合时代变迁的价值观。比如业余学习，知识付费型栏目"罗辑思维"，依靠有种、有趣、有料的生动讲解，传达着终身学习的理念，缓解了新世代人们的知识焦虑；美食餐饮方面，喜茶的成功成为颠覆认知的现象，所有分店几乎从早到晚都有络绎不绝、排队数小时的消费者，它通过塑造朝气蓬勃、有格调的形象，为年轻人建立了社交货币、身份象征，它的意义已经超越了茶饮本身，逐渐演变成了一种消费文化；动画领域，小猪佩奇成为近年来的超级 IP、火爆顶级流量，其系列产品从图书、公仔玩偶、文具拓展至电影、主题乐园以及相关服饰、食品等多个领域，其中多款成为电商平台热卖产品，为广大儿童与成人同时带来欢乐体验。

超级 IP 自身吸引力巨大，许多人也许能一夜爆红，瞬间站到金字塔的顶端，但所谓"高树靡阴，独木不林"，如果缺少持续性的创新供给就难逃昙花一现的命运。MCN（Multi Channel Network，多频道网络）的出现使得超级 IP 们能够源源不断地呈现有趣好玩的创意。MCN 最早出现在 2009 年，当时美国以 Lisa Donovan 和 Danny Zappin 为代表的一批 YouTube 频道主，宣布组成内容联盟 The Station，旨在相互引流，扩大频道的影响，短短三年该内容联盟就吸引了上千频道加入，并更名为"makerstudio"，这就是最早的一批 MCN。2014 年，MCN 这一词汇被 YouTube 正式定名，并且迅速被敏锐的中国从业者捕捉。2016 年，以 papi 酱的出现和走红为分水岭，短视频行业实现爆发式增长，资本大量涌入、头部 PGC 谋求扩张，使得 MCN 成为一种风潮。由于创始团队自身的基因以及所处社会环境的不同，中国的 MCN 机构与美国的相比存在一些区别。美国的 MCN 不涉及内容的生产，只是将内容创作者联合起来建立频道，帮助其进行推广和实现变现。对比之下，中国 MCN 的孵化功能非常突出，主要基于以下几点原因：首先，中国的 UGC 环境和美国相比差异较大，成熟的内容制作者相对较少，因此生产支持就变得更加重要；其次，中国那些依靠网红带动的 MCN 机构，如 papi 酱的 papitube，使其提供内容扶持服务的能力较为突出；最后，由于网红的议价能力很强，孵化模式留给 MCN 的利润空间更大。内容与电商的挂钩让中国的 MCN 机构找到了快速变现的方法，也让中国的 MCN 机构超越了美国 MCN 机构的职能,走在了前面。这种"内容+电商"的方式,而今已经成为行业的通用法则。截至2021年12月,中国MCN机构数量已经超过了30000家,iiMedia Research(艾媒咨询)的调查数据显示,2021年中国MCN市场规模已超过330亿元,预计2023年将超过500亿元。

由于MCN的联结作用,超级IP们的休闲娱乐产品不仅生产速度更加迅捷,而且品质也从良莠不齐、粗制滥造变得精致好玩、创意表现耳目一新,这就是为什么papi酱能够生产这么多饶有趣味的段子,"办公室小野"能拍出这么多标新立异的办公室趣闻的原因。未来,MCN在休闲供给方面将继续发挥至关重要的导引作用,为提升人们的休闲体验添砖加瓦。

(三)创意点睛,共享休闲普惠大众

早在1994年,凯文·凯利(Kevin Kelly)在其著作《失控》一书中就成功地预言了物联网、云计算、虚拟现实、网络社区、迭代等的出现。随后,他在2016年提出了未来的12个趋势,其中最引人注目的概念是共享(Sharing)。

基于共享理念的共享经济就是充分发挥资源的可利用性,让有限的社会资源发挥最大价值,这势必将成为未来经济发展的主流。其一,互联网时代的精髓是开放、共享、包容、创新,因此,共享经济是"互联网+"时代下的新模式,潜力无限;其二,《礼记·礼运》早有记载:"货恶其弃于地也,不必藏于己,力恶其不出于身也,不必为己……",现如今提出的创新、协调、绿色、开放、共享五大发展理念,都表明共享精神是中国人的特质。近年来,随着共享经济领域不断拓展,我国共享经济市场交易规模不断增长,由2017年的2.08万亿元快速增长至2020年的3.38万亿元,年均复合增长率为17.6%。2021年,我国共享经济市场交易规模达3.69万亿元,同比增长约9.2%。毋庸置疑,共享经济的革命性和颠覆性的力量将对传统行业进行转型重构,引爆新一轮的商业热潮。

在创意经济和共享经济的双引领下,共享休闲浮出水面,在神州大地开始盛行。共享休闲的最古老类型便是自然休闲活动,"江山风月,本无常主,闲者便是主人。"苏轼《前赤壁赋》中的"惟江上之清风,与山间之明月,耳得之而为声,目遇之而成色。取之无禁,用之不竭。是造物者之无尽藏也,而吾与子之所共适"则是对共享休闲最富有诗意的解读。如今,共享经济蔓延到更多领域,如共享民宿、共享汽车、共享充电宝等,近年来最具休闲风的当属e摩摩、共享衣橱和共享书屋。

在我国各大城市e摩摩俯拾皆是。大众随处可体验的共享按摩椅,以物联网透传技术、移动支付为结合点,通常在大型购物广场、商场、电影院、KTV、机场、高铁站等场景出现,打造共享健康体验区。据统计数据显示,因压力和过劳处于亚健康状态的人群比例高达70%,肩颈酸痛是绝大多数现代人的通病,e摩摩的共享休闲模式无疑迎合了休闲消费升级的需求。

"看到新衣服就想买,很多衣服买回来穿不了几次就压箱底了,家里旧衣服成堆……"这种困扰是不少都市年轻女性的心声。主打共享理念的租衣App共享衣橱应运而生,成为不少追逐时尚、环保的年轻人的新宠。共享衣橱的核心模式就是租借,按月、季度、半年或一年交一笔钱,成为会员,然后在共享衣橱平台上选择每次租借的衣箱,靠快递的往来,实现衣服的自由更换。

共享书屋逐渐成为城市中一道亮丽的风景。除了商业性的共享休闲服务外，公共性的共享休闲也开始显现。一些城市街头、社区出现了"共享书屋"，手机扫一扫二维码就可开柜借书、还书，以24小时不间断服务和无人值守为特色。除了租借，个体还可把自己闲置的书放入"书屋"，与他人共享。智能共享书屋，实现了闲置图书共享，以共享模式、智能产品结合物联网以及大数据技术，开启全民阅读新时代，大幅度提升了公众的休闲品质。

随着创意产业的持续蓬勃发展，共享休闲必将成为休闲的未来趋势，其呈现形式和内容将会更加细分、细微、细致，并为休闲事业的可持续发展提供支撑。

第四节 "休闲人"：人类增强与通往幸福之路

所谓幸福：一是睡在自家的床上，二是吃父母做的饭菜，三是听爱人给你说情话，四是跟孩子做游戏。

——林语堂

一、人类增强："休闲人"觉醒的现实基础

（一）人类增强的概念与分类

狭义层面上，人类增强（Human Enhancement）原本指通过医学手段实现人的身体机能的"恢复"或"康复"，但自从20世纪90年代以来，这个词更多地指向了非医学的增强人类身心能力方面，即它是利用新科技对人的体能、智力、情感、道德等进行增强的浩大工程（吕克·费希，2017）。随着纳米科学与技术（Nanotechnology）、生物技术与生物医学（Biotechnology）、信息技术（Information Technology）、认知科学（Cognitive Science）的协同组合形成的"NBIC会聚技术"时代到来，人类增强的能力得到根本性提升，出现了与之前完全不同的新兴"人类增强技术"（Human Enhancement Technology，HET）。在现代新兴技术时代，按照增强目的，人类增强可以分为四种类别：生理增强、认知增强、道德增强和复合增强。生理增强主要是增强生理能力从而超越"物种典型的水平"或者"正常的功能范围"，在此过程中往往涉及两个维度，即身体改变和能力提升。认知增强的目的在于提升人的认知能力从而获得超出常人的特定优势。当前正在研究进程中的是利用药物、植入性人工物、基因干预来增强认知能力和复合型认知增强。道德增强让人更具有德行、同情心、道德责任或者使得行为更加具有道德性，当然还有最为重要的是使人类具有追求道德的动机，这种动机是一种能够引导人们做出行为的心理或精神状态与过程。复合增强是指基于会聚技术基础之上的人机合一，是多种类型增强的会聚：首先，复合增强可以提供给人类全新的能力；其次，复合增强是多功能的，甚至可以改变我们处理残疾的方式；再次，多样性的增强之间的界限变得模糊，例如，在早期我们可以根据特定的功能区分生理增强、认知增强和道德增强，但是在复合增强情景中，随着人机交汇，多样性增强的界

限逐渐消失。[①]新新人类增强技术着眼于人的身体"内部",从而打破了生命与非生命的界限,使"超人类主义"成为未来的意识形态。

广义层面上,人类源远流长的奋斗史就是一部人类增强史。卢梭在《论人类不平等的起源和基础》中指出,人与禽兽的最根本区别就是人有一种"自我完善化的能力"。人类起源于森林古猿,经历了猿人类、原始人类、智人类、现代人类四个阶段。几百万年来,从树上走向地面,发明火种、制造工具、不断进化,历经认知革命、农业革命及科学革命,创造了璀璨文明。人类之所以自众多生物中脱颖而出,从一个毫不起眼的族群成为登上生物链顶峰,不仅仅只是因为做到了适者生存,更在于人类能够主动地改造自身和创造环境。这一过程蕴含的所有自我完善行为都隶属人类增强范畴,从低度生理需求的满足到对自由与超越的不懈追求,囊括了诸如文化、经济、艺术、科技、政治、宗教等一系列领域的进步。本书采用广义视域下的人类增强定义。

(二)人类增强唤醒沉睡的"休闲人"

包罗万象的人类增强可区分为两大类:一是物质,二是精神。前者朝向外在,后者直指内心。在我国哲学家眼中,精神与物质恰似水乳之交融,毫无隔绝,共同维系着宇宙与人类的生命。而在烟波浩渺的历史中,人类增强不断书写着新的休闲篇章:从"旧时王谢堂前燕"的贵族化休闲到"飞入寻常百姓家"的大众化休闲,从休闲阶级社会到普遍有闲社会,从披荆斩棘的休闲追寻到休闲时代的悄然降临。现今,人类增强的加速又将对休闲产生划时代影响,即当物质与精神共同升华到高层级时,便能彻底唤醒酣眠千万年的"休闲人"。

1. 科技进步拓展休闲之能

人类增强的物质领域涵盖甚广,但近十余年对休闲影响最深远的当首推科技进步。李四光在《人类的出现》中写道:"人类文化的发展,经过新人阶段的旧石器时代晚期以后,先后进入新石器时代及金属时代。愈到后来发展愈为迅猛。从新石器时代的开始到现在至多不过一万年左右,金属时代的开始到现在不过数千年,人们开始利用电能到现在不过一百多年,原子能的利用则仅是最近几十年的事;而新石器时代以前的发展阶段,则动辄以数十万年到千百万年计。由此可见,人类的发展不是等速度运动,而是类似一种加速度运动,即越到后来前进的速度越是成倍地增加。"而在21世纪初,未来学家雷·库兹韦尔也提出了加速回报定理(Kurzweil's Law of Accelerated Return),指出人类出现以来所有技术发展都是以指数增长,一开始技术发展是小的,但是一旦信息和经验积累到一定的基础,发展便开始快速增长,以指数的形式、然后以指数的指数形式增长。目前在科技领域,人工智能的厚积薄发与生物技术的日益勃兴无疑令人瞩目:人工智能横空出世后,历经长达六十年的酝酿,"忽如一夜春风来,千树万树梨花开",它以强大的技术优势"成了一种力量,一种生机勃勃的精灵",引领着第四次科技革命。从 Siri 等语音助手开始,到行为算法、

[①] 张灿. 人类增强的类型、范式与伦理争议[J]. 东北大学学报(社会科学版), 2018(1): 2.

搜索算法，再到自动化汽车飞机驾驶，人工智能正在全方位地渗透并塑造着人类生活。2018年，有学者认为，如果列出一份"人类剩余优势"清单，那么"这份清单上只剩下'创造力与变通性''社会知觉''谈判艺术'和'论证能力'"。[①]而如今，在战胜了围棋冠军后，机器人又在医学读片准确率上完败人类医生，甚至还能写诗作画并出版诗集，这意味着人类优势清单再一次缩减。《技术奇点》的作者默里·沙纳汉（Murray Shanahan）认为，人工智能将会有两次浪潮，一次是一系列具有互补性通用认知能力的专门人工智能技术逐渐开始改变人们的生活和工作形态；另一次则是人类水平的人工智能，即超级智能的出现，并指出"第一次浪潮"已经发生，且很可能在2020年后全面展开，而生物技术的飞速鼎新则展现了人类崭新生活的无限可能性。未来，通过改变基因组、解决DNA水平缺陷、重新排列氨基酸等，人类的诸多不治之症将被完全攻克，科学家预言2050年人类寿命将达到150岁，甚至永生也未尝不可。未来学家伊恩·皮尔森（Ian Pearson）更声称人类已经有许多不同的方式接近于获得永生，任何在2050年之前去世的人都有可能成为老死的最后一代人。人类增强被划分为弥补性增强与扩展性增强两类。所谓弥补性增强，是指使身体维持或重建到一种"正常的"功能状态的活动（甘绍平，2018）。随着年龄的增大，人体的许多功能都会发生退化，如衰老、听力减退、各种疾病等，采用弥补性增强能有效地延缓甚至克服相应的症状，人类祛病延年并饱含精力与活力之心愿有望实现。

上述深刻改变人类历史进程的技术，主要从时间、经济和生理三个维度拓展人类休闲之能：首先，人工智能将促使人类从机械、重复的劳作中完全解脱出来，拥有史无前例的闲暇时间，如果说，在古希腊，是奴隶成就了像亚里士多德那样的少数社会精英的休闲式生活，在工业社会的初期是广大的劳动人民成就了凡勃伦所批判的少数富人的休闲式生活，那么，在智能时代，当人类社会开始向着工作场所去人化、信息获取界面化、人类行为数据化、社会交往网络化、人机交互常态化的普遍有闲社会发展时，则是智能机器充当了过去"奴隶"的角色，使大多数人有可能过上普遍有闲的生活。[②]而寿命增加意味着休闲时间的进一步延长，人们将更深度地享受喜爱的活动，如阅读者可与更多伟大的心灵进行交流，旅游者可实现走遍千山万水的夙愿。其次，科技正在加速赋能产业变革，2021年，中国人工智能核心产业规模达1998亿元，预计2026年将超过6000亿元，年复合增长率达24.8%。2019年的乌镇世界互联网大会举行了以"人工智能：开启智能经济新时代（AI: New Era of Intelligence Economy）"为主题的人工智能论坛。新兴科技逐渐成为推动经济发展、优化产业模式的核心驱动力，这将强力夯实休闲者的经济基础。最后，往昔制约各类人，尤其是病患、残障人士的诸多生理障碍或功能性退化等将冰消瓦解，这使休闲者无拘无缚地欢享休闲成为可能。

2. 精神进阶化育休闲之心

精神层级的进阶在唤醒休闲人的过程中更为关键。精神是人的本质在现实世界得以展

[①] 倪思洁. 人工智能会让人类成为濒危动物吗[N]. 中国科学报，2018-05-22：04.
[②] 成素梅. 智能革命与休闲观的重塑[J]. 社会科学战线，2019（11）：12-19.

露的前提，精神一旦缺失，肉躯便会漫无目的地彳亍。黑格尔认为"人类是'精神的东西'，精神在本质上就是人类，因为除掉人类的形态以外，更没有其他形态可以代表精神出现"。①鲁迅也讲道："骛外者渐转而趣内，渊思冥想之风作，自省抒情之意苏，去现实物质与自然之樊，以就其本有心灵之域；知精神现象实人类生活之极巅，非发挥其辉光，于人生为无当；而张大个人之人格，又人生之第一义也。"②意指精神追求才是人类的终极，而一切物质生活的本质其实是精神需求的满足，正如杨绛表示："一切快乐的享受都属于精神，这种快乐把忍受变为享受，是精神对于物质的胜利，这便是人生哲学。"生命只有从精神世界才能寻觅到安身立命之基石及全部意义之所在。

哈佛大学教授乔治·瓦利恩（George Vaillant）在《精神的进化》中指出，人类进化包括了基因进化、文化进化以及个体进化，进化使人类历经时间洗礼成为具有精神性的生物，而且人类必将沿着进化之路走得更远，精神世界将会变得更加丰富。③人类的终极精神追求可谓异彩纷呈，孔子自述："吾十有五而志于学，三十而立，四十而不惑，五十而知天命，六十而耳顺，七十而从心所欲，不踰矩"。他将个体情感和道德的完美融合视作人生的最高境界，而孟子关注的是"浩然之气"，庄子眼中则推崇"天地与我并生、万物与我为一"；美学家宗白华认为以宇宙人生的具体为对象，赏玩它的色相、秩序、节奏、和谐，借以窥见自我的最深心灵的反映；化实景而为虚境，创形象以为象征，使人类最高的心灵具体化、肉食化，这就是'艺术境界'，艺术境界主于美"④；而尼采着眼于"改进人类"，将人视为有待超越之物，绘制了"植物—虫—猴—人—超人"的人类进化图谱。

综观所有精神进化理念，本书认为哲学家方东美先生的论述精辟地阐释了"休闲人"被唤醒的精神基础。他于1969年参加"东西哲学家会议"时发表了题为《从宗教、哲学与哲学人性论看"人的疏离"》的论文，把人生历程分为三组九个层次，由低而高循序是行能人、创造行能的人、知合理的人；艺术人、道德人、至人；高贵人、神圣人、深微奥妙的境界。⑤首先，人作为万物之一，遵循物竞天择、适者生存的规则，具有"行能人"的特质；其次，人可以通过活动改变大自然的形貌，从而创造文化及文明，此乃"创造行能的人"；"知合理的人"则进一步凸显了人是万物之灵，因为不仅有思考能力，还可以经过探索使生命富有意义。接着一组的是"艺术人""道德人""至人"。艺术是从体贴生命之伟大之处得来的，没有艺术，则人无法摆脱功利与实用的枷锁，陷于无尽的压力与忧患；道德的极致是推己及人，再及于万物，若无道德，人类难免会堕落到生物竞逐的地步，此乃"道德人"的重要性；"至人"指人要有向往高尚的情操，蕲向完美，内圣外王。再向上的一组有高贵人、神圣人和深微奥妙的境界。"高贵人"所过者化，所存者神，上下与天地同流；"神圣人"则洞彻了永无止境的宇宙真相；顶峰是"深微奥妙的境界"，掌控玄之又玄的皇

---

① [德]黑格尔. 历史哲学[M]. 王造时，译. 上海：上海书店出版社，2001：293-294.
② 鲁迅. 鲁迅全集（1）[M]. 北京：人民文学出版社，2005：55.
③ [美]乔治·瓦利恩特. 精神的进化[M]. 张庆宗、周琼，译. 上海：华东师范大学出版社，2018：9.
④ 宗白华. 艺境[M]. 北京：北京大学出版社，1987：151.
⑤ 方东美. 生生之德[M]. 北京：中华书局，2013：284.

天之事，并能抵达无可名状的神明状态。① 可见，人生是一个不断延展和成长的历程，具有无限提升的可能性。西哲柏拉图讲"两不朽"——肉体不朽、精神不朽，且认定精神不朽高于生物性的传宗接代的不朽。精神不朽的关键在于，人必须把自己有限的生物性生命创化、物化、固化到永恒的精神文化产品上。而这种创造得以发生的前提是：人必须达成创造精神产品的临界点即精神生命的"燃点"。这个临界点或"燃点"，就是类似人到达了能够生儿育女的"生理青春期"的"精神青春期"。它有两个基本性质，一个是临界点——标志着创造力的到来，另一个是区间——标志着创造力的源源不断，② 二者表明文化知识等精神文明成果创造能力由小至大以至于发生质的飞跃或升华。③ 休闲时代的小部分人已经抵及明心见性、澄莹如练的"至人"境界，其进阶目标便是"高贵人"。"高贵人"拥有"所过者化、所存者神"的特质，如陆九渊所云的"宇宙便是吾心，吾心即是宇宙"，而海德格尔认为"诗意地栖居"意味着"与诸神共在、接近万物的本质"。可见，"高贵人"的生活本质上也是一种"诗意地栖居"。由于"诗意地栖居"这种悠然天地之态是休闲的至极境域，无疑也是休闲人的生存状态。因此，在一定程度上，"高贵人"与休闲人二者意蕴相仿。休闲主体看待这个世界的眼光，就是其精神人格的投射，而"至人"期这一崭新节点象征着休闲领域的"精神青春期"。当人类进阶到"至人"的层级时，也就在呼唤内府深处最本能、最渴望的休闲之心，为"休闲人"的觉醒奠定了至关重要的精神基础。

休闲本质上是一种自我的伸张，是对个性的探索和审美的追求，在行为上表现为从注重物质享受的休闲方式转变为物质与精神相平衡。也就是说，既要在物质和技术层面不断促进休闲的开展，更要充分重视休闲的精神和情感层面，在休闲中促进技术和人文的协调一致与动态平衡。只有将技术作为发动机，人文作为方向盘，休闲才能在正确的道路上不断前进。④

二、休闲人——生命内核的本然解读

（一）休闲人的定义与假设

"休闲人"被唤醒是人类文明的又一次进化，使人性中的高贵成分得到充分发展而臻于完美。本书将"休闲人"定义为：基于人类增强，以审美姿态生活，凭借诗意和创意丰富休闲活动并畅达心盛幸福之人。具体而言，在物质与精神领域同时升维的背景下，拥有创意之能、诗意之心及审美之境的休闲人哺育出了从万事万物中获得休闲欢欣的才赋，实现了思维、行为与体验的全面休闲化。"万物皆休闲"是一种怡然自得的心态、一种超越功利的行为、一种沉醉美好的体验，是休闲人对世界的认知模式。秉持悠然乐天人生观及"万

---

① 方东美. 中国人生哲学[M]. 杭州：浙江人民出版社，2019：4-6.
② 周德丰. 发现精神生命的"燃点"——评朱鲁子新作《精神青春期——开悟，创造，不朽》[J]. 理论与现代化，2015（5）：127-128.
③ 朱鲁子. 精神青春期——开悟，创造，不朽[M]. 武汉：武汉出版社，2015：26.
④ 潘立勇，寇宇. "微时代"的休闲变革反思[J]. 浙江社会科学，2018（12）：134-140.

物皆休闲"价值观的休闲人,以自由之姿吸纳宇宙之美,凭借诗意、创意让休闲活动变得异彩纷呈,并坚守了精神的高度和心灵的高贵,找到了生命的终极意义。如果说社会大众主要关注经济、闲暇时间等休闲的硬约束条件,休闲目的侧重于颐养劳顿身心、追求感官快乐,那么,休闲时代到来后脱离了硬约束限制的"休闲人"则重点关注休闲作为理想生命境界的形而上的意义,致力于获得精神幸福,因而象征着自由生命的锦绣绽放。

由于"休闲人"代表了时代的最佳生命追求,因此,"休闲人"不只是一个学术概念,更是休闲时代的崭新人性假设。人性假设是在相应客观环境下对人的本性和共有行为模式的一种基本认知和设定,其实质是如何理解人的问题。传统的人性假设大致沿着"经济人"—"社会人"—"自我实现人"—"复杂人"的路线行进,总体反映了人类经济和认知水平跃进的脉络。尽管这些人性假设特质依旧广泛存在于个体身上,但已经无法满足休闲时代赋予人类的新诉求:一方面,人性是人作为最高价值和最终目的应有的禀赋,它不是一成不变或无关社会和历史的,而是在生活实践中不断生成、丰富和发展的[①],休闲正是认识人性的关键维度,因为"在闲暇之中——唯有在闲暇之中,不是别处——人性才得以拯救并加以保存"[②],从休闲视角来理解人本质上是对人性认识的完善;另一方面,休闲伦理经过了从古希腊和古罗马时期的备受尊崇,到中世纪后慢慢让位于工作伦理,又在现代逐步受到重视的过程[③]。随着休闲时代信步而来,休闲已真正成了"一切事物环绕的中心",休闲伦理占据了主导地位,这就导致基于工作伦理产生的传统人性假设无法充分解释这一时代的人性内涵。因此,"休闲人"假设的提出恰逢其时,它完美契合了这个时代的环境与核心需求,不仅有助于人类构建更加完整的人性结构,而且有助于拓展休闲研究范畴,提升休闲学在学科谱系中的地位。

(二)休闲人的特质:"休商"及其表征

互联网时代,对很多现代人而言,智能手机成了身体的延伸,是人们最主要甚至唯一的休闲渠道。手机一旦丢失或损坏,人们往往坐立不安,甚至失魂落魄,不知如何度日,这是缺失休闲能力的典型表现。而休商(leisure quotient,LQ)便是表示人们是否善于休闲的指数,它和智商、情商、财商、逆商等一样,是每个个体重要的能力之一。高"休商"不是利用休闲来逃避现实,而是从休闲的角度重新审视现实,发现生活的妙趣,即使坠入无趣也不惧孤寂与无聊,使休闲成为寻找自我以及与世界沟通的方式。由此,休闲才能拓展个人的内在价值,让生命活动更加多元而精彩,最终提升自我和周围人的幸福体验。毫无疑问,高"休商"是休闲人必备的核心能力,主要表现在以下三个方面。

1. 休闲思维成为本能

本心的主宰是"良知","良知"是一种本然的明觉,"良知"为心之本体(本然境界),

[①] 陈新夏. 人性与人的本质及人的发展[J]. 哲学研究,2010(10):11-15.
[②] [德]约瑟夫·皮珀. 闲暇:文化的基础[M]. 刘森尧,译,北京:新星出版社,2005:47.
[③] 刘慧梅,张彦. 西方休闲伦理的历史演变质[J]. 自然辩证法研究,2006(4):91-95.

也即世界之本体（存在依据），[①]本然的休闲思维就是明觉后的休闲人独具之良知，是人心最深层次的驱动力量。类似蜘蛛结网、鸿雁迁徙等与生俱来的先天力，休闲取向的"良知"将休闲思维和本能完美融合。"盖天地万物原是一体，其发窍之最精处，是人心一点灵明"（《传习录》下），在休闲思维之光的灵明莹照下，休闲人将曾经心随境转的身不由己转为因心造境的主动驾驭，并触及"日常心是闲"的气韵。明代张萱在《西园闻见录》中云"闲有二：有心闲，有身闲。辞轩冕之荣，据林泉之安，此身闲也；脱略势利，超然物表，此心闲也"，"心闲"分属思维层面，并引导"身闲"的行为活动。陶渊明诗言"少无适俗韵，性本爱丘山"（《归园田居》），正是"爱丘山"的本性让他拥有本能的休闲意识来隔绝一切聒噪，于是"结庐在人境，而无车马喧。问君何能尔？心远地自偏"（《饮酒》）的超然得以呈现。白居易的"苦乐心由我"（《问皇甫十》），苏东坡的"我适物自闲"（《和陶归园田居六首》）也不约而同地体悟了闲由心造这一生命真谛。休闲思维成为本能是认知水平的跃进，它将休闲从由外向内的驱策变为由内而外的延伸，从休憩、填补的地位上升为首选，成为生命的脉动和内核。休闲观一旦深植内心，一切事物便会不假思索地萦绕休闲开展，休闲的概念与边界将渐趋模糊与消解，生活与工作最终将浑然一体地与休闲相融。毫无疑问，本能思维完成重塑的休闲人将丰获"真力弥满，万象在旁"（司空图《二十四诗品》）的光风霁月，从而抵达佛语中"青青翠竹，尽是法身；郁郁黄花，无非般若"之佳境。休闲思维成为本能使得休闲被纳入人们自我决定论的框架中，休闲动机由被动选择转为非目的性的本然选择，这一积极心理认知将对人的行为和情绪体验产生巨大影响。也就是说，休闲呈现为个体意志由内而外的延展，人的本质的自由性因此得到保证。

2. 休闲行为无处不在

古人以其智慧构筑了五彩斑斓的休闲生活，清代余洪年的《舟中札记》记载："三十六着者，犹言三十六种行事也。列举如下：远足、弹琴、读书、垂钓、赏月、看花、饮酒、吟诗、会友、策马、乘车、游山、玩水、闲谈、独唱、击筑、拍板、临池、绘画、听曲、围棋、餐荚、品茗、泛舟、捕鸟、捶鼓、踏青、游园、省亲、夜宴、玩玉、投壶、猜谜、讴歌、观灯、习武。"此外，文人墨客的闲趣各异，如孔子的"曾点之乐"、李白的"斗酒"、金圣叹的"不亦快哉"、周作人的"喝茶"、梁实秋的"雅舍"、汪曾祺的"美食"、卢梭的"独自漫步"、欧文的"寻幽"等。这些由悠闲放射开的多彩活动一直是人们主要的休闲形式，而觉醒后的休闲人凭借无限的诗意和创意，突破了固有的休闲疆界，拥有了无与伦比的广阔空间，于是短视频、造物节、电子竞技等新颖休闲项目便接踵而来。技术进步让休闲行为的开展更加迅捷，借助互联网，远在他乡异国的产品和服务，须臾之间就能输送到每一个人面前；无论何时，只要拥有一部智能手机，就能马上阅读到最经典的书籍，收听到最流行的音乐，观看到最新的影视作品；超高速、超高容量、超可靠性、超短时延的5G时代的到来将会促使休闲实现"信息随心至，万物触手及"的愿景。瑞幸咖啡采用线上线下相结合的新零售模式，提出"无限场景（Any Moment）"战略，这些场景包括咖啡厅、

[①] 潘立勇. 阳明心学的当代意义[J]. 社会科学辑刊，2019（2）：17-26.

办公室、大学校园、加油站、休闲聚会等，让啜饮咖啡也变得随时可行。此外，传统意义上的众多非休闲领域内容也被纳入休闲活动范畴。譬如，辛苦的工作展现出休闲的欣欣之态，极富想象的休闲人将休闲无缝融入日常工作，即使在拼搏中仍不失诗情画意、幽默乐达。罗丹提出的"木工艺术家""泥瓦匠艺术家""驾车艺术家"等，以及诸多创意阶层、数字原住民们的新兴事业，都映射出休闲化工作的姿态，工作变得主要由内在价值驱动并以休闲态度从事，休闲既是工作化的休闲，也是休闲化的工作，劳与闲高度融合，即马克思说的"劳动不再是奴役人的手段，而成了解放人的手段，生产劳动就从一种负担变成一种快乐"；兴味索然的学习也日趋惬意，研学旅行如火如荼、哔哩哔哩（bilibili）成为数千万青少年会聚的文化社区，休闲与学习珠联璧合并相得益彰。人类增强孕育的休闲人形成了化万事万物为休闲的才略，让休闲贯穿所有时空，如同渐入化境的剑客——不滞于物、草木竹石均可为剑，其休闲体验不断泛化、休闲边界持续扩充。《论语·里仁》论述君子的道德情操应恪守"无终食之间违仁，造次亦如是，颠沛亦如是"，休闲人的行为也无不秉持着"更休闲"这一底层逻辑，在此身、此地、此时。最终，在他们的生命中，休闲成了信手拈来的俯拾皆是。休闲活动的泛化使得休闲脱离了生命中的吉光片羽的原始定位，以绝对的主体价值存在于生命中。

3. 休闲快乐无时不享

"人性中最可悲的一面是，我们所有人总是在拒绝享受现实生活，我们都在梦想着在地平线上奇迹般地冒出一座玫瑰庄园——而不是享受窗外今天正在盛开的那些玫瑰（卡耐基语）。"当休闲人的休闲行为无所不在时，其休闲快乐也会如影随形，就像苏州网师园的叠字楹联所描绘的"风风雨雨寒寒暖暖处处寻寻觅觅，莺莺燕燕花花叶叶卿卿暮暮朝朝"，万物休闲之态促成了"生命是无尽的享受，永久的快乐，强烈的陶醉"（罗丹语）这一宏愿。

欧阳修在《归田录》中有言"余平生所作文章，多在三上，乃马上、枕上、厕上也"，耽爱学习者随时都可享读书的妙乐，善休闲者亦如此。苏轼作为古代善休闲者的典型代表，在《超然台记》讲："凡物皆有可观。苟有可观，皆有可乐，非必怪奇伟丽者也。哺糟啜醨皆可以醉，果蔬草木，皆可以饱。推此类也，吾安往而不乐？"他以超然之心态不再将休闲局限在自然的分隔和优渥的物质生活，而是无所往而不乐，即世所乐而超然。于光远就认为"因'闲'，苏东坡进入一种超乎寻常之境界——悠然深处，是他海纳百川的胸襟，是苍山翠柏的意志。"[①]另一位休闲大师李渔更提出了即时即景、就事行乐之法："睡有睡之乐，坐有坐之乐，行有行之乐，立有立之乐，饮食有饮食之乐，盥栉有盥栉之乐，即袒裼裸裎、如厕便溺，种种秽亵之事，处之得宜，亦各有其乐"（《闲情偶寄·颐养部》），将休闲之乐甚至辐射到原本漠不相干之事。当然，乐享休闲的极致是沉陷逆境时仍保持怡然姿态，在深渊仰望星空。例如，《宋书·宗炳传》记载："有疾，还江陵。叹曰：'老疾俱至，名山恐难遍睹，唯当澄怀观道，卧以游之。'凡所游履，皆图之于室。"年老体衰的宗炳凭创意制造了卧游的空间，以此体验曼妙至乐之旅；在阴暗潮湿、蚊蝇肆虐的监狱里，文学家木

---

① 于光远，马惠娣. 于光远马惠娣十年对话[M]. 重庆：重庆大学出版社，2008：70.

心还有闲心在白纸上画出黑色琴键，寂静无人时便蜷在角落里用指尖无声弹奏莫扎特和肖邦，低吟"白天我是一个奴隶，晚上我是一个王子"。休闲人怀着一颗湛然之心，浸浴在万物休闲的纯美世界中无往而不乐，深沉而频繁地体味着休闲体验的最终目标——畅爽。

心理学家阿尔伯特·班杜拉（Albert Bandura）提出的"交互决定论"（reciprocal determinism）认为，环境、行为、人三者是相互决定、相互连接的因素。他避免了行为主义的机械环境论倾向，把人的行为与认知因素区别开来，指出了认知因素在决定行为中的作用。①休闲思维就是休闲人对世间万物的认知状态，它直取人性之本真。这一思维成为本能，将激发积极的休闲之心和无垠的诗意、创意，从而使休闲人或自然接受、或主动创造无处不在的休闲行为，并在任何场景都可享受休闲之乐。如此，休闲人营造了万物皆休闲的"美丽新世界"，让明亮的生命之花绽放得更加绚丽。总之，具有高"休商"的休闲人无论置身于何时何地，总能无往而不适，总能自得自乐，进而在休闲的生命实践中实现自我、成就幸福。

三、抵达幸福彼岸："休闲人"的选择

"没有比漫无目的的徘徊更令人无法忍受的了"，这是《荷马史诗》中奥德赛里的至理名言。人生是一条曲线，起点和终点是无法选择的，而起点和终点之间充满了无数个选择机会，选择给"休闲人"的生命注入激情，选择使休闲人拥有把握人生命运的伟大力量。

（一）幸福：休闲人的终极价值追求

托尔斯泰在《生活之路》中借哲人的口吻说道："我为了寻求幸福，走遍了整个大地，我夜以继日、不知疲倦地寻找着幸福。"②东西方哲学都将幸福当作最理想的生存状态，释迦牟尼为找到一条让人人都能超越生老病死苦的终极幸福之路而出家，亚里士多德视幸福为所有活动的目的。可以说，人类的一切努力在于获得幸福。尤瓦尔·赫拉利认为，进入21世纪后，曾经长期威胁人类生存发展的瘟疫、饥荒和战争已经被攻克，智人面临的最核心待办议题之一就是幸福快乐。幸福是快乐与意义的结合，本·沙哈尔在《幸福的方法》中写道：幸福是一种能力，而非一种状态。心理学研究表明，我们持续的幸福感由三方面决定：一是幸福感的初始起点，由遗传、基因所决定；二是生活境况，如婚姻状态、收入水平、外貌等；三是自发性的行为，也是人们最能主动掌握的成分，而这部分对幸福感的贡献率大概占40%。可见，除去遗传、基因等先赋性因素外，其他的幸福成分都是自主自为的。在民各"甘其食、美其服、安其居、乐其俗"的休闲时代，曾令人趋之若鹜的金钱对幸福的贡献度急剧弱化，非经济因素的地位日益彰显，故休闲学家斯特宾斯（Stebbins）认为，休闲才是获得幸福的正途。幸福与休闲的深远关系可溯源至古希腊，古希腊人认为幸福的三个成分为智慧、美德和休闲。亚里士多德指出，"闲暇是全部人生的唯一本原"，并强调"休闲可以使我们获得更多的幸福感，个人的幸福在于闲暇"③。休闲随文明不断

---

① 姜永志. 情境交互作用理论体系：辩证心理学与交互行为心理学[J]. 心理科学，2013（2）：496-500.
② [俄]列夫·托尔斯泰. 生活之路[M]. 北京：商务印书馆，2015：477.
③ 亚里士多德选集. 政治学卷[M]. 北京：中国人民大学出版社，1999：278.

演进，为人类输送着涓涓不绝的幸福甘泉。基于人类增强而苏醒的休闲人，已经无须为经济、闲暇和生理机能等耽虑，幸福成为其核心的价值追求。当灵魂深处潜藏的自由休闲意识被彻底唤醒，休闲人的郁勃幸福也将翩然而至。

（二）休闲人：如何"畅达幸福之境"

哈佛大学社会心理学家丹尼尔·吉尔伯特说道："现代社会的人们拥有自主选择权，有史以来第一次，我们的幸福掌握在自己手中，所以人们应'智慧地购买'幸福，提升自己的幸福基础。"[①]这种"购买"无关财富，而是一种基于选择的能力。休闲人通过自由、智慧地选择并践履独有的生命理念，抵达花团锦簇的幸福彼岸。

1. **灵魂自由：播下幸福种子**

存在主义者萨特认为，人注定是自由的，必须去追求自由。只有在追求自由的过程中，在实现生来的本质、使命的过程之中，人才会成为一个现实的自由人。休闲与自由同在，它是人的自在生命及其自由体验状态，自在、自由、自得是其最基本的特征。[②]马惠娣认为，通过休闲促使人对生命进行思索，有助于人的全面发展和个性的成熟，使人真正地走向自由。[③]传统时代的休闲致力于将人从劳作的压迫、精神的禁锢等不自由中解放出来，达到不为物役、不为名累的悠然状态。而在休闲时代，因生计而起的不自由逐渐式微，源于休闲选择的不自由则初现端倪：一方面，从表象上看，迭出的休闲活动和方式使人几乎可以在无限的序列中选择，但实际上休闲主体却戴上了商业文化的无形镣铐，在盲从心理支配下随波逐流而浑然不觉；另一方面，休闲的本质是一种"自目的性"的审美境界，超乎功利的诗意生存是其表现形式，就像苏东坡称叹陶渊明"欲仕则仕，不以求之为嫌；欲隐则隐，不以去之为高"。而今甚嚣尘上的工具主义行为，如为炫耀财富的奢华旅游、为赶超时髦的疯狂购物、为扩展人脉的觥筹交错等，则已然与生命和休闲的本质相悖。曾经被关进奥斯维辛集中营的维克多·弗兰克尔描述道："人所拥有的任何东西都可以被剥夺，唯独人性最后的自由——也就是在任何境遇中选择一己态度和生活方式的自由——不能被剥夺。"因为生命是自由的前提，自由是生命的意义。幸福的内在意蕴与休闲的超越性自由完全相契合，庄子认为"乐"就是实现精神的自适与逍遥，"所谓'逍遥'指的就是悠闲自得的人生状态，就是摆脱一切主观的限制与束缚，实现真正的精神自由——休闲的极致状态。"[④]深谙此道的休闲人完成了涵摄与超脱种种羁绊后的自我解放和个性成熟，涤除了"有所待"（《庄子·逍遥游》）的桎梏，从而拥有完全的灵魂自由：第一，休闲人之休闲是仓廪实、衣食足后顺其自然的精神追求，非现实受挫后的情绪安慰剂，此为精神自由；第二，休闲人掌控了自我主体性，拥有了"物物而不物于物"（《庄子·山木》）之能，正如《霍乱

---

① 郝任. 哈佛公开课[M]. 成都：天地出版社，2017：290.
② 潘立勇. 审美与休闲——自在生命的自由体验[J]. 浙江大学学报（人文社会科学版），2005（6）：5-11.
③ 马惠娣. 休闲：人类美丽的精神家园[M]. 北京：中国经济出版社，2004：77.
④ 胡伟希，陈盈盈. 追求生命的超越与融通——儒道禅与休闲[M]. 昆明：云南人民出版社，2005：13.

时期的爱情》所描述的"我去旅行,是因为我决定了要去,并不是对风景有兴趣",①此为选择自由;第三,受益于人类增强带来的良好生理状态和社会环境,休闲人挣脱了外在束缚,此为行动自由。道德修养的极境是"从心所欲,不逾矩"(《论语·为政》),灵魂自由的极境是精神上的逍遥游。达此境域的休闲人御六气之辩邀游于苍茫宇宙间,在星辉斑斓里寻那无所待、无所求、无所靠的纯真幸福。

2. 向美而生:开启幸福之旅

美学家张世英将人生分为四种境界:欲求境界、求知境界、道德境界和审美境界。所谓审美境界,就是要审美地生活,就是要活得美。休闲的顶层设计是诗意地栖居,即在审美中拥抱自由,审美毋庸置疑是休闲的最高层次。休闲人作为最富休闲力的群体,"美就是人性"(苏霍姆林斯基语)、"美是发自内部的光"(贝尔纳语):物理世界尽是旖旎风光、精神领域也深蕴缤纷遐想。居于审美境界中心的休闲人也因此成了生活美学家,他们的向美而生有两种途经:一是发现美。天地有大美,细微之处皆小美,生活中的任何事物只要细细推敲都与美有关。不过"美不自美,因人而彰"(《邕州马退山茅亭记》),休闲人最善于延长感知的触角去体味每一个生活细微点,从有限的世界探求无限的美,所谓"心美一切皆美、情深万象皆深"。云树山水、鸢飞鱼跃,所有平凡之美都能促进他们心灵的平和与释放。二是创造美。创意时代下的休闲人满怀遐想、激情和才具,他们不再拘泥于传统的美学世界,而是赋予一切事物以美的形式,将生活艺术化、艺术生活化,让休闲在创意灵光的照耀下闪现新的模式和兴味。王羲之云:"群籁虽参差,适我无非新"(《兰亭诗》),休闲人从新视角重审万物,创造了不同寻常的美。每个人的生命史就是他自己的作品,这种作品可以是艺术的,也可以不是艺术的,正犹如同是一种顽石,这个人能把它雕成一座伟大的雕像,而另一个人却不能使它成器,分别全在性分与修养②。对休闲人而言,最极致的幸福莫过于将自己这件艺术品雕造得更加雅趣茏葱。俞平伯曾这样评价丰子恺的作品:"一片片的落英,都含蓄着人间的情味",这正契合休闲人无往而不美的美学意境。休闲人,寻找和独创美的同时,也在明晰和雕琢自我:从发掘一切美、感受一切美,到塑造一切美,最终,他自己也不知不觉变成了一种美。

在《审美书简》中,席勒预见的未来的世界是"美的王国","只有美才能使全世界幸福"。③休闲审美是对生命深切的体验,是超越一般世俗感性快乐的精神上的极大幸福。庄子提到审美愉悦是"至乐无乐",这种"乐"具有双重意蕴,意指对至极愉悦和至极审美的共同追求,审美和愉悦在休闲过程中融为一体。心理学和神经科学的研究也证实审美伴随着快乐、愉悦等积极体验,而这些又是幸福的重要构成,因此审美可以促进人们体验幸福。休闲审美的幸福是一种忘我和超脱的幸福,正如李泽厚所说:"审美境界可以表现为对日常生活、人际经验的肯定性的感受……进入审美境界并不是那种得神恩天宠的狂喜,也不是在宗教戒律中的苦苦追求,而是一种理欲交融的情感快乐。"④也就是说,休闲是"由美而

---

① [哥伦比亚]加·马尔克斯. 霍乱时期的爱情[M]. 蒋宗曹,姜风光,译. 哈尔滨:黑龙江人民出版社,1987:330.
② 朱光潜. 谈美[M]. 上海:华东师范大学出版社,2015:106.
③ [德]席勒. 审美书简[M]. 北京:中国文联出版公司,1984:146.
④ 李泽厚. 美的历程[M]. 合肥:安徽文艺出版社,1994:297.

乐"的重要载体，美即是乐，乐即是美。

3. 无为而为：守望幸福之道

无为历来被我国哲学家奉为全部生命活动之圭臬，《庄子·天道》中记载："夫虚静、恬淡、寂寞、无为者，万物之本也"。对自然人生而言，唯有"无己""无功""无名"才能跨越功利的藩篱，实现内在超越。瑞典哲学家约瑟夫·皮珀直言，休闲是"一种内在的无所忧虑、一种平静、一种沉默、一种顺其自然的无为状态"。①休闲人，用宁静装点心灵世界，让休闲成为一种生活方式，无为是其内在心理基础，而道法自然的慢生活则成为其"无为而为"之表征。在万物皆休闲的价值导向下，休闲人之行为自然而然地产生，达到"应无所住，而生其心"（《金刚经》）。这份自然的本质等同无为，如陈鼓应所说："'无为'的观念，可说是'自然'一语的写状，'自然''无为'这两个名词可说是二而一的"。②人们希企通过满足物欲而走向幸福的道路常如缘木求鱼，"我们趋行在人生这个亘古的旅途，在坎坷中奔跑，在挫折里涅槃，忧愁缠满全身，痛苦飘洒一地。我们累，却无从止歇；我们苦，却无法回避"（马尔克斯语），焚膏继晷、劳我以生成为人类为得到幸福而忍受的宿命。知止寡欲的休闲人趋向于和谐安然的慢生活，在"去甚、去奢、去泰"（《老子·二十九章》）的无为步履中触碰有香息的灵魂，建构其精神家园和意义世界。他们明白如果给自己一个窗口，其实是给自己一个悠闲的可能，有一个空间可以眺望，看着日出日落，看着潮水的上涨与退去，感觉到生命与大自然有许许多多的对话。庄子认为至高无上的幸福是"天乐"，他阐释道："以虚静推于天地，通于万物，此之谓天乐"（《庄子·天道》）。"无为"乃实现"天乐"之可行路径，即"至乐活身，唯无为几存"（《庄子·至乐》），而"人乐本于天乐，不过一无为自然而已"。因此，"无为"正是休闲人守望幸福的"为"，无怪乎古希腊人如此崇尚"无所为而为的玩索"（disinterested contemplation）。苏东坡在《送参廖师》中云："静故了群动，空故纳万境"，空明无为的觉心让休闲人"风行水上、自然成纹"般地驶向幸福之境。

4. 复归自我：体验幸福人生

雅典德尔菲神庙的三大箴言之一是"认识你自己"，人类与自我的距离似乎比距离任何星球都遥远，我们不停地认识宇宙却始终看不清自己。科技文明的复利给我们带来了旷古未有的闲暇时间以及层出的休闲创意和无限的休闲选择。然而，我们带着寻找生命意义的初心进入闲暇时光中，最终却沉溺于从众的满足享受中被趋同、被疏离，"我们的交通工具已经从独木舟变成帆船、变成汽船、变成飞机，再变成航天飞机，但我们还是不知道自己该前往的目的地"。③"在一回首间，才忽然发现，原来，我战战兢兢地将自己套入所有的模式，所有的桎梏。走到中途，才忽然发现，我只剩下一副模糊的面目，和一条不能回头的路"（席慕蓉语）。于光远认为，休闲作为一个哲学问题，归根结底是认识人的问题。老

---

① [德]约瑟夫·皮珀. 闲暇：文化的基础[M]. 刘森尧，译. 北京：新星出版社，2005：40.
② 陈鼓应. 老子今注今译[M]. 北京：商务印书馆，2003：50.
③ [以色列]尤瓦尔·赫拉利. 人类简史[M]. 林俊宏，译. 北京：中信出版社，2014：392.

众人熙熙，如享太牢，如登春台。我独泊兮其未兆，若婴儿之未孩"（《老子·二十章》），休闲人通过时时刻刻的深度休闲找到了一条复归致真、淳朴之本性的道路，从而触摸到自我和幸福的本源。尼采曾在《查拉图斯特拉如是说》中提到人类精神的变形历程，即从骆驼到狮子再到婴儿：当精神变为一匹骆驼时，它是听命于外在权威的"你应（如何）"的指令；当精神由骆驼变为一头狮子时，狮子不再受制于外在权威的"你应"，而敢于自作主宰地吼出"我要（如何）"；当精神最后由狮子变为一个赤子时，精神不再去"要"而终于有了"我是"的自我肯定的起始。①这一观点完美切合了人类休闲的演进理路：人类一开始就像负重忍耐的骆驼，为了获得休闲的权利和能力而终日营营；随着人类的进化，骆驼变身为狮子，可以随心所欲地掌控世界，创造休闲的自由；最终，"复归于婴儿"的休闲人到来，开启了人类新纪元。他们重回天真未丧的婴儿状，完成了精神层级新的超越：不奔劳于现实、不驰骛于外物，无思无邪地徜徉于回至本真的恬然澄明中。休闲人找到了生命真确的归途，因而顺理成章地体验到幸福人生，正如托马斯·古德尔言："休闲提供的不是一条愤世嫉俗的现代意义上的逃避之路，而是一条回归之路，即返回到健康、平衡的天性上来，返回到一种崇高而和谐的状态上来。在这种状态中，每个人都会真正地成为自我并因此而变得更好和更幸福"。②洗净铅华、返璞归真的休闲人，必将收获幸福硕果、觅得生命意义。

休闲人，不失其赤子之心者也：对宇宙人生，须入乎其内，又须出乎其外。入乎其内，故能践行之；出乎其外，故能洒脱之。入乎其内，故有昂扬生气；出乎其外，故有飘逸高致。休闲人的觉醒，是人心至诚求索和人类增强加速的必然结果，为迷失的人类提供生命的思量与前行的坐标。因此，沿着休闲人的生命轨迹践行"万物皆休闲"理念，人类终将完成心灵重建，在自由的穹顶下尽享无限福祉。

人工智能与心灵重建

人工智能带领生命摆脱了自然"进化"的束缚，进入自我"设计"的 3.0 时代，无论人类的硬件（身体）还是软件（意识），都可以通过科技进行升级与超越。人工智能是一个广阔的领域，方法多元，变化多端，给人类发展带来巨大的效能。但是，并非所有人都对人工智能的超速度发展持乐观态度，霍金、盖茨和马斯克等科学家担心人类现有的知识水准无法预测并控制人工智能，这可能会给人类社会带来灾难。事实上，一直以来，科技的快速发展总是让人喜忧参半。人工智能带给人类社会的是机遇，也是威胁。我们欣然接受A.I.带来的惊喜与便利，却不能在人工智能面前丢失有趣的灵魂。

---

① 黄克剑. 回归"赤子"与祈向"超人"——一种对尼采学说的检讨[J]. 哲学研究，2004（8）：39-47.
② 托马斯·古德尔，杰弗瑞·戈比. 人类思想史中的休闲[M]. 成素梅，马惠娣，季斌，等，译. 昆明：云南人民出版社，2000：119.

我们需要清醒地认识到人工智能与人的区别：第一，人工智能无法改变人性。人工智能是人类积累的知识和智慧，它可以做精密的逻辑运算，但无法解释社会中、组织中反映出的复杂多元的文化现象，无法改变人性本身——人的善意、人的弱点；人的良知、人的贪婪；人的情感、人的欲望。第二，人工智能无法改变人的价值属性。人工智能作为一种智能机器，可以解放人类的劳动生产力，但却无法阻止利己主义者对他人的损害，无法为社会公正、公平、进步做出奉献，无法保障并维持国与国之间、民族与民族之间的和平共处，无法处理以情感为导向的任何问题。第三，人类永远不会像机器一样思考。机器是冰冷的，它没有情感、没有是非、没有偏好，再复杂的程式都无法解释人类的情感。因此，人类要思考的是如何利用并使用好人工智能这一机器，而非在人工智能面前迷失自己。

要把人工智能发挥到极致，人们必须扪心自问两千五百年前苏格拉底的核心问题——我是谁？从哪儿来？到哪儿去？这个自问反思的过程，也是重建心灵的过程。赢得世界却不丢失灵魂，我们需要在飞速发展的时期寻找平衡。

第一个平衡，是工作与休闲的平衡。过去的伟大经济学家和社会改良家努力勾勒科技繁荣的未来蓝图，他们幻想着人们在赚钱的同时，能拥有质量更高的休闲时光，能享受更多更好的生活乐趣：品味艺术，上课充电，重温友谊，有更多的交流和沟通。如今科技繁荣时代已经来临，我们却比任何时候都更狂热浮躁，至少在美国和其他消费主义至上的国家是这样。如果我们能调整呼吸，缩短工时，那做起工作来会更有效率，也会对我们长远的健康有更多的思量。

第二个平衡，是生产与自然的平衡。我们的 GDP 也就等同于砍倒的树木，过度抽取的地下水，过度捕捞的海洋生物。人类已经达到了生态生存的最边缘，是时候重新反思人类的破坏力量，亡羊补牢为时未晚。

第三个平衡，是现在与未来的平衡。站在现在看未来，抑或站在未来看现在，代表了两种截然不同的未来学观点（经验主义与反经验主义）。然而，不论哪种观点，都表明现在与未来是连接的。现在与未来的平衡是可持续发展的核心，是一切现在创造与未来想象的前提。

第四个平衡，也是最重要的平衡，是科技与人文的平衡。生命 3.0 阶段，我们要担心的并非人工智能是否会像人一样获得意识，而是人是否会像计算机一样思考，没有价值观，没有同情心，没有对未来的憧憬和对自由与快乐的渴望。人工智能究竟会带领人类走向美妙的乌托邦，还是带来一场势不可挡的大灾难，关键在于人类是否能够完成科技与人文之间的世纪对话，让两者完美融合。人们应该以更好的姿态拥抱人工智能技术，通过技术指引幸福源泉的方向，让个体更加强大，让心灵更加美好。

"我们可以共同努力打破阶级和国界的藩篱，共同撰写人类与人工智能的结构，让我们共同选择，让机器当机器，人类当人类吧！我相信人工智能的到来是为了帮助人类从乏味无趣的例行性工作中获得解放，并推动我们思考人何以为人以及人生在世的意义。"

（整理自林毅夫，等.改革的方向[M].北京：中信出版集团，2019：180-186；杰弗瑞·萨克斯.转折点·想象[N].周末画报，2010，12：48-49；李开复.AI 未来[M].杭州：浙江人民出版社，2018：256.）

复习思考题

1. 什么是"数字时代"?"数字时代"的休闲演化呈现哪些特征?
2. 重启"社群时代"有什么意义?
3. 你如何理解弱关系促进休闲进化?
4. 试述"创意时代"的休闲特征。结合实际情况谈谈"创意时代"的到来给人类的休闲生活带来了哪些变化?
5. 你如何理解"休闲人"?为什么说"人类增强是休闲人觉醒的现实基础"?
6. "休闲人"有哪些特征?要抵达幸福彼岸,休闲人要做哪些选择?

本章参考文献

[1] DETERDING S, DIXON D, KHALED R, NACKE L. From game design elements to gamefulness: defining gamification. In Proceedings of the 15th International Academic MindTrek Conference: Envisioning Future Media Environments. ACM, 2011: 9-15.

[2] GRANOVETTER M S. The strength of weak ties[J]. American journal of sociology, 1973, 78 (6): 1360-1380.

[3] GRANOVETTER M. The strength of weak ties: a network theory revisited[J]. Sociological theory, 1983, 1 (6): 201-233.

[4] RUEF M, CARTER N M. The structure of founding teams: homophily, strong ties and isolation among U.S. entrepreneurs[J]. American sociological review, 2004, 68 (2): 297-297.

[5] SHI X, ADAMIC L A, STRAUSS M J. Networks of strong ties[J]. Physica a: statistical mechanics and its applications, 2007, 378 (1): 33-47.

[6] [法]吕克·费希. 超人类革命[M]. 周行, 译. 长沙: 湖南科学技术出版社, 2017: 4.

[7] 雪莉·特克尔. 群体性孤独[M]. 周逵, 荆刘菁, 译. 杭州: 浙江人民出版社, 2014.

[8] 罗宾·邓巴. 社群的进化[M]. 李慧中, 译. 成都: 四川人民出版社, 2019.

[9] 罗宾·邓巴, 克莱夫·甘布尔, 约翰·格列特. 大局观从何而来[M]. 刘腾达, 译. 成都: 四川人民出版社, 2019.

[10] 罗宾·邓巴. 最好的亲密关系[M]. 周晓林, 译. 成都: 四川人民出版社, 2019.

[11] 李·雷尼, 巴里·威尔曼. 超越孤独[M]. 杨伯溆, 高崇, 译. 北京: 中国传媒大学出版社, 2015.

[12] 冯绚, 胡君辰. 工作游戏化: 工作设计与员工激励的新思路[J]. 中国人力资源开发, 2016 (01): 14-22.

[13] 甘绍平. 对人类增强的伦理反思[J]. 哲学研究, 2018 (1): 116-125.

[14] 孟昭莉, 韩元佳, 杨才勇, 等. 绚丽变革: 互联网改变中国[M]. 北京: 人民邮报出版社, 2019.

[15] 宁连举, 肖朔晨, 孙中原. 网络社群中顾客契合对知识共享行为的影响机理研

究——基于顾客信任的中介作用[J]. 经济问题, 2018 (07): 44-49.

[16] 潘洁, 张莉. 网络趣缘群体的休闲消费[J]. 企业研究, 2013 (11): 68-70.

[17] 王彦勇, 苏奕婷. 基于品牌社群融入的企业品牌发展研究[J]. 东岳论丛, 2017, 38 (11): 160-167.

[18] 杨洋, 胡茜茜, 裴学亮. 基于小米公司案例的品牌社群认同形成机制的模型构建研究[J]. 管理学报, 2017, 14 (12): 1737-1746.

[19] 张岩, 韩复龄. 基于自组织理论的网络社群知识传播研究[J]. 情报科学, 2018, 36 (07): 98-103.

结束语

希腊的荣光至今犹照着尘世，天恒地久的休闲，历历然千万年不曾变改最初的心迹。当东方智慧浣净了窒碍性灵的利锁名缰，辅之现代文明的呐喊，抛却劳顿的休闲人似梦初觉。他们，既不是旋舞而下，也非袅袅腾起，而是一直伫立在历史的烟尘中，不来不去，至情至性，和着风铃苏醒。栽下的种子终于化作青林茂荫，生命因此忧恼冰释、自在自得。曾经那高远夐渺的休闲，这铮铮淙淙的人生源泉呵，此刻那么近：闲在我中，我在闲里，彼此涵融，"过目之物，尽是画图；入耳之声，无非诗料"，进而"思接千载，视通万里"。休闲人，只需反身而诚，漫不经心中悄然而来的便是乐莫大焉！

然则如莎翁的感喟一般，"有人生来伟大，有人变得伟大"（Some are born great; some achieve greatness），生而休闲之人，"所有无聊的事情都会衍生出很多细节让你觉得它复杂而有趣"，灵府深处泛出的是闲，生命轨迹中桩桩件件围抱的是闲。至于那些无法触摸如此禀赋与际遇的人，学而习之则是上策。犹如提着孤灯，独自去寻找星辰，你仰望星空，星空也在俯视你。休闲学是一种安身立命的快乐生活哲学，它像楔子，插入现实与梦想的细缝，告诉我们人人皆可挥别流俗，去拥抱"更休闲"的美好生活。休闲学亦有哺育美化万物的才赋。它像火把，让人从心底发出热爱生命的信仰。纵然花开一定会花落，但只要静守初心，良知独照，传承高贵，就一定能活出自己的光。因为你我都是这个世界的孤本，爱是最曼妙的生存方式。

巨石落入湖中，激起的涟漪就会一层层荡漾开来。觥筹交错的诗酒年华、御风而行的逍遥之旅、独卧秋风的万物静观、懵懂烂漫的林中扑蝶，已然无法餍足创世时刻的休闲人。氤氲叆叇的休闲之气开始笼盖四野、辐射九州，渗透进所有的物种、所有的事：每一颗心、每一株树、每一朵云，以至每一声叹息。于是，万物皆休闲得以映现：灯红酒绿是休闲，布衣疏食也是休闲；云影天光是休闲，潇潇雨下也是；江山如画是，荒烟暮草也是；豪奢是，寡淡是；松花酿酒，春水煎茶，落叶成欢。休闲，不再是点缀生命的吉光片羽，不再是闲情偶寄的稀稀落落，亦不再雪泥鸿爪般转瞬消弭；休闲，涵蕴着世间的一切美与善、爱与真，富涵诗意、创意，自由与觉醒，流淌在一切角落，深植于内心深处，成了生命本身。

轻涛间，"像一群无忧的海鸟，在黄昏的波光里息羽悠游"。往后岁月，无须踟蹰徘徊地寻找，普彻四方八隅的休闲如日月光华临照天空，让一切悲怆之影消翳于遍布的恬适与安宁，温热或是清辉，人间或是梦境，一刻也不会隐没。我想，宇宙的至美应该是这样的，任何一个渺小的生灵，只要承沐休闲泻下的熠熠之光，就能卓然于天地间，幸福地安度一生，然后轻声地告诉世人：即使岁华倏忽如一声唏嘘，人生却因拥有休闲而歆享无疆的欢欣和希冀。